RUDOLF MACUCH UND ESTIPHAN PANOUSSI

NEUSYRISCHE CHRESTOMATHIE

PORTA LINGUARUM ORIENTALIUM
HERAUSGEGEBEN VON BERTOLD SPULER UND HANS WEHR

NEUE SERIE

XIII

RUDOLF MACUCH UND ESTIPHAN PANOUSSI

NEUSYRISCHE CHRESTOMATHIE

1974
OTTO HARRASSOWITZ · WIESBADEN

NEUSYRISCHE CHRESTOMATHIE

VON

RUDOLF MACUCH
UND ESTIPHAN PANOUSSI

1974
OTTO HARRASSOWITZ · WIESBADEN

Gesamtherstellung: BOD, Hamburg
Printed in Germany

ISBN 978-3-447-01531-8

Otto Harrassowitz GmbH & Co. KG
Kreuzberger Ring 7c-d, D-65205 Wiesbaden,
produktsicherheit.verlag@harrassowitz.de

Inhaltsangabe

I. Teil

II. Teil

Vorwort

Bei der Vorbereitung dieser *Neusyrischen Chrestomathie* sind beide Verfasser dem Ziel gefolgt, dem Leser alle vorhandenen Literaturarten in Schrift und Sprache des Volkes, das sich heute als „Assyrer" bezeichnet, in einer entsprechenden Auswahl mit einem ausführlichen, nach grammatischen Kategorien geordneten und alle Idiome berücksichtigenden Glossar vorzulegen. Während die von E. Panoussi vorbereitete Reinschrift der Chrestomathie fotomechanisch vervielfältigt werden konnte, mußten die syrischen Wörter und Phrasen im Glossar aus praktischen Gründen in einer Umschrift angegeben werden, die weder das Schriftbild stark entstellen noch der von diesem manchmal ziemlich divergierenden Aussprache allzu fühlbare Gewalt antun würde. Das gewählte Umschriftsystem (siehe Grammatische Einleitung und Anleitung zum Gebrauch des Glossars, S. XVII-XIX) ist dementsprechend eine aus den erwähnten praktischen Gründen unvermeidliche Kompromißlösung. Eine rein phonetische Umschrift würde bei den vielen beim Lesen ausgelassenen oder vom Schriftbild unterschiedlich gelesenen Buchstaben den Gebrauch des Glossars äußerst erschweren oder sogar praktisch unmöglich machen. Dem Ausspracheproblem wird so abgeholfen, daß die stummen Buchstaben in der Umschrift in runde Klammern gesetzt und vom Schriftbild stärker divergierende Aussprachen in eckigen Klammern angeführt werden (siehe S. XIX, § 16d).

Die Chrestomathie enthält Stücke aus verschiedenen Zeitperioden von 1848 (S. 64) bis auf den heutigen Tag. Jedoch wurde aus praktischen Gründen der Literatur der letzten Jahrzehnte größere Aufmerksamkeit gewidmet. Über Dreiviertel der Chrestomathie stammt aus dem von den amerikanischen Missionaren in der ersten Hälfte des vorigen Jahrhunderts auf die Stufe einer Literatursprache gebrachten Dialekt von Urmia, in dem auch die in Teheran und meistens auch in Amerika veröffentlichten neusyrischen Bücher verfaßt wurden. Den Rest bilden einige Stücke im irakischen Dialekt, die nach dem angegebenen Veröffentlichungsort der irakischen Druckereien leicht erkannt werden. Nur S. 37 und 85f. stammen aus dem Dialekt von Alqoš und S. 39 im Dialekt von Sanandağ[1]). Es würde sich empfehlen, die Lektüre dieser Seiten erst nach dem Durchlesen der Stücke in den erwähnten literarischen Dialekten vorzunehmen.

Der neusyrische Text wurde von E. Panoussi, dessen Muttersprache der Dialekt von Sanandağ ist, betreut, Wort für Wort mit den Belegen

[1]) Es gibt leider kein geschriebenes repräsentatives Spezimen dieses Dialekts. Alle stehen unter dem Einfluß des AS wie auch der von den Priestern gesprochenen Dialekte.

für das Glossar exzerpiert, und mit Hilfe einiger in Deutschland lebender Assyrer, deren Muttersprache der Dialekt von Urmia ist, mit Ausspracheangaben und Erklärungen schwerer Passagen und Idiome versehen. Die Ausarbeitung des Glossars mit grammatischer Einleitung wurde von R. Macuch durchgeführt. Trotzdem tragen beide Verfasser im gleichen Maß Verantwortung für beide Teile, die sie gemeinsam nachkontrolliert haben.

Unser Dank gehört zahlreichen assyrischen Freunden[1]), die uns mit ihrem Rat geholfen haben, wie auch B. Spuler und H. Wehr für die Annahme der Arbeit in die *Porta*. Der Direktor des Verlags Otto Harrassowitz, Dr. L. Reichert, hat durch seine Förderung der Veröffentlichung dieses Hilfsmittels zum Studium der Schriftsprache der heutigen „assyrischen“ Christen sein bekanntes Interesse am Fortschritt der orientalischen Studien erneut bewiesen, wofür wir ihm im Namen aller Interessenten unseren Dank aussprechen möchten.

---

[1]) Assyrian Youth Cultural Society Press (Teheran, P. O. B. 3073) hat uns ihre Veröffentlichungen zur Verfügung gestellt.

Abkürzungen

A.	Anmerkung
ab.	aber
Abk.	Abkürzung
abs.	absolutus (s. St.)
Abstr.	Abstraktum
Adj.	Adjektiv
Adv.	Adverb
Af.	Afʿel
AIr.	A/altiranisch
Akk.	Akkusativ
Akkad.	Akkadisch
akt.	aktiv
Al.	(Dialekt von) Alqoš
allogr.	allographisch
A/amer.	amerikanisch
anat.	anatomisch
antep.	antepaenultima (: die drittletzte Zeile)
Apg.	Apostelgeschichte
Ar.	A/arabisch
Aram.	A/aramäisch
Arithm.	Arithmetik
Arm.	Armenisch
AS, as.	A/altsyrisch
Aserb. T.	Aserbeidschanisch-Türkisch
ass.	assyrisch (auch: neusyrisch)
Assimil.	Assimilation
AT	Altes Testament
ausgespr.	ausgesprochen
Ausspr.	Aussprache
B.	Beispiel
bab.	babylonisch
Bartholomae	Ch. Bartholomae, Altiranisches Wörterbuch
Baumstark	Baumstark, Geschichte der syrischen Literatur
Bed.	Bedeutung
bes.	besonders
Bild.	Bildung
chald.	chaldäisch
chr.	christlich
cs.	constructus (s. St.)
d.	Artikel in allen Flexionsformen
Dan.	Daniel
dan.	daneben
Dat.	Dativ
dav.	davon
Demonstr.	Demonstrativ
dems.	demselben
den.	denominativ
Der.	Derivativ
Derr.	Derivative
ders.	derselbe
dial.	dialektisch
Dim.	Diminutiv
dir.	direkt
Drower-Macuch	E. S. Drower-R. Macuch, A Mandaic Dictionary, Oxford 1963
E	europäisch
Eigenn.	Eigenname
einm.	einmal
emph.	emphatisch, emphaticus (s. St.)
End.	Endung
Engl.	E/englisch
enkl.	enklitisch
Enkl.	Enklitikon, Enklitika
Est.	Esther
Eṯpa.	Eṯpaʿal
Eṯpe.	Eṯp^{e}ʿel
Etym.	Etymologie
f.	für, nach Zeilenangaben: u. folgende Zeile od. Seite
F.	Feminin
Fr.	französisch
folg.	folgendes Lemma
Fut.	Futur
Gen.	Genitiv
gelegentl.	gelegentlich
geschr.	geschrieben
gew.	gewöhnlich
Ggs.	Gegensatz
ggüb.	gegenüber
Gr.	Griechisch
Gram.	Grammatik, grammatisch
GSL	Geschichte der syrischen Literatur (s. Baumstark)
H	Hebräisch
HCMM	R. Macuch, Handbook of Classical and Modern Mandaic, Berlin 1965

heteroklit.	heteroklitisch
Hilfsv.	Hilfsverb
hist. Präs.	historisches Präsens
ibid.	ebenda
id.	dasselbe
Ind.	Indikativ
indekl.	indeklinabel
indir.	indirekt
Imper.	Imperativ
Impf.	Imperfekt
Inf.	Infinitiv
interrog.	interrogativ
Interj.	Interjektion
Ir.	I/iranisch
It.	I/italienisch
J.	Jahr
Jes.	Jesaja
Jh.	Jahrhundert
JSS	Journal of Semitic Studies of the University of Manchester
jüd.	jüdisch
K	K/kurdisch
Kaus.	Kausativ
keilschr.	keilschriftlich
kl.	klassisch
Koll.	Kollektiv
Kond.	Konditional
Konj.	Konjunktion
Konjug.	Konjugation
l.	lies
Labial.	Labialisation
Lat.	Latein, lateinisch
M.	Maskulin
m.	mit (siehe auch m. Vorn.)
Maclean	Maclean, Dictionary of the Dialects of Vernacular Syriac
Mal.	Maleachi
Mand.	M/mandäisch
männl.	männlich
Mark.	Markus
Mat.	Matthäus
met.	metathetisch
Met.	Metathese
metaph.	metaphorisch
mod.	modern
musl.	muslimisch
m. Vorn.	männlicher Vorname
n. act.	nomen actionis
n. ag.	nomen agentis
nb.	neben
neg.	negativ
Nf.	Nebenform
Nom.	Nominativ
Nöldeke	Th. Nöldeke, Neusyrische Grammatik
NS	N/neusyrisch
o.	oft
ob.	oben
Obj.	Objekt
Offenb.	Offenbarung
od.	oder
OLZ	Orientalistische Literaturzeitung
onom.	onomatopoeisch
Ortsn.	Ortsname
P	P/persisch
Pa.	Paʿʿel (Pael)
paen.	paenultima (: die vorletzte Zeile)
pass.	passiv
Pe.	Peʿal (Peal)
pers.	persisch
Pf.	Perfekt
phon.	phonetisch
Pl.	Plural
Pl. tant.	Plurale tantum
pleonast.	pleonastisch
PLO	Porta Linguarum Orientalum
Plpf.	Plusquamperfekt
Präp.	Präposition
Präs.	Präsens
präsent.	präsentisch
Prät.	Präteritum
progr.	progressiv
prokl.	proklitisch
Prokl.	Proklitikon, Proklitika
-pron.	-pronomen
Pt.	Partizip
q. v.	quod vide
Rad.	Radikal
Reg.	Register
regr.	regressiv
Russ.	R/russisch
s.	sub (unter, siehe)
S	S/syrisch
S.	Seite
San.	(Dialekt von) Sanandadsch
Saf.	Safʿel
sc.	scilicet (nämlich)
schriftl.	schriftlich
Sg.	Singular
Sp.	Spalte
st.	statt

Abkürzungen

St. abs.	Status absolutus
St. cs.	Status constructus
St. emph.	Status emphaticus
Subst.	Substantiv
Suff.	Suffix
s. v.	sub voce
s. vv.	sub vocibus
Šaf.	Šafʿel
T	T/türkisch
Talm.	talmudisch
tant.	tantum (s. Pl. tant.)
term. tech.	terminus technicus
Ti.	Tiari
Translit.	Transliteration
u.	und
uä.	und ähnliches
Übers.	Übersetzung
ult.	ultima
ult.	ultima (: letzte Zeile)
unt.	unten
uo.	und oft
uö.	und öfter
Urm.	Urmia
urspr.	ursprünglich
v.	von (siehe auch v. s. v.)
vhg.	vorhergehendes Lemma
vgl.	vergleiche
vor.	vorige(r/s)
Vorn.	Vorname
v. s. v.	vide sub voce
wahrsch.	wahrscheinlich
wörtl.	wörtlich
w. Vorn.	weiblicher Vorname
Wz.	Wurzel
z.	zu(m/r)
Z.	Zeile
ZDMG	Zeitschrift der Deutschen Morgenländischen Gesellschaft
ZKM	Zeitschrift für die Kunde des Morgenlandes
zusammenges.	zusammengesetzt
>	zu
<	von

*vorausgesetzte, nicht belegte ältere Form

Grammatische Einleitung und Anleitung zum Gebrauch des Glossars

Der Zweck der Chrestomathie ist, den Leser an Hand eines Beleg-glossars in das Lesen des Neuostsyrischen einzuführen. Dazu wurden im Glossar bei jedem Wort alle im Text vorkommenden grammatischen Formen verzeichnet und systematisch eingeordnet, so daß dieses eine Grammatik des Textes in Wörterbuchform darstellt und man sich an dieser Stelle nur auf einleitende Bemerkungen zur Umschrift, Aussprache und den wichtigsten morphologischen Begriffen als eine Art Anweisung zum Gebrauch des Glossars beschränken darf. Für ein eingehenderes theoretisches Studium der Phonetik, Morphologie und Syntax wird der Leser auf weitere grammatische Literatur (siehe Bibliographie) verwiesen, in der zu vergleichenden Zwecken auch Arbeiten über andere lebende neuaramäische Dialekte (: Neumandäisch, Ṭūrōyō und Neuwestaramäisch aus dem Antilibanon) angeführt worden sind.

Es muß von vornherein betont werden, daß keine Chrestomathie, die eine Auswahl von Lesestücken in der traditionellen, altsyrischen (nestorianischen) Schrift bietet, als ein Mittel zum Erlernen der neusyrischen Phonetik betrachtet werden darf. Zu diesem Zweck werden neben Tonbandaufnahmen und direktem Kontakt mit den „Assyrern" (wie sich die Sprecher des Neuostsyrischen selbst nennen), vor allem die Spezialarbeiten K. G. Ceretelis (s. Bibliographie, auch unter Tsereteli) empfohlen.

Die von den amerikanischen Missionaren in den dreißiger Jahren des vor. Jh.s in Urmia (heute *Reẓā'iyye*) zum schriftlichen Ausdruck des Neusyrischen gewählte nestorianische Schrift läßt den Leser in zahlreichen phonetischen Hinsichten im Zweifel:

1. Die Laryngalbuchstaben ', ʿ wie auch oft silbenendendes oder am Anfang einer ursprünglichen Konsonantengruppe stehendes *h* haben nur rein etymologischen und keinen phonetischen Wert (vgl. *ba*[*h*]*rā*, *za*[*h*]*rīrā* wie auch [*h*]*wā* u. ä.), während as. *ḥ* durch *ẖ* ersetzt wurde.

2. Rein etymologischen Wert haben auch zahlreiche, (leider nicht immer) mit einem *ṭalqānā* („Zerstörer") bzw. *marheṭānā* od. *mašliyānā* („Zeichen eines stummen Buchstabens") versehene Buchstaben, deren ursprüngliche Laute in der Aussprache völlig geschwunden sind, was in den meisten Fällen entweder bei den spirantisierten Dentalen (vgl. *ẖa*[*d*] u. ä.) od. bei den Liquiden durch totale Assimilation (vgl. *mere*[*h*] s. *'MR*, *mdī*[*n*]*tā*), *'āz*[*l*]*ī* [< **azzīn*] nb. *'āze*[*l*]*n* s. *'ZL* u. ä.) stattfand. In der älteren Presse

überwog besonders am Wortende die phonetische Schreibung, während in der neueren wieder die etymologische as. Orthographie überwiegt (vgl. älteres *-lē* nb. neuerem *-le[h]*, älteres *ḫā* nb. neuerem *ḫa[d]* u. ä.).

3a) Das as. Alphabet reichte nicht aus, alle konsonantischen Laute des NS zum Ausdruck zu bringen: a) Nur bei der Spirantisierung bedient man sich des as. unter die Buchstaben *b*, *g*, *d*, *k*, *t* gesetzten Punktes (*rukāḫā* [*rukk-*]). Die Dentale werden jedoch nur in gewissen Dialekten, in dem auf die Stufe der Schriftsprache erhobenen Dialekt von Urmia aber nie spirantisiert. Auch die Spirantisierung des *p* ist dem Ostsyrischen fremd; seine weiche Aussprache (*f*) in Fremdwörtern wird durch einen kleinen Halbkreis unter dem Buchstaben *p* bezeichnet. In einigen syr. Wörtern, in denen dieses Zeichen vorkommt, z. B. *nāfšā* „Seele" wie auch dem davon gebildeten Reflexivpronomen *nāfš-* „selbst", ist aber nur noch der kontrahierte Diphthong: *nōša*, *nōš-* geblieben. Bei *g̱* (und gelegentlich auch bei *ḵ*) dient der Punkt unter dem Buchstaben gleichzeitig zur Wiedergabe des ar. u. persischen *ġ* (od. *x*). Da aber die Aussprache des spirantisierten *k* der des ns. *ḫ* entspricht, steht besonders in der irakischen (chaldäischen) Presse, wie auch in der älteren urmiischen, nicht selten das erstere für das letztere auch in ursprünglichen syr. Wörtern und Morphemen (vgl. *ḵušbānā* nb. *ḫušbānā* u. ä.).

b) Zum Ausdruck der affrizierten Laute *ǧ* u. *č* wie auch des stimmhaften Präpalatals *ž* wird ein diakritisches Zeichen ˜ mit den Buchstaben *g*, *k* u. *š* (für letzteres seltener über *z*) gebraucht. Diese Supplementbuchstaben werden jedoch nur in Fremdwörtern gebraucht; in ursprünglichen syr. Wörtern wird ein aus regressiver Assimilation in Kontaktstellung resultierendes *ž* wie im AS einfach durch *š* bezeichnet (vgl. Brockelmann, Syr. Gr. § 49 zu *ḫušbānā* [*xuž-*]).

c) Ganz außerstande ist die traditionelle Schrift, zahlreiche Nuancen und Schattierungen des konsonantischen Timbre zum Ausdruck zu bringen, für die auch die von den Assyrern in der Sowjetunion eingeführte Lateinschrift nicht ausreicht, zumal auch ihre vorhandenen Möglichkeiten nicht ganz konsequent ausgenutzt werden[1]). Die mouillierten Palatale g^i, k^i (:*ǵ*, *ć*) werden einfach durch *g*, *k* bezeichnet (vgl. *gānā*, *ktāḇā* u. ä.). Ebenso gibt es für die dunklen Laute *ḓ* (vgl. s. *YDʿ*), *ṭ* (vgl. *ṭlā* = *tla*[*t*]) und *ṛ* (vgl. s. *ʿBR*) keine besonderen Zeichen. Diese besonderen Laute hängen kombinatorisch mit dem Vokalismus zusammen und bleiben leider wie der vokalische Timbre selbst (siehe unt.) unbezeichnet. Im allgemeinen wird ihr Vorhandensein zusammen mit dunklen Vokalen durch phonetischen Schwund des ʿ begünstigt; es gibt aber auch zahlreiche Fälle, deren phonetische Erklärung auf Grund von Nachbarsprachen gesucht werden müßte.

[1]) Siehe dazu R. Macuch, OLZ 57/1962, Sp. 118f.

Ihre gelegentliche Andeutung in der Schrift (wie z. B. bei *ṯlā* für *tlā*[*t*] war sehr sporadisch und wird in neuerer Zeit durch konsequente Rückkehr zur etymologischen Orthographie beseitigt.

d) Die etymologische Schreibung läßt auch partielle Assimilationen nur bei unkundigen Schreibern zum schriftlichen Ausdruck kommen (vgl. *hatk̲ā* [f. *hadk̲ā*]).

4. Der Buchstabe *ṣ* wurde beibehalten, obwohl er meistens seinen emphatischen Laut aufgegeben hat, wodurch seine zahlreichen Verwechslungen mit *s* und bei falschen etymologischen Versuchen auch umgekehrt erklärbar sind.

5. Texte in literarisch wenig kultivierten Dialekten werden z. T. phonetisch geschrieben, vgl. San. *ksāwā* < *kṯāb̲ā* = Urm. *ktāb̲ā* u. ä.

6. Doppelkonsonanz wird — bis auf seltene Ausnahmen (hier nur *gal*[*l*]*ē* u. *mullā* nb. *mulā*) — nicht bezeichnet, und sogar wo die Doppelschreibung ausnahmsweise erscheint, wird der zweite Buchstabe in der Regel mit einem *ṭalqānā* (s. 2) versehen.

7. Vokalzeichen: ÷ *a* (*ptāḥ̮ā*); ∸ *ā* (*zqāpā* [*sq-*]); ⩪ od. ⩫ *e*/*i* (*zlāmā kiryā*); ∵ *ē* (*zlāmā qišyā*); ȯ *o*/*ō* (*rb̲āṣā*), ọ *u*/*ū* (*rwāḥ̮ā*); ⩫ *ī* (*ḥ̮b̲āṣā*).

8. Die sieben angeführten Vokalzeichen vermögen es keineswegs, die fünfzehn Vokalnuancen des NS zum Ausdruck zu bringen. Jeder der fünf ursprünglichen syr. Vokale (*a*, *e*, *i*, *o*, *u*) weist nämlich dreifache Aussprache aus: neben der eben angegebenen mittleren Artikulation gibt es noch eine vordere, helle (*ä*, *ẹ*, *ï*, *ö*, *ü*) und eine hintere, dunkle (*å*, *e̥*, *i̥*, *o̥*, *u̥*), zu deren Bezeichnung im vorhandenen Vokalisationssystem keine Möglichkeit besteht. Die Assyrer der Sowjetunion haben bei der Einführung der Lateinschrift versucht, diesem mißlichen Zustand durch die Bezeichnung der hellen und dunklen Aussprache mindestens bei den Gruppen *ə*—*a* und *i*—*ь* abzuhelfen. Obwohl auch bei ihnen bei *e*, *o*, *u* die helle od. dunkle Qualität des Vokals unbezeichnet bleibt, ist sie nach dem Gesetz der Vokalharmonie aus dem Vorhandensein der bezeichneten hellen (*ə*, *i*) oder dunklen (*a*, *b*) Vokalen auch in den anderen Silben des Wortes zu erraten. Zu dieser Vokalharmonie, die von den sowjetischen Forschern Synharmonismus genannt wird, siehe *Ceretelli*, *Sovremennyj ass. jazyk* 27f., vgl. auch Macuch, OLZ 57, 1962, Sp. 119f.

9. Weitere Nachteile dieses ererbten as. Vokalisationssystems bestehen darin, daß die Bezeichnung der Vokallänge bei *ptāḥ̮ā* (*a*) u. *zqāpā* (*ā*) wie auch bei *zlāmā kiryā* (*e*/*i*) u. *qišyā* (*ē*) ganz irreführend ist, und infolgedessen diese Zeichen, wie auch noch mehr *rb̲āṣā* (*o*/*ō*) und *rwāḥ̮ā* (*u*/*ū*), von den

Assyrern selbst ziemlich uneinheitlich gebraucht werden. Diese Uneinheitlichkeiten beruhen z.T. darauf, daß man trotz veränderter Aussprache noch immer versucht, den alten Vokalisationsregeln zu folgen (vgl. ähnliches beim Gebrauch der Konsonantenbuchstaben, § 1ff.), z.T. aber auch darauf, daß diese der tatsächlichen Aussprache nicht folgenden Regeln den Schreibern nicht mehr genau bekannt sind, wodurch sie beim Gebrauch des ererbten Vokalisationssystems zur Bezeichnung ihrer eigenen Aussprache unbedingt in Ratlosigkeit verfallen müssen. Diese Feststellung sei an folgenden Beispielen illustriert:

a) Das kurze und lange *a* kann sogar in betonter Silbe schon in der Aussprache leicht verwechselt werden, da manches *ā* sekundär, obwohl manchmal bloß fakultativ, gekürzt wird und umgekehrt (vgl. *'ā/an*, *'ā/anē*[*/y*], *'a/ātwātē* u.ä.). Nach der alten Schriftregel muß vor einem *alef* am Wortende (bes. beim St. emph.) ein *zqāpā* stehen, obwohl der Vokal konsequent zu *a* gekürzt wird.

b) Das *zlāmā kiryā* diente schon ursprünglich zur Bezeichnung der beiden vorderen kurzen Vokale *e* u. *i*. Neben sekundären Verlängerungen bzw. Kürzungen des vorderen Vokals war es aber besonders die Ähnlichkeit dieses Zeichens mit dem *zlāmā qišyā*, die die Schreiber wie auch die Setzer die beiden Zeichen nicht richtig unterscheiden ließ (vgl. schon Nöldeke 9f.). Die Verwirrung ist mit der Zeit so fortgeschritten, daß von Tag zu Tag mehr auch in der Presse nur ein *zlāmā* gebraucht wird, was jedenfalls besser ist als andauernder falscher Gebrauch eines doppelten Zeichens. Obwohl für den Text der Chrestomathie diese vereinfachte Prozedur gewählt wurde, wird noch im Glossar der Unterschied zwischen den beiden *zlāmā* — soweit er sich mit Sicherheit feststellen läßt — beibehalten und das *zlāmā qišyā* mit *ē* transkribiert. Dies gilt vor allem vom *zlāmā* am Wortende vor einem graphischen *ālap* (der üblichen Pl.-Endung) wie auch von *ēy* (dessen *y* eine ursprüngliche mater lectionis darstellt), da in diesen beiden Fällen keine Verwechslung der beiden *zlāmā* möglich ist.

c) Bei *rḇāṣā* (*o*/*ō*)u. *rwāḥā* (*u*/*ū*) wurde von Anfang an die Länge des Vokals nicht unterschieden. Viel mißlicher ist es aber, daß die Assyrer selbst auch zwischen den zwei Vokalen überhaupt nicht richtig unterscheiden können und die beiden Zeichen sehr oft grundsätzlich falsch gebrauchen. Am häufigsten passiert dieser Mißbrauch bei dem Pronominalsuff. d. 3. Sg. F., das sehr oft mit *rwāḥā* : *u*(*h*) geschrieben, obwohl stets mit *-o* ausgesprochen wird, wodurch es sich allein vom Maskulinsuff. derselben Person — geschr. *-u*(*hy*), ausgespr. *-u* — unterscheidet: Der *o*-Vokal des Femininsuffixes ist also nicht nach dem falschen *rwāḥā*, sondern nach seiner kürzeren graphischen Form, die noch durch einen über das nicht ausgesprochene folgende *h* gesetzten Punkt verdeutlicht wird, vom *u*-Vokal der Maskulinform zu unterscheiden.

d) Das lange *ī* (*ḥbāṣā*) ist also der einzige Vokal über dessen Qualität und Länge kein Zweifel bestehen würde, wenn es andererseits nicht auch für *iy* u. *īy* gebraucht würde, wenn ihm ein anderer Vokal folgt.

10. Die Diphthonge werden durch die Kombination: *ptāḥā* od. *zqāpā* + Halbvokale *w*, *y* (= *a/āw*, *a/āy*) ausgedrückt, wobei der Unterschied zwischen den beiden Vokalzeichen überhaupt keinen praktischen Belang hat (vgl. § 9a). Die meisten sind schon lange kontrahiert worden und werden daher nicht selten auch mit einfachen Vokalzeichen geschrieben, vgl. *gō* neben *gô* (= *gāw*), *baytā* nb. *bêtā* (= *bāytā*) u.ä.; siehe weiter die Umschriftregeln (§ 15).

11. Die literarischen, meistens im Dialekt von Urmia, z.T. aber auch in anderen Dialekten verfaßten Stücke werden von Sprechern verschiedener Dialekte nach den Regeln ihres eigenen Dialektes gelesen. Während es keinen assyrischen Rundfunk gibt, wird es trotz aller Bemühungen des langsam fortschreitenden Schulwesens schwer sein, eine einheitlichere ns. Aussprache zu erreichen. Die Bestrebungen der ass. Schulen können höchstens eine einheitlichere Buchstabierung und Vokalisation erzielen, die nach den bisherigen Erfahrungen immer mehr in Anlehnung an das klassische Syrisch bestehen wird. Es ist aber kaum vorstellbar, daß dieser künstliche Weg auch zur Vereinheitlichung der Aussprache der in der ganzen Welt verstreuten Assyrer führen sollte.

Umschriftregeln

12. Bei dem komplizierten und kaum einfacher darstellbaren Zustand der ns. Phonetik und hinsichtlich der dazu beitragenden Umstände war uns nichts anderes möglich, als bei der Umschrift eine mechanische Transliteration zu wählen, die gegen die tatsächlichen Aussprachen am wenigsten verstoßen würde, ohne sie freilich genau darstellen zu können. Eine durchaus phonetische Umschrift des von der Aussprache manchmal schwer divergierenden Schriftbildes würde wegen häufiger Synkopierungen und ziemlicher anderer Divergenzen dem Leser das Suchen der Wörter im Glossar praktisch unmöglich machen. Andererseits geben aber eben gewisse Zweideutigkeiten des ns. Schriftsystems die Möglichkeit, sie an die Aussprache anzupassen, ohne dadurch das Schriftbild zu stören.

a) Die Konsonanten werden entsprechend der Schrifttafel (S. XXV) folgendermaßen umschrieben: *ʾ b g ğ d h w z ḥ ṭ y k č m n s ʿ p ṣ q r š* (*ž*) *t*, wobei die Spirantisierung von *ḇ g̱ ḵ* (gelegentlich auch *ḏ ṯ*) durch einen Strich unter dem entsprechenden Buchstaben bezeichnet wird. Die mit dem *ṭalqānā* (§ 2) versehenen Buchstaben (meistens *ʾ g d h l m n r t*) werden in runde Klammern gesetzt.

b) Das ʾ am Wortende (dem nur ein *zqāpā* od. *zlāmā qišyā* vorangehen kann) bleibt unbezeichnet. Falls aber am Wortende zwei graphische *ālap* nacheinander folgen, werden beide auch in der Umschrift angegeben (B. *ʾemāʾʾ*). Am Anfang und in der Mitte der Wörter wurde ʾ nicht ausgelassen, damit keine Störung des Schriftbilds entstehe. Durch sein Vorhandensein od. Fehlen unterscheiden sich nämlich allographische Formen wie *-ʾīt* u. *-īt*, und im Wortinnern bezeichnet es nicht selten den Hiatus, obwohl es meistens als bloße mater lectionis dasteht, die nach der Bezeichnung des langen *ā* durch *zqāpā* eigentlich überflüssig geworden wäre. Da durch sein Beibehalten od. Auslassen zahlreiche allographische Formen entstehen, ist seine Angabe in der Umschrift unerläßlich.

13. Da mit *ǧ* und *č* mehrere Wörter anfangen, werden im Glossar beide als selbständige Buchstaben behandelt; demgegenüber wird das am Anfang der Wörter seltener vorkommende *ž* mit *š* gemischt.

14. Bei der Umschrift der Vokale entsprechen *a* u. *ā* immer dem Schriftbild, auch wenn sie in der Schrift falsch verwendet werden. Bei dem *zlāmā kiryā* haben wir versucht, die Laute *e* u. *i* an die tatsächliche Aussprache anzupassen, wobei *e* auch den häufigen Murmelvokal *ə* vertritt. In deutlichen Divergenzfällen wird der Unterschied zwischen *e* u. *ə* in eckigen Klammern präzisiert (wozu vielleicht zu bemerken wäre, daß dieses Umschriftzeichen mit demselben, ein helles *a* darstellenden Buchstaben der sowjetisch-as. Lateinschrift nichts Gemeinsames hat). Zum *zlāmā qišyā* vgl. § 9b. Beim hinteren Vokal werden die *rḇāṣā* u. *rwāḥā* (§ 7) mechanisch wiedergegeben, nur bei der Länge des Vokals wurde eine Anpassung an die Aussprache versucht, die natürlich wegen zahlreicher fakultativer Ausspracheunterschiede in vielen Fällen rein subjektiv bleiben mußte. Die nach klassischem Muster stets defektiv geschriebenen Wörter *kül* u. *mən* werden in der Form *kᵘl* und *ṃn* wiedergegeben.

15. Da die mit *zqāpā* geschriebenen Diphthonge meistens kontrahiert worden sind (§ 10), werden sie im Kontraktionsfall mit *ô* u. *ê* (f. *āw* u. *āy*) umschrieben. Nur die mit *ptāḥā* geschriebenen werden immer mechanisch durch *aw* u. *ay* wiedergegeben, wodurch natürlich nicht gesagt wird, daß auch diese nicht kontrahiert werden könnten; ihre kontrahierte Aussprache wird in eckigen Klammern angegeben. So wird z.B. das Personalsuff. d. 3. Pl. *-ay(hy)* genauso wie seine kürzere graphische Form *-ê* (= *āy*) einfach *-ē* ausgesprochen. Um die beiden Schriftbilder auseinanderzuhalten, mußte diese allographische Form mechanisch umschrieben werden. Bei der vereinfachten Umschrift der kontrahierten Diphthonge muß der Leser darauf achten, daß die Zeichen *ô* u. *ê* die volle graphische Form *āw* u. *āy* darstellen und auch alphabetisch an ihrer Stelle im Glossar zu suchen sind. Bei dem sekundären Diphthong *aḇ*, *āḇ*, der auch zu *ō* kontrahiert wird, besteht keine andere Transkriptionsmöglichkeit als eine mechanische.

16. Bei den Ausspracheangaben haben wir uns an folgende ökonomische Regeln gehalten:

a) Wo das Schriftbild die Aussprache auf Grund der angeführten Umschriftregeln genügend erkennen läßt, wird die Ausspracheangabe unterlassen.

b) Alle stummen Buchstaben (außer den grundsätzlich nicht ausgesprochenen Laryngalen ʾ u. ʿ und den matres lectionis in *āʾ* u. *ēy*) werden in runde Klammern gesetzt, auch wenn das *ṭalqānā* im Text gelegentlich unterlassen wird.

c) Ebenso wird die Spirantisierung in jedem Fall in der Transliteration angegeben.

d) Die vom Schriftbild divergierenden Aussprachen werden unmittelbar nach jedem Lemma, bei den Verben nach der ersten Anführung der vom Schriftbild divergierenden Form in eckige Klammern gesetzt und werden bei weiterem Vorkommen derselben oder ähnlicher Formen in den zitierten Beispielen nicht mehr wiederholt.

e) Die Partikeln *w* u. *d* werden in der Transliteration entsprechend dem Schriftbild mit dem folgenden Wort zusammengeschrieben, obwohl sie meistens enklitisch mit dem vorangehenden Wort ausgesprochen werden, wobei sich aber die Partikel *d* gelegentlich noch vor dem folgenden Nomen proklitisch wiederholen kann, z.B. vgl. *məålyəd dumtan* 1:3 u.ä. (siehe Aussprachespezimen, § 17).

f) Bei nicht vokalisierten Texten werden in der Transliteration die der Aussprache am nächsten stehenden Vokale gesetzt.

g) Da die Doppelkonsonanz in der Schrift nicht bezeichnet wird, kann sie auch nicht in der mechanischen Umschrift, sondern nur in der phonetischen in eckigen Klammern angegeben werden.

17. Die Unterschiede zwischen der mechanischen, im Rahmen der möglichen an die Aussprache angeglichenen Umschrift und der tatsächlichen Aussprache seien parallel an der Transliteration und phonetischer Umschrift des ersten Stückes der Chrestomathie veranschaulicht:

Transliteration

knūšyā qā(d)māyā
teḇlāyā 'ātōrāyā
knūšyā qā(d)māyā
teḇlāyā 'ātōrāyā
d(h)wē'le(h) bmdī(n)tā
dpō bparansā bsayqūmā
10–13 bnīsān 1968 bšā-
raktā dbūšāyūtā
dšawtāpūyātē wpar-
ṣūpē mʿalyē d'ūmtan
ṃn bā(t)r motḇē prīšē
wṣaḫṣaḫyātē mṭē'le(h)
lqṭaʿyātē mudḵerē
bltḫēy(t):

– šemā 'ātōrāyā šemā
īḫīdāyā'(y)le(h) dk^{u}l-
ay(hy) bnay 'ūmtan
bk^{u}l 'aykā dhāwī
wbk^{u}l kūnāyā dpī-
šē'(y)nā qeryē: nesṭor-
nāyē, kaldāyē, yaʿ-
qūbāye, mārūnāyē
wšarkā.

– pīšā'ylā(h) ṭlībtā
dlišānā 'ātōrāyā
pā'eš qeryā: (') 'ātōrā-
yā swādāyā (b) 'ātō-
rāyā seprāyā

– šūtā'sā dḫā(d) 'ākā-
dēymī qā ḫdānāyūtā
dšiklā d'atwātē wgrā-
māṭīqē wle(h)ksīqōnē
qā prastā dḫā(d)
hūgāyā k^{u}lānāyā
wgāwānāyā.

– nṭartā dzedqē dḫa-
yūtā d'ātōrāyē 'a(y)ḵ
ḫā(d') 'ūmtā gô
(t)ḫūḇ dqānūnē dbēyl
'ūmtā wxedqē (')nā-
šāyē wbk^{u}l 'urḫā
dmetmaṣyantā'(y)lā(h).

– māramtā dyūlpānā
'ātōrāyā b'urḫā
dšūt'astā dmadrāšē
wmazyadtā dmenyānā
dṣobyē.

Phon. Umschrift

knüšya qāmāya (/qammāya)
təvlāya āturāya
knüšya qāmāya
təvlāya āturāyad
wīle bəmdītət
pō bəp(a)ransa pseqōməd e̥ṣra
hal təłṭ̥å̄ṣar bnīsān alpaw əččamaw
ištīw tmanya pšā-
raktət bušāyūtət
šotāpuyātew par-
ṣūpe məåłyed dumtan
məmbår mutve prīšew
ṣaxṣaxyāte mṭīle
ləqṭåyå̄te mutxərre
u̥łṭox:

– šəmma āturāya šəmma
īxidāyəle dəkül-
lē bnē umtan
pkül īkad dāwiw
pkül künāyat-pī-
šəna qə̣rye: nuṣṭur-
nāye, kaldāye yå̄qū̥bāye
mārunāyew
šarka.

– pīšəla ṭłəpta
dlišāna āturāya
pāyeš qə̣rya: (a) āturā-
ya swadāya (b) ātu-
rāya səprāya.

– šūtāsət xa aka-
demī qa xdanāyūtət
šikləd atwātew grā-
maṭīqew leksiqōne
qa prastət xa
hūgāya külānāyaw
gāwanāya.

– ənṭartət/d zətqet xay-
yūtəd/t āturāye ax
xa umta gō
xut qānūned bəl
umtaw zətqē nā-
šāye b/pkül urxad
mətmaṣyántəla.

– må̄ramtət yulpāna
āturāya burxət
šūtās(t)ət madrāšew
mazyattət mənyānət
ṣobīye.

---

[1]) AS *laḫdādē* hat hier einen ideographischen Wert, da es im Dialekt von Urmia nicht vorkommt und konsequent durch NS *lʿūdālē* ersetzt wird.

Transliteration / Phon. Umschrift

Transliteration	Phon. Umschrift
– ṭalabtā ṃn pāṭer-	ṭå̄łåptå mən pāṭər-
yarkē dʿēdtē ’ātōrāyē	yarked i̥ṭẹ āturāye
dqarbenī laẖdādē[1])	tqarbənnī lu̥ydå̄łew (sic, lardādew)[1])
wdẖapṭī lnṭārā	txapṭī lənṭārət
dṭaksē wṭuksay(hy)	ṭaqsew ṭuqsē
blišānā yemāyā.	blišāna yəmmāya.
– qāyūmē dšawtāpū-	– qāyūmed šotāpu-
yātē ’ātōrāyē wpar-	yāte āturāyew par-
ṣūpē prīšē čīdē	ṣūpe prīše čīde
b’āhā knūšyā lnīšā	bā knūšya lənīšəd
dšūwšāṭā wrumrāmā	šu̥šå̄ṭaw rumrāməd
d’ūmtan brē’l(h)un	umtan brīlun
lẖūyādā teḇlāyā	ləxuyāda təvlāya
’ātōrāyā.	āturāya.

Zur Morphologie

18. Da die Pronominalsuffixa im Glossar nicht gesondert angeführt werden können, ist ihre Aufzählung an dieser Stelle erforderlich:

Sg. 1. *-ī*,
 2. M. *-uk̠*, F. *-āk̠(y)*,
 3. M. *-u(hy)*, F. *-u/o(h)* [*-o*], bzw. (dial.) auch M. *-e(h)*, F. *-ā(h)* in älterer (gelegentl. auch neuerer) Presse auch, *-ē*, *-ā*;

Pl. 1. *-an*,
 2. *-ô/ōk̠on* [*-ōxun*],
 3. *-ê* u. *-ay(hy)* [*-ē*]. Siehe auch Formen mit prokl. u. enkl. *b-* u. *l-*.

19. Bei den Nomina wird das Genus im Glossar angeführt. Unterlassen wird es nur bei den Eigennamen, da es sich bei den Personennamen nach dem natürlichen Geschlecht richtet und die Ortsnamen insgesamt weiblich sind. Adjektiva fremden Ursprungs haben meistens dieselbe Form für beide Genera.

20. Die Verba werden nach Verbalwurzeln und nicht wie in älteren Wörterbüchern nach akt. Partizipien (Maclean) oder nach Infinitiven (Oraham) angeführt, was nicht nur die einzige richtige lexikographische Methode ist, sondern auch das Suchen im Glossar wesentlich erleichtert. Auch brauchen dabei nicht alle Quadriradicalia (wie bei Maclean) nach dem nicht ausgesprochenen und meistens auch nicht mehr geschriebenen *m*-Präfix ihrer Partizipien unter M angeführt zu werden.

21. Die dem AS Pe., Pa. u. Af. entsprechenden Formen werden als I., II. u. III. Konjugation bezeichnet, und soweit sie bei dem betreffenden Verbum vertreten sind, in dieser Reihenfolge verzeichnet. Bei den meisten ist nur die I. Konjugation vertreten u. die Quadriradicalia entsprechen formal der II. Konjugation. Bei diesen zwei Klassen von Verben wird die Spezifizierung der Konjugation unterlassen.

22. Innerhalb jeder Konjugation werden zuerst die vom akt. Pt., dann vom Inf. u. pass. Pt. abgeleiteten Formen und zuletzt der Imperativ angeführt. Die erwähnten Formen werden an folgenden Paradigmen dargestellt:

	I.	II.	III.	vierrad.
akt. Pt.	*pāteḥ̮*	*(m)gā/ašeq*	*mapteḥ̮*	*(m)hamzem*
Inf.	*ptāḥ̮ā*	*(m)gāšūqē*	*maptūḥ̮ē*	*(m)hamzūmē*
pass. Pt.	*ptīḥ̮*	*(m)gūšeq*	*mupteḥ̮*	*(m)humzem*
Imper.	*ptu/oḥ̮*	*gā/ašeq*	*mapteḥ̮*	*hamzem*

Das *m*-Präfix der II. Konjug. u. der ihnen formal entsprechenden vierradikaligen Verba wird in der Regel nicht ausgesprochen und erscheint manchmal auch nicht in der Schrift, so daß das akt. Pt. der I. u. II. Konjug. wie auch der Imper. der II. zusammenfallen.

23. Die Tempora werden folgendermaßen gebildet und in der folgenden Reihenfolge angeführt:

a) vom akt. Pt.:

1. Präsens m. Pronominalaffixen:
Sg. 1. M. *-en* (*pātḫen*), F. *-ān* (*pātḫan*),
2. M. *-et* (*pātḫet*), F. *-at* (*pātḫat*),
3. M. — (*pāteḫ*), F. *-ā* (*pātḫā*),

Pl. 1. *-aḫ*, *-aḫn* (*pātḫaḫ*[*n*]), Al., San. *-ok̲*,
2. *-ītu/on* (*pātḫītu/on*)
3. *-ī* (*pātḫī*).

Dieses wird mit vorangesetzter Partikel *ki* als duratives Präsens (*ki pātḫen* usw.) gebraucht.

1. Futurum: *bet/d pātḫen* usw.
1. Perfekt: *qam pātḫen*[1]) usw.
1. Imperfekt: *pātḫen* (*h*)*wā* usw.; durativ: *ki pātḫen* (*h*)*wā* usw.
1. Konditional: *bet/d pātḫen* (*h*)*wā* usw.

b) vom Infinitiv:

2. Präsens: *beptāḫā ywen* [*bəptāxəwen*] usw.; zu den weiteren Personen siehe die Konjugation des Hilfsverbs (*H*)*WY*.
2. Futurum: *bet/d hāwen beptāḫā* usw., siehe (*H*)*WY*.
2. Perfekt: (*h*)*wē lī beptāḫā* usw., zu weiteren Personen siehe *l-* m. Personalsuff.
2. Imperfekt: *beptāḫā ywen* (*h*)*wā* usw.
2. Konditional: *bet/d hāwen* (*h*)*wā beptāḫā*.

c.) vom passiven Partizip:

3. Präsens: *hāwen ptīḫā*, F. *hôyān ptīḫtā* usw.
3. Futurum: *bet/d hāwen ptīḫā* usw.
3. Perfekt: *ptīḫ*(*ā*) *īwen*[2]) usw.
3. Imperfekt: *hāwen* (*h*)*wā ptīḫā* usw.
3. Konditional: *bet/d hāwen* (*h*)*wā ptīḫā*,
Präteritum: *ptīḫlī*[3]) usw.
Plusquamperfekt: *ptīḫ īwen* (*h*)*wā*.

---

[1]) Die mit der Partikel *qam* (Al. auch *kem*, *kem-*) zusammengesetzten Perfekta werden unbedingt m. enkl. *l-* + Pronominalsuff. gebraucht: *qam pātḫenne* (< *qam pātḫen le*[*h*]), vgl. Glossar s. *qam*.

[2]) F. *ptīḫā īwān*, bzw. *ptīḫtā ywān*, Pl. *ptīḫē īwaḫ*.

[3]) m. weibl. Obj. *ptīḫā lī* „ich habe sie (F.) geöffnet", m. pl. Obj. *ptīḫē lī* „ich habe sie (Pl.) geöffnet".

Daneben sind bei b) u. c) noch allerlei weitere Kombinationen mit dem Hilfsverb *(H)WY* möglich. Da aber die Form des Hauptverbs (Inf. od. pass. Pt.) leicht erkennbar ist, dürften beim Suchen solcher zusammengesetzten Tempora im Glossar keine praktischen Schwierigkeiten auftauchen.

Danach folgen passive Formen mit dem Hilfsverb *PUŠ* (q. v.)

d) Imperativ: *ptuḫ*, Pl. *ptūḫun*.

24. Das Pronominalobjekt wird in doppelter Weise an das Verbum angehängt: a) bei den vom akt. Pt. gebildeten Formen und beim Imperativ mit Hilfe vom enkl. *l*- + Pronominalsuffix. Bei der 1. Sg. wird das Enklitikon progressiv an die Endung der Verbalform assimiliert: *pātḫene(h)* [*-ənne*] (< **pātḫen leh*) „ich öffne es“ u. ä. Bei allen anderen Gruppen von Tempora kommt das Pronominalsuffix direkt (ohne *l*-) an den Infinitiv oder an das pass. Pt. (im St. cs. M. Sg.) ungeachtet dessen, ob ihm das Hilfsverb vorangeht oder folgt, vgl. v. Inf. 2. Präs. *beptāḫū(hy) ywen* „ich bin dabei, ihn/es zu öffnen“, 2. Fut. *bet/d hāwen beptāḫū(hy)* „ich werde dazu kommen, ihn/es zu öffnen“; v. pass. Pt.: 3. Präs. *hāwen ptīḫū(hy)* „ich eröffne ihn/es“, Prät. *ptīḫu(hy) lī* „ich habe ihn/es geöffnet“ = 3. Pf. *ptīḫū(hy) ywen* u. ä.

25. Zum Auffinden der schwachen Verba im Glossar bietet die mechanische Befolgung der traditionellen etymologischen Orthographie eine ausgiebige Hilfe, da in dieser noch viele stumme Laute graphisch geblieben sind, die in der sowjetisch-assyrischen Lateinschrift restlos geschwunden sind. Nur wegen der Aphäresis in gewissen Formen der I. ' u. *y* und der Synkope in den Wurzeln mediae cavatae et geminatae könnten Schwierigkeiten entstehen. Deshalb empfiehlt es sich, zunächst die angeführten Formen der leicht aufzufindenden Verba I. ' u. *y* durchzusehen. Bei den zwei anderen erwähnten Klassen wird der Leser normalerweise auf den Schwund des schwachen Radikals aufmerksam und deshalb auch imstande sein, sie an der richtigen Stelle zu suchen, zumal es sich dabei meistens um die im AS bekannten Wurzeln handelt.

SCHRIFTTAFEL

Phon. Umschrift	Dunkel	Spir.	Mechanische Umschrift	Spir.	Zahlenwert	Namen	Neusyrische Buchstaben	Nr.
'			'		1	ālap	(ܐ) ܐ, ܐ	1
b	b̥	v	b	ḇ	2	bīt	(ܒ) ܒ	2
g		γ	g	g̱	3	gāmal	(ܓ) ܓ	3
ğ			ğ				(ܓ̰) ܓ̰	4
d	d̥	ḏ	d	ḏ	4	dālat	(ܕ) ܕ	5
h			h		5	hē	(ܗ) ܗ	6
w			w		6	waw	(ܘ) ܘ	7
z			z		7	zēn	(ܙ) ܙ	8
ḥ, x			ḫ		8	ḫēt	(ܚ) ܚ	9
ṭ			ṭ		9	ṭēt	(ܛ) ܛ	10
y			y		10	yūd	(ܝ) ܝ, ܝ	11
k		x	k	ḵ	20	kāp	(ܟ) ܟ	12
							(ܟ) ܟ	
č			č				(ܟ̰) ܟ̰	13
							(ܟ̰) ܟ̰	
l	ł		l		30	lāmad	(ܠ) ܠ	14
m	m̥		m		40	mīm	(ܡ) ܡ	15
							(ܡ) ܡ	
n	n̥		n		50	nūn	(ܢ) ܢ	16
							(ܢ) ܢ, ܢ	
s			s		60	simkat	(ܣ) ܣ	17
ʿ			ʿ		70	ʿē	(ܥ) ܥ	18
p	p̥	f	p	p̱	80	pē	(ܦ̮, ܦ) ܦ̮, ܦ	19
ṣ			ṣ		90	ṣāde	(ܨ) ܨ	20
q			q		100	qōp	(ܩ) ܩ	21
r	r̥		r		200	rēš	(ܪ) ܪ	22
š			š		300	šīn	(ܫ) ܫ	23
ž			ž				(ܫ̰, ܙ̰) ܫ̰, ܙ̰	24
t	t̥	ṯ, s	t	ṯ	400	tāw	(ܬ) ܬ	25

Philologische und lexikalische Literatur in europäischen Sprachen

Bergsträsser, G., Glossar des neuaramäischen Dialekts von Maʿlūla, Leipzig 1921.

— Einführung in die semitischen Sprachen, München 1928, S. 80–96.

— Phonogramme im neuaramäischen Dialekt von Malula, München 1933.

Blau, J., Bespr. v. Jastrow, Laut- u. Formenlehre u. Ritter, Tūrōyō, BSOAS 31/1968, 606–610.

Bliss, F. J., Maʿlula and its Dialect, PEF QuSt 1890, 74–98.

Cereteli, K. G., *Pritʻažatelʻnye mestoimenija v urmijskom dialekte aramejskogo jazyka, Soobščenija Akad. Nauk Gruz. SSR* XIII, 8/1952.

— *Sistema sprjaženija glagola v sovremennych assirijskich dialektach, Akad. Nauk Gruz. SSR, Serija vostožnych jazykov* II/1957 (georgisch m. russ. Zusammenfassung).

— *Sledy kauzativa na* ša:/sa *v urmijskom dialekte, Soobščenija Akad. Nauk Gruz. SSR*, XVIII, 1, 1957.

— *Chrestomatija sovremennogo assirijskogo jazyka so slovarem, Tbilissi* 1958.

— *Očerk sravnitelʻnoj fonetiki sovremennych assirijskich dialektov, Tbilissi* 1958 (georgisch m. russ. Zusammenfassung), vgl. folg.

— *K sravnitelʻno- istoričeskomu izučeniju fonetičeskich osobennostej sovremennych vostočno-aramejskich dialektov, Moskva* 1960.

— (deutsche Übersetzung v. Dr. Norbert Reiter:) Abriß der vergleichenden Phonetik der modernen assyrischen Dialekte, in: F. Altheim - R. Stiehl, Geschichte der Hunnen, III, 1961, 218ō211.

— *Materialy po aramejskoj dialektologii*, I. *Urmijskie teksty*, *Tbilissi* 1960.

— *Obrazcy sovremennoj assirijskoj reči* (Vanskie teksty): in: *Semitskije jazyki*, Moskva

— 1963.

— *Sovremennyj assirijskij jazyk Moskva* 1964 (auch italienisch, s. Tsereteli) Siehe weiter s. Tsereteli.

Cantarino, V., Der neuaramäische Dialekt von Gubb Adin, Texte u. Übersetzung, Inaugural-Diss. München 1962.

Ceruli, E.-Pennacchietti, E., Testi neo-aramaici delʻIran settentrionale (raccolti da Enrico Cerulli con glossario di Fabrizio A. Pennacchietti), I, Napoli 1971 (Pubblicazioni del Seminario di Semitistica, Ricerche VIII).

Corell, Ch., Materialien zur Kenntnis des neuaramäischen Dialekts von Bahʿa, Inaugural-Dissertation, München 1969.

Duval, R., Les dialectes néo-arameens de Salamas, Paris 1883.

— Notice sur des dialectes néo-arameens, Mém. de la Soc. de Ling. 9/1896, 125–135.

Ferette, J., On a Neo-Syriac Language still spoken in the Antilibanon, JRAS 1863, 431–436.

Friedrich, J., Neusyrisches in Lateinschrift aus der Sowjetunion, ZDMG 109/1959, S. 50–81.

— Zwei russische Novellen in neusyrischer Übersetzung und Lateinschrift, Abh. f. d. Kunde des Morgenl. XXXIII, 4, Wiesbaden 1960.

— Das Neusyrische als Typus einer entarteten semitischen Sprache, Ist. Or. di Napoli, Annali IV/1962, 95–106.

— Aus einer neusyrischen Fibel, RSO XXXVIII/1963, 9–21.

Friedrich, J. u. L. Laure, Onkel Šälu und Qämbär, Text, Übersetzung und Erläuterungen, ZDMG 112/1962, 8–49.

Garbell, I., The Jewish Neo-Aramaic Dialect of Persian Azerbaijan, Linguistic Analysis and Folkloristic Texts, London — The Hague — Paris 1965.

— The Impact of Kurdish and Turkish on the Jewish Neo-Aramaic Dialect of Persian Azerbaijan and the Adjoining Regions, JAOS 85/1965, 159–177.

— "Flat" Words and Syllables in Jewish East New Aramaic of Persian Azerbaijan and the Contiguous Districts (A Problem of Multilingualism), Festschr. H.J. Polotsky, Jerusalem 1964, 86–103.

Guidi, I., Beiträge zur Kenntnis des neuaramäischen Fellīḥī-Dialektes, ZDMG 37/1883, 293–318.

Gottheil, R., The Judeo-Aramaean Dialect of Salamas, JAOS XV/1893.

Hart, Lieut, R., MBE, Colloquial Syriac as Spoken in the Assyrian Levies, Mosul Assyrian Press 1926.

Jastrow, O., Laut- u. Formenlehre des neuaramäischen Dialekts von Mid̠in in Ṭur ʿAbdin, Inaugural-Diss., Bamberg 1967.

— Ein Märchen im neuaramäischen Dialekt von Mīdin (Ṭur ʿAbdin), ZDMG 118/1968, 29–63.

— Ein neuaramäischer Dialekt aus dem Vilayet Siirt (Ostanatolien), ZDMG 121/1971. 215–222.

Jušmanov, N.V., *Assirijskij jazyk i ego pis'mo, Pis'mennost' i revol'ucija*, I, M–L. 1933.

— *Zarodočnoje m novosirijskogo dialekta, Jazyk i myšlenie* 5/1935, 93–96.

Kalašev, A., *Ajsorskie teksty*, *SMOMPK* XX/1894, III *otd.*, S. 33–96.

—, *Ajsorskie teksty*, *SMONPK*, vyp. XX, Tiflis 1894.

Kampfmeyer, G., Neusyrische Sprichwörter im Dialekt von Urmia, MSOS, II. Abt. 1905.

Lidzbarski, M., Die neuaramäischen Handschriften der Königlichen Bibliothek zu Berlin, I–II, Weimar 1896 (vgl. schon ZA 9/1894, 224–263). Neudruck: Georg Olms Verlag, Hildesheim - New York 1973.

Lopatinskij, I., *Ěvrejsko-aramejskie teksty, Sbornik materijalov dlja opisanija mestnostej i plemjen Kavkaza, vyp.* 20, *otd.* 2, S. 1–32 (Tiflis 1894).

Löwy, A., On a unique specimen of the Lishana shel Imrani, the Modern Syriac or Targum of the Jews in Kurdestan and adjacent countries, Transactions of the Soc. of Bibl. Archaeology 1875.

Maclean, A.J., Grammar of the Dialect of Vernacular Syriac as spoken by the Eastern Syrians of Kurdistan, North-West Persia and the Plain of Mosul, Cambridge 1895.

— A Dictionary of the Dialects of Vernacular Syriac, Oxford 1901.

Macuch, R., Zu J. Friedrichs Arbeiten über das Neusyrische aus der Sowjetunion, OLZ 57/1962, Sp. 117–125.

— Handbook of Classical and Modern Mandaic, Berlin 1965.

— The Bridge of Shushtar, A Legend in Vernacular Mandaic with Introduction, Translation and Notes, in: Studia Semitica . . . Ioanni Bakoš dicata (ed. St. Segert), Bratislava 1965, S. 153–172.

Merx, A., Neusyrisches Lesebuch, Breslau–Tübingen 1873.

Moscati, S., Lo stato assoluto nell'aramaico orientale, AION-Ling. 4/1962, 79–83.

Nöldeke, Th., Grammatik der neusyrischen Sprache am Urmia-See und in Kurdistan, Leipzig 1868.

— Bespr. v. E. Prym - A. Socin, Der neuaram. Dialekt, ZDMG 35, 218–235; A. Socin, Die neuaram. Dialekte ZDMG 36, 1882, 669–682: R. Duval, ZDMG 37, 1883, 598–609; M. Lidzbarski, ZDMG 50, 303–316; A. Merx; GGA 1873, S. 1965f.

Oraham, A.J., Dictionary of the Stabilized and Enriched Assyrian Language and English Chicago 1943.

Osipoff, S., Syriac, Maître Phonétique 1913.

Parisot, D.J., Le dialecte de Ma'lula, JA XI/1898–9, S. 239–312, 440–519 u. XII S. 124–176; Sonderabdruck mit eigener Paginierung, Paris 1898.

— Le dialecte néo-syriaque de Bakh'a et de Djub'adin, JA XIX, S. 51–61.

— Contribution à l'étude du dialecte néosyriaque du Tour-Abdin, Actes du XIième Congr. int. des Orientalistes, Paris, 1897, IVième sect. 178–198.

Polotsky, H.J., Studies in Modern Syriac, JSS 6/1961, 1–32.

— Eastern Neo-Aramaic-Urmi and Zacho, in F. Rosenthal, An Aramaic Handbook, PLO X/1967, Pt. II/1, 69–77, u. Glossar, ibid.

Prym, E.-A. Socin, Der neuaramäische Dialekt des Ṭūr-'Abdīn, I–II, Göttingen 1883.

Reich, S., Etudes sur les villages araméens de l'Anti-Liban, Documents d'Etudes orientales de l'Institut Français de Damas 7/1937.

Rhétoré, J., Grammaire de la langue Soureth ou Chaldéen vulgaire, selon le dialecte de la plaine Mossoul et des pays adjacents, Mossoul 1912.

Ritter, H., Ṭūrōyō, Die Volkssprache der syrischen Christen des Ṭūr 'Abdin, I–II, Beirut 1967, 1969.

— Ṭūrōyō (Ṭōrānī), in F. Rosenthal, An Aramaic Handbook, PLO X/1967, 78–81, u. Glossar, ibid.

— „Die beste Frau", Eine Ṭūrōyō-Erzählung aus dem Ṭūr 'Abdīn, St. or. C. Brockelmann, Halle 1968, 155–159.

Rödiger, E., Über die aramäische Vulgärsprache der heutigen syrischen Christen, ZKM (Göttingen) 2/1839, 77–93.

Rosenberg, I., Lehrbuch der neusyrischen Schrift- und Umgangssprache, Wien (1903).

Rosenthal, F., Die aramaistische Forschung seit Th. Nöldeke's Veröffentlichungen, Leiden 1939 (Neudruck 1964): Das Neu-jungaramäische 160–172, Das Neuostaramäische 255–269.

— (hrsg.), An Aramaic Handbook, PLO X/1967, siehe Polotsky, Ritter, Spitaler.

Sachau, E., Skizze des Fellichi-Dialekts von Mosul, Abh. d. kön. Akad. d. Wiss. zu Berlin v. Jahre 1865.

— Über die Poesie in der Volkssprache der Nestorianer, SBPAW, phil.-hist. Kl. 1896, 179–215.

Sargis Archimandrit, Russko-sirskij leksikon, Urmia 1909.

Schahbaz, D., Erzählungen, Sprichwörter der heutigen Syrer in Nordpersien, Texte im Dialekte von Urmia, MSOS, III. Abt. 1919.

Segal, J.B., Neo-Aramaic Proverbs of the Jews of Zakho, INES XIV/1955.

Segert, S., Neue Darstellung der vergleichenden Phonetik der modernen aramäischen Dialekte von K. Certeli, AO 29/1961, 96–105.

— Bespr. von *K.G. Cereteli, Materialy* AO 35/1967.

Siegel, A., Laut- und Formenlehre des neuaramäischen Dialekts des Ṭūr-'Abdīn, Hannover 1923.

Socin, A., Die neuaramäischen Dialekte von Urmia bis Mosul, Tübingen 1882.

Spitaler, A., Grammatik des neuaramäischen Dialekts von Ma'lūla (Antilibanon), Leipzig 1938 (Neudruck 1966).

— Neue Materialien zum aramäischen Dialekt von Ma'lūla, ZDMG 107/1957, 299–339.

— The Aramaic Dialect of Ma'lūla, in F. Rosenthal, An Aramaic Handbook, PLO X/1967, 62–68, u. Glossar, ibid.

— „Wiederherstellung" von scheinbaren alten vortonigen Längen unter dem Akzent im Neuaramäischen und Arabischen, Festschr. W. Eilers, Wiesbaden 1967, 400–412.

Stoddard, D.T., Grammar of the Modern Syriac Language, as Spoken in Oroomiah, Persia and Koordistan, New Haven 1855.

Tsereteli, K.G., Zur Phonetik ostaramäischer Dialekte der Gegenwart (Ein historisch-vergleichender Beitrag), XXV. internationaler Orientalisten-Kongreß, Verlag für orientalische Literatur, Moskau 1960.

— On the Comparative-Historical Study of the Category of Tense in Modern Aramaic Dialects, Proceedings XXVIth Intern. Congr. of Orientalists, New Delhi 1964 (ed. 1968), 38–41.

— Über Reflexivstämme in den modernen aramäischen Dialekten, RSO 39/1964, 125–132.

— A Type of Nominal Syntagm in Modern Aramaic Dialects, BSOAS 28/1965, 227–232.

— Compound Tense Forms in Modern Aramaic Dialects, AION, N.S. XVIII/1968, 247–252.

— The Static Verb in Modern Aramaic Dialects, Studi G. Rinaldi, Genova 1967, 83–89.

— Zur Determination und Indetermination der Nomina in den modernen aramäischen Dialekten, Wiss. Z. Univ. Halle XVII/1968 (Stud. or. C. Brockelmann), S. 201–206.

— (Bespr. v.) H. Ritter, Ṭūrōyō, Oriens 20/1968–69, S. 503–508.

— Grammatica di Assiro Moderno (Traduzione dal russo di Donatelia Locchi, Revisione scientifica di Fabrizio A. Pennaechietti), Napoli 1970.

Die Assyrer in der UdSSR, in: R. Stiehl - E. Stier, Beiträge zur Alten Geschichte und deren Nachleben (Festschr. F. Altheim), Berlin 1970, 375–385.

Analytical Verbal Forms in Modern Aramaic Dialects, AION, N.S. XXII/1972,
— S. 17–23.

— The Aramaic Dialects of Iraq, AION, N.S. XXII/1972, S. 245–250.

— Neuaramäisch, Berliner Byzantinistische Arbeiten 43/1972.

Yaure, L., A Poem in the Neo-Aramaic Dialect of Urmia, JNES 16/1957.

Zettersteen, K.V., Ein geistliches Wechsellied in Fellihi, Nöldeke-Festschr. (1906), 497–503.

GLOSSAR

' (= *ālap*) der erste Buchstabe des Alphabets 49:3; Zahlenwert 1 : ' *gô 'ādar* 39:18 s. *'ādar*, zur Bezeichnung der 1. Strophe 93:12 u. ö.; Abkürzung für *abrāhām* 85:7.

'a'ār (AS < ἀήρ) M. Luft 80:24.

'b 12 32:antep.

'ab (:AS *āb*) M. August 39:26.

'abā [*āva*] (< AS *abbā*) M. Vater, auch Titel der Geistlichen 57:24, 75:11; von Gott: *šubḥā l'abā* Gepriesen sei der Vater 39:6; m. Suff. *'ābūn* Vater unser 39:5; Pl. *'ābāhātē* Väter, Eltern, Ahnen, m. Suff. *'ābāhātuk* deine Väter 93:paen., *'ābāhātan* unsere Väter, Ahnen 55:paen., verkürzt: *'ābāhō(h)* ihre (F.) Eltern 83:9, 11, 13, 18, *l'ābāhū(h)y* seine Eltern 54:22, *ḥa(d) yākāntā d'ābāhī iwan* [*āvāhī-wan*] ich bin die einzige meiner Eltern 83:21.

'abgad [*ab-*] (:Ar. *abǧad*) die ersten vier Buchstaben des Alphabets (:*ālap, bīt, gāmal, dālat*) 48:ult.

'abgar [*av-*] Abgar, legendärer syrischer König, Zeitgenosse Jesu 12:7, 53:17.

'BD für *ʿBD* (q. v.): 1. Präs. (Konj.) Al. *klī d'ābduk* [*dọdọx*] warte, bis wir machen 86:24; Prät. 3. Sg. F. *ṭābtā rabtā di'bedlā(h)* [*dwə́dla*] das große Gute, das sie getan hat 37:9.

'ābad [*āb-*] (Ar.) M. Ewigkeit: *hal ābad* ewiglich 86:5.

'abādīnā'īt [*āba-*] ewiglich 25:12.

'abdānā [*avdāna*] (AS) M. Vernichtung 2:8.

'a/ābāhē [*avāhe*] (u. *'a/ābahātē*) Pl. v. *'abā* q. v.

'ābāhāyā [*āvahāya*] (Adj. v. vhg.) väterlich, elterlich 7:17.

'ābāhātē [*avāhāte*] Pl. v. *'abā* q. v.

'abū 'alparaǧ [*abulfa-*] (Ar.) Abul-Farağ Barhebraeus 36:antep.

'ābū bakr [*abu-*] (Ar.) Abū Bakr, der erste Chalif 54:paen.

'ābāyī [*āvayī*] (< P. *ābādī*) bewohnt, bevölkert: *wḥā sāmā 'ābayī (y)lē* und ein Teil ist bevölkert als (Ggs. v. *ḥārābā*) 33:ult.

'ābingdān Abingdon (engl. Eigenn.) 70:17, 21 (s. *'inglisnāyā*).

'BR Al. f. *ʿBR* (vgl. *'WR*): *wek'ābren* [*wəkōren*] u. ich trete hinein 87:2.

'abrāhām [*oraham*] Abraham 11, 39, 57f., 78, *'ebrāhim* (Ar.) 11:ult. s. *berkēyt*.

'āgā [*āγa*] (T.-K.-P.) M. Herr 19ff., *'āgā myuqrā* der geehrte Herr; m. Suff. *'āgāyī* mein Herr 64:9, 70:23, *d'āgāyê* ihres Herrn 50:10; als Teil des Eigennamens: *'ismāʿīl 'āgā, ǧangīr 'āgā* usw. s. vv.; Pl. *'āgālārē* (T.) 19f.

'āgā ḫā'n [*āγa-χān*] (T.-K.-P.) Aga-Chan 69:10.

'āgūnē [*āγūne*] (As. < ἀγωνία) F. Agonie 91:16.

'āgāyā [*āγāya*] (Adj. v. *'āgā*) Herr-(scher) > überlegen 19:ult.

'āgālārē [*åγålāre*] Pl. v. *āgā* q. v.

(')*gārē* [*gāre*] (AS. *'egārā*, Nöldeke 64) M. Dach: *qā qōšōn dl(')gārē* für die Truppe auf dem Dach 82:8; Pl. *'egārāwātē* [*gārawāte*] 24:9.

'igartā [*īgarta*] (AS) F. Brief 53:18; Pl. *'egaryātē* 52:12, 57:antep.f.

'iǧāzā [*īǧāza*] (Ar.) F. Erlaubnis 6:5.

'ad [*ad*] Al. Demonstrativpron. dieser, -e, -es: *d'ad* (')*nāšā* dieses Menschen 86:13, *b'ad šarʿā* in diesem Gesetz 87:20, *'ād mar'ā* diese Krankheit 37:12.

'ādābūtā [*adabuyta*] (Abstr. v. *ādāb*) F. Höflichkeit, *brābā 'ādābūtā* sehr höflich 70:23, *ʿal ādābūtā dhurmat* in höflicher Art 70:paen.

ādorbāyǧān [*āzarbeyǧan*] Aserbeidschan 26:5, 36:13.

'ādī [*āyi*] Demonstrativpron. dieser, -e, -es 87:4, 5 (San. *ay* u. *iya*), Akk. *l'ādī* 86:24, *b'ādī qiṣā* nach dieser Geschichte 87:4; San.: *'ādī* [*iya*] *āmērā* dies soll er rezitieren 39:3, *'ādī ṣlōtā* [*ay ṣlọṣå*] dieses Gebet 39:10, *b'ādī yōmā* an diesem Tag 39:16, *'ādī ktābā* [*ay ćtāva*] dieses Buch, od. *'ādiktābtā* id. 39:18; *'ādī* (')*mērā dāmik* wenn er dies rezitiert, wird er schlafen 39:3; *w'ādī brē'lā(h)* und dies geschah 37:22. (Als selbständiges Demonstr. meistens als F. gebraucht).

'aday [*adday*] Eigenn.: *mār(y) aday* ein syrischer Apostel 12:8 (siehe Brockelmann, Chrestomathie 12ff.); als Vorn.

rābī 'aday 'alḥā'ṣ Lehrer Adday Alchaṣṣ 94:2.

'ādīyā [*adīya*] (< *hādē hā?*) jetzt; *mqa(d)m 'ādīyā* früher 2:15, 9:11, vgl. 33:7, *'adiyā (')ze(l)mon bišlāmā* jetzt gehet in Frieden 5:10, *'ādīyā kad* wenn jetzt 6:12,19. *'ādīyā 'īt lôḵon* jetzt habt ihr 5:6, *hal 'ādīyā* bisher 7:paen., 33:5, *'ādīyā 'en* falls jetzt 7:antep., 30:4, *'ādīyā 'īt lā(h)* jetzt hat sie 11:19; *d'ādīyā* von jetzt, jetzig 9:4, 5, 29:10, 34:4,7, 54:16, einfach: jetzt 79:22; *'ādīyā zē* jetzt auch 34:10, 45:7; tautologisch *dhālā 'ādīyā* so, daß jetzt 34:1; *'ādīyā dšemʿyā (y)wet maʿlūmūtā* jetzt, da du den Bericht gehört hast 43:8; *har 'ādīyā* genau jetzt, sofort 76:7; daraufhin 6:5; schon 50:4 (s. *ḪTM*).

'edyū/ō, 'edyō/ū(m) [*udyū*] (< *'ad* + *yōm*) heute: *'edyū zē* heute auch 4:1, 81:18, *w'edyō(m) 'ītlan* und heute haben wir 52:6, *'edyō(m) yōmā* heutzutage 9:2, 25:13, *ḥayan d'edyō(m) yômā* unser heutiges Leben 73:5, *hal 'edyō yōmā* bis zum heutigen Tag 34:17, *ṃn qā(d)m 'edyō(m) 'up* früher auch 44:23.

'edē(y)l s. *'āšor 'ēdē(y)l.*

'ādām [*ādam*] (H.-AS) Adam 56:17, 77:1,2.

'edasā [*e/ide/issa*] Edessa 11f.

'edesyā [*e/ide/isya*] Edessa 11:18.

'ādār [*ādar*] (AS < Akkad.) M. März, *byarḥā d'ādār* im Monat März 11:2, *b'ādār* im März 24:ult., ' *gô ādār* am 1. März 39:18.

'āh 1 [*ā*] Demonstrativpron. wie *'āhā* q. v. (beide einfach *ā* ausgesprochen): *āh brātā* dieses (od. das) Mädchen 84:4.

'ā(h) 2 [*ā*] Interj. Ach! 91:19.

'āhā [*ā*] dies(er, -e, -es): *b'āhā ʿdānā* 5:12, 22, 6:8, 26:2, 80:20 u. ä., *w'āhā trāyānā* u. der zweite 10:6, *d'āhā šūlā* dieses Berufs 27:19, von dieser Arbeit 84:5 u. ä.; *d'āhā* nicht nur in genitivischer, sondern auch in nominativer Bed. wie auch nach anderen Präp. gebraucht (s. R. Macuch, OLZ 57/1962, Sp. 120 m. A. 5): *gô d'āhā* in diesem, -er, -en, od. darin 5:14, 9:23, 72:18, 75:23, 98:9, *'a(y)ḵ d'ahā* [*ax dā*] wie dieses 41:10, 12, 16, 20, *bpāsōqā ṃn qa(d)m d'āhā* im vorhergehenden Abschnitt 14:2, *ṃn bā(t)r d'āhā* danach 21:22, *but d'āhā* darüber 44:6, *ṃn d'āhā kūnāšā* von dieser Sammlung 44:19, ab. *d'āhā kūnāšā dmelē* daß dieses Wörterbuch 44:5, *d'āhā šaḇṯā* daß dieser Stamm 7:14.

'āhū Al. [*āvun*] (s. *'āh* 1, *'āhā*) er, dieser 86:17.

'ahwāl (< Ar. Pl. *aḥwāl*) Zustand, Bedingung: *gô ahwāl čem šaqī* in sehr schlechtem Zustand 14:2, *ahwāl dtalmīdē* Zustand der Jünger 49:ult., davon Pl. *'ahwālatē* Lage: *b'āhā 'ahwālatē* in dieser Lage 50:2, *'ahwālātē dzaḇnā dsāsānāyē* die Lage des Zeitalters der Sasaniden 53:15, *'ahwālatē 'eqōnōmīyāyē* wirtschaftliche Lage 61:13, *'ahwālatē dgāway(hy) beḥāyā (h)wô 'ātōrāyē* die Lage, in der die Assyrer gelebt haben 63:19, *(t)ḥut 'ahwālatē šaqī* in (< unter) erbärmlichen Bedingungen 63:22.

'āhāy [*āy*] Interj. ei! 37:antep., *'ahāy henē* ei, du da! 93:22.

'āhī Al. [*āyi*] Demonstrativpron.: diese, sie 37:19.

'ehtūbār [*ītūbar*] (< Ar. *iʿtibār*) M. Respekt: *(h)wī mārē 'ehtūbār hal môtā* sei ein respektabler Mann bis zum Tod 34:15.

'ō 1 Interj. Oh! 75:6.

'ō 2 (vgl. *'āhā*, ausgespr. *ā*) Demonstrativpron. San. jene(r/s): *'ō mendī* das Ding 39:15, Al. *m'ō yômā w'ātē* von jenem Tag an 37:15.

'ū-'ū-'ū Wiedergabe der Stimme der Wölfe 85:15, 17f.

'āwā [*āwa*] Al. Personal- u. Demonstrativpron. er, dieser 87:10 (s. *ham*).

'ūḇāqšātārā Name eines medischen Herrschers 10:4.

'ōgur (T. < augurium?) Glück, m. Prokl. *l'ogur dmāranīšoʿmšīḥā* für unseren Herrn Jesus Christus 35:21.

'ūǧāg (T.-K.) F. Stamm, Sippe, Familie, Geschlecht: *ṃn ḥā ūǧāg gūrtā* von einem großen Stamm 35:4.

'WD (allogr. f. *ʿḆD* q. v.) machen, tun: 1. Präs. (Konjunktiv) *gārāg lā 'āwed* er soll nicht tun 38:10, San. *tā ... ʿḇādē 'āwed* damit er Werke leistet 39:19, vgl. Z. 22, Al. *lā kūden* [*kōdən*] ich tue nicht 87:5, Al. d'*ôdoḵ* damit wir machen 86:25; Pf. San. *d'ewedluḵ 'emī* die du mit mir getan hast 39:11, Prät. *d'ewedluḵ* [*dwədlox*] die du getan hast 39:11, Imper. San. *'ewod* [*vōd*] tue 39:15, 23.

'ōdo Eigenn.: *mār(y) t'ōma 'ōdō* 56f., 61:6, 71:16.

'ūdālē [*uydåle*] (für u. nb. *'ūdālē* q. v.) zusammen, einander: *wslabtā d'atrāwātē d'ūdālē* gegenseitige Plünderung der Länder 17:1, *'aynī dmn lā ḥbāttay(hy) b'ūdāle yan lā ḥdārtay(hy) gô 'ūdālē* diese gehören zu denjenigen, die sich nicht miteinander gemischt haben oder nicht ineinander durchgedrungen sind 44:9, *ǧaldē bet mparqaḥ 'ūdāle* schnell werden wir einander retten 44:ult., *m'ūdālē* zusammen, miteinander 59:10, 72:12.

'ōh [*ō*] Interj. Ach! 24:paen., 34:19.

'ūzūr s. *nābūpāl 'ūzūr*.

'oḥ Interj. Och! 69:12.

'uḥdānā [*uγdāna*] (AS) M. Übernahme: *'uḥdānā dšulṭāneh* seine Machtübernahme 9:15, *gô 'uḥdānā d'ākad* in der Machtübernahme von Akkad 8:13; Pl. *'uḥdānē* Besitze: *bkᵘlê(hy) 'uḥdānē d'ātōrāyē* in allen Besitzen der Assyrer 13:21.

'ūḥčā [*uxča*] (T.?, s. Nöldeke 165, Maclean s. v.) sehr 2:6, 7, 3:paen., 11:antep., 65:7, *dḥdā gantā d'ūḥčā gūrā* eines sehr großen Gartens 77:3, *'inā 'ūḥčā d'īt (h)wā 'ālmā rābā gô qaṣran* aber es gab sehr viele Leute in unserem Palast 82:13, *'ūḥčā šinē* viele Jahre 92:7.

'ôyūtā (AS) F. Einstimmigkeit, Harmonie: *bšlāmā w'ôyūtā* in Frieden und Einstimmigkeit 72:12.

'UL apparente sekundäre Nebenwurzel v. *'TY* in einigen Formen der III. Konjug., wie Prät. *mū'yeluḵ* [*muyyēlux*] f. *mu(t)yeluḵ* du hast gebracht 77:4 u. ä.

'olūm ich sterbe 10:antep. bis (nach d. Autor chaldäisch).

'ōlāy alter (schon keilschr.) Name des Flusses Kārūn in Chūzistān (s. Dan. 8:2, 16): *nahrā d'ōlāy* der Fluß Ulai (Kārūn) 34:7, m. anderem Namen *'ōlyās* ibid.

'umānā [*umāna*] (AS) M. Handwerker, Künstler, *ḥqerre(h) lpulḥānā d'ūmānā mhīrā* er lobte die Arbeit des geschickten Handwerkers 61:antep.

'ūmānūtā [*-uyta*] (AS) Handwerk, Kunst, Geschick(lichkeit), *'ūmānūtā* u. *dkᵘlā(h) barnāšūtā* die Kunst der ganzen Menschheit 4:9, *wb'urḥā dḥdā ūmānūtā* 14:21 (s. *'urḥā*), *'ūmānūtā d'ātōrāyē* Handwerk der Assyrer 16:paen., *šūlānē d'ūmānūtā* handwerkliche Berufe 17:1, *'ūmānūtā dktaḇtā* die Schreibkunst 52:10, *'ūmānūtā dsiprāyūtā* literarische Kunst 54:5, „*za(h)rīrē d'ūmānūtā*" „die Strahlen der Kunst" 61:21.

'ūmānāyā (Adj. v. *'ūmānā*) künstlerisch: *mn ktāḇē 'ilmāyē 'ūmānāyē* von den wissenschaftlich-künstlerischen Büchern 52:13, vgl. Z. 23.

'ūmtā [*umta*] (AS) F. Volk, Nation, *'ūmtā 'ātōrêtā* das assyrische Volk 54:3 u.o., *ūmtā 'ātor* id. 4:3, m. Prokl. *d'ūmtā* des Volkes 59:11, 92:10; m. Suff.: *but ḥātir 'ūmte(h) muḥebtā* [*mūγapta*] für sein geliebtes Volk 5:10, *'umtan* unser Volk 1:3, 5, 18 usw., *sṭūnā d'ītūtā d'ūmtān* eine Säule der Existenz unseres Volkes 81:16, *šuḇhārā d'ūmtan ātōrêtā* ein Stolz unseres assyrischen Volkes 79:ult., *'ūmtī wlišānī* mein Volk und meine Sprache 49:7, *bšimā d'ūmtê* [*pšīməd umtē*] im Namen ihres Volkes 92:22; *lkes 'ūmtê w'atrê* zu ihrem Volk und ihrem Land 3: antep., *qā bnay ūmtê* für die Söhne ihres Volkes 54:7; *hā 'ūmtā dlē (y)lā(h) biy'dāyā lšimō(h)* das Volk, das seinen Namen nicht kennt 3:4; Pl. *'emwātā madnḥāyātā* [*um- madənḥ-*] orientalische Völker 25:15, *bmutḇā d'emwātā* in der Versammlung der Nationen (d.h. vereinigte Nationen) 26:11.

'ūmtānāyā [*umtanāya*] (Adj. v. *'ūmtā*) national(istisch), F. *'ūmtānêtā*, Pl. M. *'ūmtānāyē*; *malkē ātōrāyē zē rābā 'ūmtānāyē (h)wô* die assyrischen Könige waren auch sehr nationalistisch 3:antep., *lḥubā wšlāmā 'ūmtānāyā* zur Liebe und zum Frieden des Volkes 7:16, *bmeṣ'āyūtā dḥa(d) motḇā 'ūmtānāyā* mittels einer nationalen Sitzung 56:10, *ḥūyādā 'ūmtānāyā* Nationalverein 57:3, *knūšyā 'ūmtānāyā* Nationalversammlung 58:6, *dūrāšē 'ūmtānāyē wseprāyē* volkstümliche und literarische Lektionen 60:18, *ṭnānay(hy) 'umtānāya* ihr (Pl.) nationaler Eifer 63:9, *šūšāṭā 'ūmtānāyā* nationaler Fortschritt 81:11, *dyisūrā 'ūmtānāyā* des nationalen Bundes 81:15, *bnīšā 'ūmtānāyā* mit nationalem Ziel 81:18.

'ūmtānāyūtā [*umtānayūta*] (Abstr. v. *'ūmtānāyā*) F. Nationalität, Nationalismus 2:paen., 59:5.

'ewangēlāyā [*evangəlāya*] (AS < Gr.) evangelisch, F. *ewagelêtā*: *'edtā ewangelêtā* evangelische Kirche 38:3, 56:5, 89,1.

'ewangāliyōn (AS < εὐαγγέλιον) M. Evangelium 25:11, Pl. *'ewangālyōnē* [-*ne*] 50:8, 11, 51:3, 57:antep.

'ewangālisṭā [-*gə*-] (AS < εὐαγγελιστής) M. Evangelist, Pl. *'ewangālisṭē* 50:17.

'ūsīyā [-*ya*] (AS < οὐσία) F. Wesen, Substanz: *b'ūsīyā* wesentlich 2:16.

'izen (< Ar. *iḏn*) [*īzən*] F. Erlaubnis: *'īt l(h)ōn 'izen qā 'ḇartā gāwō(h)* haben Erlaubnis, sie (: die Moschee) zu betreten 11:paen., *b(h)ê d'izen pišlā ye(h)ḇeltā* indem die Erlaubnis gegeben wurde 27:23.

'osīpoḇ Osipov (Familienn.) 60:antep.

'ōsman phon. Schreibung v. *ʿOṯmān*, Name des dritten Chalifen 54:ult.

ō/ūp [*up*] (AS *'āp*, Nöldeke 163) auch, *'ūp zē* außerdem, darüberhinaus, *lā šaḇqīton l'ōp* [*lup*] *ḥa(d) gaḇrā* laßt keinen einzigen Mann 20:13; *'ōp 'ādīyā* auch jetzt 12:21, *w'ōp* und auch; *'ūp 'en* auch wenn 34:19; *'ūp 'a(n)t* auch du 78:antep., ult., sehr oft.

'upqā [*upqa*] (< Ar. *ufuq*) M. Horizont *mʿal upqā* über dem Horizont 82:1.

'WR (allogr. für *ʿḆR* q.v.) vorbeigehen, durchgehen, weggehen, eindringen, durchdringen, betreten, eintreten: Akt. Pt. u. 1. Präs.: *lē āwer* [*leyāvər*] *gāwu(h)* kommt nicht herein 76:24, *ṭrile(h) ldārwāzā dtlā(t') d'āwer lšmayā* er ritt zum dritten Tor, um in den Himmel hineinzugehen 77:25, *šmayā lē (y)lā(h) kārwānsārā d'āwret* [*dōrət*] *gāwū(h)* der Himmel ist keine Karawanserei, wo du hereinkommen kannst 77:15, *bebʿāyā (y)wen d'āwren* [*dōrən*] *lšmayā* ich will in den Himmel hinein(gehen) 76:19, 1. Fut. *wbet āwer lšmayā* und er wird in den Himmel hineingehen 77:10, 13, Inf. *'a(n)t gô šmayā lē māṣet lē'wārā* [*līvāra*] du kannst nicht in den Himmel hereinkommen 76:21, 2. Präs. *wgô māšē be'wārā (y)wet* und du (gehst in die Linsen hinein >) bist pingelig 79:1f., Prät., *rābā 'werē* [*wərrẹ*] *btaḥmantā* er hat sich sehr in die Gedanken vertieft, hat viel nachgedacht 76:4; III. Konj.: 3. Pf. *m'ū'werē (y)wen* [*mụwərewen*] *sā(h)dwātē* ich habe dokumentiert 29:24f.

'ūr Ur (als ein Name von Edessa) 11:17.

āwārā [-*ra*] (P.-T.) M. Vagabund 1:paen., 97:antep.

'ūrdāy Druckfehler f. *tūrkāy* 11:21.

'ūrhāy (AS) Edessa 12, *l'ūrhāy ātōrêtā* in das assyrische Edessa 53:16, *hārān 'ūrhāy wniṣiḇīn* Ḥarrān, Edessa und Nisibis 53:22, *mdī(n)tā d'ūrhāy* die Stadt Edessa 53:24.

'o/uruk Uruk, Warqa: *sqedlon nāšē d'oruk* die Leute von Uruk wurden müde 94:17, *qawaḥyātē d'uruk* das Geschrei von Uruk 94:21, 24, *'ālāhā 'ānū mārā dšmayā w'arʿā wd'uruk šūrū(h) rāmē* Gott Anu, Herr des Himmels und der Erde und von Uruk, dessen Mauern hoch sind 94:22.

'ūrzā [*urza*] (< Ir. *varz*?) M. Mann, männlich, Pl. *'ūrzē* 73:4f. *beqṭālā l'ūrzē wneqḇē* Männer und Frauen zu töten 82:11.

'urḥā [*urxa*] (AS) F. Weg, m. Prokl.: *b'urḥā* auf dem Weg 18:23, 20:23, 25:20, 36:6, 92:1, *bḥā 'urḥā (')ḥē(r)tā* auf einem anderen Weg > durch eine andere Methode 41:14, *b'urḥā d'ānī 'apīsē(y)rē d-* durch die Offiziere, die . . . 21:21, *wb'urḥā dḥdā 'ūmānūtā ʿelêtā* und durch eine große Geschicklichkeit, od. durch erstklassiges Handwerk 14:21, *l'urḥā dbarnāšūtā* zur Humanität 17:11, *l'urḥā npīle(h)* er begab sich auf den Weg (vgl. P. *rāh oftād*) 66:6, ähnl. *wtirwē npelōn l'urḥā* u. beide brachen auf 95:22, *m'urḥā ʿāḇrānā* ein Vorbeigehender 66:9, *l'urḥā yārīḥtā* auf einen langen Weg 76:6, *depnā d'urḥā* neben dem Weg 85:10; m. Suff. *gô 'urḥī* auf meinem Weg 88:20, Pl. *'urḥātē* : *b'alpē 'urḥātē* auf tausend Wegen 81:2; *b'urḥātē prīšē* auf verschiedenen Wegen 71:6, *'urḥātē lā trūṣē* ungerechte Wege 75:24, *gô 'urḥātē lā mušwiyē dtaḥmantan* in ungleichen Methoden unserer Überlegung 2:4f.

'urḵā allogr. (chald.) Form v. *'urḥā* : *b'urḵā deprizlā* auf der Eisenbahn 37:23f., *'urḵā dtetē sāʿē* ein Weg von zwei Stunden 37:24, *(r)ḵišlā(h) 'urḵā dīlā(h)* sie ging ihren Weg 37:20.

'urmī Urmia, *b'urmī* in Urmia, *d'urmī* von Urmia, *gô 'urmī* in Urmia, *gô mdī(n)tā 'urmī* in der Stadt Urmia 56:3, *bnay 'urmī* die Urmiäer 21:paen., *qā yāmā d'urmī* am Urmiasee 59:14, *dmdī(n)tā 'urmī* der Stadt Urmia 59:2, *'urmī 'ortoduksêtā* „Das orthodoxe Urmia“ (ein Zeitschriftentitel) 56:7.

'ōrāmar Ortsname: *d'ōrāmar* von Oramar 19:19, 20:5.

'ōrānā [*ǫṛånå*] (n. ag. v. *'WR* = *'ḆR*) M. Hereinkommender, Pl. *'ōrānē* : *lā 'orānē wlā pālṭānē* weder Hereinkommende noch Hinausgehende 38:7.

'ōresnāyā [*orosnāya*] (v. dial. *oros* = *rūs*) russisch 23:6f., Pl. *'ōresnāyē* : *'apīsīrē 'ōresnāyē* russische Offiziere 21:12f., 18 vgl. 23:22, *malpānē 'ōresnāyē* russische Lehrer 22:14.

'ūrpā Urfa, einer der Namen von Edessa 11:17.

'ōrišlem [*ōrə́šlem*] Jerusalem 12:17, 28:11, 36:9 u.ö.

'ūršān Familienname 49:18, 59:4, 61:1.

'uš(ā)nuq Ortsname 13:23, 14:1.

'ūša'nā [*u̯šånå*] Familienname: *ḥa(d) 'ūša'nā* ein gewisser Ušanna 62:22; *giyorgīs 'ūša'nā* 83:2.

'ō/ôtāg [*ōtaγ*] (T.-P.) F. Zimmer: *gô 'otāg* im Zimmer 23:paen., *mn gô panǧarā d'otāg* aus dem Zimmerfenster 24:5, *'ōtāg dqānūnē* Dienstzimmer 43:4, 5, ult., *'ōtāg mištūtā* Eßzimmer 72:7, *'ôtāg aykā dṭilyā (h)wā brōnu(h)* [*-nō*] Zimmer, in dem ihr Sohn schlief 83:20.

'āz'ān [*āzan*] (< Ar. *aḏān*) M. Aufruf zum (musl.) Gebet 66:8.

'izgadā [*izgádda*] (f. das üblichere *'īzgadā* q.v.) M. Botschafter 8:16.

'āzād [*åzåḏ*] (P.-K.-T.) frei 5:6, 12:6, 53:4, *'āzad* 19:6.

'aziyat (P.-T. < Ar.) F. Beunruhigung, Störung, Ärger 66:10.

'ZL (AS) gehen: 1. Präs. *wki 'āzel* [*ki āzəl*] u. geht (weg) 67:18, *lkes mānī 'āze(l)n* [*āzən*] zu wem soll ich gehen? 79:19, *kad bgānī 'āze(l)n lkeslū(hy)* indem ich persönlich zu ihm gehe 79:23, *'en qāwemā 'elī d'āze(l)n* wenn es mir möglich wäre, zu gehen 64:antep., *l'aykā 'āzā(l)n(y)* wohin soll ich (F.) gehen? 7:3 (s. *'aykā*), *d'āz(l)ī sāgdī* damit sie gehen und anbeten 36:9, *mqā(d)m d'āzel* bevor er geht 36:11, *d'āzel* damit er geht 95:7, *hal d'āza(l)ẖ ẖdā nukrêtā mā(t)yaẖ* statt zu gehen, ein fremdes Mädchen zu holen (< stattdessen, daß wir gehen . . .) 84:1, *wlē (y)nā mṣāyā d'āz(l)ī* und sie können nicht gehen 47:21, *'ādiyā ẖšīẖtā lā(h) d'āz(l)iton lbatwātôḵon* jetzt ziemt es sich, daß ihr nach Hause gehet 5:16, *ki 'āz(l)ī tāmā lzyārat* sie pflegen, dorthin zur Pilgerfahrt zu gehen, 1. Fut. *bet 'āze(l)n* ich werde gehen 76:7, 79:20, Kond. *bet 'āz(l)ī (h)wô* sie würden gehen 50:6, Impf. *ki 'āzā(l') (h)wā* sie pflegte zu gehen 69:18, Inf. *leẖzāyā l'alāhā be'zālā* [*bizāla*] *leqāman* zu sehen, daß Gott vor uns geht 31:13, *lā mu(š)ĉiẖlon 'urẖā le'zālā* sie fanden keinen Weg zu gehen 36:9 *dênānā (y)lē le'zālā lmadrāsā* ist verpflichtet zur Schule zu gehen 42:antep., 2. Präs. *'urẖā dbīyū(h) be'zālā (y)waẖ*, der Weg, auf dem wir gehen 2:7f., *be'zālā (y)nā* sie gehen 47:19, *l'aykā (y)wat(y) be'zālā* wohin gehst du (F.)? 47:6, *be'zālā (y)wān l'aykā dlabūlī (y)le(h) pôẖā* ich (F.) gehe, wohin mich der Wind trägt ibid., *'ānā be'zālā wbe'tāyā* ich gehe und komme 75:20, *'a(n)t rābā bā(t)r ẖabruḵ be'zālā (y)wet* du bestehst fest auf deinem Wort 79:1, *be'zālā hamzūmē* sie gehen sprechend 91:12, *'alpē yāl(d)ē z'ōrē dlā mārā be'zālā ltlāqā* Tausende von kleinen herrenlosen Kindern gehen verloren 97:22, Prät. *w(')zīle(h)* [*wzəlle*] und er ging 21:23, *wšupraḵ (')zīlā* und deine Schönheit ist verschwunden 67:15, *šar'adār kēnā zilay leẖzāyā* einen gerechten Schiedsrichter gingen sie suchen 87:6, *da'ḵ(y) (')tēlon dāk(y) (')zelon* [*zəllon/zilun*] wie sie kamen, wie sie gingen 91:12, Imper. *ze'(l)* [*sī, sē*] 92:15, 16, *ze(l)* 95:16.

'āzā(l)nā [*āzāna*] (n. ag. v. *'ZL*) M. Gehender, Pl. *'āzā(l)nē* : *wkᵘlê 'āzā(l)nē* [*-ne*] und alle Gehenden 99:15.

(')zāltā [*zältä*] (n. act. v. *'ZL*) F. Gehen, m. Suff. *mn qām (')zāltī* vor meinem Gehen 33:11.

'āzarbāyǧā'n [*-beyǧan*] Aserbeidschan 14:4, 63:13.

'āẖ [*āx*] Interj. Ach! 10:antep., 92:21, 99:6; erweitert zu *'āẖāy* in *lā 'āẖāy wlā wa'ẖāy* weder „ach!" noch „och!" 91:18.

'āẖōnā [*āxúyna*] (AS, Dim. v. *'aẖā*) M. Bruder: *gô qārībūtā 'īt luḵ 'aẖōnā* in der Fremde hast du einen Bruder 89:20, *'āẖōnā dgānī* mein eigener Bruder 90:23; m. Suff. *hā 'āẖōnī* oh, mein Bruder! 92:11, *l'uhdānā d'āẖōnī* zum Andenken an meinen Bruder 26:19, *'āẖōnuḵ* dein Bruder 78:19bis, 20, *'āẖōne(h)* [*-nū*] sein Bruder 18:14, 19:paen., 24:19; Pl. *'āẖōn-*

wātē 3:9,13,15, 25:20, 74:12; m. Suff. *'āḫōnwātī* meine Brüder 69:4, *'aḫōnwāte(h)* [-*tū*] seine Brüder 44:16, *'āḫonwāto(h)* ihre Brüder 74:18, *'āḫūnwātan* unsere Brüder 26:8, *'aḫōnwātôḵon* eure Brüder 48:12, *'āḫōnwātê(hy)* ihre (Pl.) Brüder 13:16.

'aḫī Name des legendären Retters und Erziehers Sargons 8:11.

'āḫāy [*axáy*] Interj. ach! 91:18 (s. *'āḫ*).

'āḫīqār Aḥiqar (s. Baumstark GSL 11f.) 74:22, 100:ult.

'aḫčōn [*áxčōn*] (S *'ā*[*y*]*ḵ* + P *čūn*) mit folg. *d-*: sobald, als; *'aḫčōn dkrisṭyānē d'ān 'atrāwātē šmiʿlon* sobald die Christen jener Orte gehört haben 35:15.

'aḫčī [*áxči*] (T.) nur: *lā 'aḫčī* ... *'īnā* nicht nur ..., sondern auch 10:13, 18:10, 65:21, *'aḫčī b-* nur mit 15:4, *d'aḫčī* daß nur 27:7, 71:22, *čōnkē d'aḫčī* weil nur 33:10, *lā 'aḫčī lā (y)lipl(h)on llišānā suryāyā 'īnā 'ūp zē lā* ... nicht nur haben sie die syrische Sprache nicht gelernt, sondern auch nicht ... 63:16f., *'īt (h)wā wlayt (h)wā 'aḫčī ḫa(d) gaḇrā wḫdā baḵtā 'īt (h)wô* Es war einmal nur ein Mann und eine Frau 71:4; sehr oft.

'aḫmātā Ekbatana (später Hamadan) 33:21,22.

'aḫnan [*áx-*] (selten schon im AS für *ḥnan*) Personalpron. d. 1.Pl. wir: *'aḫnan mānī (y)waḫ* wer sind wir? m. Prokl. *d'aḫnan kī yādʿaḫ bot dīyê* von denen wir wissen 53:9, *d'aḫnan 'ītlan* die wir haben 53:12, *d'aḫnan 'ītlan bālādūtā bīyê* von denen wir Kenntnis haben 59:18, u.ä.

(')*ḫārāyā* [*xārāya*] (AS) der letze, (')*ḫārêtā* [*xāréta*], Pl. (')*ḫārāyē*: *daqīqē* (')*ḫārāyē* [-*ye*] die letzten Minuten 11:1, *ǧūwab* (')*ḫārāyā* die letzte Antwort 22:22, *šūlī* (')*ḫārāyā* meine letzte Beschäftigung 33:7, *'āhā melat* (')*ḫārêtā* dieses letzte Volk 13:13, (')*ḫārêtā 'īnā lā bāṣortā* last but not least 29:24, *'āhā* (')*ḫārêtā* diese letzte (bezieht sich auf „Geschichte" = *tašʿītā*) 58:paen., *yōmānū(hy)* (')*ḫārāyē* seine letzten Tage 33:16, *sābāb čem* (')*ḫārāyē (y)wāḫ* weil wir sehr zurückgeblieben sind 44:paen., *bdôrē* (')*ḫārāyē* in den letzten Jahrhunderten 62:14, *ḫabrē* (')*ḫārāyē* die letzten Nachrichten 72:21; *ḫa(d) bkānūn* (')*ḫārāyā* am 1. Januar 81:17; *hal nāpas* (')*ḫārêtā* bis zum letzten Atem 92:19; allogr. (')*ḵārāyā* s.v.

(')*ḫē(r)nā* [*xīna*] (AS) anderer, F. (')*ḫē(r)tā* [*xīta*], Pl. (')*ḫē(r)nē* [*xīne*]; *bšḇāḇan wb*(')*ḫē(r)nē* bei unseren Nachbarn und bei anderen 2:1, (')*ḫē(r)nā lē hawī maḫzūyan* man wird uns nicht mehr bezeichnen 3:3, *gô 'atrāwātē* (')*ḫē(r)nē* an anderen Orten 2:11, *gibā* (')*ḫē(r)nā* die andere Seite 5:paen., 6:1, 24:8, 62:12, *wmn ḫdā mdī(n)tā l(h)ê mdī(n)tā* (')*ḫē(r)tā* und von einer Stadt in die andere 9:9, *bīšgadūtā* (')*ḫē(r)tā* ein anderes Unglück 10:paen., *melatē* (')*ḫē(r)nē* andere Völker 14:20, *wmendīyānē* (')*ḫē(r)nē* und andere Dinge 15:8f., *mendī* (')*ḫē(r)nā* etwas anderes 68:13f., 71:22, *qā yômā* (')*ḫē(r)nā* am nächsten Tag 21:antep., *blišānē* (')*ḫē(r)nē* in anderen Sprachen 28:10, *kad 'āmrī (h)wô ḫā l(h)ô* (')*ḫē(r)nā* als einer dem anderen sagte 28:11f. u.ä.

(')*ḫārtā* (= *ḫartā* q.v.) F. Ende, Schluß: *b*(')*ḫārtā* zum Schluß 83:4.

(')*ḫē(r)tā* F. v. (')*ḫ(r)ēnā* q.v.

'aḫšīraš (AS Dan. 9_1) Xerxes 27:11, 34:1.

'aḫton [*áxton*] (< AS *'a[n]ton*) Personalpron. d. 2.Pl. ihr: *aḫton īton* ihr seid 5:15, *māryā d'aḫton bebʿāyā (y)ton wmala'ḵā dqôlā d'aḫton ki bāsmā lôḵon* (Mal. 3:1) der Herr, den ihr suchet, und der Engel des Bundes, den ihr begehret 31:23.

'aṭūmā [*aṭūma*] (AS < ἄτομος) M. Atom 83:antep.

'ī 43:3 siehe *'īm. bī. 'ī.*

'ī- (< *'īt*) in *'ī(h)wā* 35:15 u.a. = *ī(h)wā*, *iwā* s. *HWY*.

-'ī San. in *dī'ī* (< *dīdī*) 39:22 s. *deš/žmen.*

'āy 1 (vgl. *'āh*, *āhā*) Demonstrativpron. dieser, jener (Al.): *l'āy rumḫā* auf diesen Spieß 86:14. *b'ê 'īde(h) ḵertā* s. *'īdā*.

'āy 2 Interj. oh, weh! 99b:6.

'īb- (Al. für *'īṯ* + *b* m. Suff.) können, imstande sein: *'ībok* kannst du 86:19, 87:12.

'īdā [*ída*] (AS) F. Hand; m. Suff.: *b'īdī* in meiner Hand 64:10, *l'īdī* in meiner Hand 82:4, *saypā b'īdī (h)wā* das Schwert war in meiner Hand 82:14, *m'īdī* [*mīdī*]

aus meiner Hand 95:11, *īdok̲* deine Hand 39:15, *'īde(h)* [*īde* (Al., San.)], *'īdū(hy)* (Urm.) seine Hand, vgl. *pāṭaryārkā 'īde(h) deryā le(h)* der Patriarch legte seine Hand 24:3, *m̩n 'īde(h)* von seiner Hand 70:9, *b'ê 'īde(h) k̲ē(r)tā* in der anderen Hand 87:23, ab. *b'īdū(hy)* in seiner Hand 64:5, *'īdū(hy) har paštō(h)* er streckte andauernd seine Hand aus, *layt b'īdān* wir haben nicht (< es ist nicht in unserer Hand) 57:17, *leplāṭā m(t)h̲ot īdê(hy)* um sich von ihnen (< aus ihrer Hand) zu retten 8:19, *b'īday(hy) sapsirā mgô h̲ilte(h) grīša* in ihrer Hand ist ein aus der Scheide gezogenes Schwert 97:11; Pl. *'īdātē* 18:10, 48:8, 53:24, paen., m. Suff. *wh̲līqle(h) l'īdāte(h) bā(t)r h̲āṣī* und hat mit seinen Händen meinen Rücken umfaßt (< hat seine Hände hinter meinem Rücken gefaltet) 82:16, *gô 'īdātê* in ihren Händen 74:9, *b'īdāte(h)* mit seinen Händen 75:antep., *'īdātū(h)* [*-tō*] ihre (Sg.) Hände 5:12, *lgô 'īdātê(hy)* in ihre Hände 82:7; *b'īdā d'inglisnāyē* in der Hand der Engländer 5:22, *b'īdā dyārtā šarīrā* (sic) in der Hand der echten Nachfolgerschaft 6:paen., *b'īdā dīyuk̲* in deiner Hand 35:ult., *ksūtā d'īdā* [San. *ksūtəd īda* (für *kt̲āb̲tā* . . .)] Manuscript 39:2, *bū/īš bāṣōrā (y)le(h) m̩n minyānā dṣib̲ʿātē dh̲dā ʿīdā* ist geringer als die Zahl der Finger einer Hand 45:15f., 62:19, *dpīšē y(h)wô ktīb̲ē b'īdā* die mit der Hand geschrieben (d.h. handschriftlich) waren 62:24, *wbenpālā ywet b'īdā ddešmenūk̲* und du fällst in die Hand deines Feindes 68:11, *b'īdā dgānū(hy)* mit seiner eigenen Hand 80:13.

'aygā [*ēga*] (*āy* + P. *gāh*) dann: *'aygā (')mere(h) 'ewangālisṭā* dann sagte der Evangelist 64:10.

'iyūb̲ (AS) Hiob: *ab̲rāhām w'iyūb̲* 11:23, *bīrā d'iyūb̲ nb̲īyā štēlē m̩n mīyū(hy)* ein Brunnen, von dessen Wasser der Prophet Hiob getrunken hat 12:1.

'īwen [*īwən*] = *īwen* (s. *HWY*) *d'a(y)k̲ 'īwen (h)wā tunyā* wie ich erzählt hatte 34:16.

'īzgadā [*izgadda*] (AS) M. Bote, Botschafter: *īzgadā pcšle(h) meh̲yā* der Bote wurde geschlagen 8:16, *īzgadā ātōrāyā* „The Assyrian Messenger" 57:9, 58:22.

īzgadūtā [*izgadúyta*] (AS) F. Botschaft 23:10.

'a(y)k̲ [*ax*] (AS) wie, als, etwa, nach entsprechend 2:15,19; *lā 'ah̲či 'a(y)k̲ h̲a(d) mhakmānā wgālbānā īnā 'ūp 'a(y)k̲ h̲a(d) (')nāšā dsiprāyūtā* nicht nur als ein Herrscher und Eroberer, sondern auch als ein Liebhaber der Literatur 9:13f., *har 'a(y)k̲* 13:15 s. *'ītūtā*, *'a(y)k̲ bē'tāyā l'eltah̲t* wie folgt (d.h. wie im folgenden angegeben wird), folgendermaßen 19:11, *m'a(y)k̲ regāwātē* als Knechte 19:ult., *'a(y)k̲ d'ānānqêtā (yh)wā* 20:22 s. *'ānanqêtā*, *m'a(y)k̲ h̲dā sāʿat wh̲a(d) rb̲īʿāyā* etwa eine und eine Viertelstunde 23:antep., *m'a(y)k̲ ʿaywātē (')kūmē* wie schwarze Wolken 24:antep., *'a(y)k̲ brātā dgāne(h)* wie seine eigene Tochter 27:12, *a(y)k̲ plāṭā d'āhā šūlā* als Ergebnis dieser Tat 27: antep., *'a(y)k̲ d(')mīrē (y)wāk̲* wie wir gesagt haben 31:8f., (vgl. 34:10 s. *d'ak̲ī*), *'a(y)k̲ ʿādat (')nāšē ki hamenī* gewöhnlich glaubt man 33:17, *d'a(y)k̲ d'īwen (h)wā tunyā qātōk̲on* wie ich euch erzählt habe (< hatte) 34:16, *wm'a(y)k̲ dhāy* und deshalb 34:17, *'a(y)k̲ d'āhā* s. *'āhā*, *'a(y)k̲ kmā d'ānā ki yadʿen* soweit ich weiß 45:14f., *har 'a(y)k̲ b'ānī tartē(y) darsē qā(d)māyē* genauso wie in den zwei ersten Lektionen 51:2 *qā 'a(y)k̲ diyuk (')nāšē* für Leute wie du 76:24, *dd'ānī d'a(y)k̲ d'anē īlā(h) malkūtā dšmayā* solcher wie sie) ist das Königreich des Himmels (Markus 10:14) 78:12f., *'a(y)k̲ d'anē* wie diese (folgende) 81:3, Al. *mē'yk̲* [*məx*] wie 86:17, *m'ā(y)k̲ dīyak̲* wie du (F.) 89:15, *'āk̲ dīyuk̲* id. (M.) 93:7, *tamām m'ā(y)k̲ ktānā* genau wie Ouatte 99:14, *a(y)k̲ īqārā* zur Ehre 14:23, *'ānī b'āhā a(y)k̲ d'ēn* so daß als ob sie 14:antep.

'aykā [*īka*] (AS) wo?, m. Prokl. *l'aykā* [*līka*) wohin?, *m'aykā* woher? *bkul 'aykā dhāwī* überall, wo sie sind 1:5, *l'aykā 'āzā(l)n(y) 'a(y)kā (y)le(h) bē(y)tgôsī* wohin soll ich (F.) gehen, wo ist mein Zufluchtsort? 7:3, *duktā 'aykā d'ab̲rāhām h̲ēlē* der Ort, wo Abraham gelebt hat 11:20, *wb'aykā d'īt (h)wā h̲a(d) pulh̲ānā gūrā* und (überall) wo es eine große Leistung gab 17:6, *l'aykā drakāb̲ē kelyē (h)wô* dorthin, wo sich die Reiter aufhielten 24:1f., *w'īmān w'īka mētlē* und wann und wo er gestorben ist 33:15, *l'aykā* m. *be'zālā* 47:6 s. *'ZL*, *'aykā d'īt (h)wā h̲dā gipītā* wo es eine Grotte gab 64:3, *'aykā dpīšlā(h)*

mqubeltā b'īqārā wo sie mit Ehre empfagen wurde 72:7, *'aykā hāwī gānê ṭušyō(h)* wo haben sie sich versteckt? 84:ult., *'aykā (y)leh (h)ô gabyānuk?* wo ist, der dich gewählt hat? 93:5, *'aykā dḫa(d)tā wʿātīqā lē (y)nā sāzgūrē mʿūdālē* wo das Neue und das Alte einander nicht vertragen können 93:10; *'aykā dtāmā* dort, wo 98a 12; m. enkl. Existenzverb (')*kê-* s.v.

'aykānāyūtā [*ēkana-*] (AS v. *'aykānā* wie?) F. Eigenschaft, Qualität 6:16, 55:8, Pl. *'āyḵānāwātē* [*ēkana-*] 7:15.

'êkskyūz mī (Engl.) Excuse me! 69:13.

'il- (allogr. für *īl-* q.v.) m. Suff. d. 3.Sg. u. Pl. Existenzverb sein: *'īle('/h)* er ist, *īlā(h)* sie ist 34:antep., beim Prät.: *dtāzā ʿbīdtū(h) ('y)lā* hat sie (: eure Seele) erneuert 34:paen., *wdrītā ('y)lā bīyôḵon* und sie hat euch gebracht ibid., in San. auch Pl. *'īlê* [*-ey*] sie sind 39:7; *bāʿūtā dmār(y) 'āprē(y)m 'īlā* ein Gebet von Mār Ephrem ist es 39:3.

'aylā [*ēla*] (AS) M. Hirsch: *ʿam 'aylē wʿūzāylē* mit Hirschen und jungem Rotwild 96:2, F. Pl. *'aylātē* [*ēlāte*] 96:25.

'īlīšāʿ [*-šå*] (AS *'ēlīšaʿ* < H) Elisa, als Vorname 56:17.

'īlānā [*īlāna*] (AS) M. Baum, Pl. *-nē*; *'īlānā dʿē'dā zʿōrā* Weihnachtsbaum 74:7, *hāwē brīḵā 'īlānā* gesegnet sei der (Weihnachts-)Baum! 74:17, *(t)ḫut d'āhā 'īlānā šāpīrā qāṣōmā* unter diesem schönen, bezaubernden (Weihnachts-)Baum 74:21, *'īlānā dḫurmā* Dattelbaum 61:9, *lrīšā d'īlānē rāmē* auf die Gipfel der hohen Bäume 47:antep., *kᵘlê 'īlānē dḫ(d)ā gantā* alle Bäume eines Gartens (: des Paradieses) 77:2f. u.ä.

'aylātē Pl. v. *'aylā* q.v.

'īmā [*īma*] (für *'īman* q.v.) wenn 38:5 s. *'iskōlāyā*.

'īm. bī. 'ī = M. B. E. (Member of the British Empire) 43:3.

'īmē'leh [*īmēlē*] Al. (Prät. v. *YMY* q.v.) er hat geschworen 87:14.

'īmor San. (Imper. v. *'MR* q.v.) sage! 39:5, 6, 9, 10.

'īma/ān 1 [*īman*] (AS *'imaṯ[y]* kontrahiert m. *'en?*) wann?, wenn, als: *'īman dplāšā treyānā ddunyē šūrēle(h)* als der zweite Weltkrieg ausbrach 5:19, *w'īman btapqū ḫāzī lḫa(d) ātōrāyā* und wenn sie zufällig einen Assyrer sehen 16:6, *'īman qīmlā(h) tôdītā d'islām* als das islamische Bekenntnis entstand 17:7, *'īman ṣpāyī (m)purmīle(h)* als er gut begriffen hat 18:24f., *'īman dǧimyē (h)wô* als sie versammelt waren 28:6, *w'īman w'aykā* s. *'aykā*, *īman nīšanqā d'āhā mutḇā (y)lē* falls dieses Zeichen gesetzt wird 41:17f., *'īman dḫāzet* wenn du siehst 43:21 u.ä.

'īmān 2 [*īman*] (< interrog. *'ay*, vgl. *'aykā* + *man*) wer?: *mn 'īmān 'āhā marʿī* von wem habe ich diesen Schmerz 81:6.

'īmārā [*-ra*] San. Inf. v. *'MR* q.v.

'īnā 1 [*īna*] (K) aber, (je)doch: *'īnā 'a(y)ḵ dmabyūnē lā(h)* aber offensichtlich 8:8, *'īnā 'ūp* aber auch 9:13, 63:16, vgl. 43:24f., *lā aḫčī ... īnā (ūp)* s. *aḫčī*, *'īnā 'āhā plāšā šūrē le(h)* aber der Kampf ist ausgebrochen 10:12, *'īnā gô d'āhā ktāḇā mn kᵘlê būš zôdā fīgārē mupleḫē (y)nā* aber in diesem Buch werden mehr als in allen (anderen) Zeichen gebraucht 41:5.

ʿīnā 2 [*īna*] (< AS *'aynā*) Interrog. u. Relativpron.: welcher, -e, -es: *ḫa(d) yālā 'īnā begrāšā ḫā(d) šarḫā* ein Kind, das ein Kalb führte 70:18.

'īnā 3 (v. vhg.?) daß 66:25.

'aynā [*ēna*] (allogr. für *ʿaynā* q.v.) Al. *ʿaynā(h)* ihre (F.) Augen 37:13, 22 (s. *'el-*).

'aynī [kolloquial *emne*] Interrog. u. Relativpron. welcher, -e, -es (vgl. *'īnā* 2) *aynī d-* diejenigen, die, *ḫda gipītā 'aynī dsāpyānūta be'mārā lā(h)* eine Grotte, von der die Überlieferung sagt 11:24, *'aynī dī(h)ūdāyē* die(jenigen) Juden, die 27:5, *'estīr 'aynī dbut šupru(h)* [*-ro*] *maʿǧebānā pīštā (h)wā gūbīta* Esther, die wegen ihrer erstaunlichen Schönheit gewählt wurde, *malkūtā dlamsistān aynī māhālē beḫḇāšā (y)lā(h)* welche Länder schließt das Deutsche Reich ein? 42:4, *'aynī trê* welche zwei? 42:11, *'aynī ṭlā* welche drei? 42:12, *paytaḫt d ... 'aynī (y)lā* welche ist die Hauptstadt von ... 42:13ff., *'aynī atrā* welcher Ort? 42:7, *trê atrāwātē ... aynī (y)nā?* welche zwei Orte sind ...? 42:8, *ʿal d'aynī atrā* an welchem Ort? 42:9, *'aynī dki balbeṣī* die scheinen 54:8, *'aynī lā(h) qabrū(hy)* welches Grab ist sein? 98:14; Konj. denn 50:3.

'īsḥāq [*īsaq*] (AS < H) Isaak 19:antep., 20,1,16, 39:21, 61:1, 62:9, 70:6.

'īqārā [*ịqå̄ṛå*] (AS) M. Ehre, 3:3, 6:23, u.ö., m. Suff. *'īqāruḵ* deine Ehre 77:5, *'īqāre(h)* seine Ehre 15:6, *'īqārā(h)* ihre (Sg.) Ehre 72:11, *'īqārôḵon* eure Ehre 21:22.

'īyār [*ịyyå̄ṛ*] (AS < Akkad.) Mai 18:16, *byarḥā d'īyār* im Monat Mai 20:antep., *gô yarḥā d'īyār* id. 93:1.

'ayruplaynē [*äroplāne*] Pl. Flugzeuge 5:20.

'īrāk [*īrak*] Irak, m. Prokl. *l'īrāk* nach Irak 5:20, *mn 'ātrā d'īrāk* vom Lande Irak 5:21.

'īrān Iran: *bdišyātē d'īrān* in den iranischen Ebenen 13:16, *d'ātrā d'īrān* des Landes Iran 13:19, *dmalkūtā d'īrān* des Königreichs Iran 15:3, *zaḇṭenānā d'īrān* Eroberer Irans 15:16, *bnay 'īrān* Iranier, Perser 15:5, *b'atrāwātē prīšē d'īrān* an verschiedenen Orten Irans 38:23, *taš'ītā d'īrān* Geschichte Irans 58:25 u.ä.

'īrānāyā [*-ya*] (Adj. v. *'īrān*) iranisch, Pl. *'īrānāyē* [*-ye*]: *ātōrāyē 'īrānāyē* 45:10, 14. *sāsānāyē 'īrānāyē* die iranischen Sasaniden 60:2f.; substantivisch: *ḥa(d) sāmā gūrā d'īrānāyē* (')*ḥē(r)nē* ein großer Teil anderer Iranier; F. *'emperātōrūtā 'īrānêtā* iranisches Imperium 61:12f.

'īšay (AS < H, II. Chr. 2:13) Jesse, als m. Vorn. 24:19.

'āyet San. für *a(n)t* du 39:15.

'īt (AS) Existenzpartikel: es gibt, ist, sind, Impf. *'īt (h)wā* war, es gab = San. *'ītwā* [*eswa*] 39:antep., Pl. *'īt (h)wô* waren, mit *b-* + Suff.: können, mit *l-* + Suff.: haben: Sg. 1. *'īt-lī*, 2. M. *'īt-luḵ*, F. *'īt-laḵ*, 3. M. *'īt-le(h)*, F. *'īt-lā(h)*, Pl. 1. *'īt-lan*, 2. *'īt-lôḵon*, 3. *'īt-l(h)ōn* (ich habe usw.); Impf. *'īt (h)wā lī* ich hatte, *'īt (h)wā luḵ* du hattest usw. Beispiele: *'īt (h)wô l(h)ōn* sie hatten 4:16,24, *'ītlan hāqūtā* wir haben das Recht 4:23, antep., *kul d'īt lan* alles, was wir haben 5:1, *'īt lōkon hāqūtā hāwīton 'āzād* ihr habt Recht, frei zu sein 5:6, *'īt le(h) sāmā* hat Anteil 5:15 *'ātōrāyē 'īt (h)wā l(h)ōn qušūn* die Assyrer hatten eine Armee 5:22, *mūdī 'īt bepyāšā* was verbleibt 6:paen., *ta'lē 'īt l(h)ōn bez'āzē* die Füchse haben Gruben 7:4, *ḥdā tūnītā 'atīqtā 'īt bahse(h)* eine alte Sage erzählt (< ihre Handlung ist) 8:7, *'īt (h)wā l(h)ōn* sie hatten 8:18, *'īt (h)wā madrāsē* es gab Schulen 9:2, *'īt (h)wô myablānē* es gab Briefträger 9:7., *'īt (h)wā le(h) rābā šūḇhārā* war sehr berühmt 9:24, *'īt (h)wā le(h) rābā būsāmā bseprāyūtā* er hatte große Vorliebe für die Literatur ibid., *'īt lā(h) 'āmrānē* sie hat Bewohner 11:20, *wb'aykā 'īt (h)wā* s. *'aykā*; *'īten* 34:21 = *'īt*; *(h)ô ḥlāpšmā qā(d)māyā 'en 'īt* das erste Pronomen, falls es vorhanden ist 40:15; AS *'īṯāw(hy)* ist, existiert 40:paen., *mūdī 'ītluḵ le'mārā* was hast du zu sagen 43:8, *gô dāftār 'īt rābā wārāqē* im Heft gibt es viele Blätter 48:3, *'īt lī tartē(y) 'aynē* ich habe zwei Augen 48:6, *gô pumī 'īt kēkē wlišānā* in meinem Mund gibt es Zähne und eine Zunge 48:7, *'ītluḵ hāqūtā* bist du berechtigt? 77:6, *qāmūdī qā dīyuḵ l'aḵā duktā 'īt*? warum hast du einen Platz hier? 77:18, *mūdī zadīqūtā 'īt luḵ*? was für eine Gerechtigkeit ist dir eigen? 77:19, *'īt luk āḥōnā* 89:20 s. *'āḥonā*, *brēš kul ḥa(d) menê tā'ğ 'īt (h)wā* auf dem Kopf eines jeden von ihnen gab es eine Krone 98:ult.

'ītā [*īta*] (< AS *īṯā* < εἶτα), dann, danach 16:17,19, 29:7, 30:2, 35:18, 38:5, 77:6, 99:4.

'īton (allogr. für *īton* s. *HWY*) ihr seid: *d'īton (h)wô npīlē* daß ihr gefallen seid 34:17, *d'īton qenyū(hy)* die ihr erworben habt 34:antep.

'ītūtā [*ītüyta*] (Abstr. v. *'īt*) F. Existenz, Wesen: *'ānī prīqē y(h)wô mn 'ītūtā har a(y)ḵ 'āḥonwātê(hy)* sie würden nicht mehr existieren, genauso wie ihre Brüder 13:15, *ma'nāyā dmelṯā d'īṯūṯā* die Bedeutung der Existenzpartikel 40:paen., *mū(t)yētā l'ītūtā* (wurde) zur Existenz gebracht 62:11, *sṭūnā d'ītūtā d'ūmtan* eine Säule des Wesens unseres Volkes 81:16.

'ītyā [*ītya*] (AS) M. Wesen 1:22.

'ītāyā [*ītāya*] (allogr. für Inf. v. *'TY* q.v.) kommen(d).

'īten [*ītən*] = *'īt* 34:21.

'aḵā s. *l'aḵā*.

'ākad [*ā-*] Akkad: *malkā d'ākad* König von Akkad 8:4, *'uḥdānā d'ākad* 8:13 s. *'uḥdānā*; *wmḥuyedī le(h) šūmer w'ākad* und vereinigte Sumer und Akkad 8:22 u.ä.

'ākādāyā [*akadāya*] (Adj. v. *ākad*) akkadisch, Akkader, Pl. *ākādāyē* die Akkader 8:6,18.

'ākādēymī [*akademí*] Akademie 1:9.

ākadnāyā [*-ya*] (Adj. v. *ākad*) akkadisch, *lšōpā dlišānā ākadnāyā* anstelle der akkadischen Sprache 63:8, F. *'ākadnêtā* 62:3.

(')*kūmā* (AS *'KM* schwarz sein od. werden) schwarz, Pl. (')*kūmē* [*küme*] 24:antep.

'āḵōnā (allogr. für *'āḥōnā* q.v.) M. Bruder 39:paen.

(')*kê-* (*'a*(*y*)*ḵā* q.v. m. enkl. Existenzverb) wo? (')*kêle*(*h*) [*kíle*] wo ist er? (')*kênā* [*kína*] wo sind sie? (')*kêle*(*h*) (*h*)*ô lišānā*? (')*kênā hemezmānē*? (')*kêle*(*h*) (*h*)*ô matlānā*? Wo ist die Zunge? Wo sind die Worte? Wo ist der Erzähler? 91a:7–9.

'āḵ(*y*/)*ī* [*āx*(*ī*)] (allogr. für *a*(*y*)*ḵ*) wie?, m. prokl. *ḏ*: *d'āḵ*(*y*) *dmerē* (*y*)*waḵ* wie wir gesagt haben 34:10, *d'āḵī ki māṣaḥ šāḇḥāḥ būš ṣpāyī l'alāhā*? wie können wir besser Gott lobpreisen? 38:18, *ḥlāpšmā d'āḵī ki pā'eš mpul*(*g*)*yā*? Wie wird das Pronomen eingeteilt 40:11, *pātā ddeštā dlamsestān d'āḵī* (*y*)*lā* wie ist die Oberfläche der deutschen Ebene? 42:17, *leḥzāyā d'āḵī dukānē dlʿulul melyē* (*h*)*wô* um zu sehen, wie die oberen Orte ausgefüllt waren 64:16, *'a*(*n*)*t d'āḵ*(*y*) *ki yādaʿt lī*? *d'āḵī* (*h*)*wīyā* (*y*)*wet dūst ʿamī*? Wie (er)kennst du mich? Wie bist du mein Freund geworden (< gewesen)? 66:16, *ddāḵī šaqlenā*(*h*) *tuʿlī mn dežmenī*? Wie soll ich mich an meinem Feind rächen? 75:7, *d'āḵī šḇiqtā* (*h*)*wā* wie verlassen sie war! 83:17, *'eqbāluḵ d'āḵī bet hôyā*? wie soll dein Geschick sein? 83:22, *d'āḵ*(*y*) *bet 'āḵlen* (*h*)*wô l*(*h*)*ōn* wie würde ich sie auffressen! 85:18, *d'aḵ*(*y*) (*yh*)*ḇelon d'āḵ*(*y*) *šqelon* / *d'āḵ*(*y*) (')*tilon d'āḵ*(*y*) (')*zelon* / *d'āḵ*(*y*) *dḇeqlon d'āḵ*(*y*) *gdelon* / *d'āḵ*(*y*) *mḥilon d'āḵ*(*y*) *npelon* wie sie gaben, wie sie nahmen, / wie sie kamen, wie sie gingen, / wie sie griffen, wie sie schnitten, / wie sie schlugen, wie sie fielen 91a:11–14.

'āḵiyūtā (Abstr. v. *'āḵī*) F. Eigenschaft, Qualität 43:11. Stets m. *d-* [*dāxiyūta*].

'ḴL (AS) essen. 1. Präs. *dbāʿyē d'āḵel* [*dāxel*] er will essen 44:17, *wki 'āḵel harbē ʿalī* und er bedroht mich (Idiom) 67:17, *ki 'āḵel l*(*h*)*ōn* er frißt sie 67:18, *hič lē 'āḵlet l*(*h*)*ōn* [*axlə́tlon*] du frißt sie überhaupt nicht auf 85:19, *'āpen dgārag 'āḵlaḥ ḥam* obwohl wir uns kümmern müssen (Idiom, vgl. P. *ġam ḫōrdan, ġoṣṣe ḫōrdan* sich kümmern) 38:17, *d'āḵlī wšātī* damit sie essen und trinken 65:20f.; 1. Impf. *ki 'āḵlī* (*h*)*wô girā* 71:10 Idiom s. *girā*; Kond. *d'āk*(*y*) *bet 'āḵlen* [*bəṭṭáxlən*] (*h*)*wô l*(*h*)*ōn* wie ich sie auffressen würde! 85:17, 1. Pf. *wqām 'āḵel le*(*h*) und fraß ihn auf 68:11; Prät. *w*(')*ḵelā*(*h*) *'ele*(*h*) *lbarzarʿe*(*h*) und sie fraß seinen Samen auf 75:12f., (')*ḵeluḵ* du hast gegessen 77:6, m. Suff. *w'en* (')*ḵileluk zā*(*g*)*yī* und falls du meine Kücken gefressen hast 67:20, als Kond. *w*(')*ḵele*(*h*) *gezmē ʿalaḵ*(*y*) und würde er dich (F.) bedrohen (Idiom) 67:19; III. Konjug.: 1. Präs. *dmaḵlī lī* damit sie mir zu essen geben 87:2, Impf. *'a*(*n*)*t m̱n gibā dmā'ḵlet* (*h*)*wā le*(*h*) du, statt ihm Essen gegeben zu haben, . . . 78:20.

'āḵlā [*axla*] (AS) M. Krebs 17:12.

(')*ḵā*(*l*)*ramšā* [*xāramšā*] (n. act. v. *'ḴL* + *ramšā* Abend) Abendessen, Abendbrot, Abendmahl 44:17, 83:5,14.

'akārūtā [*akaruyta*] (AS) F. Landwirtschaft 63:21f.

(')*ḵārāyā* (allogr. für *'ḫārāyā* q.v.) d. letzte: *btišrī* (')*ḵārāyā* November 37:12, *byarḥā dkānōn* (')*ḵārāyā* im Monat Januar 37:14.

'el, 'al- (ar. Artikel) s. *'el ḫalīl* u. *'alparağ* s.vv., *berkē*(*y*)*t-'el-'ebrāhām* s. *berkē*(*y*)*t*.

'el- (allogr. f. *l-* und *ʿal* wie auch *'īl-* u. (*y*)*īl-*, Nöldeke 316) m. Personalsuff.: Präp. zu, für, auf; m. Suff. d. 3. Sg. u. Pl. Existenzverb sein: *marḥem 'elī* (San.) erbarme dich meiner 39:20,21, *ḥzē l*(*h*)*ōn 'ele*(*h*) (*y*)*tīḇā ʿal kursī* sie sahen ihn sitzend auf dem Thron 18:19f., *wpīšlon ḥezyē 'elê lišānē* und es erschienen ihnen Zungen (Apg. 2:3) 28:8, *regā 'elê* ein Knecht für sie 30:12, *wmaṣyeton 'elê* und gehorchet ihnen 48:10, *'en qāwemā 'elī d'āze*(*l*)*n* 64:antep. s. *'ZL*, *ṭūḇā 'elōḵon* wohl euch! 68:7, *b'iqārā dī*(*h*)*wā ḥšīḥtā 'ele*(*h*) 72:7 s. *'iqārā*, *w'mere*(*h*) *'ele*(*h*) und sagte ihm 75:8, *bheḇī dbet pāyeš ptīḥā 'ele*(*h*) in der Hoffnung, daß es ihm geöffnet wird 77:9, *kad 'elī beqrāyā* (*y*)*wet* indem du mich nennst 78:3, *w'elī lē* (*y*)*wet beptāḥu*(*hy*) u. mir machst du es (:das Tor) nicht auf 78:5, *bet pāyeš ptīḥa 'elōḵon* es wird euch geöffnet 79:17, *lā pīšle*(*h*) *ptīḥā 'elī* wurde mir nicht ge-

öffnet 79:18f., *'en lā piš (h)wā le(h) da(h) 'eloḵ mārā* wenn er sich dir gegenüber nicht wie ein Herr benommen hätte 87:18, *wlayt (h)wā 'elī hayerānā* u. ich hatte keinen Helfer 98b:20; m. enkl. -*d* = Al. *eled* über 37:9, *l'el* s.v.

'elā [*ellā*] (AS, vgl. Ar. *illā*) wenn nicht, sondern, aber, außer: *'elā kē* nämlich 28:ult., *'elā dēʿrā* sondern sie kehrte zurück 37:24, *d'āhā ktāḇā lē (y)le(h) ḫa(d) le(h)ksiqon, 'elā ḫa(d) lūqāṭā (y)le(h) dḫakmā hemezmānē* daß dieses Buch kein Lexikon ist, sondern es ist eine Sammlung einiger Wörter 45:4f., *w'elā bet ʿāḇed (h)wā* sonst würde er tun 67:11, *'elā 'en bāsmā luḵ* aber bitte (< aber wenn es dir gefällt) 68:7, *layt ḫaylā wlā quwat 'elā b'alāhā gūrā wrāmā* es gibt keine Macht noch Stärke außer bei Gott dem Großen und Erhabenen (beeinflußt durch die muslimische Formel *lā ḥaula wa-lā quwwata illā billāhi* . . .) 68:ult., *'āhā lē (y)le(h) nuḵrāyā 'elā m̥n demī wm̥n besrī le(h)* dieser ist kein Fremder, sondern ist von meinem Blut und meinem Fleisch 79:20f., *'elā but qiṣat* sondern über die Geschichte 97:4.

'albă'al [*albal*] (T.) sofort, unmittelbar 18:antep., 23:5, 68:9.

'albaq Ortsn. 17:antep., 18:13, 14, 20:19.

'albrā'it Albright 2:20.

'albert m. Vorn. Albert 62:21.

'albatā [*albátta*] (Ar.-T.-P.) gewiß, sicher(lich) 70:21, 79:9.

'eled [*eled*] (< *ʿal d*) Al. über: *'eled kdā ṭāḇtā rabtā* über eine große Wohltat 37:9.

'alāhā [*ālā*] (AS) Gott, F. *'alāhtā* Göttin, Pl. *'alāhē* Götter F. Pl. *'alahyātē* 52:23 s. *'alahāyā*; *(t)ḫot ṭlānītā d'ālāhā bāryānā dšmayā w'arʿā* unter dem Schatten Gottes, des Schöpfers des Himmels und der Erde 5:17, *qā hayklā d'ālāhtā 'ištar* im Tempel der Göttin Ištar 8:12, *zādʿyānē m̥n 'ālāha* gottesfürchtige Männer (Apg. 2:5) 28:11, *ʿāǧibūyātē d'ālāhā* die großen Taten Gottes (Apg. 2:11) 28:19, *wbet maptē 'ālāhā lyaft* 30:12 s. *PT'*, *wmelyā bḫeqrā d'ālāhā* und gefüllt mit der Ehre Gottes 30:ult., m. Suff. *'alāhê* ihr (d.h. der Christen) Gott 35:23, *ya(h)ḇ alāhā* Eigenn. 36 s.v., *'ālmāhā* von Gott 97:23.

'alāhūtā (AS) F. Gottheit, göttliche Natur: *ṭlā sā(h)dē manšūr d'alāhūtū(hy)* drei anerkannte Beweise seiner Göttlichkeit 32:2f., *m̥n 'alāhūtā (y)nā trē(y)n tlītāyē dpagrū(hy)* göttlicher Natur sind zwei Drittel seines Körpers 94a:11.

'alāhāyā (AS) göttlich, F. *'alāhêtā*, Pl. *'alāhāyē*, F. Pl. *'alā/ahyātē*; *gilyānē 'alāhāyē* göttliche Offenbarungen 54:23, *wbʿudrānā dmdaḇrānūtā 'alāhêtā* u. mit Hilfe der göttlichen Führung 68:16f.; F. auch „Göttin" (sonst *'alāhtā*) *lšimānē d'alāhē w'alahyātē* die Namen der Götter und Göttinnen 52:23.

'el ḫalīl [*el-xalīl*] (Ar.) muslimischer Beiname Abrahams: *'iḇrāhim el ḫalīl* 11:paen.

'alḫā(')ṣ [*ålxåṣ*] Familienname: *'alḫās* 60:16, *'alḫā'ṣ* 61:16, 94:2.

'ilīyā (AS < H) Elias, m. Vorn. 56:13.

'alīṣā pass. Pt. v. *'LṢ* q.v.

'āleksāndros [*a-*] Alexander 4:14, 21, 12:4; 59:antep.

'ālāmādīn Name einer von den Assyrern in der seleukidischen Ära erbauten Stadt 17:4.

'alsās (Fr. Alsace) Elsaß 42:10.

'ālap [*ålap*] Name des 1. Buchstabens des Alphabets 2:antep., *'ālap wbēyt* Alphabet 41:4.

'alpā [*alpa*] (AS) tausend, Pl. *'alpē*: *'alpā gānātē* tausend Seelen 6:8, 97:18, *'arbʿā 'alpē* viertausend 9:11, 21:20, 52:18, *ʿesrā 'alpē m̥n d'anī ṭḇilāyātē* zehntausend von diesen Tafeln 9:20 u.ä.

'elpā [*elpa*] (AS) F. Schiff: *'a(y)ḵ ḫdā 'elpā ḫêtā* wie ein lebendes Schiff 47:20.

'alpā bītā [*alpa-bíta*] Alphabet 3:17, *'alpā-bītā* 4:12, ab. auch *'alāp bēyt* 9:3 u. *'ālap wbēyt* 41:4.

'alparağ s. *'abū 'alparağ*.

'alprēyd [*alpred*] Alfred 37:9.

'LṢ (AS) bedrängen, zwingen; pass. Prät. *pīšl(h)on 'alīṣē* sie wurden gezwungen 62:20 (s. *KTḆ*).

'alqōš (AS) Alqoš (Dorf im irakischen Kurdistan) 37:4.

'alqōšāyā [*-ya*] (Adj. v. *'alqoš*) Alqošäer, Einwohner von Alqoš 44:17.

'elte/aḫ(t) [*eltex/ụlṭux*] (< AS *ltaḫt*) unten, m. Prokl. *l-* nach unten, hinunter, herunter, ab. auch einfach: unten: *'a(y)ḵ*

be'tāyā l'eltaḥt 19:11 s. *'a(y)k̠, ktīb̠ē (y)nā l'elteh̠* sie sind unten (: im folgenden) geschrieben (: angegeben) 41:6, ähnl. *'āhā rē'zā ... dktīb̠ā (y)le(h) b'elteh̠* diese Ordnung ..., die unten angegeben ist 51:3f., *būš l'elteh̠* mehr hinunter 64:12f., *rēšê 'elteh̠(t) (t)ḥut gulpê* ihr Kopf unten unter ihrem Flügel 85:2.

'em- m. Personalsuff. (San.-Al. < AS *ʿam* q.v.) mit: San. *'emī* [kolloquial: *mənī*] mit mir 39:11 (s. *'B̠D*), Al. *'eme(h)* mit ihm 86:15; m. d. Partikel *d*: *'emed* u. *'emet* s.vv.

'emā" [*əmma*] (< AS *mā"*) hundert: *'emā" gānātē* hundert Seelen 6:6, Pl. *b'emē"* in Hunderten 82:11, ab. *w'emāyē ʿal 'emāyē* Hunderter auf Hunderter (Arithm.) 41:14, *ktāb̠ā d'emā" matlē* Buch von hundert Sprüchen 57:14, 61:6, 71:15, *b'alpā w'emā"* 100:17 s. *'alpā*; s. auch *mā"*.

'āmāǧ [*āmaǧ*] (P) F. Ziel: *duktā d'āmāǧ* Zielpunkt 43:20, *bdrêtā d'āmāǧ* beim Zielen 43:antep. f., m. Personalsuff. *whāṣel d'āmāǧay(hy) wʿamalay(hy)* u. das Ergebnis ihres Zieles u. ihrer Tat 63:antep.

'emed [*emmed*] (*'em-* + *d*) mit: *'emed brātī* mit meiner Tochter 37:10, *'emed brātan* mit unserer Tochter 37:17; San. *'emed ḥašē wʿb̠ādē* mit den Leiden und Taten 39:13.

'āmōnā (AS) m. Vorn. 39:paen.

'āmōrāyā [*-ya*] (AS) Amoräer, Pl. *'āmōrāyē* 8:paen.

'emwātā [*-ta*] Pl. v. *'ūmtā* q.v.

'āmē(y)n [*āmən*] (AS < H) Amen 39:19.

'amīnā'īt (AS) andauernd, ununterbrochen, ewiglich 25:6.

'amīrā [*-ra*] (AS *'amīr*) Emir, Prinz 19:12, 36:15, Eigenname 3:7, Pl. *'āmīrē* 55:12.

'a/āmêrikā [*amẽrika*] (allogr. *amerikā*) Amerika 11:15, 56ff.

'amêrikāyā [*amerikắya*] (allogr. *amerikāyā*) Amerikaner, amerikanisch 23:7, *'amīrkāya* 26:1, Pl. *'amêrikāyē* 62:antep.

'emperāṭor M. Imperator, Kaiser 15:23, paen., auch *'emperātor*, Pl. *'emperātōrē* 70:10.

'emprātūrūtā [*-rúyta*] F. Imperium, Kaisertum, Kaiserreich 2:11, 6:20, 10:13, 27:6,8, 53:2,3,20, 55:4, 61:12f.

'MR (AS) sagen: 1. Präs. Al. *wkīmer* u. er sagt 37:8, San. *w'āmren* [*wamən*] u. ich sage 39:14, Al. *ham ānā kemren* auch ich sage 87:1, *mu āmren* was soll ich sagen 91:4, (m. Suff.) *'āme(r)nok̠* [*amənnox*, vgl. neumand. *qamennax*, Macuch, HCMM 305:23] ich sage dir 87:12, *k'āmret* du sagst 88:20, San. *kud kāmret* [*kammet*] während du sagst 39:14, *d(')nāšā 'āmer* man würde sagen 9:10, *man ki māṣē d'āmer* wer kann sagen 90:14, *ṣir ṣir ki 'āmer* [*kəyāmər*] zwitschert 46:10, (m. Suff.) *'āmērā* er soll sie sagen, rezitieren (s. *'ādī*) 39:3, *ki 'āmrī* [*kiyamī*] sie sagen 16:6, *kad 'āmrī* wenn sie sagen 28:13,20f. bis, 1. Fut. *wbet 'āmer* u. er wird sagen 79:24, Kond. *wbet 'āmer (h)wā* [*āmərva*] u. er würde sagen 78:11; Inf. *bē'mārā* [*bīmāra*] sagend 18:9,22, 31:1, *kad bē'mārā* id. 3:3, San. *'īmārā* zu sagen 39:7, *ki 'ātyā lē'mārā* man kann sagen 24:paen., *muḥšiḥl(h)on bē'mārā* es paßte ihnen zu sagen 26:1, *mūdī 'ītluk̠ lē'mārā* was hast du zu sagen? 43:8, 2. Präs. *bē'mārā (y)lē* er sagt 32:9 bis, 33:18,20, antep., 34:6, *bē'mārā (y)le(h)* id. 79:17, *(')mārā (y)le(h)* id. 96:6, *hādk̠ā (y)le(h) bē'mārā* so sagt er 95:14, *bē'mārā (y)lā(h)* sie sagt 8:7, *dūz (y)wet (')mārā* richtig sagst du 80:17, Pf. *(h)wile(h) taḥmūnē wbē'mārā* er überlegte sich und sagte 79:16, *wbē'mārā (yh)wā* [*wbīmārəva*] u. er sagte 90:21; pass. Pt. *lā (')mīrā* nicht Gesagtes 91:4, Prät. *(')mīre(h)* [*mərre*] er sagte 18:antep., 21:15, 23:8,19 = *(')mere(h)* 35:20, paen., 67:4,7,8,14,24, 25, paen., ult., 71:23, ult., 75:6,8,11,22 usw. = *mere(h)* 86:16 = *(')merē* 64:8,10, 15, 66:6,16,21,22, antep., ult., 69:23 usw., *(')mera(h)* [*mərra*] sie sagte 5:12,15, 35:22, 67:15 usw., *(')merī* ich habe gesagt 68:24, 84:ult., *(')meron* [*mərron*] sie haben gesagt 5:11, 69:19 = *(')mer(h)on* 73:22, paen. = Al. *mērê* [*-ay*] 87:9, antep., Pf. *'a(y)k̠ (= d'āk̠ī) dmīrē (y)wak̠* 31:8f., 34:10 s. *'a(y)k̠* u. *'āk̠(y/)ī*; pass. Präs. *ki pêšā (')mīrtā* [*mərta*] es wird gesagt 42:22 bis; Imper. *(')mūr* sage! 69:4 = San. *'īmor* 39:5. In Al. unregelmäßig *memer* [*məmmer* (< **mə'ammer*)] *(h)ā mālok̠* und sagte: „ei! was ist los mit dir?" 86:17, obwohl auch das regelmäßige Prät. *(')mere(h)* in dems. Text (Z. 19) vorkommt.

'āmrīẖāṣ, amrīẖā'ṣ [*amrīxåṣ*] Familienname 26:16, 56:18, 59:18.

'amērikā (allogr. *'amêrika*) Amerika 28:4, 30:15.

'amerikāyā (allogr. *'a/āmerikāyā*) Amerikaner, amerikanisch 27:2, 28:paen.

'emet [*emmet*] (vgl. *'em-* u. *'emed*) San. mit: *'emet tāmāmētē ṣlōtā* im ganzen Gebet 39:6f., *'emet 'āǧbōnuḵ* mit deinem Willen 39:14.

'ā/an [*ān*] (< AS *hān-*) Demonstrativpron., im NS meistens für Pl.: diejenigen, jene: *mn kulê d'ān ḥṭiyātōḵon* von all diesen euren Sünden 34:18, *d'ān 'atrāwātē* 35:15 s. *'aẖčōn, 'an šar'ādārē* jene Schiedsrichter 87:25.

'en (AS) wenn: *'en ǧam'aẖ* wenn wir uns versammeln 2:ult. f., *'ādyā 'en daqīqā'īt mtaẖmenaẖ ya'nī 'en lhônan ǧām'āẖ brēšan* wenn wir uns jetzt genau überlegen, d. h. wenn wir unsere Vernunft in unserem Kopf zusammenbringen 7:antep., *sābāb 'en* weil wenn 10:13, *d'en kē'pē hāwī (h)wô l(h)ōn pūmā* wenn die Steine einen Mund hätten 24:paen., *'en ... yan* ob ... oder 34:4ff., 85:23f., *'en ... w'en* id. 35:11f., 40:15, *'en lišānan lā pā'eš 'īdā mn ziwānē* wenn unsere Sprache von Unkraut nicht befreit wird 45:7f., *'a(y)ḵ d'en* wie wenn 74:8, 75:21, 96:paen., *'en 'a(n)t(y) zē (h)adḵā (h)ôyat(y)* wenn du (F.) auch so wärest 99:23, *'en ẖačā* mindestens 31:5.

'ānā [*āna*] (AS) Personalpron. d. 1. Sg. ich 5:4, 24:2, 37:9, 38:3 usw.

'anā [*ana*?] M. ein Zehntel eines Rupee, Pl. *'anē* 43:13.

'ā/anē(/y) [*āni*] (vgl. *ā/an*) Demonstrativpron. Pl. diese, jene, manchmal einfach: sie 3:15,16, 4:1, 5:5, 7:23, 8:paen, 9 (oft) usw. *bgāwā d'anē (y)nā wayrānē dšūštar* unter diesen befinden sich die Ruinen v. Š. 33:ult., *syāmū(hy) bušmenē 'anē (y)nā*: seine veröffentlichten Schriften sind diese: 59:4, 61:19, *w'aynā(h) mṭē'l(h)on l'ān(y) 'eštā ẖabrē* u. ihre Augen kamen zu diesen sechs Worten 72:21; m. prokl. *d-* als Nom. *dd'ānē 'a(y)ḵ d'ānē* 78:12 s. *'a(y)ḵ*; *m(h)ô yōmā d'ānē zreqlon* von dem Tag, an dem sie geboren (< aufgegangen) sind 93:14; allogr. *ānī* s.v.

'inglīs [*ingləs*] Englisch, m. prokl. *d-*: *lišānā d'inglīs* die englische Sprache 30:1, 44:1,19, 74,:3.

'inglisnāyā [*-ya*] englisch, Engländer, Pl. *'inglisnāyē* 5f., 21:15, 25:ult., 26:antep. usw. *nūhārē 'inglisnāyē w'amerikāyē* englische und amerikanische Kommentare 28:paen., *l(h)eksīqōn mn 'inglisnāyā lswādāyā* Englisch-Neusyrisches Lexikon 58:23, *lišānā 'inglisnāyā* die englische Sprache 58:ult., *byad yōẖanān banyān 'inglisnāyā* vom Engländer (: engl. Schriftsteller) John Bunyan 64:2, *lārd 'ābingdān ẖā(d) 'inglisnāyā myuqrā* Lord Abingdon, ein respektabler Engländer 70:17.

'an(h)ī (allogr. f. *'ānī, 'ā/anē* q.v.) sie diese, jene: Al. 37:21, 87:16.

'ānū bab. Gott Anu 94:22,24 (s. *'alāhā*), 59:4.

'ānōširwān pers. König Ḫosrow Anōširwān, s. *ḵosrō*.

'anṭōnio It. Name Antonio 73.

'anṭyōḵī Antiochia 17:4, 53:16, 62:8.

'ānī(/y) [*āni*] (vgl. *'ā/an* u. *ā/anē*) sie, diese, jene: *'ānī lē(')y)nā plāšā* sie kämpfen nicht 4:4f., *'ānī sepwātu(hy)* diese seine Lippen 5:9, *'ānī šlēlon* sie schwiegen, standen ruhig 5:12, *d'ānī ki māṣī pālšī* daß sie kämpfen können 6:5, *'am d'ānī* mit diesen 6:8, 23:23, *'ūp 'ānī* auch diese 8:25, *'ānī 'aẖčī (h)wô* sie waren nur 9:antep., *'ānī bepyāšē (h)wô* sie sind geblieben 13:3, *har gô d'ānī 'dānātē* genau in jenen Zeiten 15:4, *'ānī mušlemē (yh)wô* sie waren (> wurden) Muslims 20:1, *'ānī (h)wô d-* sie waren diejenigen, die 26:2, *ktābē har d'ānī malẖemānē d-* Bücher eben derjenigen Autoren, die 33:3f., *l'ānī 'atrāwātē* zu jenen Orten 36:9, San. *tā 'ānī* ihnen 39:8, *wgô d'ānī ṭalyātē* u. in diesen Spielen 46:23, *'inā 'ānī tamām munšyē* aber sie haben völlig vergessen 50:6, *'ānī (')ẖ(r)ēnē* die(se) anderen 53:12, *hal d'ānī 'ḇeron* bis sie vorbeigingen 64:20, *qā d'ānī* für sie 70:7, *sābāb d'ānī d'a(yḵ) d'anē* weil solcher wie diese 78:12, *mānī (yh)wā 'ānī tartē(y) ẖātwātē* wer sind (im Text: ist) die(se) zwei Schwestern? 90:antep. f.

'ānāyā [*-ya*] (Adj. v. *'ānā*) egoistisch, Pl. *parṣōpē 'ānāyē* Egoisten 55:6.

'ānāyūtā [-*ta*] (Abstr. v. *'ānāyā*) F. Egoismus 2:6, 7:20.

'inyat (f. *nīyat*) Ar.-P.) F. Absicht 22:1.

'ankīdū Ankidu, ein Held der Gilgameš-Geschichte 96:2,20,25, paen.

'ankartā [-*ta*] (n. act. v. *'NKR*, Inf. *'ankūrē* fürchten) F. Angst, Furcht: *wdlā 'ankartā* u. ohne Furcht 82:12.

'ānānqāyā [*ananqāya*] (AS < ἀναγκαῖος) notwendig, unvermeidlich, Pl. *'ānānqāyē* 15:9; F. *'ānānqêtā*: *wbkāmīlūtā 'a(y)ḵ d'ānānqêtā (yh)wā qā d(h)ê 'dānā* u. in Vollständigkeit, wie sie für jene Zeit notwendig war 20:22, *bmaḥzêtā d'elat 'ānānqêtā* bei Betrachtung des unvermeidlichen Grundes 44:7, *'ānānqêtā (y)lā* es ist erforderlich 45:11.

'ānānqāyūtā (AS) F. Notwendigkeit, Schicksal: *mē'mrē 'al 'ānānqāyūtā dḥūyādā* Aufsätze über die Notwendigkeit der Einheit 57:21, *mam(l)lē 'al 'ānānqāyūtā wzōdunyā d'atwātē* Aufsätze über die Notwendigkeit und Vermehrung der Buchstaben 59:6, *l'ānānqāyūtā dtūrgāmā* über die Notwendigkeit der Übersetzung 59:7.

'ānsêklōpêdyā [*ansiklopədíya*] (E) F. Enzyklopädie, Pl. *gô rābā mn 'ānsêklōpêdyē* in vielen Enzyklopädien 58:9.

(')nāšā [*nāša*] (AS) M. Mensch, Pl. *(')nāšē*; *ḥa(d)* od. *ḥā (')nāšā* ein Mensch 7:7, 8:12, 15:2 usw., *(h)ô nāšā* der Mensch 8:21, 26:10, 64:11f. usw., *k^{u}l (')nāšā* jeder Mensch 28:12,14f., 42:20 usw., *hīč (')nāšā* kein Mensch 36:paen., 66:6, 83:5f., 85:22, *lk^{u}lê(hy) (')nāšē 'uğzīluḵ* du hast alle Menschen belästigt 66:9. *(')nāšē dpostā* Postleute (Briefträger) 9:8, *ānī nāšē ṭāyepē* die Stammesgenossen 10:19. m. Suff. *(')nāšū(hy) zarbānā* seine starke Person 64:14.

(')nāšāyā [-*ya*] (Adj. v. vhg.) menschlich, Pl. *zedqē (')nāšāyē* Menschenrechte 1:12.

'a/ā(n)t [*āt*] (AS) Personalpron. d. 2. Sg. du 66:16, 70:23, 77:2, 78:6, 79:1, 82:24, 84:6; ausnahmsweise auch für F.: *'a(n)t hālā z'ūrta bšenē* du bist noch jung 93:23; sonst F. *'a(n)t(y)* 69:3, 84:10,12, 94:antep.

'entešārāt (Ar.-P.) F. Pl. Veröffentlichungen: *'entešārate(h) dnūre(h) ğahā'n* = P. *entešārāt-e nūr-e ğahān* Veröffentlichungen „das Licht der Welt" (iranische „Presbyterian Mission Press") 89:2.

'is Transkription v. Engl. „is" 89:3, s. *hêwên*.

'asbābē [-*be*] Pl. (Ar.-P.) Mittel, Werkzeug, Instrument, Material, Waffen: *asbābē (zaynē) dplāšā* Kriegswaffen 3:ult., 5:ult.; *bmaplaḥtā d'asbābē* im Gebrauch der Waffen 35:11, *wčūrpenā gô 'asbābē* bewaffnet 35:19.

'āsōrḥādōn Asarhadon 10:11

('ā)sō/ūrāyā [*sūrāya*] (v. *sūrāyā* m. Angleichung an *'ātōrāyā*) (As)syrer, (as)syrisch: *hemezmān 'āšōrāyā, 'ātōrāyā w(')sōrāyā ḥa(d) (y)nā bma'nāyā wbsūkālā* die Wörter „assyrisch, aturisch u. syrisch" heißen ein und dasselbe 2:23, *gdamtā dhemezmān 'āsōrayā* die Verkürzung (: Aphäresis) des Wortes „assyrisch" 2:24, *wpêšā rtemtā (')sūrāyā* u. es wird *sūrāya* („syrisch") ausgesprochen 2:antep.; F. *(')sūrêtā* : *'ūmtā (')sūrêta* das (as)syrische Volk 59:10; Pl. *(')sūrāyē* : *byūlpānā wseprāyūtā d(')sūrāyē* in der Lehre u. Literatur der Syrer 36:21.

(')sūryāyā [*sūryāya*] (weitere Adjektivbildung v. vhg.) (as)syrisch, Syrer, F. *(')sūryêtā*, Pl. *(')sūryāyē* 12:2, *(')sōryāyē yāqōbāyē* jakobitische Syrer 11:21, *malkā d(')sūryāyē* die syrischen Könige 12:6, *qālā (')sūryāyā* die (as)syrische Stimme 60:12, *mhadyānūtā (')sūryêtā* Syrisches Handbuch 60:12.

(')sūryā'īt [*suryāyit*] (Adv. v. vhg.) syrisch 12:13.

'āswātā [*aswāta*] (AS, Pl. v. *'āsyūtā* Heilmittel, Arznei, Medizin) in *rab 'āswātā* Chefarzt 72:antep.

'esṭūḵsā [*əsṭoksa*] (AS < στοιχεῖον) M. Element 1:21.

'isṭikān [*əstəkắn*] (< russ. *stakan*) Glas: *'isṭikān dḥalḇā* ein Glas Milch 72:22, paen.

'isṭanbul Istanbul, Konstantinopel 14:12, 17:6.

'āsyā 1 [*āsya*] (AS) Asien 4:14, 14:20, 16:12,18, paen., 28:16, 30:16, 58:23, 60:8.

'āsyā 2 [*asya*] (AS) Arzt 1:20, 57:1, 58:13, 62:3; Pl. *āsyē* 56:1.

(')sīrīyā [*sīrīya*] Assyrien 2:21.

'eskōlāyā [-*ya*] (AS) Schüler, Student, Gelehrter, Pl. *'eskōlāyē* 9:1f., *'īmā d'eskō-*

lāyā gārag šābeq lā(h) madrāse(h) wenn ein Schüler die Schule verlassen soll 38:5, *šūlā dḥa(d) 'eskōlāyā gārag gābē* Beruf, den sich ein Schüler wählen soll 38:6f., *qā 'eskōlāyē* den Schülern 70:paen., *(h)ô ğwanqā 'eskōlāyā* der junge Schüler 72: antep., *tā 'eskōlayē* für die Schüler 86:8.

'eskēymā [*əskēma*] (AS < σχῆμα) M. Schema, Pl. *'eskēymē*; *mn d'āhā 'eskēymā dbē'tāyā (y)lē* vom folgenden Schema 41:8; *pa'wē yan 'eskēymē* Zweige (: Abteilungen) oder Schemen 40:19, 20.

'askālā [*əskāla*] Al. f. *'eskālā* (Lat.-It. scala) Eingang 37:18.

'islām (Ar.) Islam 17:7, 53:1, 54:paen., 60:9, 63:19, 70:1, 4, 7.

'ismā'īl [*ismāyil*] (f. ar. *ismā'īl*) Eigenn. *mālek 'esmā'īl* Sippen- und Ortsname 18:2, 15, 19:16, 20:10, 23:2; ursprünglich *'esmā'īl 'āġā* Mannesname 23:8, 16f., 25:paen. f. (nb. *'esmā'īl 'āġā* 22:paen., 23:2).

'espānīyā [*əspánya*] (AS) Spanien 17:8, 33:24 bis, 65:17.

'asqaḥn 23:8 s. *SLQ*.

(')sāqtā [*saqta*] = *sa(l)qtā* 76:3.

'SR (AS) binden: 1. Präs. *d'āsrī* [*dyasri*] *zūnāre* daß sie Gürtel anbinden 13:3f., pass. Formen (F.): Pf. *dbīyê (')sīrtā* [*sərta*] *(yh)wā 'ūmtā qadīštā* an die das heilige Volk gebunden war 7:18, *(')sīrtā (h)wā bšīšilyātē* war in Ketten gebunden 92:7, vgl. 88:15.

'asārā [*-ra*] (AS) M. Konjunktion 40:9.

'esrī (f. *'esrī* q.v.) zwanzig 13:3.

'istād [*stād*] (< P.-Ar. *ustād*) Meister, Herr, m. Suff.: *mn 'istādī* von meinem Herrn 39:16.

'estīr (AS < H) Esther 27 (mehrmals), *qabrā dmūrdkay w'estīr* das Grab von Mardochai u. Esther 33:23.

'astrīyā [*-iya*] (< Austria) Österreich 42:12.

'āp (AS, ursprünglichere Form v. *'ō/ūp*) auch; pleonastisch *'āp zē* 54:15; *(h)āw d'āp gārag (sābar) dḥāṣed* er muß auch (hoffen zu) ernten 75:14, *'āp menyānā dšinuk baṣrī* auch die Zahl deiner Jahre vermindert sich 100:4, *'āp sā'atuk b'āqtā menyē* auch deine Stunden werden mit Angst gezählt; kontrahiert m. folg. einsilbiger Partikel: *'āplā* auch nicht 68:18, *'āpen* (< *'āp 'en*) auch wenn 27:ult., 36:21, 83:13, 89:5.

'apē [*appe*] (AS) M. Pl. Gesicht, Antlitz, in *bḥezwā d'apô(hy)* beim Anblick seines Gesichts 18:20; St. cs. *'apay* [*appe*] auch Richtung: *l'apay bākūbā* in der Richtung von B. 26:6.

'āpiṭrōpā (AS < ἐπίτροπος) M. Prokurator 56:16.

'apay [*appe*] St.cs. v. *'apē* q.v.

'āpīsar (< Engl. Officer) M. Offizier 24:18, 82:16, Pl. *'apīsīrē* 21:12, 18, 21, 23:22, *'apīsēyrē* 24:18.

'āpīpānīs Epiphanius 33:18, 75:11.

'āplā [*upla*] s. *'āp*.

'pmḥ [*'alpau tmanyamau tmanyau arpi*]: 1848 64:2.

'āpen [*upən*] s. *'āp*.

'āpenšāyē Ortsname 19:19, 20:5, 6.

'ps. Abk. v. *'āpesōsāyē* Epheser 30:17.

'apesqōpā (AS < ἐπίσκοπος) M. Bischof 56:13ff., Pl. *-pē* 36:19, 53:14.

'pṣ [*alpau tmanyau əččī*]: 1890 39:18.

'apqānestān [*af-*] Afghanistan 25:16.

'aprēym [*aprēm*] (AS < H) Ephrem 12:2, 13, 29:19, 20, 39:3, 44:2, 49:18, 59:4, auch *'aprīm* 62:8.

'aprekā [*aprəka*] Afrika 33:24.

'aṣbab [*-āb*] Pl. *'aṣbābē* (allogr. f. *'asbābē* q.v.) Mittel, Geräte, Waffen: *aṣbab dplāšā* Waffen 21:17, *b'aṣbābē wmē'kultā dgānay(hy)* mit ihren eigenen Waffen und mit ihrer eigenen Kost 20:ult.f., *b'aṣbābē mārē sē'mē* mit Saiteninstrumenten 64:17.

'aṣaḥtā [*asáxta*] (AS Manuskript) F. Ausgabe, Pl. *'aṣa/āḥyātē*: *'aṣāḥyātē d'ūhdānē dmalkē qa(d)māyē* Chroniken der ehemaligen Könige 9:21, *'aṣāḥyātē dktābē qadīšē* Exemplare heiliger Bücher 9:22, *'aṣaḥtā dtrê* zweite Ausgabe 34:12, 42:2, *'aṣaḥtā tlītêtā* dritte Ausgabe 46:2, *'aṣaḥtā qa(d)mêtā* erste Ausgabe 47:2, *'aṣaḥyātē mn syāmē d'abāhātē qa(d)māyē* Ausgaben der Werke früherer Väter 58:11f., *ḥdā 'aṣaḥtā dktābā* eine Ausgabe des Buches 61:6, *ḥad(d)kmā mn 'aṣaḥyātē dsāyōmē mšamhē* einige Ausgaben berühmter Autoren 62:24, *'aṣaḥtā trayānītā* zweite Ausgabe 74:25 (vgl. 34:12, ob.).

'ṣd [*alpau əččamau arpa*] 1904 37:11.

'ṣy' [*alpau əččamau ydīsar*] 1911 37:12.

'ṣkg [*alpau əččamau ṭlåu əsrī*] 1923 37:10.

'aṣlā [áṣla] (< Ar. *aṣl*) M. Ursprung: *but 'aṣlā wbut mabūʿā* über den Ursprung u. die Quelle 2:2, *wbatwātē db'aṣle ʿārābāyē (y)nā* u. mit Zeichen, die nach ihrem Ursprung arabisch sind 41:4, Al. *lāken 'aṣloḵū mqādīm bīšā īle(h)* aber euer Ursprung ist schlecht von alters her 86:20, Al. *'aṣlay bīšā īle(h)* ihr Ursprung ist schlecht 87:1 u. *bīšā īle(h) 'aṣlay* id. 87:25.

'aṣlāyā [-ya] (Adj. v. vhg.) ursprünglich, F. *'aṣlêta*, Pl. *'aṣlāyē*; *ʿamrānē 'aṣlāyē* die ursprünglichen Einwohner 2:16, *'anī hemezmānē 'aṣlāyē* die ursprünglichen Wörter 45:22, *šuprê wḥelyūtā 'aṣlêtā* ihre (Pl.) ursprüngliche Schönheit und Süße 54:11f., *mlišānē 'aṣlāyē* von den ursprünglichen Sprachen 88:2.

'eqbāl [eγ-] (Ar.-T. P.) F. Glück, Schicksal 45:9, *'eqbāl kumtā* schlechtes Schicksal 60:9, m. Suff. *m'eqbālī yan zē m'alāhī* von meinem Schicksal oder auch von meinem Gott 97:24, *'eqbāluḵ* dein Schicksal 83:22.

'eqōnōmīyāyā (Adj. v. *'eqōnōmīyā*) ökonomisch, wirtschaftlich, Pl. *'eqōnōmīyāyē*: *ṃn sābābē 'eqōnōmīyāyē* aus wirtschaftlichen Gründen 56:24, *'ahwālātē 'eqōnōmīyāye* 61:13 s. *'ahwāl*.

'aqlā [-la] (< *'a[r]glā?*, AS *riglā*) F. Fuß, Pl. *'aqlātē*; m. Suff. *'aqlu(h)* [aqlo] *ḥipyāyē* sie ist barfuß 7:1, *w'aqle(h) mutbā le(h) mʿal sīpā dmarkabtā* und seinen Fuß legte er auf die Kante des Wagens 24:4f., Al. *(r)ḵešlā(h) b'aqlātō* sie ging zu Fuß, *sāḇā qemle(h) l'aqlāte(h)* der Greis stand (pleonast.: auf seine Füße) auf, *'aqlī darbā* meine Füße sind verwundet 99b:22; *wtartēy 'īdātē wtartēy 'aqlātē* zwei Hände und zwei Füße 48:8.

'aqmā [-ma] (AS *'aqmē* < ἀκμή) F. Gipfel, Höhepunkt, die höchste Stufe *l'aqmā drūrāmā* auf den Höhepunkt 62:7.

'er'āšā [rāša] San. (Wz. *R'Š* = *RʿŠ*) M. Erwachen 39:17.

'arbāb (Pl. v. Ar. *rabb*) Herren, Besitzer, Feudalherren, Landbesitzer 63:24 (s. *mendī*).

'ārābāyā [arabāya] (allogr. f. *ʿārābāyā*) Araber, arabisch, Pl. *'ārābāyē* 5:20, 6:7, 9,13, 17:7,8.

'arabistān (< P. *ʿarabistān*) Arabien 25:16.

'arbʿā [åṛpå] (AS) vier, F. *'arbiʿ*, AS *-baʿ*; *'arbʿā 'alpē* s. *'alpā*, *b'arbaʿpenyātā dʿālmā* in den vier Ecken der Welt (AS) 25:17, *d'arbʿā* viertens 26:8, *'arbʿā mīlē* 33:antep., *mpūl(g)ītā l'arbʿā paʿwē* auf vier Teile verteilt 40:20, *pāsōqā d'arbʿā* vierter Abschnitt 54:1, *bdārē d'arbʿā dḥamšā wd'ištā* im vierten, fünften und sechsten Jahrhundert 54:4, *arbʿā parṣōpē* vier Personen 54:25, *qā arbʿā klāsē* für vier Klassen 60:ult., *'arbʿā darsē ṭīmānē* vier wertvolle Lektionen 72:1, *'arbʿā mendīyānē dki mazyedī lba(h)rā* vier Dinge, die das Licht vermehren 74:paen., *qā d'arbʿā nahrāwātē gūrē* für vier große Flüsse 77:3, *'arbʿā ṭā'lyātē* vier Theaterstücke 80:1, *but ḥāter tmanyā w'arbʿūḵ* wegen deiner acht und vier (d. h. 12 Imame) 88:paen.

'arbʿōtā [åṛpǫntå < *årbåttå durch Geminatendissimil., vgl. jedoch Nöldeke 53] (Pl. F. v. vhg.): *'arbʿōtê 'ewangelyōnē* alle vier Evangelien 50:7f.

'arbʿī [åṛpi] (AS *'arbʿīn*) vierzig 26:5.

'arbasarʿ [åṛpåsår] (AS) vierzehn: *wbšūrāyā ddorā d'arbaʿsar* u. am Anfang des 14. Jh. 16:19.

'argūn Arġūn, ein mongolischer Herrscher im Iran im 13. Jh. 15:15.

'ār hārt R. Hart 43:3.

'ārūrū bab. Göttin aus dem Gilgameš-Epos: *'ārūrū 'alāhtā ga(n)bartā* Aruru, die mächtige Göttin 94:25, vgl. paen.

(')rāzā [-za] (AS < Ir.) M. Geheimnis *kᵘlê (')rāzī* all meine Geheimnisse 81:5.

'arzā [-za] (AS) M. Zeder: *bqômtā a(y)ḵ 'arzā* mit der Statur wie eine Zeder 100:15.

(')rāzānā'īt [rā-] (Adv. v. *'rāzā*) geheim 21:15.

(')rāzānāyā [-ya] = *rāz-* q.v.

'arzārūm Erzerum 18:ult.

'erḥē [árxe] (< AS *raḥyā*) F. Mühle: *dārtā d'erḥē* der Mühlenhof 47:12, *ḥāderwānē d'erḥē leqṭā peryā (y)le(h) qā ktāyātē* um die Mühle herum gibt es viel Korn für die Hennen 47:13, *ḥzêtā ddārtā d'erḥē* Anblick des Mühlenhofes 47:22; Pl. *'erḥāwātē* 15:8.

'RY Al. (f. *ʿRY*) halten; pass. Pt. Fem.: *kud 'āhī (')rīṯā* [rīϑa] *b'īdā dyemā(h)*

während sie ihre Mutter an der Hand hielt 37:19.

'āriṭmāṭīqī (ἀριθμητική) Arithmetik 41:1,3.

'aryā [*arya*] (AS) M. Löwe 81:22, Pl. (f. AS *'aryawāṯā*) = *aryē* 46:17 (s. *NHM*).

'ārak f. *'uruk* (q.v.) 8:15.

'arḵē [*arxe*] in *bēyt 'arḵē* (AS) Archiv, Bibliothek 9:12,23f., 52:antep., 62:antep.

'ārāleg [-γ] (T.) in der Mitte, unter, inmitten, zwischen; meistens m. prokl. *b-*: *b'ārālegê* zwischen ihnen 41:ult.; *mn 'ārāleg 'īlānē* zwischen den Bäumen 85:12.

'rm. Abk. v. *'irmyā* 32:paen.

'ārām (AS H, Gn 10_{22}) Aram 3:13 s. *'arʿā*.

'ārāmā'īt (AS, Adv.) aramäisch 11:18.

'ārāmāyā [*-ya*] (AS, Adv. v. *'ārām*) aramäisch, Aramäer, F. *'ārāmêtā*, Pl. *'ārāmāyē* 3:19, 6:3; *tūrāṣ mam(l)lā 'ārāmāyā madnḥāyā* ostaramäische Grammatik 40:1, *dlišānā 'ārāmāyā* der aramäischen Sprache 63:7.

'irmyā [*iramya*] (AS < H) Jeremia 32:16, noch gebraucht als m. Vorn. 89:10, 97:2.

'āremnāyā (AS) Armenier, armenisch, Pl. *'āremnāyē* 11:20, 17:20, 21:paen.

'ārmānestān [*armānəstān*] (P) Armenien 5:5.

'āranğ Name eines Dorfes im Distrikt v. Gāwar 19:ult., 20:3,8.

'ērānāyā [*ī-*] (f. *'īr-*) der Perser 13:6.

'arsānos 60:5, sonst *'arsānīs* Familienname: *rābī benyāmīn 'ārsānīs* ein neusyrischer Schriftsteller, 10:2, 56:paen., 69:2, 70:2, 71:3.

'arʿā [*årrå*] (AS) F. Erde, Land, Pl. *'ārʿātē/ā* Länder; *'ārām dḇeqle(h) l'ārʿātē rāmē dsūryā* Aram hat die Hochländer Syriens ergriffen 3:13, *šmayā w'arʿā* 5:17 s. *'alāhā*, *lkᵘlê 'arʿātē dšḇāḇūta* alle benachbarten Länder 7:22 usw.; *'arʿātā* 25:18, 26:12.

'arʿānāyā [*-ya*] (AS) irdisch: *pardêsā 'arʿānāyā* das irdische Paradies 6:22.

'arpaḵšaṭ (AS *-šād* < H, Gn 10:22) Arpachsad 3:9,12,15.

'RQ (allogr. f. *ʿRQ* q.v.) rennen, laufen, fliehen: Prät. (')*reqlā(h)* [*rə́qla*] sie rannte 37:antep.

'ar-ruhā ar. Name von Edessa 11:19.

'ārišdāye Pl. (Adj. v. ar. Elativ *aršad* f. *rašīd*) orthodox: *ḫalīpē ārišdāyē* orthodoxe Chalifen 54:paen.

'aritmāṭīqī 59:23, 61:1f. = *'ariṭm-*.

'āšor [*āšur*] Land und Volk Assyriens 3:9, 5:3, 6:19, 10:9, (Nebenform *'āṯor* s.v.); auch als m. Vorn. 57:17, 93:9, als Familienname *'āšōrā* 93:9.

āšor 'ēdē(y)l Name eines ass. Königs, Vorgänger des Asarhadon II. 10:9.

'āšūr bānipāl Assurbanipal 6:15,9 (mehrmals), *āšorbānipā'l* 52:21.

'ašītā [*-a*] Name eines (as)syrischen Dorfes 8:2, 19:13, 72:2, 73:10.

'aškārā [*-a*] (< P. *āškār*) offensichtlich, klar 75:11.

'ašmoṭ Name eines mongolischen Prinzen 36:15f.

'ešmaʿlāyē [*ešmaylāye*] Pl. die Ismaeliten, Araber 25:22.

'ašnū Name einer kleinen Stadt im iranischen Aserbeidschan 36:13.

'šʿ. Abk. v. folg. 31:paen., 32:12.

'išaʿyā [*išåyā*] (AS < H) Jesaja, Name des at-lichen Propheten wie auch ein noch gebrauchter männl. Name 6:15, 64:6,13.

'āšpazḫānā (P.) F. Küche, Pl. *mayḫānē w'āšpazḫānē* Weinschenke und Küchen 65:20.

'ištā 1 (AS) Grundlage, Fundament: *(t)ḫut ištā dṭūrā* [*xut ištəd ṭüyra*] unter dem Fuß des Berges 11:23 *b'ištā drumḫū(hy)* mit der Spitze seines Spießes 35:19f.

'eštā 2 [*əšta*], F. *'ešet* (AS *štā*, F. *šit*) sechs: *'eštā 'alpē šinē* 6000 Jahre 4:1, *mn bā(t)r 'eštā šinē* nach sechs Jahren 13:19, *bdōrā d'eštā* im 6. Jh. 15:20, *mn d'anē 'eštā ʿaširātē d'āṯōrayē* von den sechs assyrischen Stämmen 19:8, *'eštā mālekē* sechs Könige 21:1, *'eštā yarḫē ʿḇirē (h)wô* sechs Monate sind vergangen 31:3, *'a(y)ḵ 'eštā yarḫē* etwa sechs Monate 31:6, *l'ān(y) 'eštā ḫabrē (')ḫārāyē* zu diesen sechs letzten Ausdrücken 72:21, *qā 'eštā yômānē wšaḇʿā laylawātē* für sechs Tage u. sieben Nächte 96:22.

'ištar bab. Göttin Ištar 8:12.

'et- Al., San. (*'īt* + *l* + Personalsuff. m. progr. Assimil. der enkl. Partikel)

haben: *'etan kelmeta* [*ettan kəlmetta*] wir haben ein Wort (zu sagen) 87:9.

'ātā [*āta*] (AS) F. Zeichen, Merkmal, Fahne: *'atā d'ātor* die assyrische Fahne 92:4.

'ātor [*ātur*] (AS, Nebenform v. *'āšor* q.v.) Land und Volk Assyriens 4:3,19, 7:1,5, 8:1, 10:1,9,12,14 usw. (sehr oft).

'ātorolog M. Assyrologe 16:9.

'ātōrāyā [*āturāya*] Assyrer, assyrisch, vgl. 2:23f., s. (')*sō/ūrāyā*; Pl. *'ātōrāyē*, F. *'ātōrêtā*; sehr oft.

'ātūtā [*atūta*] (AS Zeichen) F. Buchstabe, Pl. *'a/ātwātē*; *šeklā d'ātwātē* die Form der Buchstaben 1:9, *'ātūtā* „*šīn*" der Buchstabe *š(in)* 2:21, *'ōp šar'atē ktīḇē b'atwātē dṣiṣē* auch Gesetze geschrieben mit Keilschrift 4:antep., *ktāḇtā d'atwātē d'ālāp bēyt* das Schreiben der Buchstaben des Alphabets 9:3, vgl. *b'atwātē d'ālāp wbēyt* 41:4, *ktīḇē b'atwātē spēynāyē* geschrieben mit Keilschriftzeichen 9:18f., *wb'atwātē db'aṣlê 'ārābāyē* (*y*)*nā* 44:4 s. *'aṣlā*, *b'atwātē lātīnāyē* mit lateinischen Buchstaben 60:ult.

'TY (AS) kommen; I. Konjug.: akt. Pt. u. 1. Präs. *m'ō yômā w'ātē* 37:13 s. *'ō*, *hič mendī lē 'ātē līda'ya* man kann überhaupt nichts wissen (Idiom) 33:13, *l'ālmā d'ātē* in die künftige Welt 64:1, *ki 'ātyā li'mārā* man kann sagen 24:paen., *dḫōše(h) lē 'ātyā* der kein Vergnügen findet (P. *hōšeš na-mīyāyad*) 38:9, *qeṣat zē 'ātyā lḫa(d) ḫūtāmā* die Angelegenheit wird ad acta gelegt 84:8, *dki 'ātī lgābōyē* die man wählen kann 38:20, *ki 'ātī lāqṭī mn 'īdā* sie kommen zu picken aus der Hand 47:17, *šḇōqon lyāl(d)ē z'ōrē d'ātī lkeslī* lasset die Kindlein zu mir kommen (Mark. 10:14) 78:12, 1. Fut. (*h*)*ô yōmā bet 'ātē* der Tag wird kommen 38:5, *'ānā bet 'āten* ich werde kommen 43:5, *bet 'ātyat* du (F.) wirst kommen 74:15, *kᵘl yōm bet 'ātyān* jeden Tag werde ich (F.) kommen 74:16, *bed 'ātē bīš qūrbā* er wird näher kommen 95:18, 1. Impf. *'ātē* (*h*)*wā ḫa(d) ta'lā* es kam ein Fuchs (67:10), (als Konjunktiv Impf.) *baḫtā qrēlā lhāğī d'ātē* (*h*)*wā* die Frau rief den Ḥāğī zu kommen (< daß er käme) 69:23, *d'āḵī qušdiruḵ 'ātēt* (*h*)*wā la'ḵā* wie hast du gewagt herzukommen 97:12; Inf. u. 2. Präs. *'āhā ḫa(d) qālā* (*y*)*le(h) bi'tāyā mn baryā* dies ist eine Stimme, die aus der Wüste kommt 2:9, *dbi'tāyā* (*y*)*le(h)* [*-d bitáyəle*] *'alê(hy)* das zu ihnen kommt 13:paen., *'a(y)ḵ bi'tāyā l'eltaḥ(t)* 19:11 s. *'a(y)ḵ*, *hā bi'tāyā* (*y*)*lē* siehe, er kommt 31:24, *nūhārē ltaš'ītā dbi'tāyā* (*y*)*lā* Erklärungen zur folgenden Geschichte 36:4, *mn d'āhā 'eskēymā dbi'tāyā(y)lē* 41:8 s. *'eskēymā*, *bi'tāyā(y)lā(h)* sie wird abgeleitet 52:10, *'ānā bi'zālā wbi'tāyā* 75:20 s. *'ZL*, *bi'tāyā* (*y*)*le(h) bnafšū(hy)* er kommt persönlich 95:6, *ṣaydā dbi'tāyā* (*y*)*le(h)* die Beute, die (mir in die Hand) kommt 95:11, *'īmān dbi'tāyā* (*y*)*le(h)* wenn er kommt 95:16, *li'tāyā* zu kommen 98b:17 (s. *DYR*), *gāh bi'tāyā gāh biklāyā* einmal kommend, einmal stehend 98a:18, *bi'tāyā* (*y*)*nā lnahrā* sie kommen zum Fluß 95:paen., 2. Impf. (m. ausgelassenem [*h*]*wā*) *wkᵘle 'āzā(l)nē breḫšā bi'tāyā m'alū(h)* und alle Gehenden gingen darauf hin- und herüber 95:15f., 2. Pf. (*h*)*wē l(h)on bi'tāyā* sie sind gekommen, Al. m. *pīš*: *pīš lay bi'tāyā* als sie angekommen waren 86:paen.; Prät. (')*tēle(h)* [*tīle*] er kam 4:14, 35:9 = (')*tē le(h)* 20:18, 67:13,19 (als Kond. käme) 22, 86:11, 96:8,17 (')*tīyā* (*y*)*le(h)* [*tīyəle*] *brīšō(h)* ihr ist es passiert (vgl. P. *be-saraš âmad*) 84:4f., *w*(')*tē'lā(h) pāraḫtā dšmayā* u. es kamen die Vögel (Koll.) des Himmels 75:12, (')*tēlī* ich bin gekommen 64:20, 84:paen., *'ayrūplaynē* (')*tēlūn l'īrān* Flugzeuge kamen nach Iran 5:20, (')*tēlūn ḫurdē l(h)ōn* sie kamen und belagerten 6:1, *w'aynī d*(')*tēlōn mn r(h)ūmē* u. diejenigen, die aus Rom gekommen sind (:Ausländer von Rom, Apg. 2:10) 28:18, (')*tēl(h)ōn* sie kamen 36:8 = (')*tēlōn* 50:14, 91:12, (')*tīyā* (*y*)*wen šaqlenā* [*šaqlənna*] *gānuḵ* ich bin gekommen, deine Seele zu nehmen 97:14, *'ānā la'ḵā lē* (*y*)*wān* (')*tītā* ich (F.) bin nicht hierher gekommen 98:15, Kond. Plpf. *taklā dlā hāwet* (*h*)*wā 'ityā* wärest du nicht gekommen! 75:22; Imper. *tā* komme 46:4, *wtā bā(t)rī* u. folge mir! 16:14, antep., *tā dḇuq nātā* komm und höre! Pl. (')*tēmon ḫzēmon* [*tīmun yzīmun*] kommet (und) sehet! 74:6; III. Konjug. bringen: 1. Präs. *mā(t)yāḫ wlā yād'āḫ* wir holen ohne zu wissen 84:1 (vgl. unter *'ZL*), *mağyen wma'yē* 30:8 s. *ĞYN*; 1. Fut. (m. Suff.) *bet māy(t)yān(y)* [*mayyan*]

qātāḵ(y) ich (F.) werde dir (F.) bringen 72:16, (m. graphischer Auslassung v. *t*) *dmağyen wma'yē* 30:8f. s. *ĞYN*, Kond. *ṭūbā dk*^{u}*lê 'īlānē may(t)ī* [*mayyī*] *(h)wô hadkā ṭʿōnyātē* Oh, möchten alle Bäume solche Früchte tragen! 82:21; Inf. *qā may(t)ūyē* [*mayyūyē*] zu bringen 22:6 = *lmay(t)ūyē* 22:14; Prät. *dārā tlītāyā mu(t)yē le(h)* [*muy(y)īle*] *rābā šūhlāpē gūrē* das 3. Jh. hat viele große Veränderungen gebracht 53:19, *muye(t)le(h)* er trug 5:14; Imper. *may(t)ī lī ḥa(d) maṯlā* bring mir ein Beispiel (Idiom, vgl. P. *maṯal āwordan*) 67:4, Pl. *may(t)īmon* [*mayyīm-*] *lā(h)* bringet sie her 5:13, *mu'yēluḵ* [*muyyēlux*] *lôṭṭā dmôtā* du hast den Fluch des Todes gebracht 77:4, pass. Prät. *pīšle(h) mu(t)yā* [*mūyya*] er wurde gebracht 36:12f., 3.Pf. *mū(t)yā (y)wen* [*mūyəwen*] ich habe gebracht 89:22, pass. Pt. F. *mū(t)yētā* [*-yi-*] *l'ītūtā* zur Existenz gebracht 62:11.

'ityā [*-ya*] (AS *'ītyā*) M. Wesen: *ḥa(d) 'ityā buš ʿelāyā mene(h) yan ḥa(d) bārūyā* ein Wesen höher als er, oder ein Schöpfer 81:20.

'ātyānā [*atyāna*] (n. ag. Pe. v. *'TY*) M. Einwanderer, Pl. *'ātyānē l'āmêrikā* die Einwanderer nach Amerika 59:13.

(')têtā [*tēta*] (n. act. Pe. v. *'TY*) F. Ankunft: *but (')têtê* über ihre Ankunft 31:ult., *y(h)ūdāyē bespārā (h)wô l(')têtā dmšīḥā* die Juden erwarteten die Ankunft des Messias 32:17, *(')têtā d'eslām* Ankunft des Islam 63:19, *mulyezlī 'ānā qā (')têtā* ich habe mich verspätet zu kommen 98:22.

'etel [*əttel*] (AS, Impf. 1.Sg. v. *NTL* geben) ich werde geben (Offenb. 2:10) 34:14.

'atlantīq Engl. Atlantic 59:14.

8 *'etan* [*-tt-*] Al. (< *'īt lan*) wir haben 7:9 (s. *kelmeta*).

'atrā [*-a*] (AS M.) F. Ort, Land, Pl. *'atrāwātē*; *gô 'atrāwātē (')hē(r)nē d'emprātūrūtā* an anderen Orten des Imperiums 2:11, *gô 'atrā dmāday* im Lande Medien 2:12, *lkes 'ūmtê w'atrê* zu ihrem Volk u. Land 3:antep., *l'atrā d'ātor* in das Land Assyrien 4:19, 10:23, *māṯḇānē dbenyat d'atrī* die Gründer meines Landes 5:15, *b'atrā dyan* in unserem Land 16:7, *šḇīqē (y)nā l'atray(hy)* haben ihren Ort verlassen 20:10f., *bnay 'atrā* einheimisch, Mitbürger (Pl.) 25:20, 26:9, 38:23, *mn 'atran šamīnā* von unserem fruchtbaren Land 25:24, *kristyānē d'ān 'atrāwātē* 35:15 s. *'aḥčōn*, *mn atrê(hy) wmn ğinsê(hy)* von ihrem Land und ihrer Rasse 36:16, *ṭrīdā mn 'atrū(hy)* exiliert 57:18f., *nāmūsē d'atrā* lokale Gesetze 59:7, *'atrāwātē ātōrāye* assyrische Gegenden 60:paen., *zabṭen l'atruḵ* ich erobere dein Land 97:14, usw. (sehr oft).

'etšʿā [*ə/učča*, vgl. mand., Macuch HCMM 20:10 u. A. 29] (AS *tešʿā*, F. *tšaʿ*) neun: *dsāmā d'etšʿā* des neunten Teiles 51:10.

B

b Buchst. *bīt* 48:3, Zahlenwert 2 1:7, 31:16 u.ö.

b. 2: *b. dḇārīm* s. *dbārīm*; Abk. f. *bāqartā* Frage 42:6ff.

b- 1 (AS) prokl. Präp. in, zu, durch, mit; mit Pronominalsuff.: Sg. 1. *bīyī* [*biyi*] 70:22, 2.M. *bīyuḵ* [*biyox*] 68:17, F. *bīyāḵ(y)* [*-ax*] 82:8, 3.M. *bye(h)* [*biyu*] 40:paen., *bīyū(hy)* 26:1, F. *bīyō(h)* Pl. 1 *byan* 62:21, *byān* [*biyan*] 71:22, *bīyan* 100:24, 2. *biyôḵon* 5:4, 21:18, 3. *bīyê* 45:8, *byay(hy)* 44:paen., *byay* 78:1, Al. *lā (h)wē le(h) bay* sie könnten nicht 37:14; m. anderen Präp. *bgô* in, innen, *byômā dbgāwe(h)* am Tage, an dem 37:10; m. vokalisch anlautenden Wörtern *b'āhā* s. *'āhā*, *b'ānī* s. *'ānī*, *b'āraleg* s. *'ātaleg* usw., ab. San. auch *bāy* (f. *b'āy*) *waḵt* 39:paen.; m. d. Inf. (*bi'tāyā*, *begrāšā*) zur Bildung des 2.Präs. *begrāšā (y)wen*, 2.Impf. *begrāšā (y)wen (h)wā* u. des 2.Pf. *(h)wē lī begrāšā blṯheyt* wie folgt, folgendermaßen 1:4 u.ö.; *bbe'drātē* 97:18 s. *be'drā*, *bkteḇyātē* nach den Inschriften 4:2.

b- 2 (< *bed/t*) verkürzte Partikel des Fut.: Al. *bnā'senoḵ* [*bnāsənnox*] ich werde dich beißen 86:22, *bkātḇen* [*pk-*] ich werde schreiben 97b:23; vor anlautendem *k* statt *k-* (*ki*) in Al. *bkātuḇ* [*pkātū*] er schreibt 37:7.

bē [*bi*] (P. *bī-*, K. *bē-*) ohne, un-, -los: *bē rē'zā* [*bi-rīza*] ohne Ordnung, in Unordnung, ordnungslos 43:6f., *bē heḇyūtā* [*bi-hiwīyūta*] Hoffnungslosigkeit 50:7.

bā'bā [*bāba*] (P.) in *bā'bā ṭāhir* pers. Dichter Bab Ṭāher 80:19, antep., 88:1.

be'drā [*bedra*] (AS *'edrā*) Dreschtenne, Pl. *bbe'drātē* auf den Dreschtennen 97:18.

B'Y Al. f. *BʿY*: Prät. *b'ēylā(h)* [*bi̯lå*] sie wollte 37:17.

bā's [*bās*] (< Ar.-P. *baḥṯ*) Bericht, Besprechung, Untersuchung 64:18, paen.

bābā [*-a*] (P.-T.-Ar.) Vater, Papa: *bābā dmāma* Großvater von der mütterlichen Seite 46:4; m. Suff. *qā bābī* zu meinem Vater 85:3, *bābī šmīʿ tanē(y)nuḵ* mein Vater, höre, ich sage dir 95:1, *bābuḵ* dein Vater 66:22 (s. *'alāhā*), 78:19, antep. bis, *bābu(hy)* sein Vater 35:4,5, *bābō(h)* ihr Vater 74:18, 83:10,13, *lbaytā dbābān* in unser Vaterhaus 79:paen., *bābā dbābe(h)* Großvater väterlicherseits 9:17; *mārē ḥa(d) bābā rūḥānāyā* von einem geistigen Vater 15:13, *wmn bābā lbrōnā* und vom Vater zum Sohn 52:antep., *bābā yemā* die Eltern 74:10, *'a(n)t īwet bābā 'ādām?* Bist du Vater Adam? 77:2, *yā bābā 'aḇrāhām*! Oh, Vater Abraham! 78:2, *bābā yaʿqūḇ*! Vater Jakob! 78:15, *brōnā dbābā yaʿqōḇ* Sohn des Vaters J. 78:23; als m. Vorn. 49:2.

bāḇ'ēyl 6:15 = *bāḇēl* (q.v.).

bāḇ'ēylāyā (Nebenform v. *bāḇelāyā* q.v.) babylonisch, Babylonier: *malkā bāḇ'ēylāyā* der babylonische König 54:15; Pl. *bāḇ'ēylāyē* 52:22, 53:4, 63:5.

bābāǧān [*babáǧan*] (P. Dim. v. vhg.) als m. Vorn. 93:9.

bāḇēl [*bāvəl*] (AS) Babel, Babylon 8:1, 9:22 u.o., *bāḇēyl* 84:14.

bābīlā (T) M. Vorn., hier als Familienname 84:14.

biblīyōn (AS < *βιβλίον*) M. Bibel 39:1, 11,15.

biblīyōnayā [*-ya*] (Adj. v. vhg.) biblisch, F. *biblīyōnêtā* 28:4.

babʿā Papagei, Pl. *babʿē* [*babye*] 46:19.

bag (T.) M. Beg, höherer türkischer Titel, 17:10, 19:1,3,4, 20:9, 55:12.

bagdād Bagdad 6:11,12 bis, 13:2 u.o.

bgô, *bgāw-* s. *b-*.

bāgīrē Name einer Ortschaft 18:18.

bāgčā [*bayča*] (P. Dim. v. *bāġ* P.) Garten, Pl. *bāgčānē* 80:23.

bgāš Ortsname 35:paen.

BǦR (< AS *BGR* mager sein?) I. Konjug.: mager sein oder werden, Prät. *bǧerā(h)* [*bǧərra*] sie wurde mager 55:19; II. Konjug.: wachsen lassen, Prät. *būǧerā* [*buǧərra*] sie hat wachsen lassen, erzogen 54:4.

bāǧartā [*-a*] (n.act. v. *BǦR*) Wachsen, Wachstum 7:15.

bed [*bəd*] (allogr. f. *bet* q.v.) Partikel des Fut.: *bed hôyā* [*bətôya, b/ptôya*] sie wird sein 2:ult., *bed qānaḥ* wir werden gewinnen, erlangen 3:2, *bed ḥadrī* sie werden herumlaufen 45:23, *wbed mālī* und sie werden füllen ibid usw.

bādā [*-a*] m. Vorn. 60:6.

badbaḫ/ḵtūtā [*-a*] (Abstr. v. P. *badbaḫtī*) Unglück 2:3, 10:paen.

bādī (phon. Schreibung v. *b* + *ādī*): *bādī lāylē* in dieser Nacht 39:11.

bēdyūtā [*bədyūta*] (< *bē*[*yt*] *dyūtā*?, vgl. AS *dyūtā*) F. Tinte 48:4, *bēdyūtā bānafšā* blaue Tinte 46:13.

bādāl 1 [*badal*] (< Ar.) anstelle, statt; San. m. Prokl. u. Suff. *mbādālī* an meiner Stelle, für mich 39:16.

bādāl 2 [*badal*] m. Vorn., hier als Familienname 57:20.

ḇadar [*vaddar*] gew. m. prokl. *l-*: *lḇadar mn* (vgl. AS *lḇār mn*) außer(halb), draußen, hinaus: *lḇadar mn tarʿā* draußen vor der Tür 6:21f., *bʿeldḇābē har lḇadar (y)hwô mn nīnwē* die Feinde waren gerade außerhalb von Ninive 11:7f., *lḇadar mn mdī(n)tā* außerhalb der Stadt 21:13, ohne *mn* hinaus 99:22.

bāder-ḫā'n Bäder-Chan 14:10,11, 55:11.

beh yīšōʿ, *bhīšoʿ* [*bīšo*] m. Vorn. 19: paen., 100:2.

bā(h)s [*bās*] (Ar.-P. *baḥṯ*) Bericht, Besprechung, Untersuchung: *ḥā ǧāmʿ dhaǧatē dbā(h)sê* eine Zusammenfassung der Themen ihrer Untersuchung 30:21, *rābā haqyātē (')ḥē(r)nē bā(h)sū(hy)* viele andere Erzählungen über ihn 33:14.

bā/a(h)rā [*bāra*] (AS nur „Schimmer") Licht: *wbā(h)rā dmašḥadtā ṣpêtā* und das Licht der guten Botschaft 12:22, *ba(h)rā dšrā(g)yā* das Licht der Lampe 26:2, *dkᵘle(h) ba(h)rā* des ganzen Lichtes 29:13, *bba(h)rā tamām dyūmā* im vollen Tageslicht 50:16, *za(h)rīrē dba(h)rā* „Die Strahlen des Lichtes" (Titel der ehemaligen Zeitschrift der presbyterischen Mission in Urmia) 56:5, *dki mazyedī lba(h)rā dʿaynē d(')nāšā* die das Licht der Augen des Menschen vermehren 74:ult.

(vgl. unter *'arbʿā*), *bā(h)rā dsā(h)rā* Mondlicht 84:19.

BHRN (den. v. *ba[h]rānā*) (er)leuchten; II. Konj.: 2. Präs. *ba(h)rūnē (y)lā [bārūnəla]* es leuchtet 12:22, *ba(h)rūnē lmayšā* sie erleuchten den Wald 85:12, 2. Impf. (m. ausgelassenem *[h]wā*) *kad ba(h)rūnē* indem sie erleuchteten 16:20.

ba(h)rānā [bārāna] (v. *ba[h]rā*) leuchtend, strahlend: *daʿtīd bā(h)rānā* „Strahlende Zukunft" (Titel einer ass. Zeitschrift) 57:4.

būdālā (T.) einfältig, naiv, Einfältiger, Dummkopf 59:10, Pl. *būdālē* 63:16.

būhṭān ein Distrikt am Tigris nordöstlich v. Moṣul 18:23.

buẖtān [buxṭān] (Ar. *buhtān*) F. Schande 7:21.

buṭrenā s. *BṬRN*.

bāwāyrīyā (Bavaria) Bayern 42:4, 7, 14.

bukrūtā [-uyta] (AS) Erstgeburt: *gnībāluk bukrūtā* du hast die Erstgeburt gestohlen 78:18, *qnēle(h) bukrūta* er hat die Erstgeburt erworben 78:paen.; m. Suff. *bukrūtū(hy) šqīlālūk menū(hy)* du hast ihm seine Erstgeburt weggenommen 78:21.

bulbūl [bolbol] (Ar.-P.-K. T.) F. Nachtigall, Pl. *bulbūlē bezmārā* die Nachtigallen singen 46:18.

bulgānā [-γāna] (v. Ar. *bāliġ*) M. Beruf 38:14, 24, parn., Pl. *bulgānē prīše* verschiedene Berufe 38:16.

bombā [-a] (E) M. Bombe, Pl. *bombē* 26:22.

bunbūlā [bumbūla] Zapfen, Pl. *bunbulē dgdīlā* Eiszapfen 74:8.

būsāmā [-a] (AS) M. Vergnügen, Genuß, Wohlfühlen, Freude: *rābā būsāmā* viel Freude 9:25, *būsāmā dlaylē* das Vergnügen der Nacht 84:17, *gô būsāma wkêp wẖušūtā* in Vergnügen, Wohlgefühl und Freude 84:18, *ẖa(d) būsāmā lʿaynē* ein Vergnügen für die Augen 96:1, *būsāmūk(y)* deine (F.) Liebeswonne 96:9, *būsāmū(h)* ihr (Sg.) Reiz 96:16.

būṣā [-a] (T.) M. List, Hinterlist, Verschwörung, Intrige 27:13, 20.

buṣmenā [-ənna] (pass. Pt. v. *BṢMN*) herausgegeben, gedruckt, Pl. *ktibyātū(hy) buṣmenē* seine veröffentlichten Schriften 58:3; F. *pīšlā buṣmentā [-ənta]* sie wurde gedruckt 58:paen.

būqārā (Inf. v. *BQR*) M. Frage, Pl. m. Suff. *būqāruk* 68:21.

buqtā [-a] F. Puppe 99a:24, m. Suff. *buqtu(h) -[to]* ihre Puppe 99a:20.

bāwār [-ar] (P.-T.) F. Glaube, *dʿbod [wūd] bāwār* glaube! (vgl. P. *bāwar kon*) 33: paen.

burǧā [-a] (AS *burgā*, beeinflußt v. Ar.-P. *burǧ*) M. Burg, *bnēlon ẖā burǧā* sie haben eine Burg gebaut 33:21, Pl. *burǧē wqalʿātē [būrǧew qålåte]* Burgen und Festungen 13:8.

bāwārūtā [-waruyta] (Abstr. v. P. *bāwar*) F. Glaubwürdigkeit 34:29.

burkā [bərka] (AS) F. Knie, Pl. *burkākē [-xe]* 75:19.

būrākā [-xa] (Inf. v. *BRK*) M. Heirat, Hochzeit(sfeier): *wʿbedlon būrākā* und sie machten eine Hochzeitsfeier 83:4, *bʿdāna dbūrākā* zur Hochzeitszeit 83:7.

būrektā [-axta] (< AS *burktā*) F. Segen 30:14f., 19, unvollständig(?) vokalisiert (wie AS) 70:8, Pl. *burkātē* 93:13.

būrān [-an] (T., vgl. P.-K. *bārān* Regen) F. Sturm: *ẖdā būrān ṣāwāntā* ein schrecklicher Sturm 13:19, *(h)ê būrān* dieser Sturm 14:2, *'āpen būrān māẖyā* auch wenn der Sturm schlägt 89:5, *būrān qayrtā dzabnā* der kalte Sturm der Zeit 89:7; Pl. *būrānē qišyē* harte Anstürme 17:18.

būš 1 (allogr. f. *bīš* q.v.) mehr, vor dem Adj. als Komparativ-, manchmal auch als Superlativpartikel: *mẖūtā būš ṣāwāntā* der grausamste Schlag 7:7, *wbut ẖa(d) daʿtīd būš ṣpāyī wbūš lôǧānā* u. über eine bessere u. heitere Zukunft 7:10, *būš zōdā* mehr, besonders 12:23, 42:ult., 12:20, u.ö., *bē(y)t 'arkē būš gūrā gô dunyē* das größte Archiv (in) der Welt 17:9, *būš ṣpāyī (mn)* besser (als) 31:17 u.ö., *būš mārē pāydā wbūš myuqrā mn* nützlicher und ehrwürdiger als 38:antep., *'atrāwāte dbūš lāgarbyā dprusiyā* die westlichsten Orte Preußens 42:8 usw.

buš 2 Engl. Familienname Bush 33:5.

būšāyūtā [-yūta] (Abstr. v. *būš* 1) F. Mehrheit, Menge 36:ult., 44:24, 63:21.

būšālā [-a] (AS) M. gekochte Speise, *bẖa(d) mā'nā dbūšālā* durch einen Eintopf 78:21.

bu/ot [but] (< *b[h]ô d* ?) für, über, wegen, betreffend, hinsichtlich: *but 'aṣlā wbut mabū'ā* hinsichtlich des Ursprungs 2:1f., *lā taḫmūnē but 'umtan* nicht denkend über unser Volk 4:6f., *sāhdūtā but 'elm d'ātōrāyē* Zeugnis von der Wissenschaft der Assyrer 4:20, *but ḫāṭer 'ūmte(h)* für sein Volk 5:10, *but ḫāter (sic) wqā but d-* für ihren Glauben u. deshalb, weil 12:ult.f., *qā but pnêtā dkrisṭyānē* für den Massaker der Christen 14:6, *but dīyê* über sie (Pl.) 33:15, *but mūdī* weshalb? 42:18, 23, *but qošōn dlamsestān mūdī ki pêšā (')mīrtā?* Was sagt man von der deutschen Armee? 42:21, *but mardūtê* wegen ihres Muts 42:23, *but d'āḵiyūtā* wegen der Eigenschaft 43:11, *but d'āhā* deshalb, deswegen 44:6, 52:paen., *but ḫāter dbarqyāmūtê* s. *bar*; *but ḫāter d'ḇadtā dbaḵtā rā'zī* um die Frau zufrieden zu stellen 73:8, *but lā māṣyatuḵ* wegen deiner Ungehorsamkeit 77:4, *har but gnāhā* gerade wegen einer Sünde 78:9, *bot ḫūbā dīyī! bot ḫaṭer dḫūbā!* Für meine Liebe! Wegen der Liebe! 80:8, *but dīyū(h)* ihretwegen 83:11, usw., (sehr oft); daß 4:20.

bāz Name eines Bezirks in Kurdistan 19:21, 21:3, 57:7.

BZB'Z (< *BZ'*) durchbohren: Inf. (als 1. Präs.) *dbepyāšā (y)nā ḫezyē gô šeklā bazbū'zē [-ūze] llebā* die gesehen werden, wie sie das Herz durchbohren 7:23f.

bzī'ā [bziyya] (pass. Pt. v. *BZ'*) durchbohrt, durchlöchert: *libū(h) bzī'ā [lübbū bə́zya]* ihr Herz ist durchbohrt 7:24.

bzīqā [-a] (AS, pass. Pt. v. *BZQ*) zerstreut 30:8.

bez'ā [bə́zza] (AS) M. Loch, m. Suff. *bez'e(h)* sein Loch 90:8; Pl. *bez'āzē [bəzáze* 7:4, m. Suff. *gô bez'āzê* in ihren Löchern 10:15.

bāzār (T.-K. P.) M. Basar, Markt 43:6.

baḫīlūtā [-uyta] (Abstr. v. ar. *baḫīl*) M. Geiz 7:20.

bṭāḫā 14:13 s. *Ṭ'Ḫ*.

BṬL (AS) zu Ende kommen, aufhören; intensiv: vernichten; 1. Präs. Al. *lā kbaṭlen [lagb-] nḇāḵā* ich höre nicht auf zu bellen 87:2, intensiv: *wbāṭlen lšulṭānūḵ* u. ich vernichte deine Herrschaft 97:14, 1. Fut. *wbet bāṭlet lā(h)* u. du wirst es (: das Königreich) vernichten 79:11f.

BṬRN (< Ar. *baṭn*, erweitert durch *r*-Infix) fett, dick sein: pass. Pt. *buṭrenā [-rənna]*, Pl. *ktāyāthendē buṭrenē* die dicken Truthähne 47:21.

bīy- s. *b-* m. Personalsuff.

bī (< *bēyt*) in *bī palgā* in der Mitte 16:19.

bāyē Name eines Dorfes 20:6f.

bêğā'n 58:8, dan. auch Z. 7 zu vokalisieren, *bēyğān* 35:2 Paul Bédjan.

bya/ed [bīd] (AS *byad* durch die Hand von) mit, durch 22:paen., 23:1, *byad ḫa(d) qōšūn* mit einer Truppe 5:ult.; von (vor dem Namen des Autors) 1:20, 3:7 u. sehr oft.

baydāḡ (< P.-T. *bayrāq*) F. Fahne, Flagge 5:12, 14, 43:20, 92:11, Pl. *baydāḡē* 97:15.

bêden [bēdən] Baden 42:5.

bēyl [bəl] (< AS *bayn l-*) zwischen: *qānūnē dbēyl 'ūmtā* internationale Gesetze 1:11f., *ḫdā dešmanyūtā bēyl 'ātōrāyē wqūrdāyē* eine Feindschaft zwischen den Assyrern u. Kurden 13:12f., *bē(y)l... wbē(y)l* zwischen ... und zwischen 31:3, 78:7f., *bēyl trê menyānē* zwischen zwei Zahlen 41:12, 17, *bēyl trê ṭipē* zwischen zwei Punkten 41:24, *bēyl 'īrānāyē wr(h)ūmāyē* zwischen den Persern und Römern 53:23, *mam(l)lā bēyl malkā lpīlsōpā* das Gespräch zwischen dem König u. dem Philosophen 68:13.

bēym [bēm] (AS < $\beta\tilde{\eta}\mu\alpha$) F. Fußgestell, Podium 85:11.

BYN (AS Pa.) scheinen, erscheinen; III. Konjug.: 1. Präs. *sū'rānā dlā mabyen 'asqā wčātʊn* eine Aufgabe, die nicht hart u. schwer erscheint, *ḫdā melṯā dmabyenā [-yənna] čem ḫadtā* ein Wort, das sehr neu zu sein scheint 44:11f., 2. Präs. *a(y)ḵ dmabyūnē (y)lā(h)* wie es scheint 8:9f., *wmabyūnē (y)lā(h)* u. es scheint 10:10, *dmabyūnē (y)le(h) būš ḫelyā mn kᵘlay(hy) qā gāne(h)* der ihm selbst als allerschönster erscheint 44:10f., *mabyūnē (y)nā kūmē* (das Wasser, Pl.) erscheint schwarz 47:ult., *lē (y)le(h) mabyūnē qāṭāḵ(y)* erscheint dir (F.) nicht 82:24, *rēšā ḫa(d) dē'ḇa mabyūnē mn 'āraleḡ d'īlanē* der Kopf eines Bären erscheint zwischen den Bäumen 85:12, *'īnā 'a(n)t 'a(y)ḵ mabyūnē (y)wet īwet?* aber du, bist du, wie du vortäuschst? 88:18, *lē (y)nā mabyūnē* sie erscheinen nicht 89:15, 17, 2. Impf. *mīyā dmabyūnē (yh)wô mīlē* Wasser, das blau erschien 47:paen.f.

bīnā [*-a*] (: Maclean *bē*[*h*]*nā* < K.) F. Atem, met. m. *maryāḵtā* : *bmaryāḵtā dbīnā* mit langem Leiden, in großer Unruhe 22:21f.

bīnī . . . *l* (< AS *baynay* . . . *l*) Al. zwischen 37:20.

bīrā [*-a*] (< AS *bē'rā*) M/F. Brunnen 12:1.

bayrūt Beirut 57:3.

bīš (P., allogr. *būš*) Komparativpartikel: mehr; *bīš bāṣorā* (*y*)*leh* ist weniger / geringer 45:15, 62:19 (s. *'īdā*), *bīš kūmtā* (*y*)*lā*(*h*) (sic) ist schwärzer 69:24, (*h*)*āw bīš snīqā* (*y*)*le*(*h*) *lṣābōn* er braucht mehr die Seife ibid., *bīš qūrbā* näher 96:10 u.ä.

bīšā [*-a*] (AS) böse, schlecht, übel; F. *bīštā*, Pl. *bīšē*; *byed d*(*h*)*ô mārōdā bīšā* durch den bösen Rebellen 22paen., *bīšā īle*(*h*) 86:20, 87:1,15 s. *'aṣlā*, *'al zaḇnā bīšā* über die schlechte Zeit 100:1, *kāsūḵ bīšā kmā marīrā* wie bitter ist dein schlechter Kelch! 100:10, *bmaṣlāhatay*(*hy*) *bīštā* nach ihrem schlechten Rat 26:2; *bīštā* substantivisch s.v.

bīšgadā [*bəšgadda*] (St. abs. v. *bīšā* + *gadā*) unglücklich, Pl. *bīšgadē* 97:22.

bīšgadūtā [*-gaddūta*] (Abstr. v. vhg.) F. Unglück: *'eltā rēšētā dbīšgadūtan* die erste Ursache unseres Unglücks 2:3, erklärt als *badbaḵtūtā* 10:paen., 45:12.

bīštā (AS, F. v. *bīšā*) Bosheit, Übel, Unglück: *bīštā* (*y*)*lā*(*h*) *rabtā* ist ein großes Übel 87:18, Pl. *bīšātē* Bosheiten 64:11.

bēyt 1 der 2. Buchstabe des Alphabets; auch gr. *bītā* (: *βῆτα*) s. beide unter *'alpā bītā*.

bēyt 2, *baytā*, *bêtā* [*bət*, *bēta*] (AS) Haus, Heim: *gô baytā dgānê* in ihrer (Pl.) eigenen Heimat 3:11, *kᵘl ḥa*(*d*) *lbayte*(*h*) jeder nach Hause 5:10 *wlūbele*(*h*) *lbayte*(*h*) u. brachte es nach Hause 8:11, *m̥n baytā lbaytā* von Haus zu Haus 9:8, *qā nāṭōrūtā dbaytā pāṭaryārkāyā* um das Haus des Patriarchen (wörtl. das patriarchale Haus) zu behüten 18:4f., *wmlēlē lkᵘle*(*h*) *d*(*h*)*ô baytā d*(*y*)*tīḇē* (*h*)*wô gāwe*(*h*) u. erfüllte das ganze Haus, in dem sie saßen (Apg. 2:2) 28:7f., Al. *kud mṭēylā*(*h*) *lbayṯā* [*lbēṯa*] als sie nach Hause kam 37:antep., *m̥n baytu*(*hy*) von seinem Haus 64:5, *lbaytī* in mein Haus 75:22, *gô ḥdā panǧārā 'īqtā dbayte*(*h*) in ein enges Fenster seines Hauses 75:paen., (*h*)*wēle*(*h*) *bedyārā lbayte*(*h*) er kehrte nach Hause zurück 79:16, *dū*(*y*)*wen bedyārā lbaytī* ich kehre nach Hause zurück 79:19, *wdêrī lbaytā dbābān wsābān* u. sie zum Haus unseres Vaters und Großvaters zurückkehren 79:antep. f., *gô bêtān īlā*(*h*) sie ist in unserem Haus 84:2, *gô bêtā ddyan* in unserem Haus 84:4, *šmayā baytī* der Himmel ist mein Heim 89:3,4, 5,7, *wmāṭen lbaytī* u. ich erreiche mein Haus 89:7, *gô baytuḵ* in dein Haus 90:4, *mbaytā* aus dem Haus 93:14; Pl. *batē* u. *batwātē*; St. cs. in Zusammensetzungen u. Eigennamen: *bēyt 'aḇrāhām* Sippenname 58:13, *bēyt 'arḵē* (AS) Archiv, Bibliothek 9 (mehrm.), 62:antep., 70:12; *bēyt benyāmīn* Sippenname 8:2, 72:2,14, 73:12; *bēyt gôsā* (AS) Zufluchtsort, Asyl: *ḥa*(*d*) *bēyt gôsā lkes šḇāḇê*(*hy*) ein Asyl bei ihren Nachbarn 13:11, m. Suff. *bēyt gôsī* mein Zufluchtsort 7:3; *bēyt gārābīn* Sippenname 19:16; *bēyt za'yā* Sippenname 59:22, 60:22, *bēyt yōsep* Sippenname 57:17, *duktā dbēyt yaldā* Geburtsort 11:24, *bēyt ya'qūḇ* Sippenname 59:12; *bēyt kôḥā* [*bət-köxā* (sic)] Haus des Bürgermeisters 69:10, *bēyt kulyā* Sippenname 76:2, 98:2; *bēy*(*t*) [*bī*] *kaldū* Chaldäa 11:6f., *bēyt krīhē* (AS) Krankenhaus 72:23, paen.; *bēyt ktāḇē* (AS) Bücherei, Bibliothek 17:9; *bēyt lačīn* Sippenname 49:2, *bēyt māḥūzē* (AS) Distrikt, Bezirk 17:4; *bēyt m'amrā* (AS) Aufenthaltsort, Wohnung 12:1f., 14:4, 77:16, *bē*(*yt*) *mārigū* [*bī marəgo*] Sippenname 18:3; *bēyt mār*(*y*) *yōḥanān* Sippenname 61:4, 71:16; *bēyt-nahrīn* Mesopotamien 3:13, 6:15 u.o.; *bē*(*yt*) *nīsānē* [*bīnisāne*] Frühling 11:2, 81:antep., *'en bē*(*yt*) *nīsānē* (*y*)*hwā* ob es Frühling war 80:23f.; *bē*(*y*)*t sulaymān* Sippenname 60:2, *bēyt smāḵā* Gästehaus, Erfrischungsraum 23:22, *bē*(*yt*) *sāmāno* Sippenname 18:2f., *bēyt paṭros* Sippenname 36:2, 61:antep., *gô be*(*yt*) *palgā* [*b*/*pīpalga*] *dmdī*(*n*)*tā* in der Mitte der Stadt 22:12, *bbē*(*yt*) *palgā dṭāyepē* [*pī-palgət ṭāyəppe*] zwischen den Stämmen 63:11; *bēyt ṣōbē* Gymnasien 56:1; *bēyt qḇūra* (AS) Grab 37:17, 98:11, Pl. *bēyt qbūrē* Friedhof 98:5,21 *bayt qḇūrī* mein Grab 92:22, *bēyt qḇūrū*(*hy*) 98:15 u. *bēyt qbūre*(*h*) 98:19 sein Grab; ähnl. Al. *bēyt qḇartā*

Friedhof 37:11; *bēyt qlêtā [bət qəllēta]* Sippenname 40:3, 44:2, 59:ult., 67:2; Pl. *batwātē* s.v.

baytūtā (AS *baytāyūṯā*) F. Familie 19:paen.

BḴY (AS) weinen: Inf. u. 2. Präs. *bebḵāyā [bepḫāya] bmarīrūtā* weinend bitterlich 7:2, *bḵēlē wrūtretlē* er weinte u. zitterte 64:7; Imper. *lā bḵī lā bḵī [lapxi...]* weine nicht, weine nicht! 90:24.

beḵyā (AS) M. Weinen: *brā(t)qālē dbeḵyā [brāqāləd bəxya]* die Echos des Weinens 19:6, *m̱n beḵyā* vom Weinen 98:17 = *mbeḵyā* 97a:ult.

bḵīrā (f. AS *bḥīrā*?) gewandelt, erfahren, versiert 70:6.

baḵtā (AS *bāḵeṯtā mulier mercenaria*) F. Frau 71:4, 73:8 u.ö., *baḵtā čapāl* Hurenweibel 88:14, m. Suff. *baḵtī* meine Frau 82:5 = *baḵtā ddīyī* 84:12, *bāḵtuḵ* deine Frau 69:19, 84:3, *baḵte(h)* seine Frau 71:5, 75:18, 76:5, 80:13, Pl. *baḵtātē* 18:11, 21:8, 49:22 u.ö., *-ā'tē* 51:1, m. Suff. *baḵtātê* ihre Frauen 64:19 = *baḵtātê(hy)* 73:16.

bal Al. (Ar) aber, jedoch 87:4.

bālā (AS) M. Geist, Herz, Sinn, Gedächtnis, Aufmerksamkeit: *masamtā dbāle(h)* seine Aufmerksamkeit, Konzentration 9:15, *'īnā (h)āw lā mūsemle(h) bālā* aber er gab keine Acht 35:23, *masem bālā*! paß auf! 69:3, *masyamtā dbālā gô bēyt krīhē* Pflege im Krankenhaus 72:19, *lbālī īle(h)* bleibt mir im Gedächtnis 86:21, *beptālū(hy) (y)nā bālê* sie geben Acht 36:25, *bet pātlān lbēyt qūḇrē bālī* ich werde meinen Geist zum Friedhof richten 98:5, *wbālū(h) lbandar dlaytle(h) šemā* u. sein (: unseres Lebens) Sinn (richtet sich) zum namenlosen Hafen 100b:16.

balbāṭā [-ta] (AS) M. Funken, Pl. *balbāṭē* 58:14.

BLBY (Etym. unsicher, < *BLY* alt werden, verwesen? od. < *LBL* tragen, holen, bringen) graben, in der Erde od. im Wasser suchen: 2. Präs. *balbūyē (y)nā* sie suchen (mit dem Schnabel) im Wasser 47:19.

BLBṢ (< ar. *baṣbaṣa*) glänzen, scheinen, schön sein; 1. Präs. *dki balbeṣī [bålbəṣị̊]* die scheinen 54:8, 2. Impf. *ki balbeṣī (h)wā* sie glänzten 84:18, 2. Präs. *(m)balbūṣē [bålbūṣe] byāqundē wmarganyātē* sie glänzen mit Hyazinthen u. Perlen 72:6, Prät. *bulbeṣle(h) wtleqle(h)* er glänzte u. verschwand 56:23,

BLG̱ (< Ar.) beschäftigt sein, sich befassen: 1. Präs. *bāleg bšūlā dḫayyē* er soll sich mit seinem Lebensberuf befassen 38:6, 1. Impf. *blīgē (h)wô* sie waren beschäftigt 16:ult., *dqūyā blīgā (y)wen ʿal d'ahā ktāḇā* (aber) ich bin mit diesem Buch sehr beschäftigt 29:ult., *dblīgtā (y)lā(h)* daß sie beschäftigt ist 80:16, Impf. *blīgē (h)wô* sie waren beschäftigt 31:6f. = *blīgē (yh)wô* 63:21.

bālādūtā (Abstr. v. *balad*, P.-T.) F. Kenntnis, Wissen: gleichgesetzt mit AS *mištôdʿanūta* 45:12, *bālādūtā bīyê* Kenntnis von ihnen 56:23, 59:18f., *rābā bālādūtā* 58:21.

belǧyum (Engl.) Belgien 42:13.

BLY (AS) alt sein, verwesen; müde sein: Prät. Al. *blēylā(h)* sie war müde 37:17.

bilyōnā (E.) F. Billion, Pl. *bilyōnē* 41:8.

balkā [-ke] (P.-T. < Ar. *bal* + P. *ke*) vielleicht: *balkā ḫayū(hy) gô qewandenos ī(h)wô* vielleicht war sein Leben in Gefahr 8:10, *balka ḫamšā yarḫē wpalgē* etwa $5^1/_2$ Monate 31:6, *balkā bet hāqen (h)wā* würde ich vielleicht erzählen 64:antep., *gô hēḇī dbalkā ḫazyan(y) lyāl(d)ī* in der Hoffnung, daß ich vielleicht meine Kinder sehen werde 82:15.

bālkān Balkan 26:paen.

belmont Belmont: *lmdī(n)tā, dbelmont* in die Stadt B. 73:18.

BLS (vgl. Mand.) zusammendrücken, zusammenpressen: Prät. *ḫlīṣe wblīse (y)nā* sie haben zusammengepreßt und zusammengedrückt 2:6.

belārio It. Personenname Bellario 73: antep.

balšāwīqūtā (Abstr. v. russ. *bol'ševik*) F. Bolschewismus 21:17.

bam Al. (Nf. v. *badām*) also 87: antep.

benā [bənna] (Wz. *BNY*) M. Grundlage, Vorsatz, Vorname 31:16.

bandar (Ar.-P.) F. Hafen 22:13, *lbandar dlaytle(h) šemā* zum namenlosen Hafen 100:16.

banzīn [bənzin] (E) Benzin 73:5.

bnū/ōnē [bnūne] Pl. Dim. v. *bar*, vgl. heteroklit. Pl. *bnay*, *bne*) Söhne 3:8, 17f., 5:3 u.ö. m. Suff.: *dbnūnī gā(n)bārē* meiner Heldensöhne 5:6, *bnūnū(h) wbnātū(h) [bnūnuw bnātu]* seine Söhne und Töchter

12:antep., *bārākṯā dbnūnuḵ* der Segen deiner Söhne 78:15, *byad demā dbnūnū(h)* durch das Blut ihrer Söhne 92:8 usw.

BNY (AS) bauen; I. Konjug.: 1. Präs. *nešrā ki bānē [kə-bānī] qenā gô qāyā* der Adler baut sein (: das) Nest auf dem Felsen 46:9, Prät. *bnē lon [bnīlun] lmdī(n)tā* sie bauten die Stadt 17:3, *bnēlon ḥā burğā* sie bauten eine Festung 33:21, pass. Pt.St. emph. *wbʿağībūtā benyā* u. wunderbar gebaut 33:22, pass. Pf. *dpīšē (h)wô benyē* die gebaut wurden 7:17; Konjug.: 2. Impf. *kad ʾī(h)wā qardāg mabnūyē ḥā qalʿā* als sich Q. ein Schloß bauen ließ 35:18, Prät. *môbnē le(h)* er ließ bauen 15:7 = *mubnēle(h)* 70:11.

bnay, bnê (heteroklit. Pl.St.cs. v. *bar*) Söhne: *bnay bāḇēl* die Babylonier 10:5, *dnbay ʾāsyā* der Asiaten 14:20, 16:ult., *bnê mōgōlāyē* die Mongolen 14:ult., *bnê yōrep* die Europäer 17:9, *bnay darāḇā* 18:3 u. *bnay barwar* 18:22 Stammesnamen, *bnay qyāmā* Alliierte, Bundesgenossen 18:antep., 97:5, *bnay mār(y) be(h) īšoʿ* Sippennamen 19:antep. f., *bnay ʾatrā* 22:2, 25:20, 26:9, 38:23 s. *ʾatrā*, *bnay ʾūmtan* Söhne unseres Volkes 1:5, 25:6, 52:7, *bnay ṭāyepan* unser Volksstamm 36:23, *bnay melatan [bnē məlláttan]* Söhne unseres Volkes 44:6, *bnay čhārbaḥš* die Leute von Čahārbaḥš 44:16, *bnay tetrāš* die Leute von T. 48:ult., *qā bnay ʾūmtê* den Söhnen ihres Volkes 54:7, *bnay malkūtuḵ* deine Untertanen 68:16, *trê bnay ʿeḇrāyē* zwei Hebräer 79:5, *ʿam ḥa(d) bnay yisrāyēl* mit einem Israeliten 79:5, *bnaynāšā* Leute 87:25.

benyāmīn [-mən] (AS < H) Benjamin 22:antep., 23:1 u. sehr oft.

benyānā [-na] (AS) M. Gebäude 31:10, 33:21, Pl. *benyānē* 34:1.

bānipāl s. *ʾāšūr bānipāl*.

bānafšā [bānōša] violett, blau: *bēdyūtā bānafšā* 46:13 s. *bēdyūtā*.

benyatē Pl. (vgl. AS *bnêtā* Struktur) Grundlagen 7:16).

bnāt, bnātē (AS, Pl. v. *brāṯā*) die Töchter, die Mädchen 18:7, 11, 26:6 u.ö., *zʿūrē wbnātē* u. kleine Kinder u. Mädchen, *bnātqālē* Echos, Ausdrücke 44:8, m. Suff. *qā k^ulê bnātī* für alle meine Töchter, 69:3, *bnātū(hy)* seiner Töchter 97:8.

bas, (< P. *pas*) also, doch, jedoch; *bas qā mūdī* warum denn? 1:paen., *bas yônāyē ʿam r(h)ūmāyē bgānê byā(h)ḇā (y)nā sā(h)dūtā* also die Griechen mit den Römern selbst geben Zeugnis 4:20, vgl. weiter 4:antep., 68:19, 75:6, paen., 88:6 u.ä.

basā [bassa] (P. *bas*, kolloquial *base* < *bas æst*) genug: *lē (h)wā basā qātuḵ* war dir nicht genug 77:2, *har basā (y)lā(h) [bassēla] madḵārtā qātuḵ* es reicht, dir zu erwähnen 78:18.

basāʾnyo It. Mannesname 73:14, 18, 20, antep.

ba/āsīmā (AS) angenehm, freundlich 33:8, 46:8, antep., 48:20 u.ö. F. *basīmtā* 47:24, 54:5, Pl. *basīmē* 62:7, 77:6, 89:16, 19, antep., 93:24.

ba/āsīmūtā (AS, Abstr. v. vhg.) F. Freude, Vergnügen, Zufriedenheit, 68:17, *lā basīmūtā* Unannehmlichkeit 73:17, *qā bāsīmūtā dbābuḵ* zur Freude deines Vaters 78:19.

beskā (K) M. Zopf 88:11.

BSM (AS) angenehm, freundlich sein, (sich) erfreuen, heilen, I. Konjug.: akt. Pl. *bāsem*, F. *bāsmā* geheilt zu werden 37:17, 1. Präs. *dʾaḥton ki bāsmā lôḵon* in dem ihr Vergnügen habt (Luther: des ihr begehret Mal. 1:1) 31:23f., *ʾen bāsmā laḵ(y)* wörtl. wenn du (F.) willst (eine häufige Höflichkeitsphrase: bitte schön) 67:24, *ʾelā ʾen bāsmā luḵ* 68:7 s. *ʾelā*, *bsīmlā [psəmla] l(h)on bʾāhā* sie waren damit zufrieden 36:17f.; III. Konjug.: 1. Präs. (als Kond.) Al. *lā (h)wē le(h) bay dembasmīle(h)* sie konnten sie (: die Krankheit) nicht heilen 37:14, Inf. m. Suff. *lbāsūmū(hy)* ihn zu heilen 12:8, Prät. *m̥bā(t)r dmubsimlon* nachdem sie sich gefreut haben 74:13.

besmā (AS) M. Weihrauch, Pl. *-mē* 13:antep.

basmā (allogr. f. *baṣmā*) F. Druck, Veröffentlichung: *māṣē dpāʾeš meḥyā basmā* kann gedruckt werden 33:10.

basmāḥānā (allogr. f. *baṣm-*) F. Druckerei 28:4, 30:3.

bsāmtā [psámta] (AS *bāsāmtā*, n. act. v. *BSM* 1) F. Heilung 37:5.

besrā (AS) M. Fleisch, m. Suff. *m̥n besrī* von meinem Fleisch 79:21, *(h)wīyā hônā qu(l)lā dbesrā* die Vernunft ist zum Sklaven des Fleisches geworden 100:22.

besrānāyā [*bə-*] (AS) körperlich, materiell, *mala'ḵā besrānāyā* verkörperter Engel 24:24; Pl. *bpekīrē besrānayē* mit materiellen Gedanken 32:18.

b'ūdālē s. *'ūdālē*.

bā'ū/ōtā [*bå'uyta*] (AS) F. Bitte, Gesuch, Wunsch, Gebet: *bḫdā bā'ūtā dpāṭaryarkā* auf eine Fürbitte des Patriarchen 15:4, *bā'ūtā* [*-sa*] *dmār(y) āprēym* 39:3 s. *'īl-*, *l'ḇādā lba'ūtū(hy)* um sein Gebet zu verrichten 66:4, *tamem lā(h) 'ahā bā'ūtī* erfülle diese meine Bitte 80:4.

B'Y (AS) wünschen, wollen, mögen, beten, suchen, verlangen: 1. Präs. *dlē bā'yaḥ* [*båyåx*] *qablāḥ* daß wir nicht akzeptieren wollen 2:6, *ba'yaḥn lmar'ūšē* wir wollen wecken 25:8, *ba'yī dḫalṣī* sie wollen sich retten 13:paen., *ki bā'yi* [*ki-båyī*] sie woll(t)en 36:17, Al. *keben* ich will 37:9, San. *'ānā kebenoḵ* [*āna kəbənnox*] ich liebe dich 39:12, *wbā'yē dḫāzē* [*wbåyi txāzi*] *luḵ* u. er möchte dich sehen 43:ult., *ki bā'ēyn pêšā (y)di'tā* ich will, daß es bekannt wird 45:4, *dba'yī ḫabrā bā's* die wissen möchten (über ...) 64:antep. f., *'ḇod kᵘlmā dbā'yet* [*vūd külmad båyət*] tue, was du willst 67:20, *kᵘl nīšā dbā'yē ḫa(d) 'urzā* jedes Ziel, das ein Mann (erreichen) möchte 73:7, *ba'yen yad'en* [*båyən yåṭən*] ich möchte wissen 76:ult., 77:19, *ba'yet yad'et* [*båyət*] du möchtest wissen 77:1, *ba'yen bāqren menuḵ* ich möchte dich fragen 78:7, *kᵘl mendī dbaḵtā bā'a* (f. *bā'yā*) ... *'alāhā zē bā'ē le(h)* alles, was eine Frau lieb hat, hat Gott auch lieb 80:14f., *bā'yen kᵘle(hy) 'ālmā yad'e(h)* [*yåḏe*] ich will, daß alle es wissen 84:12, *ba'yen gaḇrenuḵ* ich möchte dich verheiraten 84:1, *'ānā bgānī zē lē bā'yen* ich möchte auch nicht 84:11, *ki bā'ēyn 'aynī pêšī (h)wô ptīḫē* ich will, daß meine Augen geöffnet werden 89:16, 1. Imf. *wbā'yī (h)wô lmanyūḫē menay(hy)* u. sie wollten sich von ihnen ausruhen 8:19, (*ki*) *ba'yī (h)wô d-* sie wollten, daß 22:22, 71:11, *(h)āy lē bā'yā (h)wā* sie wollte nicht 83:10, 2. Präs. *beb'āyā* [*bəyåyå*] *(y)le(h)* er möchte 14:10, *d'aḫton beb'āyā (y)ton* [*byåyətun*] den ihr begehret 31:23, *beb'āyā (y)wen* ich möchte 76:19, 20, *beb'āyā (y)wet* du möchtest, du willst 79:7, Prät. *wb'ēle(h)* [*bi̥le*] *menū(hy)* u. er verlangte von ihm 35:10, *db'ēlī* daß ich wollte 68:22, *bē'lūn* [*bi̥l-*] sie wollten 5:20 = *b'ēlōn* 50:17.

b'eldḇābā [*be̥-*] (AS) M. Feind, m. Suff. *bāreḵ lb'ēldḇaḇuḵ* (erklärt durch *dežmenoḵ*) segne deinen Feind 16:22, Pl. *b'eldbāḇē* 10:21, 11:7, 97:9.

bāṣōrā [*-a*] (AS meistens *bṣīrā*) klein, gering, niedrig, mangelnd, mangelhaft, F. *bāṣortā*, Pl. *bāṣōrē*, F. Pl. *bāṣoryātē*; *sāmā zodā bāṣūrā mn lḇīštā* mehr oder weniger Kleider 17:ult., (')*ḫārêtā 'īnā lā bāṣortā* 29:24 s. (')*ḫārāyā*, *15 yōmānē bāṣōrē mn ḫā ši(n)tā* 15 Tage fehlend zu einem Jahr 31:7f., *menyānā dhadkā parṣōpē rābā bāṣōrā (y)le(h)* die Zahl solcher Personen ist sehr gering 45:13, *bū/īš bāṣōrā (y)le(h) mn (menyānā) dṣiḇ'ātē dḫdā 'īdā* 45:15f., 62:19 s. *'īdā*, *mn ḫaḇrāwātī pīša bāṣōrā* mehr benachteiligt als meine Freunde 89:12.

bāṣūrūtā [*-rūytā*] (Abstr. v. vhg.) F. Mangel, Nachteil, Lücke, Verminderung; zur Erklärung od. als Parallelform v. *bāṣirūtā* 4:5; Pl. *rābā bāṣūrūyāte* viele Mängel 65:12; *wlayt bāṣōrūtā bre'yānuḵ* u. es gibt keine Lücke in deinem Denken 68:18.

baṣmān (T.) F. Druck, Veröffentlichung 65:14.

BṢMN (den. v. vhg.) drucken, veröffentlichen; Inf. *lbaṣmūnē ktābē* Bücher zu veröffentlichen 65:10; Prät. *wbuṣmenā* [*-mənna*] u. sie veröffentlichte 55:24, *buṣmenē (y)le(h)* er hat veröffentlicht 61:6, passiv: *wḫa(d)kmā ktāḇē pīšl(h)on buṣmenē* und einige Bücher wurden veröffentlicht 52:6, vgl. 55:paen., *buṣmenē b'ātōrāyē* veröffentlicht von den Assyrern 56:22, *dpīšē (y)nā buṣmenē* die veröffentlicht wurden 59:17, *mn su'rānū(hy) buṣmenē* von seinen veröffentlichten Werken 59:18, vgl. 61:4, *ktāḇū(hy) buṣmenē* seine veröffentlichten Bücher 59:23.

baṣmānānā (n. ag. v. *BṢMN*) M. Veröffentlicher, Verleger 71:16, F. in *dastā baṣmānantā* [*-mənanta*] Verlagsgesellschaft 65:15.

baṣmāntā (n. act. v. *BṢMN*) F. Veröffentlichung 65:5.

BṢR (AS) gering sein, vermindern; 2. Impf. *mn 'dānā l'dānā bṣārā* [*pṣ-*] *(h)wā hēḇī* von Zeit zu Zeit verminderte meine Hoffnung 97:17.

bāṣirūtā (AS) 4:5 = *bāṣūrūta* q.v.

BQR (AS Pa.) fragen; II. Konjug.: 1. Präs. *dhamāšā bāqrāk̲ menê* daß wir sie (Pl.) immer fragen 29:paen., *baʿyen bāqren* 78:7 s. *BʿY*, 1. Impf. *baqrā (h)wā yemū(h)* bat ihre (F.) Mutter 99:7, 2. Präs. *msābāb dbāqūrī (y)wet* [*sābab bāqūriwət*] weil du mich fragst 79:2, 2. Pf. *m̥n gānī (h)wē lī bāqūrē* ich fragte mich selbst 98:19, Prät. *būqere(h)* [*-qə̥re*] er hat gefragt 68:13, 69:paen., 70:20,22 = *būqerē* 76:16,18, paen., 77:18 = Al. *mbūqere(h)* 87:15; pass. Prät. *pešle(h) buqrā* [*pəšle buqra*] *bh̲a(d)* (')*nāšā* wurde von einem Mann gefragt 75:7. Inf. *būqārā*, n. act. *bāqartā* s. vv.

bāqartā [*-a*] (*n.* act. v. *BQR*) F. Frage 42:4.

bāqtā [*-a*] (AS *bāqā*) F. Mücke 46:20.

bar (AS) M. Sohn, Dim. *brūnā* s.v. (dav. auch Pl. *bnū/ōnē* s.v.), Pl. *bnay*, *bnê* s.v., F. *brātā* s.v. (Pl. *bnāt, bnātē* s.v.); Zusammensetzungen u. Eigennamen: *bardêsan* (f. AS *bardaiṣān*) Bardesanes (Baumstark 12ff.) 62:8; *bar zôgā* (AS) Ehemann, Genosse, Geselle, Pl. *bar zôgē* s. *zôgā*, *barzarʿā* [*bərzerra*] Same(n) 30:8, m. Suff. *barzarʿeh* sein Same 75:12, 13; *bar yaʿqōb̲* Eigenn. 60:11, *bar muh̲atas* [*muh̲attas*] Eigenn. 100:2, *bar mālek* Eigenn. 17:5, *barnābyus* s.v. *bar narsāy* Name eines Patriarchen 14:23; *barnāšā* (AS) Mensch, Mann 11:4 u.ö., dav. Abstr. *barnāšūtā* Menschheit 4:9 u.ö., *m̥n barnāšūtā īle(h)* ist menschlicher Natur 94:12; *bar ʿeb̲rāyā* Barhebraeus (Baumstark 312ff.) 82:12, *bar qāyūmā* sonst Bundesgenosse, Alliierter, hier als Eigenn. 15:4f.; *barqyāmūtā* Bund(esgenossenschaft) 22:ult, *but h̲āter dbarqyāmūtê* wegen ihrer Bundesgenossenschaft 53:4; *bar qalīg* Eigenn. 36:11, *bar rūbēyl* Eigenn. 74:24, *bar rāsso* Eigenn. 84:21, *baršāhē* Eigenn. 80:23, *bar 43 šinē* ein 43jähriger 54:22.

BRBZ (vgl. AS Palpel v. *BZZ* verschwenden) zerstreuen: 1. Präs. *wbarbezī lh̲aylāwātū(hy) ṭrūnē* u. sie zerstreuen ihre tyrannischen Kräfte 7:13, Prät. *(m)burbez l(h)on kul h̲a(d)* sie haben sich alle zerstreut 21:6bis, pass. Präs. *bnay 'ūmtan 'ātōrêtā dmburbeztā (y)nā* sind Söhne unseres zerstreuten assyrischen Volkes 25:5, pass. Pf. *dī(h)wô burbezē* die zerstreut waren 27:6.

barbaztā (n. act. v. *BRBZ*) F. Zerstreuung 57:22.

BRBR (onom.) muhen; Inf. u. 2. Präs.: *tôrē barbūrē* die Kühe muhen 46:16f.

bārābārūtā [*-uyta*] (Abstr. v. P. *barābar* gegenüber) F. Gleichheit, Genossenschaft: *bārābārūtā dlā tapāwat* Gleichheit ohne Unterschied 25:13, *bārābārūtā bēyl trê menyānē* Gleichheit zwischen zwei Zahlen 41:11f.

bardā [*-a*] (AS) M. Hagel 24:11.

bārūyā [*-a*] (AS) M. Schöpfer 1:23, 81:20 (s. *'ityā*).

brō/ūnā [*brūna*] (Dim. v. *br*) M. Sohn; m. Suff. *brōne(h)* sein Sohn 38:15, vgl. *brūne(h) d'ālāha* Gottessohn 49:19, auch *brōnū(hy)* sein Sohn 58:ult., *brōnū(h)* [*-no*] 83:20 = *brūnū(h)* 83:23 ihr (F.) Sohn, *brō/ūnī* mein Sohn 39:18, 59:10, 75:19, 79:24, 83:21,ul.; *brūnā yan brātā* Sohn oder Tochter 42:24, *wm̥n bābā lbrōnā* u. vom Vater auf den Sohn 52:paen., *tūmemlun yōmānē hūṣelā brūnā* die Tage haben sich vollzogen u. sie gebar einen Sohn 83:19, *sogūlī brōnā* mein lieber Sohn 89:19, *(h)ō brōnā dbābī* O, Sohn meines Vaters 90:24 (= *'āh̲onā dgānī* 90:23), *brōnā dgānī* mein eigener Sohn 90:22.

barwar F. Name von zwei assyrisch-kurdischen Bezirken: *barwar tah̲têtā* Unter-Barwar 19:12.

BRZ (vgl. Ar. *burḏa* trockenes Land) trocknen, vertrocknen; kausativ: austrocknen; I. Konjug.: pass. Pt. *lā (h)wē brīzā 'a(y)k̲ dīyuk̲* er war nicht vertrocknet wie du 93b:6, *kad brīza layt luk̲ šemā* wenn du vertrocknest, hast du keinen Namen 93:4, Prät. *demʿē dʿaynā(h) brezl(h)on* die Tränen ihrer Augen waren vertrocknet 72:22; III. Konjug. *dpôh̲ā mubrezêle(h)* die der Wind ausgetrocknet hat 47:9.

berzā (v. *BRZ*) M. trockenes Land, Festland 97:5, 100:14.

barzarʿā s. *bar*.

braztā (n. act. v. *BRZ*) F. Vertrocknen, m. Suff. *waʿdā dbraztuk* die vorbestimmte Zeit deines Vertrocknens 93b:2.

BRṬN (den v. *berṭā* Knospe, Blume) sprießen, blühen: 1. Präs. *ki barṭen* sprießt

78:antep. (s. *gelā*) 2. Präs. *'ūp 'a(n)t burṭenā* [*-ṭənna*] *(y)wet* auch du blühst ibid., 1. Fut. *'aẖnan zē bet bārṭenāẖ* [*barṭənnaẖ*) auch wir werden blühen 4:ult.

BRY (AS) schöpfen, schaffen; 1. Präs. *ẖūyādā ki bārē 'ušnā* die Einheit schafft die Kraft 3:1, *dbārē qā gāne(h)* der für sich selbst schafft 81:19, 1. Pf. *m(h)ô yōma dqam bāretlī* von dem Tag, an dem du mich geschaffen hast 88:24, unpersönlich: *lā kbaryā* [*lagb-*] das geht nicht 86:23, *dlebā dekyā bīyan baryā* um ein reines Herz in uns zu schaffen 100b:24, Prät. *brē'l(h)on* sie haben geschaffen 1:18, *'a(n)t brē lak(y)* du (F.: Göttin) hast geschaffen 94:antep. bis, unpersönl. Al. *'ādī brē lā(h)* dies geschah 37:22f., pass. Prät. *pīšle(h) beryā* wurde geschaffen 81:19.

barīyā (Ar.-P.-T.) M. Wüste 2:9, 22:2, 32:15, 95:16, paen., 96:3,8,16, antep.

brīm (sic) f. *dbārīm* q.v. 32:antep.

barāyā [*-a*] (AS) äußerer, F. *barêtā*: *ẖzêtê* [*yzītē*] *bārêtā* ihr äußeres Aussehen 71:19, Pl. *dežmenē barāyē* äußere Feinde 22:2.

brīkūtā [*-xuyta*] (Abstr. v. *brīkā* s. BRK) F. Segen 77:5, Pl. *brīkwātā* 77:5.

baryānā [*-a*] (n. ag. v. BRY) M. Schöpfer 5:17.

brīsē ein französischer Familienname 37:9.

brīrā [*-a*] (AS) einfältig, dumm 100b:11.

brītā [*-a*] (AS) F. Schöpfung, als Bezeichnung des Buches Genesis 28:22, 29:14,30 = 11,32:12, 33:4; *layt (h)wīyā gô brītā* es gab nicht in der Schöpfung 94:9; Pl. *beryātē* geschaffene Wesen, Kreaturen 1:23.

brīten (Engl.) F. Britain 14:8bis.

BRK (AS) segnen, beglückwünschen; I. Konjug.: pass. Pt. *brīkā* sehr oft in Glückwünschen: *'ē'dāk(y) hāwē brīka* 74:15, *'ē'duk hāwē brīkā* 74:17 gesegnetes Fest!; *wlẖayē brīkē* u. das gesegnete Leben 81:14, *hāwiton hal 'ābad brīkē* seid ewiglich gesegnet! 86:5, *yômānī brīkē* meine gesegneten Tage 89:16, *yā ṣayādā brīkā* O, gesegneter Fischer 95:14, *b'āhā yômā d'ē'dā brīkā* an diesem gesegneten Feiertag 98:10; II. Konjug.: Imper.: *bārek lb'eldbābuk* 16:22 s. *b'eldbābā*, Inf.: *wbārūkē 'ē'da* u. sich zum Fest zu beglückwünschen.

berkā (Nf. v. *burkā* AS) F. Knie, m. Suff. *npelī* [*pəllī*] *lberkī* ich fiel auf mein Knie (Synekdoche) 99a:9, *berkāk(y) mūdī (y)lā(h) (h)wītā* was ist deinem (F.) Knie passiert? 99a:8.

barko m. Vorn. 19:14.

berkēyt (< Ar. cs. *birkat*, kolloquial *berket*) Teich: in *berkēyt- 'el'ebrāhām* Abrahams Teich (Ortsn.) 11:ult.

bārāktā (n. act. v. BRK) F. Segen, Segnung 78:15.

berlīn Berlin 42:14.

barnābiyus spanischer Eigenn. 65:15.

bārns engl. Eigenn.: Burns 33:6.

barnāšā u. *barnāšūtā* s. *bar*.

berqā (AS *barqā*) Blitz 47:8, Elektrizität: *'elm dberqā* Elektrotechnik.

barqūbl [*-qūl*] (< P. *bar* + AS *qublā*) gegenüber 6:ult., 22:19, 24:20, 50:15, phon. *barqūl* 39:22.

bar qāyūma u. *barqyāmūta* s. *bar*.

barqī'ā [*-iya*] (Ar. *barqīya*) F. Telegramm 20:19, antep., 21:5.

barqārārūtā (Abstr. v. P. *barqarār*) F. Beständigkeit, Standhaftigkeit, Festigkeit, Stabilität 34:13.

briten (allogr. *brīten*) F. Britain 26:8,10, *briten gūrtā* Great Britain 60:15.

brā(t), *brātā* (AS *bartā*) F. Tochter, Mädchen 27:11,12, 37:5 u.o., m. Suff. *brātī* meine Tochter 37:10,11,13,22, *lbrātu(hy)* seiner Tochter 65:23f., *brātan* unsere Tochter 37:17, 84:2, *brātay(hy)* ihre Tochter 75:19; *brātā dgānan* unsere eigene Tochter 84:2, *'īt (yh)wā ẖdā brātā z'ūrtā* es gab ein kleines Mädchen 99:3; Pl. *bnāt*, *bnātē* s.v., St. cs. in der Zusammensetzung *brā(t)qālē* M. Stimmen 18:6, 56:20, 90:18, im Sg. *brā(t)-qālā (')sūrāyā* assyrische Stimme 60:12.

bašīlā (s. Maclean 41a) F. Warzenmelone 46:12.

bašqālā 18:14, *bašqālan* 20:11 Name einer Stadt.

bāšārtā (n. act.) F. Geschicklichkeit, Fertigkeit: *gô bāšārtan* parallel m. *gô mṣêtan* in unserer Macht 54:10.

bištā (allogr. f. *bīštā* s.v.) Bosheit, Übel: Al. *lā kbaryā ṭābtī dpar'et ā* [*-tta*] *bbištā* das geht nicht, daß du meine Güte mit Bosheit belohnst 86:23.

bet [*bət*] (< pass. Pt. v. *BʿY*: *bʿē* + *d* es ist wünschenswert, daß) 1. m. d. 1. Präs. nota futuri u. 2. m. dems. Tempus + (*h*)*wā* nota conditionalis: 1. *bet qārīton* ihr werdet lesen 3:paen., *bet bārṭenaḫ* 4:ult. s. *BRṬN*, *bet pālšāḫ* wir werden kämpfen 6:5 usw., 2. *bet hāwī* (*h*)*wô rābā qūyē* sie wären sehr stark (gewesen) 9:6, *bet 'āz*(*l*)*ī* (*h*)*wô* sie würden gehen 50:60 *dbet qāyem* (*h*)*wā* daß er auferstanden wäre 50:6, *bet hāwen* (*h*)*wā* ich wäre (gewesen) 64:paen., 78:23, *bet pêšī* (*h*)*wô* sie wären geworden 64:21 usw. Selten allogr. *bed* s.v.

bat in *batū*(*hy*) Druckfehler f. *batwātu*(*hy*) 97b:8 (s. *YQD*).

bātō Frauenname 84:2, 3, 7.

btultā (AS) F. Jungfrau: *māryām btūltā* Jungfrau Maria 39:13, Pl. *btūlātē* 78:8, ab. auch *bṯūlē dhônā* kluge Jungfrauen (vgl. Mat. 25:2) 100b:7.

batwātē (Pl. v. *baytā*) Häuser, Familien, m. Suff. *lbatwātôḵon* in eure Häuser 5:16, *lbatwātê*(*hy*) in ihre (Pl.) Häuser 69:18.

bātalyon (Engl.) Bataillon 43:7; Pl. *bātelyōnē* 22:1.

bā(*t*)*r* (AS *bāṯar*) Präp. nach, hinter, gebraucht auch als Konj. *bā*(*t*)*r* (*mā*) *d*- nachdem; pleonastisch mit anderen Präp. *m̦n bā*(*t*)*r* = *mbā*(*t*)*r* = *lbā*(*t*)*r* nach; m. Suff. *wtā bā*(*t*)*rī* u. folge mir 16:14, paen., *bā*(*t*)*rū*(*hy*) nach ihm 35:9, 41:18, *begrāšā ḫā*(*d*) *šarḫā bā*(*t*)*rā bā*(*t*)*rū*(*hy*) der ein Kalb hinter sich führte 70:18 (vgl. s. *'īnā* 2), *bā*(*t*)*rū*(*h*) [*-ro*] hinter ihr 80: paen., *lbā*(*t*)*re*(*h*) zurück 27:23, *bā*(*t*)*ray gô hāwā čreḫlon* sind nach ihnen in die Luft gestiegen 26:paen., *ṭāʿūyē bā*(*t*)*rê* sie (< nach ihnen) zu suchen Idiom 84:ult.; *m̦n bā*(*t*)*r mšīḫā* n. Chr. 3:6, 55:16, *mba*(*t*)*r tlātā šinē* nach drei Jahren 8:antep., *m̦n bā*(*t*)*r dpêšī* (*h*)*wô muqdē* nachdem sie verbrannt wurden 9:5, *m̦n bā*(*t*)*r hādā* danach 16:ult., 35:1, 49:23, *lbā*(*t*)*r qālā dšmiʿlan* nach der Stimme, die wir gehört haben 18:16, *m̦n bā*(*t*)*r kāwetrā* nachmittags 18:4, 21:ult., *wāǧibūyātē m̦n bā*(*t*)*r madrāsā* Pflichten nach der Schule 38:3, *mbā*(*t*)*r dmubsemlon* nachdem sie sich vergnügt haben 74:14, *mbā*(*t*)*r dpreqle*(*h*) nachdem er abgeschlossen hat 76:3, *mbā*(*t*)*r tarʿā* von hinter dem Tor 76:14, *'a*(*n*)*t rābā bā*(*t*)*r ḫabruḵ bē'zālā* (*y*)*wet* 79:1 s. 'ZL, *'a*(*y*)*ḵ kᵘlê y*(*h*)*ūdāyē ṭāʿyānē bā*(*t*)*r qnêtā* wie alle nach dem Gewinn trachtenden Juden 79:13, *wṭāʿōyē* (*y*)*le*(*h*) *bā*(*t*)*r ʿerbā tlīqā* u. er sucht das verlorene Lamm (Idiom) 79:23, *bā*(*t*)*r mīz* am (< hinter dem) Tisch 85:3, Al. *mbater dmuḫkēlay kalbā mǧūweble*(*h*) nachdem sie gesprochen haben, antwortete der Hund 86:ult., *bā*(*t*)*r ḫačā* nach einer Weile 89:6, *m̦n bā*(*t*)*r ḫādāryā* (*r*)*ḫīšē* nachdem sie eine Weile gegangen waren 93:22, *bā*(*t*)*ran* hinter uns 100b:19, *bā*(*t*)*rū*(*hy*) nach ihm 41:paen.

bā(*t*)*rā* (St. emph. v. vhg.) Hinter, der hintere Teil: *wnpīle*(*h*) *bā*(*t*)*rā bā*(*t*)*re*(*h*) u. folgte ihm (Idiom, vg. P. *dombāl-e ū oftād*) 23:16, *bā*(*t*)*rā bā*(*t*)*rū*(*hy*) [*bārābārū*] 70:18 s. *bā*(*t*)*r*, *lbā*(*t*)*rā* zurück, hinten 1:antep., 21:16, 22:17, 24:1, 92:17 (in allen Fällen m. *DUR*: *dā'er* zurückkehren.

G

g Buchst. *gamal* 48:3, Zahlenwert 3 31:22 u.ö.

g'īlgāmeš [*gīl-*] Gilgameš 94f.; allogr. *gilgāmiš* u. *-mīš* s.v.

gē'rā [*gīra*] (AS) M. Pfeil, Pl. *gē'rē* 46:6.

gibā [*gība*] (AS *gabā* [*gabbā*] *ga*[*n*]*bā*) M. (Maclean: F.) Seite Pl. *gibānē* [*gibāne*]; *'urḫā lgibā dpārs* Weg nach Persien 5:4f., *m̦n gibā* statt 2: paen.bis, 5:13, u.ö. *ḫa*(*d*) *gibū*(*hy*) *na*(*h*)*rā dprāt* (*yh*)*wā* (*h*)*ô gibā* (')*ḫē*(*r*)*nā rūmāyātē* (*h*)*wô* eine seiner Seiten war der Fluß Euphrat, die andere Seite war Hochland (< Pl. waren die Höhen) 5:paen., *gibā* (')*ḫē*(*r*)*nā* die andere Seite 6:2, 24:8, 53:21, 62:12, *m̦n tirway gibānē* von beiden Seiten 6:1, *m̦n gibê* von ihrer (Pl.) Seite 7:17f., *m̦n gibā dwārāqā* [*məgībəd warāqa*] *d'ādīyā* anstelle jetzigen Papiers 9:4f., *bkᵘl gibānē* auf allen Seiten 10:13, 16:2, 18, *mgibānē dqôqāsīya* von den kaukasischen Seiten 13:23, *lkᵘl ḫa*(*d*) *gibā* auf jede einzelne Seite 16:20, *m̦n gibā dhukmā* von seiten der Regierung 19:6, *m̦n kᵘlê*(*hy*) *gibānē* von allen Seiten 19:22, 24:8, *wm̦n gibā dbrīḵūtā šmayānêtā* statt des himmlischen Segens 77:5, *m̦n gibā dʿēsu* an der Stelle Esaus 78:22, *wm̦n gibā dḫa*(*d*) *bnīsan ẖa(d) bkānūn (')ẖārāyā* u. statt am 1. April (feiern wir) am 1. Januar 81:16f., *lgibā dẖabrāwātū(hy)* zu seinen Genossen 96:24, *lkᵘl gibā wkᵘl marzā* auf jede Seite u. jede Grenze 100:15 u.ö.

GBY (AS) (aus)wählen; II. Konjug.: 1. Präs. *gārāg gābē* [-ə] er soll wählen 38:7, *lā gābē* er soll nicht wählen 38:10, *gārāg gāben* [-ən] soll ich wählen 38:4, *dgābīton* daß ihr wählet 86:4, Inf. *lgābōyē* zu wählen 38:12, *dki 'ātī lgābōyē* 38:20 s. *'TY*, Prät. *wgūbē l(h)on* [*gūbilun*] u. sie haben gewählt 8:19, 3. Pf. *gūbyā (y)wen* [*gūbyəwen*] ich habe gewählt 29:21, m. pass. Bed. *gūbyā (y)wet* [*gūbyəwet*] *qā mabsamtā* du bist für das Vergnügen ausgewählt 93:3, pass. Pf. *dbut šuprū(h) maʿǧebānā pīštā (h)wā gūbītā* die wegen ihrer erstaunlichen Schönheit ausgewählt wurde 27:10, pass. Prät. *pīšlon gubyē mahdyānē d'islām* sie wurden gewählt zu Führern des Islam 54:paen., pass. Pt. *ẖabrē gubyē* ausgewählte Ausdrücke 54:7, *qeryānē gubyē* ausgewählte Lektüren 60:7, *martyānwātē gubyē* ausgewählte Ermahnungen 60:21.

gabāyā (AS) M. Vasall, Pl. m. Suff. *ʿam gabāyê* m. ihren Vasallen 10:14.

gēḇāyā [*givāya*] (v. vhg.) M. Bettler, 49:11f., 16.

gabyānā (n. ag. v. *GBY*) M. Wähler, m. Suff. *(h)ô gabyānuḵ* der dich gewählt hat 93:5.

gā/abêtā (n. act. v. *GBY*) F. Wahl, Auswahl 38:8, 12, 17, m. Suff. *gabêtuḵ* deine Auswahl 93:1.

GḆR (den v. *gaḇrā*) heiraten, verheiraten: 1. Präs. *'a(n)t bāto gāḇret lā(h)* [*gōr̊tla*] heiratest du Bato? 84:3, m. Suff. *bāʿyen gaḇrenuk* 84:1 s. *BʿY*.

gaḇrā [*gōra*] (AS) M. Mann, auch Ehemann; m. Suff. *gaḇrī* mein Mann 82:4, 8, *lgabrā(h)* ihren Mann 73:23, *lgaḇru(h)* ihrem Mann 76:9; Pl. *gaḇrē* : *ẖad menyānā gūrā dgaḇrē* eine große Zahl von Männern 22:13, *gaḇrē qarabtānē* 18:15, 20:17, 21:7 = *gaḇrē dplāšā* die Krieger, Kämpfer 18:17; *ẖa(d) gaḇrā ga(n)bārā* ein kräftiger Mann 18:20, 95:2, *(h)ô gaḇrā lebānā* der brave Mann 96:7.

gāḇrī'ē(y)l [*gōriyəl*] Gabriel 54:23.

gbartā (n. act. v. *GḆR*) F. Heirat, Hochzeit 72:11, 84:7.

GDY (AS speien) schmutzig werden, sich anstecken: 1. Fut. *'ānī bet gādī bmarʿa* sie werden sich anstecken von der Krankheit 17:12.

gdīlā (pass. Pt. v. *GDL*) gefroren, Eis: *bunbūlē dgdīla* 74:8 s. *bunbūlā*.

gdīmā (pass. Pt. v. *GDM*) verkürzt: *šmā mẖôyānā* (*yan šūmāhā gdīmā*) Adjektiv 40:antep., F. *gdīmtā* 54:3.

GDL (AS) I. Konjug.: binden, weben, flechten, met. kämpfen; III. Konjug.: (ein)frieren (eher durch semantische Entwicklung, vgl. P. *bastanī* „Gefrorenes" v. *bastan* „binden", als durch Metathese v. AS *GLD* „frieren"); Prät. *d'āḵ(y) gdelon* [*gdəllun*] wie sie gekämpft haben 91:13; Imper. *wgdūl(y)* webe (F.) 69:4; III. Konjug.: pass. Pt. *bpāʿwānū(hy) mugdelē* [*-dəlle*] in seinen vereisten Ästen 74:5f., Prät. *mugdelī* [*-dəlli*] *'a(y)ḵ bsetwā* ich habe gefroren wie im Winter 98:paen.

gdaltā (n. act. v. *GDL*) F. Weben, Verwobensein > Kampf 10:8, 10.

GDM (AS) abkürzen, verkürzen, apokopieren; dav. *gdīmā* u. *gdamtā* s.vv.

gdamtā (n. act. v. *GDM*) F. Verkürzung, Aphäresis 2:24 (sonst auch Synkope u. Apokope).

GDŠ (AS) geschehen, passieren; Prät. *dgdešle(h)* [*gdə̂šle*] *ʿal qadīšūte(h)* die Seine Heiligkeit betroffen hat 24:21.

gedšā [*gədša*] (AS) M. Zufall, Unfall, 18:9, 99:5, Pl. *gedšē* 68:19.

gāh, gā(h)ā [*gā*] (P. *gāh*, ab. schon AS) F. Mal, einmal, Pl. *gāhē* oft, öfter, manchmal, von Zeit zu Zeit, niemals; *gah ḵē(r)tā* ein anderes Mal 87:8, *gāh . . . gāh* 98:18 s. *'TY*; *(h)ê gā(h)ā* [*ǽga*] damals 13:ult., *(qā) gāhā dtartēy* zum zweiten Mal 21:10f., 40:15, *bẖdā gāhā* [*pxāga*] auf einmal 24:8, *rābā gāhē* sehr oft 27:ult., 41:10, 16, 20, 58:8, *zôdā mn ẖā gāhā* mehr als einmal 30:3, *zôdā mn ʿesrā gāhē* mehr als zehnmal 53:24, *ẖdā gāhā (')ẖē(r)tā* ein anderes Mal 67:19, *qā gāhā qā(d)mêtā* zum ersten Mal, *ẖā gāhā 'a(y)ḵ hamāšā* einmal wie üblich 84:paen., *kᵘl gā(h')* jedes Mal 88:15, *kᵘl gāhā dl'āhā sāmā matlānā ki māṭē* jedes Mal, wenn der Erzähler zu diesem Teil kommt 91a:15f., *bgāhē lē maṣyetā (h)wā* manchmal gehorchte sie nicht 99:4, u.ö.; *gāhē . . . gāhē* teils . . . teils 61:16f.

gô, gō [*gō̆*] (AS) in (m. Dat. od. Akk.), innerhalb, herein, hinein, m. anderen Präp. *bgô* in(nen), *lgô* nach, zu, *mn gô* = *mgô* von innen, von ... heraus; m. Suff. (*b*)*gāwe*(*h*) in ihm 8:9, 11, 28:8, 39:15, *gāwā*(*h*) = *gāwu*(*h*) in ihr 9:18, 11:antep., 39:19, 53:antep., 76:19, 23, 24, 77:15, *gāwê* in ihnen 7:5, 27:9, 34:17 = *gāway*(*hy*) 63:19; *gô plāšā trāyānā ddunyē* im zweiten Weltkrieg 4:3, *mn gô pumu*(*hy*) von seinem Mund 5:9, *gô hāwā* in die Luft 5:11, *gô nūrā* im Feuer 9:6, *go d'āhā* in diesem 9:23, *gô hamām* im Bad 66:12, Al. *lebā d'ad* (')*nāšā bgô ḫūwē qedle*(*h*) das Herz dieses Menschen brannte für die Schlange (Idiom: hatte Mitleid mit ihr, vgl. P. *delam mī-sūzad* ich habe Mitleid < mein Herz brennt) 86:13 u.ö.

gāwā (AS) M. Inneres, m. od. auch ohne Präp. *b-* als Präp. gebraucht: *wgāwā dṣuhbātay*(*hy*) u. während ihres Gesprächs 18:21, *bgāwā d'anē* in diesen 33:ult.

gūbā [*gūba*] (AS) F. Grube, Pl. *gūbātē* [*gūbāte*] 95a:9.

GWGY (vgl. AS *gūgāyā* Flüstern) gurren; 1. Präs. (verkürzt) *yōnē gôgūyē* die Tauben gurren 46:16.

gūgtāpāh [*gūytapa*] Name eines ass. Dorfes 57:20, 76:2, 98:2.

gūdā [*gūyda*] (AS Hecke) M. Wand, Pl. *gūdānē* [*gūy-*] 52:20.

gūddā [*gūdda*] (< AS *gūdāyā*?) F. Stück, Stoff: *ḫdā gūddā dparčā* 72:5.

gāwāyā [*gawāya*] (AS) innerer, Inneres, F. *gāwêtā* 23:20, Pl. *paqdon lgāwāyē* kommet herein (Idiom, vgl. P. *befarmā'īd tū*) 23:19f., m. prokl. Präp. *m-*: *mgāwāyē* (von) innen 22:antep., ult.

gūlāb (*gūlab*] (P.) M. Rosenwasser 48:17.

gūlankē[*-ki*] Name eines Dorfes 20:6.

gūlpā [*gūlpa*] (AS nur Pl. *gelpānē*) Flügel, Pl. *gūlpānē*, m. Suff. *gūlpanī* meine Flügel 68:3, *gūlpānuḵ* deine Flügel 68:3, 8, *gūlpānū*(*hy*) seine Flügel 68:8f., *gūlpānôḵon* eure Flügel 68:7, (*t*)*ḫut gūlpê* unter ihrem (Pl.) Flügel 85:2; *mḫêtā dgūlpā* das Schlagen des Flügels (Sg. f. Pl.) 85:13.

gōlpātālīḫā'n [*gūlpātalīḫān*] Name eines Dorfes 56:15.

gultā [*gūlta*] (vgl. AS *GLL* pa. drehen, P. *gulūle* Kugel) F. Kugel, Pl. *gulātē* [*gūllāte*]: *pīšē* (*h*)*wô meḫyē bgulātē* sie wurden erschossen (Idiom) 18:1, *wgulātē msārūqē* u. Kugeln (hat man) geschossen 24:10f., *qālā dgūlātē* das Geräusch der Kugeln 24:14.

gūmā [*gūma*] (T.) M. Herde: *gūmā d'erbē* [*gūməd erbe*] Schafherde 10:21.

gūmā 2 [*gūma*] F. Höhle 98b:9.

gumbultā (Ar. *qunbula*) F. Granate, Pl. *gumbulyātē* 24:16.

gūmlā [*gūmla*] (AS) F. Kamel 88:paen., Pl. *gūmlē* 54:17.

gumrukḫānā [*-a*] (P.-T.) F. Zollamt 22:11.

gūnāhkār [*gū-*] (P.) M. Sünder 64:10.

gūnḫā [*gūnxa*] (AS) M. Verwirrung, Schreck, Grausamkeit 24:21, paen., 84:6, Pl. *gūnḫē* 75:24, 100:13; *gūnḫā dgūnḫē* die allergrößte Grausamkeit 83:paen., *wmn ba*(*t*)*r* k^u*lay*(*hy*) *gūnḫē*(*h*) (sic) *gūrē* u. nach allen großen Grausamkeiten 13:20.

gāwānāyā (AS) allgemein: k^u*lānāyā wgāwānāyā* total u. allgemein 1:10; Pl. *šuglānē gāwānāye dmelat* allgemeine Angelegenheiten des Volkes 20:20.

gôsā (AS) M. Zuflucht in *bēyt gôsā* s. *bēyt* 2 (Zusammensetzungen).

guptā (AS *gḇetā*) F. Schafkäse, Pl. *gupyātē* 93a:20.

gāwar Name einer Ebene in Kurdistan 17:antep., 19:ult.

gūrā [*gūra*] (K.) groß, F. *gūrtā*, Pl. *gūrē*, v. Personen auch *gūrānē* (s.v.) *rābā gūrā* sehr groß 4:16, 15:7, usw. *gūrā dqôšūn* der Befehlshaber der Armee 5:14, *ḫdā dastā gūrtā* eine große Truppe 9:23, *bā*(*t*)*r ǧunǧārē gūrē* nach großen Folterungen 12:ult., vgl. 13:1, u.ä.

gūrūtā [*gūrūyta*] (Abstr. v. vhg.) F. Größe 6:20, 42:6, 78:paen., ult.

gūrānē ein Pl. v. *gūrā* gebraucht von Menschen: Häuptlinge, Oberhäupter, Magnaten, Adligen, Führer 10:4, 35:12, 50:3, 71:19, 79:11; m. Suff. *gūrānê* ihre (Pl.) Adligen 70:10, 79:11.

gūrgānyā persische Provinz Gorgān 15:7.

gušmā [*gū-*] (AS) M. Körper 71:antep.

gušmāyā (AS) körperlich, materiell, Pl. *gušmānāyē* 38:paen.

gūženā [*gūženna*] (vgl. P. *gīǧ*) schwindlig 97:ult.

gūšnāwī iranischer Familienname 35:6.

GWŠQ s. *GŠQ*.

guttā [*gütta*] (< *gultā*?) F. Ball 46:23.

gezmā [-*a*] (AS *gzāmā*) M. Drohung, Bedrohung, Pl. *gezmē* 67:19 Idiom m. *'K̲L* (q.v.) bedrohen.

gāzendā [-*a*] (< Ar. *qaṣd* m. totaler Disemphatisierung u. *n*-Infix?) Angelegenheit, m. Suff. *gāzendê* ihre (Pl.) Angelegenheit 87:7.

gāzartā (AS) F. Insel, Pl. *gazrātā* 25:14.

GḪK (AS) lachen; Prät. *gḫekle(h)* [*gxəkle*] er lachte 85:4, Idiom: *parṣōpī gḫekle(h)* ich habe mich gefreut (< mein Gesicht hat gelacht) 89:21, paen. Siehe auch *geḫkā*.

geḫkā [*gəxka*] (AS) M. Lachen, m. Suff. *geḫkū(h)* [*gəxkō*] ihr (Sg.) Lachen; gebraucht auch in periphrastischer Konjug. *kᵘlê hamzūmē (h)wā wgeḫkā* alle sprachen u. lachten 83:14, *bgeḫkā (h)wā* [*gə́xkəwa*] er lachte 83:15, 16.

gīyōrā (AS) M. Proselyt, Pl. *gīyōrē* 28:18.

gīwargīs (AS) Georg 8:2, 56:ult. u.ö.

gīndebīn Name eines altarabischen Prinzen 54:17.

gāyinūtā [*xāyən*-] (Abstr. v. Ar. *ḫā'in* Verräter) F. Verrat 24:17.

gelā [*gəlla*] (AS) M. Gras, Pflanze: *ketrā dgelā* ein Grasbüschel od. Grasknoten 46:8, *gelā qīnā wra'dā* das grüne und sanfte Gras 46:11, *'al gelā mīlānā* auf grünem Gras 75:1, *kᵘl gelā lkôkū(hy) ki barṭen* jede Pflanze sprießt von seiner Wurzel 78:24f. (Idiom: simile simili cognoscitur, eine Krähe kratzt der anderen nicht das Auge aus), *ber'āyā (y)le(h) gelā* er weidet (im) Gras 96:2; Pl. *gilālē* [*gillāle*] Gras(halme) 81:antep.

G̲LB (Ar.) siegen, besiegen; 1. Präs. *hal dgālbā* [*γalba*] *'ātor 'ūmtā* damit das assyrische Volk siegt 92:14, 1. Fut. *bet gālbā* sie (: unsere Nation) wird überwinden 92:8, 2. Impf. *ldunyē beglābā (h)wô* sie haben die Welt besiegt 16:15; pass. Prät. *'āhā mdī(n)tā pīš lā(h) glībtā* [*γlipta*] diese Stadt wurde erobert 12:16, ohne Hilfsverb *kad glībē b'ēqūy wbē heḇyūtā* indem sie besiegt in Bedrängnis u. Hoffnungslosigkeit (geraten) waren 50:7.

gālebūtā, gālībūta [*γå̆lə*-] F. Sieg, Triumpf 5:7, 16, 27:ult., 92:20, Pl. *'ḇedle(h) gālībūyātē čem gūrē* er hat sehr große Siege errungen 8:20.

gālbānā [*γå̆ləbāna*] (n. ag. v. *G̲LB*) siegreich 9:13, F. *gālbāntā* 5:3, Pl. *gālbānē* 8:4.

glabtā [-*pta*] (n. act. v. *G̲LB*) Sieg 82:5.

gilgāmīš 61:12, 15, -*miš* Gilgameš, auch als Name einer neusyr. Zeitschrift und einer literarischen Gesellschaft 46:2, 47:2, 52:5, 60:17, 89:10.

GLY (AS) enthüllen, entblößen, verdeutlichen, offenbaren, erklären; 1. Präs. *lmanī gālyan(y)* wem soll ich (F.) erklären 7:4, *(h)āw dgālē w'āḇed aškārā* der offenbart u. macht deutlich (Hendyadis) 75:11, pass. Pt. *rīšu(h) gelyā* ihr Kopf ist unbedeckt 7:1, Prät. *wgelyā lā(h) lšipultū(h)* sie hat ihren Unterleib entblößt 96:18, m. Suff. *gelyāylā(h)* sie hat sie (: ihre Wonnen) enthüllt 96:16.

gālīyā (< K. *galī*) M. Tal, Bergpaß 19:13, 14.

galyā'īt (AS) Adv. klar, eindeutig 6:18.

glīlā (AS) Galiläa 50:6.

glīlāyā (AS) galiläisch, Galiläer, Pl. *glīlāyē* 28:14, *qā baḵtātē glīlāyē* den galiläischen Frauen 49:22.

galyā'īt (AS) Adv. klar, deutlich 6:19.

gilyānā (AS) Offenbarung, als Titel der Apokalypse Johannis 34:14, Pl. *gilyānē 'alāhāyē* göttliche Offenbarungen 54:22, *dūmāsa d'anē gilyānē d'alê tilyā (y)le(h) yūlpānā dmuhamad* die Struktur dieser Offenbarungen, auf denen die Lehre Muḥammads beruht 54:23.

ga(l)lē (AS) Wellen 11:6.

GMGM (onom.) summen, murmeln, hallen; Inf. (als 2. Präs.) *šaqšūqē gamgūmē ṭūrānē mšūtāsā* die Berge rasseln und hallen von ihrer (: der) Basis 91b:8f.

gemdā [-*a*] (vgl. AS *GMD* stark pressen) M. große Gestalt: *(h)ô gemdā ḥaylānā* die starke Riesengestalt 96:6.

gemdānā [-*a*] (v. vhg.) hart, mächtig, kräftig, stark: *gemdānā (y)le(h) wgūrā* 95:4 s. *gūrā*, *'ašīnā wgemdāna* stark und hart 96:3.

gāmī (K. *kamī*) F. Schiff: *gāmī*; symbolisch v. der Kirche: *gāmī dmšīḥāyē dmadnḥā* das Schiff (< die Kirche) der orientalischen Christen 17:17, ab. auch sonst poetisch: *gāmī dḥayan lyāmā ddemā* das Schiff unseres Lebens auf dem Meer des Blutes 100a:16.

gmīrā [*-a*] (AS) vollkommen: *melyā wgmīrā* vollständig u. vollkommen 45:11, *'ūtādāg mīrā* vollständige Abhandlung 60:4.

gānā [*ǵāna, ǵyā-*] (P.-K.-T. *ǧān*) F. Seele, Person, m. Suff. als Reflexivpron.: *gānī* (m)ich selbst (sehr oft), *gānuḵ* du, dich, selbst 35:paen., u.o., F. *gānāḵ(y)* 69:4 u.o., *gāne(h)* 15:6 u.o. = *gānū(hy)* sich selbst 4:14f. u.o., F. *gānū(h)* 49:7 u.o. = *gānā(h)* 68:10, *gānan* wir, uns selbst 1:ult., 2:13, 3:2 u.o. *bgānan* durch uns selbst 4:6 u.ö., *gānôḵon* ihr, euch selbst, *gānê* sie, sich selbst 5:23 u.o. = *gānay(hy)* 5:21; mit vorangesetztem *b-*: *bgānī* usw. ich selbst, od. an, bei mir selbst usw., m. *d-*: *dgānī* mein eigener usw.; Pl. *gānātē* u. *gyānātē*; *w'ūp zē bgānê 'īt (h)wô l(h)on qōšūn* auch sie selbst hatten eine Armee 5:23; 800 *gānātē* 800 Seelen (Personen) 5:antep. u.ä. *dḇiḫē dgānā* die sich selbst opfern 21:21, *gô qālib dhāgāyātē dgānī* im Rahmen meiner eigenen Themen 29:22, *qrêtā digyānātē zōrē* Lektüre für Kinder (< kleine Leute) 37:1, San. *tā ḵāleṣ gyānē 'ḇādē 'āḇed tā gyānē* damit er seine Seele rettet (und) Werke leistet für seine Seele 39:19, *b(h)āy dgānī ḫa(d) 'ātūrāyā (y)wen* da ich selbst ein Assyrer bin 49:8, *qā gāne(h)* für sich selbst 67:5, *qā(d)m gānā* am Sterbepunkt 71:10, *gānê (')nāšē qā(d)māyē* sie seien die ersten Leute 71:11, *libī wgānī* mein Herz u. meine Seele 81:4, *leqṭālā gānī* mich selbst zu töten 82:14, *bā(t)r hādā qāṭlān(y) gānī* dann werde ich (F.) mich töten 82:15, *'ānā bgānī zē lē bā'yen* ich selbst will auch nicht 84:11, *qā gānī (')merī* ich sagte mir selbst 84:ult., Al. *gyāne(h)* sich selbst 86:16, *brōnā dgānī* 90:22 s. *brōnā*, *'aḫōnā dgānī* 90:23 s. *'āḫōnā*, *'ḇed le(h) gānā debḥā* er hat sich selbst geopfert 92:10, *b'īdā dgānī* mit meiner eigenen Hand 92:11, *ḫa(d) menê bgānī* von denen ich selbst einer bin 97:23, *m̦n gānī (h)wēlī bāqūrē* ich habe mich selbst gefragt 98:19.

ganē Pl. v. *gantā* q.v.

GNḆ (AS) stehlen; 1. Impf. *ki ganḇī (h)wô* sie pflegten zu stehlen 71:9, Prät. *gneḇle(h)* [*gnūle*] er hat gestohlen 69:22, *gniḇāluḵ bukrūtā* du hast die Erstgeburt gestohlen 78:18, pass. Pf. *pīšē (y)nā* ... *gniḇē* [*-ve*] sind gestohlen worden 65:9.

ginābā [*ginnāva*] (AS *ganāḇā*) M. Dieb 49:13.

ga(n)bārā [*gabbāra*] (AS) stark, heroisch Held 12:5, 18:20 u.o., F. *ga(n)bārtā* heroisch, stark 7:18, Pl. *ga(n)bārē* 5:3, 6, 9:paen.

ga(n)bārūtā [*gabbārūyta*] (AS) F. Heldentat, Heroismus 4:1, 81:14.

gangaṣtā (n. act. v. *GNGṢ* < AS *GNṢ* verabscheuen) F. Abscheu, Ekel 7:20.

gendālo Familienname 82:2.

gandūlāyā (Adj. v. *gandūlā* Erdklumpen, vgl. AS *gandurtā* Ball) klumpiger Schlamm, Dreck, Pl. *gandūlāyē* 30:9.

gnāhā [*gnā*] (< P.-K. *gonāh*) F. Schuld, Sünde, 78:9, 10, 79:6, 83:13, *dlā gnāhā* unschuldig 78:11; m. Suff. *'ḇor m̦n gnāhī* [*gnāyī*] verzeihe mir 88:ult., *'āhā īlā(h) gnāhuḵ tlītêtā* dies ist dein drittes Vergehen 43:10.

GNY (AS) sich anlehnen, ausstrecken, sich hinlegen, (von der Sonne) untergehen; 1. Präs. *ḫačā pyāšā dšimšā gānē* (f. *ganyā* F.) kurz bevor die Sonne unterging 98:23, Prät. *gnē'le(h)* [*gnīle*] ist untergegangen 72:9, Pf. (mit ausgelassenem Hilfsverb): *yômuḵ kᵘlay(hy) bḫašē genyē* [*gənye*] alle deine Tage sind in Schmerzen vergangen 100a:6, *šemšā dḫayē mene(h) genyā* die Sonne des Lebens ist von ihm weg untergegangen 100b:20.

gnêtā [*-a*] (n. act. v. *GNY*) F. Untergang: *gnêtā dšemšā* [*gnētəd šəmša*] Sonnenuntergang 50:1, 98b:22.

ganānā [*gannāna*] (AS) M. Gärtner 8:3, 12.

gensā [*-a*] (AS < γένος) M. Art, Genus, Geschlecht, Rasse 7:8, *wlgensū(hy) maslūyē'le(h)* u. seine Rasse verachtete er 7:22, *m̦n 'atrê(hy) wm̦n gensê(hy)* von ihrem (Pl.) Land u. von ihrer Rasse 36:16, *bgensā* in der Rasse 36:18, *lkᵘleh gensā dbarnāšūtā* dem ganzen Menschengeschlecht 77:4.

gantā [*-a*] (AS) F. Garten 77:3, 80:ult., Pl. *ganē* [*ganne*] 80:22.

ganātē [*-e*] Pl. v. *gānā* q.v.

G'Y (AS *G'Y* u. *Q'Y*, siehe mand. GAA II, Drower-Macuch 72a) schreien; Inf. u. 2. Präs. *beg'āyā* schreiend 7:2.

gepā [*gəppa*] (vgl. *GPGP*) emporquellendes Wasser, Sprudel, Schaum, *mīyā gepā gepê* das Wasser sprudelt empor (vgl. P. *ǧūšāǧūš*) 96:1.

gepītā [*gəppīta*] (v. AS *GPN* Pa. graben) Grube, Höhle, Grotte 11:24, 35:antep., 64:4, Pl. *gepyātē* 12:21, 16:20.

GPGP (onom.?) emporquellen, emporsprudeln; 2. Impf. *mīyā dnahrā ddiqlat gapgūpē* (*h*)*wô* das Wasser des Flusses Tigris sprudelt empor 11:4.

ger mn (< Ar.-P. *ġair*) außer: *ger mn d*(*h*)*āw* außer dem, was 33:13.

girā [*ǧira*] (v. Ar. *ǧarā*, *ǧarāya*) Tagesration, Rente; *ki āklī* (*h*)*wô lgirā* sie verzehrten die Rente (Idiom) 71:10.

gerbā [-*a*] (AS *garbā*) M. Aussatz, Lepra 17:12.

garbyā [-*a*] (AS) F. Nord 19:5, 42:8, 63:10.

garbyāyā nördlich: *sāmā garbyāyā* der nördliche Teil 3:12, 42:18.

gārāg [-*rag*/*k*] (T.) unpersönl. Verb: muß, soll: *gārāg pêšī tumemē* sie müssen erfüllt werden 3:23, *gārāg dmatbāk benā* wir müssen uns vornehmen 31:16, *gārag šābeq* er muß verlassen 38:6, *gārāg gābē* er soll wählen 38:7, *gārāg lā gābē* er soll nicht wählen 38:10, *'āpen dgārāg 'āklah ham* 38:17 s. *'KL*, *gārāg lā 'āwed* 38:10 s. *'WD*, *gārāg tahmenāh* wir müssen uns überlegen 38:17.

GRD (AS) reiben, abreiben, kratzen, abkratzen; 2. Fut. *bet hāwī begrādā lpagrê* sie werden ihren Körper kratzen 17:12.

gardā [-*a*] (< AS *gārgā*) M. Netz, Fallstrick, Falle 88:15, *gô gardā wpahā* in Falle und Schlinge 97:12, Pl. *'alpē dgardē* tausend Fallstricke 88:19.

gerwānkā [-*a*] F. russisches Gewicht v. 88 Mitqāl, ungefähr 3/4 Pfund 13:6.

GRWS (den. v. *garūsā* q.v.) wachsen, wachsen lassen, erziehen, erwachsen, groß werden; 1. Präs. *'īmān dgarweset* wenn du erwächst 83:22, *ki garwesī* [-*wəsi*] *le*(*h*) *pagrā* sie lassen den Körper wachsen 46:ult., Inf. *šūrē le*(*h*) *lgarwūsē gānū*(*hy*) er fing an zu wachsen 36:12, Prät. *gurwesle*(*h*) [-*wəsle*] er ist gewachsen, groß geworden 8:12, *gurwesā le*(*h*) *'āhā bēyt 'arkē čem rābā* er hat dieses Archiv sehr groß gemacht 9:19, *wmgurwesle*(*h*) [-*wəsle*] *bīyūk hônā* u. hat deine Vernunft erzogen (vermehrt) 68:17, Pf. *dū*(*y*)*wet gurwesā* [-*wəsa*] jetzt bist du erwachsen 83:ult., *gurwesē* (*y*)*nā* [-*wəsena*] *ʿamū*(*hy*) sie sind mit ihm gewachsen 95:20.

garūsā (zur Etym. v. Ir. *varz* s. Nöldeke 384 A. 1) groß, dick, üppig, korpulent, F. *garustā* gebraucht auch als n. act. v. *GRWS*: Wachstum, Größe 30:19.

grāzeldā (E.) w. Vorn. 72:4, 9, 12.

grīgōrīyōs (AS) Gregorius 36:24f.

grēysē engl. Familienname: Greasy 25:ult., allogr. *grēsē* s.v.

garmā (AS) M. Knochen 69:5.

gramāṭīqī (AS < γραμματική) F. Grammatik 40:6, 57:13, 24, 58:1; Pl. *grāmāṭīqē* 1:9.

grāmāṭīqāyā (Adj. v. vhg.) grammatisch, Pl. *grāmaṭīqāyē* 59:20.

garmqāyā ein Patronymicum 70:8.

grānādā Granada 17:8.

grēsē Engl. Familienname: Greasy 23:7; allogr. *grēysē* s.v.

GRʿ (AS) rasieren, abschneiden; Prät. m. Suff. *palgā drēšī 'alāhā gerʿyū*(*hy*) (*y*)*le*(*h*) [*gəryule*] eine Hälfte meines Kopfes hat Gott rasiert 66:22f.; III. Konjug.: Prät. *rēšū*(*hy*) *mogreʿ le*(*h*) [*mugrile*] hat seinen Kopf rasieren lassen 66:20.

GRP (AS) wegfegen, schwimmen: 1. Präs. *begrāpā* (*y*)*na* [*bəgrāpəna*] sie schwimmen 47:20.

GRŠ (AS) ziehen, dauern, ausdauern, (er)leiden (Idiom); I. Konjug.: 2. Präs. *begrāša* (*y*)*wah* [*bəgrāšəwax*] wir ziehen (< ertragen) 7:ult., 2. Impf. (ohne Hilfsv.) *begrāšā* 70:18 s. *'īnā* 2 Prät. *grīšlon* 5:11f. = *grīšl*(*h*)*on* sie haben gezogen, gelitten 53:22, *grīšle*(*h*) er hat gezogen 87:21, *grīšlôkon* ihr habt gezogen (> erlitten) 5:15, pass. Pt. *grīšā* gezogen 12:ult., 13:1, *grīšā draʿnā* unterschrieben (Idiom), 72:23, (aus der Scheide) gezogen 97:11, 100:12, Pl. *d'ahnan hal 'ādīyā grīšē* die wir bisher ertragen haben (Pf. m. ausgelassenem Hilfsv.), *pīšē* (*h*)*wô grīšē* sie wurden gezogen 13:1, III. Konjug.: Prät. *dmugrešlā*(*h*) die dauerte 12:6; m. *ʿal* (q.v.) einschränken.

geršā [-*a*] (Wz. *GRŠ*) Ertragen: *ṣpāy* (*y*)*lā*(*h*) *qātan mn geršā drāzīlūtā* es ist besser für uns, als die Gemeinheiten zu ertragen 18:9.

geršūm (AS) Gerschom 83:paen.

grāštā [*grašta*] (n. act. v. *GRŠ*) F. Ziehen, Unterstreichen: *wgrāštā dḇā serṭā b'ārālegê* u. das Ziehen eines Striches zwischen ihnen 41:ult.

grātiāno It. m. Vorn. 73:14f., 18, 20, paen.

GŠQ (intensiv *GWŠQ*) schauen, gucken; II. Konjug.: 1. Präs. *wmgašqaḥ* [*wgaš-*] u. wir schauen 6:22f., *'en bdeqat gāšqet* wenn du dir genau ansiehst 38:antep., *wki gašeq* u. er schaut 71:21, *gāšqī 'alī* sie schauen mich an 79:antep. *dgāšeq 'alū(h) sbā'tū(hy)* damit er sie sich bis zu seiner Sättigung ansieht (Idiom) 95a:17, ähnl. *šḇoq le(h) sḇā'tu(h) gāšeq* laß ihn bis zu seiner Sättigung hinschauen 96:11, Inf. *šūrē l(h)ōn gāšūqē* sie fingen an zu schauen 15:12, *wbǧungārā gāšūqē* u. mit Qual anzuschauen 91b:17, *kelyā (y)le(h) gašūqē* er blieb stehen, um zu schauen 96:4, *medrē l'āhā lā gāšūqē* wiederum ohne darauf aufzupassen 98:16, 2. Impf. *wgāšūqē (y)hwô wbe'rāqā (y)hwô* sie sahen und flohen 10:20, *dhar gāšūqē (h)wā lpā'tī* der andauernd in mein Gesicht schaute 75:17, (ohne Hilfsv.) *kad . . . mgāšūqē* als er schaute, betrachtete 23:16, Prät. *mgūšeqle(h)* [*gūšəqle*] er schaute 18:antep., *wgūšeqle(h) zē gô pātū(hy)* u. er schaute auch in sein Gesicht 70:19, 20, *gūšeqlā(h) lmendīyānē* sie schaute auf die Dinge 72:19, *gūšeqle(h) gô pā'tī* er schaute in mein Gesicht 85:4, *wgūšeqlī wḥzēlī* u. ich schaute und sah 64:6f., Imper. *gāšeq 'alū(h)* schau sie (: die Fahne) dir an 92:13.

gāšaqtā (n. act. v. *GŠQ*) F. Blick, Anblick 47:14.

Ǧ

ǧ Abkürzung f. *ǧūwāb* Antwort 42:6ff.

ǧē'ōgrāfīyā (anglisierte Form des AS *gē-*) F. Geographie, Erdkunde 59:23, 61:2.

Ǧ'L (< Ar. *ǦWL*) suchen: Prät. Al. *ldayānā kēnā ǧelay* einen gerechten Richter suchten sie 87:8.

ǧāǧeg (K.) F. Käse aus Buttermilch, Kräutern u. Sellerie, Pl. partitiv m. *m-*: *mǧāǧegē* 93a:20.

ǧedā [*ǧədda*] F. Spieß, Lanze 4:antep.

ǧahān (P.) in *nūre(h) ǧahān* 89:2 s. *nūr*.

ǧehwā Al. (v. *ǦHY* müde sein, vgl. AS *GHY* entfliehen) M. Müdigkeit, Erschöpfung; m. Suff. *mn ǧehwī* von meiner Erschöpfung 87:2.

ǧahat (Ar.-P.) F. Ursache, Grund, m. *mn* über: *šmi'le(h) mn ǧahatū(hy)* er hat über ihn gehört 35:9.

ǧū'ān m. Vorn. 74:6ff.

ǦWB (< Ar.) antworten; II. Konjug.: 1. Impf. *ki ǧāwebī (h)wā* sie antworteten 84:17, 1. Pf. *wqām mǧāwebā le(h)* [*ǧawwəbāle*] u. sie antwortete ihm 67:23, *qām ǧāweblā(h)* er hat ihr geantwortet 82:22, 3. Pf. *ǧūweblē* er hat geantwortet 64:9, 12, 69:19, paen. = *ǧūweble(h)* 66:22, 70:21, 23, 77:1 = *(m)ǧūweble(h)* [*ǧūwəble*] 75:7f., 86:17, ult., *ǧūweblā(h)* sie hat geantwortet 74:16, 88:17.

ǧawebānā [*ǧawəbbāna*] (n. ag. v. *ǦWB*) M. Antwortgeber 98:20.

ǦWǦ (vgl. jüd.-aram. *ZUZ* Af. schütteln?) sich bewegen, sich entfernen; 1. Impf. *lē (yh)wô bemṣāyā ǧôǧī (h)wô* sie konnten sich nicht bewegen 69:12, Prät. *ǧweǧle(h) gaḇrī mn lkeslī* mein Mann hat sich von mir entfernt 82:8.

ǧôǧāntā [*-a*] (n. act. v. *ǦWǦN* = *ǦWǦ*) F. Bewegung, Hochbetrieb 80:3.

ǧūwāb (< Ar. *ǧawāb*) M. Antwort 22:22, 42:4, m. Suff. *ǧūwābuḵ* deine Antwort 79:3.

ǧūlā (K.) M. Kleid, gewöhnl. im Pl. *ǧūlē* [*ǧūlle*] Kleider, Leinen, 43:14, 50:22, 76:7, m. Suff. *ǧūlū(hy)* seine Kleider 66:7, *ǧūlū(h)* [*ǧūllo*] ihre Kleider 7:1 = *ǧūlā(h)* 72:4.

ǧūlīyā (Engl.) Julia 59:14, 74:11, 15, 16, 18.

ǧūlāmarg Name einer kleinen Stadt im oberen Ṭiari 19:18.

ǧunǧārā [*-a*] (v. *ǦNǦR*) M. Qual, Peinigung, Folterung, Pl. *ǧunǧārē* 12:antep., 13:2, 26:8, 53:22, 91b:16.

ǧūnki (= *čūnki*) weil 64:11.

ǧwanqā (K. Dim. v. P. *ǧawān*, Nöldeke 385f., vgl. neumand. *ǧawānqa*, Macuch HCMM 526b) jung, M. Junger 8:14, 35:19, 72:antep., Pl. *ǧwanqē* 18:4, 38:16bis, 22, 57:22, 65:4, m. Suff. *ǧwanqay(hy)* ihre Jungen 17:antep.

ğwanqūtā [*-uyta*] (Abstr. v. vhg.) F. Jugend, m. Suff. *ğwanqūtū(hy)* seine Jugend 26:20.

ğūr'at (Ar.-P.-T.) F. Mut: *mārā dğūr'at* mutig 5:3.

ğūrābā (v. *ĞRB*) M. Versuchung 67:15, Pl. *ğūrābē* 83:12.

ğorğā (v. Engl.) Georg 93a:13, b:16.

ğazīrā (Ar., wörtl. Insel) Name einer Stadt auf einer Insel im Tigris etwa 70 Meilen nordwestl. v. Moṣul (Maclean s.v.) 18:23.

ğīyāgrōfīyā 42:1 = *ğē'ōgrāfīyā*.

ğīlō Orts- u. Sippenname 19:19, 21:3.

ĞYN sprießen, blühen, hervorbringen; III. Konjug.: 1. Präs. *dmağyen wma'yē ṭ'ūnyātē* der Früchte hervorbringen u. tragen läßt 30:8f.

ğīsnīyās W. Gesenius: *l(h)eksīqon gūrā dlišānā d'ebrāyē dturṣē (y)lē mn ğīsnīyās* das große Lexikon der hebräischen Sprache, das von Gesenius verfaßt wurde 29:15f.

ğelā (f. *ğūlā*) M. Kleid(er), m. Suff. San. *ğeluḵ* [*ğəllox*] deine Kleider 39:8.

ğeld (Ar.-P.-T.) M. Band: *wğeld dktāḇe qadīšē dki pā'eš qiryā biblīyōn* u. der Band der heiligen Bücher, der Bibel heißt 28:ult.f.

ğaldē (Nöldeke 167: v. P. *ğald*) schnell, bald, früh 4:4, 12:9, 41:7, 44:ult. u.o. *čem ğaldē* sehr schnell 50:6, 76:7, *qêdamtā ğaldē* morgens früh 50:18, *kmā ğaldē dmumken* so schnell wie möglich 50:18, *būš ğaldē* schneller 79:22, *ğaldē mba(t)r* gleich nach 12:9.

ğaldūtā [*-uyta*] (Abstr. v. vhg.) F. Eile: *bğaldūtā* mit Eile, schnell 16:1, *čem bğaldūtā* ziemlich schnell 72:16.

ğilō 57:3 = *ğīlō*.

ğelay Al. 87:8 s. *Ğ'L*.

ğelpa Dschulfa, Name einer Stadt 22:6,7.

ĞM' (Ar.) sammeln, sich versammeln, (bes. intens.) auch addieren, zusammenzählen; I. Konjug.: 1. Präs. *'em ğam'aḥ* [*ğammax*] *bḥdā rūḥā makīḥtā* wenn wir uns in einem sanften Geist versammeln 3:1, *'en lhōnan ğām'āḵ* 7:antep. s. *'en*, m. Suff. *bḥā urḥā (')ḥē(r)tā ğam'aḥ l(h)on* daß wir sie durch eine andere Methode addieren 41:15, 2. Präs. *wbğmā'yā (y)nā* [*wbəğmåyəna*] u. sie versammeln sich, 3. Präs. *ki hāwī ğmī'ē* [*ğəmye*] sie versammeln sich 47:13, Prät. *ğmi'lē* [*ğmile*] *kᵘle(h) ṭāyepā* das ganze Volk versammelte sich (Apg. 2:6) 28:12, *ğmi'l(h)ōn* [*ğmilūn*] *lmūtḇa qenṭrōnāyā* sie versammelten sich zu einer Zentralsitzung 21:paen., ähnl. *ğmi'l(h)ōn* 36:19, 97:5, pass. Pf. *īman dğmī'ē (h)wô kᵘlê m'ūdāle* als sie alle beieinander waren (Apg. 2:1) 28:6, ähnl. *ğmī'ē (h)wô* 20:3,8; II. Konjug.: Inf. *lğam'ūyē* [*lğåmūye*] zu sammeln 21:7, 2. Impf. *ğām'ūyē (h)wô* sie sammelten 55:7, Prät. *ğum'ē l(h)ōn* sie haben gesammelt 52:21, pass. Pt. *ğūm'yā wmūryezā* gesammelt u. geordnet 92:2, *bḥa(d) rē'zā mğum'iyā* [*ğūmmå*] *mn kᵘlay(hy)* in einer von allen zusammengestellten Ordnung 44:antep., pass. Präs. *gārāg pā'eš ğūmi'yā* 41:11 u. *gārāg dhāwī ğūmi'yā* sie müssen gesammelt werden 41:13, pass. Pf. *pīšē (h)wô ğūmi'yē wmūryezē* sie wurden gesammelt u. geordnet 9:20, Prät. *(m)ğumi'lun* [*ğummilun*] 68:18.

ğam' [*ğåm*] (Ar.) M. Ganzes, Zusammenfassung, Summe, Betrag; *bğam'* massenhaft 17:paen., *'a(y)ḵ (ḥā) ğam'* kurz gesagt, und zwar 29:2, 12f., insgesamt 71:18, *ḥā ğām' dhağatē* [*ğåməd hāğate*] eine Zusammenfassung der Themen 30:21, *ğam' dzūzē* [*ğåməd zūze*] der Betrag 43:14.

ğmā'(y)tā [*ğmēta*] (n. act. v. *ĞM'*) F. Zusammenzählen, Addition 41:10.

ğamā'at (Ar.-P.-F.) F. Versammlung, Menge 21:12, Kongregation, Gemeinde 31:2, 84:16.

ğangīz ḥa'n Dschingiz-Chan 15:1.

ğangīr 'āğā Name eines ehemaligen kurdischen Oberherrn 19:ult., 20:4.

ĞNGN (den. v. *ğang* K.-T., P. *zang*) rosten, verrosten: 1. Präs. *lā šāḇqet d(m)ğangenā* [*ğangənna*] *tupanguḵ* du darfst nicht zulassen, daß dein Gewehr verrostet 43:19 (vgl. s. *gārāg*).

ğingerā [*čingara*] (K.) M. Lappen, Pl. *-rē* 64:5, *ğingerānē* 7:2.

ğnībā (palatalisierte Form des pass. Pt. v. *GNB*) gestohlen, Pl. *ğnībē* bestohlen 13:7.

ĞNĞR (vgl. mand. *NGR* I–II, Drower-Macuch 289) foltern, peinigen: Imper. *lā ğanğerīon kristyānē* foltert nicht die Christen 35:22.

ğenerā'l (Engl.) M. General 18:18, antep., 21:14, 23.

ğāpā 1 (Maclean : v. Ar. *ğafā'*?) M. Mißhandlung: *grišl(h)on ğāpē wğunğārē* [*ğāpəw ğun-*] sie erlitten Mißhandlungen u. Folterungen 53:22.

ğāpā 2 [*čappa/čāpa*] (< P. *čap*) link: *ldepnā(h) ğāpā* auf ihre linke Seite 37:12.

ğapān [*ğappān*] (Engl.) Japan 16:8, 11, 25:15.

ğāpānāyā (Adj. v. vhg.) Japaner, Pl. *-nāyē* 16:10.

ğir 1 (< Ar. *ağr*) M. Lohn: *haquk wğiruk* [*hāquxw ğīrux*] dein Gehalt u. dein Lohn 43:14.

ğir 2 (< Ar. *ġēr* < *ġair*) außer: *ğir mn d(h)āw dktībā (y)lē* außer dem, was geschrieben ist 33:13.

ĞRB (< Ar.) II. Konjug. versuchen: 1. Präs. *dğārbāk d'ābdāk le(h) ḥelmat* damit wir versuchen, ihm einen Dienst zu erweisen, Fut. *bet ğāreb* er wird versuchen 82:5, Prät. *wğūreb l(h)on* u. sie versuchten 8:19, Pf. *ğūrbā (y)wen* [*ğúrbəwèn*] ich habe versucht 29:22.

ğārābtā (n. act. v. *ĞRB*) F. Versuch, Experiment: *ğārābtā dḥaylā d'ārābāyē* Manöver der arabischen Armee 6:7.

ğargā (< T.) Zeile, Vers, Abschnitt, Passus, Satz, Textstelle, Pl. *ğargē*; *wmadbaqtā ṣpāyī dğargē dsāhdwātē* u. um die Stellen über die Märtyrer gut zu belegen 29:4, *qā pāšaqtā dhemezmānē wğargē čātōn* zur Erklärung schwerer Ausdrücke u. Sätze 29:12, vgl. Z. 13, *ḥūšābē wğargē wpāsūqē* Gedanken, Sätze u. Abschnitte 29:21f., *bā(t)r kul ğargā* nach jedem Abschnitt 29:24, *ğargē dktābē qadīšē* Kapitel der heiligen Schriften 30:1, *b'āhā ğargā* in diesem Kapitel 32:4, *wğargū(h) da(h)bānāyā* u. ihr goldenes Kapitel 51:paen.

ğārğār (AS *gargar*) F. ein primitives Dreschinstrument, später Dreschmaschine 97:15.

ĞRY (Ar.) fließen, kaus. fließen lassen; III. Konjug.: 2. Präs. *har mağrūyē ldem'ē dyemmā* andauernd läßt er die Tränen der Mutter fließen 100b:9.

ğārek (P. < *čahārak*) M. ein Viertel, Al. 37:19, 24.

ğārpāntā [*-a*] (n. act. v. *ĞRPN* schlittern, rutschen) F. Schlittern, Rutschen 43:antep.

D

d Buchst. *dalat* 48:16, 49:3, Zahlenwert 4 40:12.

d- (AS) Genitiv- u. Relativpartikel, urspr. proklitisch u. deshalb m. folgendem Wort zusammengeschrieben, in der Tat aber enklitisch mit dem vorhergehenden Wort zusammengesprochen, vgl. *ḥzêtā ddārtā d'erḥē* [*γzētəd dārtəd arxe*] 47:22 s. *'erḥē*; zum überflüssigen Gebrauch m. den vokalisch anlautenden Demonstrativa m. nominativer Bed. s. *'āhā*; m. Personalsuff. *dīyī* mein, *dīyūk* (M.) *dīyāk(y)* (F.) dein, *dīye(h)* Urm. *dīyū(hy)* sein, *dīyā(h)* Urm. *dīyō(h)* ihr, *dīyan* unser, *dīyōkon* euer, *dīyê, dīyay(hy)* ihr, gelegentlich auch die urspr. Form *dīdī* mein, *dīduk* dein usw., vgl. auch *bêtā ddyan* [*bētəd dīyan*] unser Haus 84:4; m. d. Verb *HWY*: *'aykā dīwen (h)wā* wo ich (M.) war 64:20, *'ānā dīwān šaqī sābtā* ich, (die ich) eine elende alte Frau (bin) 98a:6, *dīwet* (der) du (M.) bist, *dīwāt* (die) du (F.) bist usw., vgl. *dīlē* das heißt 34:7, *dī(h)wā ḥšīḥtā 'ele(h)* die ihm gebührte 72:8, *dīnā 'elel mn* die höher sind als 81:21, *mendī dīwet betlābā* das, was du verlangst 67:7, *'a(y)k dīle(h) qūwemā* wie es entstanden ist 91b:5 (vgl. auch unter *HWY*), *puqdānā d'alāhā* Gebot Gottes 3:23, *yaḥsīrē dpêšī (h)wô dbīqē* Gefangene, die gefangen worden sind 9:ult.; *ktābā ddamḥūšūtā* [*ćtāwəd damğūšuyta*] das Buch der Vergnügung 64:ult.; oft nach anderen Partikeln, wie *'a(y)k d-* wie, *but d-* über, *sābāb d-* weil, *taklā d-* oh, möchte(n) 75:22 usw.; sehr oft zur Einführung der Relativsätze wie auch der direkten u. indirekten Rede; oft pleonastisch, vgl. *'āhā ḥašā marīrā d'al d'āhā mala'kā besrānāyā* dieser bittere Schmerz wegen dieses verkörperten Engels 24:24.

dē (T. *dī*) Al. also 87:16 (s. *ḤKY* u. *dī*).

dē'bā [*dīva*] (AS) Wolf 10:21, 85:12, 15, paen., Pl. *-bē* 46:17, 85:ult.

dā'd [*dād*] (P.) in *dā'd wparyā'd* großes Geschrei (P. *dād-o-faryād*) 66:10.

d'āhā s. *'āhā*.

d'a(y)k 78:12 u.ö. s. *'a(y)k*.

d'āk(y/)ī s. *'āk(y/)ī*.

D'L Al. (< *DGL* Pe.) sehen, beobachten: 2. Präs. *hūwān bed'ālā* 37:paen. s. *K̲ZY*; Prät. *wd'ēlā(h)* u. sie sah 37:22.

d'anē(/y), d'anī(/y) s. *'anē(/y)* u. *'anī(/y)*.

D'R Al. 37:23,24 s. *DUR*.

DB̲H̲ (AS) opfern: 1. Präs. *dāb̲h̲āh̲* [*dōxax*] *kᵘl d'īt lan* opfern wir alles, was wir haben 5:1, pass. Pt. *wkad db̲īh̲ā lmāndīyuk̲* nachdem du deine Habe geopfert hast 16:23, *'a(y)k̲ db̲īh̲ē dgānā* wie die sich selbst Opfernden 21:22, *db̲īh̲ay nafšā* sie bieten sich an 21:18f., Prät. *db̲eh̲le(h)* er opferte 9:16.

deb̲h̲ā [*dəvxa*] (AS) M. Opfer: *'b̲ed le(h) gānā deb̲h̲ā* hat sich selbst geopfert 92:10.

dabīqā [*dabbīqa*] (AS) anhangend: *h̲lāpšmā dtnêtā yan dabīqā* Relativpronomen 40:14.

DB̲Q (AS) greifen, halten, festhalten, verhaften, fassen, sperren: 1. Präs. *dabqīton* [*doq-*] *lqa(d)māyūtay(hy)* ihr sperrt den Weg vor ihnen 20:12, 1. Fut. *wbet dāb̲qī* [*doqī*] *lšôpā dhemezmānē nuk̲rāyē* sie werden Fremdwörter ersetzen 45:6, *bet dāb̲qenuk̲* [*dōqenn-*] ich werde dich festhalten 88:19, 1. Pf. *qam dāb̲qā* [*dōqā*] *le(h) b'īdū(h)* sie faßte ihn mit ihrer Hand 96:18, Inf. *ledb̲āqā* zu verhaften 14:9, zu halten 21:20, zu besetzen 22:11, *bedb̲āqā* beim Festhalten 30:22, *ledb̲āqā duktā* zu vertreten 40:15f. 2. Präs. *mūdī duktā bedb̲āqā (y)lā(h)* was für einen Platz nimmt sie ein 51:11, Prät. *db̲eqle(h)* [*dvəqle*] er eroberte, nahm fest 3:11f.,13,15, 15:1, *wdb̲īqle(h)* [*dvəqle*] *b'īdā dqadīšūte(h)* u. er faßte die Hand seiner Heiligkeit 23:15, *wdb̲īqle(h) lšôpā* u. hat ersetzt 63:7f., *db̲eqle(h) nātā* hat zugehört (Idiom) 94:24, *db̲eqle(h) 'elī* er hat mich gefaßt 82:16, *db̲eqlon* sie haben erobert 3:12, 6:1f., (pass.) *natyātay db̲īq l(h)on* ihre Ohren wurden verstopft 24:14, *db̲eql(h)on lšôpā* sie haben ersetzt 53:21, *dbīql(h)on* man hielt 65:21, *db̲eqlon* sie faßten 91:13, 3. Pf. *wšôpe(h) db̲īqū(hy) (h)wā* u. an seine Stelle kam 10:10, *kad db̲īqā* als er eroberte 13:10, pass. Pt. (ohne Hilfsv.) *wb'īduk̲ db̲īqā kāsā dsamā* u. in deiner Hand wird ein Becher Gift gehalten (od. hältst du) 100b:8, *'a(y)k̲ dežmen db̲īqā mhuṣrā* wie ein gefangener, umrungener Feind 100a:23, F. St. emph. *rūmtā db̲īqtā* bewachter, besetzter Berg 18:18, *db̲eqtā m̥n ktāb̲ē* den Büchern entnommen 52:12, Kond. *'en 'a(n)t hāwet (h)wā db̲īqū(hy) šarh̲ī* wenn du mein Kalb festhalten würdest 70:paen.f., pass. Pf. *(h)aygā(h) pīš db̲īqā* dann wurde er gefangengenommen 14:11, *pīšē (h)wô db̲īqē* sie wurden gefangen 17:paen., *yah̲sīrē dpêšī (h)wô db̲īqē* s. *d-*, pass. Kond. *bet pêšī (h)wô db̲īqē* sie wären festgenommen worden 50:3f., Imper. *tā db̲uq* [*dūq*] *nātā* komm und hör zu (Idiom) 69:3f.

db̲āqtā (n. act. v. *DB̲Q*) F. Fangen, Kampf: *db̲āqtā dkuštīyuk̲* dein Ringkampf 78:15.

debrā [*dəbra*] (Maclean: *dabrā*) F. Nahrung, Futter 47:17.

db̲ārīm (H., AS *db̲aryāmīn* = H. *dibrē hayyāmīm*) Buch der Chronik: b. *db̲ārīm* II. Chronik 31:16.

dāb̲ša [*duyša*] (AS *deb̲šā*) M. Honig 25:antep.

dābāšā (AS Pl. *dab̲šāṯā*) M. Biene, Pl. *dābāše* 46:19.

dabšālīm Name eines legendären Königs 67:4.

DGL (AS) lügen; I. Konjug.: 1. Impf. *ki daglī (h)wô* sie pflegten zu lügen 71:10; II. Konjug.: 2. Präs. *mdāgūlē (y)wet* [*dagūləwət*] du lügst 43:9 = *dāgūlē (y)wet* 85:20, Prät. Al. *lā mdūgelay* [*-əlay*] sie haben nicht gelogen 87:25.

da/āgālā [*dagåla*] (AS) M. Lügner 76:24, 78:4,5.

digālā Orts- u. Sippenname 59:21.

dādē (AS *dādā* Freund, Onkel, wahrsch. beeinflußt v. Engl. daddy) M. Vater 46:5.

dedb̲ā (Talm. u. Mand., siehe Drower-Macuch s.v.) M. Fliege, Pl. *dedb̲ē* 46:19, 58:15.

da(h) (vgl. *d'āhā*) 1) Demonstrativpron. dieser, jener, 2) Interj. nun: Al. *'en lā pīš (h)wā le(h) da(h) 'elok̲ mārā* wenn er sich nun dir gegenüber nicht wie ein Herr benommen hätte 87:18.

d(h)ā = *d'ā(h)ā* : *md(h)ā* [*m̥dā*] davon 66:10.

da(h)b̲ā [*dāwa*] M. Gold 46:12, 72:5,6, 81:ult.

da(h)b̲ānāyā (AS) golden 51:paen., Pl. *da(h)b̲ānāyē* 29:18, 54:9, 62:10.

d(h)ō (vgl. *d'āhā, dah, dhā*) Demonstrativpron.: *ld(h)ō* [*ldō*] jenem 65:ult.

dū, dū- Partikel: da, gebraucht prokl. m. enkl. Formen des Existenzverbs *HWY:* *dū(y)wān* [*duywan/duwwan*] da bin ich (F.) 98b:15, *du(y)wet* [*duywət/duwwət*] *gurwesā* 83: ult. s. *GRWS*, *dū(y)lā* [*dulla/duyla*] *bātū* da ist Bato84:2, *meǧed dūyle(h)* [*dulle/duy-*] *(h)wīyā* wahrlich, da ist er geworden 95:3; kontrahiert *dūlā* tatsächlich 34:16 = getrennt geschr. *dū (y)lā(h)* 16:3.

dūbāqā (Wz. *DḆQ*) M. Anhang, Nachtrag, Pl. *dūbāqē* 60:7.

duglā [*dügla*] (AS) M. Lüge, Pl. *bhamāntā lduglē* im Glauben an die Lügen 98:1.

dūz (T.) richtig, eben, gerade: *dukānē dūz* ebene Orte 6:10, *čem dūz* sehr richtig 29:2, *dpā'eš meẖyā dūz wšāpīrā* daß es richtig u. schön gedruckt wird 33:11, *hē hamen dūz īwet (')mārā* ja, wirklich, du hast recht (< sagst richtig) 80:17, *berẖāṭā (h)wā dūz lkes yemū(h)* sie lief direkt zu ihrer Mutter 99a:6.

dūzūtā (Abstr. v. *dūz*) F. Richtigkeit: *qurbā ldūzūtā* wahrscheinlich 51:4.

dāwṭālāb (P.) M. Bewerber, freiwilliger Soldat, Pl. *dāwṭālābē* 18:8.

dāwīd [*-wəd*] (AS < H) David, noch gebraucht als m. Vorn. 6:17, 18:14 u.ö.

dūkā [*düka*] St. abs. F., *duktā* [*dükta*] St. emph. (AS) Platz, Stelle, Ort, Pl. *dūkānē*; *dūkānē dūz* 6:10 s. *dūz*, *dlaytlī dūkā matḇan(y) lrēšī* ich (F.) habe keinen Platz, meinen Kopf hinzulegen 7:5, *'āhā duktā pīšlā qrītā* dieser Ort wurde genannt 11:18, *duktā 'aykā d-* der Ort, wo 11:22, 64:3, *sapyānūtā d'āhā duktā* die Tradition dieses Ortes ibid., *duktā dbē(yt) yal(d)ā* Geburtsort 11:24, *duktā mašhūr* der berühmte Ort 12:12, *bdukānē (')hē(r)nē* an anderen Orten 29:8, 53:6, *bkᵘl duktā* an jedem Ort 30:16f., *b'āhā duktā* an diesem Ort 31:10 = *b'āhā dukā* 32:6, *m̥n duktan* von unserem Ort 37:18, *ledqḇāqā duktā* zu vertreten 40:15f. (s. *DḆQ*), *duktā d'āmāǧ* 43:20 s. *'āmāǧ*, *mūdī duktā bedḇāqā (y)lā(h)* 51:11 s. *DḆQ*, *(')tē lī tamezenā dukê* ich bin gekommen ihren Platz zu putzen 84:paen., *lduktā dštêtā dmīyā* zum Ort, wo man Wasser trinkt 95:7, paen., vgl. Z. 23, u.o.

duḵrānā (AS) M. Gedächtnis, Denkmal, Pl. *duḵrānē* 14:4, m. Suff. *duḵrānôḵon lkeslan (y)le(h)* wir denken an euch (< euer Andenken ist bei uns) 25:7.

duktā s. *dukā*.

doktor Doktor, Dr. 73:antep., 82:19.

dūlā 34:16 s. *dū*.

dôlat (Ar.-P.) F. Regierung 38:15.

dāweltā [*-wəlta*] (vgl. vhg. u. folg.) F. Reichtum 6:21, 25:19, 29:4, 71:4, 78:3, paen., 91 A. 3.

dôlatmand (P.-K.) reich 29:17.

dūman Familienname 58:3, 59:21, 83:paen.

domīnīkāyā Dominikaner, Pl. *m̥ṭ. d'āḇahātē domīnīkāyē* Druckerei der dominikanischen Väter 86:9.

dūmāsā (AS *dumsā*) M. Grundlage 54:23.

dūmārā (AS) M. Staunen, Erstaunen: *pīšā (y)le(h) bdūmārā* er war erstaunt 96:ult.

dunyē [*-ye*] (Ar.-T.-P.-K. *dunyā*) F. Welt 1:21, 3:ult., 4:3,9, 5:19 usw.

dūsāḫ [*du/osax*] (Aserbeidschan. T. < P. *dūzaḫ* Hölle) F. Gefängnis: *dīdḇā dūsāḫ īle(h)* die Fliege ist gefangen 48:16.

dô/ōst (P.-K.-T.) M. Freund 66:15,16, m. Suff. *dōstī* mein Freund 75:22, *dōstū(hy)* sein Freund, seine Freunde 59:20, Pl. *dōstē* 75:3.

dosteknāyē Name eines Stammes 20:4f.

DUR (vgl. Ar. *dāra* mediae *w*) kehren, zurückkehren, (sich) umdrehen; I. Konjug.: 1. Präs. *hič lā dêren lbā(t)rā* ich kehre überhaupt nicht zurück 92:17, *wdêrī lbaytā dbāban* damit sie in unser Vaterhaus zurückkehren 79:paen., Impf. *lē (h)wā maẖšūẖū(h) gānū(h) dêrā (h)wā lbêtā* sie glaubte sich nicht würdig, nach Hause zurückzukehren 83:12, 1. Fut. *bet dêraẖ(n)* wir werden zurückkehren 18:ult., *bet dêrī* sie werden zurückkehren 20:14, Inf. *ledyārā* zurückzukehren 20:ult., 36:15, 2. Präs. *'ādīyā du(y)wen bedyārā lbaytī* nun bin ich dabei, nach Hause zurückzukehren 79:19, *bedyārā (y)wen spīqā* ich komme leer zurück 95:12, *bedyārā (y)nā lbā(t)rā* sie ziehen sich zurück 21:16, 2. Pf. *(h)wēle(h) bedyārā* er kehrte zurück 79:16, Prät. *dīre(h)* [*dər̥re*] *lbā(t)ra* er zog sich zurück 24:1, *dēyrī li'tāyā qā baytā* ich kehrte nach Hause zurück (wörtl. ich kehrte zurück, um nach Hause zu kommen) 98b:17, Al. *wkud dē'rā(h)* [dəṛṛå] *lbaytā* u. als sie nach Hause zurückkehrte 37:23, Al. *dē'rā bqalīlūtā* sie ist schnell zurückgekehrt 37:24, *der(h)ōn* [*dəṛṛun*] sie sind zurückgekehrt 73:18, *dīrun* 22:17 = *derōn* 27:7, *lā dē're(h)* 82:9 s. (')*ẖē(r)nā*, m. ausgelassenem Hilfsverb: *wkad 'aẖōnuḵ dīrā* u. als dein Bruder zurückgekehrt ist 78:19, F. *pātū(hy) dīrtā mn baytū(hy)* sein Gesicht wurde von seinem Hause abgewandt 64:5; III. Konjug.: Prät. *muderā(h)* [*muddəra*] sie hat zurückgegeben 73:antep., *muderālā(h)* sie hat ihn (den Ring: *'ezqtā*, F.) zurückgegeben 73:paen., *muderā le(h) pātū(hy)* sein Gesicht hat sich abgewandt 96:23; pass. Impf. *dlē māṣē (h)wā bšar'at pāyeš (h)wā muderā lābā(t)re(h)* durfte nicht gesetzlich zurückgewiesen werden 27:22f., pass. Prät. *pešlē muderā lābā(t)rā* wurde zurückgewiesen 27:20.

dôrā (Ar., AS *dārā*) M. Jahrhundert, Zeitalter, Pl. *dôrē*; *ddôrā qadīmī* des alten Zeitalters 8:4, *dôrā dtlā(t)* das 3. Jh. 12:10, 16:16, *bdôrā d'arb'ā* im 4. Jh. 12:12, *bdôrā dẖamšā* im 5. Jh. 12:15, vgl. 15:19, usw., *mn dôrā ldôrā* von einem Jahrhundert zum anderen 52:24, *dbiyu(hy) ki hamzemī (h)wā hā mn dôrē* die sie schon seit Jahrhunderten sprachen 55:23, *beprāqtā ddôrā ẖmīšāyā* am Ende des 5. Jh. 63:14, *ddôrê* ihres Zeitalters 70:5, *bdôrā dkēwīyūtā* im Zeitalter wilden Zustands 71:2, *bdôrē qā(d)māyē* in den ersten Jahrhunderten 81:21, *qā dôrē* für Jahrhunderte 81:15, u.ö.

dūragē [*-rəge*] (Wz. *DRG*, vgl. H. *šīr hamma'alōt*) Pl. religiöse Gesänge, Hymnen 58:4,11.

dūrāšā (AS) M. Studie, Beratung, Untersuchung, Auseinandersetzung, Streitigkeit, Studium 2:19, 21:22 u.ö., m. Suff. *dūrāšan* unsere Untersuchung 2:10, Pl. *dūrāšē* 7:20, 17:1, 59:14, 60:18.

dēz ein Distrikt in Kurdistan 19:19, 21:3.

dezen = *dēz* 18:16.

dī (T.) Interj. nun, also, denn: *dī ṭlī* [*dəṭlī-*] schlafe nun! 90:22; Al. *dē maẖkô* erzählet denn 87:16.

dī(y)- s. *d-* m. Pronominalsuff., vgl. *mn d'ahā ktāḇā dīlē b'īdī* von diesem Buch, das in meiner Hand ist 64:10 u.ä.; San. *dešmenē dī'ī* 39:22 s. *deš/žmen, m'a(y)ḵ dyāḵ(y)* wie du (F.) 92:21.

dīdḇā [*dədva*] = *dedḇā* 48:16bis.

dāyognīs Diogenes 75:6.

dīodōros Diodoros 74:24.

dīwān (T.-P.) F. Gericht 73:12.

dē(y)k (= *d'a[y]ḵ*) Al. wie 37:paen.

dīlīmān Name einer Stadt 20:19f., 21:4.

dīlānā'īt (AS) besonders 53:13.

dāyem (Ar.-P.) immer, andauernd 100b:12.

dāyemūtā (Abstr. v. *dāyem*) F. Ewigkeit, San. *bdāyemūtā* ewiglich, andauernd 39:14.

dīman (δέμα?) F. Holzbündel: *dīman z'ūrtā* ein kleines Holzbündel 85:10.

DYN (den. v. *daynā* Schuld < Ar.-P.-T.) borgen, übernehmen; III. Konjug.: 1. Präs. *ki madyenī* man übernimmt, zitiert (< sie übernehmen) 58:8, Prät. *mudyenun menê* (sie) haben von ihnen übernommen 17:9.

dīnā 1 (AS) verurteilt: *bet pêšet dīnā bšmāṭṭā dmômītā* du wirst wegen Eidbruches verurteilt 43:9f.

dīnā 2 = *d-* + *īnā* (s. *d-* u. *HWY*), vgl. *dīnā mn rūẖā dqudšā* die vom Heiligen Geist stammen 32:22, *dīnā qādīmī* die alt sind 32:2.

daynā, dêna (AS) M. Schuld, Mask.; *ki yā(h)ḇī (h)wô zūzē bdaynā* sie borgten Geld 71:8, *qā prêtā ddênā* zum Bezahlen der Schuld 72:paen.

daynā'hā Interrogativpartikel: *daynā'hā beb'ayā (y)wet leqṭālī* willst du mich vielleicht töten 79:7.

dayānā [*-yy-*] (AS) M. Richter 87:8.

dīndār (P.-K.) gläubig, fromm, religiös, Pl. *-rē* 28:1.

dênānā (v. *daynā*) M. Schuldner 43:13; *dênānā (y)le(h) le'zālā lmadrāsā* ist verpflichtet, zur Schule zu geben 42:24f.

dyantā (n. act. v. AS *DUN*) F. Urteil, Beurteilung; *dyantā ddedḇē* das Urteil der Fliegen 58:15, *dyāntā deẖmārā* das Urteil des Esels 71:20.

dayrā [*dēra*] (AS) M. Kloster: *ẖa(d) dayrā rābā gūrā* ein sehr großes Kloster 15:7, vgl. *ẖa(d) dayrā gūrā* 70:12, *kad puẖlā bšimā d(h)ô dayrā rābā matwātē* indem er diesem Kloster viele Dörfer geschenkt hat 15:8, Al. *tā rēšantā ddayrā* der Klostervorsteherin 37:7, *dayrā dkarmlêṭā* Karmeliterkloster 37:20, *qām dayrā* vor dem Kloster 37:21, *ʿedtā ddayrā* Klosterkirche 37:22, Pl. *dayrē* 12:21.

dyārbakēyr Name einer türkischen Stadt 11:20.

dêrāyā (AS) M. Mönch, Pl. *dêrāyē* 36:8, 13.

dyā/artā (n. act. v. *DUR*) F. Rückkehr 23:24, 73:19, ab. 6:paen.

d + *yārtā* s. *yārtā*.

dyātēqē (AS) F. Testament: *dyātēqē ʿatīqtā* Altes Testament 27:1, *dyātēqē ḥadtā* Neues Testament 28:3, 32:17.

dāḵo Eigenn. 59:9.

deḵyā [*dexya*] (AS) rein, sauber, Pl. *deḵyē*; *ḥāmī kᵘl mendī deḵyā* bewahre alles sauber 48:5, *hāwīton deḵyē* seid sauber 48:9, *wpātôḵon deḵyē* u. eure Gesichter (seien) sauber ibid., *ḥa(d) nôrā deḵyā* ein reiner Spiegel 82:23, *wʿaynuḵ qlīqē ldeḵyē dšimā* u. deine Augen sind beunruhigt über Leute reinen Namens 100a:9, *ldeḵyē dhônā* Leute reinen (> gesunden) Verstands 100b:10, *dlebā deḵyā bīyan baryā* 100b:24 s. *BRY*.

dekānā [*də-*] (Ar.-P.-K.-T.) Geschäft, Laden: *qā(d)m ḥa(d) dekānā* vor einem Laden 99b:13.

DḴR (AS) sich erinnern, kaus. erwähnen; I. Konjug.: 1. Präs. *daḵraḥ* [*tax-*] *d-* denken wir daran, daß ... 3:1, *ki dāḵrī* [*tax-*] sie erinnern sich 16:10, *dāḵret* [*tax-*] du erinnerst dich 43:9, 2. Präs. *lamsāyē bedḵārā* [*bətx-* (u. ähnl. m. regr. Assimil. in allen folgenden Formen)] die Deutschen erinnern sich 4:6, *bedḥārā (y)waḥ* [*bətxārəwax*] wir erinnern uns 81:14, 2. Impf. *spāyī bedḵarā (yh)wā* er erinnerte sich gut 99:13, Prät. *dḵerī* [*txərī*] ich erinnerte mich 89b:ult., *dḵerūn* [*txərrun*] sie erinnerten sich 93a: antep., Imper. *dḵor* [*tx-*] *d-* denke daran, daß 86:20, III. Konjug.: 1. Präs. *madḵeraḥ* [*matxə-*] wir erwähnen 62:paen., 1. Fut. *bed madḵeraḥ* wir (werden) erwähnen 61:24, 1. Impf. *ki madḵerī (h)wô le(h)* [*matxərīwāle*] man erwähnte ihn 15:17, 2. Präs. *ʾa(y)ḵ madḵūrā (y)lā(h)* [*matxūrəla*] *tašʿītā dṣlībayē* wie es die Geschichte der Kreuzfahrer erwähnt 25:23, *madḵūrē (y)le(h)* er erwähnt 20:2, pass. Pt. *mudḵerā* [*mutxərra*] erwähnt 10:9, 13:8, 63:22, F. *mudḵertā* [*mutxərta*] 21:5, 54:15, 76:4, 84:19, Pl. *mudḵerē blṯḥet* die unten erwähnten 1:4.

deḵrā [*dəxra*] (Wz. *DḴR*) M. Erinnerung, Pl. *deḵrē* 61:17f.

dḵārā [*txāra*] (Inf. v. *DḴR*) M. Erinnerung, Erwähnung 73:15, Pl. *dkārē* 61:17f., 62:7.

delgošā Name eines Dorfes 56:19.

dlīḥā [*tl-*] (AS) zerstört 25:8.

dalāk [*dallak*] (Ar.) M. Friseur 66:20, 21.

dālaṯ Name des 4. Buchstabens, hier als term. techn. für das Relativpron. *d-* 40:14, 16.

demā [*dəmma*] (AS) M. Blut 11:3, 26:13, u.o., m. Suff. *deme(h)* sein Blut 34:18, *demī* mein Blut 79:21, *demuḵ* dein Blut 88:12, 90:3, *demê* ihr Blut 11:9.

damḥōšūtā [*damġūšuyta*] (Abstr. v. P. *dam* + *ḥōš*) F. Abschiednehmen: *beṭlāḇā (y)wen ... damḥōšūtā* verabschiede ich mich 64:paen.f.

DMY (AS) ähnlich sein, gleichen; I. Konjug.: 1. Präs. *dki dāmī* die ähnlich sind 29:11, *kdāmī* sie sind ähnlich 71:18, *ki dāmē* er ist ähnlich 75:11, 13, *wlayt dāmēʾluḵ* u. es gibt keinen, der die gleichen würde, 2. Präs. *bedmāyā (y)nā* sie sind ähnlich 66:17f., 2. Impf. *dbedmāyā (h)wā* der ähnlich war 76:15; II. Konjug.: *dki mdamyā lḥ(d)ā šemšā* die einer Sonne gleicht 7:12; III. Konjug.: pass. Prät. *neqḇā pīštā (y)lā(h) mudmītā* das Weib wurde verglichen 73:4.

demyūtā [*dum-*] (AS *dām-*) F. Ähnlichkeit, m. Suff. *demyūtū(hy)* seine Ähnlichkeit 94:ult.

damyānā (AS *dāmyāyā*) ähnlich, F. *damyantā* 55:19, Pl. *-nē* 45:24, 25.

DMḴ (AS) schlafen; 1. Präs. San. *lā waḵtē nāšā dāmeḵ* wenn man nicht einschläft 39:3, *dāmḵet* du schläfst 75:paen., Inf. *ledmāḵā* zu schlafen 64:4, pass. Pt. *dmīḵā*, Pl. *dmīḵē* die Eingeschlafenen 89:antep., Prät. *īle(h) dmīḵā* hat geschlafen 92:paen., *(h)wē le(h) dmīḵā* hat beigeschlafen 96:23, Imper. *dmoḵ* schlafe 39:8.

dmāḵā (Inf. v. *DMḴ*) M. Schlaf: San. *mqāmed dmāḵā* vor dem Schlaf 39:7.

dmaḵtā (n. act. v. *DMḴ*) F. Schlaf 85:3, m. Suff. *dmāḵtê* ihr (Pl.) Schlaf 85:5.

demānā [*dəmmāna*] (AS *dmānāyā*) blutig, Pl. *demānē* 12:paen., 13:1.

demnā Dimna 57:15, 60:4, 67:1 = ältere Form *demnag* 67:1.

demʿē s. *demeʿtā*.

demʿānā [*dəmmāna*] (Adj. v. *demʿē*, Pl. v. *demeʿtā* q.v.) tränend: *ʿaynū(h) demʿānē* ihre (F.) tränenden Augen 83:22, *ʿaynī demʿānē* meine Augen (sind) tränend 89:ult.

demēʿtā [*dəmmēta*] (AS) F. Träne, Pl. *demʿē* [*demme*]: *demʿē zēʾpānē* falsche Tränen 2:ult., *demʿē dʿaynā(h) brezl(h)on* die Tränen ihrer (F.) Augen sind vertrocknet 72:21, *trēy nāṭopyātē ddemʿē šaḫīnē* zwei Tropfen warmer Augentränen 83:23, *sapar ddemʿē* die Reise der Tränen 92:1, *bdemʿē dʿaynī mesyālī* ich habe sie (: die Fahne) mit meinen Augentränen gewaschen 92:12, *har (h)wēlī demʿē sārōqē* ich vergoß andauernd Tränen 98b:16, *har maǧrūyē ldemʿē dyemā* 100b:9 s. *ǦRY*.

demētā Al. (f. *dmêtā* n. act. v. *DMY*) F. Vergleich: *yā dlā demētā* O, Unvergleichbarer! 86:23.

denḫā (AS) 1) m. Vorn. 36:5, 10, 11, 15, 2) M. Sonnenaufgang 56:15, 60:6.

dānīʾēyl (AS < H) Daniel, Name des Propheten wie auch noch heute üblicher m. Vorn. 18:15, 23:2, 25:1 u.ö.

denmārk Dänemark 42:9.

dastā (P.-T.) F. Gruppe 9:23, 21:18 u.ö., m. Suff. *wdastū* (sic) und seine Gruppe 23:23.

dastgard Name einer Stadt 17:5.

dastūr (P.-K.-T.) F. Befehl 20:paen.

daʿwī (< Ar.-P.-K. *daʿwā*) F. Streit, Gerichtsverfahren 35:7, 11, Al. *daʿwiyē* [*dåwīyye*] *dīye* ihre Streitigkeit 86:paen.

dāʿnā [*dāna*] = *ʿdānā* : *bdāʿnā d-* während 83:7, 14.

DʿT (AS) schwitzen: Prät. *m̥n kerbū(hy) qeṣū(hy) dʿetle(h)* [*dəṭle*] von seinem Ärger schwitzte seine Stirn 66:11.

daʿtīd [*dåṭi̯d*] (*d-* + *ʿatīd*) zukünftig 30:18.

depnā [*dəpna*] (AS *dap-*) F. Seite *ldepnā(h) dǧapā* auf ihrer linken Seite 37:12, *bdepnā dʾāḫūnwātō(h)* neben ihren Brüdern 74:14, *depnā dʾurḫā* 85:10 s. *ʾurḫā*.

dāftā/ar [*daptar*] (P.-K.-T.) F. Heft 48:3, 83:8.

daqīqā (Ar.-P.-T., vgl. AS als Adj. genau) M. Minute, Pl. *daqīqē* (*ʾ*)*hārāyē* die letzten Minuten 11:1.

daqīqāʾīt (AS) genau 7:antep.

diqlat (AS) Tigris 11:4, 10, Name eines assyrischen Verlags 67:2.

DQR (AS) angreifen, beschmähen, besudeln; 1. Präs. *bet ǧāreb ddāqer* [*dāqər*] *lnāmūsī* er wird versuchen, meine Ehre zu besudeln (: meine Frau zu mißbrauchen) 82:5.

deqat [*dəqqat*] (Ar.-P.-T.) F. Genauigkeit, Aufmerksamkeit, Adj. *mārē deqat* genau 29:6f., 23, Adv. *bdeqat* genau 20:22, 28, paen. 30:3, 38:antep., 71:21.

dr. Dr., Abk. f. Doktor 45:2.

dārā 1 (P.-K.-T. *dār*) M. Galgen: *pešlē telyā ʿal dārā* wurde an dem Galgen aufgehängt 27:21.

dārā 2 (AS) M. Jahrhundert, Zeitalter, Nebenform v. *dôra*: *dārā tlītāyā* das 3. Jh., 53:19, *dārā štītāyā* das 6. Jh., 54:3, *bdārā dʾarbʿā* im 4. Jh. 54:4, *dārā dʿesrī* zwanzigstes Jahrhundert 100:4.

dārē Name eines Dorfes 20:7.

darbā (Ar.-T. *darba*) F. Wunde 99b:22 (s. *ʾaqlā*).

darāḇā Name eines Dorfes 18:3, 4.

darbānā (Adj. v. *darbā*) verletzt; Pl. *-nē* 24:19.

dargā (AS) M. Grad 14:ult., Rang 70:4.

dargūštā [*-gūšta*] F. Wiege 78:10, 90:20.

dārāǧ (K., vgl. Ar.-P.-T. *daraǧa*) M. Rang, Grad 41:14, m. Suff. *qā dārāǧā(h)* zu ihrem Rang 72:5.

darhaq (Aserb.-T.) F. Klage, m. Suff. *pīštā (y)lā(h) m̥ḫītā darhaquḵ* du wurdest angeklagt 43:6.

darwāzā (P.-K.) M. Tor, 11:paen., 64:18, 77:8, 12, 24, 79:9, 12, 22, Pl. *-zē* 26:ult., 79:10, 18.

DRY (AS streuen), tragen, legen, gehen lassen; 1. Präs. *dārē ba(t)r nātā* er hört nicht zu (Idiom, wörtl. er läßt hinter die Ohren gehen) 44:14, *ki dārē gēʾrē gô hāwā* er läßt Pfeile in die Luft gehen 46:6, *bebʿāyā (y)le(h) ḫaylā dḫabrā dārē le(h) l(h)āy d-* er will das Hauptgewicht der Aussage da hineinlegen, daß 50:15f., *gô kāsā dāret le(h) ṣpāyī (y)lā(h)* es ist besser, wenn du es in den Becher gießt 88:13, 1. Impf. *qat alāhā raḫmē dārē (h)wā gô lebū(hy)* damit Gott ihn barmherzig machte 35:18, 2. Präs. *ḥaylā bedrāyā (y)nā* [*bədrāyəna*] sie betonen (Idiom) 50:17, *bedrāyā (y)nā qālē* sie schreien (< erheben Stimmen, Idiom) 94:19, 2. Impf. (ohne Hilfsv.) *kad bedrāyā qālē* als sie schrieen 10:23, Prät. *'āzā'n drē le(h)* er sang den Gebetsaufruf 66:8, *drē le(h) šlāmā ʿalu(hy)* er hat ihn begrüßt (Idiom) 66:15, 67:paen., vgl. 23:14f., *'īde(h) deryā le(h)* er hat seine Hand gelegt 24:3, *deryā le(h)* er hat geschossen 24:5, *wlôṭtā ddrītā (y)lā ʿal knaʿan* u. der Fluch, der Kanaan zuteil wurde 30:19, *'aynī dīhūdāyē deryêlā zduʿtā* welche(s) die Juden in Angst versetzt hat 27:5, *wdrītā (')y)lā bīyôkon ḥā haymānūtā* u. ein Glaube wurde in euch gesetzt 34:paen., *drē le(h) šeršē ʿamīqē* hat tiefe Wurzeln sprießen lassen 63:7, 3. Pf. *wderyê (y)wen* ich habe sie gelegt 29:22, *lnūrā ddrītā (yh)wā blebū(hy)* das Licht, das in sein Herz gelegt wurde 81:2.

daryā (P.) M. Meer: *ḥā daryā* sehr viel 28:paen.

daryāwāš (P.) Darius 27:3.

drīnāyā Einwohner des Dorfes Drina 44:18.

daryānāyē Pl. Sippenname 19:ult., 20:4.

drêtā (n. act. v. *DRY*) F. Tragen, Idiome: *bdrêtā d'āmāǧ* 43:antep.f. s. *'āmāǧ*, *drêtā dšlāmā* Begrüßung 90:17.

darmānā (P.-K.-T.) M. Heilmittel, Medizin 7:paen., Pl. *-nē* 72:antep., m. Suff. *darmānū(hy)* seine Heilmittel (als Wiedergabe vom persischen Sg.) 81:7.

derang [*dərang*] (P.-T.-K.) spät 2:8, 63:15.

dars (Ar.-P.-T.) M. Übung, Lektion, Belehrung 42:17, 48:3, 69 u.ö., Pl. *darsē* 9:1, 27:1, 49:17 u.o.

dresden Dresden 42:15.

darsūm Name eines Zuflusses vom Euphrat 11:19.

draʿnā [*drånå*] (AS *draʿā*) M. Arm; *grīšā draʿnā* 72:22 Idiom s. *GRŠ*, *ḥayl drāʿnā* brachiale Kraft 91:ult., m. Suff. *draʿnī* mein Arm 24:12, Pl. *draʿnānē*, m. Suff. *ʿal drāʿnānu(hy)* auf seinen Armen 78:11, *ptoḥ qātū(hy) ldrāʿnānāḵ(y)* mach ihm deine (F.) Arme auf 96:12.

darqūḇl [*-qūl*] (P. *dar* + *qūḇl*, vgl. AS *luqbal*) gegen, in der Regel m. folgendem *d-* 8:23, 10:14, 14:5,19 (oft) u.ö., ohne *d-* 22:20.

darqūḇlāyā [*-qūl-*] (Adj. v. vhg.) entgegengesetzt, Gegner, Pl. *-yē* 27:antep., 45:paen.f.

darārā [*darrāra*] (AS) M. Kämpfer, Athlet, Pl. *-rē* 95:4.

DRŠ (AS) untersuchen; 1. Impf. *lē bāʿī (h)wô ddaršī (h)wô plāšā* sie wollten nicht den Kampf anfangen (veranlassen) 22:23, Inf. *ledrāšā* zu untersuchen 20:23.

d(ā)raštā (n. act. v. *DRŠ*) F. Auseinandersetzung, F. 21:4, 34:4.

dartā (AS) F. Hof, 23:10,20,23,paen.f., 24:9, 46:22, 47:12,22, 65:antep. u.ö.

DŠDŠ (< AS *DUŠ*) betreten, zertreten; 1. Präs. *māḥī wdašdešī* sie schlagen u. zertreten 97b:7; pass. Pt. *talgā lā dušdešā* [*-dəšša*] nicht betretener Schnee 85:10, Pl. *prīmē wdušdešē* enthauptet u. zertreten (sind) 97b:18.

dešyātē Pl. v. *deštā* q.v.

deš/žmen [*dəžmən*] (P.-K.-T.) M. Feind 6:10bis, 21:8 u.ö., Pl. *deš/žmenē* 9:ult., 22:2, m. Suff. *mn dežmenī* von meinen Feinden 75:7, *dežmenuḵ* dein Feind 16:22, 68:11, 75:8, *dešmeno(h)* ihr(e) Feind(e) 92:5 = *-nū(h)* 92:14, *dežmenê* ihre (Pl.) Feinde 10:8 = *dežmenay(hy)* 20:ult., *dešmenan* unsere Feinde 82:5, ab. San. *dešmenē dī'ī* meine Feinde 39:22.

dežmenāyūtā [*dəžmə-*] (Abstr. v. *dežmenāyā* Adj. v. *dežmen*) F. Feindschaft 14:13.

DŠN (AS Pa. geben) anfangen, beginnen; II. Konjug.: Prät. Al. *mdušene(h)* [*-šənne*] *bezyādā* hat angefangen, sich zu vermehren 37:13, San. *mdušenī bektāḇā* ich habe angefangen zu schreiben 39:18.

da/eštā (P.-T.) Wiese, Flachland 13:ult., 14:4 u.ö., *ḥaywātē ddeštā* wilde Tiere 96:3, Pl. *dešyātē* 5:10, 13:16, 92:ult., 95:5.

H

h Buchst. *hē* 48:16, 49:3, Zahlenwert 5.

h. in *h.d.* q.v.

hā (AS) Interj. siehe, da 12:19, 52:3, 4,17 u.ö.

hē [*hī*] (Maclean 71a, Macuch HCMM 152 A. 6) Bejahungspartikel: ja; *hē hamen dūz īwet (')mārā* ja, wirklich! Du sagst richtig 80:17, *hē lē ʿaldīton lī* ja, ihr betrügt mich nicht 85:16.

hā'h Interj. Hah! 69:13.

hā'tef Hātef, ein persischer Rubaʿiyyāt-Dichter 80:19.

habābā [*habbāba*] (AS) Blume, Knospe, Pl. *habābē* 49:3.

hēḇī 1 [*hīvi*] (K.) F. Hoffnung: *bhēḇī* (*y*)*wen* ich hoffe 4:ult., 45:5, *layt* (*h*)*wā hēḇī* es gab keine Hoffnung 14:11, *'īt lan hēḇī* wir haben die Hoffnung 30:4, *'īt lī hēḇī* ich habe die Hoffnung 33:8, *hēḇī dmelat* [*hīvīd məllat*] die Hoffnung des Volkes 58:5, *bhēḇī* (*y*)*wāḵ* wir hoffen 65:12, 13, *bhēḇī* in der Hoffnung 77:9, 79:15, 81:1.

hēḇī 2 [*hīwī*] w. Vorn. 75:19.

hēḇyūtā (Abstr. v. *hēḇī* 1) F. Hoffnung: *bē hēḇyūtā* Hoffnungslosigkeit 50:7.

hābēyl (AS < H) Abel, als m. Vorn. 59:22.

hābāšā (AS *ḥabaš*) Abessinien, Äthiopien 5:5.

hābāšāyā (AS) M. Abessinier, Äthiopier, Pl. *-yē* 54:19.

HGY (AS) meditieren, studieren, analysieren; buchstabieren (vgl. Derivate *hegyānā* u. *hūgāyā* s.vv.); II. Konjug.: Prät. *hūgē l*(*h*)*on* sie haben analysiert 53:9f.

hegyānā (AS) M. Buchstabierung, Orthographie 60:ult.

hāgêtā (AS) F. Überlegung, Analyse: *ktāḇtā ... bhāgêtā* voll geschrieben 41:5, Pl. *hāgyātē* Überlegungen 29:22.

hāǧē [*-ǧī*] (Ar. *ḥāǧī*) M. Hadschi 69:17ff.

hiǧūm [*hu-*] (allogr. f. *huǧūm*, Ar.) F. Angriff 192, 3, 22, 22:7, 9, Pl. *hiǧūmē* 97a:15.

hā/aǧat [*haǧǧ-*] (Ar.-P.-K.) F. Anlaß, Thema: *ḥdā pelān hāǧat* ein bestimmter Anlaß 8:16, *lhāǧat mudḵertā* zur erwähnten Angelegenheit 21:5, Ursache 26:5, Anlaß 34:4, Thema 51:paen., Pl. *hāǧatē* Angelegenheiten 20:21, *haǧatē* Themen 30:21, 60:24.

h. d. Abk. v. AS *hānā* (*h*)*ô dēyn* d.i. (= das ist), d.h. (= das heißt), i.e. (= id est) 3:2 u.ö.

hādā (AS *hāḏē*) dies 2:22, so: *hāda d-* so daß, damit 8:8, *wmn ba*(*t*)*r hādā* danach 12:25f., *hādā dlḥīmle*(*h*) *qā kᵘlay*(*hy*) so daß es allen paßte 44:antep.

hdīrā pass. Pt. v. *HDR* (q.v.), ab. auch: schön (AS) 80:ult.

hādāḵ Al. = *hadḵā* so 37:20.

hadḵā [*hatxa, atxa*] (vgl. *hādā kā* dieser da) so 2:19, 3:antep., 4:15 u.o., vor dem Nomen: solch: *dhadḵā zaynē* solcher Arten 7:15 u.ä., *ḥa*(*d*) *hadḵā* dermaßen 69:paen.

hadāmā [*haddāma*] (AS < P.) Glied, Pl. *hadāmē dmotḇā* die Mitglieder der Sitzung 56:11.

hadāsā (H. Myrte) ein anderer Name v. Esther 27:10.

HDR (< Ar. *ḤḌR*) bereiten, vorbereiten; I. Konjug.: 1. Fut. *bet hāder* er wird bereiten 31:22, 32:3, pass. Pt. *hdīra*, Pl. *wgô šḇīlē lā hdīrē* auf nicht bereiteten Wegen (= mit unreifen Gedankengängen) 2:5, *kad hdīrē* (*h*)*wô ledyārā* als sie bereit waren zurückzukehren 36:15; II. Konjug.: pass. Pt. *ʿal dārā dhudrā* (*h*)*wā* auf dem Galgen, der vorbereitet war 27:21, *hārīsā hudrā* (*y*)*le*(*h*) der Brei ist vorbereitet 48:16, *huderā lkᵘl mendī* sie bereitete alles vor 76:10, Prät. *hūderōn* [*hūdə/ūṛun*] *qā plāšā* sie haben sich zum Kampf vorbereitet 53:8, *mendī dhuderā* [*-dəṛa*] das, was sie vorbereitet hat 76:11.

hadrānā (n. ag. v. *HDR*) M. Helfer, hier: Hilfsbuch, Elementarbuch 49:1.

hādartā [*-dåṛta*] (n. act. v. *HDR*) F. Vorbereitung 33:3, 4, 8, 51:9, Pl. *hādaryātē* 95:22.

(*h*)*ô* [*ō*] (AS) der, dieser, jener; (*h*)*āw* er 3:2, 53:17, 75:7, 9, 14 u.o., (*h*)*ô gibā* (')*ḥ*(*r*)*ēnā* die andere Seite 5:paen., (*h*)*āw bet ḥāmē'le*(*h*) er soll beschützen 5:17, *m̥n d*(*h*)*ô plāšā* von jenem Kampf 10:ult., *b*(*h*)*ô zaḇnā* in jener Zeit 36:24; *m*(*h*)*ô yōmā* von jenem Tag 93b:12 u.ä.

hāwā (Ar.-P.-T.) M. Luft: *gô hāwā* in die Luft 5:11, 26:antep., 46:6, *bḥaylā dhāwā* durch die Luftwaffe 6:3, *hāwā basīmā* angenehmes Wetter 46:antep., *bhāwā* in der Luft 47:4, als Erklärung v. *'a'ār* 80:24.

hugāyā (AS) M. Buchstabierung 1:10, 45:antep.

hūwān Al. (< *hā īwān*) da bin ich 37:paen. (s. *KZY*).

hāwos (< Ar.-P.-T. *ḥauḍ*) F. Teich 11:ult.

hāwaz die Buchstaben *h*, *w*, *z* 48:ult.

HWY (AS) Existenz- u. Hilfsv.: sein; m. enkl. *-l-* Possessionsverb: haben; der anlautende 1. Rad. (*h*) ist in allen Formen außer akt. Pt. u. den davon gebildeten Tempora phonetisch geschwunden; zur Bildung der Tempora der Vergangenheit u. des Kond. dient die kl. Form (*h*)*wā*: *nāšqān* (*h*)*wā* ich (F.) möchte küssen 5:9, *dpīšē* (*h*)*wā sīmā* der eingesetzt wurde 36:11, *dmšīḫā humzemê* (*yh*)*wā* die Christus gesprochen hat 50:5, *bet 'āmer* (*h*)*wā* er würde sagen 78:11, *bet hāwen* (*h*)*wā* ich würde 78:22; im Pl. wird manchmal auch die kl. Form (*h*)*wô* gebraucht, die aber genau wie Sg. [*wā*] ausgesprochen wird: *'ānī bepyāšā* (*h*)*wô* sie sind geblieben 13:3; beide Formen dienen auch selbständig zum Ausdruck der Vergangenheit der 3. Sg. u. Pl.: *ṣabīyā* (*h*)*wā* er war ein Junger 8:7, *sargōn šēymāyā* (*h*)*wā* Sargon war ein Semit 8:5, *rābā mārē šemā* (*h*)*wā* war sehr berühmt 9:13, *dḫa*(*d*) *kātāḇā mhīrā* (*h*)*wā* daß er ein geschickter Schriftsteller war 57:18, *'īt* (*h*)*wālā* sie hatte 69:18, Pl. *layt* (*h*)*wô* *'a*(*y*)*ḵ dīyê* es gab keine wie sie 3:ult.f., 800 *gānātē* (*h*)*wô* es gab 800 Seelen 5:antep., 500 *gānātē* (*h*)*wô* es gab 500 Seelen ibid. u.ä.; wegen der gleichen Ausspr. wird (*h*)*wô* gelegentl. auch für Sg. gebraucht: *tlīqtā* (*h*)*wô* (st. [*h*]*wā*) *'alê* es wurde ihnen (: den Assyrern) bange 11:8, *dpīšā* (*yh*)*wô mu'bedtā* es wurde vorgeschrieben 13:3; durch Kontraktion m. d. Existenzpartikel *'īt* entsteht ein neuer Präsensstamm, der selbständig (betont) wie auch unbetont (enkl.) gebraucht wird: Sg. 1. M. *īwen* – (*y*)*wen*, F. *īwān* – (*y*)*wān* [*-wan*], Al. *howān* 37:paen., 2. M. *īwet* – (*y*)*wet*, F. *īwāt* – (*y*)*wāt* [*-wat*], 3. M. *īlē*, *īle*(*h*) – (*y*)*lē*, *yle*(*h*) [*-le*], F. *īlā*, *īlā*(*h*) – (*y*)*lā*, (*y*)*lā*(*h*) [*-la*], Pl. 1. *īwaḫ*, *īwaḫ*(*n*), *īwaḵ* – (*y*)*waḫ*, (*y*)*waḫ*(*n*), (*y*)*waḵ* [*-wax*], 2. *ītu/on* – (*y*)*tu/on* [*-tun*], 3. *īnā* – (*y*)*nā* [*na*], wobei in einigen Formen gelegentl. graphisch auch der 1. Rad. vor *w* erscheint: (*yh*)*we/ān*, (*yh*)*we/āt*, wodurch auch das kl. Pf. beeinflußt wurde: (*yh*)*wā* (siehe ob. 50:5), Pl. (*yh*)*wô*; neg. *lē* (*h*)*wen*, *lē* (*yh*)*wen* ich bin nicht usw.; Impf. *īwe/ān* (*h*)*wā* – (*y*)*we/ān* (*h*)*wā* ich war usw., die selbständigen Formen werden gelegentl. m. *'ī-* (q.v.) geschrieben; akt. Pt. *hāwē* [*-wi*], F. *hôyā*, Pl. *hāwī*, Beispiele: 1. Präs. *lē hāwī maḫzūyan* 3:3 s. (')*ḫē*(*r*)*nā*, *hāwīton 'āzād* ihr seid frei 5:6, *lē hôyā ḫerbā* es ist nicht schlecht 6:21, *dhāwī* [*tā-*] *beḫāyā 'amôḵon* die mit euch leben 21:21ff., *ḫōš hôyā* (*y*)*dī'tā* möchte es bekannt werden 25:7, *hāwē npīṣō*(*h*) 34:22, s. *NPṢ*, m. imperativer Bed. San. *hāwē 'āğbōnuḵ* dein Wille geschehe! 39:14f., *gārāg hawī* sie müssen sein 43:23, *ki hāwaḫ berḫāṭā* wir laufen (: wir sind beim Laufen) 46:23, *qā dhāwē lōḵun* [*qat hāwiloxun*] damit ihr bekommt 46:paen., als Imper. *hāwīton deḵyē* seid rein 48:9, *hāwīton ḫūbānē* liebet euch 48:11, *hāwīton brē'zā* seid in Ordnung 48:10, *dhāwī bḫubā* [*tāwī pxubba*] damit sie sich lieben 56:9, *ḫlāpoḵ hāwen* möchte ich dein Opfer werden (Höflichkeitsformel, vgl. P. *qorbānat berawam*) 66: paen., *'ītluḵ hāqūtā dhāwet* [*tāw-*] *nāṭōrā* hast du das Recht, ein Hüter . . . zu sein 77:6, *lē šābqī dhāwet l'aḵā* lassen nicht zu, daß du hier seist 78:17, *d*(*h*)*ôyā*(*h*) *baḵtuḵ* damit sie deine Frau wird 84:3, *šūlā lā hāwēluḵ* kümmere dich nicht! 85:22, *hāwēyton* (sic) *hal 'ābad brīḵē* seid ewiglich gesegnet 86:5, *bnīsān ki hôyā pqaḫtūḵ* im Frühling ist deine Blüte 93a:1, *hôyat*(*y*) *hônāntā* sei vernünftig! (F.) 99b:21; als Hilfsverb zur Bildung des Impf. u. Konditionals: *hāwīton* (*h*)*wô* *'a*(*y*)*ḵ ḫa*(*d*) (')*nāšā dmāṣyān* (*h*)*wā ḫapqān* (*h*)*wā leh ḫālṣān* (*h*)*wā le*(*h*) *bṣādrī nāšqān* (*h*)*wā mn gô pumū*(*hy*) *tārī* (*h*)*wô 'ānī sepwātū*(*hy*) wäret ihr wie ein Mann, den ich (F.) umarmen, an meine Brust drücken, seinen Mund küssen könnte, naß würden seine Lippen 5:8f., *ki hāwī* (*h*)*wô* sie waren 5:24, *bet hāwī* (*h*)*wô* sie wären 9:5, *d'en kē'pē hāwī* (*h*)*wô l*(*h*)*on pumā* wenn die Steine einen Mund hätten 24:paen., *bet šāqlen* (*h*)*wā lā*(*h*) *'āgāyī 'en 'a*(*n*)*t hāwet* (*h*)*wā dḇīqū*(*hy*) *šarḫī* ich würde ihn (: den Hut) abnehmen, mein Herr, wenn du mein Kalb halten würdest 70:23, *dlē hāwen* (*h*)*wā ṭlībā* hätte ich nicht verlangt 75:23f., *'en 'ānā hāwen* (*h*)*wā* wenn ich gewesen wäre 78:22, *dlā hôyā* (*h*)*wā mumken* weil es nicht möglich war 83:11, *'en lā pīš* (*h*)*wā le*(*h*) 87:18 s. *da*(*h*), Al. *khāwet* (*h*)*wā* [*kāwətwa*] *pīšā* *qeṭmā* wärest du zu Asche geworden 87:19, *ṭūḇā dhôyā (h)wā 'a(y)ḵ hemezmāḵ(y)* möchte es nach deinem Wort geschehen 89a:23, *'āh ṭūḇā dhāwen (h)wā* [*tāwən-wa*] Ach, möchte ich sein 91:19, *qā dhāwī (h)wô qālūlē qā 'urḥā lē (h)wô šqīlē* um leicht zu sein, haben sie auf den Weg nicht mitgenommen 93a:17f., *'en 'a(n)t(y) zē (h)adḵā (h)ôyat(y)* wenn du (F.) auch so wärest 99a:23, Inf. u. 2. Präs. *be(h)wāyā'(y)le(h)* [*biwāyəle*] ist 2:10, *be(h)wāyā (y)waḥ* wir sind 47:7, *be(h)wāyā (y)nā* sie sind 21:16f., 81:23, *le(h)wāyā* um zu sein 43:22, pass. Pt. *(h)wē* St. emph. *(h)wīyā*, F. *(h)wītā* bes. m. d. Bed. geworden, Prät. *(h)wītā (y)lā(h)* ist geschehen 2:13, sie war 6:13, 12:20, 43:6, *(h)wēle(h)* war, wurde 3:10, 12:18, 78:12 u., *(h)wē le(h)* wurde 8:3,12, antep., war 9:15, 26:5 usw. = *(h)wēlē* 28:11, 33:7, 68:24, *nīst (h)wēlē* er verschwand 64:15, *(h)wēlon* sie waren 3:14,16, 6:11, 12:10, usw. = *(h)wē'lon* [*wīlun*] 17:7 = *(h)wē l(h)on* 53:12f., 16, 57:18, *(h)wīyā'(y)lā(h)* [*wiyēla*] sie war 4:8 = *(h)wēlā* [*wīla*] 5:7, 6:3, 24:10, 43:9, antep., 53:paen., usw. *(h)wīyā (y)wet* [*wīyəwət*] du bist geworden 78:5, *ṃn gānī (h)wēlī bāqūrē* 98:12 s. *BQR*, *lā (h)wē brīzā* 93b:6 s. *BRZ*, *mu(d) (y)le(h) (h)wīyā* was ist geschehen 96a:6, *mūdī (y)lā(h) (h)wītā* was ist geworden, geschehen 99a:8, *(h)wīyā hônā qu(l)lā dbesrā* die Vernunft ist zum Sklaven des Fleisches geworden 100a:22, Plpf. *(h)wītā (h)wā* war geschehen 73:antep., Imper. *(h)wī ṣepyā* sei gut 16:23, *(h)wī* 34:14, *'a(n)t(y) (h)wī rā'zī* sei zufrieden 84:2f., *šē'dantā lā (h)wī* sei nicht verrückt (F.) 99b:11; III. Konjug.: 1. Präs. *ki ma(h)wīyā* es erzeugt 47:8, Imper. F. *qū(my) ma(h)wī* steh u. schaffe 94:paen.

(h)wêtā (n.act. v. *HWY*) F. Entstehung, Existenz 4:17, *d'dānā d(h)wêtê* ihrer Entstehungszeit 30:22, Geburt 65:16.

hukmā (< Ar.-P.-K.) M. Regierung 2:1, 14:9 u.o., Macht, Befehl, Befugnis: *šmi'lon (h)ô hukmā* sie hörten von dem Befehl 35:15, m. Suff. *hukmān* unsere Regierung 3:3, *hukme(h)* seine Herrschaft 8:22, *ṃhukmūḵ* von deinem Befehl 88:21.

hūkamta (< Ar.-P.-K.) F. Herrschaft 13:2.

hol = *hal*, *qāhol* bis 14:1.

hôlā (T.) M. Stulpe 46:23.

hūlāgū ḫā'n Hulagu-Chan, mongolische Eroberer 15:16.

hūlānāyā (Adj. v. Ar. *haul*, vgl. P. *hôlnāk*) schrecklich, entsetzlich, F. *hūlānêtā* 63:15, Pl. *hūlānāyē* 52:14.

humāyūn P. Familienname 22:22.

hūmāsā (< Ar.-P. *ḥamāsa*) M. Epos 94:1, Pl. *-sē* 60:17,23.

hônā (AS) M. Vernunft, Bewußtsein 24:23, 46:ult. u.ö.; m. Suff. *hônan* unsere Vernunft 1:paen., 7:antep., 100a:19, *bhônī* mit meinem Bewußtsein 24:16.

hônānā (AS *hônānāyā*) vernünftig 8:13, 29:3, F. *hônāntā* 99b:21, Pl. *hônānē* 59:15.

hūnār (P.-T.) F. Kunst 35:7, m. Suff. *hūnārū(hy)* seine Kunst 35:11.

hō/ūqar M. Rabe 67:3,6,13,18,24ff.

hāwār (K.-T.) F. Geschrei, Ruf um Hilfe, F. 14:8.

hurmat (Ar.-T. *ḥur-*) F. Höflichkeit 70:16, ult.

hūšārā [*-d̦ra*] M. Muslim, Mohammedaner 90:4.

hāzīr = *hāzer*: *'ḇod(y) hāzīr qātī* bereite (F.) für mich 76:6.

hāzer (< Ar.-P. *ḥāḏir*) bereit, vorbereitet 22:20, 31:11, 48:3, 76:6, 82:14, *hāzer 'am* zusammen mit 23:3, m. ar. Akk.-End. *hāzerān* 20:11, 21:16.

(h)ê [*ē*] (AS, F. v. *hô*) Personal- u. Demonstrativpron.: sie, diese (F.) dies: *(h)ê mašrêtā* diese Kolonisation 2:12, *b(h)ê* [*bē*] *'dānā* in jener Zeit 8:paen., 19:ult., *l(h)ê mdī(n)tā (')ḫ(r)ētā* zu der anderen Stadt 9:9, *b(h)ê duktā dī(h)wô* dort, wo sie waren 64:23, *(h)ê dta'lā* dasjenige (sc. Urteil = *dyāntā*) eines Fuchses 71b:20, *mud'ē lā(h) d(h)ê (h)wītā (h)wā* sie gab kund darüber, was getan worden ist 74:antep., *(h)ê 'dānā* damals 74:12, *wḫpīqtā l(h)ê qāṭō* u. sie umarmte die Katze 75:20; [als Personalpron. „sie" ausgespr. *āy*, vgl.:] *b(h)āy d-* weil 49:8, 9 = *b(h)āy* (ohne *d-*) 49:13 u.ö. = *ṃn d(h)āy d-* 72:11 = *sābāb d(h)āy* 82:5.

(h)êgā(h) [*ēga*] damals 6:ult., 10:14, 14:11 u.o., allogr. *(h)êgā(h')* 18:1, 20:14, 21:5, 25:19f.

hāydar'ābā't Heidarabad 22:15.

hāydar bag Name eines türkischen Chefs 19:1,3,4, 20:9.

haywān (Ar.-P.-T. *ḥai-*) F. Tier, Pl. *haywānē* 46:14, 69:11.

hêwên Translit. v. engl. heaven: *hêwên 'is mā'y hôm* „Heaven is my home" 89:3.

hayklā (AS) M. Tempel, 8:12, 27:3 u.ö., m. Suff. *hayklū(hy)* sein Tempel 31:23, 32:4, Pl. *-lē* 52:20, 81:ult., 95:15.

hēyč, hīč (P.-T.) nichts: *dlā hēyč ḥdā sbārtā* völlig unerwartet (vgl. P. *bedūn-e hīčgūn-e enteẓār*) 10:4, *hīč (')nāšā* niemand 36:paen. *'ānā layt lī snīqūtā lhēyč raḥmē* ich brauche keine Barmherzigkeit 84:22.

haymānūtā [*hē-*] F. Glaube 25:11, 34:paen.f., m. Suff. *haymānūtay(hy)* ihr (Pl.) Glaube 12:antep.

HYR (den. v. P.-K. *yār* Freund, Helfer?) helfen; II. Konjug.: 1. Präs. *hāyer* damit er hilft 15:23, *māṣen dhayeren* [*thayyərən*] ich kann helfen 21:21, 1. Fut. *bed hayer* [*bət hayyər*] wird helfen 45:18, 2. Impf. *hāyūrē* [*hayyūre*] *(h)wô* sie haben geholfen 14:20, pass. Präs. *dpêšī mhūyerē* [*huyyəre*] *mene(h)* denen von ihm geholfen wird 36:18f., pass. Pf. *pīšē (h)wô hūyerē* [*huyyəre*] es wurde ihnen geholfen 6:3.

hīrā Stadt Hīra 54:19.

hayerānā (n. ag. v. *HYR*) M. Helfer 98b:20, Hilfsbuch 32:20, Pl. *(')nāšē hayerānē* behilfliche Leute 98a:7.

hā/ayartā (n. act. v. *HYR*) F. Hilfe 10:19, 29:16, m. Suff. *hayartū(hy)* seine Hilfe 33:9; Nebenform *mhayartā* s.v.

hākīm [*hākim*] (Ar.-P.-T. *ḥākim*) M. Herrscher, Stellvertreter 22:23, 35:13, Pl. m. Suff. *hākīmê* ihre Herrscher 79:11.

hakīm [*-kk-*] (< Ar.-P.-T. *ḥakīm*) M. Arzt, Weiser 35:ult., 38:paen., Pl. *hakīmē* 17:7, 38:22, 55:8.

hakīmūtā [*hakkīmuyta*] (Abstr. v. *hakīm* F. Medizin (als Beruf) 38:21.

HKM (< Ar. *ḤKM*) herrschen; II. Konjug.: 2. Präs. *hākōmē (y)le(h)* [*hākuməle*] er herrscht 85:11, 2. Impf. *hākōmē (h)wā* [*hākuməwa*] er herrschte 8:14, 15:15, Prät. *mhūkem l(h)on* [*hukimlun*] sie haben geherrscht 72:12.

hākamtā (n. act. v. *HKM*) F. Herrschaft, F. 17:3, 55:6.

hākārī assyrisches Gebiet in der Ost-Türkei 25:24.

hič (s. *hīč*) nichts, *hič lē* überhaupt nicht 7:14, 92:1, 12,17, *hič zaynā wčakā* keine Waffe u. kein Gewehr 17:21, *hič mendī lē 'ātē* es ist überhaupt nicht möglich 33:13, *hič 'aynā lā ḥzē lā(h)* kein Auge hat gesehen 50:11, *dhič mendī lē pāreq (h)wā l(h)on meno(h)* nichts hat sie davon abgehalten 50:9, *(h)āy dhič layt lā(h) nesbat* die keine Beziehung hat 65:6, *hič (')nāšā* niemand 66:6, 85:22, *hič lē (y)wen ḥizyuḵ* ich habe dich nie gesehen 66:17, *hič ḥa(d) nuḵrāyā* kein einziger Fremder 83:5.

hal Präp. u. Konj. bis 3:6, 6:13, 7:paen. u.o., als Konj. *hal d-* 72:10, 92:18 u.ö.

hāl [*hål*] (Ar.-P.-K.-T.) F. Zustand: *gô ḥdā hāl ī(h)wô* sie waren in einem Zustand 50:9, *hāl dtalmīdē* der Zustand der Jünger 51:antep.

hālā (Ar.-P.-T. *ḥā-*) jetzt, nun, noch 8:7, 34:1, 64:21.

halbatā (Ar.-P. *albatta*) Adv. sicher, gewiß, bestimmt 84:15.

halwā (Ar.-P.-T. *ḥalwā*) M. Halwa, orientalische Delikatesse 76:6.

halī [*hallī*] (< AS *haḇ lī*) Al. gib mir 87:13.

helmā (Aserb.-T. *ḥelma*) Dunst, Pl. *-nē* 47:4.

hāland Holland 42:13.

hālaqtā (n. act. v. *HLQ* umringen) F. Umringen 74:9.

ham (P.-T.) auch: *ham keryā wham mārē deqat wham praqṭīqāyā* gleichzeitig kurz wie auch genau und dazu noch praktisch 29:23, *ham ğargē dktāḇē qadīšē wham nūhārē* gleichzeitig Kapitel der heiligen Bücher wie auch Kommentare 30:1, Al. *whādāḵ ham (r)ḵešlā(h)* u. so ging sie mit 37:20, *d 9 ham 6 gārāg mazyedāḵ l(h)on b'ūdātē* daß wir 9 mit 6 multiplizieren müssen 41:22, Al. *ham 'ānā kemren* ich sage auch 87:1, Al. *hām* [*ham*] *'āwā qe're(h)* auch er hat bestätigt 87:10.

hāmādān Hamadan 33:22.

HMZM (wahrsch. onom., vgl. ab. P. *hamzabān* einer der dieselbe Sprache spricht) sprechen, reden, sagen: 1. Präs. *ke hamzem* er spricht 90:9, *whamzem ḥa(d) lišānā prīšā* u. spricht eine fremde Sprache

49:11, *ḫoš drābī hamzem qā 'eskolāyē* laß(t) den Lehrer zu den Schülern reden 70:paen., *ki hamzemī* sie sprechen 46:19, *ki hamzemen* ich spreche 49:15, 1. Impf. *ki hamzemī (h)wô* sie sprachen 3:16, *lā māṣē (h)wā hamzem (h)wā ʿamū(h)* [-ō] er konnte nicht mit ihr sprechen 81:3, Inf. *lhamzūmē* 28:9, 40:5, 79:15, *be'zālā hamzūmē* erzählen zu gehen 91 b:12, 2. Präs. *hamzūmē (y)nā* sie sprechen 28:14, 19, 84:5, *hamzūmē (y)lē* er spricht 32:16, *dīlē hamzūmē* der spricht 32:3, *dhamzūmē (y)wet ʿamī* der du mit mir sprichst 76:20, 2. Impf. *dhamzūmē (h)wô* daß sie sprachen 28:12f., *kulê hamzūmē (h)wā wgeḫkā* alle sprachen und lachten 83:14, Prät. *humzemlē* er sprach 30:ult. = *humzem le(h)* 36:16 = *humzemle(h)* 49:14, 3. Pf. m. Suff. *dmšīḫā humzemê (h)wā* die Christus gesprochen hat 50:5, pass. Präs. *'a(y)ḵ dpīšā (y)le(h) mhumzemā* wie es gesprochen wird 43:1.

himezmān (Wz. *HMZM*) Wort, Ausdruck 2:23, 20:16 u.o., Pl. *-nē* 29:7, 8, 13, 32:22 u.o., m. Suff. *himezmānuḵ* deine Aussage 68:18, *himezmānū(hy)* seine Worte 84:21, *himezmānāḵ(y)* dein (F.) Wort 98:22.

hamzemānā [*-zəmmāna*] (n. ag. v. *HMZM*) M. Sprecher, Redner 91 A. 1.

hamzamtā (n. act. v. *HMZM*) F. Gespräch 18:21 u.ö., *dlā hamzamtā zôdā* ohne mehr zu reden 77:8, m. Suff. *hamzamte(h)* sein Sprechen 62:15, *hamzamtay(hy)* ihr Gespräch 23:23.

hamām (< Ar.-P.-T. *ḥammām*) F. Bad 66:4 bis, 6, 12 bis.

HMN (< AS *haymen*) II. Konjug. Glauben: 1. Präs. *(')nāšē ki hamenī* [*-mm-*] die Leute glauben 33:17, *lē hamenī* sie glauben nicht 85:4f., 1. Impf. (Kond.) *'en lē hamenī (h)wô* wenn sie nicht geglaubt hätten 50:4, 2. Präs. *hamūnē* [*-mm-*] *(y)wen* ich glaube 45:18, Prät. *lā hūmen(h)on* [*-nnūn*] sie glaubten nicht 73:21, pass. Pt. St. emph. *'aḇrāhām mhūmnā* der gläubige Abraham 78:1.

hāmān (AS < H) Haman (Est. 3:7) 27:22, paen.

hamāntā (n. act. v. *HMN*) F. Glaube: *hamāntā lduglē* Aberglaube 98:1.

ham-qālānūtā (Abstr. v. *ham* + *qālā*) F. Synharmonie 60:paen.

hamāšā [*hammāša*] (< P.-T. *hamīše*) immer, andauernd 29:19, paen., 32:5, 43:21, 84:paen.

henē [*hənne*] (vgl. AS *hanā* dieser) Hilfswort zur Verstärkung des Ausrufs od. des Demonstrativpron., vgl. *'āhāy henē* 93:22 s. *'āhāy*, *henā* Indefinitpron. so was 69:12.

hend (Ar.-T.) Indien 30:16.

hendō/ū (AS) Indien 25:16, 74:antep., 100:2.

hānāydīyā Ortsn. 5:24 bis, paen.

hsē'-'ān-fu Name einer chinesischen Stadt 16:1.

henrē [*-ri*] (Engl. Henry) Heinrich 28:ult., 29:3.

hāsānā/ay [*-nāyī*] (K.) leicht 2:ult., 51:2, 54:24.

hā/asānāyūtā (Abstr. v. *hāsānāy*) F. Leichtigkeit *bha/āsānāyūtā* leicht 63:6, 68:6.

HṢL (< Ar. *ḤṢL*) II. Konjug. gebären, zeugen: Prät. *hūṣele(h)* [*-ṣəlle*] *ḫamšā bnūnē* er hat fünf Söhne gezeugt 3:9, *hūṣelā* [*-ṣəlla*] sie hat geboren 64:19, 83:19, pass. Prät. *pīšle(h) hūṣlā* [*huṣla*] ist geboren 54:20.

hāṣil (< Ar.-P.-T. *ḥāṣil*) M. Ergebnis 63:antep.

hāṣāltā (Wz. *HṢL*) F. Fruchtbarkeit 81:paen.

HṢR (Ar. *ḤṢR*) II. Konjug. belagern: 1. Präs. *mhaṣrī* sie belagern 100 b:5, pass. Pt. *mhuṣrā* belagert 100 y:23, F. St. emph. *mhūṣertā* [*husarta*] 6:3.

hā/aqā [*hāqa*] (< Ar.-P. *ḥaqq*) M. Gehalt, Gebühr, Zahlung, Lohn, 14:paen., 66:21 bis, 73:13, m. Suff. *haqūḵ* dein Gehalt 43:14 (s. *ğir* 1) *hāqê* ihr Lohn 71:9.

hāqūtā [*-ūta, -uyta*] (Abstr. v. *haq* < Ar. *ḥaqq*) F. Recht, Gerechtigkeit, Berechtigung 4:23, paen., 77:6, 89:17.

HQY (< Ar. *ḤKY*) erzählen; II. Konjug.: 1. Präs. *ki (m)hāqī* man erzählt 67:8, Prät. *hūqele(h)* er hat erzählt 35:21, *haqyatī dhuqyā lī* meine Erzählung, die ich erzählt habe 75:17, pass. Prät. *dpīšlā(h) (m)hūqītā* die erzählt wurde 25:2.

haqyat (< Ar.-P.-K.-T. *ḥekāyat*) F. Erzählung 12:8, 65:6, antep., 74:2, m. Suff. *haqyatī* meine Erzählung 75:17, *haqyatuḵ* deine Erzählung 75:23, Pl. *haqyatē* 33:14, 60:20,21, 61:8,20, 65:11, 70:14, 84:24.

har (T.-K.-P. jeder) genau, eben, gleich, nur, sogar, andauernd; *har 'a(y)k̲* genau wie (sehr oft), *ʿīlam har pešle(h) gô baytā* Elam ist nur in seinem eigenen Heim geblieben 3:11, *har m̥n qa(d)mêtā* gleich vom Anfang an 3:19, *har 'āhā ḫabrā (y)le(h)* es ist genau dieses Wort 7:ult., *har lē* überhaupt nicht 10:9 u.o., *har bmṭêtā* gleich bei der Ankunft 15:antep., *ktāb̲ē har d'ānī malḫemānē* nur Bücher derjenigen Verfasser 33:3f., *har b'āhā peṣlā* in der gleichen Form 44:23, *har b(h)ê ʿdānā* eben zu dieser Zeit 45:22 u.ö., *har (h)āy bnafšo(h) lē ('y)lā* ist nicht nur dies allein 34:antep., *har bnafšī (y)wān l'ak̲ā ʿrīqtā* ich (F.) allein bin hierher geflohen 98b:8, *har tamām* ganz genau 69:5, *har tḫot lišānī (y)le(h)* es ist eben auf (< unter) meiner Zunge 69:13, *har čem m̥n qā(d)m qyāmtā* kurz vor der Auferstehung 51:antep., *'īdū(hy) har pušṭo(h)* er hielt andauernd seine Hand ausgestreckt 66:antep., *har hab̲lī* gib mir nur 66:paen.f., *har meǧed* tatsächlich 71:13, *dhar gāšūqē (h)wā lpā'tī* der andauernd in mein Gesicht schaute 75:17, *har 'ādīyā* sofort 76:6, *dhar bḫdā palgū ḫzêtā* nur mit einem halben Blick 80:antep., *har (h)wēlī demʿē sārōqē* meine Tränen flossen andauernd 98:16, *har maǧrūyē ldemʿē dyemā* 100b:9 s. *ǦRY*.

harbā (< Ar. *ḥarba*) F. Spieß, Lanze, met. Bedrohung, bes. im Pl. *-bē* u. in der idiomatischen Redewendung *'āk̲el harbē* 67:17 s. *'K̲L*.

heredotīs 10:11 = *herodotos*.

HRHM (onom.) wiehern: 2. Präs. *sūsāwātē harhūmē* die Pferde wiehern 46:15.

herodotos Herodot 60:1.

harīsā (Ar.-P.) F. Brei 48:16 (s. *HDR*).

hārān (AS *ḥārān*) Stadt Haran 53:7, 12,22.

heš [*həš*] (K. *hež*] noch 26:20, 28:1, 36:8.

hešyār [*həš-*] (P.-K.) aufmerksam, wachsam, vorsichtig 85:4,22.

hešyārūta (Abstr. v. *hešyār*) F. Vorsicht, Aufmerksamkeit 27:14, 76:11.

hatk̲ā = phon. geschr. *hadk̲ā*) so(lch) 29:22, 30:8, 31:6 u.ö.

hitlār Hitler 4:3.

W

w Buchst. *waw* 48:17, 49:3, Zahlenwert 6.

w- (AS) Konj. und, geschr. prokl. m. d. folg. Wort, ab. ausgesprochen meistens enkl. mit d. vhg. Wort, vgl. *m̥n (')nāšē gūrē wgalbānē* [*gūrew ġalbāne*] von den großen und siegreichen Menschen 8:4, *haqūk̲ wǧiruk̲* [*hāquxu ǧirux*] dein Gehalt u. dein Lohn 43:14.

wā'ḫāy Interj. och! 91:18 (s. *'aḫ*).

wāǧi/ibūtā [*wǎǧibu̥ṭḁ*] (Abstr. v. *wāǧib* notwendig, Ar.) F. Pflicht 25:11, 42:antep., 68:23, Pl. *wāǧebūyātē* 38:4, m. Suff. *wāgibuyatī* [*wāǧubyāti*] meine Pflichten 38:1.

wāzā (E.) Vase 49:3.

wazwezta (n. act. v. onom. *WZWZ* summen) F. Geräusch, Lärm 24:16.

wāy (AS) Interj. wehe! *wāy ʿalī* wehe mir! 7:5.

wīnīsīyā Venezia, Venedig 73:9,22.

wayrān (P.-T.) Adj. verwüstet 89:5, Nom. Pl. *wayrānē* Ruinen 12:21, 33:ult., 42:19.

wak̲t, wak̲tā (< Ar.-P. *waqt*) F. Zeit: San. *b(h)ê wāk̲t* [*bē-wáx*] zu jener Zeit 39:paen., *lā wāk̲tē* [*waxte*] *nāšā dāmek̲* wenn man nicht schlafen kann 39:3, *wak̲tā* [*-te*] *rē'šet* wenn du erwachst 39:9.

wālī (Ar.-P.-T.) M. Statthalter, Vorstand einer Provinz 19:1,4,21, 20:9, *wālī ʿhīdā* Thronnachfolger 19:10.

wilyām (Engl. William) Wilhelm 61:19, 21, 91:2, 92:2, 99:2.

wālter (E.) Walter 72:12.

wānū(h) Mannesname 83:8.

wēnēsyān Vénécien 65:1, antep.

waʿdā (AS) M. verabredete od. vorbestimmte Zeit 93b:2 (s. *braztā*).

WQWQ (onom.) quaken; 2. Präs. *peqāqē waqwūqē* die Frösche quaken 46:17f.

wardā (AS < AP) M. Rose 46:11, 48:17bis, als Familienname 48:17, 57:9, Pl. *-dē* Blumen 92:22.

warāqā (AS) M. Blatt, Papier 9:4, 48:3, 72:16, 81:3, Pl. *wārāqē* 48:3.

wirtemberg, -burg Württemberg 42:5, 14.

weštī (AS Esth. 1:9) Vasthi 27:10f.

wātān (< Ar.-P.-T. *waṭan*) F. Heimat, m. Suff. *šmayā (y)lā(h) wātānī* Himmel ist meine Heimat 89a:7.

Z

z Buchst. *zēn* 48:17, 49:3, Zahlenwert 7 32:paen.

zē (< K. *žī*) enkl. Part.: auch; oft zur Verstärkung von *'up* u. *'āp* (q.v.), *(h)āw zē* nämlich 3:2.

zē'pānā (AS) falsch, Pl. *demʿē zē'pānē* Krokodilstränen 2:1.

zabūn [*zabbūn*] (P.-T.) schwach: *zabūn (h)wô ṃn* sie waren schwächer als 3:19, *mātwātē zabūn* schwache (: nicht bewaffnete) Orte 17:21, *zabūn īle(h)* er ist schwach 38:10.

zabṭ (< Ar.-P.-T. *ḍabṭ*) unterworfen 12:12.

ZBṬ (< *ḌBṬ*) ergreifen festnehmen, präzisieren, feststellen; II. Konjug.: 1. Präs. *zabṭen* [*-pṭ-*] ich erobere 97:14 (s. *'atrā*), pass. Pt. F. *muzbeṭṭā* [*-bəṭṭa*] präzisiert, festgestellt, enthalten 2:12.

ZBṬN (durch Erweiterung v. *ZBṬ*) erobern, unterwerfen; II. Konjug.: Inf. *bzabṭūnē* (*-pṭ-*) zu erobern 25:19, m. Suff. *zabṭūno(h)* es (: sie, Sg.) zu erobern 16:16, pass. Pt. *zubṭenā* [*zupṭənna*], Pl. *-nē* [*-nne*] 13:11, Prät. *zubṭenā le(h)* er hat erobert (m. weibl. Obj.) 8:23, *zubṭenē* id. (m. männl. Obj.) 54:16, *wzubṭenī le(h)* er hat sie (Pl.) erobert 8:24, 3. Pf. *zubṭenē (y)nā* sie haben erobert 20:11, pass. Prät. *pīšle(h) zubṭenā* wurde erobert 53:5.

zabṭānā [*-pṭ-*] (n. ag. v. *ZBṬN*) M. Eroberer 15:16.

zabṭantā [*-pṭ*] (n. act. v. *ZBṬN*) F. Eroberung 15:2.

zabīṭā (< Ar. *ḍābiṭ*) M. Gendarm, Pl. *ʿaskar dzabīṭē* Gendarmerie 18:10.

ZḆN (AS) I. Konjug.: kaufen, II. Konjug. (m. hartem *b*): Prät. *wzūbenon* [*-ənnun*] u. sie verkauften 55:13, verkaufen, pass. Pf. *pīšē (y)nā . . . zubnē* sie wurden . . . verkauft 65:9.

zaḇnā [*zōna*] (AS) M. Zeit 11:12, 13:2 u.o., Pl. *-nē* 2:10, 11:12, 13:9 u.o., m. Suff. *'ānē spar-zaḇnē kᵘl ḥa(d) bnôbū(hy) wzaḇnū(hy)* diese Chroniken, jede in ihrer eigenen Reihe u. Zeit 56:23, *zaḇne(h)* seine Zeit 70:7, *zaḇnay(hy)* ihre (Pl.) Zeit 62:10.

zabnānā (n. ag. v. *ZḆN* I. Konjug.) [*zōnāna*] M. Käufer (u. v. *ZBN* II. Konjug.) [*zabnāna*] M. Verkäufer 72:antep.

zaḇnānāyā [*zonā-*] (AS) zeitlich, Pl. *ḏhayan zaḇnānāyē* unseres zeitlichen Lebens 25:9.

zaḇnānā'īt (Adv. v. *zaḇnānāyā*) gelegentlich 45:19.

zēgā [*zīga*] (AS) M. Glocke 46:5, 6, 7, 22, 48:17, 18, 49:3.

zā(g)yē Pl. (AS *zāgā*) Küken 67:10, 13, 16, m. Suff. *zā(g)yāḵ(y)* deine (F.) Küken 67:19, *zā(g)yū(h)* ihre (Sg.) Küken 67:11, 12 bis, 23, *zā(g)yī* meine Küken 67:17, 20.

zāgisē s. *lugāl*.

zād (Ar.-T.) M. Speise, Nahrung, Pl. *zādē* 93a:antep.

zādōʿānā [*zådṳwånå*] (n. ag. v. *ZDʿ*) furchtsam, ängstlich 68:19.

zdūʿtā [*zdṳytå*] (Wz. *ZDʿ*) F. Furcht 13:24, 20:1 u.ö., m. Suff. *zdūʿtī* meine Furcht 67:17, *ṃn zdūʿtā(h)* aus ihrer (Sg.) Angst 67:12.

zadīqā [*-dd-*] (AS) gerecht 77:21, 22.

zadīqūta [*zaddīqūyta*] (Abstr. v. vhg.) Gerechtigkeit 77:ult., m. Suff. *bzadīqūtuḵ* in deiner Gerechtigkeit 77:22.

ZDʿ (v. AS *ezdaʿzaʿ*?) fürchten, zittern; I. Konjug.: 1. Präs. *lē zādʿyat* [*lē zåḏyåt*] du (F.) sollst nicht fürchten 67:18, *lā zādʿet* [*zåḏət*] id. (M.) 92:15, 2. Präs. *bezdāʿyā (y)wen* [*bəzḏåyəwən*] ich fürchte 64:12, 78:17, (')*nāšā bezdāʿyā (y)le(h)* man fürchtet 95:8, Prät. *zdiʿle(h)* [*zḏḭḽe*] er fürchtete 35:21, *zdiʿlōn* sie fürchteten 35:16, *wlā zdiʿluḵ* u. du hast nicht gefürchtet 97b:12, Imper. F. *lā zdʿi* [*zḏḭ*] fürchte nicht 92:17, III. Konjug.: beängstigen, pass. Pt. Pl. *talmīdē muzdiʿē* [*mṳzḏḭye*] die erschrockenen Jünger 50:2.

zādʿyānā [*zåḏyånå*] (n. ag. v. *ZDʿ*) furchtsam, Pl. *zādʿyānē ṃn 'ālāhā* Gottesfürchtige 28:11.

zedqā (AS) M. Recht, Pl. *-qē* 1:11, 12.

zāhmat [*zāmat*] (Ar.-P.-T. *zaḥ-*) F. Mühe 67:9.

zahrā [*zāhra*] (Ar.P.-T.) w. Vorn. 80:4ff

za(h)rīrā [*zārīra*] (AS) M. Strahl, Pl. in *za(h)rīrē dba(h)rā* s. *ba(h)rā*, *zahrīrē d'umānūtā* s. *'ūmānūtā*, *zahrīrē dšemšā* die Sonnenstrahlen 85:11, m. Suff. *za(h)rīrū(hy)* seine Strahlen 16:20, *za(h)rīrū(h)* ihre (F.) Strahlen 7:12.

ZWG (AS Pa., den v. *zôgā*) paaren, verbinden; II. Konjug.: 1. Präs. *ki zôgi* man verbindet, man bringt in den Zusammenhang 11:23, pass. Präs. *ki pā'eš mzūwegā* [*zuwegga*] wird verbunden, angehängt 40:17.

zôgā (AS < ζεῦγος) M. Paar 80:4, Pl. *'anē trê bar zôgē* diese zwei Eheleute 71:5.

zūwāgā (AS) M. Hochzeit 81:ult. (s. *'alāhā*).

ZUD = *ZID* q.v.

zôdā (Wz. *ZUD* = *ZID*) mehr, eher; groß, überflüssig, zu viel; *sāmā zôdā d'dāne(h)* ein größerer Teil seiner Zeit 9:15, *wlā zôdā* u. nicht mehr 13:17, *sāmā zôdā bāṣūrā* 17:ult. s. *bāṣōrā*, *zôdā mn ḫā gāhā* mehr als einmal 30:3, *zôdā mn* mehr als (oft), *dlā hamzāmtā zôdā* 77:8 s. *hamzamtā*, *layt (h)wā le(h) zôdā ḫabrē lhamzūmē* er hatte kein Wort mehr zu sagen 79:15, *taqtaqtā zôdā* viel Klopfen 79:17.

zwādē Pl. (AS) Proviant, Viktualien, Viaticum 76:6.

zōdūnyā (Wz. *ZUD*) M. Zuwachs, Vermehrung 59:6, Profit, Zinsen 71:8.

zôdānā (v. *zôdā*) vermehrt, übergroß, F. *zôdāntā* 68:16.

zūhārā (AS) M. Warnung, Pl. *-rē* 68:24.

zūze (*zūyze*) Pl. (AS) Geld 12:11, 21:21 u.o.

ZWZY (onom., vgl. P. *zūze kašīdan*) heulen; 1. Präs. *dē'bē zôzūyē* die Wölfe heulen 46:17.

zūyāḫā (AS) M. Prozession, Feier 81:9.

zūnārā (AS < ζωνάριον) M. Gürtel, Pl. *-rē* 13:4.

zô'ē Pl. (AS) Leiden, Schmerzen 54:6, 100b:22, *zô'ē dhônā* Gedankengänge 24:23.

zōrā Al. = *z'ōrā*, Pl. *zōrē* 37:1, F. *zortā* 37:ult.

zurzā (pass. Pt. v. *ZRZ* II. Konjug.) vorbereitet 62:21.

zaḫmā (v. *ZḪM* stark, tapfer s.) stark, kräftig 18:20, 63:12, Pl. *-mē* 97a:20.

zaḫmūtā (Abstr. v. *zaḫmā*) F. Stärke, Tapferkeit, Heldentat 4:2, 6.

ZID (vgl. Ar. *zāda* med. *i*; die NS Wz. schwankt zwischen med. *u* und *i*, s. Derr. *zôdā, zōdunyā*) wachsen, sich vermehren, groß w.; I. Konjug.: Inf. Al. *(m)dušene(h) bezyādā* es fing an zuzunehmen 37:13, 1. Präs. *bezyādā (y)nā* [*bəzyādəna*] sie vermehren sich 30:17, als 2. Impf. Al. *bezyādā* es wuchs, vergrößerte sich 37:13, Prät. *kad zedlon* als sie sich vermehrten 3:10; Konjug.: 1. Präs. *mazyedāḵ l(h)on* [*mazyəddaḫlun*] wir multiplizieren sie 41:22, *gārāg mazyedaḵ l(h)on* wir müssen sie multiplizieren 41:21, *dki mazyedī* die vermehren 74:paen., 2. Präs. *mazyūdē (y)nā* sie vermehren sich 30:14, pass. Pt. *muzyedē b-* multipliziert mit 41:23, Prät. *muzyed-l(h)on* sie haben sich vermehrt 53:11, *wmuzyedlā(h) lšahwatū(hy)* sie hat seine Leidenschaft vermehrt 96:19.

zyādtā [*zyatta*] (n. act. v. *ZID*) F. Vermehrung 44:24.

zīwānā (Ar.-P. *zawān*, K. *zīwān*) M. Unkraut, Pl. *-nē* 45:8.

zaynā 1 [*zēna*] (AS) M. Waffe, Pl. *-nē* 3:ult., 17:21, 22:14.

zaynā 2 [*zēna*] (AS *znā*) M. Genus, Art, Geschlecht, Gattung: *layt le(h) peḫmā bzaynā* er ist ohne Gleichen in seiner Art 94:13, *bzaynā zālem* ungerechter Gesinnung 100b:23, Pl. *-nē* 7:15.

zīnīyā Name eines Berges 19:23, 20:1.

zay'ā [*zåyyå*] Familien- u. Sippenname 59:22, 60:22.

zīyārat (Ar.-P.-T.) F. Pilgerfahrt 34:10.

zāḵō eine Stadt in irak. Kurdistan 13:24.

zakāyā [*-kk-*] (AS) unschuldig 26:13, 20.

zkr. Abk. v. *zḵaryā* (AS) Sacharja 32:12.

zel (Wz. *'ZL*?) direkt 70:19, 20.

zālā [*īzāla*] San. für (')*zālā* (s. *'ZL*) zu gehen 37:17.

zēlā [*zīla*] (AS) M. Rohr, 8:8, Calamus 9:3.

zālem (akt. Pt. v. *ZLM* < Ar. *ẒLM*) ungerecht, tyrannisch, grausam 14:11, 100b:23.

zlumyā [*zlūmya*] (Wz. *ZLM*) M. Ungerechtigkeit, Unterdrückung 13:6, Pl. *-yē* 55:11, 82:6, m. Suff. *lkᵘlê 'ānī zlumye(h)* all diese seine Ungerechtigkeiten 15:5.

zlīmā (pass. Pt. v. *ZLM*) unterdrückt, Pl. *-mē* 13:14, F. *zlemtā* 92:5.

ZMZM (onom.) summen, rauschen; Inf. als 2. Präs. *beš'āšā zamzūmē* sie zittern u. summen 91b:10.

ZMR (AS) singen; 1. Präs. *ki zāmer* er singt 46:8, 10, *mū zamren* was soll ich singen 91a:6, 1. Impf. *zāmren (h)wā* ich sang 66:12, Inf. *šūrēlā(h) zmārā* sie fing an zu singen 74:13, als 2. Präs. *bulbūlē bezmāra* 46:18 s. *bulbūl, ki hāwaḫ* ... *bezmārā* wir ... singen 46:23f., 2. Impf. *bezmāra (yh)wā* er sang 90:21, Prät. *šaypūrē zmerun* die Trompeten spielten 97a:15, pass. Impf. *dki pêšī (h)wô zmīrē* die gesungen wurden 58:4, Imper. F. *'elī zmur(y)* sing mir! 69:4.

zmārā (Inf. v. *ZMR*) M. Gesang 66:5, siehe auch *ZMR*.

zāmārā (n. ag. v. *ZMR*) M. Sänger, Pl. *-rē* 64:17.

zmartā (n. act. v. *ZMR*) F. Lied: *zmartā dmelat* Volkslied 59:11, *zmārtā d'īlānā d'ē'dā z'ōrā* ein Weihnachtslied 74:13, Pl. *zmaryātē* 58:4, 61:19,21, 86:1, 89:1.

ZNGR (den. v. P. *zang* Glocke u. *zanǧīr* Kette) klingeln: 2. Präs. *zēgā zangūrē (y)le(h)* die Glocke klingelt 48:17f.

zanhīlā Name einer spanischen Königin 65:17.

z'ōrā [*sūra*] (AS) klein, jung: *ḫā sāmā z'ōrā* ein kleiner Teil 33:10, *'ē'dā z'ōrā* Weihnacht 74:13, F. *z'ortā* [*surta*]: *'āsīya z'ortā* Kleinasien 30:16, *ṣib'uḵ z'ortā* dein kleiner Finger 43:22, *melat z'ortā* kleines Volk 44:22, *kmāyūtā rābā z'ortā* eine sehr geringe Menge 63:paen., Pl. *-rē* 9:2, 18:7 u.o.; m. enkl. Existenzverb: *'ā(n)t hālā z'ūrā't bšenē* du bist noch jung 93b:23; allogr. Al. *zōrā* s.v.

z'ōrūtā (Abstr. v. *z'ōrā*) F. Kindheit 95:20, 96:15.

zā'yē Pl. (vgl. arm. *dzag* Zieglein) die Jungen eines Tieres 69:10f. bis = *zā(g)yē*, m. Suff. *zā'yū(hy)* ihre (Sg.) Küken 47:16.

zqīpā 1 [*sqīpa*] (AS) M. Kreuz 49:ult., m. Suff. *zqīpōk* dein Kreuz 16:14.

zqīpā 2 [*sqīpa*] (AS, pass. Pt. v. *ZQP* kreuzigen) gekreuzigt 51:7.

zqāptā (n. act. v. *ZQP*) F. Kreuzigung 51:6.

ZQR (AS) weben; Prät. *baydāq b'īdā dgānī zqīrālī* [*sq-*] die Fahne habe ich mit meiner eigenen Hand gewebt 92:11.

zarbānā [*-bånå*] (v. *zarb* Kraft < Ar.-P.-T. *ḍarb*) stark, kräftig 64:14, 65:18, 78:paen., 91:22.

zarbānūtā (Abstr. v. *zarbānā*) F. Kraft, m. Suff. *zarbānūtū(h)* ihre (Sg.) Kraft 5:2.

zerāgūtā (Abstr. v. *zerāg* < K.) F. Geschicktheit, Klugheit, m. Suff. *-tê* ihre (Pl.) Geschicktheit 42:23.

zardā (P.-T.) gelb 46:12.

ZRZ (Aram.) bereiten, vorbereiten, ordnen, in Ordnung bringen; I. Konjug.: pass. Pt. *zrīzā* (s. *zrīzā'īt*), II. Konjug.: pass. Pt. *zurzā* s.v.

ZRZR (onom.) schreien wie ein Esel; Inf. (als 2. Präs.) *ḫmārē zarzūrē* die Esel schreien 46:16.

zrīzā'īt (AS, vgl. *ZRZ*) Adv. ordentlich, ordnungsgemäß 25:11.

zarīpūtā (Abstr. v. *zarīp* < Ar.-P.-T. *ẓarīf*) F. Schönheit, Eleganz 6:20, 24:22, m. Suff. *zarīpūtū(h)* ihre (Sg.) Schönheit 5:2.

zarksīs Xerxes 27:11.

zerāngūtā (Abstr. v. *zerang* P.) F. Geschicktheit 92:16.

ZR' (AS) säen; 1. Präs. *dzāre'* [*zåṛə*] sät 75:13, Prät. *dzri'le(h)* [*zṛilə*] der gesät hat 75:11f.

zar'ā [*zårrå*] (AS) M. Same, Pl. *-'ē* 47:11.

zar'ūtā [*zåṛūṭå*] F. Landwirtschaft, Agrikultur 81:24.

ZRQ (AS streuen) aufgehen (Sonne), dämmern (Tag); Prät. *hal dzrīq l(h)on kôḵḇē* bis die Sterne aufgegangen sind 72:10, *m(h)ô yōmā d'anē zreqlon* von dem Tag, an dem sie ausgegangen sind 93b:12, 3. Pf. *(h)ô yōmā dzrīqā (h)wā* der Tag, der gedämmert hat 72:9.

zrāqā (Inf. v. *ZRQ*) M. Sonnenaufgang 50:15, Morgendämmerung, Tagesanbruch 50:13.

zarqā (Wz. *ZRQ*) klar, glitzernd; blau (vgl. Ar.), Pl. *šmayā zarqē* der blaue Himmel 46:12.

Ḫ

ḫ Buchst. *ḫēt* 48:18, 49:3, Zahlenwert 8.

ḫā phon. Schreibung von *ḫa(d)* (q.v.) eins 41:10, 42:paen. u. sehr oft.

ḫā'n (T.-P.) Chan, ein Adliger, gebraucht nach dem Vornamen: *qublāy ḫā'n* 36:8f., *masrūf ḫā'n* 59:16, 88:3, *'āgā ḫā'n* 69:10.

ḫē'rā (AS) Adj. frei, Pl. *-rē* 19:5.

ḫē'rā'īt (AS) Adv. frei 19:7.

ḫē'rūtā (AS) F. Freiheit 61:ult., 96b:6, *ṭlīble(h) ḫē'rūtā* hat sich verabschiedet 21:23.

ḪBB [der 1. Rad. wird in allen Formen *ġ* ausgesprochen] (AS Pa. u. Af.) lieben;

III. Konjug.: 1. Präs. *dlē maḫeb lišānā dgāne(h)* der seine eigene Sprache nicht liebt 49:9, *ḫūwē lnenḫā lē māḫeb* [*máġəb*] die Schlange liebt nicht Minze 90:8, (m. Suff.) *'ānā ki maḫebene(h)* [*-ġebbéne*] *lišānā 'ātōrāyā* ich liebe die assyrische Sprache 49:8f., *ki maḫebet* [*-ġəbbet*] du liebst 69:paen., (m. Suff.) *ki maḫebinōn* [*-ġəbbínūn*] ich liebe sie (Pl.) 69:paen.f., *ki maḫebenāḵ(y)* ich liebe dich (F.) 84:10f., 1. Impf. *ki maḫeb (h)wā* [*maġəbwa*] *(y)le(h)* er liebte ihn 65:paen., Inf. *lmaḫūbē* [*maġūbe*] zu lieben 44:10, 2. Präs. *maḫūbē (y)nā* sie möchten 21:19, *lē (y)le(h) maḫūbē* er liebt nicht 49:9, pass. Pt. *malkā mūḫebā dgānê* [*mūġəbbəd gānē*] ihr eigener geliebter König 15:18, F. *'umte(h) muḫebtā* [*-ġapta*] sein geliebtes Volk, M. m. Suff. *mūḫeban* [*mōġəbban*] unser Geliebter 75:6, F. m. Suff. *mūḫabtī* [*-ġapti*] meine Geliebte 84:23, *byad drēšā dbeskā dmūḫebtā čanbaltā ṣpāyī (y)lā(h)* es ist besser, sich am Zopf der Geliebten aufzuhängen 88:11, Pl. m. Suff. *muḫebī* meine Lieben 5:7, Imper. *maḫeb* [*máġəb*] liebe 16:22.

ḪḆṬ (AS) (sich) mischen, vermischen; Inf. *ḫḇāṭā* s.v., pass. Pt. *ḫḇīṭā*, Prät. *malkwātē ḫḇīṭlon* [*ḫwəṭlūn*] die Königreiche haben sich vermischt 97b:16, pass. Präs. *dḫḇīṭē (y)nā* die vermischt (: nicht einheitlich, durcheinander) sind 33:14, pass. Pt. *gô sāhdē ḫḇīṭā* mit den Märtyrern vermischt 26:20.

ḫḇāṭā (Inf. v. *ḪḆṬ*) M. Mischung, Wirrwarr, Durcheinander 7:21, Pl. *-ṭē* 21:16.

ḫḇāṭtā (n. act. v. *ḪḆṬ*) F. Mischung, Gemischtheit, m. Suff. *dṃn lā ḫḇāṭtay(hy) b'ūdālē* ohne miteinander gemischt zu werden 44:9.

ḫḇīštā (pass. Pt. F. v. *ḪḆŠ*) F. Zusammenfassung, Inhalt 15:ult.

ḫaḇlā [*xōla*] (AS) M. Strang, Seil (ein Kinderspiel) 46:23.

ḪBR (< Ar.) Nachricht geben, benachrichtigen; III. Konjug.: 1. Präs. *dmaḫberī* [*-ġbərī*] die benachrichtigten 31:ult., Prät. *muḫbere(h)* [*-ġbərre*] hat berichtet 4:14, 53:16f.

ḫabrā (< Ar.-P.-T. Nachricht) M. Wort, Ausdruck 7:ult., 8:15 usw., Befehl 27:22, Pl. *-rē* 29:12, 38:7 usw.; *ḫayla dḫabrā* Ausdruckskraft 50:16, *ḫabrē gubyē* ausgewählte Ausdrücke 54:7, *ḫabrē nukrāyē* Fremdwörter 59:6, *ḫabrā pārōmā* scharfes Wort 71:23, *layt (h)wā le(h) zôdā ḫabrē lhamzūmē* er hatte nichts mehr zu sagen 79:15, *bḫabrāk(y)* über deine (F.) Rede 82:23, *lē bāʿyā (h)wā ḫabrā pāleṭ (h)wā but dīyū(h)* sie wollte nicht, daß man von ihr redet 83:10f., *mud(y) ḫābrā qārībāyā* was für ein befremdendes Wort 84:8, *dʿāḇdet bḫābrā* daß du gehorchst (wörtl. nach dem Wort handelst) 84:7, *bḫabrē basīmē* bei angenehmen Worten 89:22, 27, *ḫabrē ṭīmānē* wertvolle Worte 89:antep., *dma(š)čeḥ ḫabrē tānē* der Worte findet zu erzählen 91a:10, *ḫabrū(hy) qanōnā (y)le(h)* sein Wort ist ein Gesetz 94a:16, *'āhā mud ḫabrā'(y)le(h)* was für ein Wort ist das (> was für Blödsinn erzählst du?) 99a:11.

ḫaḇrā [*xōra*] (AS) M. Freund, Geselle, Kamerad 96:7, m. Suff. *ḫaḇre(h)* sein Freund 44:21, 24, 49:22 = *ḫaḇrū(hy)* 79:6, Pl. *ḫaḇrāwātē*, m. Suff. *ḫaḇrāwāte(h)* seine Freunde 73:12 = *ḫaḇrāwātū(hy)* 96:24, *ḫaḇrāwātī* meine Freunde 89:11, *ḫaḇrāwātôḵon* eure Freunde 48:11f.; *yômā lḫaḇrē* von Tag zu Tag 63:19.

ḪḆŠ (AS) einschließen, beinhalten, bestehen aus, umfassen; enthalten; 2. Präs. *'aynī māhālē beḫḇāšā* welche Orte umfaßt sie? 42:4, *beḫḇāšā* sie bestehen aus 9:21 = *beḫḇāša (y)nā* 57:61 (oft), pass. Pt. *(ḫ)ḇīšā* zusammengefaßt, zusammenfassend 29:13.

ḪĞL (Ar. sich schämen) staunen, erstaunt sein; I. Konjug.: 1. Impf. *ḫāğlī (h)wô* sie waren erstaunt 28:13, 19; III. Konjug. erschrecken, s. nom. ag. *maḫğelānā* s.v.

ḫa/ā(d), F. *ḫ(d)ā* [*xā*] (AS) ein(s), einer, allogr. phon. *ḫā* (q.v.) für beide Geschlechter; oft als Ersatz für den sonst fehlenden unbestimmten Artikel 1:11, 5:antep., paen. u.o., *ktebyātê ḫdā (yh)wô . . . surgādê ḫadī(h)wā* [*xáywa*] *bnūnē dḫa (d) bābā'(h)wô wḫa(d) demā* ihr Schrifttum war gemeinsam, . . . ihr Kalender war gemeinsam, sie waren Kinder, ein- u. desselben Vaters u. Blutes 3:16–18, *ḫa(d) mendī* etwas 7:14 u.ö., *ḫa(d) ṃn (')nāšē gūrē* einer der großen Menschen 8:4, *ḫa(d) gaḇrā wḫdā baḵtā* ein Mann und eine Frau 71:3, *ḫdā gāhā* einmal 84:paen., k^{u}*lḫad bšôpā dgānū(hy)* jeder an seiner eigenen Stelle 95:24; *ḫa(d) bḫa(d)* [*pxa*] langsam, langsam, od. allmählich 55:18; als Interj.: *ḫa(d) lā qarqer ʼa(n)t* krächze nicht mehr 85:21, *klī ḫa(d)* steh, du da 99a:7; *bḫa(d)* m. Pl. durch gewisse 62:11.

ḫa(d)ḇšābā [*ḫošā/iba*] (AS) M. Sonntag 83:4; m. Vorn. 18:21.

ḫdādē [*γdāde*] (AS) einander, *ʿam ḫdādē* zusammen 47:7, 56:9f., *beḫdādē* [*beγdāde*] id. 47:8, *laḫdādē* [*laγdāde*] zueinander 1:15, *ṭlīb l(h)on ḫāter meḫdādē* [*məγ-*] sie haben sich verabschiedet 23:ult.

ḫa/ādūtā (AS) F. Freude 3:21, 5:11, 21:5,6 u.ö.

ḪDY (AS) sich freuen, m. *b-* auf od. über etwas; 1. Präs. *wki ḫādē* freut sich 46:7, 2. Präs. *beḫdāyā* [*bəγd-*] *(y)waḫn* wir freuen uns 23:17, Prät. *rābā ḫdēl(h)un* [*γdīlun*, ähnl. *γd-* in folg. Formen] sie haben sich sehr gefreut 65:19, *rābā ḫdēlī* ich habe mich sehr gefreut 89b:21, antep., pass. Pt. *ḫədyā* froh 66:6, *ḫdītā (h)wā* sie war froh 83:15, *terwê rābā ḫedyē (h)wô* beide waren sehr froh 74:20, Imper. *ḫdī* [*γdī*] freue dich 88:6; III. Konjug.: erfreuen, 1. Impf. als Kond. *maḫden (h)wā* [*maydənwa*] ich hätte erfreut 66:13, 2. Präs. *maḫdūyē* [*-γd-*] *(y)nā llebā* sie erfreuen das Herz.

ḫedyūtā (Nf. v. *ḫadūtā*) Freude 34:22.

ḫa(d)kmā (*ḫa*[*d*] + *kmā*) einige, ein paar 11:21, 14:13 u.o.

ḫa(d)čā [*xačča*] (*ḫa*[*d*] + T.-P. Diminutivend. *če*) ein wenig, ein bißchen 75:paen., m. Pl. einige 14:13; m. *PUŠ*: *wḫa(d)čā bepyāšā (h)wā dšāḇqī (h)wô lʼatrā* u. sie hätten beinahe das Land verlassen 10:22f., *ḫa(d)čā pīšā bk^{u}l dōrā* fast in jedem Jahrhundert 12:26.

ḫedamtā (v. Ar. *ḫādima*) F. Dienerin, Pl. m. Suff. *ḫedamyātī* meine Dienerinnen 82:13.

ḫdānāyā [*γdå-*] (AS = Singular) M. Einser, Pl. *-yē* (Arithm.) 41:8, 11,13.

ḫdānāyūtā [*γda-*] (Abstr. v. vhg.) F. Einheit(lichkeit) 1:9.

ḫadiʿsārontê [*γdi̥ṣ-*] alle elf von ihnen 49:23f.

ḪDR (AS) spazieren, wandeln, herumlaufen; 1. Präs. *ḫadrī* sie laufen herum 13:5, *tānī qā baḵtuḵ dḫa(d)čā ḫadrā* sag deiner Frau, ein bißchen herumzuwandeln 69:19, 1. Fut. *bed ḫadrī* sie werden herumlaufen 45:22, Inf. *leḫdārā* [*ləγdāra*] herumlaufen 75:1,2, 2. Präs. *dīlā(h) beṭyāpā wbeḫdārā* [*beγ-*] *brômē dšmayā* das in den Himmelshöhen schwebt und herumwandelt 47:7f., *beḫdārā* wandelt 97b: antep., 2. Impf. *kad beḫdāra (y)wen (h)wā* als ich herumwandelte 64:3, *kad beḫdārā (yh)wā* als er herumwandelte 80:22, 2. Pf. *(h)wēle(h) beḫdārā bā(t)rū(hy)* er hat ihn gesucht (vgl. P. *ʿaqabeš mī-gašt*) 80:paen., *(h)wē lī beḫdārā l-* ich habe gesucht (ebenso idiomatisch) 82:13, pass. Pt. *ḫdīrā* [*γd-*], Pl. *-rē* umgewandelt 100a:8, 14, Prät. *ḫderan* [*γdərran*] *l-* wir haben durchwandelt 6:19.

ḫdārā [*γd-*] (Pl. v. *ḪDR*) M. Wanderung, Spaziergang, Pl. m. Suff. *ḫdārê* ihre Wanderungen.

ḫā/aderwānē Pl. (Wz. *ḪDR*) Umgebung, Nachbarschaft 10:12, 47:13, 74:9; als Präp. m. Suff. um ... herum: *lḫāderwānan* um uns herum 6:23, 24:9, *ḫaderwānay(hy)* um sie herum 62:8, *ḫaderwānī* um mich herum 89a:6.

ḫādaryā (f. *ha*[*d*] *daryā* wörtl. ein Meer) viel 45:24, 93a:22.

ḫdārtā [*γd-*] (n. act. v. *ḪDR*) F. a) Verkehr: m. Suff. *lā ḫdārtay(hy) gô ʼudālē* ohne miteinander zu verkehren 44:9; b) etwas Umgebendes, Kragen: *ḫdārtū(hy)* sein Kragen 34:22 (zum Idiom vgl. P. *gonāheš-rā az gardaneš andāḫt* u. neumand. *ḫaṭāhī ṭowweḥ məfoqottī* Macuch, HCMM 503b:14).

ḫā/a(d)tā [*xatta, xāta*] (AS) neu: *ši(n)tā ḫa(d)tā* neues Jahr 11:2, *yulpānā ḫa(d)tā* neue Lehre 16:1, *dīyatēqē ḫa(d)tā* Neues Testament 28:3, 32:17, *ḫa(d)tā wʿātīqā* das Neue und das Alte 93:11, Pl. *ḫayē ḫa(d)tē* [*xāte*] ein neues Leben 80:paen.

ḫāwā (AS < H) Eva 46:3, 76:10f.

ḫubā [*xubba*] (AS) Liebe 7:17, ult., 25:13,17, 26:9 u.o., *ḫubā dkespā* Geldsucht 69:antep., m. Suff. *ḫube(h)* seine Liebe 15:6, *ḫubū(h)* ihre (Sg.) Liebe 96:17, *ḫubay(hy)* ihre (Pl.) Liebe 63:12.

ḫubāna (Adj. v. *ḫubā*) liebend, liebsam, freundlich, Pl. *-nē* 48:11.

ḫôǧā (Ar. *ḥuǧǧa*) Argument, Verhandlung, Ausweg: Al. *ḫôǧā layle(h)* es gibt keinen Ausweg 86:22.

ḫôdā u. *ḫo/udāʼit* s. *lḫôdā* u. *lḫo/udāʼit*.

ḫodāyā s. *lḫodāyā*.

ḫūwē (AS *ḥewyā*) M. Schlange 16:23, 90:8 (s. *ḪBB*).

ḫūzēystan [*-zes-*] Chuzistan (süd-iranische Provinz) 3:11.

ḫôḫā (AS *ḫaḫā*) F. Pfirsich, Pl. *ḫôḫē* 49:3f.

ḫuṭā (< Ar. *ḫaṭṭ*) Schrift, in *ḫuṭā barqīʿā* Telegramm 20:19, antep., 21:4f., dan. auch *ḫuṭā* allein m. ders. Bed. 21:1.

ḫō/ūyē Name einer Stadt in Aserbeidschan, nördl. v. Urmia 22:5,8.

ḫūyādā (AS) M. Einheit 1:18, 3:1, 22:ult., 57:3,21, 58:19.

ḫuldā (AS) M. Maulwurf 100:20.

ḫulmānā (AS) M. Genesung, Gesundheit 45:23.

ḫonayn Name einer assyrischen Druckerei (benannt nach dem berühmten Übersetzer der griechischen Wissenschaften ins Arabische) 45:2, 52:2,8, 80:2, 82:19, 92:25, 94:2.

ḫūsāyā (AS) M. Barmherzigkeit, M. 34:14, antep.

ḫusrānā (AS) M. Schaden, Pl. *-nē* 57:21.

ḪUR (AS) schauen: 1. Präs. *wḫêraḫ* u. schauen wir 6:ult., Inf. *leḫyārā* zu schauen 74:paen.

ḪWR (AS Af.) weiß machen; III. Konjug. pass. Pt. *'īlānē mn talgā maḫwūrē* [*-xūṛẹ*] die Bäume sind weiß von Schnee 85:11f.

ḫwāra [*-åṛå*] (AS) weiß 46:9, 47:5, 48:3,18, *wmn talgā ḫwārā (y)le(h)* u. ist weißer als Schnee 90:13.

ḫurǧūn [*-ǧīn*] (P. *ḫōrǧīn*) F. Eselsack, m. Suff. *ḫurǧūnū(hy)* sein Eselsack 76:11.

ḫurmā (P.-K.-T.) F. Dattel, Pl. *-mē* 61:9, 67:8f.

ḫuršā (AS) M. Zauber(ei), m. Suff. *'a(y)ḵ d'en hāwī ḫuršū(hy)* als ob man ihn verzaubert hätte 96:ult.

ḫoš 1 (Imper. v. AS *ḪŠŠ* leiden, od. v. NS [*R*]*ḪŠ* gehen?) unveränderliche Part. laß, laßt: *ḫoš hôyā (y)dīʿtā* laßt es bekannt werden 25:7, *wk^{u}l hemezmān dlē (y)lā(h) lāzem ḫoš pêšā šḇiqtā* alles unnützliche Gerede soll unterlassen werden 43:21f., *ḫoš drābī hamzem* laß(t) den Lehrer reden 70:ult., *ḫoš 'ūp qašīšē (')ḫ(r)ēnē gāšqī ʿalī* möchten sich mich auch andere Priester ansehen 79:antep.

ḫoš 2 (P.-T.) lieb, angenehm: *dḫoše(h) lē 'ātyā* der nicht lieb hat (Idiom: P. *ḫōšeš na-mī-yāyad*) 38:9.

ḫūšāḇā (AS) M. Gedanke 68:23, Pl. 29:21, 60:6, *ḫūšāḇē da(h)ḇānāyē* goldige Gedanken 29:18, m. Suff. *ḫūšāḇan* unsere Gedanken 2:5, *ḫūšāḇe(h) ʿelāyē* seine hohen (> großen) Gedanken 70:7f.

ḫušbūnā [*-žb-*] (Nf. v. *ḫešbūnā*, AS *ḫušbānā*) M. Rechnung 34:22.

ḫošūtā (Abstr. v. *ḫoš* 2) F. Wohlbehagen, Wohlbefinden 84:18.

ḫūštā (vgl. *ḫoš* 1) F. Vorwand, Anlaß 63:9.

ḫūtāmā (AS) M. Ende, Schluß, M. 68:12, 84:8.

ḪZDG (dav. *ḫuzdāgā* Schlag) schlagen, verletzen; pass. Prät. *wpīštā ḫuzdagtā* [*-qta-*] u. sie (: die assyrische Nation) wurde geschlagen 12:24.

ḫezwā (AS) M. Sehen, Sehvermögen, Sehkraft; Vision 35:22,23, paen., Erscheinung; Form, Gestalt; m. Suff. *ḫezwan* unsere Sehkraft 2:7, Pl. *ḫezwē* Visionen 98:3.

ḫezwānā (AS) M. Ansehen, Vorführung, Pl. *š'īlē dḫezwānē* strebend nach Ansehen, Schauspieler 71b:18.

ḫazōqā (AS) M. Wanderer, Reisender 82:1, 97a:antep.

ḫzūrā [*xzūyra*] (AS *ḫzīrā*, ab. vgl. Mand. bei Drower-Macuch 142b s.v. *hizura* 1) M. Schwein, Pl. *-rē* 46:15.

ḪZY (AS) I. Konjug.: sehen, III. Konjug.: zeigen; I. Konjug.: 1. Präs. *ḫāzāḫ* wir sehen 6:23, 68:7, *ḫāzī* sie sehen 16:6, 38:16, *ḫāzet* du siehst 38:antep., 43:20, 76:23, 77:16, *ḫāzen* ich sehe 76:19, 85:23, *dbalkā ḫāzyān(y) lyāl(d)ī* daß ich (F.) vielleicht meine Kinder sehe(n werde) 82:15, *wbāʿyē dḫāzē luḵ* u. er möchte dich sehen 43:ult., *qā dḫāzē lā(h)* [*qat xāzila*] damit er sie sieht 96:16, 1. Fut. *bet ḫāzaḫ* wir werden sehen 6:ult., 1. Impf. *ḫāzī (h)wô* sie sahen, schauten sich an 66:13, 74:10, 1. Pf. *lā qam ḫāzet lī* du hast mich nicht gesehen 88:25, *'īmān dqam ḫāzī lāḵ(y)* als er dich (F.) gesehen hat 96:10, 2. Präs. *dlē'(y)waḫ beḫzāyā* [*beyz-*] die wir nicht sehen 2:7, *beḫzāyā (y)le(h)* er sieht 7:9, *beḫzāyā (y)wat* du (F.) siehst 69:23 = *beḫzāyā (y)wat(y)* 85:paen., *lā (y)wet beḫzāyā* siehst du (M.) nicht? 66:22, *beḫzāyā (y)waḫ* wir sehen 81:20, 2. Impf., *beḫzāyā (yh)wô* sie sahen 18:18, *beḫzāyā (y)wen (h)wā* ich sah 24:16, Inf. *leḫzāyā* zu sehen 31:13, Prät. *ḫzēlan* [*γzīlan*] wir haben gesehen 6:20, antep., 23:10, *ḫzē' l(h)on* sie haben gesehen 18:19, 25:18, *ḫzē' le(h)* [*γzīle*] er hat gesehen 24:7, 66:4,15,25, 71:22,24 = *ḫzēle(h)* 70:19, *ḫzē lā(h)* [*γzīla*] sie hat gesehen 50:11, 72:18, 73:19 = *hzēlā(h)* 50:paen., *ḫzē lī* ich habe gesehen 24:11, 69:10, 84:paen., 85:1, 99a:20 = *ḫzēlī* [*γzīlī*] 64:4bis,7, 66:17, *wḫezyā* [*xəz-*] *le(h)* u. er sah sie (: sie kam ihm vor) 67:13, *'en ḫezyā lī* falls ich sie sehe 69:19, *ḫezyā l(h)on* sie haben sie (Sg.) gesehen 73:17, *gumlā ḫezyāluk wlā ḫezyāluḵ* Das Kamel hast du gesehen u. nicht gesehen (Übers. v. P. *šotor dīdī nadīdī*, d.h. verschweige, was du gesehen hast) 88:paen., *ḫezyā l(h)ōn (h)ê duktā* sie haben den Ort gesehen (: der Ort erschien ihnen) 95:23, *ḫzītū(hy) lā(h) qadištu* Qadištu (F.) hat ihn gesehen 96:5, m. Epanastrophe Z. 6, 3. Pf. *hič lā (y)wen ḫezyuḵ* [*lēwən xəzyux*] ich habe dich nie gesehen 66:17, Plpf. *lā (y)wen (h)wā ḫezyā* ich habe in meinem Leben nicht gesehen 80:14, pass. Präs. *dbepyāšā (y)nā ḫezyē* die gesehen werden 7:23, pass. Pt. *wlē (yh)wā pyāšā ḫezyā* u. es wurde nicht gesehen 24:20, pass. Prät. *wpešlon ḫezyē 'elê* u. wurden von ihnen gesehen 28:8, Imper. *ḫzī* siehe 42:5, 44:15, 70:9, 79:3, 96:8, 99b:22, Pl. *ḫzēmon* sehet 74:6; III. Konjug.: 1. Präs. *maḫzīyā lā(h) gānū(h)* sie soll sich zeigen 95:17, 1. Impf. (als Kond.) *wbʿēle(h) menū(hy) qat maḫzē* [*-γz-*] *(h)wā le(h)* u. er wollte von ihm, daß er ihm zeigt 35:11, 1. Fut. *bet maḫzē luḵ* er wird dir zeigen 67:6, Inf. *lmaḫzūyē* [*-γz-*] zu zeigen 49:21, 2. Präs. *(')ḫ(r)ēnā lē hāwī maḫzūyan bṣeḇʿā* man wird nicht mehr (auf) uns mit dem Finger zeigen 3:3, *maḫzūyē (y)nā* sie zeigen 12:11, 49:24, 50:8, *ki hāwī maḫzūyē* sie zeigen 47:14, *wmaḫzūyē qātê* und sie zeigt ihnen 47:17, *maḫzūyē le(h)* [*-γzūyəle*] *lzahrā* er weist auf Zahra hin 80:16, 3. Pf. *maḫzūyē (yh)wā* er hat gezeigt 13:14, Prät. *muḫzē le(h)* [*-γzīle*] er hat gezeigt 18:21, *muḫzē l(h)on* sie haben gezeigt 22:20, 55:22, *muḫzyāle(h) gāne(h)* er hat sich gezeigt 49:21f., m. Suff. *'alāhê 'īle(h) muḫzīyū(hy) qātoḵ 'āhā ḫezwā* ihr Gott ist es, der dir diese Vision gezeigt hat 35:23, *muḫzītā (y)lā(h)* [*-γzītəla*] sie hat sich gezeigt 30:18, Imper. *maḫzī* [*-γz-*] *lā(h) gānuḵ* zeige dich 35:paen., *maḫzī* [*-γz*] *lī* zeige mir 68:7f., m. Suff. *maḫzīlon būsāmāḵ(y)* zeige deine (F.) Wonnen 96:9.

ḫazyānā (AS) M. Seh(end)er, Zuschauer 25:3, m. Suff. *-nuḵ* dein Zuschauer 93b:5.

ḫazīnā (Ar.) F. Schatz 29:17.

ḫzīrān [*xzēran*] (AS) M. Juni 93b:2.

ḫzêtā [*γzēta*] (n. act. v. *ḪZY*) F. Sehen, Anblick, F. 10:20, 23:17 u.ö., Aussehen: m. Suff. *ḫzêtê barêtā* ihr äußeres Aussehen 71:19, *ḫzêtā mahnyāntā* angenehmes Aussehen 80:22, *ḫzêtā qa(d)mêtā* die erste Szene 85:9, m. obj. Suff. *bḫzêtê mugdelī* als ich sie sah, fror ich 98b:ult.

ḫezmānē Pl. (< K.) Verwandte, m. Suff. *ḫezmānoḵun* eure Verwandten 5:16, *ḫezmānī* meine Verwandten 97a:antep.

ḫaznā (Nf. v. *ḫzīnā*) F. Schatz 34:21.

ḫzq. Abk. v. *ḫazqī'ēyl* (AS) Ezechiel 32:paen.

ḫizaqyā (AS H) Hiskia (2.Kön. 18:1) 31:15.

ḫāzer (Nf. v. *ḥāzer*) anwesend 21:3.

ḫāṭōpā (AS) gefräßig, raubgierig 97b:11.

ḫaṭay Buchstaben *ḫ*, *ṭ*, *y* 48:ult.

ḫaṭāyā [*-ṭṭ-*] (AS) M. Sünder, Sündiger, Pl. *-yē* 57:antep.

ḫṭītā [*xṭ̥īṭ̥å*] (AS) F. Sünde, Vergehen, F. 34:23, 88b:antep., Pl. *ḫṭīyātē*, m. Suff. *ḫṭīyātōḵon* eure Sünden 34:17.

ḪṬR (AS) zerschlagen, zerreiben, zerstoßen; 2. Präs. *'ānā beḫṭārā (y)wān* ich (F.) zerschlage 5:4.

ḫāṭer [*-ə/ir*] (Ar.-P.) Angelegenheit, Zweck. *bu/ot ḫāṭer* um – willen 5:10, 65:21f., 80:8, 88:antep.

ḫāyā [*xāyya*] (AS) lebend(ig) 5:18, *kad heš ḫāyā (h)wā mār(y) denḫā* als M.-D. noch lebte 36:8, ab. *ḫayā šamīrām* es lebe Semiramis! 5:11; Pl. *ḫāyē* 64:21, 83:18; F. *ḫētā* 34:ult., 47:20, *ḫaytā* 82:7.

ḫayē [*xayye*] (AS) Leben, Pl. tant.: 1:antep., 12:24, 13:paen., u. sehr oft; m. Suff. *ḫayū(hy)* sein Leben 8:10, 38:21, *ḫayan* unser Leben 25:9, 73:5, *ḫayay(hy)* [*xayyä*] ihr (Pl.) Leben 73:16, *ḫayī* mein Leben 80:13, 89b:17, 92:19, 100:17; m. prokl. *m-*: *šūnē le(h) m̱ḫayē* er hat sich vom Leben verabschiedet 36:6.

ẖayā'm Omar Chajjam 88:1,5.

ḪYD (AS Pa.) verein(ig)en; II. Konjug.: Prät. *wmẖūyedī* [*xuyyədī*] *le(h) šūmer w'akād* u. er hat Sumer u. Akkad vereinigt 8:22.

ẖaye(h) [*-yye-*] (*ẖay* m. Suff.) es lebe! 80:10, vgl. s. *ẖāyā*.

ẖayūtā (Abstr. v. *ẖayā*) F. Leben 1:11, 5:1 u.ö., m. Suff. *dẖayūtê* ihres (Pl.) Lebens 83:9.

ẖaywātē Pl. (vgl. AS *ẖayūtānā* Adj. tierisch) Tiere 95:6,16,19, paen., 96:3, 15, antep.

ḪYY (AS) leben; 1. Präs. *ki ẖāyē* [*ki-xayyi*] er lebt 46:6, *nūnā gô mīyā ki ẖayā* der Fisch (S. F.) lebt im Wasser 48:22, *ẖā/ayen* ich lebe 64:9, 76:19, 84:12, *ẖāyet* [*xayyət*] du lebst > lebe! 68:15, *ẖayī* [*-yy-*] sie (sollen) leben 38:24, 1. Impf. *ki ẖayī* [*-yy-*] *(h)wô* sie lebten 19:paen., 54:1, Inf. *wlē māṣet leẖāyā* [*lixāya*] u. du kannst nicht leben 76:23, 2. Präs. *dhāwī beẖāyā* [*tāwī bixāya*] die leben 21:21f., *(y)wān . . . beẖāyā* ich (F.) lebe 98b:9, (als hist. Präs.) *dbeẖāyāle(h)* der lebt 81:21, 2. Impf. *beẖāyā (h)wô* sie lebten 55:2, 63:19,22, Prät. *ẖēylē* [*ẖīle*] er lebte 11:23, 33:14 = *ẖēyle(h)* 79:antep., *ẖêtā (y)lā(h) d-* sie lebte so, daß 83:11, Imper. Pl. *ẖīmun* lebet! 5:17.

ẖīyāl (Ar.-P.) M. Gedanke, Einfall, Einbildung; m. Suff. *lebū(hy) wẖīyālū(hy)* sein Herz (: Fühlen) u. sein Denken 29:5, *bẖaylā dẖyāle(h)* [*pxēləd xiyālu*] durch seine Einbildungskraft 81:20, *bẖīyālī* [*bəxyālī*] in meiner Einbildung 98:5, *pagruk 'up ẖīyāluk* dein Körper (wie) auch dein Geist 75:ult., *ẖīyāle(hy)* ihre Sorgen 13:1 (s. *mabṣartā*).

ẖaylā [*xēla*] (AS) M. Stärke, Kraft, bes. militärische: *bẖaylā qušūnāyā* durch militärische Kraft 3:18f., *bẖaylā dhāwā* durch die Luftkraft (: Luftwaffe) 6:3, *ẖaylā d'ārabāyē* die arabische Armee 6:7; *bẖaylā ṣāwānā* durch die Gewalttat (Grausamkeit) 12:24, *ẖaylā dkrisṭyānūtā* die Kraft des Christentums 13:13, *bẖaylā dṣômā wṣlūtā* durch die Kraft des Fastens u. Gebets 13:antep.f. u.ä.; m. Suff. *dẖaylay(hy) poliṭīqāyā* ihrer politischen Kraft 12:paen., 13:1, *bkᵘle(h) ẖaylū(hy)* mit seiner ganzen Kraft 66:5, *'elel mn ẖayle(h)* über seine Kraft 81:21, *w'en ẖaylī māṭē (h)wā bīyūk* u. wäre ich dir an Kraft gewachsen 78:22, *ẖaylā be'bādā (h)wā lgānū(hy)* er zwang sich 83:16, Pl. *ẖaylāwātā* Heer, Armee(n) 18:13,23, 19:21, 20:11, ult., 21:15, m. Suff. *ẖaylāwātū(hy)* sein Heer 7:13, *dẖaylāwātay(hy) dqurdāyē* des kurdischen Heeres 20:16.

ẖaylānā (Adj. v. *ẖaylā*) stark, kräftig 18:ult., 28:8, 35:7 u.ö., F. *-ntā* 10:8, 12:9, 16:21, 54:4, 63:13f., Pl. *-nē* 6:11, 8:5, 96:1.

ẖayānē Pl. (v. *ẖā/ayā*) lebend 56:20.

ẖayltānūtā (AS) F. Macht 6:20.

ẖayr [*xēr*] (Ar.-P.-K.-T.) F. Vorteil, Nutzen, Profit: *ču ẖayr (')ẖē(r)tā* keinen anderen Nutzen 34:19f.

ẖīrtā Stadt Ḥīra 70:5.

ẖêtā, *ẖaytā* F. v. *ẖāyā* q.v.

ḤKY (Ar.) erzählen; III. Konjug.: Prät. Al. *mba(t)r dmuḥkē lay* nachdem sie erzählt haben 86:ult., Al. *kud kā šūle(h) muḥkē le(h)* als jeder seine Angelegenheit erzählte 87:10, Imper. Pl. Al. *dē maḥkô* also erzählet 87:16.

ẖakīmā [*xakkīma*] (AS) weise, klug 16:23, 74:22, 90:10, 100a:16, ult., Pl. *-mē* 7:18.

ẖakmā = *ẖa(d)kmā* 30:13, 31:5, 33:19, 38:7.

ẖekmtā [*xexemta*] (AS) F. Weisheit 75:6, m. Suff. *ẖekmtê* ihre Weisheit 6:paen.

ẖačā = *ẖa(d)čā*: *ẖačā pêšā* beinahe 29:14, 42:22, *čem ẖačā* sehr wenig 27:13, *'en ẖačā* mindestens 31:5.

ẖāčaqōǧē (Arm. *ẖāč* Kreuz + *qôǧa* Seite) Pl. Leute, die ein Kreuz an der Seite tragen, Hypokriten 98:1.

ẖalbā [*xålvå*] (AS) M. Milch 72:22, paen.

ẖalwat (Ar.-P.-T.) F. Leere, Einsamkeit 66:4.

ẖelṭa [*xəlṭå*] (Wz. *ḪLṬ* < Ar. *ĠLṬ*) M. Fehler, Irrtum 7:15, 68:18, *dlā ẖelṭā* fehlerfrei 40:5, Pl. *ẖelṭē* 59:19.

ẖeltūnyūtā (v. *ẖelṭā*) F. Irrtum 98:1.

ẖālī (< P.-T. *qālī*) F. Teppich 99b:12, a:14.

ẖelyā [*xəlyå*] (AS *ẖa-*) süß, angenehm, schön 44:11, 89b:12. F. *ẖlīṭā* [*xlīṭå*] 44:13, Pl. *kmā ẖelyē (y)nā* wie schön sind sie 47:17.

ḫelyūtā [*xəl-*] (Abstr. v. *ḫelyā*) F. Süße, Schönheit, m. Suff. *ḫelyūtê* ihre (Pl.) Süße 54:11.

ḫalīl bag Name eines türkichen Kriegsführers 18:23f.

ḫālīpā (Ar.) M. Chalif, Pl. *-pē* 13:2, 54:13, paen.

ḫlīṣā [*xlị̄ṣå*] (pass. Pt. v. *ḪLṢ*) zusammengepreßt, umgürtet, stark, tapfer: Pl. *-ṣē* 24:18, F. *ḫlīṣtā* [*xləṣṭå*] sich drückend 74:18.

ḫlīsā'īt [*xlə-*] (Adv. v. *ḫlīsā*) besonders 43:18.

ḫlīṣtā F. v. *ḫlīsā* q.v.

ḫlīqā (pass. Pt. v. *ḪLQ*) geschlossen, verschlossen: *tarʿān ḫlīqā* unsere geschlossene Tür 75:15.

ḫlītā F. v. *ḫelyā* q.v.

ḪLL (AS Pa.) waschen, reinigen, putzen, sauber machen; II. Konjug.: 1. Pf. *qam ḫalelā* [*xåləlå*] *lōḵon* sie hat euch gereinigt 34:16.

ḪLM (AS) träumen; Prät. *ḫlemlī* [*xlə-*] ich träumte 64:4.

ḫelmā [*xu̯/əlmå*] M. Traum 7:6, 64:4, 66:25, Pl. *ḫelmānē*, m. Suff. *ḫelmāne(h)* seine Träume 81:1.

ḫelmat [*xəl-*] (< Ar.-P. *ḫedmat*) F. Dienst, 31:15, 17bis, m. Suff. *lḫelmatu(hy)* 36:12.

ḫelmatkār [*xəl-*] (< P. *ḫedmat* + *kār*) M. Minister, Prokurator 27:12.

ḪLN (den. v. *ḫaylānā*) stark werden; stärken, kräftigen, ermutigen; II. Konjug.: 1. Präs. *qrêtā ḫalenā* [*xallənnā*] *le(h) lhônā* das Lesen stärkt den Verstand 46:ult., Prät. *ḫulenā(h)* [*-llənna*] sie wurde stark 55:17, pass. Prät. *pišle(h) ḫulenā* er wurde stark 63:11f.

ḫalʿat [*xållåt*] (Ar.-P.-T.) F. Ehrenkleid 34:19, Pl. *ḫalʿatē* Geschenke 35:12, 68:4.

ḪLP (AS) (sich) verändern; Prät. *ḫleplē* veränderte sich 64:14.

ḫlāpā (Wz. *ḪLP*) M. Opfer, m. Suff. *ḫlāpuḵ hāwen* ich (möchte dein Opfer werden >) bitte dich sehr 66:paen.

ḫlāpšmā [*xlåpšəmma*] (AS) M. Pronomen 40:9, 11ff.

ḪLṢ (AS) sich umgürten, stark sein, pressen, drücken; retten (vgl. Ar.); 1. Präs. *baʿī dḫalṣī* [*båyī txålṣī*] sie wollen retten (hist. Präs.) 13:paen., 1. Impf. (als Kond.) *ḫālṣān (h)wā le(h) bṣādrī* [*xålṣan-wāle p-*] ich (F.) möchte ihn an meine Brust drücken 5:8f., 1. Fut. *wbed ḫāleṣlāḵ(y) lṣadrū(hy)* er wird dich (F.) an seine Brust drücken 96:15; Inf. *leḫlāṣā* zu retten 44:10, 2. Impf. *wbeḫlāṣā (yh)wô* [*bəxlāṣəwa*] sie retteten sich 13:10, pass. Pt. *ḫlīṣtā* s.v., 3. Pf. *ḫlīṣē wblīsē (y)nā* [*xlị̄səw blīsəna*) 2:6 s. *BLS*, *ṣadrū(hy)* [*-ū*] *ḫleṣle(h) lṣadrū(h)* [*-ō*] er hat seine Brust auf ihre Brust gedrückt 96:19, m. Suff. *ʿaynū(hy) qūyā ḫlīṣê(hy) le(h)* seine Augen hat er stark geschlossen 66:paen.

ḪLQ (< Ar. *ĠLQ*) verschließen, umarmen; Prät. *wḫlīqle(h)* [*xləqle*] *l'īdāte(h)* er hat seine Hände gefaltet 82:16 (s. *'īdā*), pass. Pt. *ḫlīqā* s.v.

ḫelqā [*xəlqa*] (AS) M. Schicksal 45:9.

ḫeltā (AS) F. Scheide, m. Suff. *ḫelte(h)* seine Scheide 97a:11.

ḫam 1 (K. < Ar.-P. *ġam[m]*) F. Kummer: *layt (h)wā l(h)on rābā ḫam* sie haben sich nicht viel gekümmert 9:23, Idiom: *'āḵlāḫ ḫam* 38:17 s. *'KL*.

ḫam 2 (AS *ḫām* < H Gen 6:10) Ham, einer der Söhne Noahs 3:8.

ḫemā [*xəmma*] (AS *ḫumā*) M. Hitze: *bḫemā dpalgā dyômā* [*pxəmməd palgəd y-*] in der Mittagshitze 47:ult.

ḫamḫwārūtā (Abstr. v. P. *ġam-ḫorī, ġam-ḫʷārī*) F. Kummer, Sorgfalt *bḫ-* sorgfältig 50:22f.

ḫmāṭā [*-åṭå*] (durch Metath. v. AS *mḫaṭā*) M. Nadel, Pl. *-ṭē* 91a:18.

ḪMY (Ar. *ḤMY*) schützen, beschützen; bewahren, aufbewahren, erhalten; II. Konjug.: 1. Präs. *dlē ḫāmē* [*-i*] *lqōlū(hy)* der sein Wort nicht hält 82:ult., 1. Fut. *bet ḫāmē'le(h) šemā d'ātor ḫāyā* er wird den Namen „Atur" lebendig erhalten 5:17f., 1. Pf. *qam ḫāmē le(h)* er hat ihn (bei sich) behalten 35:10, Inf. *wlemḫāmūyē* 22:2f. = *wmḫamūyē* u. zu beschützen 25:22, *lḫāmūyē* aufzubewahren 54:11, 3. Pf. *dḫumyā (h)wā* [*txumyəwa*] *tāmā bšūlū(hy)* wo er seinen Beruf ausübte 33:17, pass. Pf. *dpīšē (h)wô ḫumyē* die bewahrt wurden 9:22, Imper. *ḫāmī* bewahre 48:5, 8.

ḫmīkā (AS), pass. Pt. v. *ḪMK*) gegoren 48:21.

ḫamīmā [*xammīma*] (Ar., vgl. AS *ḫaymā*) heiß 93:12.

ḫemyānā [*xəm-*] (AS) M. Schwiegervater, Pl. *-nē* 54:paen.f.

ḫmīšāyā [*-a*] (AS) Ordinalzahlw.: der fünfte 54:16, 63:14.

ḪMḴ (AS) gären: pass. Pt. *ḫmīkā* s.v.

ḪML (Ar. *ḤML*) tragen, ertragen, aushalten; Inf. *leḫmālā* 64:8 s. (')*ḫē(r)nā*, 2. Präs. *beḫmālā* (*y*)*le*(*h*) [*bəxmāləle*] er hält aus (als hist. Präs. od. Impf. m. Auslassung des Hilfsv.) 31:12.

ḫmaltā (n. act. v. *ḪML*) F. Geduld 89b:20.

ḪMʿ (AS) gären: pass. Pt. *ḫmīʿā* gegoren 48:21.

ḪMQ (vgl. Ar. *ḤMQ*) I. Konjug. verwesen, verfaulen, stinken; III. Konjug. für dumm halten, verachten; I. Konjug.: pass. Pt. Pl. *ḫmīqē* stinkend 7:18; III. Konjug.: 2. Präs. *maḫmūqē le*(*h*) [*-qəle*] es verachtet 7:21.

ḫamrā [*-a*] (AS) M. Wein 28:21, 88:5.

ḫmārā [*-a*] (AS) M. Esel 48:18bis, 71a:20, Pl. *-rē* 46:15, F. *ḫmārtā* Eselin 76:12, 77:12,24, m. Suff. *ḫmarte*(*h*) seine Eselin 77:9, 79:16.

ḫamšā [*-a*], F. *ḫameš* (AS) fünf 3:9bis, 14 usw., *dôrā dḫamšā* das 5. Jh. 12:15, 15:19 (vgl. s. *dôrā*), *bsāʿat dḫamšā* um 5 Uhr 22:16, *dḫamšā* fünftens 26:10.

ḫamšī (AS *-īn*) fünfzig 12:18, 27:4 u.ö., *dars dḫamšī* 50. Lektion 49:19.

ḫmātā [*-a*] (AS) F. Schwiegermutter Pl. *ḫāmātē* 90:19, 92:21.

ḫemtā [*xəm-*] (AS) F. Hitze; Ärger, Wut: *milyā mḫemtā* verärgert 84:21, m. Suff. *ḫemtuḵ* deine Wut 100b:12.

ḫemtānā [*xəm-*] (AS) heiß, cholerisch, wütend 10:3,7,ult.

ḫanā [*xanna*] w. Vorn.: Anna 32:18; Mannesname: Hannas 39:paen.

ḫānā (AS) M. Schoß, m. Suff. *bḫānāḵ*(*y*) in deinem (F.) Schoß 96:13.

ḫāngaldē (< T. wörtl. „der Chan ist gekommen") Familienname 57:20.

ḫānūtā [*-ūta*] (AS) F. Geschäft, Lager 36:paen.

ḪNZR stolzieren, Hochmut zeigen: 3. Pf. (m. präsent. Bed.!) *ḫunzerē* (*y*)*nā* [*-zərəna*] *lqdālê sumqā* sie zeigen (durch Vermengung m. *ḫanzūrē*) hochmütig ihren roten Hals 47:21.

ḫānīm [*-nəm*] F. Frau 48:antep., Pl. *-mē* 72:4.

ḫanpā (AS) M. Heide, Pl. *-pē* 35:4f.

ḫanpūtā [*-ūta*] (AS) F. Heidentum 35:7, 53:12.

ḪNQ (AS) erdrosseln, ertrinken; 2. Impf. *ḫanqī* (*h*)*wô* sollten sie ertrinken? 11:10, pass. Fut. *bed pā'eš ḫnīqā bīyê* wird von ihnen erdrosselt 45:8.

ḫsāḵtā [*-a*] (n. act. v. *ḪSḴ* zurückhalten) F. Zurückhaltung: *dlā ḫsāḵtā* ohne Zurückhaltung 29:21.

ḫasāmā [*xassāma*] (AS) neidisch, eifersüchtig, boshaft, gehässig 24:ult.

ḪPṬ (AS) fleißig sein, sich bemühen; 1. Präs. *wdḫapṭī* [*wətx-*] u. damit sich bemühen 1:15, Prät. *ḫpeṭle*(*h*) [*xpəṭle*] er hat sich bemüht 81:2.

ḫāpaṭtā [*-ṭṭa*] (n. act. v. *ḪPṬ*) F. Mühe, Pl. *bḫapaṭyātē* durch die Bemühungen 27:20.

ḫipyāyā [*xup-*] (AS) barfuß, barfüßig 75:1, Pl. *ḫepyāyē* 7:1, 17:ult.

ḫpīṭā'īt (AS) Adv. fleißig 25:11.

ḪPL (< Ar. *ĠFL*) vernachlässigen, unentschlossen sein, unwillig sein, ablehnen; III. Konjug.: 2. Impf. *maḫpūlē* (*h*)*wô* [*maγpūləwa*] *mn* sie haben abgelehnt 25:paen.

ḪPQ (vgl. H. u. Aram. *ḤḆQ*) umarmen; pass. Pt. F. (m. akt. Bed.) *wḫpeqtā* [*xpəqta*] u. sie umarmte 75:20, Prät. ... *'elī wḫpīqle*(*h*) *ṣadrā lṣadrā* u. er hat mich Brust an Brust umarmt 82:16.

ḫpāqtā (n. act. v. *ḪPQ*) F. Umarmung, Pl. *ḫpāqyātē* 97b:25.

ḪPR (AS) graben; Prät. m. Suff. *lgūbātē dḫpīrēlī* die Gruben, die ich gegraben habe 95a:9.

ḫā/aṣā (AS *ḥa-*) M. Rücken, Hinter, Lenden 11:6, 13:4 u.ö., m. Suff. *ḫāṣī* mein Rücken 64:12, 68:2, 82:16, 85:20, *ḫāṣū*(*hy*) sein Rücken 64:6, *ḫaṣāḵ*(*y*) [*xāṣax*] deine (F.) Lenden 96:9.

ḪṢD (AS) ernten; 1. Präs. *dḫāṣed* [*-zəd*] damit er erntet 75:14.

ḪṢR I (Aram.) sich verringern, wenig werden; 1. Präs. *ḫaṣrī* sie verringern sich 100a:5.

ḪṢR II Al. (v. Ar. *ḤḌR*?) vorbereiten; III. Konjug.: Prät. *ḵuwē muḫṣerē* [*-ṣərē*] *gyāne*(*h*) *dnā'esle*(*h*) die Schlange bereitete sich vor, um ihn zu beißen 86:16.

ḫaq (s. folg.) M. Recht Al. 87:10.

ḫaqā = *haqā*: Al. *mḫaqā* [*mḫaqqa*[wirklich, wahrlich 86:21.

ḫaqūṯā = *hāqūtā*: Al. *ḫaqūṯā laylā(h)* [*lēla*] es ist nicht gerecht 87:17.

ḫaqlā [*-a*] (AS) F. Feld: *ḫaqlā dplāšā* [*xaqləd plåša*] Schlachtfeld 10:10, 92:20, *'a(y)k maglā bḫaqlā* [*px-*] wie eine Sichel auf dem Feld 97:18; Pl. *haqlānē* Spalten, Rubriken 59:17.

ḪQR (AS sich rühmen) loben; 1. Präs. *ḫāqret lā(h)* [*xaqrətla*] *pardêsā* du lobst das Paradies 93b:19, Inf. m. Suff. *k*^{u}*l ḫa(d) šurēle(h) beḫqāru(h)* [*bəxqāru*] *gāne(h)* jeder fing an, sich selbst zu loben 97b:10, 2. Präs. m. Suff. *'a(n)t beḫqāru(h) (y)wet gānuḵ* du lobst dich selbst 77:22.

ḫeqrā [*xəqra*] M. Ehre, Glanz, 30:ult.

ḪRB (AS) I. Konjug.: zerstört sein; II. Konjug.: zerstören, pass. zerstört werden: 1. Fut. *bet maḫrebī* [*-rəvī*] sie werden zerstören 20:14f., Inf. *wlmaḫrūḇē* [*wəlmaxrūve*] zu zerstören 20:ult., pass. Pt. F. *muḫrebtā* [*muxrapta*] zerstört 17:5.

ḫerbā [*xṛba*] (AS) schlecht 6:21.

ḫārābī (P. v. Ar. *ḫarāb*) M. Ruin, verlassener Ort, Wüste, Einöde 64:3.

ḪRBŠ (v. *ḪḆŠ*?) vermischen, verwirren: Prät. *ḫbīṭlon whurbešlon* [*-bəš-*] sie haben vermischt u. verwirrt 97b:16.

ḪRDY (v. *ḪDR* durch Met.?) umgeben, umwinden, belagern, sich zusammenrollen; Prät. *ḫurdē l(h)on* [*-dīlun*] sie belagerten 6:1, 3. Pf. *ḫurdyē (y)hwô* [*-dīyəwa*] sie umringten 69:11.

ḫardānā [*-a*] (AS) M. Krokodil 2:ult.

ḫarūpā [*xārūpa*] (Wz. *ḪRP* scharf sein) scharf, Pl. *-pē* 47:15.

ḪRḪR (onom.) gießen, fließen: Inf. *šūrē l(h)on ḫarḫūrē* [*xarxūre*] sie fingen an zu fließen 72:19.

ḪRZ (AS) ordnen, in Ordnung bringen: akt. Pt. *dḫārzā* [*txarza*] die es in Ordnung bringen würde 100b:14, pass. Pt. *ḫrīzā* wohlgeordnet 51:3.

ḫarīpūtā [*-pūta*] (Abstr. v. *ḫarīpā* scharf) F. Schärfe 24:23.

ḫārān (AS) Haran 12:1.

ḫē(r)nā [*xīna*] = (')*ḫē(r)nā* 80:13, Pl. *-nē* 6:9.

ḫerpūt Ortsname 57:17.

ḪRQ (< Ar. *ĠRQ*) versenken: 2. Impf. *wbeḫrāqā (yh)wā* [*bəγrāqəwa*] er zerstörte 14:3.

ḫeršā [*-a*] (AS) M. Zauberei, Pl. *-šē* 67:11.

ḫaršā [*-a*] (AS) taub 100b:11.

ḫārāšā [*xarrāša*] (AS) M. Zauberer 33:ult.

ḫa/ārtā [*xårṭa*] (AS) F. Ende, Schluß, endlich 17:5, *bḫartā* [*px-*] zum Schluß, schließlich, abschließend 26:10, 73:17, 23, 76:4, 89b:7; allogr. (')*hārtā* s.v.

ḫeš- m. *l* + Pronominalsuff. allogr. phon. Form des Prät. v. *(R)ḪŠ* q.v., vgl. *wḫešlon* u. sie gingen 64:18 u.ä.

ḫašā [*xašša*] (AS) M. Leid, Schmerz 24:20, 24, 89a:6, *lā ʿāḇdet ḫašā* leide nicht (Idiom) 89a:19, Pl. *ḫašē* 100a:10, San. *ḫāšē* 39:13.

ḪŠḆ (AS) denken, meinen, annehmen; rechnen, zählen; I. Konjug.: 1. Präs. *ki ḫāšeḇ* [*-šū*] er denkt 90:10, *ki ḫāšḇī* sie denken 11:21, 33:22, 1. Impf. *ki ḫāšḇī (h)wā* sie meinten 3:22, *ki ḫāšḇī (h)wô lā(h) gānê* sie hielten sich für, betrachteten sich als 71:12, 2. Präs. *lē (y)waḫ beḫšāḇa(h) ḫšeḫtā* wir denken nicht, es lohne sich 62:3f., *lē (y)wen beḫšāḇā* ich denke nicht 68:3f., 73:6, Prät. *ḫšīḇ l(h)on* [*xšəvlūn*] sie dachten 25:20, *hšiḇā* [*xšīva*] *lan lāḫomtā wḫšeḫtā* wir hielten es für passend und angemessen 62:paen., *ḫšeḇlī* [*xšūli*] ich dachte 66:18, 85:2, 3. Pf. *ḫšīḇē (y)nā* [*xšīvəna*] sie dachten 29:19.

ḫešbōnā [*xež-*] (AS) (*ḫušbānā*) M. Rechnung 43:15, 72:16, 18, ult. bis, m. Suff. *ḫešbūnuḵ* deine Rechnung 43:13,

ḪŠBN (durch Erweiterung v. *ḪŠḆ*, wahrsch. den. v. *ḫešbōnā*) rechnen, zählen: pass. Impf. *ki pêšī (h)wô ḫušbenē* [*xužbənne*] sie wurden gezählt 42:9, 10f.

ḫašbantā [*-žb-*] (n. act. v. *ḪŠBN*) F. Rechnen 41:3.

ḫšāḇtā [*xšōta*] (AS) F. Gedanke, Meinung, Annahme: *d'a(y)k ḫšābtā dḫa(d)kmā* wie einige annehmen 53:17.

ḫāšultā (v. *ḪŠL* zerschlagen, hämmern) F. Mörser, hier als anat. Ausdruck f. die Knochen des Hüftgelenks (Gelenkpfanne) 78:23.

ḫāšōšā (AS) passiv (Gram.) 40:19, 21ff.

ḪŠḪ (AS) würdig sein, passen, verdienen, sich lohnen; meistens in Partizipialformen gebraucht: 1. Fut. *šūlā dbet ḫāšeḥ qāte(h)* Beruf, der ihm entsprechen wird 38:8f., pass. Pt. *ḫšīḫa*, F. *ḫšīḫtā* [*xšəxta*] würdig, passend, Pl. *parṣōpē ḫšīḫē* angesehene Leute 45:15, *ḪŠḆ ḫšeḫtā* 62:3f., u. *lāḫomtā wḫšeḫtā* 62:paen. s. *ḪŠḆ*, *ḫšiḫtā lā(h)* es ziemt sich 5:16, *dī(h)wā ḫšiḫtā 'ele(h)* die sie verdient hat 72:8, *dlē (y)le(h) ḫšīḫā* der nicht geeignet ist 75:24; III. Konjug. für würdig halten: 2. Impf. m. Suff. *lē (h)wā maḫšūḫu(h) gānu(h)* sie fühlte sich nicht würdig 85:12, *muḫšeḫl(h)on bi'mārā* sie hielten es für angebracht zu sagen 26:1.

ḫašḫaštā (n. act. v. *ḪŠḪŠ* rascheln, onom.) F. Rascheln, Geräusch 85:13.

ḫeškā [*xə/uška*] (AS) M. Dunkelheit, Finsternis 7:13, 89:25.

ḪŠKN (den. v. *ḫeškānā*) dunkel werden, verdunkeln; 3. Pf. *ḫuškenē '(y)nā* [*-kənnena*] *lḫezwan* sie haben unsere Sehkraft verdunkelt 2:7.

ḫeškānā [*xəš-*] (AS dunkle Nacht) dunkel, Pl. *-nē* 16:20, 24:antep., F. *-ntā* 63:24.

ḫešlon 64:18 s. *RḪŠ* Prät.

ḫešānā [*xeššāna*] leidend, leidvoll, schmerzhaft, traurig, bekümmert, F. *-ntā* 67:13f., 14.

ḫātā (AS) F. Schwester, m. Suff. *ḫatī* meine Schwester 92:17, Pl. *ḫā/atwātē* 74:12, 90:20, ult., m. Suff. *ḫātwāto(h)* ihre Schwestern 74:18.

ḫatḵā = *hadḵā* 34:22.

ḪTM (AS) enden, beenden, abschließen; Prät. *ḫteml(h)on* [*xtəmlun*] sie haben beendet 9:14, *ḫtemlā(h)* war zu Ende 10:ult., 73:12, 75:17; pass. Präs. *tamām ḫtīmā (yh)wā* war ganz zu Ende 50:4.

ḫetnā [*ḫətna*] (AS *ḫa-*) M. Verwandter durch Ehe: Schwiegersohn, Schwiegervater; Verlobter, Bräutigam, m. Suff. *ḫetnī* mein Verlobter 98b:12, Pl. *ḫetnāwātē* Schwiegerväter 54:ult.

ḪTR (AS) sich rühmen, stolz sein: 1. Präs. *wki ḫatren byē(h)* ich bin stolz auf sie (: meine Muttersprache) 49:14.

ḫāter = *ḫāṭer* 73:8, 79:4, m. *ṬLB* sich verabschieden 23:ult.

ḫāterǧamʿ [*-m*] (P. *ḫāṭ-*) sicher 43:21.

ḫāterǧāmʿūtā [*-amūtā*] F. Sicherheit 76:13f., 77:12.

Ṭ

ṭ Buchstr. *ṭēt* 48:19, 49:4, Zahlenwert 9 32:antep.

ṭā (< AS *ʿad*, *ʿdā*?, vgl. auch K. *tā*) Al., San. für, stets m. enkl. *l-* + Personalsuff. *ṭālī* für mich 39:22, *ṭāle(h)* ihm 87:7, 14, 16.

ṭā'her persischer Dichter Bābā Ṭāher 88:1.

Ṭ'Ḫ (vgl. Ar. *ṬHW* vergehen, weggehen, AS *ṭauḥā* Zwischenraum) zu Ende kommen, enden, aufhören; 2. Präs. *wdežmenāyūtā bṭāḫā* (f. *beṭ'āḫā*) u. die Feindschaft aufhört 14:13.

Ṭ'L (AS *ṬYL* Pa. einen Spaziergang machen) spielen; II. Konjug.: 2. Präs. *ki hāwaḥ ṭā'ūlē* [*ṭå-*] wir spielen 46:22, *ṭā'ūlē (y)nā* sie spielen 95:ult., 2. Impf. (ohne Hilfsv.) *kad ṭā'ūlē* während sie spielten 11:4, Imper. Pl. *ṭa'lon* [*ṭāḷun*] spielet 46:paen. *ṭā/a'lta* [*ṭåḷṭå*] f. *(m)ṭā'ltā* (n. act. v. *Ṭ'L*) F. Spiel, Pl. *ṭalyātē* [*ṭålyāte*] 46:21–23, paen. f., 80:1.

ṭāḇā [*-va*] (AS) Adj. gut 16:7, 17:11 u.ö., Pl. *ṭāḇē* 65:2, 70:9, F. *ṭāḇtā* [*ṭōta*] auch Subst.: Gutes, Wohltat 13:17, 37:9, 38:18 u.ö., m. Suff. *ṭaḇtī* meine Wohltat 86:23, Pl. *ṭāḇātē* Wohltaten 38:23 (San. *ṭāḇātā* 39:11), 44:19, m. Suff. *ṭāḇātū(hy)* seine Wohltaten 75:13.

ṬḆḪ (AS) zerquetschen, zerdrücken: pass. Pt. *blebā ṭḇīḫā* mit zerdrücktem Herzen 98b:10.

ṭḇīḇā (AS) berühmt, Pl. *ṭḇīḇē* 60:20.

ṭḇilêtā (AS *ṭaḇlītā* < Lat.) F. Tafel, Pl. *ṭḇilāyātē* 9:5, 7, 18, 20.

ṬBʿ (Ar.) drucken; I. Konjug.: pass. *ṭḇīʿā* [*tvịya*] gedruckt 52:5f., 62:22; III. Konjug. drücken, stoßen: 1. Fut. *bet maṭbeʿyā lī* [*måṭbyālī*] wird mich stoßen 64:12.

ṭaḇʿā [*ṭåwwå*] (Ar. *ṭabʿ*) M. Druck, Pl. *ṭabʿē* Ausgaben, Editionen 44:24, 52:8.

ṭāḇtā F. v. *ṭāḇā* q.v.

ṭāher (Ar.-P.) m. Vorn. 20:4, persischer Dichter Bābā Ṭāher 80:19, 21, antep.

ṭehrān Teheran 6:16, 74:3 u.ö.

ṭūḇā [*-va*] (AS) heil, wohl, selig, m. *l-* wohl dem 92:10, *ṭūḇā 'elôḵon* wohl euch 68:7, *ṭūḇā lk^{u}lôḵun hāwiton (h)wô 'a(y)k ḫa(d) (')nāšā* oh, möget ihr alle sein wie ein Mann 5:7f.

ṭūḇānā [*ṭuvvāna*] (AS) selig 68:antep.

ṭuhmā [*ṭūma*] (AS) M. Geschlecht, Rasse, Stamm, Abstammung 52:22, m. Suff. *ṭuhmū(hy)* seine Rasse 1:22.

ṭūkāsa (AS) M. Vorschrift, Verordnung, Pl. *-sē* s. *ṭaḵsā*.

ṭūsī Naṣīr ed-Dīn Ṭūsī 85:8.

ṬUP 1 (AS) schweben, überschwemmen; 2. Präs. *dīlā(h) beṭyāpā wbeḥdārā* 47:7f. (s. *ḪDR*).

ṬUP 2 (< *Tʿ P*) sich beugen; Prät. *buqtā ṭiplā(h)* die Puppe hat sich gebeugt 99:antep.

ṭūp (T.-K.-P.) M. Kanone, Pl. *ṭū/ōpē* 19:12, 21:19, 22:14,17,18,20.

ṭūfsā [*tūsa*] (AS < τύπος) M. Typos, Muster, Beispiel 4:12, 44:13, 55:11, Pl. *-sē* 41:13.

ṭuprā (< Ar. *dubr* Hinterteil) M. Schwanz, m. Suff. *ṭuprê* ihr Schwanz 85:1.

ṭūrā (AS) M. Berg, 11:23, 13:20 u.ö., Pl. *ṭūrānē* 5:8, 13:10,ult., 14:3,6 u.ö.

ṭurkestān Turkestan 25:15.

ṭāḫā 14:13 s. *T'Ḫ*.

ṭaṭā [*ṭaṭta*] M. Säugling, kleines Kind 49:4.

ṭīmā (AS < τιμή) F. Preis, Wert, 34:21, 72:18,paen.

ṭīmānā (Adj. v. *ṭīmā*) wertvoll, Pl. *-nē* 72:1.

ṭīnā (AS) M. Schlamm, Ton 9:5, 52:19, 63:antep.

ṭāyepā [*-yəpa*] (< Ar. *ṭāyifa*) M. Stamm, Volk, 24:24f., 28:12 u.ö., m. Suff. *ṭāyepū(hy)* sein Stamm 7:11, 32:12 *ṭāyepê* ihr Volk 30:5, *ṭāyepan* unser Volk 36:23, 44:9,20, 62:3, Pl. *ṭāyepē* 10:19, 28:11, 62:8, 63:11.

ṭayrā [*ṭēra*] (AS) M. Vogel 48:24, Pl. *-rē* 7:4, 46:19, 68:4, 85:4.

ṭayārā [*-yy-*] (AR.) F. Flugzeug 26:4, Pl. *-rē* 26:22.

ṭyārē F. zwei Distrikte in Kurdestan *ṭyārē ʿelêtā* Ober-Tiari 17:15, 19:16f.,18, 21:3, 23:2, 25:3, u. *ṭyārē taḥtêtā* Unter-Tiari 19:13,14f., 21:3; von ganz Tiari 44:15.

ṭyārāyā (Adj. v. *ṭyārē*) ein Mann von Tiari 44:14.

ṭaḵsā (AS < τάξις) M. Ordnung 100a:21, Pl. Liturgien: *ṭaḵsē wṭūḵāsay(hy)* die Liturgien u. ihre Agenda 1:15f,. *ṭaḵsē wṭūkāsē mazhabāyē* Liturgie u. religiöse Rituale 52:23.

ṭaḵsānāyā (Adj. v. *ṭaḵsā*) katholisch, Pl. *-yē* 45:14, 62:15.

ṭāl- m. Pronominalsuff. s. *tā*.

ṭlā [*ṭlå*] phon. Schreibung v. *tlā(t)* drei 30:18, 32:2,5, 35:10, 42:21.

ṬLB (AR.) bitten, verlangen, beantragen; 1. Präs. *dṭāleb* [*ṭåləb*] *lebuḵ* was dein Herz begehrt 68:16, *bṭalben mn mārī* ich bitte meinen Herrn 89b:23, *ki ṭalban mn māryā* ich (F.) bitte den Herrn 98b:6, 1. Impf. *ṭāleb (h)wā* verlangte 19:8, 67:11, 1. Fut. *bet ṭāleb mene(h)* wird von ihm verlangen 38:9f., 2. Präs. *dbeṭlābā (y)le(h)* [*bəṭlåbəle*] der verlangt 38:11, *mūdī beṭlābā (y)lā* was verlangt sie 42:21, *beṭlābā (y)wen* [*-bəwən*] ich bitte 64:paen., *dīwet beṭlābā* was du verlangst 67:6, 2. Impf. *kadbe ṭlābā* als er verlangte 15:22, als sie baten 18:8, Prät. *ṭleblon* [*ṭlə-*] sie verlangten 6:12 = *ṭlīb l(h)on* 23:ult., *ṭleble* er verlangte, bat 14:9, 67:19,23, 86:13 = *ṭlīble(h)* 21:23, *ṭleblā(h)* sie verlangte, bat 73:14bis, 74:9, Plpf. als Kond. *wtaklā dlā hāwen (hwā) ṭlībā* oh, hätte ich nicht verlangt 75:21f., pass. Prät. *pīšē'lā(h) ṭlībtā* es wurde gefordert 1:7, Imper. San. *ṭlūb* bete (M. st. F.!) 39:16.

ṭalabtā [*ṭålåptå*] (n. act. v. *ṬLB*) F. Gesuch, Antrag: *ṭalabtā mn paṭeryarḵē* bei den Patriarchen zu beantragen 1:15.

ṭlōlānā (Adj. v. AS *ṭlūlā* Tau) betaut 48:19, F. *-ntā* schön 47:6.

ṭlumyā [*-a*] (AS) M. Ungerechtigkeit, Unterdrückung, Tyrannei, Pl. *-yē* 62:12, 97b:3.

ṭalazta [*ṭålasta*] (n. act. v. *ṬLZ* II. Konjug. verwöhnen) F. Verwöhnung, Verzärtelung, Streicheln 80:16.

ṬLY (vgl. AS *ṬLʿ* Etpe. bewußtlos werden) schlafen, schlafen gehen, einschlafen; pass. Pt. *ṭelyā* [*ṭəlya*] ist eingeschlafen, schläft 46:9, 75:19, F. *ṭlītā* sie schläft ibid., Pl. *ṭelyē* sie schlafen 85:2, 89b:26, Prät. *ṭlilī* [*ṭḷiḷi*] ich habe geschlafen 64:4, 92:12, 3. Pf. *'aykā dṭilyā (h)wā brōnū(h)* wo ihr Sohn schlief 83:20, m. Suff. *'ānā zē ṭlītu(h) (y)wan 'āhā šintā* ich habe auch einen solchen Schlaf geschlafen 83:21, Imper. *dī ṭlī dī ṭlī* [*ṭḷi*] schlafe schon, schlafe schon 90:22.

ṭelānītā [*ṭəllånīta*] (AS) F. Schatten 5:17.

ṭlafḥā [*ṭlōxa*] (AS) M. Linse, Pl. *būšālā dṭlafḥē* [*-ləd ṭlōxe*] Linsensuppe 78:21.

ṬLQ (AS) zerstört oder vernichtet werden, vergehen, verlorengehen; versäumen, verpassen; I. Konjug.: Inf. (nominal) *lṭlāqā* zum Verderben 2:8; II. Konjug.: pass. Pt. (m. akt. Bed.) Pl. *mṭulqē lṣalmā dmāryā wklīlā* verloren habend das Bild des Herrn u. die Krone 100b:18, Prät. *'en āhā persat (m)ṭulqā lôḵon* wenn ihr diese Gelegenheit verpaßt habt 20:14, *(m)ṭūleq l(h)on* sie haben verloren 26:6, 3. Pf. *lā'zē* [l. *lā ze*] *ṭulqē'(y)waḥ* wir haben auch nicht verloren 1:antep.

ṭāleqtā [*ṭālaqta*] (n. act. v. *ṬLQ*) F. Versäumnis: *bğeldūtā mn qa(d)m ṭāleqtā dpersat* schnell, ohne die Gelegenheit zu versäumen 20:12.

ṭamā [*ṭāma*] (< *ṭa'mā*) M. Geschmack 93a:4.

ṭamā" [*ṭamma*] (AS) unrein, schmutzig, abscheulich 76:24bis, 78:3,5, Pl. *ṭamē"* 78:2.

ṭama'kār (P. zusammenges. v. Ar.-P. *ṭama'* + *kār*) geizig, selbstsüchtig, Pl. *-rē* 55:8.

ṬMR (AS) begraben; verscheiden, verschwinden; I. Konjug. Prät. *ṭmirā(h)* sie verschied (wurde begraben), 55:19, II. Konjug. Prät. *wṭumerī* u. ich habe ihn begraben 79:5.

ṬNṬN (onom.) summen; 1. Präs. *baqtā ki hāwī ṭanṭūnē* die Mücke summt 46:20.

ṬNṬR (onom.) klingeln, läuten; 1. Präs. *zegā 'ūp ṭanṭūrē (y)le(h)* die Glocke läutet auch.

ṭanānā (AS) eifrig, Pl. *-nē* 6:antep.

ṭnānā (AS) M. Eifer 52:4, m. Suff. *ṭnānay(hy)* ihr (Pl.) Eifer 63:10.

ṭ'ūna [*ṭǫnå*] (Nf. v. *ṭ'ūnta* wie AS) M. Frucht 34:antep.

ṭ'ūntā [*ṭǫnṭa*] (AS) F. Frucht, Pl. *ṭ'ūnyātē* [*ṭǫn-*] 30:9, 63:paen., 77:5, 82:21.

Ṭ'Y (AS) suchen; II. Konjug.: Inf. *šūrē lī tā'ūyē* [*tāwūye*] *bā(t)rê* ich fing an, sie zu suchen 84:ult., 2. Präs. *ṭā'ōyē (y)le(h) bā(t)r 'erbā tlīqā* er sucht das verlorene Schaf 79:23, 2. Pf. *(h)wē lī 'ānā beḥdārā wṭā'ōyē* ich suchte intensiv 82:13 (vgl. s. *ḤDR*), Prät. *ṭū'ē le(h)* [*ṭūwīle*] er suchte 67:antep., *ṭū'ēlī* ich habe gesucht 98b:13.

ṭa'yānā [*ṭōyāna*] (n. ag. v. *Ṭ'Y*) M. Suche(nde)r, Pl. *-nē* 79:13.

ṭ'īpā pass. Pt. v. *Ṭ'P* q.v.

ṭa'mā [*ṭåmå*] (AS) M. Geschmack, Pl. *bṭā'mātē dḥē'rūtā* bei vollem Geschmack (> Genuß) der Freiheit 96:4.

Ṭ'N (AS) tragen; I. Konjug.: 1. Präs. *ṭā'nī* sie tragen 55:11, Inf. *leṭ'ānā* [*ləṭånå*] *mentā* zu danken (Idiom) 73:12, 2. Impf. *(h)āy kᵘlê beṭ'ānā (h)wā beqdālu(h)* sie nahm alles auf sich (wörtl. auf ihren Nacken) 83:13f.; III. Konjug.: Imper. *lā maṭ'ān* [*ṭån*] lade nicht (das Gewehr) 43:19.

ṭa'nā [*ṭånå*] (AS) M. Last 45:9, m. Suff. *ṭa'nī* meine Last 89:16.

ṭ'antā [*ṭånta*] (n. act. v. *Ṭ'N*) F. Tragen, Idiom. *ṭ'antā dmīntā* Danksagung 23:ult. f. (vgl. unter *Ṭ'N*).

Ṭ'S (< AS *D'Ṣ*) einschlagen, einwerfen, hineingehen, befestigen; akt. Pt. F. u. 1. Präs. (wegen phon. Schwundes des etymol. ' wie v. mediae infirmae) *gô qārqeptī lē ṭ'ēsā* [*ṭẹṣå*] das geht mir nicht in den Kopf 93b:20.

Ṭ'P (Met. v. AS *'ṬP*) falten; pass. Pt. *ṭ'īpā* [*ṭịpå*] gefaltet 48:19.

ṭepā [*ṭəppa*] (AS Pl. *ṭūpē*) Punkt, Pl. *-pe* 41:24, 43:antep.

ṭapṭepānā, F. *ṭapṭepantā* (Adj. v. *ṬPṬP*) flackernd, flimmernd: *šrāgā ṭapṭepantā* flimmernde Lampe 58:22.

ṬPY (vgl. AS *ṬPṬP* flackern, flimmern) anzünden, brennen: Al. *nūrā ṭpē (h)wā le(h)* [*ṭpīwāle*] Feuer brannte 86:11.

ṭeplā [*ṭəplå*] (< Ar.-P.-T.) M. Kindlein 37:2,10.

ṬRD (AS) vertreiben, hinauswerfen; I. Konjug.: 2. Präs. *beṭrādā (y)le(h)* [*bəṭrādəle*] *mn gānū(hy)* er vertreibt von sich 7:16, pass. Pt. *ṭrīdā* Vertriebener 61:18, pass. Präs. (als Kond. der Vergangenheit) *dpā'eš ṭrīdā mn 'atrū(hy)* daß er exiliert wurde (< wird) 57:18f., pass. Prät. *pīš lā(h) ṭrīdtā* [*ṭritta*] sie wurde entfernt 12:15, *wpīšluḵ ṭrīdā* u. du bist vertrieben (worden) 77:5; III. Konjug.: Prät. *muṭredl(h)on 'alan* sie haben uns vertrieben 25:24.

ṭrūnā (AS < τύραννος) tyrannisch, Pl. *-nē* 7:13.

ṬRṬM (AS) murmeln, meckern; 1. Impf. *'iman dğāmāʿat ṭarṭemā (h)wā* als das Volk meckerte 84:16, Inf. *ṭarṭūmē ṭarṭūmē* andauernd murmelnd 77:24.

ṭarṭamtā (n. act. v. *ṬRṬM*) F. Murmeln, Meckern 84:20.

ṬRY (AS schlagen) fahren; 2. Pf. *(h)wē l(h)on beṭrāyā* sie fuhren 22:15, Prät. *ṭrēle(h)* er fuhr 77:8, 24.

ṭaryānā (n. aq. v. *ṬRY*) M. Fahrer 24:5.

ṬRP (AS) schlagen, zerschlagen; 1. Pf. *wqām ṭārep le(h)* u. er schlug ihn 68:9, 2. Impf. *beṭrāpay(hy) (yh)wā* schlug sie 14:3, pass. Pf. *pīšē (yh)wô ṭrīpē l'arʿā* sie wurden auf den Erdboden geschlagen 50:ult.

ṭarpā (AS) M. Blatt 48:19bis, Pl. *bēyl ṭarpē(h)* zwischen seinen Blättern 92: paen.

ṭeršā'h Ortsn. 18:6.

ṭešḇā (f. *ṭešvā*, Wz. *ṬŠY*) M. Geheimhaltung, Heimlichkeit: *bṭešḇā [pṭəšva]* geheim 84:11.

ṬŠY (AS) verstecken, verbergen, verheimlichen; I. Konjug.: pass. *dūrāšā ṭešyā [ṭəšya]* geheime Beratung 21:22, Prät. (> Präs.) *dṭešyā (y)le(h) bye(h)* in dem subintelligiert ist (hat) 40:paen. f.; II. Konjug.: L. Präs. *ki (m)ṭāšetle(h) rēšuḵ* versteckst du deinen Kopf 67:ult., 68:8, vgl. 68:2, *ki māṣet (dm)ṭāšet le(h)* kannst du ihn verstecken 68:3, *ki māṣīton (dm)ṭāšīton le(h) rēšôḵon* ihr könnt euren Kopf verstecken 68:6, *(dm)ṭāšē* der verheimlicht 75:13, 2. Impf. m. Suff. *ṭāšōyū(h) (yh)wô gānê* sie haben sich versteckt 50:3, 3. Präs. m. Suff. *'aykā hāwī gānê ṭušyō(h)* wo verstecken sie sich? 84:ult.

Y

y Buchst. *yūd* 48:19, 49:4, Zahlenwert 10 32:paen.

y' 11 32:paen.

yā 1 (AS) Vokativpartikel: O! *yā rab* o Herr! 5:7, 7:6 = *yā māryā* 7:3, 39:14, 15, *yā mār(y) miḵā'ēyl* 39:22, *yā māryām* 39:16, *yā 'alāhā* 88:antep., *yā dlā demētā* 86:23 s. *demētā*, u. ä.

yā 2 (P.-K.) oder 11:9, *yā – wyā zē* entweder – oder (auch) 56:23f.

yb 12 32:antep., 66:3.

yg 13 32:antep.

yagūrāyē Pl. Name eines zentralasiatischen Volkes: die Yaguren 36:8.

yd 14 32:ult.

ya/ed in *bya/ed* q.v.

YD' Al. = *YDʿ*; I. Konjug.: 1. Präs. *kyadē'n [kyaḏən/kīḏ-]* ich weiß 87:4, Prät. *kud īdē'lā(h) yemā(h)* als ihre Mutter wußte 37:16, *lā īdē'lī [layḏēlī]* ich wußte nicht 37:paen.; III. Konjug.: 1. Präs. *keben maydē'nāḵ(y) [-dənnax]* ich will dir (F.) mitteilen 37:9, Prät. *mīdā lay* sie teilten mit 86:paen., 87:16.

YDY (AS) bekennen, an etwas halten; III. Konjug.: 2. Präs. *môdūyē (y)waḥ* wir halten daran fest 44:7.

YDʿ (AS) I. Konjug.: wissen, kennen; III. Konjug.: bekannt machen, mitteilen, belehren, benachrichtigen; I. Konjug.: 1. Präs. (m. Suff.) *ki yādʿi(h) [kiåṭị] lšemū(hy)* kennt seinen Namen 1:21, *'alāhā yadʿi(h)* Gott weiß 45:19, *ki yādʿah(n) [ki yåṭåḥ, kyå-]* wir wissen 12:9 = *ki yā/adʿaḥ* 54:14, 57:18, 58:3, 59:7f., 62:18, *ki yādʿāḥ lôḵon* wir kennen euch 16:6f., *dlē māsāḵ dyadʿāḵ yāqīn* die wir nicht sicher wissen können 33:15, *wlā yādʿāḥ* u. wir wissen nicht 84:1, *ki yādʿi [yåṭị]* sie wissen 35:16, *ki yādʿet [yåṭət]* du weißt 43:7, 70:20, *ki yādʿet lī* du erkennst mich 66:16, *baʿyet yadʿet* du möchtest wissen 77:1, *ki yadʿen [yåṭən]* ich weiß 45:15, 49:7, *ki yadʿenuḵ [k(y)åṭənux]* ich kenne dich 70:21, *bebʿāyā (y)wen dyadʿen* ich möchte wissen 76:20 = *baʿyen yadʿen* 76:ult., 77:19, *lē yādʿen* ich weiß nicht 80:23, 81:6, *yādʿen 'aḥčī* ich weiß nur 81:7, *lē yā(/a)dʿenuḵ* ich kenne dich nicht 66:17, *ki yādʿāt(y)* du (F.) weißt 84:10, *ki yādiʿ [yåṭị] lā(h)* er kennt es 44:17, *ki yādeʿ [yåṭẹ]* er weiß 90:10bis, *lē yādeʿ* er weiß nicht ibid., *lē yādiʿ lon* er kennt sie (Pl.) nicht 90:7, (Konjunktiv) *dyādʿī* damit sie wissen 66:13, *qā ... 'ap (')hē(r)nē yadʿile(h)* damit ... die anderen es auch wissen 94:5, *dki yādʿā l(h)on* die sie kennt 96:20, 1. Impf. *bʿedānā d(h)ô ki yādiʿ (h)wā lā(h)* zur Zeit, die er kannte (: zu seiner bekannten Zeit) 67:22, *bgānū(h) lē yadʿā (h)wā* sie selbst wußte nicht 83:18, Inf. *lē 'ātē līdaʿyā [-ḏåyå] yāqīn* man kann nicht sicher wissen 33:13, 2. Präs. *lā'(y)*-

waḫ bēydaʿā lšemā d'umtan wir kennen nicht den Namen unseres Volkes 1:paen. f., *dlē (y)lā(h) bēyʿdāyā* (sic, st. *bēydaʿā*) [*bīd̥åyå*] *lšemo(h)* die ihren Namen nicht kennt 3:4, *lē (y)wāḫ bīdāʿā* wir wissen nicht 66:17, 2. Impf. *lē (yh)wô bēydʿāyā* sie wußten nicht 11:9, *(h)āy bēdāʿyā (h)wā* sie wußte 83:13, *yaʿqūb šb̲īlē bēdʿāyā (h)wā* J. kannte die Wege 83:15, Prät. (m. präsent. Bed.) *(y)dēʿlī! (y)dēʿlī!* [*d̥i̯li̯*] ich weiß schon! 69:12, *lā (y)dēʿlī* ich habe nicht gewußt (> ich weiß nicht) 69:13, 98a:14, *d(y)dēʿle(h)* was er wußte (> weiß) 94:5, pass. Pt. St. emph. *(y)dīʿā* [*d̥i̯yā*], F. *(y)dīʿtā* [*d̥i̯tå*] bekannt: *ḫā (')nāšā (y)dīʿā ('yh)wā* [*d̥i̯yəwå*] war ein bekannter Mensch 35:5, *ḫ(d)ā (m)hamzamtā ḫadtā wlā (y)dīʿtā* ein neues u. unbekanntes Wort 44:6, *kātōb̲ē (y)dēʿyē* berühmte Schriftsteller 62:ult., pass. Präs. *dpayšaḫ (y)dēʿē* daß wir bekannt werden 1:ult. f., *ki bāʿēyn pêšā (y)dīʿtā* ich möchte kundgeben 45:4, *lē (y)le(h) pīšā (y)dīʿā* ist nicht bekannt 52:17, *pīšē (y)nā (y)dīʿē* sie sind bekannt 58:7, *lē (y)nā pīšē (y)dīʿyē* sie sind nicht bekannt 62:paen., Imper. *w(y)dʿī* [*d̥i̯*] u. wisse 68:ult.; II. Konjug.: 1. Präs. *dmadʿen* [*-d̥ən*] *mentī* daß ich mich bedanke (Idiom) 33:9, *lmānī madeʿyan(y)* [*måd̥i̯yån*] *qwāltī* wem soll ich (F.) meine Klage bekannt machen 7:3f., *ki madeʿ* [*-d̥e̯*] es zeigt 41:21, *ki madīʿyā* das bedeutet 41:22, *ki madʿāk̲* [*-ṭåx*] wir kennzeichnen 41:24, paen., 2. Impf. *lē (h)wā benk̲apā dmadʿīyā (h)wā* [*dmåd̥i̯yåwå*] *šemū(h)* sie schämte sich nicht, sich vorzustellen 83:10, Inf. *lmadūʿē* [*-d̥ūye̯*] mitzuteilen 52:7, 2. Präs. *madūʿwē (y)lā* [*-d̥ūyə̥lå*] das zeigt 31:14, 41:10f., 18, ähnl. *maduʿwē (y)lē* 41:antep., *dbā(h)sê madʿūyē (y)nā* deren Themen man darstellt 30:21f., Prät. *mudʿē* [*-d̥i̯*] *lā(h)* sie machte bekannt 73:antep., pass. Präs. *mudʿītā (y)lā* [*-d̥i̯tə-*] sie ist gekennzeichnet 41:10, 16, Imper. *madʿī* [*-d̥i̯*] *lī* teile mir mit 67:24.

yadʿānā [*yåṭånå*] (n. ag. v. *YDʿ*) Kenner, Pl. *-nē* 62:14, 18.

(y)dēʿtā [*d̥e̯/i̯tå*] (n. act. v. *YDʿ*) F. Wissen, Kenntnis, 4:16, paen., 29:18, 34:6, *(y)dāʿtā* [*d̥åṭå*] 40:4f., *(y)daʿtā* 45:12, m. Suff. *(y)dāʿtan* unser Wissen 60:14 = *(y)daʿtan* 62:5, *b(y)dāʿtī* mit meinem Wissen 68:22, *lā (y)dēʿtê* ohne ihr Wissen 91b:20.

Y(H)B̲ (AS) geben; infolge des häufigen Gebrauchs m. enkl. *l* ist eine erweiterte Wz. *Y(H)B̲L* (s.v.) entstanden; pass. Pt. folgt öfter der II. Konjug.; 1. Präs. *hal 'ānā ya(h)b̲en* [*yāvən*] *puqdānā* bis ich den Befehl gebe 43:20, *gārāg yā(h)b̲et sāhdūtuk̲* du sollst dein Zeugnis ablegen 43:9, *yā(h)b̲ā (y)wān* ich (F.) gebe 47:10, *ki yā(h)b̲et rā'y* du gibst Rat 68:10, *(h)wē l(h)ōn rā'zī dyā(h)b̲ī* sie waren bereit zu geben 73:17, 1. Fut. *wbet yā(h)b̲enā(h)* [*yāwənna*] ich werde sie geben 34:15, 1. Impf. *yā(h)b̲en (h)wā* ich würde geben 92a:21, *ki ya(h)b̲ī (h)wô* sie gaben 71:8, *lē ya(h)b̲ī (h)wô* sie gaben nicht 71:9, Inf. *lyā(h)b̲ā* [*liyāva*] zu geben 73:13, *ki māṣen lyā(h)b̲ū(hy) ǧūwābuk̲* ich kann es dir beantworten 79:3, 2. präs. *byā(h)-b̲ā'le(h)* [*biyāvəle*] er gibt 4:15 = *bya(h)b̲ā le(h)* 20:paen., *byā(h)b̲ā'(y)nā* sie geben 4:19 = *byā(h)b̲ā (y)nā* 30:21, *byā(h)b̲ā* er gibt 32:14, 66:10, *byā(h)b̲ā (y)wāk̲* wir geben 12:3, *yā(h)b̲āḫlā(h)* wir geben sie (Sg.) 84:3, *lē (y)lē byā(h)b̲ā* er gibt nicht 33:16, *wbyā(h)b̲ā (y)wān* u. ich (F.) gebe 47:10f., (m. Suff.) *byā(h)b̲ū(hy)* man gibt ihm 66:25, *byā(h)b̲ī (y)wet* du gibst 66:21, (m. Suff.) *lē (y)nā byā(h)b̲uk̲* man gibt dir nicht 78:16, 2. Impf. *b̲ya(h)b̲ā (h)wā* gab 55:6, Prät. (s. I. Konjug., vgl. *Y[H]B̲L*) *kad ye(h)b̲ele* [*yūvəlle*] *puqdānā qātê* als er ihnen befahl 4:4, *ī(h)b̲ālā(h)* [*yuvvāla*] sie gab sie (: die Fahne) 5:14, *ye(h)b̲ele(h) parmān* er befahl 16:1, *(yh)b̲ele(h)* er gab 66:21, *ye(h)b̲ele(h) qātū(hy)* er gab ihm 20:19, *ye(h)b̲el(h)on* sie gaben 6:5, *dye(h)b̲elī qātuk̲* die ich dir gab 43:14f., *ye(h)b̲ālā(h)* sie gab sie (: die Urkunde) 83:7, *(yh)b̲elon* [*yūvellun*] 91a:11 s. *'āk̲(y) y(h)ībā le(h)* [*yuvvāle*] er hat sie (Sg.) gegeben (: data est ab eo) 80:13, (v. II. Konjug.) *yū(h)b̲elī qātuk̲* ich habe sie (Pl.) dir gegeben 68:22, *dlē (y)le(h) yu(h)b̲ay(hy)* [*yuvvē*] *qātan* die er uns nicht gegeben hat 68:4, *yū(h)b̲elan* [*yuvvəlan*] wir haben gegeben 73:20, *yū(h)b̲ele(h)* [*yuvvelle*] er hat gegeben 82:4, *dyū(h)wā (y)le(h) (y)dēʿtā būš (')ḫārêtā* der eine spätere Nachricht gegeben hat 34:6, *yū(h)b̲ā (y)le(h) 'alāhā qātōk̲on* Gott hat euch gegeben 68:4,

3. Pf. (v. I. Konjug. m. Suff.) *d'ī(h)wā malkā (yh)īḇū(hy)* den der König gegeben hat 35:15, (v. II. Konjug.) *yūḇā* (sic) *(h)wā [yuvvəwa] qātū(hy)* er gab ihm 65:ult., *dyū(h)ḇē (y)ton* daß ihr gegeben habt 73:22, pass. Pt. ohne Hilfsv. *yū(h)ḇē šūrā* sie geben Sinn 74:7, pass. Stimme: Präs. *(ki) pāyeš yū(h)ḇā* es wird gegeben 32:6, 68:15, *hāwē (yh)īḇū(hy) [yuvvū]* wird ihm gegeben 34:22, Prät. *pīšle(h) yū(h)ḇā [yuvva]* wurde gegeben 17:20, *pīšā (y)le(h) yū(h)ḇā* wurde ausgeliefert 43:12, Imper. m. enkl. *l*: *haḇlī [hallī]* gibmir 66:antaep., paen. f. *Y(H)ḆL* (v. *Y[H]Ḇ* q.v. + enkl. *l*) geben: 1. Präs. *lē yā(h)ḇel* er gibt nicht 67:5, Al.*dyā(h)ḇele(h) [dyāvəlle] kṯeṯā* daß er ihm eine Henne gibt 87:14, 1. Impf. *yā(h)ḇel (h)wā* er gab 28:10, 1. Fut. *bet yā(h)ḇel* wird geben 38:12, 1. Pf. *qam yā(h)ḇel le(h)* er hat ihm gegeben 35:12, pass. Pt. F. *ye(h)ḇeltā* u. *yu(h)ḇeltā [yuvveltā]*: *ye(h)ḇeltā (y)lā* sie wurde gegeben 30:19, 20, 31:5 = *pešlā ye(h)ḇeltā* 27:23, *ki pêšā yū(h)ḇeltā qātay(hy)* sie wurde ihnen gegeben 63:paen.

yā(h)ḇaltā (n. act. v. *Y[H]ḆL*) F. Geben: *qā yā(h)ḇaltā dpuqdānā* zum Befehlgeben 82:8, *ya(h)bāltā dmamlē* das Vortragen 91 A. 2.

yā(h)ḇānā [yāvāna] (n. ag. v. *Y[H]Ḇ*) M. Geber: *yā(h)ḇānā dnaṣīhat* Ratgeber 68:paen.

ya(h)ḇ-'alā(h)ā [yāvāla] m. Vorn. 15:22, Name eines Patriarchen 36.

(y/)ī(h)wā s. *HWY*.

īhūd (AS) Judäa 28:16.

y(h)ūdāyā (AS) M. Jude, jüdisch 27:18, 33:23, Pl. *y(h)ūdāyē* 22:19, 27 (oft), 28:1, 2 u.o., F. *y(h)ūdêtā* eine Jüdin 27:9.

y(h)ūdāyūtā (AS) Judaismus 27:4.

(y/)ī(h)wô s. *HWY*.

yw 16 32:ult., 50:15.

yū'ēyl (AS < *H*) Joel, m. Vorn. 58:21.

yū'ānīs m. Vorn. 39:paen.

yūbālāya (AS) traditionell, überliefert, volkstümlich, Pl. *yūbālāyē* 52:13.

(y/)īwā/aḫ, -wā/aḫ(n), -wā/ḫ(nn) s. *HWY*.

yōḫ. Abk. v. folg. Joh. 32:paen.

yōḫanān [yuxanna] (AS) ein häufiger m. Vorn. 14:23f. (bis), 15:2 u.o.

yūzā (K.) M. Tiger 49:4.

(y/)īwā/aḵ s. *HWY*.

yūlyūs Julius 4:19.

yulpānā (AS) M. Lehre, Doktrin 4:8, 12:12f., 14:19 u.ö., Pl. *-nē* 29:6, 53:10; m. Suff. *yulpāne(h)* seine Lehre 9:24.

yōm, emph. *yōmā* od. *yômā [yūma]* (AS) Tag (sehr oft), auch phon. *yūmā* 31:14, 39:16, antep. (nb. *yōmā* paen.), *kᵘl yōm* jeden Tag 74:16, *yômā qā yômā* von Tag zu Tag 89b:16, Pl. *yô/ōmānē* 20:21, 31:6, 7f., 15 u.ö., seltener *yômē* 26:6 u. *yômātā* 39:20, Sg. m. Suff. *yômī* mein Tag 98a:9, Pl. m. Suff. *yōmānū(hy)* seine Tage 33:16 = *yômāne(h)* 70:5, ab. *yômuḵ* deine Tage (st. *yômānuḵ* wegen des Rhythmus) 100a:5.

(y/)īwen, F. *(y/)īwā/an* s. *HWY*.

yônā [yūna] (AS) F. Taube 16:23, 67:3, 8, 14, 22f., 23, 68:10, Pl. *-nē* 46:16 (s. *GWGY*).

yônā'īt [yū-] (AS) Adv. griechisch 11:18, 40:6.

yônāyā [yūnāya] (AS) M. Grieche, Pl. *yônāyē* 4:14, 20, 21, 10:11, 12:4, *bše(n)tā* 1592 *lyônāyē* im J. 1592 der griechischen Ära (: ab. 312 v. Chr.) 36:5, F. *yōnêtā* 53:11.

yônān [yūnan] m. Vorn. 18:3, 30:1, 6, 33:9, 56:14.

yōnātan [yū-] (AS < H) Jonathan 11:16, 66:2.

yôsīpos Josephus Flavius 33:15, 20.

yôsep [yūsip] m. Vorn. 50:1, 56:16, 59: antep., ult., u.ö.

yōpaṯḵīn Eigenn. 15:17.

yuft (= *yaft*) Japheth 3:8.

yuqdānā (Nf. v. *yaq-* wie AS) M. Brennstoff 73:3, 5.

yūqrā (AS) M. Last, *'ūp yūqrā m'alī lē (y)le(h) qalqūlē* auch die Last auf mir wird nicht leichter 89:15, m. Suff. *yuqrê* ihr Gewicht 47:21.

yōrōpnāye [yurupnāye] (v. folg.) Europäer 58:8.

yūrep [-rup] (Engl.) Europa 4:1, 12:17 u.ö.

(y/)īwet, F. *(y/)īwā/at(y)* s. *HWY*.

yutrānā (AS) M. Vorteil, Zuwachs, Gewinn 7:11, 16:23, 61:5, 79:13, 91:22.

yz 17 32:antep.

yḫ 18 32:ult.

īḫīdāyā (AS) einzig 1:5.

yaḫsīr (K.) M. Gefangener 21:9, 55:13 (s. *LBL*), 97a:8, Pl. *-rē* 9:ult.

yākānā [*yakkāna*] (P.-T.) einzig, F. *-ntā* 83:21.

(*y*/)*īlā*, *-lē*, *-le*(*h*), *-lā*(*h*) s. *HWY*.

yālā phon. Schreibung v. *yāl*(*d*)*ā* Kind 41:7, Pl. *-lē* 3:14, 42:24, 46:paen. u.ö., m. Suff. *yāle* ihre (Pl.) Kinder 64:19.

YLD (AS) gebären; pass. Pt. (*y*)*līdā* [*līda*], pass. Prät. *pešle*(*h*) (*y*)*līdā* wurde geboren 8:5.

yāl(*d*)*ā* (AS) M. Kind 8:11, 69:3, 75:antep., Pl. *-*(*d*)*ē* 3:14, 9:2, 18:7, 21:8 u.ö., m. Suff. *yāl*(*d*)*ū*(*hy*) seine Kinder 7:11, 97b:8, *yāl*(*d*)*ī* meine Kinder 82:15, *yāl*(*d*)*ê* ihre Kinder 78:10, 90:20.

(*y*)*lādtā* [*latta*] (n. act. v. *YLD*) F. Geburt, Erzeugung 81:paen.

yālūnā (Dim. v. *yālā*) M. kleines Kind, Pl. *-nē* 61:9.

YLP (AS) I. Konjug.: lernen, III. Konjug.: lehren, beibringen; I. Konjug.: 1. Präs. *ki māṣī yālpī* [*ya-*] *lā*(*h*) sie können es lernen 38:22, *gārāg yalpaḫ* wir müssen lernen 49:8, *wyalpī* u. sie lernen 94:6, 1. Fut. *bet yālep* er wird lernen 41:7, *bet yālpī* sie werden lernen 44:19, *bet yālpītun* ihr werdet lernen 48:12, 1. Impf. *ki yālpī* (*h*)*wô* sie haben gelernt 9:3, 2. Impf. *kad belyāpā* als er lernte 70:5, pass. Pt. *īlīpā* [*līpa*] gelehrt 15:22, Pl. (*y*)*līpē* 9:23, Gelehrte 12:13, 29:1,16, 70:6, Prät. (*y*)*līpl*(*h*)*on* [*ləplūn*] sie haben gelernt 44:24 = (*y*)*lipl*(*h*)*on* 63:17, 3. Pf. (*y*)*līpē* (*y*)*wāḫ* [*līpəwax*] wir haben gelernt 27:7, pass. Präs. *ki pêšī līpē* sie werden gelernt 40:5; III. Konjug.: 1. Präs. *'en malpīlon* wenn man es ihnen beibringt 46:19, *wmalpī* u. sie lehren 65:24, *wki malpet lā*(*h*) [*-pətla*] u. du lehrst sie 68:10, 1. Pf. *qām*(*y*) *maleplāḵ* [*-ləplax*] wer hat dich (F.) gelehrt 67:24, 2. Präs. m. Suff. *dmālōpan* [*-lū-*] *īlā* die uns lehrt 41:3, Prät. *môlep l*(*h*)*ōn* [*muleplūn*] sie lehrten 25:13, m. Suff. *hōqar mulpane*(*h*) [*-nne*] der Rabe hat mir's beigebracht 67:antep., 3. Pf. m. Suff. *'a*(*y*)*ḵ dmulpu*(*h*) (*yh*)*wā hōqar* wie der Rabe sie gelehrt hat 67:23f.

yālpānā (n. ag. v. *YLP*) M. Lerner, m. Suff. *yālpānu*(*h*) derjenige, der es lernt 68:paen.

(*y*)*lāptā* (n. act. v. *YLP*) F. Lernen 12:2, 38:10.

yalṣūwā (Wz. *YLṢ*) (bedrängen) M. Bedrängnis, Not, Elend, Pl. *-wē* Unglücksschläge 8:18.

yemā [*yəmma*] (AS *'emā* [*'emmā*]) F. Mutter, F. 4:8, 6:17, ult. u.o., m. Suff. *yemū*(*hy*) seine Mutter 35:3,22bis = *yeme*(*h*) 49:10, Al. *yemā*(*h*) ihre Mutter 37:20, paen. = *yemō*(*h*) 74:18 = *yemū*(*h*) 99b:4, a:6,7, 18, *yemī* meine Mutter 39:16, 89b:ult., *lišānā dyemī* [*-nəd yəmmī*] meine Muttersprache 49:9 (*lešānā dyemā* Muttersprache 48:1), *yemuḵ* deine Mutter 83:22, *lišānā dyemê* ihre (Pl.) Muttersprache 55:20.

yāmā (AS) F. Meer, 11:7, 46:12, 47:7, 97b:5,9, *yāmā d'urmī* Urmia-See 59:14, *ḫdīrē ldemā yāmā wberzā* in Blut umgewandelt sind Meer und Land 100a:14, *gāmī dḥayan lyāmā ddemā* [*liyāmədd əmma*] unser Lebensschiff auf dem blutigen Meer 100a:16; Pl. *yāmātē* 10:15.

YMY (AS) schwören; Prät. Al. *'īmē'leh* [*īmēle*] er hat geschworen 87:14, 3. Pf. *yemyā* (*h*)*wô* [*yemyəwa*] *mômātē* sie haben geschworen 73:16.

yemāyā [*-mm-*] (Adj. v. *yemā*) mütterlich: *lešānā yemāyā* Muttersprache 1:16, 52:7.

yamīnā [*-mm-*] (AS) recht, rechte Seite 50:paen., 68:2.

yāmān Jemen 54:19.

yan (K.) oder 5:23, 9:4 u.ö., *yan* ... *yan* entweder ... oder 11:17, 34:5.

(*y*/)*īnā* s. *HWY*.

yesūrā [*yu-*] (AS *'asūrā*) M. Band, Fessel 81:15.

īsrāyel (AS < H) Israel 31:3, 32:14,19, 79:3,4.

ya'nē [*yắne*] (Ar.-P.-K.-T.) das heißt, nämlich 7:antep., 29:3, 32:4,11, u.o.

ya'qoḇ [*yāqū*] (AS < H) Jakob 12:13, 19:paen. u.o. dav. *ya'qūbāyē* Jakobten 1:6.

yaft (AS < H) japheth 30:12,13,15,20.

yāṣoptā [*-ṣupta*] (n. ag. F. v. *YṢP* sorgen) F. Krankenschwester 72:17.

yaṣīpūt (Wz. *YṢP* AS) F. Sorgfalt: *byaṣīpūt* curā 67:2.

yaṣrā (AS natürliche Veranlagung, Neigung) Adj. umgewickelt, umzaunt 100b:23.

YQD (AS I. Konjug. brennen: Prät. Al. *lebā* ... *qedle*(*h*) sein Herz brannte

(> wurde von Mitleid bewegt) 86:13, III. Konjug. verbrennen: 1. Präs. *'en māqdī* [*ma-*] *lī* wenn man mich verbrennt 78:13, *maqdī l(h)on bnatū(hy)* sie verbrennen seine Töchter 97b:8, pass. Impf. *pêšī (h)wô mūqdē* sie wurden verbrannt 9:5, pass. Prät. *pīšlon mūqdē* id. 78:10, pass. Pf. *pīšē (y)nā mūqdē* id. 65:9.

yāqōbāye Pl. die Jakobiten 11:21, 53:14.

yāqundā (Nf. v. *yāqūt* = Ar.) Rubin, Pl. *-dē* 72:6.

yā/aqōrā (AS) schwer 2:paen., 13:5, 29:3, 45:9, F. *yaqo/urtā* 55:19, 63:20, Pl. *yāqōrē* 55:11.

yāqīn [*-qən*] (Ar.-P.) sicher(lich) 33:13, 15, 35:23, 50:9.

YQR (AS) I. Konjug. schwer werden, II. Konjug. ehren, verehren; I. Konjug.: Inf. Al. *wbīqāra* u. schwerer zu werden 37:13; II. Konjug.: 1. Impf. *myaqrī (h)wô* sie verehrten 71:11,13 (erstes als Konjunktiv), pass. Pt. (wie AS) *myaqrā* geehrt 16:10, 18:2, Pl. *-rē* 25:6, Imper. m. Suff. *myāqerun* [*-ərrun*] ehre sie 48:12.

YQRN (den. v. *yāqōrā*) schwer sein; Inf. als 2. Präs. *ṭāʿnī yaqrūnē* meine Last ist schwer 89b:16.

yarḫā (AS) M. Monat 11:2, 20:18, antep. u.o., Pl. *-ḫē* 6:3, 31:3,6, 85:6.

yarḫāyā (Adj. v. *yarḫā*) monatlich 58:1.

yā/arīḵā (AS *'arīḵā*) lang 2:10, 10:3, 75:20 u.ö., F. *yārīḵtā* [*-rəxta*] 76:6, Pl. *-ḵē* 13:11, 90:9.

YRḴ (AS pass. *'eraḵ* u. *īreḵ*) lang sein od. werden, (sich) verlängern, sich ausstrecken, dauern: 2. Impf. *plāšā har beryāḵā (yh)wā* der Krieg dauerte noch an (verlängerte sich) 11:8, Prät. *wrīḵlā(h)* [*rəxla*] u. sie dauerte 16:4, *(y)rīḵlī ledmāḵā* ich habe mich ausgestreckt zum Schlafen 64:4; III. Konjug.: Inf. m. Suff. *lmaryūḵū(hy)* ihn zu verlängern 99a:19.

yarḵā Al. = *yarḫā* 37:14,15f.

yartā (Wz. *YRT* erben, AS) F. die Erben, Nachfolger: *b'īdā dyārtā* in der Hand der Nachfolger(schaft) 16:paen.

yartūtā (AS) F. Erbschaft 54:6.

īšoʿ [*išu*] (AS) Jesus: *īšoʿ mšīḥa* Jesus Christus 28:3 u.ö., San. *mārānīšoʿ mšīḥā* (sic, st. *mārān īšoʿ mšīḥā*) unser Herr Jesus Christus 39:13, Al. *īšoʿ ṭeplā* Jesulein 37:2; in Personennamen: *īšoʿya(h)ḇ* („Jesus hat gegeben") m. Vorn., hier Name eines Patriarchen 15:21, antep., *be(h) īšoʿ* („in eo Jesus") m. Vorn. 19:paen. s. *bnay*.

YTḆ (AS) I. Konjug.: sitzen; III. Konjug.: setzen, legen, stellen; I. Konjug.: 1. Präs. (als Konj.) Al. *lā qbelā(h) dyātḇā* sie wollte nicht sitzen 37:23, *basīmtā (y)lā(h) dyāteḇ (')nāšā* es ist angenehm zu sitzen 47:24, pass. Pt. *(y)tīḇā* sitzend 18:19f., 50:paen., Prät. *(y)teḇle(h)* [*tevle/tūle*] er saß 15:10, 67:21, 77:8,24, 79:16, *(y)tīḇlī* [*təw-*] ich saß 24:2, *(y)teḇlon* sie saßen 28:8f., *(y)teḇluḵ* du hast gesessen 88:6, 3. Pf. *d(y)tīḇē (h)wô gāwe(h)* die darin saßen 28:8, *(y)tīḇē (y)nā* sie saßen 95:24,25, *kad (y)tīḇē* als sie saßen 17:12, *(h)āw kad (y)tīḇā* als er saß 85:3; III. Konjug.: 1. Präs. *dukā matḇan(y) lrēšī* Platz, wo ich meinen Kopf hinlegen soll 7:5, *mateḇlā* [*-təvla*] aufzusetzen (< er würde aufsetzen), *gārāg dmatḇāḵ benā* wir müssen uns vornehmen 31:16, *ki matbāḵ lā(h)* wir setzen es 41:12, *ki matḇet* du stellst 88:18, 1. Impf. (als Konjunktiv) *wmatḇī (h)wô lon* u. damit sie sie einsetzen (< eingesetzt haben) 71:14, 1. Pf. *qām ... wmātḇā le(h)* u. sie legte ihn hin 8:8, 2. Präs. *šemūḵ matḇūyū(hy)* [*matūyu*] *ʿalī* deinen Namen möchtest du mir geben 78:4, Prät. *w'aqle(h) mutḇā le(h)* 24:4 s. *'aqlā*, *muteḇlē blebe(h)* er legte sich ins Herz 27:17, *muteḇle(h)* er legte 67:antep., *mutḇā (y)lē* [*-vəle*] ist gesetzt worden (> wird gesetzt) 41:18,21, *šemo(h) muteḇl(h)on* [*mutəvlun*] sie haben sie genannt (: ihr den Namen gegeben, Idiom) 65:18, *muteḇlā(h)* sie legte 72:16, *muteḇl(h)on* sie legten nieder 52:21, sie setzten auf 72:6, *wmutḇāle(h)* er legte sie (Sg.) 75:antep., *mānī mutḇuḵ īle(h) ʿalan* wer hat dich über uns gesetzt 79:7, pass. Präs. *pā'eš mutḇā* wird hingelegt 30:9, pass. Pf. *pīšā (yh)wā mutḇā* er wurde gelegt 50:24, vgl. 49:ult.f., *pīšē (yh)wô mutḇē* sie wurden gelegt 50:antep.

yātōmā [*-tūma*] (AS) M. Weise 71:10.

(y/)ī̄ton ihr seid, s. *HWY*.

yatīr [*-tt-*] (AS) mehr, in *yatīr mrakḇa* s. *mrakḇā*.

YTR (AS) Wz. v. *yutrānā, yatīr, myatrā* u. *myatrūtā* s. vv.

K

k Buchst. *kāp* 49:20 (normale u. finale Form), 49:4, Zahlenwert 20 32:paen., 49:20, 50:3.

k- s. *ki*.

k' 21 32:antep.

k̲ā = *ḫā* = *ḫa(d)* Al. 37:23, 86:11, San. 39:5, (nb. *ḫad* einmal, Z. 6).

ki (schriftl. meist. *kē* < AS *kay* nun?, vgl. auch AIr. Verallgemeinerungspartikel *kā* Bartholomae, Sp. 422ff., andererseits Talm.-Mand. *qā/ī* beim partizipialen Präs. Nöldeke 294) Partikel der durativen Tempora: 1. Präs. u. 1. Impf., vgl. *dki pā'eš qeryā* das genannt wird 22:19, *dki pēšī (h)wô zmīrē* die gesungen wurden 58:4, *'ālahā ze ki bā'ē* Gott will es auch 80:16 u.ä.; in San. u. Al. *k-* kontrahiert m. I.': San. *kud kāmret* [*kamət* (sic)] während du sagst 39:14, Al. *kemren* [*kəmrən*] ich sage 87:1, *kūden* 87:5, s. *'WD* (< *'BD*), *wek'āḇren* 87:2 s. *'BR*, seltener *kī-* Al. *wkīmer* u. er sagt 37:8, gelegentlich *k-* od. *ke-* auch vor anderen Verben, vgl. *ktanē* er sagt 71:23, *lā kbaṭlen* [*lagbaṭlən*] ich höre nicht auf 87:2, *keben* ich will 37:9, ähnl. San. *kebenok̲* [*kəbənnox*] ich liebe dich 39:12, Al. *kkadrī kmāḫê lī* [*-xīlī*] sie wagen es, mich zu schlagen 87:3, nach *d-*: *dekk̲āzen* die ich sehe 87:4.

kā'n Cannes (Stadt in Süd-Frankreich) 37:18.

kē'nā [*kīna*] (AS) gerecht 78:7,9, Pl. *-nē* 100a:5,7.

kē'nūtā [*kīnuyta*] (AS) F. Gerechtigkeit 78:7, 100a:11,b5.

kē'pā [*kīpa*] (AS) F. Stein, Fels 46:5, 49:23 u.ö., Pl. *-pē* 2:paen., 24:paen.

kē'pānā [*kīpāna*] (AS *kē'pānāyā*) steinig, F. *kē'pantā* 63:24.

kā'r (P. *kār* Werk, Wirkung) Einwirkung, M. 81:13.

kg 23 32:antep.

kd 24 49:19.

kad (AS) Konj.: wenn, als, während, da, weil 4:4,6, 6:12 u.o., abgeschwächt zu *ked* [*kəd*] 16:19; pleonastisch m. pass. Pt. *kad mukestā* sie hat bedeckt 13:23.

k̲a(d), F. *k̲dā* [*ḫdā*] = *ḫa(d)*, *ḫdā*: Al. 37:5,9,19, 86:15, antep.bis, 87:13.

kādā (Aserb.-T.) flacher Butterkuchen, M. 46:3,4,6, Pl. *-dē* 76:6.

k̲dayged [*γdēgəd*] (< *'a[y]k̲ dkad*) Al. als ob 87:20.

K̲DR = *ḪDR*; II. Konjug.: drehen, schwingen, schlagen: 1. Präs. Al. *k̲adrī* (< *mḫadrī*) sie schwingen, drehen 87:3.

kh 25 32:ult.

kahīnūtā [*kāyinuyta*] (AS) F. Reichtum, Überfluß, Wohlstand, Fruchtbarkeit 47:11.

kā(h)nā (AS) M. Priester 14:23, Pl. *ka/ā(h)nē* 45:14, 56:1, 62:15,20.

kw 26 32:ult., *kw b'ādār* am 26. März 37:10.

kāwā (AS) F. Fenster, Nische, Pl. *-wē* 49:4.

kud Al., San. = *kad* 37,39,87.

kūden [*kōḏən*] Al. 87:5 s. *'WD* u. *k-*.

kwādrilyōnē Pl. Quadrillionen 41:9.

kūhīnāšāher Name einer Stadt 22:paen., 23:8, 25:ult.

k̲uwē [*xuwwe*] Al. f. *ḫuwē* 86f.

kēwī [*kīwi*] (K.) wild 97a:17.

kēwīyūtā [*kə-*] (Abstr. v. *kēwī*) F. wilder Zustand, F. 71:2.

kôḫā [-ö-] (Aserb. T.-P. *kadḫodā*) M. Haupt eines Dorfes 69:10.

kuyrātē F. Pl. (v. *kūrā*) blinde Wesen 98b:11.

kôkā (T.) M. Wurzel, m. Suff. *kôkū(hy)* seine Wurzel 78:24f. (s. *BRṬN*).

kôk̲ḇā [*ćoxva*] (AS) M. Stern, 56:8, 58:1, 59:13, Pl. *-ḇē* 72:10, 74:7, 81:22.

ku/ol seltene Plene-Schreibung v. *k^{u}l*: Al. 37:15, San. 39:12bis, m. Suff. San. *kulu* [*kollu*] *yômātā* alle Tage 39:20, *kulu dešmenē dī'ī* alle meine Feinde 39:22, *lkolāy* [*ləkollay*] *ṭāḇātā* für alle guten Taten 39:11.

kuluḫtā [*kü-*] (AS *kurḫā* vgl. P. *kulūḫ*) F. Hütte 63:24.

kulyā in *bēyt kulyā* Sippenname 76:2, 98:2.

kolānāyūtā (AS) F. Gesamtheit, Totalität 37:15.

kūmā [*küma*] (AS *'ūkāmā*) a) schwarz, b) schlecht: *m̥n žeḫrā kūmā (y)le(h)* ist schwärzer als der Ruß 90:13, *yômī kūmā* meinen schlechten Tag 98a:9, F. *mohaḇtā kumtā* schlechte Gabe 11:5f., *'eqbāl kumtā* schlechtes Schicksal 60:9, *bīš kumtā (y)lā m̥n* ist schwärzer als 69:24, Pl. *kūmē* dunkel 47:5,ult.

komākūsā [*-gūsa*] San. (f. *-ūṯā* Abstr. v. P. *komak*) F. Hilfe, m. Suff. *'ewod komākūsī* hilf mir 39:23.

kumpātūtā [*kümpatüyta*] (Abstr. v. *kūmā* + *pātā* entsprechend P. *rū-siyāhī*) F. Unverschämtheit 71:6.

kumrāyā [*kü-*] (AS) priesterlich, hieratisch, F. Pl. *kumrāyātē* 9:19.

kūnāyā [*kü-*] (AS) M. Name, Titel, Benennung 1:5f., ult., 14:antep., Pl. *-yē* 53:21.

kūnāšā [*kü-*] (AS) M. Sammlung, Ansammlung, Zusammensetzung 44:7, 19, 47:4, *kūnāšā dmelē* Wörterbuch, Lexikon 44:5, St. cs. *kūnāš ḥabrē* Glossar 45:1.

kwintilyōnē Pl. Quintillionen 41:9.

kōsā (Nf. v. *kōṣā*, AS *qōṣtā*) M. Haar 46:12.

kusītā (AS) F. Hut, m. Suff. *kusītuḵ* deine Mütze 70:22, Pl. m. Suff. *kusīyāte* ihre Hüte 6:7, 8.

ḵosrābā'd [*xosrāva*] Name einer Stadt 23:24.

ḵosro 'anōširwān Chosrow Anoširwan 17:5, *ḵosro parwīz* Chosrow-Parwīz 70:11.

KUP (AS *KUP* = *KPP*) beugen, sich verneigen; I. Konjug.: *keplē* [*kəple*] hat sich gebeugt 64:14; III. Konjug.: 1. Impf. (als Konjunktiv) *dmakep (h)wā* [*-kkəpwa*] *rēšā qāte(h)* damit er sich vor ihm beugt 27:16, *rēšā makepī (h)wô* sie beugten den Kopf (sie verneigten sich) 71:14, Prät. *wmukepāle(h) gānū(hy)* u. er beugte sich 23:14.

kūpā [*-a*] (Wz. *KUP*) gebeugt, klein, tief 42:17, *dmn ṣīṭā kūpā (y)le(h)* der kleiner ist als eine Spannweite 90:12, Pl. *blapē kūpē wrāmē* in tiefe u. hohe Wellen 96:4.

kūrā [*kūra*] (P.-K.-T.) blind 89:11, Al. *kōrā* 86:8, F. Al. *kōrē* 37:6, 15, F. Pl. *kuyrātē* s. v.

kurdesta/ān [*kürdə-*] Kurdistan 14:5, 20:15, ult. u. ö.

kūrāḵā [*kü-*] (AS) M. Gewand, Umhüllung, Pl. *kūrāḵē* 50:antep.

kursī, -īyā [*kü-*] (AS) M. Stuhl, Thron 15:10, 18:20.

kūreš [*kūrəš*] (P.) Kyros, Cyrus 27:7, 79:10.

ḵurāsān Chorasan 15:8.

ḵušbūnā [*xuž-*] San. = *ḥešbōnā* : *yūmā ḵušbūnā* Vergeltungstag 39:23.

kuštī [*kü-*] (P.) F. Ringkampf, m. Suff. *kuštīyuḵ* dein Ringkampf 78:15.

ḵwāt- (AS) Vergleichspartikel: wie, Al. *ḵwātay* wie sie (Pl.) 87:4.

kāwetrā [*-wətra*] (AS *kūṯārā* Stabilität) F. Mittag, *bā(t)r kāwetrā* Nachmittag 18:4, 21:ult.

kūtāšā (Inf. v. *KTŠ* AS) M. Kampf 21:6.

ḴZY Al. = *ḤZY*: 1. Präs. *dekḵāzen* [*dəkx-*] die (Sg.) ich sehe 87:4, Inf. *leḵzāyā* [*ləγz-*] zu sehen 87:7, 2. Präs. *hūwān bed'āla wbeḵzāyā* sieh da, ich blicke u. sehe schon 37:paen., Prät. *ḵzē le(h)* [*γzēle*] er sah 86:12, *ḵzē'lay* [*γz-*] sie sahen 87:6, 8.

kḥ 28 32:ult., 49:19, 93b:11.

kṭ 29 93b:16.

kī- s. *ki*.

ḵāyē = *ḥayē* Al. 37:1, *ḵayē* id. San. 39:20.

kyūlā (AS) M. Maß, Pl. *-lē* 4:12.

kīlometrē Pl. Kilometer 37:18.

kyaltā (AS *kyā-*) F. Maß, Messen 61:2.

kīmōnā (AS < χειμών) M. Sturm, Gewitter, Pl. *-nē* Adj. stürmisch 96:1.

kyānā (AS) M. Natur, m. Suff. Al. *kyānay* ihre (Pl.) Natur 87:12, *kyānan* unsere Natur 100y:20, antep., 1:11.

kyānā'īt (AS) Adv. natürlich 71:7.

kyānāyā (AS) Adj. natürlich 1:paen., 74:11, 83:16.

kêp [*kīp*] (Ar.-P.-T.) F. Gesundheit, Wohlbefinden, Spaß 84:18, m. Suff. *kêpuḵ* dein Wohlbefinden 89b:12.

kēkā [*kīka*] (AS *kākā*) M. Zahn 46:5, Pl. *kēkē* 48:7, m. Suff. *kēkī* meine Zähne 85:21.

kāko (K. Bruder) m. Vorn. 57:5, 83:2.

kakāysās Kaukasus 30:16.

kečḥā [*kə/ičxa*] (Wz. *KČḤ* müde sein) M. Ermüdung: *bkečḥā* mit Ermüdung 26:7.

kčīḥā (pass. Pt. v. *KČḤ*) müde 30:9.

kāčālā (P.-K.-Aserb.-T.) kahl 66:20.

*k*ᵘ*l* [*kül*] (AS) jeder, ganz, m. Pluralsuff. alle = *bk*ᵘ*l 'urḥā* auf jedem Weg 1:12, *bk*ᵘ*l 'aykā dhāwī wbk*ᵘ*l kūnāyā dpīšē'(y)nā qeryē* überall, wo sie sind, und wie sie auch heißen können 1:5f., *k*ᵘ*l ḥa(d)* jeder (einzelne) 1:21, 22, 19:7 u. ö. = *k*ᵘ*lḥa(d)* 44:24, *k*ᵘ*l ḥ(d)ā* jede (einzelne) 19:6, *k*ᵘ*l – bk*ᵘ*l* ganz, vollkommen, restlos 7:12,

k^ulmā d- alles, was 67:20, auch San. 39:12 (nb. kul in ders. Z.), k^ulmendī alles 68:16, 20, k^ulyom [külyum] jeden Tag 69:18, 95:5,6,7; m. Suff. 3. Sg. M. k^ule(h) [külle] ganz, voll(ständig) sein(e) ganze(r/s) 6:23, 23:11, paen., 66:5 u.ö., k^ule(h) ḫašā es ist sehr schade 24:19f. bk^ule(h) d'āhā trotzdem 71:10f., 3. Sg. F. k^ulā(h) 6:20, antep., 27:17 u.ö., Pl. k^ulan [küllan] wir alle 47:7, 3. Pl. gô k^ulê 'āhā dunyē in dieser ganzen Welt 1:21, k^ulê (sie) alle, ganz 3:14, 4:10, 5:13,15, 7:22 u.o. = kulay(hy) 1:5, 9:14,18 u.o., mk^ula/āy(hy) gibānē von allen Seiten 97a:10,16.

kalā [kalla] (P. kalle) M. Kopf, Pl. -lē 69:17.

kalbā (AS) M. Hund, 46:9, 86:antep., ult., Pl. -bē 46:15.

kalḇā'dos Ortsn. Calvados 37:7.

kaldū in bē(yt) kaldū Chaldäa 11:6f.

ka/āldāyā (AS) M. Chaldäer, Pl. -yē 1:6, 3:19 u.ö.

kaldānē [-i] Familienname 57:4, 60:19, 69:16.

KLY (AS) stehen(bleiben), bleiben, sich aufhalten, verbleiben; III. Konjug. zum Stillstand bringen, verhindern; I. Konjug.: 1. Präs. kālāḫ wir bleiben stehen 6:22, ki kālē [-i] er steht 67:16, 1. Impf. kālē (h)wā er stand 67:10, zdūʿtā wḫašā kālī k^ule ḫāderwānī Furcht und Schmerz umgeben mich völlig 89a:6, Inf. Al. layt klāyā 'elī ich kann nicht aushalten 87:2, leklāyā ʿamōḵon mit euch zu bleiben, euch beizustehen 21:19, 2. Präs. hā meztū(hy) beqyāmā beklāyā m'a(y)ḵ ḫmāṭē siehe, sein Haar steht wie Nadeln 91:17, gāh bi'tāyā gāh beklāyā 98a:18 s. 'TY, 2. Impf. beklāyā (h)wô sie standen 10:20, pass. Pt. kelyā 23:11, F. St. empf. klītā stehend 7:1, Prät. klē lā(h) [klīla] sie stand 23:13, (m. präs. Bed.) kelyā (y)le(h) [kə/ilyəle] er steht 47:15f., 96:4, 'ānā lā klēlī ich blieb nicht stehen 64:20, klē le(h) er stand, blieb stehen 66:8 = klēle(h) 70:19, 76:14, 77:12, 3. Pf. kelyē (yh)wô sie standen 24:2, kad kelyē ʿelel sie standen hoch 14:19, Plpf. dkelyē (y)waḫn [dkilyewwax] (h)wā in dem wir gestanden hatten 24:9, pass. Pt. St. emph. klītā stehend 7:1, Imper. klī warte 86:24, 87:9, klī ḫa(d) s- ḫ.a(d) 99a:7; III. Konjug.: 1. Präs. marʿā ki maklē l(h)on ṃn d'āhā wāǧibūtā Krankheit hält sie (Pl.) von dieser Pflicht ab 42:antep., dmaḵlī lī bis man mich verhindert 87:2, pass. Pt. muklītā geordnet, in Ordnung stehend 23:11, Prät. muklē le(h) [-līle] er hat eingestellt 15:5, pass. Prät. pešle(h) muklīyā [-liyya] er wurde verhindert 27:20, Imper. Pl. lā maklīton l(h)on verhindert sie (Pl.) nicht.

kālīǧ (Engl.) M. College, Studienkolleg, m. Suff. kalīǧe(h) sein College 38:5.

klīlā (AS) M. Krone, Diadem, 34:14, 54:8, 100b:19, m. Suff. klīlā(h) ihre (Sg.) Krone 83:20.

kālīlā wdimnā Kalila u. Dimna, berühmte orientalische Erzählungssammlung indischen Ursprungs 57:15, 60:4, 67:1.

klītā pass. Pt. F. v. KLY q.v.

kalman die Buchstabenreihe k, l, m, n, 48:ult.

kelmetā [kəlmətta] (Ar.-P.-T. kalima) F. Wort, Al. 'etan kelmeta wir haben etwas zu sagen 87:9.

k^ulānā'īt (AS) Adv. allgemein, pauschal: ṃn darsē dyulpānā k^ulānā'īt ʿrāqtā ṣpāyī (y)lā(h) es ist besser, von den Pauschaldoktrinen zu flüchten 88:9.

k^ulānāyā [küll-] (AS) allgemein 1:10, 11:13, 17:20, F. -nêtā 30:21, 55:5, 60:paen.

k^ulānāyūtā (Abstr. v. k^ulānāyā) F. Universalität 52:9.

klāsē Pl. Klassen 55:24, 60:ult.

ḴLS San. = ḴLṢ = ḪLṢ: Prät. ḵleslā wurde abgeschlossen, beendet 39:antep.

kāleskā (P.-Aserb.-T. < Russ.) F. Wagen, Kutsche, Pl. -skē 64:16, 97a:6.

kelpat [kəl-] F. Familie 30:17, m. Suff. kelpatī meine Familie 89a:8.

ḴLṢ Al., San. = ḪLṢ; I. Konjug. 1. Präs. San. tā ḵāleṣ [ḫāləṣ] gyānē damit er sich rettet 39:19, 1. Pf. m. Suff. Al. kem [sic f. qam] ḵalṣenoḵ [kəmxålṣənnox] ich habe dich gerettet 86:20; II. Konjug.: 1. Präs. w'ānā mḵalṣenoḵ u. ich rette dich 87:13.

ḵlāṣā Al. (Wz. ḴLṢ = ḪLṢ) M. Rettung 87:14, m. Suff. ḵlāṣī meine Rettung 86:21.

kālāšāqūtā [kalašaqüyta] (Abstr. v. kālā + šāqūtā) F. Hartnäckigkeit, Dummheit 2:4.

kaltā (AS) F. Braut 80:3, Pl. *kālātē* Schwiegertöchter 93b:15, m. Suff. *kālātū(hy)* seine Schwiegertöchter 97a:8.

kem Al., *kem-* San. = *qam* Partikel zur Bildung des 1. Pf. 39:11 (s. *NṬR*) 86:20 (s. *K̲LṢ*).

kmā (AS) wie (viel), wie lange, so viel, soweit, m. Pl. einige 5:19 u.o., *'a(y)k̲ kmā d'āna ki yād'en* [*axkmad āna kiyåṭən*] soweit ich weiß 45:14f., *'ayk̲ kmā d'īt (h)wā gô (y)da'tān* soweit wir die Kenntnis haben 62:4f., *kmā basīmā (h)wā qālī* wie angenehm meine Stimme wäre 66:13, *wkmā d'it lī naṣīhātē* u. soweit ich Ratschläge hatte 68:22, *kāsūk̲ bīšā kmā marīrā* wie bitter ist dein schlechter Kelch 100a:10.

kmāh̲ē 87:3 s. *ki* u. *MK̲Y*.

kmāyūtā [*-yŭta*] (AS) F. Quantität, Menge 62:13, 63:paen.

kāmīl [*kåməl*] vollkommen, vollständig 4:16, 40:paen., 42:23.

kāmīlūtā (Abstr. v. *kāmīl*) F. Vollkommenheit, Vollständigkeit 20:22, 72:22.

kmīnā (< Ar.-P. *kamīn*) M. Anstand, Lauer, Hinterhalt: *(y)tīb̲ē (y)nā gô kmīnā* sie sitzen auf der Lauer 95:24, 25.

KML (Ar.) vervollkommnen, vervollständigen, ergänzen, vollenden, abschließen; I. Konjug.: Prät. *kmele(h)* [*kməlle*] ist vollendet 68:17, Al. *kmelā* [*kməllå*] *tanaytay* ihr Gespräch kam zu Ende 87:paen.; III. Konjug.: 1. Präs. *wmakmelen* [*-ələn*] u. (damit) ich vervollkommne 68:23, pass. Prät. *pešlon mukmelē* sie wurden vervollständigt 4:11.

KMR (AS traurig sein) II. Konjug. verfolgen, ausweisen: pass. 2. Impf. *'ānī bpyāšā (h)wô kumrē* sie wurden verfolgt 13:3.

k̲mārā = *h̲mārā* Al. 87:6.

kāmartā (n. act. v. *KMR*) F. Verfolgung, Pl. *-ryātē* 13:9, 92:8.

k̲ameš [*xamməš*] Al. = *h̲ameš*, F. v. *h̲amšā* 37:21.

kēnā Al. = *kē'nā* 87:6.

KNDR (vgl. jüd.-aram. *gander*) rollen, rutschen: Prät. *kunderun* [*-dərr-*] sie rollten hinunter 83:23.

kānon [*-un*] (AS) M. 1) *kānon* ' od. *kānon qa(d)māyā* Dezember, 2) *kānon b* od. *kānon (')h̲ārāyā* Januar 18:2, 18:20, 22:4, 37:14, *h̲a(d) bkānūn (')h̲ārāyā* am 1. Januar 81:18.

knūšyā [*knŭšya*] (AS) M. Versammlung 1:1, 2, 15, 25:antep., 58:6, Pl. *-yātē* Synagogen 34:2.

kna'n [*knån*] (AS < H) Kanaan 11:22, 30:12, 19.

kāntinyū Engl. continue 43:21.

kes s. *lkes*.

kāsā [*-a*] (AS) M. Glas, Becher, Schale, Kelch 88:12, 100b:8, m. Suff. *kāsuk̲* dein Kelch 100a:10.

ksāwā San. phon. f. *kt̲ab̲ā* = *ktāb̲ā* Buch 39:1.

ksūtā San. phon. f. *kt̲āb̲tā* = *ktāb̲tā* F. Schrift: *ksūtā d'īdā* Handschrift 39:2.

KSY (AS) bedecken, verstecken; III. Konjug.: 1. Präs. *dki maksī* die bedecken 47:4, (m. Suff.) *maksene* [*-sənne*] ich verstecke ihn, *māksī lā(h)* sie (möchten) bedecken 92:21, 2. Präs. *'āhā h̲ašā* ... *makūsē le(h)* [*-küsəle*] *lpa'twātē* dieser Schmerz füllt (< bedeckt) die Gesichter 24:24, *wlā makūsē le(h)* u. er bedeckt (den Samen) nicht 75:12, pass. Pt. m. pleonast. *kad* : *kad mukestā* [*mukkəsta*] 13:23 s. *kad*, pass. Pf. *pīšā (yh)wā mukesā* [*mukkəssa*] wurde verheimlicht 24:20.

kespā (AS) M. Silber, Geld 69:antep.

kāpōrā (AS) ungläubig, verdammt 14:9.

KPN (AS) hungrig sein; 1. Präs. *kapnen* [*-ən*] ich bin hungrig 87:2, pass. Pt. *kpīnā* hungrig 90:3, 97a:ult.

kepnā [*kəpna*] (AS) M. Hunger, m. Suff. *kepnū(hy)* sein Hunger 78:20, *kepnī* mein Hunger 85:20.

keptē Pl. (P.-T. *kūfte*) Schmorfleischklößchen 46:10.

kaptān (E.) M. Kapitän 23-7, 25:ult., 26:4.

k̲ār [*xar*] San. (f. [']*h̲ār*, Wz. *'H̲R*) nach: *k̲ār mala'k̲ē dmāryā 'īmor* nach „Engel des Herrn" sage 39:10.

kārē M. Pl. (P.-K.-T. *kār*) Wirkung, Einfluß, 53:5, 59:8, 63:7, m. Suff. *lkāre(h)* seine Wirkung 62:14.

KRB (Ar.) sich ärgern, zornig werden, sich beunruhigen; 1. Fut. *bet kārbā* sie wird sich ärgern 99b:antep., Prät. *krebl(h)on mn šūmerāyē* sie stritten mit den Sumerern 8:19, *kreble(h)* er regte sich auf 77:21.

karbā (Ar.-K. *karba*) F. Ärger, Zorn, Aufregung, Beunruhigung 77:24, m. Suff. *karbū(hy)* sein Ärger 66:11.

kārūzā (AS) M. Prediger, Pl. *-zē* 56:1.

kārozūtā (AS) F. Predigt, Aufruf, Propaganda 14:5, Pl. *-zuyātē* 52:12f.

kerwīš [*kərwəš*] (< P.-T. *ḫargūš*, K. *kerošk*) F. Hase, Kaninchen 48:20, 85:16.

kārwānsārā (P.-T.) F. Karawanserei 77:15.

kerweš = *-wīš* 48:20.

KRZ (AS Af.) predigen; II. Konjug.: Prät. *mukrez l(h)on* sie predigten 25:13, *mukrezlē* [*-rəzle*] er predigte 32:1, pass. Prät. *dpīštā lā(h) mukrezta* [*-əsta*] *bīyan* die von uns gepredigt wurde 77:22.

kiryā (AS *karyā*) kurz 29:23, F. *krītā* 12:3, Pl. *keryē* 29:12, 30:23 u.ö.

krīhā (AS) krank, Pl. in *bēyt krīhē* Krankenhaus 15:9, 72:19,23.

ḵārāyā [*xarāya*] San. (Adj. Adv. v. *ḵār*) endlich, schließlich 39:7,9.

karyā'īt (AS) Adv. kurz, kurzgefaßt 38:20.

kiryūtā [*-yūta*] (AS) F. Kürze 97b:23.

karīm (Ar.-P.-T.) m. Vorn. 20:5.

ḴRḴ (AS *KRḴ*) Pa. zusammenrollen, Af. zusammenpressen) zusammenschrumpfen, vertrocknen, verwelken, austrocknen; III. Konjug.: Prät. m. Suff. *dpôḫē šaḫīnē mukreḵê* [*-rə-*] *l(h)on* die (Pl.) heiße Winde ausgetrocknet haben 47:10.

karkuk eine irakische Stadt 8:2, 36:3, 72:2 u.ö.

karam Familienname 59:16, 88:3.

KRMḴ (v. *KRḴ*) einrollen, einwickeln, bündeln; pass. Pf. *pīšē (y)hwô kurmeḵē* [*kürməxxe*] wurden zusammengewickelt 50:23.

karmlā [*-məlla*] karmelitisches Kloster 37:7,16.

karmlêṯā F. karmelitisch, s. *dayrā*.

kernāl [*kərnal*] (Engl. colonel) M. Oberst 43:ult.

kē(r)sā [*kīsa*] (AS *karsā*) F. Bauch, m. Suff. *'ānā kē(r)sī* mein Bauch 85:20, *bkē(r)sê* in ihrem Bauch 93a:23.

kresṭyānā [*krəṣyāna*] (AS < χριστίανος) Christ, christlich 15:15, F. *ḫdā melat kresṭyantā* ein christliches Volk 55:9, Pl. *-nē* 11:20, 12:11,17,18f.,21, 14:6,8, 35:15.

kresṭyānūtā [*-əṣyā-*] (AS) F. Christentum 11:15, 12:9 u.ö.

kresṭyantā F. v. *kresṭyānā* q.v., f. *kresṭyānūtā* 64:19bis.

karpīč [*-ə/ič*] (P.-K.-T.) F. Ziegel, Pl. *-čē* 17:3, 52:20.

kārāt [*karat*] (K. *keret*) F. Mal: San. *ḵā kārāt* einmal 39:5.

kārtā [*karta*] (AS) F. Last 64:6,12, *kartā* ed. 90:15.

ḵartā Al. = *ḫartā*: *bḵartā* [*px-*] am Ende 37:14.

ḵertā [*xərta*] Al. = (')*ḫē(r)tā*, F. v. (')*ḫē(r)nā*: *b'ê 'īde(h) ḵertā* mit der anderen Hand 87:23.

kšīṭā (pass. Pt. v. *KŠṬ* < *QŠṬ* vgl. mand. *kšīṭa* m. ders. regr. Dissimil. in Fernstellung) aufrichtig 26:19.

kašīrā [*kāšīra*] (AS) erfolgreich, F. *-rtā* 54:4.

kāšīrūtā [*-uyta*] (AS *ka-*) Erfolg, F.: *būš bkāšīrūtā* mit größerem Erfolg 15:14.

kešnūḇ [*kəšnū*] Name einer Stadt 839.

ḵātā Al. = *ḫātā* 37:9,21.

KTḆ (AS, Pe. *ktaḇ* 52:19) schreiben; 1. Präs. m. regr. Labial. des Vokals Al. *bkātuḇ* [*pkātu*] 37:7 s. *b-* 2, (Konjunktiv) *lē (y)lā(h) bnyatī dkātḇen* [*tkatvən*] ich habe nicht die Absicht zu schreiben 97b:3, *ki kātḇāḫ* [*katvax*] wir schreiben 48:3f., (Konjunktiv) *pīšl(h)on 'alīṣē dkātḇī* [*tkātvī*] sie wurden gezwungen zu schreiben 62:20, 1. Fut. (kontrahiert) *bkātḇen* [*pkatvən*] ich will schreiben 97b:23, 1. Impf. *ki kātḇī (h)wô* sie schrieben 55:15f., Inf. *lektāḇā* [*lə/iktāva*] zu schreiben 20:9, 23:7, 45:20, 2. Präs. *bektāḇā'(y)le(h)* er schreibt 4:10,15f., als hist. Präs. *(h)āw bi'mārā (y)lē kad bektāḇā* er sagt, indem er schreibt 33:antep., pass. Pt. *ktīḇā*, Pl. *-ḇē* 4:antep., 9:10,11,15bis u.ö., Prät. *ktīḇā (y)le(h)* er hat geschrieben 16:9, 51:3, 59:16, *ktīḇl(h)on* sie haben geschrieben 44:antep., m. pass. Bed, *'a(y)ḵ dīlē ktīḇā* wie geschrieben ist 32:6. *dktīḇā (y)le(h)* was geschrieben ist 33:13, *lē (y)le(h) ktīḇā* ist nicht geschrieben 76:22, 3. Pf. *ktīḇā (y)hwā* er hatte geschrieben 20:9, *ktīḇā (y)wen* ich habe geschrieben 30:6, m. Suff. *ktīḇū(hy) (y)wen* ich habe es geschrieben 29:ult., *ktīḇē (y)waḫ* wir haben geschrieben 62:4, m. pass. Bed. *ktībē (h)wô* sie wurden geschrieben 9:18, *menyānē ktīḇe (y)nā* die Zahlen werden geschrieben 41:3, vgl. Z. 6, pass. Fut. *bed pā'eš ktīḇā* wird geschrieben (werden) 45:19, pass. Prät. *pešlon ktīḇē* sie wurden geschrieben 29:10, *dpīšā (y)le(h) ktīḇā* was geschrieben worden ist 52:12, *pīšle(h) ktīḇā* wurde geschrieben 83:8, *dlē (y)le(h) pīšā ktīḇā šemū(hy)* dessen Name nicht eingeschrieben wurde 77:16, pass. Pf. *dpīšē (yh)wô ktīḇē* die geschrieben worden sind 62:23.

ktāḇā [*ćtāva*] (AS) M. Buch, 29:24, 45:ult. u.o., Brief 8:17, 12:7, 23:7, St. cs. in *ktāḇ-qōlā* [*ćtav-qūla*] Vertrag, Pl. *-ḇē* Bücher 9:1, 10, 18 u.o., m. Suff. *ktāḇū(hy)* seine Bücher 59:23 u.o., *ktāḇan* unsere Bücher 65:9, *ktāḇe(h)* sein Schreiben 73:21.

kātāḇā (n. ag. v. *KTḆ*) M. Schriftsteller, Verfasser, Autor, 52:7, 57:18, Pl. *-ḇē* 4:14, 9:23 u.ö.

ktāḇōnā (AS) M. Büchlein, Heft, Pamphlet 44:5, 62:21, 22, Pl. *-nē* 60:21.

ktāḇtā [*ktūta*] (n. act. v. *KTḆ*) F. Schrift, 4:10, 21, 9:3, 4, u.ö., *ktabtā* Schreiben, Schriftstellerei, 52:10, m. Suff. *ktāḇtī šāmāšā yônān pušqālē* mein Buch hat Diakon Jonan übersetzt 30:1; Pl. *ktiḇātē*, *-ḇyātē* s. *ktīḇtā*.

ketō ein englischer Kommentator des AT 28:ult., 33:5.

ketwā [*kə-*] Dorn, Distel, Pl. *-wē* 77:6.

kātōḇā (n. ag. v. *KTḆ*) M. Schriftsteller, Pl. *-ḇē* 62:ult.

ktūḇtā [*ktūta*] (Wz. *KTḆ*) F. Inschrift 15:ult.

kitwānā [*kⁱt-*] (Adj. v. *ketwā*) dornig, F. *-wantā* 63:24, 83:1.

ktīḇtā [*ćtivta*] (pass. Pt. F. St. emph. v. *KTḆ*) F. Schrift 52:18, 21, Pl. *ktīḇyātē* 52:paen., 62:16, 17, 20 öfter kürzer *ktiḇyātē* 4:23, 52:11, 54:8, 55:antep., *ktiḇātē* 4:2, m. Suff. *ktīḇyātu(hy)* seine Schriften 57:18, 58:3, 10, 24, 60:19, 61:antep., *ktiḇyātê* ihre (Pl.) Schriften 3:15, 54:11 = *ktiḇyātay(hy)* 25:14.

ktêtā (< AS *'ekdêtā*) Al. *kteṯā* F. Henne 87:13, 14, 23, Pl. *ktāyātē* [*ćt-*] 46:16, 76:6, *ktêthendē* Truthähne, Puter 47:13, 21.

KTKT vertrocknen; pass. Pt. *kutketē* [*kütkəte*] vertrocknet 5:7.

ktānā [*ćt-*] (AS *kit-*) M. Watte 99b:14.

kitrā [*kitra*] (< AS *qiṭrā*) Knoten, Büschel 46:8 (s. *gelā*).

Č

čā'ō'āč/s Ortsn. in der Gegend v. Šūš 34:4.

čadrā (P.-K.-T. *čādor*) M. (ab. Al. u. in einigen anderen Dialekten F.) Zelt 31:1, 10, Pl. *-rē* 30:12, 13.

čharbagš [*čārbāš*] Dorfname 22:19 = *čhārbaẖš* 44:16 = *čāharbaẖš* 56:17.

čū (K.) nichts, m. Nomen: kein, m. Verb + *lā*: gar nicht, überhaupt nicht: *dlā čū raḥmē* ganz unbarmherzig 13:7f., *čū ḫayr (')hē(r)tā* weiter nichts Gutes 34:20, *čū mindī* nichts 76:24, *čū gnāhā* keine Sünde 78:10, *lčū (')nāšā* niemandem 85:5, *wlayt čū īdā* u. es gibt keine Hand 100b:14.

čūčā (< P. *ğūğe*) M. Küken, Pl. *čūčānē* 46:18.

ČWČY (onom.) Zwitschern; 2. Präs. *ki hāwī čōčūyē* [*čō-*] sie zwitschern 46:19.

čučānē Pl. v. *čūčā* q.v.

čōl [*čōl*] (K.-T.) M. Wüste, Al. 87:6, Pl. *čōlē* 97b:paen.

čūnā F. Tintenfaß 48:4.

čūnkē [*čunke*] (P.) weil, da, als; in der Regel m. folg. *d-* 29:antep. 31:7 u.ö.

čū'yā [*čūyå*] glatt 69:4f.

čurpenā s. *ČRPN*.

ČID einladen; Inf. *'abgar šuderē* [*-ərre*] *ḫa(d) ktāḇā bečyādā lmšīḥā* A. schickte einen Brief, um Christus einzuladen 12:7, m. Suff. *w(')mīre(h) bečyādan (y)le(h)* u. sagte, daß er uns einlädt 23:8, Prät. *čidlun* sie luden ein, pass. Prät. *pīšle(h) čīdā* er wurde eingeladen 21:10, 83:5.

čyā/adtā [*čyatta*] (n. act. v. *ČID*) F. Einladung 20:19, 22:antep.

čīn (P.-T.) F. China 14:15, 15:19, 21, 24, antep. u.o.

čīnāyā (Adj. v. *čīn*) chinesisch, Chinese: *lešānā čīnāyā* chinesische Sprache 15:paen., Pl. *-yē* die Chinesen 14:18, 20, 15:13, 16:3, 5.

čêqā (Engl.) Scheck, Pl. *-qē* 71:9.

čakā [*čakka*] (K.) M. Waffe 17:21.

čāl Dorfname 19:14.

čālāštā [*čålåšta*] (n. act. v. *ČLŠ* < T.) F. Bemühung 4:paen., Pl. m. Suff. *čālāšyātu(hy)* seine Bemühungen 58:18.

ČLĞ stehlen, entführen; 2. Präs. *bečlāğā (y)le(h)* er stiehlt 49:12, 13, m. Suff. *bečlāğū(h) (y)le(h) muḥabtī* er entführt meine Geliebte 84:23.

čem [*čəm*] (< T., Nöldeke 168) ganz, sehr, beinahe, als ob, ziemlich, vollkommen 9:20, 14:2, 22:11, 26:1, 29:2, u.ö.

čambā Dorfname 18:3, 19:6.

čāmādān [*čåmådån*] (P.) F. Koffer 83:7.

ČMY (< AS *KMH* Pa. blind machen?) auslöschen; III. Konjug.: Prät. *mučmīl(h)on* [-*i̥lu̥n*] *l(h)ô ba(h)rā dšrā(g)yā* sie haben das Licht der Lampe ausgelöscht.

čāmākīyē Dorfname 3:7.

ČMČ verwelken; pass. Pt. *kad čmīčā* [-*i̥*-] *layt luḵ ṭāmā* wenn du verwelkst, hast du keinen Geschmack 93a:4.

ČMČM 1 werfen, schmeißen: pass. Kond. *bet pêšī (h)wô . . . čumčemē* [-*čəmme*] *byāmātē* sie würden in die Meere geworfen 10:14f.

ČMČM 2 (onom.) piepen: 2. Präs. *čučānē čamčumē* [*čåm*-] die Küken piepen 46:18.

čmāčtā [-*åč*-] (n. act. v. *ČMČ*) F. Verwelken, m. Suff. *zaḇnā (y)le(h) dčmačtuḵ* ist die Zeit deines Verwelkens 93a:2.

čenā [*čənna*] ruhig, m. verstärkender paronomastischer Wiederholung: *čenā čenê (y)lā(h)* [*čənna čənnēla*] (das letztere m. Suff. d. 3. Pl.) es ist absolut ruhig 85:16.

ČNBL (herab)hängen, aufhängen; pass. Pt. *čunbelē* [-*bəle*] herabhängend 85:1.

čanbaltā [*čåm*-] (n. act. v. *ČNBL*) F. Aufhängen: *byad drēšā dbeskā dmuḥebtā čanbaltā ṣpāyī (y)lā(h)* es ist besser, sich an einem Zopf der Geliebten aufzuhängen 88:11.

čengerā [*čən*-] (K.) M. Lumpen, Fetzen, altes Tuch 75:18.

čapāl [*čáppal*] (T.) schmutzig, unanständig: *baḵtā čapāl* eine Hure 88:15.

čeqā'čeq [*čə*-] (Aserb.-T. *čeqčeqe*) M. Rasseln, Knarren, Klappern, *čeqā'čeq dkēkī* mein Zähneklappern 85:20.

čeqertā [*čuqurta*] (T. *çukur*) F. Loch, Grube, Höhle, Grab, Pl. *gô ḥdā mn čeqryātē* [*čuqur*-] in eins der Gräber 50:24.

čārā (P.-T.) F. Mittel, Ausweg 79:4, 19, 97b:22.

ČRḴ (< AS = NS *KRḴ* umwinden?) klettern, (auf)steigen: Prät. *gô hāwā čreḥlon* [*črə*-] sie sind in die Luft aufgestiegen 26:23.

črāḥpāy [-*γp*-] (< P. *čerāġ-pā*) M. Leuchter, Lüster 12:22.

čerčerā (onom., vgl. Aserb.-T. Feinspinnmaschine) F. Maschinengewehr, Pl. -*rē* 19:13.

čarnāzōbū Name eines russischen Generals 20:antep., 21:5.

čerpūwā (Aserb.-T. *čerpi*) M. Zweig, Pl. -*wē* 85:14.

ČRPN (Met. v. *ČRPN*, den. v. *čapār* Zaun) einen Zaun machen ausrüsten, bewaffnen: pass. Pt. *čurpenā* [-*pənna*] *gô asbābē* bewaffnet 35:19.

čātun (T.-*tīn*) schwer: *ḥayē čātun* schweres Leben 12:24, *ʿasqā wčātun* (Hendyadis) 45:21.

čātenūtā [-*tunuyta*] (Abstr. v. *čātun*) Schwierigkeit, Pl. *čātenuyātē* 5:15.

L

l Buchst. *lāmad* 48:20, 48:4, Zahlenwert 30 32:antep.

l- (AS) prokl. Präp. des Dativs u. Akkusativs; oft m. anderen Präp. u. Adv., vgl. *l'aḵā*, *lkes* (s. vv.) u.ä.; m. Personalsuff. selbständig wie auch enkl. zur Bildung des Prät.: *lī* mir, *luḵ* dir, *le(h)* ihm, *lā(h)* ihr, *lan* uns, *lôḵon* (gelegentl. *loḵon*, *lḵon*) euch, *l(h)on* = *lon*, *lê* (selten *lay[hy]*) ihnen; in einigen Dialekten (bes. Al., San.) *el*- s.v., in dieser Form nicht selten m. *ʿal* verwechselt.

lā (AS) Interj. nein, Adv. nicht; gebraucht auch m. neg. Partikeln *hēyč* = *hīč* = *hič*, *čū* (s. vv.); *lā . . . lā* weder . . . noch 10:16, *dlā* m. folg. Nomen: ohne, -los: *dlā šek* zweifellos 15:16, 26:17, *dlā tāpāwat* ohne Unterschied 25:13, *dlā mūḥā* ohne Gehirn 71:ult., *dlā raḥmē* Unbarmherzige 87:4, m. folg. Verb.: damit nicht, ohne daß, der (die, das) nicht: *dlā sanqen* damit ich nicht brauche 69:ult., *dlā saḥber (h)wā lā(h) (h)ê gantā* ohne daß er diesen Garten besucht hätte 80:ult., *dlā (y)waḥ* [*lēwaḥ*, vgl. s. *lē*] *beḥzāyā* so daß wir nicht sehen 2:7 u.ä.; postpositionell: *gô qapaz lā* sie sind nicht im Käfig 84:ult.

lē = *lā* vor den Formen des Existenz- u. Hilfsverbs *(H)WY*: *lē (y)wen* [*lēwən*] *beḥšāḇā* ich meine nicht 73:6, 68:3f., (F. *lē [y]wān* [*lēwan*] ich bin nicht), *lē (y)wet* [*lēwət*] du bist nicht, F. *lē (y)wā/at* [*lēwat*], *dlē (y)le(h)* [*dlēle*] *yu(h)ḇay(hy) qātan* die er uns nicht gegeben hat 68:6, *bnafšō(h) lē* (*'y*)*lā* [*lēla*] sie ist nicht allein 34:antep., *dunyē m̥hukmuḵ lē* (*y*)*lā*(*h*) *spīqtā* die Welt bleibt nicht ohne deinen Befehl 88:20, *lē* (*y*)*waẖ* [*lēwax*] wir sind nicht (dieselbe Ausspr. auch bei *lā* (*y*)*waẖ* 2:7, s. *lā*) *lē* (*y*)*ton* (*lētun*) ihr seid nicht, *lē* (*y*)*nā* [*lēna*] sie sind nicht 4:5, 62:paen., 93:10, m. d. Fut. *lē hāwī maẖzūyan* sie werden uns nicht zeigen 3:3, *lē hāwāẖ* wir werden nicht sein 5:1, m. d. Pf. *lē* (*h*)*wā* [*lēwa*] war nicht 15:20, *lē* (*h*)*wô* [*lēwa*] sie waren nicht 93a:18; vor den Partizipialformen anderer Verba: *lē yāde*ʿ er weiß nicht 9:10, *lē 'āḵlet l*(*h*)*on* du wirst sie nicht essen 85:19 u.ä.

lē'bē (K. *lébi*) M. Lüge, Pl. *-bē* 11:13, 78:18, paen.

lē'ōn Ortsname 18:18.

l'aḵā [*laxxa*] (< AS *lhāḵā*) hier, her 5:20, 10:paen., 12:13, 16:3, 38:6, 45:13, 50:antep. usw., *l'aḵā zē* dazu noch 51:2, *l'aḵā wtāmā* an einigen Orten (hier und dort) 52:5, *l'aḵā bed ya*(*h*)*ḇaẖ ẖa*(*d*) *sedrā dspar-zaḇnē* hier werden wir eine Reihe von Zeitschriften angeben 56:22, *lē šaḇqī dhāvet l'aḵā* sie lassen nicht zu, daß du herkommst (< hier bist) 78:17, *nuḵrāyā* (*y*)*wen l'aḵā šmayā baytī* ein Fremder bin ich hier — der Himmel ist mein Haus, *'ātet* (*h*)*wā l'aḵā* wärest du hergekommen! 97:12, *har bnafšī* (*y*)*wān l'aḵā ʿriqtā* ich (F.) bin ganz von mir selbst hergeflohen 98:8, *'ānā l'aḵā lē* (*y*)*wān* (*'*)*tītā* ich (F.) bin nicht hergekommen 98:15 u.ä.

lʾel Al. (f. *lʿel*) oberhalb, über ... hinaus: *lʾel m̥n ʿyādā* außergewöhnlich 37:23.

lebā [*ləbba*] (AS) M. Herz, 7:24, 46:8 u. ö., m. Suff. *lebī* mein Herz 81:4, 98b:4, *lebuḵ* dein Herz 86:16, *lebū*(*hy*) sein Herz 35:18, 78:19, 80:antep., 81:2 = *lebe*(*h*) 27:17, *lebū*(*h*) ihr (Sg.) Herz 7:24, *m̥n kᵘle*(*h*) *lebê* von ihrem (Pl.) ganzen Herzen 14:paen.

labā'al [*alba'al*] Adv. unmittelbar, gleich, sofort 18:24.

lḇūšā (AS) M. Kleid, Anzug, Pl. *-šē* 50, m. Suff. *lḇūšôḵon* euer Kleid 48:10.

LBẖ (für *LBḴ*) III. Konjug. werfen, schmeißen: Prät. *bombē mulbeẖlon* sie warfen Bomben 26:22.

lbī/eštā [*lvəšta/luvuš-*] (pass. Pt. F. v. *LḆŠ*) F. Kleidung 13:4, 17:ult., 21:21, 22:6, m. Suff. *lḇeštoḵ* deine Kleidung 43:6.

LBḴ (AS) I. Konjug.: halten; III. Konjug. (m. plosivem *ḇ*): werfen, schmeißen (s. *LBẖ*), ausdämpfen, befriedigen: 1. Präs. m. Suff. *malbeḵlā*(*h*) [*-bəx-*] *šahwatū*(*hy*) (damit) er seine Begierde befriedigt.

LBL (< AS *YḆL* Af.) bringen, tragen, abholen; I. Konjug.: 1. Präs. m. Suff. *lāblī l*(*h*)*on* [*lablīlun*] *yaẖsīr* sie nehmen sie gefangen 97a:8, 1. Impf. *dlāblī* (*h*)*wô* die trugen 9:8; II. Konjug.: *ki māṣī lablī lqā*(*d*)*mā* sie können vorwärts bringen 65:4f., 1. Impf. *wlabel* [*labbəl*] (*h*)*wā* u. brachte mit 81:1, 2. Präs. m. Suff. *l'aykā labūlī* (*y*)*le*(*h*) *pôẖā* wohin mich der Wind trägt 47:6, 2. Impf. *kad lābōlē* [*labūle*] (*h*)*wô* als man brachte 51:6, Prät. *lūbele*(*h*) er brachte 8:11, *lubelon* [*-bəllun*] man brachte 4:19, *lublā l*(*h*)*on* [*lublālun*] sie (Pl.) brachten sie (Sg.) 72:4, *lubel*(*h*)*on yaẖsīr* sie haben sie (Pl.) gefangengenommen 55:13, pass. Pt. Pl. *mlūblē* [*lublē*] gebracht 17:paen., pass. Impf. *ki pêšā* (*h*)*wā* ... *wlubaltā* u. sie wurde gebracht 84:15, pass. Pf. *dpīšē* (*yh*)*wô mlūblē bašḇītā* die gefangengenommen waren 21:8f., Imper. *label* [*-bb-*] *ʿamuḵ* nimm mit 95:15.

lābaltā (n. act. v. *LBL*) F. Tragen, Bringen 4:21.

lebānā [*ləbbāna*] (Adj. v. *lebā*) tapfer 96:7.

leḇnā (AS *lḇentā*) M. Ziegel, Pl. *-nē* 17:3, 52:19.

leḇnan [*-nān*] Libanon 55:21, 56:21.

LḆŠ (AS) ziehen, anziehen, tragen; Ti. Al. (Rüstung anziehen) kämpfen; I. Konjug.: 1. Präs. *lāḇšī* [*lōšī*] sie ziehen an 13:4, Ti. *lābeš* (= *pāleš*) er kämpft 44:15 (–16), Inf. *qā lḇāšā* zum Anziehen, pass. Pt. *lḇīšā* angezogen, bekleidet 24:24, 64:5, Prät. *lḇešle*(*h*) [*lvəš-*] er hat angezogen 66:7; III. Konjug.: 1. Pf. *wqam malḇešā* [*-wəššā*] *lā*(*h*) *ʿalōḵon* sie hat euch bekleidet 34:18, *qā lmalḇūšē* ... *lmelātan* um unser Volk mit ... zu bekleiden 5:1f. pass. Prät. *pīšlā mulḇeštā* [*-wə-*] *ʿalā*(*h*) sie wurde bekleidet 72:5.

lḇištā s. *lḇīšta*.

lg 33 64:6.
lgô (*l-* + *gô*) zusammengesetzte Präp. in 23:23.
ld 34 32:antep.
la(*h*)*gā* (AS) M. Dampf, Pl. *-gē* 47:4.
L(*H*)*Y* (AS) *LHB̲* Šaf.) brennen; 2. Impf. (als Kond.) *'ayk̲ d'en alpē pundē bel*(*h*)*āyā* (*h*)*wô* als ob Tausende von Kerzen gebrannt hätten 74:8f.
le(*h*)*ksī*/*iqōn* (AS < λεξικόν) M. Lexikon, Wörterbuch 29:15, 44:1 u.ö., Pl. *-nē* 1:9.
lahmīd Laḫmiden, laḫmidisches Königreich 54:19.
lā(*h*)*tā* (Wz. *L*[*H*]*Y*) F. Flamme Al. 86:12.
lw 36 32:antep.
lēwb̲ē [*lyūwi*] (AS, Apg. 2:10) Libya 28:17.
lūgāl zāgesē sumerischer Name Sargons 8:15, *lūgāl* sumerisch: König ibid.
lôǧā (Met. v. Ar. *ǧalā'*, *ǧalāl*?) M. Glanz, Ehre 74:9, 76:13.
lôǧānā (Adj. v. *lôǧā*) strahlend, glänzend 26:2f., F. *-ntā* 80:3.
lūḫā (AS) F. Tafel 49:4, 94:4, Pl. m. Suff. *lūḫê* ihre Tafeln 54:11.
lūṭ (AS < *H*) Lot 3:9,10, 78:7.
lôṭtā (AS) F. Fluch, Verfluchung 30:19, 67:15, 77:4, 100a:4.
lūlā [*luyla*] (T.-P.) Röhre 43:17,18.
lômā (Ar.-T.) M. Schande, Beschimpfung 4:6, 7:21, 79:2, Pl. *-mē* 84:4.
lusīyā Lucia 37:11,19.
LUP in *belyāpā* s. *YLP*.
lūq. Abk. v. folg. 32:antep.
lūqā (AS) Lukas 64:6.
lūqāṭā (AS) M. Auswahl, Wörterverzeichnis 45:4,18, Pl. *lōqāṭē* (f. Ar.-P. *luġāt* Wörter?) 57:23, 58:2,25, 60:1, (Auswahl) 82:18.
lōro in *lōro-qurdāyā* lorisch-kurdisch 88:2.
lōrīyā Lorī 88:1.
lorên (Fr. Lorraine) Lothringen 42:10.
lāzem [*ł̇āzəm*] (Ar.-P.) notwendig, erforderlich 20:23, 30:1 u.ö.
lḫ 38 64:6.
lḫôd- (AS) m. Personalsuff. allein; *ḫa*(*d*) *šuprā lḫôdā* eine einmalige (besondere) Schönheit 80:24.
lḫū/*ōdā'īt* (AS) Adv. allein, getrennt, abgesondert 23:antep., 44:10.
lḫōdāyā (AS) alleinstehend, selbständig, persönlich 40:11.
lāḫūmā [*lāxuyma*] (Wz. *LḪM*) passend, entsprechend, würdig, geeignet, schön 54:5, 72:5, F. *lāḫu*/*omtā* [*-xümta*] 26:1, 31:18, 62:paen., 80:22, paen. f., Pl. *lāḫōmē* 29:9, 68:21.
LḪLḪ (onom.) schnaufen, schwer atmen; 2. Impf. *laḫlūḫē* (*yh*)*wô* sie atmeten schwer.
LḪM (AS) I. Kunjug.: passen, entsprechen, sich eignen; III. Konjug.: verfassen, schreiben (als Schriftsteller); I. Konjug.: 1. Präs. *dlāḫem* der sich eignet 43:18, 2. Präs. *belḫamā* (*y*)*lā* [*bəlxāməla*] es ziemt sich 33:9, Prät. *hādā dlḫimle*(*h*) *qā kulay*(*hy*) das paßte allen 44:antep.; III. Konjug.: pass. Pt. *mulḫemā* [*-xəmma*] verfaßt 89:10, Pl. *-mē* 61:16.
layb̲ī [*lēwi*] (Engl. levy) F. engl. Name der Kriegstruppen der modernen Assyrer 43:1.
laḫpā (< P. *lab* Lippe, Seite?) M. Bergseite, Abhang, Rand, Pl. *-pē* 14:3.
LYZ (vgl. Ar. *LZZ* u. *LẒẒ*) III. Konjug. sich beeilen: Prät. *mulyezlī* [*-yə-*] ich beeilte mich 98a:22, *mulyez l*(*h*)*on* sie beeilten sich 18:16.
līzyo Ortsname 37:17,21.
līzān Ortsname 19:13.
līṭā (AS, pass. Pt. v. *LUṬ*) verflucht 24:6,17, F. *līṭtā* 98a:21.
laylē [*lēle*] (AS *lelyā*) M/F. Nacht 10:16, 22:16, 35:19, 36:7, 84:17, 89b:24, Pl. *laylāwātē* [*lēla-*] 84:13, 92:12, 96:21.
lāylē w. Vorn.: *lāylē wmaǧnūn* Laila u. Maǧnūn, ein berühmtes Motiv aus der neupers. Literatur 80:12.
layle(*h*) [*lēle*] Al. f. *lē le*(*h*) es gibt nicht 86:22 (s. *ḫôǧā*), ähnl. *laylā*(*h*) [*lēla*] sie ist nicht 87:17.
lāylāy ein onom. Wiegenliedlaut 90:23.
layftenānt [*-tənant*] (E.) M. Leutnant 43:3.
LYṢ = *LYZ* III. Konjug.: pass. Prät. *pīšlī mulyeṣta* [*-yəṣṭa*] ich wurde plötzlich bewegt 98:5; = *'LṢ* III. Konjug.: pass. Pt. *hā melatan zlemtā snīqtā, byad dešmenō*(*h*) *mulyeṣtā* Sieh, unser unterdrücktes, bedürftiges, von seinen Feinden bedrängtes Volk 92:5.
layšā [*lēša*] (AS) M. Teig 48:20,21.

lišā (AS, pass. Pt. v. *LUŠ*) geknetet 48:20.

layt, līt [*lit*] (AS, aus *lā* + *'īt*) neg. Form der Existenzpartikel: es gibt nicht, ist nicht, sind nicht, Impf. *layt* (*h*)*wā* es gab nicht, war nicht, Pl. *layt* (*h*)*wô* sie waren nicht, m. *b-* + Suff. nicht können, m. *l-* + Suff. nicht haben: *layt-lī* ich habe nicht usw. (siehe analoge Formen v. *'īt* s.v.).

laytāyūtā [*-li-*] (AS) F. Nichtexistenz, Nichtsein 52:3, 63:15.

lkōd- (f. *lḥod-* AS) allein, m. Suff. Al. *lḥōdā*(*h*) sie allein 37:antep.

lāken [*-kən*] (Ar.) aber, Al. 86:19.

lkes (Maclean: v. *lgesā d-* auf die Seite von?) Präp. zu, bei, gegenüber: *lkes 'umtê* gegenüber ihrem Volk 3:antep., *lkes ḥezmānôkun* zu euren Verwandten 5:16; die Personalsuff. werden mittels enkl. *-l-* angehängt: *lkeslī* zu mir 78:12, *mn lkeslī* von mir 82:8, *lkesluk* zu dir (M.) 64:5, *lkeslāk*(*y*) zu dir (F.) 81:4,5,7 *lkeslū*(*hy*) zu ihm 79:22,23 = *lkesle*(*h*) 8:16, 76:5, *lkeslā*(*h*) zu ihr 67:10,13, *lkeslan* bei uns 25:6, zu uns 73:23.

lāčin Ortsname: *bēyt lāčin* Sippenname 49:2.

lelē [*lə́lle*] w. Vorn. 61:8, 74:3, 84:antep., 85:7, 92:24.

lemā [*ləmma*] (vgl. Ar. *LMM* sammeln) erstarrter Adverbialausdruck des Wachsens, Zunehmens u.ä.: *ḥemtuk dāyem lemā lemā* deine Wut nimmt andauernd zu 100b:12.

LMLM (onom.) murmeln; Inf. als 2. Präs. *berḥāqā lamlūmē* sich entfernend sprechen sie 91b:13.

lamsāyā (Adj. v. T. *nimsa* < slaw. Nemci) deutsch, Deutscher 29:16, Pl. *-yē* 4:3,6, 5:19, 6:4, 26:22, ult.

lamsestān [*-səstån*] (T.-P.) Deutschland 42:3ff.

lan s. *l-*.

landān [*-dan*] (Engl.) London 29:2,11.

le'zā [*ḷəzå*] (vgl. Ar. *LĠZ* III. u. IV) M. Mundart, Dialekt 44:10,24, 54:11, 60:12, Melodie 66:5, Pl. *-zē* Dialekte 44:22.

lā'āzar (AS *la'zar*) Lazarus, m. Vorn. 75:16 u. *la'āzar* Familienname 57:5.

l'ūdālē s. *'ūdālē*.

lapā 1 [*láppa*] (Met. v. *palā* < K. *pel*) F. Welle, Pl. *-pē* 96:4.

lapā 2 (K. *lap*) F. Handvoll, kleinere Zahl (bis zehn) 41:7.

leftenan wie folg. 25:ult.

leftenant = *layf-* 23:7.

laqāb [*lāqab*] (Ar.-P. *laqab*) M. Beiname 14:antep., 15:1.

LQṬ (AS) sammeln, picken; 2. Präs. *belqāṭā* (*y*)*lā*(*h*) [*bəlqåṭəlå*] *qaṭquṭē* sie (: die Henne) pickt gluckend 47:16; pass. Pf. *kad pīštā lqīṭtā* [*əlqiṭṭå*] *bpeqḥē šāpīrē* indem sie (: die Erde) mit schönen Knospen gefüllt (/bedeckt) wurde 11:3.

leqṭā [*ləqṭa*] (Wz. *LQṬ*) M. Korn, 47:13.

lārd (Engl.) M. Lord 70:17,20,22.

lāšom Stadtname 70:12.

lišānā (AS) M. Zunge, Sprache, 1:7,16, 7:8 u.o., m. Suff. *lišānī* meine Sprache 49:7, *lišāne*(*h*) seine Sprache 28:15, *lišānan* unsere Sprache 44:ult., 45:7,24, 55:3, *lišānê* ihre (Pl.) Sprache 28:13 = *lišānay*(*hy*) 63:12, Pl. *-nē* 10:23, 28:8,9f., 19 u.ö.

lišānānā (AS) beredt, eloquent 91A. 2.

lātināyā (Europ.) lateinisch, Pl. *b'atwātē lātināyē* mit lateinischen Buchstaben 60:ult.

M

m Buchst. *mīm* 48:21 (finale Form), 49:4 (normale Form), Zahlenwert 40 30:ult.

m- (AS) verkürzte prokl. Form der Präp. *mn*: *lḥa*(*d*) *m'anē* [*mə-annī*] einen von diesen 36:14, *mbā*(*t*)*r* [*mbår*] nach 12:4,19, 13:2, 36:13, nachdem 74:13; *mgô* in, Al. *msabab* wegen 87:5, *m'al* von 13:4, 77:12, *mqā*(*d*)*m* vor, bevor, ehe 2:15, 11:11, 36:9 u.ö., *m*(*t*)*ḥot* [*mxūt*] *'īde*(*hy*) aus ihren Händen 8:19 u.ä.

mā (AS) was? wie? 37:antep. (s. *PSK*).

mā'' [*emma*] (AS) hundert 18:3, 22:4, 44:23, *rab trēy mā''* [*trēmma*] M. Bicenturio, Haupt von 200 Mann 23:1f.

m'ūdālē s. *'ūdālē*.

m'a(*y*)*k* [*māx*] (*m-* + *'a*[*y*]*k*) = *'a*(*y*)*k* (m. pleonast. *m-*) wie 66:7, etwa, ungefähr: *m'a*(*y*)*k ḥdā sā'at wḥa*(*d*) *rbī'āyā* ungefähr ein- u. eine Viertelstunde 23:antep., *m'a*(*y*)*k dyāk*(*y*) wie du (F.) 92:21.

mē'ku/oltā [*mēxəltå*] (AS) Speise, Nahrung, F. 20:ult., 81:1.

mē'ḵalqarsūtā [*mēx-*] (Abstr. v. *mē'ḵal qarṣā*) Verleumdung, F. 7:21.

me'mrā [*məmra*] (AS) M. Wort, Rede, Aussage, Erzählung, Kapitel, Traktat 45:21, Pl. *-rē* 52:13, 57:21, 59:2, 19, 74:23.

mā'nā [*māna*] (AS) M. Gefäß, Schüssel 78:21.

ma'saqtā [*mā-*] (AS *mas-*) F. Aufstieg, Hinaufbringen, Aufzug: *bma'saqtā ḥaylāna tamām* mit einem sehr kräftigen Aufzug 66:12.

me'pā [*məppa*] (Wz. *'PY* AS) M. Gebäck, Gebackenes, Pl. *-pē* 93a:19.

mabog Personenname 62:9.

mabū'ā [*-bu̥wwa*] (Wz. *NB'* AS) M. Quelle 2:2.

mabyantā (n. act. v. *BYN*) F. Erscheinung, Auftreten, Hervorkommen, Andeutung, Hinweis, 53:1, 71:22, 85:9, 93a:3, Pl. m. Suff. *mabyanyātū(hy)* seine Andeutungen 49:antep.

mabsmānā [*-psə*] (n. ag. u. Adj. v. *BSM* III. Konjug.) angenehm, erfreulich, erheiternd, F. *-ntā* 65:7, Pl. *-nē* 65:11.

mabsamtā [*-ps*] (n. act. v. *BSM* III. Konjug.) F. Seligkeit 93b:3.

mabṣartā (n. act. v. *BṢR* III. Konjug.) F. Verminderung, Verkleinerung; *wqā but dmabṣartā dḥīyālê(hy)* um ihre Sorgen zu vermindern 13:1.

mabreqānā [*-brə-*, *-bərq-*] (n. ag. v. *BRQ* II. Konjug.) glänzend, Pl. *-nē* 47:15, paen.

mberēš (f. *me[n]drēš*) von neuem, wieder, nochmals Al. 87:15.

magdāwel engl. Familienname: MacDowell 25:ult.

magdlêtā (AS) F. Magdalena 49:22.

mgūšā (AS) M. Magier, Zoroastrier, Pl. *mazhab dmgūšē* [*dəmġūše*] die zoroastrische Religion 35:5, *wmārē šemā b'āraleg dmgūšē* u. berühmt unter den Zoroastriern 35:6.

mgūšūtā [*-uyta*] (AS) F. Zoroastrismus 35:17.

maglā (AS, Wz. *NGL*) M. Sichel 97a:18.

mgāltā (AS Rolle, die mod. Bed. beeinflußt v. Ar. *maǧalla*) F. Zeitschrift 52:5, 58:14.

māgār [*mágar*] (P.-T.) wenn nicht, außer, sondern: *'ānī lē (y)nā plāšā 'am 'ātōrāyē māgār 'am pransāyē* sie kämpften doch nicht gegen die Assyrer, sondern gegen die Franzosen 4:5, *māgār lā (y)wet šmī'ā* hast du vielleicht nicht gehört 80:15.

maǧbūr (Ar.-P.) gezwungen.

meǧed [*məǧǧed*] (K.) wirklich, wahrlich, sicher(lich) 7:paen., 34:21, 68:4, 7, 71:13, 95:3.

mǧāǧegē 93a:20 s. *ǧāǧeg*.

māǧaḥtā [*mač-*] (f. *maščāḥtā*, Wz. *Š[K]Ḥ* III. Konjug.) F. Nachschlagen, Finden, *hayerānā bmāǧaḥtā dsāhdwātē* Konkordanz 32:20.

maǧyantā (n. act. v. *ǦYN* III. Konjug.) F. Blüte 81:paen.

maǧnūn (Ar.) bekannte Gestalt aus der berühmten iranischen Geschichte „Laila u. Maǧnūn" 80:12 (s. *lāylē*).

maǧriyānā (n. act. u. Adj. v. *ǦRY* III. Konjug. fließen lassen, Ar.) Adj. überfließend, reich an 25:24.

madḇaqtā (n. act. v. *DḆQ* III. Konjug.) F. Belegen, Dokumentation 29:4, m. Suff. *-te* ihre (Pl.) Dokumentation 29:7.

mdabrānā (AS) M. Leiter, Führer, Direktor, Administrator, Verwalter 8:20, 23:3, 24:23, 72:23, antep., Pl. *-nē* 19:7.

mdabrānūtā (AS) F. Leitung, Führung, Administration, Verwaltung 21:12, 55:5, 68:16f.

māday (AS) Medien 2:12.

mādāyā (AS) medisch, Meder, Pl. *-yē* 10:4, 14, 11:4f., u.ö.

mdī(n)tā [*mdíta*] (AS) F. Stadt 1:2, 9:8, 9, 17, 11 (oft) usw., Pl. *mdīnātē* 17:8, 53:9, ult., m. Suff. *mdī(n)tu(hy)* [*mdītu*] seine Stadt 65:20, 22.

madḵartā [*matx-*] (n. act. v. *DḴR* III. Konjug.) F. Erwähnung 54:10 78:18.

medem [*məddem*] (AS > *NS mendī*) Ding, etwas: *wmedem medem* u. einiges 74:23.

mdamrānā (n. ag. v. *DMR* II. Konjug.) erstaunlich 6:23, 7:14.

mā/adnḥā [*madə́nxa*] (AS) M./F. Osten, Orient 10:6, 12:24, 15:10, 17:17, 24:22, 25:16, 26:paen., 31:ult., 57:5 usw., *madnḥa meṣ'êtā* [*madənxa məṣ̥ḗṯa*] Mittel-Osten 17:17f.

madnḥāyā [*-dənxáya*] östlich, orientalisch 40:1, 53:7, 62:14, 15, 18, 24, Fem. *ḥētā* 36:11, Pl. *madnḥāyē* 25:23, 62:5, F.

Pl. (sonst nicht üblich) *madnḥāyātā* 25:14.

madʿā [*måd̥d̥å*] (AS, Wz. *YDʿ*) M. Vernunft, Verstand *lmadʿan* unseren Verstand 1:antep. f.

madʿêtā [-*d̥ē*-] (n. act. v. *YDʿ* III. Konjug.) F. Mitteilung (= *môdʿānūtā*) 28:antep., m. Suff. *madʿêtê* ihre (Pl.) Mitteilung 29:7.

madʿānūtā [-*d̥ånuyta*] Mitteilung 65:3.

medrē [*mədre*] (< *mendrēš* Nöldeke 164) wieder, nochmals, sehr oft, von Anfang an, noch, wiederum, zurück 5:14, 8:17, 10:14 u.o., *medres* 34:20, allogr. *me(n)-drē(š)* s.v.

madrasā (AR.) F. Schule, *madrāsā ʿelêtā* Hochschule, Universität 16:11, 70:12, (ab. auch Mittelschule, siehe unter Pl.), 12:14, 38:4 u.ö., m. Suff. *madrāse(h)* die Schule (< seine Schule) 38:6, Pl. *madrāsē* 9:1, 15:9, 58:1, 63:15, *madrāsē dmātwātē* Dorfschulen 55:antep., *madrāsē ʿelāyē* (< Amer. high schools) Mittelschulen, Gymnasien 55:ult.

madrāšā (AS) M. Schule, Pl. -*šē* 1:13.

(m)hāgêtā = *hāgêtā* 21:5.

mhadyānā [*mād*-] (n. ag. v. *HDY* II. Konjug. führen < Ar.) M. Führer, Leiter 52:4, 57:antep., Pl. -*nē* 54:paen.

mhadyānūtā [*madyānuyta*] (Abstr. v. *mhadyānā*) Führung, Führerschaft, F. 60:12.

mhumnūtā [*humnūta*] (Abstr. v. *mhumnā* pass. Pt. v. *HMN*, AS *haymānūtā* F. Glaube 30:4, 77:ult., m. Suff. *mhumnūtū(hy)* sein Glaube 33:11, *mhumnūtī* mein Glaube 70:3f.

m(h)ôrēšā [*mōrīša*] (wörtl. „vom Anfang") M. Tagesanbruch, früher Morgen 47:paen.

mhaymnā [-*mənā*] (AS) gläubig 34:14.

mhīrā 1 (AS) geschickt 57:18, 71:antep., Pl. -*rē* 38:22, 60:2,18.

mhīrā 2 (pass. Pt. v. *MHR* den. v. P.-K.-T. *mohr* Siegel) versiegelt, F *mhīrtā* [*mhirta*] 50:2.

(m)hayartā [*hayyarta*] = *ha*-: *mārē (m)hayartā wḥekmtā* hilfreich und vernünftig 75:6.

mhakmānā (n. ag. v. *HKM* II. Konjug.) M. Herrscher 9:13.

mhākemtā [*hākamtā*] = *hākamtā* 25:20.

mahāl, *māhal* [*mahāl*] (< Ar.-P.-T. *maḥall*) F. Ort(schaft), Gegend, Gebiet 33:paen., 54:19bis, Pl. *māhālē* [*mahāle*] 15:7, 42:4,5 = *māhalē* 53:6, 63:16, m. Suff. *lḥa(d) mn māhalū(h)* [*mahālo*] eine ihrer (Sg.) Gegenden 54:16.

māhāmad (*maha*-) (f. u. neb. *mohamad*) Muḥammad 70:1,4,7.

ma(h)mūz [*māmūz*] (Ar.-T.) M. Sporn, Pl. m. Suff. *ma(h)mūzū(hy)* seine Sporne 47:15.

mhamzamtā [*ham*-] (n. act. v. *HMZM*) F. Rede, Gespräch 20:20, 40:2,8, 44:6.

māhānā (K. = P.-T. *bahāna*) M./F. (Maclean: F., hier M.) Vorwand, Grund *dlā čū ḥa(d) māhānā* ohne jeglichen Grund 55:12.

mahnyānā (AS) angenehm, nützlich, F. -*nyantā* beruhigend 54:5f, 80:22.

M(H)R (AS Pa. üben) III. Konjug. weilen, verweilen: 1. Präs. *mam(h)er* (*yan mamer*) *b'urmī čem ṣpāyī pīštā (y)lā(h) mupleḥtā bmaʿnāyā dmʿarqel* (das Verb) *mam(h)er* (od. *mamer*) wird in Urmia sehr häufig mit der Bedeutung von „weilen" gebraucht 44:13f.

mehr (P.) Mehr, Name einer ass. Druckerei in Teheran 70:15.

mū (< *mā*) was? *mū hāwē*? was ist das? 69:6, *mū tanen mudī lā* was soll ich sagen, was nicht? 91:3.

mogolīyā [-*lya*] Mongolei: *malkē dmogolīyā* mongolische Könige 14:22, 15:1, *bnê mogolīyā* Mongolen 14:ult.

moglāyā Adj. mongolisch, Mongole: *ḥa(d) malkā moglāyā* ein mongolischer König 15:15, *ḥa(d) moglāyā* ein Mongole 15:10f., Pl. -*yē* die Mongolen 14:13ff., 15:12, 36:18, 59:2.

mud = *mūd(y/)ī* was? *āhā mud tānīnā (y)le(h)*? was für ein Drache ist das? 69:12, *mu(d) (y)le(h)* [*mūyle*] *(h)wīyā* was ist geschehen? 93a:6 ab. *'āhā mud ḥabrā (y)lā(h)* 99a:11 (s. *ḥabrā*).

mūd(y/)ī [*mū*] (< AS *mā dēyn*?) was? *mūdī 'it bpyāšā* [*mūyit pyāša*] was verbleibt? 6:paen., *mūdī (y)le(h)* was ist? 7:6, 40:4, 14, paen., F. *mūdī (y)lā(h)* was ist (sie)? 40:6, *lē (y)hwô bēydāʿyā dmūdī (h)wô* sie wußten nicht, was sie waren 11:9, *mūdī šūlā 'ānā gārāg gāben* was für einen Beruf soll ich wählen 38:3f., *mūdī šarʿat 'īt* was für ein Gesetz gibt es? 42:24, *mōdī ītluḵ li'mārā* was hast du zu sagen? 43:8, *mūdī (y)le(h) šemī* was ist mein Name? 70:21, *mūdī ʿāḇden* was soll ich tun? 64:8,9, 79:19, *qā mūdī* [*qā mū*] weshalb 67:14, siehe Fragen auf S. 51:6ff. u.ä.; vor Subst. meistens *mūd*(*y*), *mūd*(*y*) (')*nāšē* (*h*)*wā* was für Menschen sie waren 83:9, vgl. 84:8,9; siehe auch *mū*.

môdʿānūtā [*-d̥yånuyta*] (AS) F. Bekanntmachung, Kundgebung, Vorwort, Vorbereitung, Vorspiel, Vorrede, Einleitung, 19:antep., 27:3, 51:paen., 52:3, 54:3, 61:14, 65:3.

mūhaḇtā (Wz. *YHḆ*) F. Gabe, Geschenk 11:4f.

môhūbat (Wz. *Y*[*H*]*Ḇ* beeinflußt v. Ar. *WHB*) F. Gastfreundschaft 64:17.

mohamad (< Ar.) Muḥammad 54:13, 22,23, atep., 60:9; allogr. *māhāmad* s.v.

mohamadāyā (Adj. v. vhg.) mohammedanisch, Mohammedaner, Pl. *-yē* die Mohammedaner 25:22.

mūḫā (AS) M. Gehirn: *dlā mūḫā* ohne Gehirn 71:paen.

muḥeb [*muγebb*] (pass. Pt. v. *Ḫ̮BB* III. Konjug.) M. Geliebter, m. Suff. *yā muḥebī* [*muγəbbī*] O mein Geliebter 5:7.

mūḫāben [*-bən*] (Ar. *muḫāb*) schade, es tut mir leid 66:6.

muḫatā/*as* Familienname 11:13, 74:25, 100:2.

muyšūl m. Vorn. 93a:12, b:11,21.

mōlā [*mo̥llå*] (P.-T.) M. Molla, muslimischer Geistlicher 69:15, Pl. *-lē* 14:5.

môledtā [*-ətta*] (n. act. v. *YLD* III. Konjug.) F. Geburt, Entstehung 53:2.

mulkānā (AS) M. Versprechung, Grundbesitz: *'arʿā dmulkānā* das versprochene Land 32:15, Pl. *kyaltā dmulkānē* Geometrie 61:2.

mūmā (AS) M. Fehler, Makel 68:18.

MWMY (onom.) miauen; 2. Präs. *qāṭē mômūyē* [*mö-*] die Katzen miauen 46:15.

mômītā (Wz. *YMY*) F. Eid, 43:9, *šmāṭtā dmômītā* Eidbruch 43:10.

mumken [*mümkən*] (Ar.-P.-T.) möglich 16:10, 38:13, u.ö.

mumkinūtā (Abstr. v. *mumken*) F. Möglichkeit 45:paen., 52:17.

mômātā (AS, Wz. *YMY*) F. Eid, Pl. *mômātē* 73:17.

māwānā Dorfname 24:19.

mungoliya Mongolei 25:15.

mūneč [*-əč*] (< Munich) München 42:14.

mūsā (Ar.) m. Vorn. 20:6.

mōṣol [*-ul*] 57:5 = *mōṣel* Moṣul 19:4, 40:3, 44:3, 67:2, 86:9.

muqdus = folg. 64:1.

muqdūsī [*müq-*] (Ar.-K.) M. Pilger, Pl. *muqdūsyē* 64:17f.

murdḵay (AS < H) Mardochai 27:12ff., 33:23.

môrēšā [*-rīša*] = *m*(*h*)*ôrēšā*: *koḵḇā dmôrēšā* Morgenstern (Name einer ass. Zeitschrift) 56:8, 58:1, 59:13, 75:paen., *bmôrēšā čem ǧaldī* am Tagesanbruch sehr früh 76:7.

mūšē [*-e*] (AS < *H*) Moses, noch gebraucht als m. Vorn. und auch als Familienname 27:2, 30:23, 31,1,5,12, 57:ult., 58:3, 73:10, 79:1, 97:2.

mūš'āḇā(*d*) [*müyšāva*] Dorfname 89:10, 93:9.

mušḥātē F. Pl. (AS) Verse, Gedicht(e), Poesie 57:15f., 58:14, 61:5,20, 88:1, seltener *mušḥetē* 52:15 u. *mušḥyātē* 59:3, 16, m. Suff. *mšuḥātī* meine Verse 26:18.

mušelmānē [*-šu-*] M. Pl. *mšelmānē* 17:18.

mūšamer [*mušāmər*] (Wz. *ŠMR*) wüste, öde, verlassen, unbevölkert 42:18.

muštārī [*mü-*] (Ar.) M. Subst. Kunde, Adj. geneigt, liebhaberisch, mit Sehnsucht gefüllt 21:12.

muštārīyūtā (Abstr. v. *mūštārī*) F. Liebhaberei, Neigung, Pl. *-yūyātē* 32:19.

MUT (AS) sterben; 1. Präs. *whal dmeten* [*dmītən*] u. bis ich sterbe 84:11, Inf. *lemyātā* zu sterben 64:11, Prät. *metlē* [*mət-*] er ist gestorben 33:17,18 = *mītle*(*h*) 36:13,15, *mītl*(*h*)*on* [*mətlun*] sie sind gestorben 97a:24, 3. Pf. *mītā* (*y*)*le*(*h*) [*mītəle*] er ist gestorben 69:6, Plpf. *mītā* (*yh*)*wā* [*mītəwa*] er war gestorben 79:24, pass. Pt. *mītā* s.v.

môtā (AS) M. Tod 18:1, 27:24, 33:12 u.o., *mōtā* 55:19, m. Suff. *môte*(*h*) sein Tod 36:24, 49:24, 50:5 = *môtū*(*h*)*y* 33:16.

môtḇā mūt- [*mutva*] (AS) M. Sitzung, Versammlung, Kongreß 23:5,8, 26:11, 56:10,11, Pl. *môtḇē* 1:4.

MZG (AS) mischen; II. Konjug.: Prät. *muzeglon* sie haben gemischt 53:10.

mazdʿyānā [*måzd̥yåna*] (n. ag. v. *ZDʿ* III. Konjug.) erschreckend 14:6.

mazhab [*massab*] (Ar.-P.-T.) M. Religion, Bekenntnis 35:5,17, Pl. *-bē* 25:21.

mazhabāyā (Adj. v. *mazhab*) religiös, F. *mazhabêtā* 52:16, Pl. *-yē* 52:23, 55:paen.

mazyadtā [*-tta*] (n. act. v. *ZID* III. Konjug.) Vermehrung, Verbreitung, Multiplikation, F. 1:13, 9:16, *-yed-* 25:22, *-yad-* 41:21 (Multiplikation), 64:21, *wlē* (*y*)*wet bešlāyā mn mazyādtā dlômā* [*mazyattəd lōma*] *ʿalī* und du hörst nicht auf, mich weiter zu beschimpfen 79:2.

mzm. Abk. v. folg. 31:13.

mazmūrā (AS) M. Psalm 64:6.

mazrago Ortsname in Ober-Tiari 19:18.

meztā [*mə/uṣṭa*] (AS) F. Haar 48:6, 82:paen., m. Suff. *meztū*(*hy*) sein Haar 48:6, 82:paen., 91a:17.

maḥebānā [*mayəbbāna*] (n. ag. v. *ḤBB* Konjug.) Liebender, Liebhaber, Pl. *-nē* 3:21, 52:7.

maḥabtā [*mayapta*] (n. act. v. *ḤBB* III. Konjug.) F. Liebe 44:antep.

maḥǧelānā (n. act. v. *ḤǦL* III. Konjug.) erschreckend, F. *maḥǧlantā* 24:21, Pl. *maḥǧelānē* 18:7.

maḥdyānā [*maydyāna*] (n. ag. v. *ḤDY* III. Konjug.) erfreulich, Pl. *-nē* 72:23.

maḥdartā [*may-*] (n. act. v. *ḤDR* III. Konjug.) F. Abwälzung 50:19.

māḥōzā (AS Stadt) M. Pl. in *bēyt māḥōzē* (AS) Distrikt, Bezirk 17:4.

mḥôyānā [*xoyāna*] (n. ag. v. *ḤWY* II. Konjug.) demonstrativ: *ḥlāpšemā mḥôyānā* Demonstrativpron. 40:12, antep.

mḥūtā (AS *mḥōṯā*) F. Schlag, Plage 7:7.

maḥzêtā [*-γz-*] (n. act. v. *ḤZY* III. Konjug.) F. Zeigen, Demonstrieren: *qā maḥzêtā dḥube*(*h*) um seine Liebe zu zeigen 15:5f., *bmaḥzêtā dʿeltā ʾānānqêtā* den unvermeidlichen Grund zu demonstrieren 44:7.

MḤY (AS) schlagen; 1. Präs. *dmāḥē* [*-i*] der schlägt (gewaltig Apg. 2:2) 28:7, *ʾen māḥē pôḥā ʿaluḵ* wenn der Wind auf dich weht 67:ult., *ʾen ʾānā kᵘlê pulḥānuḵ māḥenon* [*māxənnun*] *lpātuḵ* wenn ich dir alle deine Taten vorwerfen soll (Idiom: ich schlage sie dir ins Gesichts) 78:16, *ʾāpen būrān māḥya* [*maxya*] auch wenn ein Sturm tobt 89:4, *māḥī* sie schlagen 97b:7, 1. Impf. (als Kond.) *dlā māḥē* (*h*)*wā lḥaḇrū*(*hy*) um seinen Nächsten nicht zu schlagen 79:6, *drābā ḥaylā māḥē* der sehr mit seiner Kraft prahlt (Idiom) 90:6, w. Präs. *bemḥāyā* (*y*)*lā*(*h*) sie schlägt 13:22, *bemḥāyā īnā* [*-yəna*] sie schlagen 47:antep., 2. Impf. (m. Suff.) *bemḥāyê* (*h*)*wô* [*-yēwa*] sie schlugen sie (Pl.) 11:5, Prät. *mḥēʾla*(*h*) [*mḥīla*] sie schlug 43:24, antep. *mḥēʾle*(*h*) [*mḥīle*] er schlug 68:1, 2, *mḥīyāloḵ* [*məxyālux*] du (M.) hast sie (Sg.) geschlagen 79:3, *mḥēʾlī* [*mxīli*] ich stieß 90:17, *dʾāḵ*(*y*) *mḥēlon* 91a:4 s. *ʾaḵ*(*y*), pass. Pt. *miḥyā*, F. *mḥītā*, Pl. *miḥyē*, pass. Präs. (als Konjunktiv) *dpāʾeš miḥyā* (*basmā*) daß es gedruckt wird (Idiom) 33:10, 11, pass. Prät. *pišle*(*h*) *miḥyā* er wurde geschlagen 8:16, *pīštā* (*y*)*lā*(*h*) *mḥītā darhaqūḵ* man hat gegen dich angezeigt 43:6, pass. Pf. *pīšē* (*yh*)*wô miḥyē bgulātē* 18:1, s. *gultā*; III. Konjug.: 2. Präs. *mamḥūyē* (*y*)*nā nāqōšā* sie lassen die Glocke läuten 13:antep.

mḥīlā (AS) schwach 97b:7.

mḥīlūta (v. vhg.) Schwäche 37:14.

mḥaylāntā (n. act. v. *ḤIL* II. Konjug.) F. Verstärkung 18:23.

maḥyānā (n. ag. v. *MḤY*) M. Schlagender, Pl. *-nē* 64:17.

mḥêtā [*-ī/ūta*] (n. act. v. *MḤY*) F. Schlagen, 2:paen., 85:2 (s. *gūlpā*), Pl. *mḥāyātē* Schlägereien 18:10.

maḥkêṯā (n. act. v. *ḤKY* III. Konjug.) F. Erzählung, Geschichte 87:15.

maḥpaltā (n. act. v. *ḤPL* III. Konjug.) F. Weigerung, Verweigerung, Opposition, Ablehnung 27:16.

maḥṣūṣ (Ar.-P.-T.) besonder, spezial, eigentümlich 80:24f.

maḥrebānā [*-rəvāna*] (n. ag. v. *ḤRB* III. Konjug.) M. Zerstörer, Pl. *-nē* 53:paen.

maḥrabtā (n. act. v. *ḤRB* III. Konjug.) F. Vernichtung, Zerstörung 17:1, 19:4, 27:6.

maṭ. Abkürzung f. *maṭbaʿtā* 72:2, 73:2, 74:antep., 80:2, 85:7.

maṭbaʿtā [*måṭḇåṭå*] (v. Ar. *maṭbaʿa*) F. Druckerei, Verlag 8:2, 27:2, 36:3, 45:2, 82:2 u.ö., m. Suff. *maṭbaʿtan* unsere Druckerei 65:7.

MṬY (AS) (an)kommen, erreichen; I. Konjug.: 1. Präs. *kī māṭē* [*måṭi*] *gô nātā* kommt ins Ohr 46:6f., *lē māṣāḥ dmāṭāḥ ʾele*(*h*) wir können ihn nicht erreichen 68:6, *dbaʿyē ḥa*(*d*) *ʾurzā māṭē*

ʿalū(hy) das ein Mann erreichen will 73:7f., *hal māṭī lnīšê* bis sie ihr Ziel erreichen 79:14, *wmāṭen* [*måṭən*] u. ich komme an 89b:7, *kul gāhā dl'āhā sā(h)mā matlānā ki māṭē* jedes Mal, wenn der Erzähler diesen Teil erreicht 91a:15f., *māṭyān(y) lbaytā* ich komme nach Hause 98b:22, *mn qā(d)m māṭī lḥaylāwātā drūsīyā* bevor sie die russischen Truppen erreichen 20:13, 1. Impf. *mn qā(d)m dbaḵtā'tē māṭī (h)wô* bevor die Frauen kamen 51:1, als Kond. *'en ḥaylī māṭē (h)wā bīyuḵ* wäre ich dir an Kraft gewachsen 78:22, Inf. *lemṭāyā lḥaylāwātē drūsīyā* um die russischen Truppen zu erreichen 20:11, 2. Präs. (als Impf.) *bemṭāyā (y)lā(h)* [*bəmṭåyəlå*] sie erreichte 13:24, Prät. *mṭēlon* [*mṭəlun*] sie kamen an, erreichten 6:9 = *mṭē lon* 16:20 = *mṭē l(h)on* 18:12,13, 22:5,19, 72:22, *mṭē le(h)* [*mṭīle*] er kam an, hat erreicht 1:4, 20:paen., 36:6, 68:12 = *mṭēle(h)* [*mṭī-*] 66:8 = Al. *mṭē'le(h)* [*mṭile*] 37:18, *mṭēlā(h)* [*mṭīla*] sie kam an 14:8 = *mṭēlā* 92:6,15 = Al. *mṭēylā(h)* [*mṭēla*] 37:antep., *kad mṭē lan* als wir ankamen 23:10, *mṭēluḵ* [*mṭi-*] du hast erreicht 78:ult., *mṭēlī* [*mṭi-*] ich bin angekommen 98a:13, Pf. (ohne Hilfsv. als Kond.) *'a(y)ḵ dmeṭyā* [*dməṭya*] *lḥdā qṭāʿytā* als ob er zu einem Entschluß gekommen wäre 76:4f., Plpf. *mṭītā (yh)wā (h)ê ʿdānā* die Zeit war gekommen (: reif) 91b:paen.; III. Konjug.: Prät. *hal dmumṭiyālē* bis er sie hineinführte 32:15, *mumṭē l(h)on* sie haben gebracht 62:7, 3. Impf. (als Kond.) *'up'en tahmantā lā hôyā (h)wā čū ḥayr (')ḥē(r)tā mumṭaytoḵon* [*-ṭētoxūn*] auch wenn euch die Meditation keinen anderen Gewinn gebracht hätte (od. zukommen ließe) 34:19f.

mṭêtā (n. act. v. *MṬY*) F. Ankunft 5:antep., 76:12, m. Suff. *bemṭête(h)* bei seiner Ankunft 21:11, *mṭêtê* ihre (Pl.) Ankunft 4:paen. = *mṭêtay(hy)* 17:ult., 22:17.

maṭlab (Ar.-P.-T.) (Maclean: F.) M. Aufforderung, Thema: *kul ḥa(d) maṭlab dhukmā ṭāleb (h)wā* die ganze Aufforderung, die die Regierung gestellt hat 19:7, *bḥā maṭlab* einmütig (Apg. 2:1) 28:6.

maṭrān (Ar. < AS *miṭ-*) M. Metropolitaner Bischof, Pl. *-nē* 14:9.

maṭrāpolīs (μητρόπολις) F. Metropolis 34:1.

mīyā [*-a*] Pl. tant. (AS) Wasser 8:9, 47:20, paen. u.ö., einm. sogar *māyā* 13:1, m. Suff. *mn mīyū(hy)* von seinem Wasser 12:1.

māyǧar (Engl. major) M. Major, 26:10.

maydān [*-dan*] (Ar.-P.-T.) F. Platz, Pl. *maydānē demānē* blutige Plätze 13:1.

myuzīqāyā (Adj. v. *myuzīqā* < Engl. music) musikalisch, Pl. *-yē* 61:21 (s. *malḥamtā*).

myuqrā (Nf. v. *myaqra*, pass. Pt. v. *YQR* II. Konjug.) geehrt, angesehen 38: antep., 70:17,19, Pl. *-rē* 58:7.

māyōtā (AS) sterblich, *lā māyōtā* unsterblich 38:ult.

mīz (P.) M. Tisch: *bā(t)r mīz* am Tisch 85:3.

myablānā (AS) M. Träger, Pl. *-nē* 9:8.

mayḥānā (P.-K.-T.) F. Weinstube, Pl. *-nē* 65:20.

mīṭrāpolīṭā (AS < Gr.) M. Metropolit, Erzbischof 36:14, 56:12, 59:22.

mīḵā'ēyl [*-xāyel*] (AS < H) Michael, noch gebraucht als m. Vorn. 11:13, 39:21,22.

MYL (den. v. *mīlā* 2) grün werden: 2. Impf. *'arʿā mamyūlē (h)wā* [*-ləwa*] die Erde wurde grün 11:3.

mīlā 1 (AS) M. Meile, Pl. *-lē* 33:antep.

mīlā 2 (< P. *mīnā* vitrum, crystallum etc. Vullers s.v., siehe auch *Borhān-e qāṭeʿ* m. M. Moʿīns Anm. zu *mīnā*) blau 6:8, 47:4, seltener: grün (s. *MYL* u. *mīlānā*), Pl. *-lē* 46:12, 47:ult.

mīlā(h) Al. (< **mā īhīḇ lāh?*) was ist 87:16.

mīlāna (v. *mīlā* 2) grün: *ʿal gelā mīlānā* auf grünem Gras 75:1.

mīnes, maynes [*-əs*] (E.) minus 41:19.

mīntā (= *min-*) F. Dankbarkeit 24:1.

mīs (< P.-T. *mes*) M. Kupfer 48:21.

myāqra [*mya-*] (AS *mya-*) geehrt, verehrt 16:10.

myaqrūtā (Abstr. v. *myāqrā*) F. Exzellenz, m. Suff. *-te(h)* seine Exzellenz 20:18.

mīrzā (P.-T.) Titel (< P. *amīr-zāde*) u. m. Vorn. 56:19, 57:20, 59:16 u.ö.

mīr-kūrā Ortsname 14:1.

mīrātgārūtā (Abstr. v. Ar.-P. *mīrāṯ* + P. *gar*) F. Erbschaft 78:20.

mayšā, mêšā (K.-T.) F. Wald 42:paen., 85:10,12,14,15, Pl. *mayšātē* [*mē-*] 16:21, 42:paen.

mīšā'ēyl (f. *mīḵā'ēyl*) m. Vorn. 61:antep.

mītā (AS) pass. Pt. v. *MUT*: tot, hyperbolisch auch: am Sterbepunkt 78:20, *mītā ḫetnī* mein Verlobter ist tot 98b:12, Pl. *mītē* 49:paen., 50:7, 83:18.

metānā (Adj. v. *MUT*) tötend, Pl. *mal'aḵē dmôtā ān(y) mêtānē* die tötenden Todesengel 97a:19.

myatrā (AS) nützlich: *būš myatrā* nützlicher 68:antep.

myatrūtā [*myåṭruyta*] (AS) F. das Beste, Höchste, die Moral 68:paen.

makdāwel engl.-amer. Familienname: McDowell 23:7.

MḴY Al. = *MḪY*; 1. Präs. *kmāḵē lī* [*-xīlī*] sie schlagen mich 87:3, Prät. *mḵē'le(h)* [*mxēle*] es schlug, erschien (Idiom) 37:12, *meḵyāle(h) lrēše(h)* er schlug sie (Sg.) auf den Kopf 87:24.

makīnā (It.) F. Maschine, Pl. *-nē* 73:4f.

makīḵā (AS) mild, sanft, freundlich, lieblich, F. *makīḵtā* 3:1.

maklêtā (n. act. v. *KLY* III. Konjug.) F. Hindernis 32:1, 77:8.

makmelānā [*-kmə-*] (n. ag. v. KML III. Konjug.) M. Vervollkommner 68:antep.

mākastā (Wz. *KSY*) F. Vorhang, m. Suff. *mākastu(hy)* sein Vorhang 31:10.

mākāptā [*-kap-*] (n. act. v. KUP III. Konjug.) F. Erniedrigung 5:1.

maktḇānūtā (AS) F. Schilderung, Darstellung, St. cs. *maḵtḇānūt zaḇnē* Chronik 63A. 1.

MČḪ (< *ŠČḪ* III. Konjug.) finden, sich befinden: Inf. ... *'īt mčāḫā* man kann finden 45:antep., 2. Impf. *dm(š)čāḫā (h)wô* die man gefunden hat 62:antep., pass. Pt. *mčīḫā* gefunden 42:ult., = *m(š)čīḫā* 79:24 Pl. *mčīḫē* 42:20.

mīlā (f. *mīlā* AS) M. Meile, Pl. *mīlē* 11:19.

melē [*melle*] Pl. v. *meltā* q.v.

mala'ḵā [*malāxa*] (AS) M. Engel 24:24, 31:23, 32:7,11 u.ö., m. Suff. *mala'ḵī* 31:22, paen., Pl. *māla'ḵē* 39:5,9f.,10, 74:8, San. *rēšē dmālā'ḵē* Erzengel 39:21.

mala'ḵī (AS < H) Maleachi 31:22.

mlū'ā (AS) M. Essenz, Wesen 1:21.

mālok [*-lux*] Al. (*mā* + enkl. *l* m. Suff. d. 2. Sg.) was ist los mit dir? 86:17.

mālōḵā (AS Ratgeber) M. Grundbesitzer (vgl. Ar. *mulk*), Pl. *-kē* 21:antep.

malḫemānā (n. ag. v. *LḪM* III. Konjug.) M. Verfasser, Autor 45:11, Pl. *-nē* 33:4.

malḫamtā (n. act. v. *LḪM* II. Konjug.) F. Aufsatz, Pl. *malḫamyātē* 29:5, m. Suff. *malḫamyātu(hy) myuzīqāyē* seine musikalischen Kompositionen 61:21.

MLY (AS) füllen, voll machen; 1. Präs. *(t)ḫūte(h) ki mālē le(h)* [*mālile*] er macht die Hosen voll (Idiom) 90:6,7, 1. Fut. *wbed mālī le(h)* u. sie werden sie (: unsere Sprache) füllen 45:23, 1. Impf. *ki mālī (h)wā* sie reichten aus 77:3, 2. Präs. *bemlāyā (y)wān* [*bəmlāyəwan*] ich (F.) fülle 47:9, pass. Pt. *milyā* voll 30:ult., 71b:ult., 74:8, 77:24, ausführlich 45:11, 19, gefüllt 98b:4, *kmā dmṣē lan melyā* soweit nur möglich, ist es voll von 44:8, F. *mlītā* 29:6, 77:5, Pl. *melyē* 3:antep., 28:21, 50:8, 64:16, 68:24, 74:12, Prät. *wmlēlē* [*mlīle*] *lkᵘle(h) d(h)ô baytā* u. füllte das ganze Haus 28:7, *ḫa(d) wḫdā (h)āw mlāyele(h)* er hat sie nacheinander gefüllt 95:9, 3. Pf. *melyē (y)nā l-* sie haben gefüllt 30:15, Plpf. *dmelyē (h)wô lkᵘlā(h) dunyē* die die ganze Welt gefüllt haben 6:antep.f., pass. Prät. *wpešlon melyē* u. sie wurden gefüllt 28:9.

melyon [*məl-*] (E.) F. Million, Pl. *-nē* 12:antep., 13:7 u.ö.

melyūtā [*məl-*] (AS *mal-*) F. Fülle, Überfluß, Ausführlichkeit: *bmelyūtā* vollständig 50:ult., ausführlich 62:4.

malyaztā [*-sta*] (n. act. v. *LYZ*) F. Eile 22:17.

mlīlā (AS) vernünftig 1:22, 100a:18, Pl. *lā mlīlē* Unvernünftige 100a:21.

mālek [*-ək*] (Ar.-T.) Hauptmann (s. *malkā*) 4:10, 18:15,17 u.ö., als Familienname 59:1.

mlk. Abk. v. *malkē* (Bücher der Könige) 32:antep.

malkā (AS) König, M. 3:22, 4:22 u.o., St. abs. *mālek kᵘlānāyā* der allgemeine König 11:13, St. cs. in *mleḵ malkē* König der Könige 35:10, 36:16f., Pl. *malkē* 2:11, 9:25 u.o., m. Suff. *malkāḵ* dein König 40:18.

malkūtā [*-ūta*] (AS) F. Königreich, Staat, Kaisertum, Imperium 3:11, 5:19 u.o., Pl. *malkwātē* 3:16, 17, 4:1 u.ö., m. Suff. *malkūtuḵ* dein Königreich 68:15, 16, *malkūte*(*h*) sein Königreich 16:2 = *malkūtu*(*hy*) 65:22.

malkāyā (AS) königlich, F. *-kêtā* 9:17, 27:12f.

malktā [*máləkta*] (AS) F. Königin 27:11, 65:19.

mallā = *molā* 66:1ff.

malālā (AS) M. Redner 26:17, 91a:20.

malpānā (AS) M. Lehrer 12:2, 68:paen. Pl. *-nē* 22:14, 63:15.

māleptā [*-lap-*] (n. act. v. *YLP* III. Konjug.) F. Lehre, Doktrin: *qā māleptā dṭōpē* um (euch den Gebrauch der) Kanonen beizubringen.

mālṣomē M. Pl. (< Russ. масляница) Fasching, Butterwoche 93:ult.

malqī Ortsname 35:19.

melat [*məllat*] (Ar.-P.) F. Volk 12:22, 13:13, 15:13 u.o., m. Suff. *melatu*(*hy*) sein Volk 1:22f., *melatan* unser Volk 5:1, 14:14, 26:13 u.o., *melat dgānê* ihr Volk 15:13, Pl. *melā/atē* 4:23, 12:23 u.ö.

melaṯ St. str. v. *melṯā* q.v.

melṯā [*məlṯa*] (AS) F. Wort 44, Verb 40: *melṯā qānōnêtā* regelmäßiges Verb 40:19, *melṯā d'īṯūṯā* Existenzverb, verbum substantivum 40:paen., St. cs. in *melaṯ* [*məllaṯ*] *šmā* (auch zusammengeschrieben) Partizip, Adjektiv 40:antep.f., *ʿeqrā dmeltā* die Verbalwurzel 52:10, Pl. *melē* [*melle*] Verba 40:18, Wörter 44:1, 5.

melatāyā [*məll-*] (Adj. v. *melat*) national, Pl. *-yē* 20:21.

mām (K. *maʿm*) M. Onkel: *māmmuyšul* Onkel Muyšul 93b:17.

memē [*məmme*] (Kosewort) F. Mutti 46:6, *māmā* 46:4.

māmūna (Dim. v. *mām*) M. Onkel, m. Suff. *māmūnī* mein Onkel 84:8, *māmūnuḵ* dein Onkel 84:3, 7.

mam(*l*)*lā* (AS) M. Wort, Rede, Aufsatz, Kapitel, Abhandlung, Traktat, These, Stil, Redeweise 24:23, 40:8 u.ö., *tūrāṣ mam*(*l*)*lā* Grammatik (wörtl. Richtigkeit der Rede) 40:1, 6f., Pl. *-*(*l*)*lē* 52:12, 57:21, 59:5, 6, 16, 61:5, 12, 91 A. 2.

māmmuyšul s. *mām*.

mamṣantā (n. ag. F. v. *MṢṢ* säugen) F. Amme 65:23.

mamer 44:13 s. *M*(*H*)*R*.

memer [*məmmer*] (< **mə'ammer*) eine seltene Partizipialform v. *'MR* in Al. *r'ešle*(*h*) *be*(*h*) (*'*)*nāšā wmemer* der Mann wurde auf ihn aufmerksam u. sagte 86:17.

ṃn [*mən*] (AS) Präp. von, aus; m. d. Komparativ: als; in idiomat. Redewendungen auch: über, betreffend, hinsichtlich u.ä.; m. Personalsuff. wird der Vokal in der Schrift m. einem *zlāmā kiryā* bezeichnet u. das *n* in der Ausspr. verdoppelt: *menī* [*mənnī*] von mir 93b:18, *dbūqāruḵ menī ʿalay*(*hy*) über die du mich fragst 68:21, *menī qā dīyuḵ mudī yūtrānā 'īt* was für einen Gewinn hast du von mir 79:12f., *menuḵ* [*mənnux*] von dir 84:9, *menāḵ*(*y*) [*mənnax*] id. F. 84:12 *mene*(*h*) [*mənne*] von ihm: *buqere mene*(*h*) er fragte ihn 70:20, *šimšā dḥayē mene*(*h*) *genyā* seine Lebenssonne ist untergegangen 100b:20, ähnlich *menū*(*hy*) [*mənnu*] von ihm 33:ult., 35:10, 78:21, 96:antep., *menō*(*h*) [*mənnō*] von ihr 67:11, 96:23, *menan* [*mənnan*] von uns 89b:13, *menoḵon* [*mənoxun*] als ihr 48:11, *menê* [*mənnæ*] von ihnen, als sie u.ä., 2:16, 6:ult., 7:19 usw. = *menay*(*hy*) 8:18, 9:21 bis usw. = *menê*(*hy*) 73:23, 97:23; oft pleonastisch m. anderen Präp.: *ṃn bā*(*t*)*r* [*mbår*, *məmb-*] nach 1:3, 16:ult., *nāšqān* (*h*)*wā ṃn gô* [*mgō*] *pumu*(*hy*) ich (F.) würde seinen Mund küssen (wo beide Präp. pleonastisch sind) 5:9, *mn qa*(*d*)*m* vor 23:9, 33:25 = *mn qam* 55:15; oft verkürzt zu prokl. *m-* (s.v.).

ṁn [*man*] (AS) wer 90a:14.

mendī [*mə-*] (< AS *medem*, vgl. neumand. *mendī* Macuch, HCMM Reg. 591b) Ding, Sache, Eigentum, etwas, m. Neg. nichts, *mendī d-* das, was, als Nom. M. *ḥa*(*d*) *mendī* etwas 7:14, 49:12 u.ö., *kᵘl mendī* alles 31:11, 52:1f. u.ö., *mendī d*(*'*)*ḥē*(*r*)*nē* das, was anderen gehört 49:12, *mendī d'arbāb* (*yh*)*wā* gehörte den Feudalherren 63:24, *mendī dmārā d'arʿā* (*yh*)*wā* gehörte dem Landbesitzer 63:antep., *hič mendī* nichts 33:13, 66:paen. u.ö. = *čū mendī* 67:19, 76:24, *mendī dīwet beṭlābā* das, was du verlangst 67:6, *hādkā mendī* so was 80:15, *'āhā mendī* dies, (*h*)*ô mendī d-* das, was, m. Suff. *mendīyuḵ* dein Eigentum 16:23, 90:4, Pl. *mendīyānē* (vgl.

mand. *mendānī* Macuch, l.c.) 15:8, 33:15 u.o.

mendīyānā [*mən-*] (Adj. v. *mendī*) gegenständlich, konkret: *ḫa(d) mendī mendīyānā* etwas Konkretes 69:4f.

me(n)drē(š) = *medrē* q.v. 13:ult., 23:18.

manherānā [*-hə-*] (AS) M. Kommentator, Pl. *-nē* 29:19, 20.

MNḪ (< *manyeḫ* Kaus. v. *NUḪ*) Ruhe geben; 1. Präs. (Optativ) *'alāhā māneḫ leh bābuḵ* 66:22 s. *'alāhā*.

mnāḫā (AS) der verstorbene, verewigte 4:10, 23:1.

manḫaptā (n. act. v. *NḪP* III. Konjug. = AS Af.) F. Schande, Schmähung: *'am ktāḇā dmanḫaptā* mit einem verschmähenden Brief 8:17.

MNY (AS) zählen: pass. Pt. *menyā* [*mənyā*] gezählt 100a:21, Pl. *-yē* 100b:6.

mānī (AS *man*) wer? *'aḫnan mānī (y)waḫ?* Wer sind wir? 1:19, *lmānī* wem 7:3, *mānī līt le(h)* wer hat nicht 48:4, *dmānī (y)wet* wer du bist 66:17, *ki yād'et mānī (y)wen?* weißt du, wer ich bin? 70:20, *'āḇāhū(h) mānī (h)wā* wer waren ihre Eltern 83:9, *bmānī (m)nônaḫ* bei dem, den wir anbeten 100:3.

manyeḫtā [*-yax-*] (n. act. v. *NUḪ* III. Konjug.) F. Ausruhen: *dlā manyeḫtā* ohne sich auszuruhen 22:17.

menyānā (AS) M. Zahl, Anzahl 1:13, 20:16, 22:13, 41 (oft) usw., Pl. *-nē* 9:ult., 41 (oft) usw.

mančuryā Mandschurei 25:15.

menārā [*mənāra, mənnāra*] M./F. (Ar. *manāra*) Minarett 66:8, 12.

manšūr (Ar.) berühmt, namhaft, F. id. 29:6, 12, 32:2.

manšūrūtā (Abstr. v. *manšūr*) F. Berühmtheit, Popularität: *bmanšūrūtā* wie bekannt 30:21.

manšêtā (n. act. v. *NŠY* III. Konjug.) F. Vergessen 7:11, 12.

menšeltānē [*mənšəltāne/i*] (< AS *mn šel[y]* Nöldeke 164) plötzlich 10:paen., 90:17, 98 *b*:antep., m. pleonast. *mn* : *mn menšeltānē* 97a:15.

mentā [*mənta*] (Ar.-P.-T. *mennat*) F. Dank(barkeit): *mentā mn bārōyā* Dank dem Schöpfer 1:23, *məntā mn qawaḫyātē* Dank den Aufrufen 52:5, m. Suff. *mentī* mein Dank 33:9, Idiome m. *Ṭ'N YD'* u. III. Konjug. danken, sich bedanken s. *Ṭ'N* u. *YD'*.

mantaytā, -têtā (n. act. v. *NTY* III. Konjug.) F. Erfolg, Fortschritt 3:21, 4:ult., 38:12, 81:14.

mas'ūlūtā (Abstr. v. Ar.-P. *mas'ūlīyat*) F. Verantwortlichkeit 45:9.

māsē('y)tā [*māsēta*] (AS *masa'ṯā*) F. Waage 48:21.

MSY (AS Pa.) waschen: 2. Impf. *baḵtā dhāǧē naḫtē (h)wā msāyā* die Frau des Hadschi wusch Kleider 69:22, *bdem'ē 'aynī mesyālī* mit den Tränen meiner Augen habe ich sie (Sg.) gewaschen 92:12.

msaybrānūtā (AS) F. Geduld *qalīl ms-* ungeduldig 68:19.

masyamtā (Nf. v. *masamtā* q.v.) F. Auflegen: *masyamtā dbālā* Aufpassen, Krankenpflege 72:19 (s. *bālā*).

meskēnā [*məskīna*] (AS) arm 39:20, 97:7, F. Al. *meskentā* 37:15, Pl. *-nē* 71:9.

meskīnūtā [*mə-*] (AS) F. Armut 62:12, 63:15.

meskār (P.) M. Kupferschmied 48:22.

masketrēy (Engl. musketeery) Schießkunst 43:16.

māsālān [*masalan*] (P.-T. < Ar. *maṯalan*) zum Beispiel 41:10, 22.

masamtā (n. act. v. *SUM* III. Konjug.) Auflegen, F. *masamtā dbāle(h)* seine Aufmerksamkeit 9:15.

masčid [*māǧəd*] (Ar.-P.-T.) M. Moschee 11:antep., 66:7.

masrūf m. Vorn. 88:3.

ma'ǧbānā [*måǧb-*] (n. ag. v. *'ǦB* III. Konjug.) erstaunlich, wunderbar 6:23f., 27:10, 44:22f., F. *ma'ǧbantā* 16:21, 50:16, 73:12.

ma'ǧzānā [*måǧ-*] (n. ag. v. *'ǦZ* III. Konjug.) ermüdend, entnervend, bestürzend 68:20.

ma'dān [*mådån*] (Ar.-P.-T.) Fundgrube 29:5.

m'īrānūtā [*məīrānuyta*] (AS) F. Ermahnung: *m- drab taš'ītā* Ermahnung des Verfassers dieser Geschichte 25:6.

m'al [*mål*] s. *m-* u. *'al*.

m'allā 24:8 s. *'allā*.

ma'lūm [*målųm*] (Ar.-P.-T.) bekannt, sicher, klar, deutlich, selbstverständlich 31:paen., 32:11, 50:22.

ma'lūmūtā [*mål-*] (Abstr. v. *ma'lūm*) F. Kenntnis, Nachricht, Bericht: *šem'yā (y)wet maʿlūmūtā* du hast Kenntnis genommen, hast davon gehört 43:8.

mʿalyā [*məåḷyå*] (AS) hoch geehrt, hervorragend, Pl. *parṣōpē mʿalyē* hervorragende Persönlichkeiten 1:3.

mʿalyūtā [*måḷ-*] (AS) F. Hoheit, Exzellenz, m. Suff. *mʿalyūte(h)* seine Hoheit 70:1,4.

māʿlem [*måləm*] = *maʿlūm* 83:9.

mʿamdānā [*måm-*] (AS) M. der Täufer, 31:antep.

maʿmra [*måmrå*] (AS) M. Wohnort 12:2.

maʿmarta [*måmårtå*] (n. act. v. *ʿMR* III. Konjug.) F. Bauen, Architektur 17:2.

māʿan Ortsname in Arabien 54:16.

maʿnāyā [*må-*] (< Ar.-T.-K.) M. (Maclean F.) Sinn, Bedeutung: *lmaʿnāyā šarīrā* über die echte Bedeutung 59:5, *bḥa(d) maʿnāyā prīšā* mit einer besonderen Bedeutung 81:18, *bmaʿnāyā d-* mit der Bedeutung von 44:14, m. Suff. *maʿnāyū(hy) (y)lā* es bedeutet 31:10, *maʿnāye(h)* seine Bedeutung 8:paen., *maʿnāyay(hy)* ihre Bedeutung 44:1.

maʿrḇā [*mårvå*] (AS) M. West 11:19, 42:9.

maʿrḇāyā [*mårvåyå*] (AS) Adj. westlich 60:12, 62:24f., F. *-ḇêtā* 42:5, 59:8, Pl. *-ḇāyē* (Okzidentalen) 4:11, 25:18, 61:19f.

mʾarqeltā [*mårqəlta*] (n. act. v. *ʿRQL*) F. Verspätung, m. Suff. *kᵘlā(h) mʿarqeltay(hy)* [*-tē*] ihre (Pl.) ganze Verspätung 23:24.

māʿt [*måt*] (P. *māt*, hyperbolischer Gebrauch desselben ar. Wortes) sehr erstaunt, verwundert: *pešlon māʿt* sie staunten 35:12.

maʿṭāl [*måṭål*] (< Ar.-P.-T. *muʿaṭṭal*) verlegen 74:11.

māp (Fr.) F. Landkarte 42:3,4, *māpā* id. 18:antep.

mapleḥānā (n. ag. v. *PLḤ* III. Konjug.) Benutzer, m. Suff. *qā mapleḥānê* für ihre(n) Benutzer 45:22.

maplaḥtā (n. act. v. *PLḤ* III. Konjug.) F. Gebrauch, Ausübung 7:15, 35:11 u.ö., m. Suff. *maplaḥte(h)* ihr (: der Sprache, Syr. M.) Gebrauch 62:14.

mpq. Abk. v. *mapqānā* 31:2, 32:12.

mapaqbrūḥā (AS) M. Vorwort 44:4.

mpaqdāna (n. ag. v. *PQD* II. Konjug.) M. Befehlshaber, Pl. *-nē* 43:11.

mapqānā (AS, Wz. *NPQ*) M. Exodus (II. Buch Moses (30:6, antep., ult., 33:4.

maprêtā (n. act. v. *PRY* III. Konjug.) F. Vermehrung, Verbreitung 68:14.

mapremānā (n. ag. v. *PRM* III. Konjug.) verständlich, F. *-ntā* 44:13.

maprāq [*mafraq*] (Ar.) M. Grenze 4:4.

mpāraqtā (n. act. v. *PRQ* II. Konjug.) F. Rettung: *qā mpāraqtā dgānay(hy)* um sich (Pl.) selbst zu retten 17:22.

mapšemānā [*-šə-*] (n. ag. u. Adj. v. *PŠM* III. Konjug.) erschreckend 53:paen., 75:23.

MṢY (AS) können, imstande sein, vermögen, fähig sein, gewachsen sein; 1. Präs *dmāṣen* [*dmåṣən*] daß ich kann 30:8, *ki māṣen* ich kann 21:21, 79:3, *maṣē* [*-e/i*] er, es kann 33:10, 38:15, 67:5, 81:3, 90a:14, *māṣet* du kannst 68:3, 76:22, 23bis, *māṣāḵ* wir können 33:15 = *māṣāḥ* 38:17, 18bis, 68:5, *māṣīton* ihr könnt 68:6, *ki māṣī* sie können 6:5, 38:22, 65:4, 1. Fut. *bet māṣet* du wirst imstande sein 75:8, 1. Impf. *dlē māṣē (h)wā* daß er nicht verfügte 27:22, 2. Präs. *wlē (y)nā bemṣāyā* u. sie können nicht 38:13 = ... *mṣāyā* 47:21, f. 2. Impf. *lā (y)wān mṣāyā* ich (F.) konnte nicht 82:14f., 2. Impf. *lē (h)wô bemṣāyā* 69:12 s. *ǦWǦ*, *mṣāyā (yh)wā taneḥī* sie konnten seufzen 91b:19, *mṣāyā (yh)wā qaweḥī* 91b:21, Prät. *dlā mṣēlē šāqel tūʿlā* weil er sich nicht rächen konnte 27:16, *kmā dmṣē lan* [*kmad mṣilan*] soweit es uns möglich war 44:8.

ma/āṣyānā [*måṣ-*] (n. ag. v. *MṢY*) fähig, mächtig, kräftig 8:14,22.

mṣêtā (n. act. v. *MṢY*) F. Möglichkeit, Fähigkeit, m. Suff. *layt gô mṣêtan* es ist uns nicht möglich 54:10.

māṣyatā [*ma-*] (n. act. v. *ṢUT*) F. Gehorsamkeit, m. Suff. *lā māṣyatuḵ* [*lå-måṣyattux*] deine Ungehorsamkeit 77:4.

maṣyetānā [*-yə-*] (n. ag. u. Adj. v. *ṢUT*) gehorsam, F. *-ntā* 76:9.

maṣlāhat [*måṣlå-*] (Ar.-P.-T.) F. Rat 14:10, 21:2, Interesse, m. Suff. *bmaṣlahatay(hy) bīštā* aus ihrem schlechten (: niedrigen, persönlichen) Interesse 26:2.

mṣaʿweryātē F. Pl. (vgl. AS *mṣaʿrānūtā*) Mißbräuche, Unverschämtheiten 18:11.

meṣʿāyā [*məṣå-*] (AS) mittel, mittlere, F. *madnḥā meṣʿêtā* [*məṣṣēṭa*] 17:18 s. *madnḥā*.

meṣʿāyūtā [*mə̣ṣå-*] (AS) F. Mittel, Vermittlung: *bmeṣʿāyūtā* mittels, durch (die Vermittlung von) 2:24, 23:10, 52:18, 54:22, 55:5, 56:10.

meṣrēyn [*məṣrən*] (AS) Ägypten 5:5, 28:16, 31:3,4,8, 32:14 u.ö.

mq. mš. (Abk. f. *mqā[d]m mšīḥā*) v.Chr. 10:4.

mqāblānā (n. ag. v. *QBL* I) M. Empfänger, m. Suff. *mqāblānū(h)* [*mqablāno*] der sie (: *naṣīhat*) aufnimmt 68:paen.

mqābeltā [*-bal-*] (n. act. v. *QBL* II. Konjug.) F. Empfang, *mqābelte(h)* sein Empfang 21:13.

mqa/ā(d)m [*məqam*] s. *m-*.

mqāmed San. *mqām* + pleonast. *d*: *mqāmed* [*məqāməd*] *dmāḵā* vor dem Schlafengehen 39:7.

maqdānā (n. ag. v. *YQD* III. Konjug.) brennend: *ḥemā maqdānā* brennende Hitze 47:24, Pl. *maqdānē dlebā* bemitleidungswürdige 63:22f.

maqwe/aḥtā (n. act. v. *QWḤ* III. Konjug.) F. Geschrei, Weinen 2:paen., 64:8, Pl. *-ḥyātē* 18:7.

maqyamtā (n. act. v. *QUM* III. Konjug.) F. Aufstellung, Hervorbringung, Organisierung 22:1.

mqēltā (Wz. *QLY*) F. Geröstetes, Pl. *-lyātē* 93a:19.

maqṣad (Ar.-P.) M. Ziel, Absicht, m. *ʿBD* beabsichtigen, wollen: San. *kōdet maqṣad* du willst 39:13f.

maqrêtā (n. act. v. *QRY* III. Konjug.) F. Unterricht, Studium 55:antep.

mqārāṣūtā (Nf. v. *maqarṣūtā*, n. act. v. *QRṢ* III. Konjug.) F. Streit, Hader, Zank 7:20.

mārā [*-å*] (AS) M. Herr, Besitzer, St. cs. *mārē* [*mār*] gelegentlich m. folg. pleonast. *d-* gebraucht in zahlreichen idiomatischen Verbindungen (wie ar. *ṣāḥib*): *mārā dyutrāna* [*mār y-*, *mārəd y-*] nützlich 2:ult., *mārā dǧur'at* tapfer 5:3, *mārē šemā* berühmt (Nöldeke 320) 9:13, 35:4, 36:24, 42:18f., 65:17, 72:11, *lḇištā mārē dʿārāyātē* geflickte Kleidung 13:4, *biblīyōn mārē nūhārē* kommentierte Bibel (: The Interpreters' Bible) 29:1, *mārē deqat* genau 29:6f., 23, *mārē ḥa(d) bābā rūḥānāyā* Söhne eines geistlichen Vaters 15:13, *mārē pā/aydā* nützlich 30:5, 33:8, 38:19, antep., *mārē sareštā* wertvoll 33:9, *mārē 'ehtūbār* respektabel 34:15, (s. *'ehtūbār*), *mārē hunār* geschickt 35:7, *mārē ṭūrānē* Bergland 42:18, *mārē rē'zā* ordentlich 48:antep.f., 65:14, *mārē psāsā* Aufseher, Chef-Redakteur 61:11, *mārē d'arʿā* Landbesitzer 63:antep. *mārē šôqānā* sehnsuchtsvoll 64:16, *aṣbābē mārē sē'mē* silberne Instrumente 64:17, *mārē dšaḇʿā zāʿyē* [*mār šåwwå zåyḛ*] mit sieben Jungen 69:10, *mārē mhayartā* hilfreich 75:6, *mārā dqômtā laḥomtā* von hübscher Gestalt 80:21f., *mārē drābā meztā* stark behaart 82:paen., *rābā mārē dhônā* (*y*)*lā*(*h*) ist sehr vernünftig 85:5, *mārā dšmayā w'arʿā* 94:22 s. *'arʿā*; 87:18 s. *'el-*; *dhāwē mārā ʿalū(h)* damit er sie verführt 95:18, *dhāwē mārē ʿalāḵ(y)* damit er dich (F.) besitzt 96:10, *dlā mārā* ohne Herrn 97a:22; m. Suff. *mārī* mein Herr (Gott) 89b:23, *mārū(hy)* sein Herr 32:5, *mārān* unser Herr (Christus) 28:3, 36:5, antep., 39:4, 78:11, 79:17, 86:6, *dmārānīšoʿmšīḥā* unseres Herrn Jesu Christi 34:18, 35:21, vgl. San. 39:13, ab *qeštī māran* Regenbogen 46:11; Pl. *mārāwātē* [*mārawāte*] 97b:ult.

mar'ā Al. = *marʿā* 37:13.

mārā'gā [*marāya*] Name einer Stadt 36:antep.f.

margā (AS) M. Weide 100a:18.

māregō in *bēy(t) māregō* Familienname 18:3.

margāwār Name einer Ebene in Aserbeidschan an der türk. Grenze 13:23.

margānītā (AS) F. Perle 59:antep., Pl. *-nyātē* 72:6, 83:23.

mardē (P.-K.) brav, tapfer, Pl. id. 9:antep., 92:21.

mardūtā [*-uyta*] (Abstr. v. *mardē*) F. Tapferkeit 3:18, paen., 4:8, 24, paen., 14:ult., 16:17, m. Suff. *mārdūtu(h)* ihre (: der Nation) Tapferkeit 5:2.

mardūtānā'īt [*-yīt*] (Adv. v. *mardūtā*) tapfer 15:13.

mārōdā (AS) M. Aufrührer, Rebell 22:paen., 24:6.

marwaḥtā (n. act. v. *RWḤ*) F. Verbreitung 15:7, 19.

mārōnāyē M. Pl. (AS) Maroniten 1:6.

mārwāyā Familienname 60:6.

marzā (AS < P.) M. Seite, Ufer, Grenze 47:24, 67:21, paen., 95:ult., 100a:5, Pl. m. Suff. *marzānu(hy)* seine Grenzen 42:20, seine Ufer 79:10.

(m)raḫmānā (n.ag. v. *RḪM* II. Konjug.) barmherzig 79:21, 80:6, F. *-ntā* 6:13.

marḫeqtā [*-xá-*] (n. act. v. *RḪQ* III. Konjug.) F. Entfernung 26:9.

mār(y) (AS) wörtl. mein Herr, Titel vor den Namen der Bischöfe u. Heiligen 12:2, 8bis, 15, 20:paen., 22:antep., 23:1, 26:3 u.o., s. bes. 56:12ff., *mārī* Eigenname: *mār(y) mārī* 12:8.

māryā [*måryå*] (AS) M. Herr (nur von Gott 30:ult., 31:12, 34:22, 39:10 u.ö.

maryezānā [*-yə*] (n. ag. v. *RYZ*) M. Ordner, Organisator, Kompilator 45:11.

maryāḵtā (n. act. v. *YRḴ* III. Konjug.) F. Verlängerung 22:20 (s. *bīnā*).

maryam (AS) Maria 49:22, 58:11, 71:5, San. *māryām* [*mar-*] 39:8.

mrīʿā (pass. Pt. v. *MRʿ*) krank, F. *mrīʿtā* [*mrịṭå*] 72:18.

marīrā [*må-*] (AS) bitter 24:24, ult., 100a:10.

marīrūtā (AS) F. Bitterkeit, Bitternis 7:2.

mrakḇā (AS) zusammengesetzt, abgeleitet (v. abgeleiteten, m. Präfixen gebildeten Stämmen): *yatīr mrakḇā qa(d)-māyā ʿāḇōdā* u. *ḫāšōša* Afel u. Ettafʿal 40:21f., *yatīr mrakḇā trāyānā ʿāḇōdā* u. *ḫāšōšā* Šafʿel u. Eštafʿal 40:22f.

markaḇtā [*-fta*] (AS) F. Wagen, Kutsche 23:13bis, 24:2f., 3, 4, 8.

MRMR (onom.) murmeln, grunzen: Inf. (als 2. Präs.) *ḫzūrē marmūrē* die Schweine grunzen 46:15f.

mārā/amtā [*måramta*] (n. act. v. *RUM* III. Konjug.) F. Erhebung, Erhöhung 1:13, 14:paen., 27:13.

mārānāyā [*måranāya*] (Adj. v. *mārān* s. *mārā*) unseres Herrn, christlich 25:1, F. *mārānêta* 39:antep.

MRʿ (AS) krank sein, erkranken; Prät. *mrīʿle(h)* [*mrịlẹ*] er erkrankte 36:6, pass. Pt. *mrīʿā* [*mərỵå*], F. *mrīʿtā* [*mrịṭå*] s.v.

marʿā [*måṛå*] (AS) M. Krankheit 7:paen., 17:12, 42:antep., m. Suff. *marʿū(hy)* seine Krankheit 12:8, *marʿī* meine Krankheit 81:6, Pl. *marʿē* 26:7.

merʿyā [*məṛyå*] (Adj. v. *marʿā*) krank 100a:ult., Pl. *-yē* 71:10.

mā/arqos (AS) Markus, Evangelist u. m. Vorn. 15:10, 31:paen., 50:6, 16.

marʿaštā [*måṛåštå*] (n. act. v. *RʿŠ* III. Konjug.) F. Wecken 60:13, Pl. *-šyātē* 52:5.

mrārē (AS) M. Pl. Bitterkeit, Bitternis, bittere Pflanzen, Wermut 77:6.

mārtā (AS) F. Frau, Dame; *mār* + *d*: *mārat* [*mārət*]: *mārat ṭīmā* wertvoll 34:22; m. Suff. *martī* u. *mart(y)* (vgl. *mar[y]*) Titel der weiblichen Heiligen, vor allem der Heiligen Jungfrau: *mart(y) maryam* 58:11.

martyānūtā (AS) F. Warnung, Ermahnung, Pl. *-nwātē* 60:21.

mš. Abk. v. *mšīḫa* s. *mq. mš.*

māšē Pl. v. *māšītā* (P. *māš*) F. kleine Bohnen, Soja-Bohnen, Idiom: *gô māšē beʾwārā (y)wet* du suchst Kleinigkeiten, du übertreibst 79:1f.

mšadrā (AS pass. Pt. Pa. v. *ŠDR*) M. Gesandter 26:1.

mašhūr [*maššūr*] (Ar.-P.) berühmt 12:2, 12, 28:1.

mašhūrūtā [*mašurūyta*] (Abstr. v. *mašhūr*) F. Ruhm 6:20.

mšuḫtā (AS, vgl. *mušḫātē*) F. Metrum, Poesie, Epos, St. cs. *ḫdā mšuḫat-ga(n)bārē* [*mšuxtəd gabbāre*] ein Heldenepos 91:1, Pl. *mšuḫyātē* Gedichte 58:5 u.ö. (s. auch unter *mšuḫtā*), m. Suff. *mšuḫyātū(hy)* seine Gedichte 59:12.

mešḫā [*məšxa*] (AS) M. Öl, Salbe 25:antep., 43:18.

mašḫedānā [*-šyə-*] (n. ag. v. *ŠḪD* III. Konjug.) M. Missionar, Prediger 15:21, 89:24, Pl. *-nē* 15:22 u.ö.

mašḫadtā [*-tta*] (n. act. v. *ŠḪD* III. Konjug.) F. Missionierung, Verkündigung, Predigt, Evangelisation, 12:22, 25:12.

mašḫūlā (Wz. AS *ŠḪL* überfließen) M. Welle, Pl. *ga(l)lē wmašḫūlē* Wellen (Hendyadis) 11:6.

mšāḫtā [*mčaxta*] (n. act. v. *ŠČḪ*) F. Entdeckung, Wiederfinden 50:18.

MŠY (AS) (ab)wischen: 2. Präs. *bemšāyā lnaḫīrā(h)* sie wischt ihre Nase 75:18, Prät. *wmšēʾle(h) lʿaynē(h)* u. er trocknete seine Augen 75:antep.

mšīḫā (AS) Messias, Christus 3:6bis u. sehr oft.

mšīḫāyā (Adj. v. *mšīḫā*) christlich, 59:24, Subst. Christ, F. *mšīḫêtā* 12:6, 16, 18, 51:antep., 64:2, Pl. *mšīḫāyē* Christen 17:17, 25:18, 22, 23 u.ö.

mšīḫāyūtā (Abstr. v. *mšīḫāyā*) F. Christentum 54:4, 63:9, 13.

māšīngānā [*-ganna*] (Ar. *mağanīq* < E) M. Wurfmaschine, Balliste, Katapult, Pl. *-nē* 21:20.

māšeknā [*mašəkna*] (AS) M. Tabernakel, Stiftshütte 30:ult., 31:1,4,7,10,13.

ma(š)čāḥtā (n. act. v. *ŠČḤ*) F. Finden 45:paen.

mašlêtā (n. act. v. *ŠLY* III. Konjug.) F. Stillung, Beruhigung 38:21.

mšelmānā [(*m*)*šə*/*ul-*] (AS) M. Muslim, Pl. *-nē* 11:antep., 12:17f.,19, 13:4.

mešeltānē [*məšəl-*] = *menšel-* 13:21.

mšamhā (AS) berühmt, Pl. *-hē* 24:20, 64:24, dav. weiter *mšamhānā* id. 8:21, Pl. *-nē* 4:14.

mšamhūtā (Abstr. v. vhg.) F. Ruhm, Berühmtheit 6:20.

mešen [*məšēn*] (Engl.) Mission 21:15.

māšaʿl (Ar. *mašʿal*) M. Fackel, Lampion, Pl. *-llē* [*mašalle*] 74:10.

mašqdārūtā [*-uyta*] (Abstr. v. Ar.-P.-T. *mašq* Übung + P. *dārī*) F. Geschicktheit 35:11.

mašrīyā (Wz. *ŠRY*) M. Wohnung 21:23.

mašrêtā (n. act. v. *ŠRY* III. Konjug.) F. Gründung 2:12.

mšārertā [*-rar-*] (n. act. v. *ŠRR*) F. Bestätigung, Verwirklichung 18:16.

maštē = *maštêtā*: m. Suff. *har bmaštū*(*hy*) *mīyā* gerade wenn man ihm Wasser zu trinken gibt 69:8.

mešta'lānūtā [*məštāl-*] (AS) F. Verantwortlichkeit 45:9.

mšat'estā (n. act. v. *ŠT'S*) F. Einsetzung 26:11.

meštôdʿānūtā [*məštōḏånuyta*] (AS) F. Kenntnis 45:12.

meštūtā [*məštūta*] (AS) F. Feier, Fest 72:7,9, 73:18.

maštêtā (n. act. v. *ŠTY* III. Konjug.) F. Bewässerung 26:12, m. Suff. *qā maštêtu*(*h*) es (: das Paradies) zu bewässern 77:3.

meštalmānā (AS) überlassen, unterworfen, Pl. *-nē* 17:22.

mātā (AS) F. Dorf, Land, 18:3,8, 19:14,19,ult., u.o., Pl. *mātwātē* 15:8, 17:21,antep. u.o., m. Suff. *mātwātū*(*h*) [*-to*] ihre Dörfer 17:23.

matḇānā (n. ag. v. *YTḆ* III. Konjug.) M. Begründer, Pl. *-nē* 5:15.

metbasmānā [*mət-*] (AS) angenehm, F. *wlā metbasmāntā* u. unangenehm 7:7.

metgamrānūtā (AS) F. Vollkommenheit 1:antep.

mātwātē Pl. v. *mātā* q.v.

metḥā [*mətxa*] (AS) M. Raum, auch Zeitraum, Frist 2:23, 12:antep., 13:12, 17:3, 27:4,5 usw., *gô metḥā d-* während 53:23, *kᵘle*(*h*) *metḥā dḥayay*(*hy*) ihr ganzes Leben 73:17, Pl. *-ḥē* Zeiten 13:7.

m(*t*)*ḥôt* s. *m-*.

matay [*mattay*, *mate*] (AS) Matthäus 32:paen., 49:19.

MTL (AS Pa., Af.) eine Geschichte erzählen, ein Beispiel erwähnen, vergleichen, beschreiben: 1. Präs. u. pass. Pt. *mū mātlen lā mtīlā* was soll ich erzählen (davon), was noch nicht erzählt wurde? 91a:5, pass. Pt. F.: pass. Prät. *pīštā* (*y*)*lā*(*h*) *mtīltā* sie wurde verglichen 73:4.

matlā (AS) M. Spruch, Sprichwort 66f. (oft) usw., Pl. *-lē* 52:13, 57:14 u.o.

matlānā (n. ag. v. *MTL*) M. Geschichtenerzähler 91a:9,16, Pl. *-nē* 91a: ult.

miteltā F. v. *matlā* Geschichte, Erzählung 81:2, Pl. *mitelyātē* [*-təl-*] 52:13.

matmaztā (n. act. v. *TMZ* III. Konjug.) F. Säuberung, Reinigung 43:18.

metmaṣyān(*ī*)*tā* (AS) F. Möglichkeit 1:12, 25:18, 44:5.

metʿāmrānītā (AS) F. bewohnbares Land, Erde 7:23, 25:5f.

metpalgānā (AS) teilbar 41:paen.f.

meter (E.) M. Meter, Pl. *-rē* 24:3.

mtargmānā (n. ag. v. *TRGM*) M. Übersetzer 49:18.

N

n Buchst. *nūn* 48:22 (normale u. finale Form), 49:4, Zahlenwert 50.

N'S Al. (f. *N'Ṣ* < Aram. *NʿṢ* Nöldeke 62, vgl. auch Ar. *NHS* Maclean s.v.) beißen, stechen; 1. Präs. *dnā'esle*(*h*) [*nāyəsle*] um ihn zu beißen 86:16, *bīštā* (*y*)*lā*(*h*) *rabtā dnā'sete*(*h*) [*nēsette*] *gaḇrā* es ist ein großes Übel, den Mann zu beißen (: daß du den Mann beißest) 87:18, *'ībok̠ dnā'sētī* [*nēsettī*] kannst du (überhaupt) mich beißen? 86:19, 1. Fut. *'ānā bnā'senok̠* [*bnāsənnox*] ich werde dich beißen 86:22.

N'Ṣ (s. vhg.) beißen > verletzen = pass. Prät. *pešle*(*h*) *nīṣā* wurde verletzt 27:15f.

nā'rāhat [*nār-*] (P.) unbequem 85:3.

NB̲H̲ (AS) bellen: 2. Präs. *kalbē ki hāwī benb̲āh̲ā* [*bənvāxa*] die Hunde bellen 46:15.

nābūpāl 'ūzūr Nabopolassar 10:5.

NBY (AS Etpa.) prophezeien; II. Konjug.: 2. Impf. *w'ayk̲ nb̲īyā nāh̲ōm nābōyē* (*y*)*hwô* [*nabbūyəwa*] u. wie der Prophet Nahum prophezeite 10:17.

nb̲īyā [*nvīya*] (AS) M. Prophet 10:17, 12:1, als Teil eines Eigennamens ohne ursprüngl. Bed.: *nb̲īyā 'īsh̲āq* 19:antep., 20:1 u.ö., Pl. *-yē* 31:20, 76:3.

nb̲īyūtā [*nviyuyta*] (AS) F. Prophezeiung 31:antep., 70:4, Pl. *nbīyāwātē* 30:21.

NB̲K̲ Al. = *NB̲H̲*: Inf. Al. *lā kbatlen nb̲āk̲ā* ich höre nicht auf zu bellen 87:2.

NBL Al. = *LBL*: pass. Präs. *dpāyeš noblā* [*nūbla*] um getragen zu werden 37:22.

NB̲ʿ (AS) quellen, entstammen, entstehen: 3. Pf. *mabūʿa dmenū*(*hy*) *neb̲ʿē* [*nəvyə-*] (*y*)*wah̲* die Quellen, aus der wir hervorgekommen sind 2:2.

nāgistān (< P. *nāgahān*) plötzlich 28:8, 31:22f.

nagīrūt rūh̲ā (AS) F. Geduld 22:21.

NGR (AS) behauen, abhacken, schnitzeln, meißeln: pass. Pt. Pl. *ngīrē* eingraviert 52:20.

ND' = *NDY*.

nādūtā (f. *nādūytā*, F. v. *nādūyā*, Wz. *NDY*) sprunghaft 48:22.

NDY (AS) springen; Prät. *taʿlā ndē'le*(*h*) [*ndīle*] der Fuchs sprang 68:9.

na(*h*)*lat* [*nālat*] (< Ar.-P. *laʿnat*) F. Fluch: *šē'dānā dna*(*h*)*lat* verfluchter Verrückter 80:17.

NHM (AS) brüllen: 2. Präs. *'aryē benhāmā* die Löwen brüllen 46:17.

na(*h*)*rā* [*nāra*] (AS) M. Fluß 5:antep., 61:1 u.ö., Pl. *na*(*h*)*rāwātē* 58:15, 77:3.

nehrā Al. (AS *nhūra*) M. Licht, Sehkraft, m. Suff. *nehrā*(*h*) ihre Sehkraft 37:15.

nōbā (Ar.-K.) M. Abwechslung, Reihe(nfolge): *kᵘl h̲a*(*d*) *bnōbū*(*hy*) jeder in seiner eigenen Reihe 54:antep.f., 56:23.

nūbritn New Britain 11:16, 65:2, 66:2.

nāwegā [*-əgga*] (Dim. v. P.-Aserb.-T. *nawe*) M. Enkel, Pl. *nāwegē* 15:16, m. Suff. *nāweguk* deine Enkel 78:15f.

nōdez Ortsname 17:antep.

nuhadrā Dorfname 86:9.

nūhāra (AS) M. Kommentar 28:22, paen., 29:2,3 u.ö., Pl. *-rē* 28:paen., ult., 29:1 u.ö.

NUH̲ (AS) ruhen, (sich) ausruhen, ruhig, langsam sein; I. Konjug.: 1. Präs. *nā'eh̲* [*nāyex*] er ruht, 2. Präs. *benyāh̲ā* (*y*)*le*(*h*) id. 34:3, pass. Pt. *nīh̲ā* s.v., 3. Präs. (als Imper.) *hāwēyton* ... *qurbā lmāran īšoʿ nīh̲ē* ruhet in der Nähe unseres Herrn Jesu 86:5f., Prät. *nīh̲le*(*h*) [*nixle*] er ist gestorben 59:paen.; III. Konjug.: Inf. *lmanyūh̲ē menay*(*hy*) sie loszuwerden, sich von ihnen auszuruhen 8:18.

nūh̲ (AS < H.) Noah 77:20,21.

nūyerk New York 28:4.

NUK̲ Al. = *NUH̲*: 1. Präs. *dbāsmā wnêh̲ā* daß sie gesund u. (von der Krankheit) befreit wird 37:17.

nuk̲rāyā (AS) fremd, Fremder 37:23, 44:6 u.ö., F. *-rêtā* 44:12,14f.,16 u.ö., Pl. *-rāyē* 4:23f., 45:6 u.ö.

nuk̲rāyūtā (AS) F. Fremde, Ausland 57:22.

NWL (AS) verwelken, schwach werden od. sein, absterben: pass. Pt. *pagrā nwīlā* schwacher Körper 45:23, Prät. *nwelā*(*h*) [*nwəlla*] sie ist schwach geworden 55:19, III. Konjug.: Prät. *munwil*(*h*)*on* [*-wilun*] sie haben abgeschwächt 62:13.

nūnā [*nūyna*] (AS) F. Fisch 48:22bis, 49:4, Pl. *-nē* 11:7.

nāwenǧī [*-wən-*] (K.) M. Vermittler 32:17.

NWNY anbeten, anflehen: 1. Präs. (*m*)*nônah̲* wir beten an 100:3.

nosk̲ā (AS < Ar. > P.) Exemplar, Abschrift, Kopie, Pl. *-k̲ē* 62:20,23.

nuqzā [*nüqza*] (AS) M. Punkt, Einzelheit, 91a:21, Pl. *-zē* 20:23, 68:21.

NWR (AS) zurückschrecken, fliehen: 2. Präs. *benwārā* (*y*)*nā* [*bənwārəna*] *menū*(*hy*) sie schrecken vor ihm zurück 96:antep.

nūrā [*nuyra*] (AS) M. (AS F., Nöldeke 129:1) Feuer 9:6, 28:8 usw., *mnūrā* aus dem Feuer 86:20, *puqdānē dnūrā* Feuerungsbefehle 43:23.

nôrā (AS) M. Spiegel 82:23,24.

nōrōz (P.) Now-Rūz, ein Verfolger der (as)syrischen Christen 13:6.

nūtān Newton, ein Kommentator des Danielbuches 33:6.

nāzek [-*zə/ük*] (P.-K.-T.) dünn 85:1.

nāzān [-*an*] (K. < P. *nā-dān*) dumm, einfältig, verrückt 80:15.

nēzā [-*a*] (P.-T., AS *naizkā* MP-Ar. *naizak*) F. Spieß, Bajonett, Pl. *nēzātē* 7:23.

nāḫom (AS < H.) Nahum 10:17.

nāḫīrā (AS) M. Nase 48:7, m. Suff. *lnaḫīrā(h)* [-*rō*] ihre (Sg.) Nase 75:18.

nḫm. Abk. v. *nḫamyā* Nehemia 32:antep.

NḪP (vgl. AS Pa. u. Af.) beschämt werden, sich schämen: 1. Präs. *wlē nāḫpen* [*naxpən*] u. ich schäme mich nicht 79:paen., 2. Präs. *lē (y)wet benḫāpā* [*lət bənxāpa*] du schämst dich nicht 78:3, Prät. *nḫeple(h)* er schämte sich 66:10, Imper. *nḫp* [*nḫūp*!] schäme dich! 66:8.

nḫeptā [*nxə/a-*] (n. act. v. *NḪP*) F. Scham, m. Suff. *nḫeptuḵ* deine Scham 78:3.

naḫtā (AS) M. Rock, langes Oberkleid, m. Suff. *naḫtan* unser Kleid 69:24, Pl. -*tē* Kleider 69:22.

nāṭupta [-*ṭop*-] (AS) F. Tropfen, Pl. *nāṭupyātē* [-*ṭop*-] 83:23.

nāṭōrā (AS) M. Hüter, Wächter 76ff., 80, Pl. -*rē* 50:paen., 79:21.

nāṭōrūtā [-*uyta*] (AS) F. Wache, Behütung, Beschützung 5:5, 18:4, 22:2.

nāṭalyā Natalia, w. Vorn. 83:8, 10, 14, 20.

NṬP (AS) III. Konjug. tropfen, gießen: 2. Impf. *gāšūqē (h)wā lpāʾtī bʿaynē smīqē wmanṭūpē mīyā* er schaute in mein Gesicht mit seinen roten und tränenden Augen 75:17f.

NṬR (AS) hüten, behüten, bewahren, beschützen, 1. Präs. *nāṭer* [-*ər*] er bewahrt 23:2, *rēš še(n)tā ki nāṭraḫ le(h)* wir feiern (< bewahren, beobachten) das Neujahr 81:16, 1. Pf. m. Suff. San. *dkemnaṭretī* du hast mich behütet 39:11 (*kem* = *qam*), Inf. *lenṭārā* zu bewahren, beobachten 1:15, 7:10, 22:2, pass. Pt. *nṭīrā*, F. *nṭīrtā* [*nṭər*-]bewacht 50:2, Prät. *nṭeron* [*nṭərrun*] sie haben bewahrt 63:12, Imper. F. San. *nṭōrī* [*enṭōrī*] behüte 39:16 = *ʾenṭorī* 39:20.

naṭrānā (n. ag. v. *NṬR* II. Konjug.) M. Wächter, Behüter, m. Suff. *naṭrānuḵ* dein Behüter 93a:6.

nāṭarkursī (AS) M. Statthalter 79:20.

nṭa/ārtā [*ənṭarta*] (n. act. v. *NṬR*) Bewahren, Behütung, Beschützung 1:11, 27:24, m. Suff. *qā nṭārtuḵ* zu deiner Verteidigung 43:8, *qā nṭartay(hy) ṃn môtā* um sie vor dem Tod zu schützen 63:paen.f.

nāyūtā (Abstr. v. *nāyā* = Ar. *nīy* unreif) F. Roheit, Rauheit 2:5.

nīḫā (pass. Pt. v. *NUḪ*) ruhig, still, langsam: *nīḫā bnīḫā* langsam langsam 8:14, 52:5, 55:19, 62:12f., 63:7, 97a:9 = *nīḫā nīḫā* 85:11.

nyāḫtā (AS) F. Ruhe, Beruhigung 50:9.

nīmānā (Adj. v. P. *nam*, T. *nemli*) feucht, F. -*ntā* 63:24.

nyāmtā (n. act. v. *NUM* schlafen, schlummern, AS) F. Schlaf, Schlummer, m. Suff. *dnyāmtu(hy)* seines Schlummers 81:23.

nīnwē (AS) Ninive 8:2, 9:18, 24 u.ö., auch Name einer assyrischen Druckerei in Karkuk 72:15, 73:2, 10 u.ö.

nīnūwā Name eines „assyrischen“ Königs im 18. Jh. n. Chr. 11:13.

nīsān (AS) M. April, M. 1:3, 11:11 u.ö., Pl. in *bē(y)t* [*bī*] *nīsānē* Frühling 11:2, 81:antep.

nīst (P.) nicht existierend: *nīst (h)wēlē ṃn ʿaynê* ist vor ihren Augen verschwunden 64:15.

nīṣā pass. Pt. v. *NʾṢ* q.v.

nīrā (AS) M. Joch, Last, Pl. -*rē* 55:11.

nīrī Orts- u. Sippenname 20:4.

nīrīsā Nirissa, It. w. Vorn. 73:13, 14, 19, parn.

nīšā (AS) M. Ziel, Zweck 1:17, 3:1 u.ö., m. Suff. *hal dmāṭī lnīšê* bis sie ihr Ziel erreichen 79:14.

nīšānqā (P.-T. *nišān* u. *nišāna*, zur Endung s. Nöldeke 384f.) M. Zeichen, Ziel, Schießscheibe 24:6, 41 (oft) usw., Pl. -*qē* 12:20.

nīyat (Ar.-P.-T.) F. Absicht, Motiv, Zweck 65:4, m. Suff. -*tī* meine Absicht 97b:3, *nyatuḵ* deine Absicht 68:23, *nyatu(h)* ihr (: der Übung) Zweck 51:paen., Pl. *qā nyatē* zu den Zwecken 42:18.

nīqālēʾos Nikolai 20:19.

neḵlā [*nəxla*] (AS) M. Verrat, Betrug: *gayīnūta dneḵlā* betrügerischer Verrat 24:17.

NḴS (AS Af. v. *KSS*) tadeln, sich aufregen, kritisieren; III. Konjug.: Prät. *munḵesle(h)* [*-xəsle*] *m'urḫā 'āḇrānā* ein Vorbeigehender hat sich aufgeregt 66:9, *munḵeslā(h) lgaḇrā* sie hat ihren Mann getadelt 73:23, *munḵeslī* ich habe getadelt 79:6, pass. Prät. *dbyay pīšluḵ munḵesā* [*-xəssa*] deretwegen du getadelt wurdest 78:2.

NḴP = *NḪP* (Nöldeke 38): I. Konjug.: 1. Präs. San. *tad lā naḵpen* [*-ən*] damit ich nicht beschämt werde 39:22, 2. Impf. *lē (h)wā benḵāpā* sie schämte sich nicht 83:10, Prät. *lā nḵeplā(h)* [*nxəpla*] id. 96:17; III. Konjug.: Imper. *lā manḵeplā(h) gānāḵ(y)* schäme dich (F.) nicht 96:11.

naḵpā (AS) nüchtern, bescheiden 100a:7.

nḵeptā [*nxə-*] F. Scham 93b:14.

nāmos, nāmōsā [*-ūsa*] (AS < νόμος) M. Gesetz 18:11, (s. *'ḇārtā*), *wṣeḇyānū(hy) nāmūsā* und sein Wille ist ein Gesetz 94:16, Pl. *-se* 59:7.

namesnik (Russ.) M. Statthalter 20:19.

nimrod Nimrod, Mannesname 61:11.

nāno (< P.-Aserb.-T. *nane* Großmutter) erster Vorn. eines Mädchens oder einer Frau, die denselben Vornamen trägt wie ihre Großmutter 97:1.

nenḫā [*nənxa*] (Nf. v. *nān'a* AS) M. Minze, Pfefferminz 90:8.

nesbat [*nəs-*] (Ar.-P.) F. Verhältnis, Beziehung 29:3, 38:paen., 65:6, *bnesbat* im Verhältnis zu, in bezug auf, betreffend 25:8, 27:4, 29:3.

nesbātūtā [*-ūytā*] (Abstr. v. *nesbat*) F. Verwandtschaft 16:3.

nāsōḵā (n. ag. v. *NSḴ*, den. v. *nosḵā*) M. Abschreiber, Kopist, Pl. *-ḵē* 62:23, paen.

nesṭornāyā [*nuṣṭur-*] nestorianisch, Nestorianer, Pl. *-yē* 1:6, 16:9, 30:2,7,8, 33:7, 53:14.

nesṭōrios [*nuṣṭurus*] Nestorios (Baumstark 117) 12:15.

nesyānā [*nəs-*] (AS) M. Erfahrung, m. Suff. *-nū(hy)* seine Erfahrung 94:6, Pl. *-nē* Kenntnisse 25:8.

na'ḇā [*nåvå*] M. Rabe 69:21,22,24.

nā'om (spätere Nf. v. *nāḫom*) Nahum, m. Vorn. 58:17.

N'L San. (Met. v. Ar. *L'N*) verfluchen; II. Konjug.: Imper. *mnā'lē* [*mnā'ele*] *saṭānā* verfluche den Satan 39:9.

nepṭā [*nuyta*] (AS < νάφθα) M. Erdöl, Kerosin 73:5.

NPL (AS) fallen, geraten; 1. Präs. *wlā nāplāt(y)* [*naplat*] u. du (F.) sollst nicht geraten 82:7, *lā nāplet* [*naplət*] id. (M.) 86:18, *dnāplet* daß du fällst (gerätst) 97b:12, 1. Fut. *bet nāplen* ich werde fallen 64:13, 92:20, *'aynū(hy) ... bet nāplā* sein Auge wird ... gerichtet (< fallen) 90:4, *nāplī (h)wô* sie sind gefallen 11:9, *nāplī (h)wô l'urḫā* sie brachen auf (Idiom, vgl. P. *be-rāh oftādand*) 51:1, 2. Präs. *benpālā (y)nā* sie fallen (als hist. Präs.) 14:1f., *benpālā (y)nā* [*bənpālənа*] *llāylē wmağnūn* sie beginnen „Laila u. Mağnūn" zu rezitieren (Idiom) 80:12, *benpālā (y)wet* [*bənpāləwət*] du fällst 68:11, *dbenpālā (y)le(h)* der liegt 22:18, 2. Impf. *dbenpālā (yh)wā* das lag 22:12, pass. Pt. *npīlā* gefallen, liegend 24:12,13, (Idiom: verblaßt) 67:14, (Idiom: verfallen, verdorben) 100a:antep., b:21, Pl. *-lē* 100b:15, F. *npīltā* (s. Prät. u. 3. Pf.), Prät. *npele(h)* [*(n)pə́lle*] er ist gefallen 6:10 = *npīle(h)* 23:16, (Idiom: ist aufgebrochen, vgl. ob.) 66:7, *npelā(h)* [*(n)pə́lla*] sie ist gefallen 11:11, 53:5,20 = *npīlā(h)* 17:18 = *npīltā lā(h)* [*pəltəla*] 11:19, 12:23, *npelon* [*npə́llun*] sie sind gefallen 31:4, 91a:14, (Idiom: sind aufgebrochen) 95:22, Al. *mē'(y)ḵ da(h) dnpelloḵ* wie du gefallen (: geraten) bist 86:18, *npelī* [*ənpə́llī*] ich bin gefallen 99a: 9,3. Pf. *npīlā (h)wā* er ist gefallen 10:9, *npīlē (h)wô* sie sind gefallen 10:16f., 63:11 = *(h)wô npīlē* 34:17, *kad 'ātōrāyē npīlē* als die Assyrer fielen 25:10, *mn bā(t)r dnpeltā (h)wā* nachdem sie fiel 83:12; III. Konjug.: pass. Pt. F. *malktā munpeltā* die herabgesetzte Königin 27:11.

npa/āltā [*(n)palta*] (n. act. v. *NPL*) F. Fall, Sturz 10:1, 12:24, 16:15, 53:1,2,3, 54:1, 60:7, 63:5.

nāpā/as [*nāpas*] (< Ar. *nafas*) F. Atem: *hal nāpas (')ḫārêtā* bis zum letzten Atem 92:19, m. Suff. *nāpāsū(hy)* sein Atem 76:13.

NPṢ (AS) schütteln, ausschütteln: 3. Präs. m. Suff. *wḫādartū(hy) hāwē npīṣō(h) mn k^{u}lā(h) ḫṭītā* u. er wird seine ganze Sünde verzeihen 34:22 (zum Idiom siehe unter *ḥdārtā*).

NPQ (AS) I. Konjug.: hinausgehen, herauskommen, verlassen; III. Konjug.: herausführen, herausbringen, Al. übersetzen: pass. Pt. *mupqā m̱n lešānā pransāyā lsūrat* übersetzt aus der französischen Sprache ins Syrische 37:3, pass. Prät. *bʿānā dpešle(h) mopqā* [*mupqa*] *mʿārābānā sandūqā* im Moment, als aus der Kutsche eine Truhe herausgeholt wurde 37:21.

nāfapāqat (Ar., AS *nepqṯā* u. *npaqtā*) F. Ausgabe, Unterstützung, Zuschuß, Pl. *nafāpqātē* 15:6, 70:12, *-tā* 72:ult.

nafšā [*nōša*] (AS) F. Seele, selbst 21:19 (s. *DBH*), bes. m. prokl. *b-* + Personalsuff.: *bnafšī* [*bnōšī*] ich selbst 98b:8, *bnafšuḵ* [*bnōš-*] du selbst 89a:12, *bnafšuḵ* [*bnōš-*] du selbst 89a:12, *bnafšāḵ(y)* id. (F.) 99a:22, *bnafšū(hy)* [*bnōš-*] er selbst 95:6 = *bnapše(h)* 27:17, *bnafšō(h)* [*bnōšō*] sie selbst 34:antep., 35:22.

nafšānāyā [*nōš-*] (AS) natürlich, sinnlich, tierisch, Pl. *-yē* 55:8.

neṣbtā (AS) F. Pflanze, Pl. *neṣḇātē* [*nəṣw-*] 47:10.

NṢḤ San. (Ar.) raten, warnen, dirigieren, leiten; 1. Präs. *tad nāṣeḥlī* [*-ṣaḥ-*] damit er mich leitet 39:22.

niṣīḇīn (AS) Stadt Nisibis 12:16, 35:13, 53:7, 13, 20.

naṣīḥat [*-ṣīyat*] (Ar.-P.-T.) F. Rat 38:6, 67:5, 68:antep., Pl. *-tē* 68:22, 24.

naṣīḥā [*naṣṣīxa*] (AS) ausgezeichnet, edel, Pl. *-ḥē* 6:antep., 24:18.

nāṣīr ṭūsī Naṣīr ed-Dīn Ṭūsī, hier Name einer assyrischen Druckerei in Teheran 85:8.

naṣre'ldīn [*-rādən*] Naṣr-ed-Dīn, persischer Till Eulenspiegel 66:1, 15, 20, 25.

nāṣrāyā (AS) der Nasaraner 50:4.

neqḇā [*nəqva*] (AS) F. Weib, Frau 73:4, 5, 7, Pl. *-ḇē* 73:1, 82:11.

nāqōšā (AS) M. Glocke 13:antep., 57:1, 14.

naqpātē = *napqātē* 15:6.

nāqpāyā (AS) m. *ḥlāpšemā* suffigiertes Pronomen, Pronominalsuffix 40:13, 17 bis.

NQR (AS) eingravieren, einmeißeln; Prät. *nqīrelon* [*(n)qīrēlun*] man hat sie (Pl.) eingraviert 94:4.

nāramsīn Naramsin, Name eines bab. Königs 54:15.

nārengāya (Adj. v. *nāreng* Nf. v. *nārenǧ* P.-K.-T.) orangefarbig, F. *-gêtā* 46:13.

narsay Narsai (Baumstark 109ff.) 62:9, 74:paen.

nešḇā (AS) M. Netz, Pl. *-ḇē* 95:10.

NŠY (AS) vergessen; III. Konjug.: 1. Präs. *manšī* sie vergessen 17:11, 1. Fut. *bed manšē'lā(h)* [*-šila*] *gānū(hy)* er wird sich selbst vergessen 96:14, Prät. *munšē l(h)on* [*-šilun*] sie haben vergessen 55:20, 3. Pf. *'aḥnan bgānan munšyē* wir selbst haben vergessen 4:6, *munšyē (h)wô* sie haben vergessen 50:6, *du(y)wān lbēyt qḇūrū(hy) munšītā* sieh, ich (F.) habe sein Grab vergessen 98b:15.

NŠQ (AS) küssen, konstruiert m. *m̱n*; 1. Präs. *nāšqānā* [*našqanna*] *m̱n gibā dkᵘlê pālāšē* damit ich (F.) (: die Fahne) anstelle aller Kämpfer küsse 5:13, 1. Impf. (als Kond.) *nāšqān* [*našqan*] *(h)wā m̱n gô pumu(hy)* (damit) ich seinen Mund küssen könnte 5:9.

nešrā (AS) M. Adler 46:9, 58:15.

nšartā (n. act. v. Ar. *NŠR*) F. Verbreitung 63:13.

nātā (durch Aphäresis v. AS Pl. *'eḏnāṯā*?) F. Ohr 44:4, 12, 14, 16, 18, 46:3, 7. Idiom m. *DḆQ* (q.v.) zuhören 69:3f., 94:24, m. Suff. Al. *bnāṯeh* in sein Ohr, Pl. *natyātē*, m. Suff. *natyātay* ihre (Pl.) Ohren 24:14, *natyātī* meine Ohren 24:15, *natyātū(hy)* seine Ohren 25:2.

NTY (den. v. *mentā*?) gelingen, Erfolg haben, erfolgreich sein; III. Konjug.: 1. Präs. *wlē (y)nā bemṣāyā mantī* u. es kann ihnen nicht gelingen 38:13f., Prät. *muntilun* sie haben Erfolg gehabt 3:18, paen. = *muntē l(h)on* [*-tīlun*] 53:9.

nātni'ēyl (AS < H) m. Vorn. 32:18.

S

s Buchst. *simkat* 48:22, 49:4, numerischer Wert 60.

s. Abkürzung, siehe *s. s.* ʿ. '.

sē [*sī*] = *zē(l)* (Imper. v. *'ZL*) geh! 35:paen.

sē'mā [*sīma*] (AS) M. Silber, (P) Saite: *zēgā dsē'mā* silberne Glocke 46:5; (P. *sīm*) Saite, Pl. *'aṣbābē mārē sē'mē* Saiteninstrumente 64:17.

sāḇā (AS) Adj. alt, Subst. M. alter Mann, Greis 75:17,21, m. Suff. *dbābān wsāḇān* [*-nu sāvan*] unseres Vaters u. Großvaters 79:antep. f.; F. *sāḇtā* [*sōta*] alte Frau 75:18,19, alt 98a:6.

sābāb [*sābab*] (Ar.-K.) Konj. weil, da 3:16, 4:4 u.o., gelegentlich m. pleonast *mn* od. *m-*: *msābab* 50:8, 79:2, *wsābab 'en hôyā (h)wā l(h)on dežmenyūtā* denn hätte es zwischen ihnen eine Feindschaft gegeben 13:15; Pl. *sābābē* Ursachen, Gründe, Motive 3:20, 54:18, 55:18, 56:24.

sāḇūrā [*-a*] Ortsname 26:13.

SBṮ (< P. < Ar. *ṮBT*) bestätigen; III. Konjug.: 2. Präs. *dmasbūṭē (y)nā* [*-zbūṭəna*] die bestätigen 4:24.

sḇīsā (AS Gram. zusammengefügt, zusammengeschrieben) Personalsuffix 40:13,17.

SḆ' (AS) satt werden, vergnügt, zufrieden sein; I. Konjug.: Prät. *'īmān dsbī'le(h)* [*ṣvile*] *meno(h)* als er sie satt hatte 96:23, pass. Pt. F. *(m)bā(t)r tamām mn beḵyā sḇī'tā* [*ṣviṭå*] nachdem ich (F.) vom Weinen gesättigt war 98a:17; III. Konjug.: 1. Fut. *bet masbī'yā* sie wird befriedigen 65:7, pass. Präs. *dpêšet musḇī'yā* [*muṣvīyå*] *bḫīyāluḵ* damit du in deinen Gedanken befriedigt wirst 79:3.

sḇā'tā [*ṣvåṭå*] (n. act. v. *SḆ'* I. Konjug.) F. Sättigung, Befriedigung, m. Suff. *sḇā'tū(hy)* seine Sättigung (Idiom m. *GŠQ* u. *ḪZY*: sich zur vollen Befriedigung anschauen) 95:17, 96:11,16.

SBR (AS *SḆR*) hoffen; 1. Präs. *gārag (sābar) dḫāṣed* er muß (hoffen zu) ernten 75:4 (zur plosiven Ausspr. des 2. Rad. siehe Nöldeke 34).

saḇrā [*sōra*] (AS) M. Hoffnung 45:23, 59:11.

saḇrīšo' m. Vorn. 15:7, 70:8,9,11.

sbārtā (n. act. v. *SBR*) F. Hoffnung, Erwartung: *dlā hēyč ḫdā sbārtā* ohne jegliche Erwartung, völlig unerwartet 10:4.

sāḇtā F. v. *sāḇā* q.v.

sg 63 34:12.

SG̱D (AS) anbeten, sich beugen, prosternieren; 1. Präs. *d'āz(l)ī sāgdī* [*saγ-*] *b'ōrešlem* damit sie zum Anbeten nach Jerusalem gehen 36:9, 2. Präs. *besgādā (y)le(h)* [*bəzγādele*] er betet an 81:21.

sāgdānā (n. ag. v. *SG̱D*) M. Anbeter, Pl. *-nē* 71b:19.

seǧel [*səǧəl*] (Ar.-P., Lat. sigillum) M. Urkunde 83:7.

sd 64 64:6.

sdōmāyā (AS) M. Sodomit, Pl. *-yē* 78:8bis,9.

sedrā [*sə-*] Reihe, Linie, Liste, M. 20:3, 23:16,18bis, 56:22, 62:ult., Pl. *-rē* 23:11.

sāhāb (= *ṣāhāb*) ein Ehrentitel nach Eigennamen: Hochwohlgeboren 34:6.

SHD (AS) zeugen, Zeugnis ablegen, bestätigen; I. Konjug.: 1. Präs. San. *'ānā ksahden* [*-dən*] *qāmuḵ yā 'ālāhī* ich bekenne vor dir, mein Gott 39:10f., 2. Präs. *beshādā (y)nā* [*bəsh/sādəna*] sie zeugen, beweisen 4:2, 25:14; II. Konjug.: 2. Präs. *msā(h)dūnā (y)lā(h)* [*msādūnəla*] sie bestätigt 62:6.

sā(h)dā [*sāda*] (AS) M. Zeuge, Märtyrer 35:3,20, 89:2, Pl. *-dē* 12:10, 26:20, 58:11.

sā(h)dūtā [*sāduyta*] (AS) F. Zeugnis 4:15,20, 29:4, m. Suff. *sā(h)dūtuḵ* dein Zeugnis (Idiom m. *Y[H]Ḇ*: Zeugnis ablegen) 43:9, Pl. *sā(h)dwātē* 29:paen., 32:20.

sa/ā(h)mā [*sāma*] (Ar.-P. *sahm*) M. Teil, Anteil, 2:16, 52:9,16, u.ö., m. Suff. *trēyn sā(h)mū(hy) 'ālāhā wḫa(d) sā(h)mū(hy) barnāšā* zwei Teile von ihm sind Gott u. ein Teil von ihm ist Mensch 94:8.

sa(h)mānā (Adj. v. *sa[h]mā*) schrecklich 24:21.

sā(h)rā [*ṣårå*] (AS) M. Mond 4:17, 81:22.

sā(h)ro Eigenname 62:22.

sō'ās alter Ortsname von Sūs oder Šūštar 34:5.

sôgol [*sogül*] (< T. *sevgili*) teuer, lieb, beliebt 27:15, 33:20, 93b:17, m. Suff. *sogūlī* [*sogüylī*] mein Lieber 89b:12, F. m. Suff. *sogultī* [*sogültī*] *bātū* meine liebe Batu 84:10.

sugpānā (AS) M. Schaden, Verlust, Pl. m. Suff. *mḫa(d) kmā sugpānī* über einige meiner Verluste 97b:23.

sôdā (P. *sūd*) F. Nutzen, Freude, Spaß, Vergnügen, Ausdauer 46:paen. bis, 99b:18.

swādā'īt (vgl. folg.) Adv. umgangssprachlich 44:1.

swādāyā (Adj. v. AS *swādā* Konversation) Adj. umgangssprachlich, Umgangssprache (m. od. ohne *lišāna* als Ggs. zu *seprāyā*) 1:7, 43:1, 45:6 u.ö., F. *swādêtā* 45:18, 59:19, 63:2, F. Pl. *melē swādāyāṯā* umgangssprachliche Wörter 44:1.

sôdānā (Adj. v. *sôdā*) schön, F. *-ntḇ* 48:20, Pl. 46:23, 47:17, 96:1.

sūysāwātē 64:16 s. *sūsā*.

sūkālā (AS) M. Sinn, 2:24 (Hendyadis), Pl. *-lē* 45:24f., 25.

sūkālāyā (AS, Adj. v. *sūkālā*) intellektuell, geistig, F. *-lêtā* 62:12.

suldūz [*ṣu̥l-*] Ortsname 13:23, 14:1.

solomon m. Vorn. 57:24.

sulṭān (Ar.-T.) M. Sultan 17:21, sogar *sulṭtān* 14:9.

sōlay einer der alten Namen des Flusses Ulai (= Kārūn) 34:7.

sulaymān [*-lē-*] Salomon, in *bēyt sulaymān* Sippenname 66:2.

sultān = *-ṭān* 14:9, 55:5.

SUM (AS) legen, setzen, stellen, Hände auflegen, ordinieren, (ein)weihen, einsetzen; I. Konjug.: Prät. *sīmle(h)* hat eingesetzt, pass. Präs. *dpā'eš sīmā* damit er ordiniert wird 36:19, pass. Prät. *pišle(h) sīmā* er wurde eingesetzt 8:22, pass. Pf. *kad ... dpišā (h)wā sīmā* als ... eingesetzt wurde 36:11; III. Konjug.: Prät. *lā musemle(h)* [*mūssəmle*] *bālā* er hat (darauf) nicht geachtet 35:23, Imper. *masem* [*massəm*] *bālā* paß auf 69:3.

sūmpātīyā (< συμπαθία) F. Sympathie 3:2.

sunhādus (AS < σύνοδος) Gesetzsammlung 58:24f.

sūsā [*sūysa*] (AS) M. Pferd 49:4, auch *sūsē* [*sūysi*] (urspr. St. cs.) 48:23, m. Suff. *sūsī* mein Pferd 24:2, 13, *sūsū(hy)* sein Pferd 70:17, Pl. *sūsāwātē* [*sūysawāte*] 13:5, 24:8, 46:15, 98b:paen., sogar phon. *sūysāwātē* (so zu lesen f. *sūyāswātē*!) 64:16.

SWSY (onom., vgl. *ZWZY*) heulen: 2. Präs. *ta'lē sôsūyē* [*ṯåle sosūye*] die Füchse heulen 46:17.

sūstīmā (< σύστημα) System 55:6.

sū'rānā [*ṣu̥rånå*] M. Tat, Tätigkeit, Werk 45:20, Pl. *-nē* 7:11, 16:12, 60:8, m. *sū'rānū(hy)* seine Werke 57ff.

SUQ sekundäre Wz. v. *SLQ* (q.v., vgl. mand. *SUQ* u. *SLQ*, Macuch HCMM Reg. 597b, 598b) steigen, aufsteigen, einsteigen: Inf. *lesyāqā* [*lə-*] einzusteigen 24:4, Prät. (')*sīqle(h)* [*sə/iqle*] 86:15, Idiom: Al. *seqle(h) l'aynā* (die Krankheit) stieg bis zu ihren Augen 37:13, *kad seqlon* [*səq-*] als sie hinaufstiegen 64:18; III. Konjug.: Inf. *māsōqē īsrāyēl mn meṣrīn* Israel aus Ägypten herauszuführen 32:14, pass. Prät. *pišlē musqā* wurde erhöht 27:22.

sōqrāṭos Sokrates 82:20, 22.

surgādā (AS) M. Kalender 4:18, 19, 22, m. Suff. *surgādê* ihr Kalender 3:17.

sāwrū Mannesname 18:2.

surīyā (AS) Syrien 2:21, 3:13, 8:paen, u.ö.

suryāyā (AS) der Syrer 29:19, syrisch 62:12, 15, 17, 23, 63:9, 14, 17, F. *suryêtā* 62:2, F. Pl. *l(h)eksīqon dmelē suryāyātā* Lexikon syrischer Wörter 44:1.

sūrat Al. (vgl. vhg.) Syrisch, neusyrische Sprache 37:3.

sōtō Mannesname 19:19, 20:5.

swetzerland (Engl.) Schweiz 42:12.

SZGR (den. v. *sāzegār* = P.) sich vertragen, versöhnen: 2. Präs. *lē (y)nā sāzgūrē* [*lēna sazgūre*] sie vertragen sich nicht 93:10.

sāzgārtā [*sazgarta*] (n. act. v. *SZGR*) F. Einverständnis, Freundschaft, Einheit 3:1.

SḪBR (Saf. v. AS *ḤḆR*) besuchen: 1. Impf. (als Kond.) *layt (h)wā ḥa(d) yômā dlā saḫber* [*saybər*] *(h)wā lā(h) (h)ê gantā* es gab keinen Tag, an dem er diesen Garten nicht besucht hätte 80:ult., 2. Pf. *(h)wē l(h)on saḫbūrē* [*say-*] sie haben besucht 53:16, Prät. *suḫberē* [*suybərre*] er hat besucht 4:14, 53:16f.

SḪR (Ar.) III. Konjug. auslachen, verspotten: 1. Präs. *masḫerī* [*xərrī*] *(h)wô byê* sie verspotteten sie 28:20.

sṭūnā [*sṭūyna*] (AS gewöhnl. *'esṭōnā* < P. *sutūn*) M. Säule, Stütze, 81:16, Pl. *-nē* 52:9, 20.

sāṭānā [*-a*] (AS) M. Satan, Teufel, 39:9, 91b:24.

sīḇā [-*a*] (pass. Pt. v. *S'Ḇ* = AS) alt, Pl. -*ḇē* [*sīve*] 98a:antep.

sa/āybūtā [*sē*-] (AS, Nöldeke 34A. 1) F. Alter 7:1, 76:15.

SYBR (AS geduldig sein, Erweiterung v. *SBR*) erwarten: 1. Präs. San. *wk*ᵘ*lmā dmsaybret* u. alles, was du erwartest 39:12f.

sāyed [*sayyed*] (Ar.) Sejjed 20:4.

sāyōmā (AS) M. Autor, Schriftsteller, Redakteur 56:25, 61:11, m. Suff. *sāyōmū(hy)* sein Redakteur 56:24, Pl. -*mē* 60:20, 62:5, 6, 9, 13.

sāyōmūtā (Abstr. v. *sāyōmā*) Redaktion, F. 46:2, 47:2, 57:ult. u.ö.

saylon Ceylon 16:11.

syāmā (Wz. *SUM*) M. Werk, Schaffung, m. Suff. *syāmū(hy)* sein Werk 52:7, 57:17 u.ö., *bsyāme(h)* in seinem Buch 70:7, Pl. -*mē* 16:10, 54:8 u.ö., m. Suff. *syāmū(hy)* (wie Sg.) seine Werke 59:4, 61:19.

sīmōno Simonov, Familienname russischen Ursprungs 61:11.

sēymēyl [*sēmēl*] alter Ortsname 26:12.

sīnay (AS < H) Sinai 32:1.

sīnāmā (< Fr.) Kino 77:15.

siso m. Vorn. 19:paen.

sīʿtā [*ṣịtå*] (AS) F. Gesellschaft, Gemeinschaft 1:20, 3:6 u.ö. (vgl. *s. s.* 'ʿ. '.).

saypā [*sēpa*] (AS) M. Schwert 5:4, 7:23, 16:16f., 82:4, m. Suff. *sypuḵ* dein Schwert 100a:12, Pl. -*pē* 97b:15, m. Suff. *sêpê* ihre Schwerter 5:11.

sīpā (vgl. Ar. *sīf* Strand) M. Ufer 53:7, Kante, Trittbrett: *sīpê* (sic) *dmarkaḇta* [*sipəd mar*-] (f. *sīpā d*-, da kein Suff. d. 3. Pl. in Frage kommt) Trittbrett des Wagens 24:4.

sayqūmā (*se*-) (AS < σηκώμα) M. Datum 1:3, 26:16.

sayqūmāyā (Adj. v. *sayqūmā*) chronologisch 62:ult.

sekā [*sə̊kka*] (Ar.-P.-T.) M. Münze, Münzenlegende, Pl. *sekē* 12:10.

saḵlā [-*a*] (AS) dumm, M. Dummkopf 90:10.

sekstilyōnē Pl. (E.) Sexstillionen 41:9.

saksōnīyā [-*a*] (Lat.) Saxonia, Sachsen 42:4f.

SKR Al. (AS) II. Konjug. zerstören, zerstört werden, verlorengehen, verschwinden: Prät. *msūkerā(h) bkolānāyūtā ne(h)rā* sie hat völlig die Sehkraft verloren 37:15.

sikrānā (Wz. *SKR*) derb, rauh, unhöflich, beleidigend; F. -*ntā* 70:16, Pl. -*nē* 72:4.

sikrānūtā (Abstr. v. *sikrānā*) F. Beleidigung 7:21.

skāt engl. Familienname Scott 28:ult., 29:2.

sālā (AS *salā* [*salla*]) M. Korb 8:8, 11, 46:4.

silā [*sīla*] (vgl. AS *selā* Alge) M. Sand 79:5.

sālābakān Ortsname 19:14.

SLB (Ar.) stehlen, plündern; Inf. *slābā* s.v., pass. Prät. *pīšlā(h) medrē slībtā* sie wurde wieder geplündert 12:19.

slābā (Inf. v. *SLB*) M. Diebstahl, Raub, Beute, Pl. -*bē* 53:22.

slabtā [-*pta*] (n. act. v. *SLB*) F. Diebstahl, Plünderung 17:1, 3, 18:10, 55:13.

selōqūsē (Pl.) Seleuciden 17:3.

SLY (AS) verschmähen, verachten, erniedrigen: 2. Präs. *lginsū(hy) maslūyē'le(h)* es verschmäht seine Rasse 7:22, pass. Prät. *pīšā (y)lē muslīyā* [-*a*] wurde verachtet 27:ult.f.

sālīq (AS) Seleucia 17:4, 36:20.

sālāmās [*salāmas*] Salamas, Name einer assyrischen Stadt 56:12, 59:22, 92:2.

sālāmas(t) = *sālāmās* 22:3, 4, ult., 25: antep.

sālāmat (Ar.-P.-T.) F. Gesundheit 48:8, ab. 23:5f. vhg.

S(L)Q (AS) steigen, aufsteigen: Inf. *lsā(l)qā* [*līsāqa*] hinaufzugehen 18:16, 2. Präs. (als histl Präs.) *bī(')sāqā* [*bīsāqa*] *(y)nā bṭūrānē* sie steigen in die Berge hinauf 13:ult., 2. Impf. *besā(l)qā (y)hwô* sie stiegen hinauf 18:8, Prät. *se(l)qle(h)* [*sə/iqle*] er stieg hinauf 18:17, *kad seqlon* als sie hinaufstiegen 64:18; III. Konjug. s. *SUQ*, eigentümlich ist 1. Präs. (Konjunktiv) *d'asqaẖn* [*dyasqāxən*] zwar vom alten Pf. Af. gebildet, ab. m. der Bed. von 1. Präs. I. Konjug. *dsā(l)qaẖ* [*dyasqax*] „damit wir hinaufgehen" gebraucht 23:8.

sa(l)qtā [*saqta(/syaqta)*] (n. act. v. *S[L]Q*) F. Aufstieg, m. Suff. *bsa(l)qtay(hy)* [*bisaqtē*] bei ihrem Aufstieg 18:18.

sāmā = *sā(h)mā* 3:12bis, 5:13, 9:15 u.o., m. Suff. *sāmū(hy)* sein Anteil 30:2,

Pl. *sāmē* Teile 10:5, 40:8, m. Suff. *sāmê(hy)* ihre (Pl.) Teile 13:9.

samā [*samma*] (AS) M. Gift, 100b:8,17.

smū/ōqa [*smū-*] (AS) rot 6:7, 46:11, 47:21, 48:4,23, F. *smūqtā* 43:20, Pl. *smūqē* 98b:paen.

semū/ōr [*səmmūr*] (Ar.-P.) M. Zobel, Pl. *-rē* 85:13,17.

sāmāwāt (Ar.) Himmel 98:3.

semyā [*sə-*] (AS *sa-*) Adj. u. Subst. blind 46:9, 89a:11ff., 100a:21, Pl. *-yē* 89a:antep.

semyōnof russischer Familienname 21:11.

smīqā = *smūqā*, Pl. *-qē* 75:18, 100a:8.

simko Mannesname 22:paen., 23f.

semkat Buchst. *semkat*, Laut *s* 2:22,23.

semālā [*səmmāla*] (AS *sm-*) F. linke Hand, linke Seite 24:12, 68:1bis.

simaltā [*sī-*] (AS *sebbeltā*) F. die Leiter 1:antep.

samānā [*-mm-*] (Adj. v. *samā*) giftig, verdammt 92:16.

SMQ (AS) III. Konjug. rot machen, erglühen: 2. Präs. *wmasmūqē ltātu(hy)* er läßt seinen Kamm erglühen 47:16.

sāmarqand Samarkand 17:5.

senā [*səna*] Sanandadsch, Stadt im iranischen Kurdistan 39:2, antep.

snē'grā [*snəγra*] (AS < συνήγορος) M. Rechtsanwalt 73:20.

sandūqā [*-düyqa*] (Ar.-P.-T. *ṣandūq*) M. Kiste, Koffer 37:21.

sanherīb Senacherib 9:17.

SNY (AS) hassen, verachten, verwerfen: pass. Pt. *senyā*, Pl. *kē'nē wnakpē bīyuk senyē* Gerechte u. Bescheidene werden von dir verachtet 100a:7.

sānyānā (n. ag. v. *SNY*) M. Hasser: *sānyānā dgāne(h)* Selbsthasser 68:10.

snêtā (n. act. v. *SNY*, AS) F. Haß, Verachtung 7:19, 25:23.

snīqā (pass. Pt. v. *SNQ*) bedürftig, arm, nötig, angewiesen: *lē (yh)wā snīqā* er war nicht bedürftig, *bī/ūš snīqā (y)le(h)* er braucht mehr 69:24, 79:22f., F. *snīqtā* [*sniqta*] 26:3, 92:5, Pl. *-qē* 16:antep., *snīqē (y)wak* wir brauchen 65:10.

snīqūtā [*-uyta*] (AS) F. Not, Armut 45:17f., 62:11, 72:parn.f., 84:22.

sensīlā [*sən-*] (< Ar.-P.-T. *silsila* Kette) M. Nachkomme, Nachkommenschaft, Geschlecht, m. Suff. *sensīlē dyaft* Japhets Geschlecht 30:13, Pl. m. Suff. *sensīlū(hy)* seine Geschlechter 30:15.

SNSL (den. v. *sensīlā*) abstammen, herkommen: 3. Pf. (= e. Präs.) *sunselē* [*-səlle*] *(y)wah* wir sind hervorgekommen (= wir stammen ab) 2:14.

SNQ (AS) bedürfen, nötig haben: 1. Präs. *dlā sanqen* [*-qən*] damit ich nicht nötig habe 69:ult., pass. Pt. s.v. *snīqā*.

sāsānāyā sasanidisch, F. *sāsānêtā* 53:21, Pl. *sāsānāyē* die Sasaniden 12:antep., 53:15, antep 60:2, 70:10.

s. s. '. '. Abkürzun von *sī'tā sipreytā d'laymē 'ātōrāyē* 1:20 = Assyrian Youth Cultural Society (Tehran, P.O.B. 3073) 26:16, 83:2, paen.

sā'ā [*sā'a*] Al. (< Ar.) F. Stunde 37:19, 21, Pl. *sā'ē* 37:18,24.

sa'dīya(h) Name einer assyr. Druckerei in Täbris 88:3.

sā'īd (Ar. *sa-*) m. Vorn. 19:14,18.

sā'īqē [*-qi*] ein japanischer Assyriologe 16:8,10.

sa'paṣ die Buchstabenreihe *s*, *'*, *p*, *ṣ* 48:ult.

sā'at [*ṣå'åt*] (Ar.-P.-T., Al. *sā'a* s.v.) Stunde 18:4, 22:12,15,17 u.ö., Pl. *sā'atē* 80:paen., m. Suff. *sā'atūk* deine Stunden 100b:6.

spurğān Ortsname 70:7.

sepwātē, m. Suff. *sepwātū(hy)* 5:9, Pl. v. *septā* q.v.

SPY (AS) sammeln) überlassen, überliefern, II. Konjug.: 1. Fut. *bet msāpahn* [*(m)sāpāxən*] *le(h) bīyôkon* wir werden es euch überlassen 21:18, Prät. *sūpē le(h)* [*sūpile*] er hat überlassen 62:21, er hat empfohlen 65:23, pass. Pf. *pīš dbīqā wsūpyā bhukmā* er wurde gefangen u. der Regierung übergeben 14:11f., *dpīšē (h)wô sūpyē* die überliefert worden sind 52:24, Imper. San. *msāpīlā gyānuk tā 'ānī* verlasse dich auf sie (Pl.) 39:8.

spīl [*səpīl*] San. (pass. Pt. v. *SPL* f. *ŠPL*) niedrig 39:20.

spēynā [*spēna*] (AS < σφήν) M. Keil 9:4.

sāpyānūtā [*sapyanüyta*] (Abstr. v. n.ag. v. *SPY*) F. Überlieferung, Tradition 11:22,24, 34:9, Pl. *sapyānwātē* 52:24.

spīqā pass. Pt. v. *SPQ* q.v.

spīqūtā [*-uyta*] (Abstr. v. *spīqā*) F. Leere, 45:17.

spēnāyā (Adj. v. *spēynā*) Pl. *'atwātē spēnāyē* Keilschriftzeichen 9:19f., vgl. Z. 3f.

sapêtā (n. act. v. *SPY*) F. Überlieferung, Übergabe, Empfehlung, Verrat, Denunziation 7:20, 60:15, m. Suff. *sāpêtōḵon* eure Empfehlung 69:20.

sapserā [*-sə-*] (AS *-sēy-* < σαμψήρα P. *šamšēr*) M. Schwert 97a:11.

SPQ (AS) leer sein; I. Konjug.: pass. Pt. *spīqā* 85:11, 95:12, F. *-qtā* [*spə́qta*] 88:21, Pl. *-qē* 85:15; II. Konjug.: 1. Präs. *'īman dmsāpqet* [*-qət*] *tupang* wenn du das Gewehr entlädst 43:21.

SPR I (= AS *SḆR*) erwarten; In. *dlā spārā* unerwartet 97:1, b:4, *bespārā* warten d 73:18, 97b:6, 2. Präs. *bespārā-'(y)waḥ* [*-rəwax*] wir erwarten 1:ult., *lē (y)wen bespārā* ich erwarte nicht 30:7, 2. Impf. *dbespārā (yh)wô* die warteten 21:13, ähnl. 32:17,19, *kelyē (h)wô wbespārā* sie standen u. warteten 24:2, *(h)wô l(h)on . . . wbespārā* sie erwarteten 22:21f., pass. Pt. *lā spīrā* unerwartet 24:21, F. *lā spīrtā* [*spərta*] 51:9.

SPR II (AS) Wz. v. *saprā*, *seprāyā* u. *seprāyūtā* 52:10, pass. Pt. Pl. *spīrē* gelehrt 63:16.

sāpār [*sāpar*] (< Ar.-P.-K.-T. *safar*) F. Reise 29:9, 33:24, 64:1, 76:1, 92:1, m. Suff. *sāpārī* 89b:5, *bsāpāray(hy)* [*-pārē*] auf ihrer (Pl.) Reise 26:5.

sa/āprā (AS, Wz. *SPR* II) M. Schreiber, Gelehrter 52:10, Pl. *-rē* 9:23, 52:21.

seprā [*səpra*] (AS) M. Buch 28:22, 62:2,4, 63:2, 82:2.

spar-zaḇnā [*-zōna*] M. Zeitschrift 58:1, 22 u.ö., Pl. *-nē* 55:15, 56:3,22,23, 58:18 u.ö.

seprāyā [*sə-*] (AS) literarisch 1:8, 45:5,24 u.o., F. *-rêtā* 1:20, 6:17 u.ö., Pl. *-yē* 54:2,56ff.

seprāyūtā [*sə-*] F. Literatur 9:14,16,25 u.o., m. Suff. *seprāyūtū(hy)* seine Literatur 7:12.

spartā (n. act. v. *SPR* I) F. Erwartung: *dlā spartā* unerwartet 24:10.

septā (AS) F. Lippe, Pl. m. Suff. *sepwātū(hy)* [*səp-*] seine Lippen 5:9.

septelyōnē Pl. Septillionen 41:9.

SQD (AS) müde werden: Prät. *sqedlon* [*sqədlūn*] sie wurden müde 94:17 = *sqīdlon* 97b:19.

sqūtāyē Pl. die Skythen 10:5.

SQṬ (AS *SQ'* unter Einfluß v. ar. *SQṬ*) sich niederlassen: Prät. *wsqeṭle(h)* [*sqə́ṭle*] u. er ließ sich nieder 67:13.

sqīlutā (AS) F. Politur, Eleganz, St. cs. in *sqīlūt mam(l)lā* Rhetorik, eleganter Stil 24:23.

SQL (AS polieren) verzieren, verschönern, neu bekleiden; II. Konjug.: 1. Fut. *bet saqlī* sie werden verzieren 45:21, pass. Pt. *msuqlā*, F. *msūqeltā* [*-qəlta*] bekleidet 72:7, Prät. *wmsūqlā l(h)on* u. sie haben sie (Sg.) bekleidet 72:4, 3. Pf. m. Suff. *d'a(n)t sūqlō(h) (y)wet qātī* die du für mich schön gemacht hast 84:9, *sūqlē* (ohne Hilfsv.) *l'īlānā* sie haben den Weihnachtsbaum verschönert 74:7.

seqlā [*səqla*] F. Verschönerung, Verzierung, Bekleidung 80:3, Pl. *-lē* 71:19.

SRḆ (AS) verneinen, verschweigen: 1. *lē sārḇen* [*sarven*] ich verschweige nicht 29:ult.

sarbāz [*sårbåz*] (P.) M. Soldat, Pl. *-zē* 22:4:5, 50:2.

sarbāzūtā [*sårbåzuyta*] (Abstr. v. *sarḇāz*) F. Militärdienst 42:20,21.

sargā (AS) M. Sattel 48:22.

sargon Sargon 8:4ff.

sā/argīs (AS) m. Vorn. 60:antep., 70:6, 83:ult., 84:6,10.

sardār (P.-T.) M. General 65:paen., ult.

serūg : *ya'qōḇ dserūg* (siehe Baumstark 148–158) 62:9.

sraḥtā [*ṣ-*] (n. act. v. *SRḪ* AS *ṢRḪ* schreien) F. Geschrei, Pl. *sraḥyātē* 18:6.

serṭā [*sərṭa*] (AS) M. Zeichen, Strich 41:16,24, ult., Pl. *-ṭē* 41:12,20.

seryā [*sərya*] (AS *sā-*, Wz. *SRY*) stinkend: *wbūš mn šladā rēyḥe(h) seryā* u. ihr Geruch ist mehr stinkend als eine Leiche 100a:ult.

srīdā (AS) M. Übriggebliebener, Überbleibsel 2:15.

sarmas Familienname 1:20, 45:2, 52:2 u.ö.

sarast [*ṣåṛåst*] (K.) richtig, wahr 29:9.

sārastūta [*ṣåråṣṭúyta*] (Abstr. v. *sarast*) F. Wahrheit, Richtigkeit 2:7, 52:14.

SRP (AS) saugen, atmen; 2. Präs. *ki hāwaḥ . . . wbesrāpā hāwā basīmā* . . . u. wir atmen frische Luft 46:24f.

SRQ (AS) I. Konjug.: kämmen; II. Konjug.: ausleeren, schießen, fließen lassen; I. Konjug.: pass. Pt. *srīqā* gekämmt 48:9; II. Konjug.: 2. Pf. *har (h)wēlī demʿē sārōqē* [*sāruqe*] Ich ließ andauernd Tränen fließen 98b:16, 2. Impf. (ohne Hilfsv.) *gūlātē msārūqē* man schoß Kugeln 24:10f.

sārāq griechischer Name Asarhadons bei Herodot 10:11.

sāreštā [-*əš*-] (P.) F. Geschicktheit; *hayartū(hy) mārē sareštā* seine geschickte Hilfe 33:9.

setwā [*sətwa*] (AS *sa*-) M. Winter 17:paen., 22:15, 81:antep., 85:10, 98b: ult.

STR (AS) ziehen, niederreißen, zerreißen, zerstören: 2. Präs. *bestārā (y)le(h)* [*bəstárəle*] es zerstört 7:16.

setārā [*sə*-] (AS) M. Vorhang, Pl. -*rē* 7:13.

statgard Stuttgart 42:15.

ʿ

ʿ Buchst. ʿ*ē* 48:23, 49:4, Zahlenwert 70 32:paen.

ʿ*ē* [*ē*] Interj. eh! 69:13.

ʿ*ē*'*dā* [*i̥da*] (AS) M. Fest, Feier 27:paen., 46:5 u.o. (bes. 74), ʿ*ē*'*dā* *z*ʿ*ōrā* [*i̥då̊ṣūra*] kleines Fest ‚Weihnacht 61:9, 74:1,7,13 (ggüb. ʿ*ē*'*dā gūrā* großes Fest ‚Ostern =) ʿ*ē*'*dā dqyāmtā* Auferstehungsfest 98a:4, ʿ*ē*'*dā brīḵā* gesegnetes Fest 98a:10, sonst als Grußformel für Festtage, vgl. 74:15, 17, m. Suff. ʿ*ē*'*duḵ* dein Fest 74:17, ʿ*ē*'*dāḵ(y)* id. F. 74:15, Pl. ʿ*ēdāwātē* [*i̥dawāte*] 28:1, 81:24, 93a:paen.

ʿ*ē*'*rāqnāyā* irakisch, Pl. -*yē* 45:10.

ʿ*āḇā* [*åvå*] (AS) M. Wald, Pl. ʿ*āḇē* 16:22.

ʿ*ḆD* (AS) tun, machen, handeln, ähnl. dem P. *kardan* in zahlreichen idiomatischen Redewendungen; 1. Präs. *qā d*ʿ*āḇed* [*qat āvəd*] damit er tut, um zu tun 14:10, *lē maṣē d*ʿ*āḇed* [*tāvəd*] er kann nicht tun 67:18, *dgālē w*ʿ*āḇed* '*aškār* der offenbart (Hendyadis, z. Idiom vgl. P. *āškār mīkonad*) 75:11, *mūdī* ʿ*āḇdā*? [*ō̥da*] was soll sie tun? 99b:19, ʿ*āḇdī* [*ō̥di*] sie tun 38:23, ʿ*āḇdī hālaqtā* daß sie einen Kreis machen, sie umringen 74:9, *mūdī* ʿ*āḇden*? [*ō̥dən*] was soll ich tun? 64:8,9, 79:19, (m. Suff.) *lē* ʿ*āḇdenā(h)* [*ō̥dənna*] ich werde sie nicht tun 78:14, '*ānā mūdī* ʿ*āḇdenun* [*ō̥də́nnun*] *raḥmē* wie soll ich Barmherzigkeit tun 84:22, *d*ʿ*āḇdet* [*dō̥dət*] *bḥabrā dmāmūnuḵ* daß du nach dem Wort deines Onkels handelst 84:7, *lā* ʿ*āḇdet* [*ō̥dət*] *ḥašā* Idiom (s. *ḥašā*) 89a:19, *d*ʿ*āḇdāḥ* [*ō̥dax*] *šūhārārā* daß wir uns rühmen (Idiom, vgl. P. *efteḵār konīm*) 4:antep. f., San. *wkōdet* [*wkōt*] *māqṣād* du willst (Idiom) 39:13f., *ki maṣāḥ* ʿ*āḇdāḥ* wir können tun 38:17f., *d*ʿ*āḇdāḥ me(n)drē(š) ḥdā tanêtā* daß wir es wieder erzählen (Idiom) 62:6, *d*ʿ*āḇdāḵ le(h) ḥelmat* daß wir ihm dienen 31:17, 1. Pf. *wqam* ʿ*āḇed le(h)* er machte ihn (zu) 35:13, Kond. *bet* ʿ*āḇed (h)wā ḥeršē* ʿ*alū(h)* er würde sie (Sg.) verzaubern (Idiom, vgl. P. *ǧādū kardan*) 67:11, 1. Impf. ʿ*āḇdī (h)wô* [*ō̥díwa*] sie machten 9:paen., 19:22, (als Kond.) *čārā d*ʿ*āḇden (h)wā* Mittel, das ich gebrauchen könnte 79:4, Inf. *le*ʿ*ḇādā* [*lə̥vå̊då̊*] zu tun, zu machen, 21:2,5,6, 42:21, 60:4, (m. *ḥadūtā* sich freuen, vgl. P. *ḥōšḥālī kardan*) 73:18, 2. Präs. . . . *be*ʿ*ḇadā* [*bə̥*-] *hiǧūm* . . . (sie) greifen an 19:1, *ḥeltā dbe*ʿ*ḇādā (y)le(h)* die Sünde die er (: der ass. Stamm) begeht 7:15, *dbe*ʿ*ḇāda (y)lā(h)* die wirkt 73:6, *mūdī (y)wāt(y) be*ʿ*ḇādā* was tust du (F.) 47:9, (als hist. Präs.) '*a(n)t be*ʿ*ḇadā qahbūtā* du hast Unzucht getrieben 78:8, *sdomāyē be*ʿ*ḇādā paḥzūtā* die Sodomiten trieben Wollust 78:9, 2. Impf. *ḥaylā be*ʿ*ḇādā (h)wā lgānū(h)* sie hat sich gezwungen 83:16, *sāpār ī(h)wā be*ʿ*ḇādā* sie machten eine Reise 93a:14, Prät. *sābāb gālībūtā d*ʿ*ḇedlôḵon* [*və̥dlōxun*] weil ihr gesiegt habt (Idiom) 5:16f., ähnl. ʿ*ḇedle(h)* [*və̥dle*] *gālībūyātē* hat Siege erreicht 8:20, ʿ*ḇīdle(h)* er hat gemacht, getan, angerichtet, durchgeführt 24:17 = ʿ*ḇedlē* 29:9, 32:1,11, 33:24 = ʿ*ḇīdā (y)lē* [*vi̥dəle*] 30:2, ʿ*ḇīd l(h)on* sie haben gemacht 22:7 = ʿ*ḇedlon* (Idiom s. *būrāḵa*) 83:4 = (m. *hadaryātē* sie haben geholfen, vgl. P. *komakhā'ī kardand*) 95:22, 3. Pf. *mūdī ṣpāyūtā (y)wet* ʿ*ḇīdā* [*vi̥da*] was Gutes hast du getan? 76:ult., *qā dīyuḵ* ʿ*ḇīdē (y)nā zadīqā* sie haben dich zum Gerechten gemacht 77:21f., m. Suff. *būš ṣpāyī mn d*ʿ*ḇīdū(hy) (y)wāḵ* [*vi̥duwwax*] *ḥelmat* besser vom Dienst, den wir ihm geleistet haben 31:17, *d'a(n)t* ʿ*ḇīdū(h) (y)wet* die du erwiesen hast 78:14, pass.

Prät. *pišl(h)on ʿbīdē* wurden gemacht 72:10, *pišlā(h) ʿbīdtā* [vitta] sie wurde gemacht 72:11, pass. Pf. *pištā (yh)wā ʿbīdtā* id. 50:22, als Konjunktiv 51:9, Imper. *dʿbod* [vūd] *bāwar* glaube 33:paen., *ʿbod kᵘlmā dbāʿyet* tue, was du willst 67:20, *ʿbod(y) hāzīr qātī* bereite (F.) mir vor 76:6, Pl. *ʿbodūn* [vūdun] *ʿiqārā* ehret 48:10; III. Konjug.: 2. Impf. *maʿbūdē (h)wā* hat bewirkt 55:10, Prät. *mūʿbedlā(h)* [mūvədlå] sie hat vollzogen 2:antep., *mūʿbed l(h)on l-* sie haben sich ausgewirkt auf 63:16, pass. Pf. *hal d(h)ê duktā dpêšā (yh)wô* (f. [(yh)wā]) *muʿbedtā* [mu-vetta] bis zum Grad, daß es vorgeschrieben wurde 13:3.

ʿbādā [vådå] (AS) M. Werk 39:12, Pl. m. Suff. *ʿbādê seprāyē* ihre literarischen Werke 54:3.

ʿbadtā [våttå] (n. act. v. *ʿBD*) F. Arbeit 44:7, *but hāter dʿbadtā dbaktā rāʾzī* um die Frau zufrieden zu machen 73:8.

ʿābōdā [åvūdå] (AS) aktiv 41:21f. (s. *pšīṭā* u. *mrakbā*).

ʿābodūtā (AS) F. Tun, Wirken, Handeln, Schaffen, Tätigkeit 16:5,21, 55:19.

ʿabdīšoʿ [ōdīšu] (Servus Jesu) m. Vorn. 35:antep., 60:3.

ʿabāyā [å-] (Ar. *ʿabāʾ*) M. Wollmantel 66:18, m. *ʿabāyok* [åbåyux] dein Wollmantel 66:17.

ʿābdelkī [abdəlki] m. Vorn. 60:11.

ʿabdelmāsīḥ [a-] (Ar. Servus Christi) m. Vorn. 39:18.

ʿābdānā [ōdāna] (n. ag. v. *ʿBD*) M. Täter, *ʿābdānā dgnāhā* Sünder, Sündiger 79:6.

ʿibādatkārūtā [ibådatkāruyta] (Abstr. v. P. *ʿebādatkār*) F. Gottesdienst, Gebet 34:11, 58:12.

ʿābor [åvor] (P. *ābrū*) M. Ehre: *ʿābor dbnātē wbaktātē* (gegen) die Ehre der Mädchen u. Frauen (s. *ʿbartā*) 18:11.

ʿBR (AS) vorbeigehen, hindurchgehen (m. *mn*, *l-* od. dir. Obj.), verlassen, abgehen, vergehen (m. *mn*), hineingehen, eintreten, betreten, (m. *b-*, *l-*, *ʿal* od. *gô*); AS Pf. *qāwemyātē daʿbar* [dåwår] *wdqāʾem* frühere u. gegenwärtige Zufälle 25:8; I. Konjug.: 1. Präs. *ʾen gô baytūk ʿāber* [åwər] wenn er in dein Haus kommt 90:4, *ʾānī ʿābrī* [ōri] *gô bagdād lā ʾātōrāyē* daß sie Bagdad betreten, nicht die Assyrer 6:12, *dmāyē lā ʿābrī gāwe(h)* damit Wasser nicht hineingeht 8:8f., 1. Fut. *būrān qayrtā dzabnā bā(t)r hačā bet ʿābrā* [ōrå] der kalte Sturm der Zeit wird schnell vergehen 89b:6, 2. Präs. *beʿbārā (y)nā* [bivårənå] *r(h)ībāʾīt* (daß) sie schnell verschwinden 45:7, 2. Impf. *kad ... wbeʿbārā mn gô hdā mātā* u. er ging durch ein Dorf 70:17f., *beʿbārā (yh)wô gāwā(h)* sind hereingekommen 53:antep., Prät. *dyarhā dʿbīre(h)* [vərre] des vorhergehenden Monats 43:14, *ʿbere(h) gô* ist hineingedrungen 63:14, *ʾen ʿbere(h) dešmen lqaṣran* würde der Feind in unsere Festung hineindringen 82:4, *ʿberā(h)* [vərrå] *l(h)ê otāg* sie ging ins Zimmer 83:20, *ʿbīrā(h) gô plāšā* sie (: die Türkei) hat sich am Krieg beteiligt 17:19, *bši(n)tā dʿbīrā(h)* [pšītəd vərrå] im vergangenen Jahr 43:10, *mšīhūtā ʿberā(h) gô kurdestan* Christentum ist nach Kurdestan durchgedrungen 63:13, *ʿberun* [vərrun] sie kamen her(ein), drangen durch, betraten, gingen vorbei 3:19 m. *qā* überholten 22:5, 55:12, 64:20, 82:10 = *ʿbīron* 23:22, *wʿbīran* [vérran] u. wir gingen hinein 23:20, pass. Pt. *ʿbīrā* [virå] hineingetreten, hineingeraten 10:21, *mn keʾnūtā rabtā ʿbīrā* von Gerechtigkeit weit entfernt 100a:11, F. *bši(n)tā ʿbīrtā* [virta] im vergangenen Jahr 31:17f., *ʿbīrtā btahmantā* in Gedanken vertieft 99b:20, Pl. *zabnē ʿbīrē* vergangene Zeiten 14:18, 16:5f., 3. Pf. *ʿbīrē (y)nā* [virəna] sind vergangen 4:1, sind eingegangen 45:6, Plpf. *ʿbīrē (h)wô* waren vergangen 31:3, Imper. *ʿbor* [vūr] *mn* verzeihe meine Sünde (vgl. das P. Idiom in ders. Z.) 88:paen.; III. Konjug. 1. Präs. *maʿber* [måvvər] *l(h)on hayū(hy)* er verbringt sein Leben 38:21, m. Suff. *qā ... maʿbere(h)* [måvərre] damit es ihn versetzt 84:17, 1. Impf. *ki maʿber (h)wā* er verbrachte 70:5, 2. Präs. m. Suff. *maʿbūrū(hy) (y)wān* [måvūruwan] *yōmī kūmā* ich (F.) verbringe meinen schlechten Tag 98a:9, Prät. *muʿberē* [mūvərre] hat verbracht 31:5, *wmūʿbere(h) hōqar rēše(h) (t)hot gulpānū(hy)* u. der Rabe steckte seinen Kopf unter seine Flügel 68:8, *mūʿbrā l(h)on* (*mūvrålon*) sie führten sie (Sg.) 72:7, pass. Pt. Pl. (als pass. Pf.) *mūʿberē* [muvərre] sind gebracht worden 5:5.

ʿbr. Abk. v. *ʿeḇrāyē* Epistel an die Hebräer 32:13.

ʿeḇrāʾīt [*e*-] (AS) Adv. hebräisch 29:17.

ʿeḇrāyā [*e*-] (AS) hebräisch, Hebräer, Pl. *-yē*: *lišānā ʿeḇrāyā* hebräische Sprache 29:7 = *lišānā dʿeḇrāyē* 29:15, *trê bnay ʿeḇrāyē* zwei Hebräer 79:5, *bar ʿeḇrāyā* Barhebräus (Baumstark 312–320) 35: antep., 82:18.

ʿaḇrānā [*o̥rå̄nå*] (n. ag. v. *ʿḆR*) M. Vorbeigehender 66:10.

ʿḇartā [*vårtå*] F. Eintritt 11:antep., *bʿḇartā lnāmos wʿāḇor dbnātē wbaḵtātē* durch die Überschreitung des Gesetzes und das Vergehen gegen die Mädchen und Frauen 18:11.

ʿg 73 75:4.

ʿĞB (Ar.) I. Konjug.: lieben, erheitert, zufrieden sein; III. Konjug.: staunen, erstaunt sein, bewundern (m. *b*-); I. Konjug.: 1. Impf. *wʿāğūbē* (*h*)*wô* [*wåğụ̄bəwå*] u. sie waren zufrieden 74:12, 3. Pf. (wie bei d. III. Konjug.) (*h*)*wô ʿğibe* [*ğịbe̥*] sie waren erstaunt 28:13,19; III. Konjug.: 1. Präs. *ki mʿağbāḥ* [*mağbåx*] *byay*(*hy*) wir staunen über sie (Pl.) 44:paen., 2. Impf. *ʿāğūbē* (*h*)*wô* [*åğúbəwå*] sie bewunderten 74:12, 2. Pf. (*h*)*wēle*(*h*) *ʿāğōbē* [*åğūbe*] *bšuprā* er bewunderte die Schönheit 76:18, Prät. *ʿūğeble*(*h*) [*ụ̄ğəble*] er war erstaunt 70:20, *ʿūğeblī* ich war erstaunt 84:ult.

ʿeğbūnā San. *ʿāğbōnā* [*ež*-] (Wz. *ʿĞB*) M. Wille, Gefallen, m. Suff. *hāwē ʿāğbōnuḵ* dein Wille geschehe 39:14f. *ʾemet ʿāğbōnuḵ* mit deinem Willen 39:14.

ʿāğibūtā [*åğubúyta*] (Abstr. v. *ʿĞB*) F. Wunder, Erstaunen 29:4, 33:22, 90:11, m. Suff. *ʿāğibūtu*(*hy*) seine Heldentat 65:ult., *ʿāgibūyātē dʾalāhā* die großen Taten Gottes (Apg. 2:11) 28:19.

ʿĞZ (Ar.) unfähig sein, müde werden, II. Konjug.: ermüden, entnerven, ärgern; I. Konjug.: akt. Pt. u. 1. Präs. *ʿāğez* [*åğəz*] *īwet* du bist unfähig 68:11; II. Konjug.: pass. Pt. *ʾānā* ... *ʿuğezā* [*ụğ̣əzzå*] ich war bestürzt 75:21, Prät. m. Suff. *lkᵘlê*(*hy*) (*ʾ*)*nāšē ʿuğezêluḵ* [*uğezzēlux*] du hast alle Menschen um die Nerven gebracht 66:9.

ʿāğāztā [*åğåstå*] (n. act. v. *ʿĞZ* I. Konjug.) F. Erschöpfung, Ermüdung, Pl. *ʿāğāzyātē* 55:11.

ʿd 74 75:4.

ʿādā [*ḁ̊då*] ein Dorf im Bezirk v. Urmia 56:18, 59:9.

ʿdamā (AS) bis zu 34:14.

ʿden (AS) Eden 60:3.

ʿdānā [*ḏånå*] (AS *ʿeḏānā*) M./F. Zeit 2:13,18, 3:23,ult., 4:18, 5:12,22,paen., 6:9 u.o., *m̥n qā*(*d*)*m ʿdānā* früher 50:13, u.ö., m. Suff. Al. *bʿdānā*(*h*) auf einmal, plötzlich 37:22, *ʿdāne*(*h*) seine Zeit 9:15, Pl. *ʿdānātē* 14:19, 15:4.

ʿadat [*å*-] (Ar.-P.-K.-T.) F. Gewohnheit 23:14, 31:ult., 33:17, m. Suff. *ʿādatī* meine Gewohnheit 75:antep., *ʿādate*(*h*) seine Gewohnheit 67:23, *ʿādatê* ihre (Pl.) Gewohnheiten 29:10.

ʿādatī (Adj. v. vhg.) gewöhnlich, *lā ʿādatī* außergewöhnlich.

ʿidtā [*ị̥tå*] (AS *ʿedtā*) F. Kirche 15:10, 37:22, 38:2, u.o., Pl. *ʿēdtē* [*ị̥t̥e̥*] 1:15, 45:14 u.ö.

ʿādatī [*å*-] (Adj. v. *ʿādat*) gewöhnlich, üblich 44:13.

ʿidtānāyā [*ị̥tå*-] (AS) kirchlich, ekklesiastisch 81:18, Pl. *-yē* 58:11.

ʿhīdā (AS) erwähnt 19:10, 56:11, 60:6, 62:22.

ʿūğāba [*ụ*-] (Wz. *ʿĞB*) M. Wunder, Staunen, Bewunderung 81:22.

ʿUD (AS) jäten, säubern, befreien: pass. Präs. *en lišānan lā pāʾeš ʿīdā* [*ị̥då*] *m̥n zīwānē* wenn unsere Sprache nicht von Unkraut befreit wird 45:7f.

ʿūdālē [*uyḏåle*] (v. Ar. *ʿDL* gleich sein) zusammen, einander: *ʿam ʿūdālē* miteinander 3:10, *bʿū-* [*buy*-] zusammen 3:15f., 41:22, *lʿū-* [*luy*-] gegeneinander, gegenseitig 7:19f., *mʿū-* [*muy*-] voneinander, gegeneinander 7:20, 79:6; allogr. *ʾūdālē* s.v. *ʿudrānā* [*ü*-] (AS) M. Hilfe 68:16.

ʿuhdānā (AS) M. Andacht, Erinnerung 26:19, 27:ult., 59:20, Pl. *-nē* Chroniken 9:21.

ʿuzaylā (AS) M. junge Rehe 96:2,25 (s. *ʾaylā*).

ʿôlā (AS) M. Übel, Unrecht 100a:19, b:5.

ʿūlul [*ụlo̥l*] (AS *lʿel*) nach oben, hinauf, bis zum oberen Rand hin 64:16.

ʿūma [*ụ̄ma*] (T.) Cholera 26:7.

ʿumqā [*ụ*-] (AS) M. Tiefe 11:5,12, 16:21f.

ʿumar (Ar.) ʿOmar, der 2. Chalif 54:paen., ʿOmar Chajjam 88:1.

ʿumrā [*u̥-*] (AS) M. Kirche, Kloster 12:21, 18:ult., 83:8, Pl. *ʿumrē* 12:21, 35:17, u. *umrānē* 13:antep., 58:4.

ʿUQ (AS) eng, bange, betrübt sein, leiden, meistens als unpers. Verb: pass. Pt. *d(h)ô baytā ʿīqā wyarīḵā* jenes enge (: traurige) u. lange Haus 75:20, F. *panǧārā ʿīqtā* [*ə̥qta*] schmales Fenster 75:paen.

ʿūqbrā [gew. *āqūbra*] (AS) M. Maus 48:23 bis.

ʿôqānā Al. (v. AS *ʿUQ*) M. Betrübnis, Not, Schwierigkeit 37:19.

ʿoryān (Ar.-P.) Baba Ṭāher ʿOryān 80:19.

ʿušnā [*u̥šnå*] (AS) M. Kraft, Stärke, Macht 3:1, 55:7.

ʿūtādā [*u̥ytådå*] (AS) M. Vorarbeit, Plan, Disposition, Einteilung, Vorrede 36:4, 60:4.

ʿutrā [*u̥ṭra*] (AS) M. Reichtum 6:20f., paen., 45:3, 55:7, 71:5, 91a:22.

ʿazīzā [*ḁ̊-*] (Ar. *ʿazīz*) lieb, geliebt, F. San. *ʿāzeztā* [*åzəsta*] 39:16, Pl. *ʿazīzē* 97a:20.

ʿēzaqtā [*i̥sáqta*] (AS) F. Ring 73:13, 14 bis, antep., Pl. m. Suff. *ēzaqyātan* unsere Ringe 73:20, 22, *ēzaqyātê(hy)* ihre (Pl.) Ringe 73:15, 16 = *-tay(hy)* 73:paen.

ʿeṭmā [*ə̥-*] (AS *ʿa-*) F. Oberschenkel, m. Suff. *ʿeṭmuḵ* dein Oberschenkel 78:23.

ʿeṭrā [*e̥/åṭrå*] (AS *ʿeṭrā*, Ar. *ʿaṭr*) M. Duft, m. Suff. *ʿeṭre(h)* sein Duft 92:ult.

ʿeṭrānā [*e̥-*] (Adj. v. *ʿeṭrā*) duftig, duftend 46:14.

ʿayḇā [*åyvå*] (AS *ʿayb/mā*) F. Wolke 47:3ff., Pl. *ʿayḇē* 47:7.

ʿayba [*åybå*] (Ar.-P.-T.-K. *ʿeyb*) M. Fehler 93b:antep.

ʿīdā pass. Pt. v. *ʿUD* q.v.

ʿaywā phon. Schreibung v. *ʿayḇā* (Nöldeke 34:2), Pl. *ʿaywātē* (ʾ)*kūmē* schwarze Wolken 24:antep.

ʿaywāz [*e̥wåz*] m. Vorn. 59:12.

ʿYṬ (< Ar. *ʿaiyaṭa*) II. Konjug. schreien: 2. Präs. (als hist. Präs.) Al. *mʿāyōṭē* [*måyyāṭe*] sie schrie 37:antep. f.

ʿīlā/am Elam 3:8, 10 bis, 33:paen.

ʿīlāmāyē M. Pl. die Elamiten 8:23, 10:5f., 28:15.

ʿêlmāyā [*e̥l-*] (Ar.-P. *ʿelmī*) wissenschaftlich, Pl. *-yē* 52:23.

ʿimāmē [*i̥-*] M. Pl. (< Ar.-P.-T.) die Imamen 88:antep.

ʿaynā [*åynå*] (AS) Auge: Pl. *-nē*, Quelle: Pl. *ʿaynātē* 47:9; m. Suff. *ʿaynī* meine Augen 24:16 u.ö., *ʿaynuḵ* deine Augen 100a:9, *ʿaynū(hy)* seine Augen 25:3 u.ö. = *ʿayne(h)* 75:antep., *ʿaynū(h)* ihre (Sg.) Augen 7:2, 83:22 = *ʿaynā(h)* 72:19, 20, *ʿaynan* unsere Augen 6:ult.

ʿīqā, F. *ʿīqtā* pass. Pt. v. *ʿUQ* q.v.

ʿirāq Irak 36:3.

ʿāḵtelyōnē [*ax-*] Pl. Oktillionen 41:9.

ʾečā [*ə/u̥čča*] = *etšʿā* (Nöldeke 63) 66:25, ult.

ʿal [*ål*] (AS) Präp. auf, über, gegen, neben, für; m. *GRŠ* einschränken, einstellen: *lē* (*y*)*le*(*h*) *begrāšā ʿal ḥeltā* er nimmt die Sünde nicht wahr 7:14f.; *hiǧūm* ... *ʿal* Angriff ... auf 19:3, 22:7, *kad ʾīdū(hy) ʿal ṣadrū(hy)* mit der Hand auf seiner Brust 23:15, *plāḥtā ʿal* ... *pāleḥ ʿal* Wirkung auf ..., er wirkt auf 38:ult., *mam(l)lē ʿal* Aufsätze über 57:21 = *meʾmrē ʿal* ibid., *ʿal rēšā(h)* auf ihren Kopf 72:6 u.ä.; m. prokl. *m-*: *mʿal* [*mål*] von ... hernieder 24:2, 76:13, ab. auch m. pleonast. *m-* auf 24:4, über 82:1; m. Pronominalsuff.: Sg. 1. *ʿalī* [*ålī*] 7:5, 78:4 = San. *ʿlay* 39:4, *mʿalī* [*målī*] von mir herab 89a:16, 2. M. *ʿalūḵ* 67:ult., 100a:3, F. *ʿalaḵ(y)* 67:19 = *ʿalāḵ(y)* 96:10, 3. M. *ʿalū(hy)* 7:9, m. *drē le(h) šlāmā* hat ihn gegrüßt 66:15, 67:paen., m. *MṬY* erreichen 73:8, F. *ʿalū(h)* [*ålo̥*] 67:11 u.ö. = *ʿalā(h)* 72:5, Pl. 1. *ʿalān* 79:7, 2. *ʿaloḵon* [*åloxun*] 34:18, 3. *ʿalay(hy)* [*åle̥*] 8:20, 68:21 = *ʿalê* 47:14, 54:23.

ʿālē [*åli̥*] (Ar.) ʿAlī, der 4. Chalif 54:ult.

ʿLDY (vgl. T. *dolandırmak*) schwindeln, betrügen: Imper. Pl. *lē ʿaldīton* [*ål-*] *lī* betrüget mich nicht 85:15.

ʿaldêtā (n. act. v. vhg.) F. Betrug, Betrügen 78:3, paen.

ʿālōlā [*ålu̥lå*] (v. AS *ʿLL* hereinkommen?) M. Straße 70:18, 99a:10, 15, 16, Pl. *ʿālōlānē* 13:5, 99a:12.

ʿālūkā [*å-*] Ortsname 26:12.

ʿalōpīn Personenname 15:22, antep.

ʿelāyā [*ə̥låyå*] (AS) hoch, ober 8:13, 81:19, F. (bei Landnamen: Ober-) *ʿelêtā* [*ə̥lḗṭå*] 17:15, 19:17, 18, 21:3, 23:2, 25:3, Pl. (auch bei Ortsnamen) *-yē* 19:19, 20:6, 7, 55:ult. (s. *madrāsā*) u.ä.

ʿelāyūtā [*ə̣lắyuyta*] (AS) F. Höhe, Vorrang 6:20.

ʿlaymā, ʿlīmā (AS *-ay-*) M. Junge, Bursche 20:13, 80:21, Pl. *-mē* 1:20, 3:7, 5:7 u.ö., F. Pl. *-mātā* Mädchen 26:6, 13.

ʿelel (< *ʿal* + *l*, vgl. *ʿūlul*) Adv. hoch, oben 14:19, 85:2, *mudkerā bʿelel* oben erwähnt 63:22, *ʿelel mn* über ... hinaus 54:9, 81:21, *ʿelel mn rēše(h)* über seinem Kopf 83:20.

ʿallā in *mʿallā ʿal* [*mə-ållå ål*] (< **mn ʿal ʿal*, vgl. analoge P. Adv. *barābar, sarāsar*) über ... hinüber 24:8.

ʿelm [*ə̣lm*] (Ar.-P.) F. Wissenschaft 4:10, 16, 20, 38:23 u.ö., Pl. *ʿelmē* 4:11.

ʿā/almā [*å-*] (AS) M. Welt 25:9, 17, 31:ult., 36:7 u.ö.

ʿālmāyā [*å-*] (AS) weltlich, sekulär, Subst. M. Laie, Pl. *gô ʿālmāyē* unter den Laien 45:14, 62:18, *wseqlē ʿālmāyē* u. weltliche Verzierungen 71:19.

ʿelmāyā [*ə̣l-*] (Adj. v. *ʿelm*) wissenschaftlich, Pl. *-yē* 52:13.

ʿalmeltā [*ål-*] (AS) F. Adv. 40:9.

ʿalʿalā [*ålålå*] (AS) F. Sturmwind, Orkan 13:22.

ʿeltā [*ẹl-*] (AS) F. Grund, Ursache 2:3, 21:2, 44:7 u.ö., *ʿeltā dšūʾālā* fraglich, problematisch, kompliziert 45:paen.f.

ʿam [*åm*] (AS) mit 3:15, 22, 6:6, 23:3 u.ö., m. Suff. Sg. 1. *ʿamī* 66:16, 76:20, 2. M. *ʿamuk* 95:15, 3. M. *ʿamū(hy)* 96:15, F. *ʿamā(h)* 8:paen. = *ʿamū(h)* 81:3, 84:18, Pl. 1. *ʿaman* (Nöldeke 6), 2. *ʿamôkon* (Nöldeke 296:3), 3. *ʿāmê* 10:7 = *ʿamê* 32:14 = *ʿamay(hy)* 18:3, 73:18.

ʿamāʾōs [*åmắʾus*] (AS) Emmaus 49:23.

ʿamāʾʿam [*åmắ-åm*] (Verdoppelung v. *ʿam*) zusammen mit 95:6.

ʿMD (AS Af.) III. Konjug. taufen: 1. Pf. *qam maʿmedā* [*måmə̆da*] *lôkon* sie hat euch getauft 34:18.

ʿamādīyā Name eines Dorfes in der Nähe v. Zacho in irak. Kurdistan 13:24.

ʿamūdā (AS) M. Säule, Pl. *-dē* 52:20.

ʿāmōwā [*åmụ̄wå*] (P. *ʿamū* Ar. *ʿamm*) M. Onkel 27:11.

ʿamūqā [*å-*] (AS) tief, Pl.-Endung *-qē* wegen des Reimanklangs an *gašūqē* 91b:16, F. *ʿāmuqtā* 79:15.

ʿamṭānā [*å-*] (AS) M. Dunkelheit, Finsternis, oft adjektivisch: dunkel, finster 89b:24, Pl. *-nē* 24:antep.

ʿamīqā [*å-*] (AS, Nf. v. *ʿamūqā*) tief, F. *-qtā* 45:13, Pl. *-qē* 63:7.

ʿmīrtā pass. Pt. F. v. *ʿMR* q.v.

ʿāma/āl [*å-*] (Ar.-P.-T.) M. Tat, Werk, Wirkung, Einfluß 22:20, 29:3, 100a:13, m. Suff. *ʿamālay(hy)* ihre (Pl.) Tat 63:antep., Pl. *ʿa/āmālē* [*åmắlẹ*] 75:23, 78:1.

ʿa(m)māyā [*åmm-*] (AS) M. einfacher Mann aus dem Volk, Laie, Pl. *-yē* 71a:19.

ʿamāmā (Ar.-P.) F. Turban 66:18, m. Suff. *ʿamāmok* dein Turban 66:17.

ʿamqū [*å-*] (St. abs. st. *ʿamqūtā* Tiefe) F. Tiefe 29:7, ab. öfter als Adj. tief 29:5, 49:antep.

ʿMR (AS) wohnen, bewohnen, leben; 2. Präs. *beʿmārā* (*y*)*wah* [*bə̣mårəwåx*] wir wohnen 2:14, *dbeʿmārā* (*y*)*nā* die wohnen 28:15, 2. Impf. *ʾit* (*h*)*wā* (*ʾ*)*nāšē dbeʿmārā* es gab Leute, die wohnten 28:10, Prät. *wʿmerē* [*ə̣mə̣ṛṛẹ*] u. wohnte 29:9, pass. Pt. F. *ʿmīrtā* [*ə̣mịṛṭå*] bewohnt 3:ult., 4:9.

ʿamrā (akt. Pt. v. *ʿMR*) M. Bewohner, Einwohner, Pl. (St. cs.!) *ʿamray* [*-rē*] *kurdistān* Bewohner v. K. 21:9.

ʿa/āmrānā [*å-*] (n. ag. v. *ʿMR*) M. Bewohner 96:3, Pl. *-nē* 2:16, 7:22, 11:20, 15:3, 22:3, 53:ult. u.ö., m. Suff. *ʿāmrānū(hy)* seine Bewohner 34:2, *ʿamrānā(h)* ihre (Sg.) Bewohner 17:antep.

ʿā/amārat [*å-*] (Ar.-P.) F. Gebäude, Palast 21:14, 27:12, 34:1, 6, 35:18.

ʿenyānā [*ẹ-*] (AS) M. Mühe, Studium 57:22, Bekanntschaft, Gemeinschaft, Gespräche 61:ult.

ʿnānā [*ə̣nắnå*] (AS) F. Wolke 61:paen., Pl. *-nē* 13:23.

ʿēsā [*ị̄sắ*] (Ar. *ʿīsā* Jesus) m. Vorn. 57:4.

ʿēsu [*ị̄sụ*] (AS < H.) Esau 79:19, 22.

ʿsīrāyā (AS) F. Zehntel, Pl. *-yē* 41:13.

ʿask/ār [*åskar*] (Ar.-K.-T.) F. Armee, Heer 18:11, 43:1, Pl. *ʿaskārwātē* 19:10, 21:17, m. Suff. *ʿaskarwātu(hy)* seine Truppen 19:16.

ʿaskarīyā [*å-*] (Ar.) F. Wehrdienst 23:11.

ʿasqā [*åṣ-*] (AS) schwer, rauh 45:20, Pl. *-qē* 5:5, 19:5, 53:6, 63:20.

ʿasqūtā [*-uyta*] (AS) F. Schwierigkeit, Unbeholfenheit, Rauheit, m. Suff. *-tê* ihre Rauheit 45:21.

ʿesrā [*ẹṣra*] (AS) zehn 9:20, 20:21 u.ö., (F. *ʿesar*).

ʿesrī [*e̥ṣ*-] (AS *esrīn*) zwanzig 24:3, 36:19, 52:paen., = *ʿesrīn* (wie AS) 80:21, *dārā dʿesrī* 20. Jh. 100a:4.

ʿāfīs [*å*-] (Engl. office) M. Büro, Amtszimmer 43:5.

ʿāfīsayrē [*åfisire*] Pl. (Engl.) Offiziere 43:11.

ʿāprā [*åpra*] (AS) M. Staub 4:2.

ʿSB̠ (AS) binden, reparieren, anmachen, anrichten: 2. Präs. *dbeʿṣāb̠ā* (*y*)*wen* die ich anrichte 95:10.

ʿSY (AS) ungehorsam, widerspenstig sein, rebellieren: akt. Pt. *ʿāṣī* [*å*-] (so auch Ar.-K.-T.) ungehorsam, widerspenstig 88:22.

ʿaṣqā phon. Schreibung v. *ʿasqā*, Pl. *-qē* 13:10, 14:4.

ʿēqūy [*i̥*-] (Nf. v. *ʿēqū*, *ʿiqū* st. abs. v. *ʿiqūtā*) F. Elend, Not, Angst 50:7.

ʿāqeldār [*åqəldår̥*] (Aserb.-T.) vernünftig, Pl. m. Suff. *ʿāqeldārê* ihre Weisen 79:11.

ʿeqrā [*ə̥*-] (AS *ʿeqārā*) M. Wurzel 52:10.

ʿāqtā [*å*-] (AS) F. Trübsal, Traurigkeit, Pein, Leiden 100b:6.

ʿērā'q [*i̥rāq*] Irak 26:12, 55:21, 56:21.

ʿārābāyā (AS *ʿara*-) arabisch, Araber, Pl. *-yē* die Araber 3:10, 6:9, 12:17 u.ö.

ʿārabestan [*-ə́sṭān*] (P.) Arabien 54:14, 18.

ʿerbā [*e*-] (AS) M. Schaf 79:23, 97b: paen., Pl. *-bē* 10:21, 13:2, 46:17.

ʿārābā'it Adv. arabisch 11:18.

ʿārābānā [*årå*-] (Ar.) F. Wagen, Kutsche, Transportwagen 37:21.

ʿrūb̠tā [(*ə*)*rūyta*] (AS) F. Freitag 50:1.

ʿārōqā [*årū̥qå*] (AS) M. Flüchtling < Adj. schnell 48:23.

ʿaryā [*åryå*] M. Fest, Feier 65:21bis (m. *DB̠Q* Fest halten, feiern).

ʿārêtā [*å̊*-] (n. act. v. *ʿRY* II. Konjug. flicken) F. Fleck, Flicken, Pl. *mārē dʿārāyātē* beflickt 13:4 (s. *mārē*).

ʿarāleg̠ (T.) m. *b*-: *bʿarāleg̠* [*bå*-] unter 35:6.

ʿRQ (AS) fliehen, entfliehen: 1. Impf. *ʿarqī* (*h*)*wô* sie flohen 10:23, *ʿārqī* (*h*)*wô*? sollten sie fliehen? 11:9, Inf. *gô ʿrāqā* [*rāqa*] bei andauerndem Fliehen 97a: paen., 2. Präs. *beʿrāqā* (*y*)*nā* [*bərrāqəna*] sie fliehen 96:paen., 2. Impf. *beʿrāqā* (*y*)*hwô* sie flohen 10:20, 13:9f., Prät. *ʿreqlun* [*rəq*-] sind entflohen 93b:13, 3. Pf. *har bnafšī* (*y*)*wān l'ak̠ā ʿrīqtā* [*rəqta*] ich (F.) bin ganz allein hergeflohen 98b:8.

ʿrāqtā [*rā́qta*] (n. act. v. *ʿRQ*) F. Flucht 10:22, Vermeidung 88:9.

ʿRQL (AS drehen, verwirren) weilen, einstellen, aufhören, bleiben, warten: 1. Präs. *mʿarqel* [*måṛqəl*] er weilt 44:14, 2. Präs. *hiš ʿarqūlē* (*y*)*lē* hört überhaupt nicht auf 28:1, Prät. *mʿurqele*(*h*) blieb 20:21, *ʿurqilon* [*u̥rqi̥llun*] sie bleiben 50:7.

ʿarqeltā [*arqálta*] (n. act. v. *ʿRQL*) F. Verweilen, Verbleiben, Verspätung: *dlā hič ʿarqeltā* ohne geringste Verspätung 22:16, Pl. *ʿarqalyātē* Verzögerungen 31:5.

ʿŠY (Ar.) Abendbrot essen; II. Konjug.: 1. Präs. Al. *mʿāšē* [*mə'åše*] = *'āk̠el* (')*k̠ā*(*l*)*ramšā* er ißt Abendbrot 44:17.

ʿašīnā (AS) stark, kräftig 94:7, 14, 96:3.

ʿāšīrat [*å*-] (Ar.-K.-T.) *ʿa*-) F. Stamm, Sippe, Familie, Verwandtschaft, Stammgenossenschaft 19:6, 21:7, m. Suff. *-tū*(*hy*) sein Stamm 19:12, 21:7, Pl. *-tē* 19f.

ʿāšītā [*ā*-] F. Lawine 13:22.

ʿešrat Mannesname 22:22.

ʿatīd [*åtəd*] (AS) M. Zukunft, in der Regel m. prokl. *d*-: *but h̠a*(*d*) *dʿātīd būš ṣpāyī* über eine bessere Zukunft 7:10, *dʿatīd ba*(*h*)*rānā* „Glänzende Zukunft" (Name einer ass. Zeitschrift) 57:4.

ʿa/ātīqā [*å*-] (AS) alt 12:9, 32:11 u.ö., F. *ʿatīqtā* [*åtə́qta*] 4:20f., 8:1, 7 u.ö.

ʿatīrā [*å*-] (AS) reich, Pl. *-rē* 71:7, 18.

ʿatīrūtā [*åtiruyta*] (AS) F. Reichtum 61:paen.

P

p Buchst. *pē* 48:23, 49:5, Zahlenwert 80.

p. Abk. v. *pā'ta* Seite (sehr oft).

pē'rā 1 [*pīra*] (AS) M. Frucht, Obst 46:5, Pl. *-rē* 63:antep.

pē'rā 2 [*pira*] m. Vorn. 1:19, 45:2, 46:5, 52:2 u.ö.

pē'rōs [*pīrūs*] (P. *pīrūz* siegreich) Name einer ehemaligen ass. Druckerei in Täbris 38:2, 49:18.

pā'šā [*pāšā*] (T.) M. höherer Offizier, General, *-šē* 55:5.

pa/ā'tā [*pāta*] (AS) F. Gesicht, Aussehen 69:24, Stirn, Oberfläche 25:6, Seite (im Buch) 44:15, *KTB̠ m̥n pā'tā ktīb̠yātē* die Schriften abschreiben 62:20, ähnl. *m̥n ʿal pā'tā* von 62:23f., m. Suff. *lpā'tī* in mein Gesicht 75:17, Pl. *pa'twātē* Gesichter 24:24, *pā'-* 93b:14, m. Suff. *pa'twātan* unsere Gesichter 24:14.

pāgā (< P. *pā-gāh*) M. Stall 69:10.

pagrā (AS) M. Körper 38:9, ult., 45:23, 46:ult., m. Suff. *pagrī* mein Körper 98b:antep., *lpagruḵ* deinem Körper 48:8, 75:ult., *pagru(hy)* sein Körper 35:7, 94:11 = *pagre(h)* 50:22, Al. *pagrā(h)* ihr (Sg.) Körper 37:11, 15, *lpagrê* ihren (Pl.) Körper 17:13 (s. *GRD*).

pagrānā'īt [*-yīt*] (AS) Adv. körperlich 25:10.

pagrānāyā (AS) Adj. körperlich, F. *-nêtā* 24:23f.

po 1 Pau, franz. Stadt 1:2.

po 2 Poe, amer. Dichter 49:14.

pw. Abkürzung v. *pūnāyā* 2 Antwort 40:6, 8, 11 usw.

po'īṭā [*poyīṭa*] (AS < ποιητής) M. Poet 26:17.

pūzā (P.) M. Schnauze, Schnabel 48:24.

pôḫā (AS) M. Wind 13:23, 28:7 u.ö.

pôl Paul 35:2, 58:7.

pō/ūlāgā [*pū-*] (AS) M. Trennung, Verteilung 4:12, 25:20, Pl. *-gē* (v. Sprachzweigen) 60:23.

pôlos [*-ləs*] (AS) Paulus 37:4, 59:9, 89:2.

pulḫānā (AS) M. Arbeit, Werk, Tat, Dienst, Leistung 16:10f., 17, 17:11 u.ö., m. Suff. *lpulḫāne(h)* seinen Dienst 75:11, Pl. m. Suff. *pulḫānuḵ* deine Taten 78:16, *pulḫānu(hy) dga(n)bārē* seine Heldentaten 94:4, *pulḫānay(hy)* ihre Taten 9:paen., 73:13, 15.

polīṭīqā'īt Adv. politisch 55:2.

polīṭīqāyā Adj. politisch, Pl. *-yē* 13:1, 53:5, 19, 55:18.

pūmā [*pumma*] (AS) M. Mund 24:paen., 48:7, 52:antep., 91:ult., m. Suff. *pūmī* mein Mund 48:7, *pūmāḵ(y)* dein (F.) Mund 67:antep., *pūmu(hy)* sein Mund 5:9.

pūmā(t)ḫtā (z. Bild, vgl. P. *sar be-zīr*) Adv. Kopf nach unten, umgekippt 99a:antep.

pūndā M. Kerze, Pl. *-dē* 74:8.

punṭos Pontus 28:16.

pūnāyā 1 (Wz. *PNY*) M. Vernichtung, Zerstörung 13:ult., 17:20, Pl. *-yē* 12: paen., 13:9, 18.

pūnāyā 2 (AS) M. Antwort 40:4, Pl. *-yē* 68:21.

pūnāqā (AS) M. Feinheit, Zartheit, Annehmlichkeit, Wonne, Pl. *-qē* 95:15.

postā [*-ṭa*] (E.) Post 9:8.

pūsīqā'īt Adv. physisch 38:10.

pupu 1 (onom., P.) F. Wiedehopf 48:23, 24, Pl. *pūpūyē* 84:paen., 85:4.

pupu 2 Stimme des Wiedehopfs: *pupu pupu ki qāryā* der Wiedehopf singt: pu-pu 48:23f.

PWPY (onom.) blöken: Inf. u. 1. Präs. *ʿerbē pôpūyē* die Schafe blöken 46:17.

pūqdānā [*pūgdāna*] (AS) M. Befehl, Gebot 3:22, 23, 4:4 u.ö., Pl. *-nē* 43:11, 23.

pōrīm [*pū-*] (AS < H.) Purim 27:paen.

pursat (< Ar.-P. *furṣat*) F. Gelegenheit, Pl. *-tē* 55:6.

purqānā (AS) M. Rettung 32:19, 45:23, 89a:23.

pūršunyā [*-šü-*] (AS *pūršānā*) M. Unterschied 44:22, 73:13bis, 19, 23, 78:7, 82:11.

PUŠ (AS) bleiben, verbleiben, überleben, sein, werden, am häufigsten als Hilfsv. zur Bildung der pass. Stimme gebraucht (Nöldeke 288f.): 1. Präs. *pā'eš* [*pāyeš*] *qeryā* wird genannt 1:7, 29:1, *pā'eš prīsā* wird verbreitet 16:2, *ki pā'eš yū(h)ḇā* wird gegeben 32:6, 67:15, *pā'eš meḫyā* wird gedruckt 33:10, 11, *pā'eš mutḇā* wird gelegt 30:9, *pā'eš sīmā* wird eingeweiht, eingesetzt 36:19, *pā'eš mupleḫā* wird gebraucht, verwendet 43:18, *pā'eš ʿidā* 45:7f., s. *ʿUD*, Al. *dpāyeš nōblā* 37:22 s. *NBL*, *lē pāyeš ptīḫā qātuḵ* es wird dir nicht geöffnet 76:23, F. *ḫačā pêšā* beinahe, fast (< es bleibt wenig übrig) 29:14, *ki pêšā (')mīrtā ḫačā pêšā mn kᵘlê dgô dunyē rēšētā (y)lā* man sagt, daß sie (: die deutsche Armee) fast die erste in der Welt ist 42:22, *pêšā (y)dīʿtā* daß es bekannt wird 45:4, *lē pêšen qeryā* ich werde nicht genannt 49:15, *lē nāḫpen dpêšen qeryā* ich schäme mich nicht genannt zu werden 79:paen., *bespārā (y)waḫ dpayšāḫ* [*pēšax*] *(y)dīʿē rušmā'īt* wir hoffen, offiziell anerkannt zu werden 1:ult.f., *pêšī šqīlē* damit sie weggezogen werden 4:4, *ki pêšī qeryē* sie werden genannt 9:3, 41:4f., *dpêšī mhūyerē mene(h)* damit ihnen von ihm geholfen wird 36:18, *dki pêši mčiḫē* die sich befinden 42:20, *dqā pêšī mupryē* damit sie vermehrt werden 65:10, 1. Fut. Al. *bed pêšā mšūnītā* sie wird transportiert werden 37:16, *bet pêšet qṭīlā* du wirst getötet werden 35:20, *bet pêšet dīnā* du wirst beschuldigt werden, *bed pā'eš ktīḇā* wird geschrieben werden 45:19, *bed pā'eš ḫnīqā bīyê* wird durch sie erdrosselt 45:8, *bet payeš ptīḫā* wird geöffnet werden 76:14, 77:9,13, *bet pāyeš qublā* wird angenommen werden 77:10, *bed pêšī mupleḫē* sie werden gebraucht werden 45:6, *bet pêšī ptīḫē* sie werden geöffnet werden 89a:antep., Kond. *bet pêšī (h)wô dḇīqē* sie wären gefangen worden 50:3f., 1. Impf. *pā'eš (h)wā yū(h)ḇā* wurde gegeben 3:22, *pā'eš (h)wā qeryā* wurde genannt 8:14, 32:5, als Konjunktiv *lē māṣē bšarʿat pāyeš (h)wā muderā lābā(t)re(h)* konnte nicht legal zurückgezogen werden 27:22f., *lē (h)wā snīqā dkē'pā pāyeš (h)wā šqīlā* es war nicht notwendig, den Stein wegzuheben 50:21, *m̹n qā(d)m dpā'eš (h)wā murmā* bevor er erhoben wurde 70:4, *ki pêšā (h)wā prīštā* sie wurde abgesondert 84:15, *ki pêšī (h)wô prīšē* sie wurden abgesondert 6:8, *pêšī (h)wô qeryē* sie wurden genannt 8:paen., *m̹n bā(t)r dpêšī (h)wô muqdē* nach dem sie gebrannt wurden, *pêšī (h)wô mupleḫē* sie wurden gebraucht 9:7, *pêšī (h)wô dḇīqē* wurden gefangen 9:paen., u.ä., Inf. *lepyāšā mūqemā* aufgestellt zu werden 31:11, m. *'īt* als „bleiben": *mūdī 'īt bepyāšā* was verbleibt 6:paen., *laytlan pyāšā* es bleibt uns nicht 100a:antep., 2. Präs. *dbepyāšā (y)nā ḫezyē* die gesehen werden 7:23, *lē (y)le(h) bepyāšā mudkerā* wird nicht erwähnt 10:9, (als hist. Präs.) *bepyāšā (y)le(h) qeryā* wurde eingeladen 14:9, *bepyāšā (y)le(h)* verblieb 14:12f., verbleibt 16:7, *pyāšā (y)lē qeryā* wird genannt 32:4,5,16f., *nīyat d'āhā ktāḇā (y)le(h) dbepyāšā (y)lā(h) muṣbeṭṭā* der Zweck dieses Buches ist zu beweisen 65:4, *'a(n)t bepyāšā qeryā* du wirst genannt 78:9, *ḫačā pyāšā* beinahe, fast, 98a:antep., 2. Impf. *ḫačā bepyāšā (h)wā* beinahe (< es blieb wenig) 10:22f., *bepyāšē (h)wô grīšē* sie wurden gezogen 13:1, *bepyāšē (h)wō kumrē* sie wurden verfolgt 13:3, *bepyāšā (h)wā mušḫedtā* (das Christentum) wurde verkündigt 15:19, *wbepyāšā (h)wā tumemtā* u. sie wurde vollendet 16:21f., *bepyāšā (y)hwô tumemē* sie wurden vollendet 17:2, Prät. *pešle(h)* [*pə̂šle*] *(y)līdā* er wurde geboren 8:5, *pešle(h) sīmā malkā* er wurde zum König 8:21 usw., *pišlē* er wurde 27 (oft) = *piša (y)lē* 27:ult., *pīšā (y)le(h) ktīḇā* ist geschrieben worden 52:12, *lē (y)le(h) pīšā ktīḇā* ist nicht geschrieben worden 77:16, *pīšā (y)le(h) bdūmārā* er war erstaunt 99:ult., F. *pīšlā(h)* sie wurde, es wurde, es war 12:15,16,19, 15:20, 25:2, 53:3 u.ö. = *pešlā* 27:8bis,23 = *pīštā (y)lā(h)* [*pəštəla*] 2:21, 12:24, 15:ult., 23:1 u.ö., *pīšā (y)lā(h) ṭlībtā* es wurde verlangt 1:7, *pīšlī mulyeṣtā* 98:5 s. *LYṢ*, *pīšluḵ ṭrīdā* du wurdest vertrieben 77:5, *pīšluḵ munḵesā* 78:2 s. *NḴS*, *pīšlon* sie wurden 15:paen., 17:9 u.o. = *pīšl(h)on* 22:6,11, 13, 24:17f., u.ö., Al. *piš lay b'ītāyā* sie kamen 86:antep., Al. *piš lay betnāyā* sie erzählten 87:7, *pīšlan* wir sind geblieben 23:23, Pf. *pīšā (y)hwā* wurde 6:antep., 19:3 u.o., *lē (yh)wā pīšā mutḇā* er wurde nicht hingelegt 50:24, *kad pīštā lqīṭtā* 11:3 s. *LQṬ*, F. *pīštā (y)wā mūqemtā* wurde gegründet 12:4, *pīštā gūbītā* sie wurde gewählt 27:10, *pīštā (yh)wā ʿḇīdtā* wurde gemacht 50:22 u.ä., *pīšē (h)wô hūyerē* es wurde ihnen geholfen 6:3, *dpīšē (h)wô benyē* die erbaut worden sind 7:17, *pīšē (h)wô ǧumeʿyē* sind gesammelt worden 9:20 u.ä., *m'alāhā (y)wān pīštā līṭtā* von Gott bin ich (F.) verflucht worden 98a:21, *lē (y)waḫ pīšē lbā(t)rā* wir sind nicht zurückgeblieben 1:antep., *qā mūdī pīšē (y)waḫ 'āwārā* warum sind wir zu Vagabunden geworden 1:paen., *pīšē (y)nā qeryē* sie wurden benannt (> sie heißen) 1:6, *pīšē (y)nā ktīḇē* sie wurden geschrieben 9:11, *pīšē (y)nā šḇīqē* sie wurden verlassen 44:9f. u.ä., pass. Pt. ohne Hilfsv. *sāmē pīšē* die gebliebenen Teile 10:5, vgl. 13:9, *nīšanqē pīšē* gebliebene Zeichen 12:20, *ḫa(d)čā pīšā* beinahe, fast (< wenig geblieben) 12:26, *piš dḇīqā* er wurde gefangen 14:11, *pīšā qenyā* wurde erworben 17:10, *pīšā bāṣōrā* 89:12 s. *bāṣōrā*, *pīšā 'āwārā* er wurde zum Vagabunden 97a:paen., *pīšā perʿyā* (es wurde) bezahlt, Al. Kond. *'en lā piš (h)wā le(h) da(h) 'eloḵ mārā k(h)āwetwā pīšā qeṭmā* hätte er sich dir gegenüber nicht wie ein Herr benommen, wärest du zu Asche geworden 87:18f.

puškīn Puschkin 92:antep.

pūšangā [*pü-*] (T.-P. *fašang*) F. Gewehrkugel 43:22bis, m. Suff. *-guk̲* 43:23.

pūšāqā (AS) M. Übersetzung, Interpretation, Kommentar, Bedeutung, Erklärung, Erläuterung 17:10, 57:antep., m. Suff. *wpūšāqe(h) īle(h)* u. es bedeutet 40:6, Pl. *-qē* 15:ult.

PUT Al. (Ar. *FUT*) vorbeigehen: Inf. (')*tē le(h) bepyātā* kam vorbeigehend 86:11.

futbol (Engl.) M. Fußball 46:23.

paḫā [*-xxa*] (AS) F. Schlinge, Fallstrick 97b:12.

paḫzūtā (AS) F. Lüsternheit, Geilheit, Unzucht 78:9,10.

PḪL I.–II. Konjug. vergeben, verzeihen: 1. Fut. *bet paḫlīlan* [*-līlån*] sie werden uns verzeihen 65:12, pass. Pt. *kad puḫlā* er hat vergeben 15:8, Prät. m. Suff. *puḫlê lī* [*-leli̥*] ich habe ihnen verziehen 80:10, Imper. *paḫlele(h)* [*-ə́lle*] *'āhā zôgā* verzeihe diesem Paar 80:4, *paḫel(h)on* [*ə́llu̥n*] verzeihe ihnen 80:7,9bis.

peḫmā (AS) ähnlich, gleich 94:13.

piḫartā (Wz. *PḪR* AS) F. Scherbe, Ton, Lehm, Pl. *-ryātē* Scherben, zerbrochene Töpferwaren 17:12.

pṭ 89 40:13.

paṭḫāšā (AS) M. Präfekt 35:13.

pa/āṭros [*buṭrus*] (AS) Peter 22:14, 36:2, 39:paen., 61:antep.

pāṭarya/ārkā [*pāṭəryarka*] (AS < πατριάχης) M. Patriarch 11:13, 14:22 u.o., Pl. *pāṭeryarkē* 1:15, *pāṭaryarkē* 14:paen., *-ārkē* 15:5.

pāṭaryarkūtā (Adv. v. vhg.) F. Patriarchat 15:11.

fīgārē (E.) Pl. Figuren, Ziffern 41:5, 6bis, 15.

pa/āydā [*på̆ydḁ̊*] (Ar.-P.-T. *fāyeda*) F. Nutzen, Profit, Vorteil: *mārē pa/āydā* nützlich 30:5, 33:8, 38:antep., *qā pāydā* zum Nutzen 44:7.

piyādā [*-d̥å*] (P.-T.) zu Fuß 93a:15.

pāyṭon [*på̆y-*] (< E. phaethon) M. leichter Wagen, Kutsche 24:3.

pāyṭōnčī (vhg. m. T. Nominalsuff. *čī*) M. Kutscher 24:6.

pyêsā (< Fr. pièce) M. Theaterstück, Pl. *-sē* 58:14.

pīlā (AS) M. Elephant 49:5.

pīlipos [*-pūs*] (AS) Philipp 32:18.

pīlāsōpā [*-sū-*] (AS < φιλόσοφος) M. Philosoph 67:6, 68:13.

pīlāsōpāyā [*sū-*] (AS) philosophisch, Pl. *-yē* 52:14.

fāyeq Familienname 58:17.

payriz [*pərīz*] (T. < P. *p/fīrūz*) Adj. siegreich, Subst. M. Riese 92:8,18.

pīrmān = *parmān* 17:19.

pā/aytaḫt (P.) F. Hauptstadt 12:18, 15:antep. u.ö.

pekīng [*-i-*] Peking 15:antep.

pekīr [*pə́kir*] (< Ar.-P.-T. *fekr*) F. Gedanke 33:18,20, *wbpekīr pīštā* (*yh*)*wā* *'bīdtā* u. sie wurde durchdacht, plangemäß gemacht 50:22, Pl. *-rē* 33:18.

paklōnīk (< Russ.) M. Oberst 23:6.

PKR (< Ar. *FKR*) II. Konjug.: denken, nachdenken, betrachten, starren, untersuchen; 1. Impf. *wpaker* (*h*)*wā lšupru(h)* u. er starrte ihre Schönheit an 81:1, 2. Pf. (*h*)*wēle(h) pakūrē* [*pākür̄e*] *lqômtu(h)* er dachte an ihre Gestalt 80:paen.

PLG̲ > *PL(G)* (> *PLY* q.v., AS) teilen, verteilen; I. Konjug.: pass. Pt. *plīgā* [*-l̥i-*] zerteilt 25:8; II. Konjug.: pass. Präs. *ki pā'eš* (*m*)*pul(g)yā* wird (ein)-geteilt 40:11, F. *ki pêšā* (*m*)*pul(g)ītā* [*pu̥llīṭå*] 40:8,19,20.

palgā (AS) M. Hälfte 31:6, 46:22, 47:ult., 62:8, 63:11, 66:21,22, Al. *bgô palgā* in der Mitte, inmitten 86:12, m. Suff. *palgay(hy)* eine Hälfte von ihnen 11:20, *palgu(hy) kāčalā* (*h*)*wā* war halb kahl 66:20.

palgū (St. abs. v. AS *palgūṭā*) F. Hälfte: *bḫdā palgū ḫzêtā* mit einem halben (> kurzen) Blick 80:antep.

pelūğa Ortsname 6:9,10,11.

pluṭark̲os Plutarch 74:22.

PLḪ (AS) arbeiten, wirken, bearbeiten, dienen, bebauen, leisten; I. Konjug.: 1. Präs. *pāleḫ* er wirkt 38:ult., *drābā zôdā pālḫen* daß ich viel mehr leiste 30:7, *dpālḫī* damit sie tätig sind 73:6, Prät. *gunḫā marīrā dplīḫle(h)* [*pləxle*] die bittere Katastrophe, die er verursacht hat 24:paen.f., *pleḫlon* sie wirkten 15:13, 17:5, Pf. m. Suff. *gunḫā 'a(n)t plīḫu(hy)* (*y*)*wet brēšo(h)* du hast sie zum Unglück verführt (Idiom) 84:6; III. Konjug.: 1. Präs. *dki mapleẖ lrābā makīnē* der viele Maschinen treibt 73:4, *mapleẖī* sie gebrauchen 30:4, 79:14, 1. Impf. (*ki*) *mapleẖī* (*h*)*wô* sie gebrauchten, verwendeten 3:17, 9:5, sie versklavten 71:8, Inf. *lmaplūẖē* zu gebrauchen 9:3, 68:23, 91b:ult.:' Prät. *mupleẖlī* ich habe verwendet 29:16, *mupleẖl*(*h*)*on* sie gebrauchen 55:20, 63:17, 3. Pf. *mupleẖē* (*y*)*nā* [*-ləxēna*] sie gebrauchten 2:18, ab. auch als pass. Präs. *mupleẖē* (*y*)*nā* sie werden gebraucht 41:6, *pā'eš mupleẖā* [*mupləxxa*] wird gebraucht 40:15, 43:18, pass. Fut. *bed pêšī mupleẖē* sie werden gebraucht werden 45:6, pass. Prät. *pīšle*(*h*) *mupleẖā* wurde gebraucht 55:17, ult., 62:16, F. *pīštā* (*y*)*lā*(*h*) *mupleẖtā* 44:13f., 14f., pass. Pf. *pīšē* (*h*)*wô mupleẖē* sie wurden gebraucht 9:23.

palāẖā (AS) M. Handwerker, Arbeiter, Pl. *-ẖē* 22:4, 38:13.

pelẖānā = *pulẖānā* : *pelẖānā* (*yh*)*wô qātê* sie dienten ihnen 14:paen., Gottesdienst 31:4, m. Suff. *lpelẖānu*(*hy*) sein Werk 26:12.

plā/*aẖtā* (n. act. v. *PLẖ*) F. Wirkung 38:ult., 98:1.

PLṬ (AS) ausgehen, zu Ende kommen, sich ergeben, erfolgen, werden, sich (er)-retten; I. Konjug.: 1. Präs. *dhīč* (')*nāšā lā pāleṭ* [*pảḷəṭ*] *lšūqā* damit niemand zum Markt hinausgeht 36:paen., *wpāleṭ* und wird ein Abiturient 38:5, *lē pālṭān ltar'ā* ich (F.) gehe nicht hinaus 99b:ult., *lā pālṭat*(*y*) du (F.) sollst nicht hinausgehen 99a:22, *ki pālṭaẖ gô dārtā* wir gehen in den Hof hinaus 46:22, *mn qā*(*d*)*m dpālṭaẖ lbadar mn tar'ā* bevor wir aus der Tür hinausgehen 6:20f., *wpālṭī* u. sie gehen hinaus 38:23, 1. Fut. *dṣpāyī bet pālṭā yan lā* ob es gut auskommt oder nicht 84:1, 1. Impf. (als Konjunktiv) *lē bā'yā* (*h*)*wā ẖabrā pāleṭ* (*h*)*wā* sie wollte nicht, daß es offenbar wird 83:10f., Inf. *plāṭā* [*pḷảṭả*] Ergebnis, Schlußfolgerung 2:10, 27:antep., 53:paen., *leplāṭā* sich zu erretten 8:19, 2. Präs. *beplāṭā* (*y*)*le*(*h*) kommt heraus 7:19, 65:7, *plī*/*eṭleh* [*pḷəṭle*] ging hinaus 20:23, 23:paen., 50:19, 66:6, *pleṭlon* haben verlassen 6:6, *plīṭ l*(*h*)*on* sind gezogen 24:1, sind ausgegangen 56:1, 3. Pf. *šimū*(*hy*) *plīṭā* ('*yh*)*wā* sein Ruf hat sich verbreitet 35:8, (*y*)*wān* ... *plīṭtā* ich (F.) bin herausgekommen, pass. Pt. *ktiḇyātē plīṭē* (*pulṭē*) *bmelātē nuḵrāyē* unter fremden Völkern verbreitete Schriften; II. Konjug.: 1. Präs. *mn qā*(*d*)*m d*(*m*)*pālṭaẖ* bevor wir herauskommen 6:20, 1. Impf. (als Konjunktiv) *bi'lon pālṭī* (*h*)*wô qā 'englisnāyē* sie wollten die Engländer vertreiben 5:20, '*īman mpālṭā* (*h*)*wā* [*pảḷṭåwå*] *zā*(*g*)*yē* als sie die Küken ausgebrütet hat 67:10, 2. Präs. m. Suff. *palūṭu*(*hy*) (*y*)*le*(*h*) *m'īdī* [*pảḷūṭule*] er reißt mir's aus der Hand 95:11, Prät. *pūleṭlē* [*pūləṭle*] er gab heraus, erteilte 27:18 = *pūleṭle*(*h*) 36:19, 66:8, 21, *pūlṭālā*(*h*) sie holte heraus 83:7, pass. Fut. *bet pêšī mpulṭē* [*pulṭe*] werden abgezogen 43:15, Prät. *pešlūn pulṭē* sie wurden vertrieben 6:10, pass. Pt. Pl. *pulṭē* herausgegeben, verbreitet, herausgeholt 4:2, 23.

pālṭānā [*pảl-*] (a. ag. v. *PLṬ*) M. Hinausgehender, Pl. *-nē* 98b:7.

pālāṭtā (n. act. v. *PLṬ* II. Konjug.) F. Gebrauch 3:paen.

plā/*aṭtā* (n. act. v. *PLṬ* I. Konjug.) F. Hinausgehen, Exodus, Herauskommen 23:24, 31:3, m. Suff. *plaṭtê* ihr (Pl.) Exodus 31:9.

PLY (< *PLG̲* q.v.) teilen, dividieren; II. Konjug.: 1. Präs. *palāḵ le*(*h*)[*pảllåxle*] wir dividieren sie (: die Zahl) 41:antep., pass. Pt. F. *pūlītā* [*pull-*] *lṭlā palāyātē* in drei Teile geteilt 30:18, pass. Pf. *pīštā* (*h*)*wā pūlītā* wurde zerteilt 55:4, *dpêšī* (*h*)*wô pulyē* [*pulliye*] die zerteilt wurden 28:8.

palêtā [*pảḷẹṭå*] (n. act. v. *PLY*) F. Teilung 41:24ff., Pl. *palāyātē* Teile, Gruppen 30:18.

PLḴ San. = *PLẖ*: 1. Präs. *dpālḵet* die du tust 39:12.

pelān [*pəlản*] (AS) N. N.: *dẖā*(*d*) *pelān* eines gewissen 27:15.

flanēyl (E.) M. Flanell 43:18.

plas (Engl.) plus 41:11.

pelsā [*pəlsa*] (AS *pu-*) M. Münze 73:14.

pālestīnē [*lə-*] (AS) Palästina 8:paen., 27:7, Nf. *-nī* 53:15.

PLŠ (AS) kämpfen: 1. Präs. *pāleš* [*pảḷəš*] er kämpft 44:16, 91b:24, *gārag palšen* ich muß kämpfen 92:19, *pālšī* sie kämpfen 6:6, 11, 1. Fut. *bet pālšaẖ* wir werden kämpfen 6:5, 1. Impf. *pālšī* (*h*)*wô* sie kämpften 27:24, Inf. *plāšā* [*plåša*] s.v., 2. Präs. *lē* (*y*)*nā plāšā* sie kämpfen nicht 4:5, 2. Impf. *plāšā* (*h*)*wô* [*plåšəwa*] sie kämpften 4:3 = *beplāšā* (*yh*)*wô* 79:6, *dī*(*h*)*wā beplāšā* der kämpfte 79:4f., Prät. *plešle*(*h*) er kämpfte 8:23.

plāšā (AS, Inf. v. *PLŠ*) M. Kampf, Krieg 3:ult., 4:3 u.o., Pl. *-šē* 4:2, 15:2 u.o., m. Suff. *plāšu*(*hy*) seine Kriege 9:14.

pālāšā [*pålåšå*] (n. ag. v. *PLŠ*) Kämpfer 5:13, Pl. *-šē* 3:ult., 5:13,23 u.ö.

pampewlīyā (AS) Pamphylien (Apg. 2:10) 28:17.

panā [*panna*] (P.-Sm. 3172) w. Vorn.: *ḫezwē dpanā dsāmāwāt* Panna's himmlische Visionen 98:3.

panǧārā (P.-K.-T.) F. Fenster 24:5, 75:paen., Pl. *-rē* 78:antep.

pand (P.) F. Trick, Täuschung, Pl. *-dē* 68:10, 78:18, 79:13.

pānūyē Inf. v. *PNY* II. Konjug. q.v.

panṭiqosṭē [*-qüsṭī*] (AS) F. Pfingsten 28:6.

PNY (Ar. *FNY*) verlorengehen, vergehen, ausgerottet, vernichtet werden; II. Konjug. zerstören, vernichten; I. Konjug.: Kond. *bet pānē* (*h*)*wā lā*(*h*) sie dürfte ausgerottet werden 27:17, pass. Pt. Pl. *penyē* ausgerottet 100b:7; II. Konjug.: *beqṭālā dpānūyē* zu töten, um auszurotten 15:3, pass. Pt. *punyā* vernichtet 14:12, pass. Prät. *pīšl*(*h*)*on* (/*pešlon*) (*m*)*punyē* sie wurden ausgerottet 22:6, 27:paen.

pānīgtan engl. Familienname 26:4.

pnêtā (n. act. v. *PNY* I. Konjug.) F. Vernichtung, Zerstörung, Massaker 14:6, 27:6,24.

pnītā (AS) F. Bezirk, Viertel, Ecke, Pl. in AS *'arbaʿpenyātā dʿālmā* 25:17 s. *'arbaʿ*.

pansīl (Engl.) M. Bleistift 48:3,4.

penqītā (AS < πίναξ) F. Brief, Band, Heft (als Titel einer ass. Zeitschr.) 57:8.

pesā [*pəsa*] (AS) F. Los (Syn. *peškā*) 45:11.

pāsoʿltā [*påṣoḷṭå*] (AS *psāʿtā*, vgl. NS Nf. *pāsōʿtā*) F. Schritt 31:13, 44:paen., Pl. *pāsulyātē* 23:12, 24:13, 98a:11.

pāsōʿtā = *pāsoʿltā* 88:21.

pāsīfik (Engl. Pacific) Pazifisch(e Inseln) 25:16.

psāsā (AS) M. Erlaubnis, *mārā dpsāsā* (vgl. Ar.-P. *ṣāḥib-e eǧāze*) Inspektor, Chef-Redakteur 61:11.

PSʿ (AS) schreiten, gehen, treten: Prät. *pseʿlī* [*puṣəlī*] *bzʿūrē pāsoʿlyātē* ich ging mit kleinen Schritten 98a:11, *kad nīḫā bnīḫā pseʿl*(*h*)*on* [*puṣəlūn*] *lāqā*(*d*)*mā* als sie langsam vorwärtsgingen 97a:9.

pāsōqā [*-ūqa*] (AS) M. Abschnitt, Absatz, Paragraph, Kapitel, Aufsatz 53:1, 54:1,2 u.ö., Pl. *-qē* 14:2, 29:22 u.ö.

pāsōqā'īt (AS) Adv. stückweise, in Einzeldarstellungen 8:1.

pāsīqtā (AS Entscheidung) F. Ereignis, Kapitel, Pl. *-qātē* 27:1, 49:16.

pa/āʿwā [*påwå*] (Met. v. AS *ʿawpā*, Nöldeke 670b., vgl. Mand. *aupa* 1 Drower-Macuch 10b) M. Ast, Zweig (auch metaph.) 11:19, 85:1,13, Pl. *paʿwē* 40:20, *pāʿwānē* 4:8, m. Suff. *bpāʿwānū*(*hy*) auf seinen Ästen 74:7.

pʿārtā [*pyārta*] (n. act. v. *PʿR*) F. Aufmachen, Ausbreitung: *bpʿārtā dzrāqā* am Anfang der Morgendämmerung 50:13.

pāṣoltā = *pāsoʿltā* : *dšqīlan ldāhā pāṣoltā* daß wir diesen Schritt getan haben 65:13.

PṢY (AS) retten: Inf. *lpaṣūyē* zu retten 7:9.

PṢḴ Al. (= *PṢḤ* AS) sich (er)freuen: Prät. *mā peṣḵūtā rabtā pṣeḵlī* [*pṣəxlī*] wie sehr habe ich mich gefreut! 37:antep.

peṣḵūtā [*pəṣ-*] Al. (= AS *psīḥūtā*) F. Freude 37:antep. (s. *PṢḴ*).

peṣlā [*pəṣla*] (Ar.-P. *faṣl*) M. Schnitt, Abschnitt, Form 9:4, 10:11, 44:23, 72:5, 85:2.

peqā (K. *baq*, P. *pak* selten) F. Frosch, Pl. *peqāqē* [*pəqqāqe*] 46:17.

PQD (AS) befehlen, vorschreiben, empfehlen, anweisen; meistens II. Konjug. (seltener I.): 1. Präs. *dmpāqed ṭāḇtā* der Gutes empfiehlt 68:24, 1. Pf. *hal dmāryā qam pāqed le*(*h*) bis ihm der Herr befohlen hat 31:12, 2. Präs. *pāqōdī* (*y*)*wet* [*pāqudīwət*] du befiehlst 88:22, *pūqedle*(*h*) [*-qədle*] er befahl 36:paen., 65:19f., *pūqdāle*(*h*) er hat ihr befohlen 76:5, Imper. Pl. *paqdon lgāwāyē* bitte, kommt herein (vgl. P. Idiom *befarmā'īd tū*) 23:19f.; pass. Prät. (I. Konjug.) *dpīšlā*(*h*) *dpqīdtā* [*pqətta*] was ihr befohlen wurde 76:10f.

pāqōdā (AS) M. Befehlshaber 23:3.

PQḪ (AS) blühen, erglühen, sprießen; I. Konjug.: Prät. *rangī pqīḫle*(*h*) [*pkəxle*] meine Farbe erglühte (vor Freude)

89b:21, 3. Pf. *pqīḫā* [*pkīxa!*] (*y*)*wet* du hast erglüht 93a:3; III. Konjug.: 2. Präs. *mapqūḫē* (*y*)*wān* [*-kūxəwan*] *lpeqḫē* ich (F.) mache Knospen blühen 47:10.

peqḫā [*pəkxa*] (AS) M. Blüte 26:20, Knospe 61:paen., 92:paen., Pl. *-ḫē* 11:3, 47:10 (s. *PQḪ*), paen., 74:ult., 81:antep.

pqaḫtā [*pk-!*] (n. act. v. *PQḪ*) F. Blüte 93a:1.

PQʿ (AS) bersten: Prät. *wpqēʿle*(*h*) [*pqi̥le*] u. er barst 68:9, *dpqeʿle*(*h*) das sproß 24:5.

peqāqē Pl. v. *peqā* q.v.

PRʾ Al. (= *PRʿ*) bezahlen, belohnen: 1. Präs. *ṭāḇtī dparʾettā* [*-ʾətta*] (< *dparʿet lā*[*h*]) *bbištā* daß du meine Güte mit Schlechtem belohnst 86:23.

parā [*parra*] (P.-T. *par*) M. Feder 6:7bis, Pl. *-rē* 6:8, m. Suff. *parū*(*hy*) seine Feder 47:15.

perʾōnā Al. (= *perʿōnā*, Wz. *PRʿ*) M. Bezahlung, Belohnung 87:antep.

prāʾyḇīt (Engl. private) M. Soldat 43:5.

pardā (P.-T.) M. Vorhang, im Theater: Akt 85:9, Pl. *-dē* Vorhänge 31:10.

perdā [*pə-*] (AS Korn) M. zerriebenes Getreide 46:9.

pārdon [*pa-*] (Fr.-Engl.) Verzeihung! 69:13.

pardaysā, *-dêsa* [*pərdēsa*] (AS < P.-Gr.) M. (wie AS, Maclean: F.) Paradies 6:22, 60:3, 74:23, 93b:20.

prōgīyā [*prū-*] (AS) Phrygien (Apg. 2:10) 26:17.

parwīz (P.) m. Vorn. 70:11.

pārōmā [*-rū-*] (n. ag. u. Adj. v. *PRM*) schneidend, scharf 71:23.

prūsīyā Preußen 42 (oft).

prōf. Abk. v. *prōfesor* 2:20.

prōfesor (E.) M. Professor 16:8, 57:17, 60:antep.

pārōqā [*-ū*] (AS) M. Retter, Heiland, Erlöser, m. Suff. *pārōqī* mein Heiland 49:14.

pārōšūtā (AS) F. Unterscheidung, Distinktion, Einsicht, Vernunft, m. Suff. *wbpārošūtī* u. nach meiner Unterscheidung(sfähigkeit) 68:22.

prezlā [*prə́zla*] (AS *parz-*) M. Eisen: Al. *ʾurḵā dprezlā* Eisenbahn 37:24.

PRḪ (AS) fliegen; I. Konjug.: 1. Fut. *ʾānā bet pārḫānā* ich werde wegfliegen 67:21, Prät. *wpreḫle*(*h*) [*-rə́-*] u. er flog 67:21; III. Konjug.: Prät. *mupreḫāl*(*h*)*on lmašḫedtā* sie verbreiteten die Verkündigung 25:22, *mupreḫle*(*h*) er flog 69:22.

pāraḫta (AS) F. Vogel (auch Koll.) 75:12.

PRY (AS) im Überfluß vorhanden sein, reichhaltig sein, wimmeln, wuchern; I. Konjug.: pass. Pt. St. emph. *peryā* [*pə/örya*] voll s.v.; III. Konjug.: Prät. *muprē* [*-ī*] *l*(*h*)*on* sie haben vermehrt 53:11, pass. Präs. *dqā pêšī muprīyā* damit sie sich verbreiten 65:10.

peryā [*pə/örya*] (pass. Pt. St. emph. v. *PRY*) voll, reichhaltig, viel 47:13, Pl. *-yē* 42:18, 55:6.

paryāʾd [*-yād*] (P.-T. *faryād*) F. Geschrei 66:10 (s. *dāʾd*).

frêdūn (P.) m. Vorn. 57:1.

prīdor spanischer Mannesname 65: paen.

PRṬ (AS) zerreißen; pass. Pt. Pl. *prīṭē* zerrissen 7:2.

peryūtā (Abstr. v. *PRY*) F. Fülle, Menge 55:paen., 81:14f.

pārīs Paris 34:22, 35:2.

prīšā (pass. Pt. v. *PRŠ*) verschieden, unterschiedlich, ausgewählt, abgesondert, getrennt, separat, selbständig 40:12, anders, fremd 49:11, 81:17, F. *prīštā* [*prəšta*] besondere 31:15, 18, 55:9, *ki pêšā* (*h*)*wā prīštā* (sie) wurde abgesondert 84:15, Pl. *-šē* 1:4, 15, ult., 2:10 u.o.

prīšāʾit (AS) Adv. gesondert, besonders 7:11, 25:19.

prīšūtā (AS) F. Unterschied, Differenz, m. Suff. San. *bprīšūtay* besonders 39:11.

prk. Abk. v. *praksīs* (q.v.) 32:13.

perkā [*pə́rka*] (AS *parkūḵā*) M. Krume, etwas kleines u. kurzes > Augenblick 88:21.

perkins Perkins, der erste amerikanische Missionar bei den Assyrern in Urmia 28:23, 30:10, paen., 33:2.

praksīs (AS < πράξεις) Apostelgeschichte 28:5.

parčā (P.-T. *pārče*) M. Kleiderstoff 72:5 (s. *gūdrā*).

pārālal (E.) parallel: *btrê serṭē pārālal* mit zwei parallelen Linien 41:12.

PRM (AS) schneiden, abschneiden, töten, umbringen: 1. Präs. *pārmī l*(*h*)*on yāl*(*d*)*ū*(*hy*) sie bringen seine Kinder um 97b:8, Inf. *leprāmā* umzubringen 17:21, pass. Pt. Pl. *prīmē* geschlachtet 13:2, abgeschnitten 13:8, eingegraben, ausgehöhlt 50:24, umgebracht 97b:18; III. Konjug.: (= *PRMY*): 1. Impf. (als Konjunktiv) *ḫpeṭle(h) dmaprem (h)wā* er bemühte sich, es begreiflich zu machen 81:2, s. folg.

PRMY (v. *PRM* schneiden > scheiden > unterscheiden?) verstehen, begreifen, kapieren; 1. Präs. *dparmē*[*-ī*] *lā(h) qrētā dmenyānē* der zu zählen weiß 41:7, *(m)parmī l(h)on* sie begreifen 68:paen., 1. Fut. *bet parmet* du wirst verstehen 41:12, *bet (m)parmī* sie verständigen sich 44:20, *bet (m)parmāḫ* wir werden verstehen 44:ult., 2. Präs. *'ānā parmūwē (y)wen* [*-mūwəwen*] ich verstehe 64:9, Prät. *(m)purmīle(h)* hat verstanden 18:antep., *purmēlon* [*-mīlun*] sie haben verstanden 49:antep., *purmēlā(h)* sie verstand 99a:18, 3. Pf. (als Kond.) *'en* ... *purmīyē* [*-miyye*] *(yh)wô* wenn sie verstanden hätten 50:3f., *gārāg hāwī (h)wô purmīyē* sie mußten verstanden haben 50:ult., Imper. 1: *(m)parmī* verstehe 68:paen., 75:6, Imper. 2: *(m)purmē'lī* erkläre mir, mach (es) mir verständlich 67:4.

pirāmīdā (< πυραμίδα) M. Pyramide, Pl. *-dē* 13:9.

parmyānā (n. ag. u. Adj. v. *PRMY*) einsichtsvoll, intelligent, vernünftig, Pl. *-nē* 7:18.

parmêtā (n. act. v. *PRMY*) F. Verstand, Einsicht, Verständnis 4:15, 54:24, m. Suff. *parmêtan* unser Verständnis 2:5.

pramyātē Pl. v. *pramtā* q.v.

parmān (P. *far-*) M. Befehl 16:1, 27:7, 18.

pārmānā [*par-*] (n. ag. u. Adj. v. *PRM*) schneidend, scharf 5:4.

pramtā (n. act. v. *PRM*) F. Schneiden, Chirurgie, Operation, Pl. *-myātē* 72:18.

paransā Frankreich 1:2 = *pransā* 1 36:2 = *fransā* 42:11.

pransā 2 m. Vorn. 84:4.

pransāyā französisch 37:3, Pl. *pransāyē* Franzosen 4:4,5, *ṭabībē prānsāyē* französische Ärzte 60:20.

pransīyel (E.) m. Vorn. 65:1, antep.

PRS (AS) ausbreiten, entfalten, verbreiten: 2. Präs. *beprāsā* verbreitet sich 91b:11, Prät. Al. *preslā(h)* [*prəsla*] sie hat sich verbreitet 37:15, pass. Präs. *pā'eš prīsā* wird verbreitet 16:2.

pāres (AS < P.) *Fārs*, Persia 5:5, 8:23, 33:18, antep.

presbiterêtā F. presbyterisch 38:2, 58:2.

pārsī (Nf. v. *pārsāyā* q.v.) persisch 88:2.

pārsāyā (AS) persisch 69:16, F. *parsêtā* 53:11, Pl. *pa/ārsāyē* die Perser 25:16, 27:5,8, 35:8, 79:10.

persat [*pə-*] = *pursat* 20:12,14, 26:1.

prā'ytā [*pr̥ēṭå*] (n. act. v. *PRʿ*) F. Zahlung = *qā p-* zu bezahlen 72:paen.

prastā (n. act. v. *PRS*) F. Verbreitung 1:10, 60:23, 61:12, 63:9.

PRʿ (AS) (be)zahlen, entrichten: 1. Präs. *dpārʿen* [*pår̥ən*] *wāǧebūtā* damit ich die Pflicht erfülle, 1. Fut. m. Suff. *'īman bet parʿan(h)on* [*pår̥ånnun*] *'anē kᵘlay(hy)* wann werde ich dies alles bezahlen! 72:20, Inf. *prāʿyā* s.v., pass. Pf. *pīšā perʿyā* [*pər̥yå*] wurde bezahlt.

prāʿyā [*pr̥åyå*] (Inf. v. *PRʿ*) M. Zahlung, Belohnung 13:14, 97b:19.

PRPL (vgl. H. *hiṯpallel*) bitten, beten, erbitten: 2. Präs. *parpūlē (y)wen* [*-ləwen*] *bīyāḵ(y)* ich bitte dich (F.) 82:7, 2. Impf. *kad* ... *w(m)parpūlē biyê(hy)* als sie sie ... baten 18:8f.

PRPS (< **PSPS* < AS *PSS*) zerschlagen, zerbrechen, zerstören, (zer)streuen, verschwenden, sich vermischen: Inf. *parpūsē* sich zu vermischen 74:14, pass. Pt. *purpesā* [*-pəsa*] zerstört, zunichte gemacht 27:13f., F. *lā purpestā* ungestört 27:4, pass. Prät. *pīš lā(h) purpestā* sie wurde zerstört 53:3, Imper. *lā pārpes lkêpuḵ* beunruhige dich nicht 89a:12.

PRPR (AS) sich drehen, wirbeln, rasen, sausen, schwingen: 1. Präs. *ḫōš parperā* [*-ərra*] laß sie (: die Fahne) schwingen 92:14, Prät. *wsaypē purperun* [*-ərr-*] u. Schwerter schwangen.

parṣōpā [*-ū-*] (AS < πρόσωπον) M. Gesicht, Person, Persönlichkeit 38:9, 58:9, 82:paen., m. *parṣōpī* mein Gesicht 89a:20, *parṣōpū(h)* ihr Gesicht 80:ult., Pl. *-pē* Personen, Persönlichkeiten 1:3,17, 45:15 u.ö.

parṣōpā'īt (AS) Adv. persönlich 20:20, 23:2,9.

parṣōpāyā (AS) Adm. persönlich 40:11, 16, F. *-pêtā* 24:22f.

perṣat [*pərsat*] = *pursat*, Pl. *-tē* 38:12, 15.

PRQ (AS) enden, beenden, abschließen, herabfallen, verlassen, sich retten; I. Konjug.: 1. Präs. (Nöldeke 215) *pāreq* endet 84:8, 1. Fut. *wbet pārqā* (')*nā* u. ich (F.) werde mich retten 67:21, *bet parqet le*(*h*) du wirst ihn retten, befreien 84:4, 1. Impf. *lē pāreq* (*h*)*wā l*(*h*)*on menū*(*hy*) wovon sie nichts befreien konnte 50:9, Prät. *preqle*(*h*) [*prəqlē*] hat abgeschlossen 20:22f., 76:3, 3. Pf. *'ānī prīqē* (*yh*)*wô mn 'ītūtā* sie hörten auf zu existieren 13:15; II. Konjug.: 1. Präs. *dmpārqā gānā*(*h*) um sich (F.) zu retten 68:10, Prät. *pūreql*(*h*)*on* [*-rəqlun*] sie haben gerettet 73:21, sie haben beendet 83:4.

praqṭīqāyā (< E.) praktisch, 29:3, 23, Pl. *-yē* gewöhnlich, üblich 59:19.

parqan AS Imper. Pa. v. *PRQ* m. Suff. d. 1. Sg.: rette mich 40:18.

prā/aqtā (n. act. v. *PRQ*, Nöldeke 331:ult. f.) F. Ende, Schluß, Abschluß, Vollendung 34:13, 43:14, 59:14, 63:14.

PRŠ (AS) trennen, scheiden, verteilen, zerteilen, unterscheiden, entscheiden, richten: 1. Präs. *mendī lē pāršen* [*-ən*] ich mache keinen Unterschied, pass. Pt. *prīšā* s.v., Prät. *prišlun* sie haben sich getrennt 3:10 = *prīš l*(*h*)*on* [*prəšlun*] sie haben sich getrennt 25:21.

praštā (n. act. v. *PRŠ*) F. Trennung, Unterscheidung, m. Suff. *qā praštay*(*hy*) zu ihrer Trennung (> damit sie getrennt werden) 13:4.

prā/at (AS) M. Euphrat 5:antep., 6:1, 11:19, 53:7.

partwāyā (AS) parthisch, Parther, F. *-wētā* 53:2, 20, Pl. *-yē* (Apg. 2:9) 28:15.

pertūtā (AS *pa-*) F. Fragment, Pl. *pertwātē* 60:1.

PŠṬ (AS) ausspannen, ausstrecken, verlängern, (eine lange Strecke) gehen, geben, aufbrechen, reisefertig sein, anfangen, beginnen, gerade stehen, herausbringen, produzieren; I. Konjug.: pass. Pt. *pšīṭā* s.v., Prät. *pšīṭ l*(*h*)*on* [*pšiṭlūn*] sie gingen 18:4, Al. *leqdālā pšeṭle*(*h*) [*pšəṭle*] (die Schlange) streckte ihren Nacken aus 87:20, Al. *pšīṭā le*(*h*) er streckte sie (: die Lanze) aus 86:14, er gab sie (: die Henne) 87:23; II. Konjug.: 2. Präs. *wpašūṭē* (*y*)*nā 'īdā* sie strecken die Hand aus 94:18, 3. Pf. *'īdū*(*hy*) *har pušṭō*(*h*) er streckte andauernd seine Hand aus; III. Konjug.: pass. Pf. *kad pīšā mupšeṭā* [*-šə-*] er wurde begleitet 23:paen.

pšīṭā (AS) Adj. einfach, leicht, gutmütig, unschuldig 26:18, 40:20f. bis, F. *pšīṭtā* [*-ṭta*] 54:23f., 67:antep., Pl. *pšīṭē* 17:22; Gram. *pšīṭā ʿābodā* Peʿal 40:20f., *pšīṭā ḥāšōšā* Etpeʿel 40:21.

pašīmā (Wz. *PŠM*) traurig, F. *pašīmtā* 67:13.

peška [*pə́-*] (wahrsch. v. AS *PŠḴ*, Brockelmann LS 612b) M. Los (Syn. *pesā*) 45:10, Pl. *-kē* 27:paen.

peškaš (P.-K.-T. *pīškaš*) F. Geschenk 11:5, 7, Pl. *-šē* 65:ult.

PŠM (v. P.-K. *pašīmān*) traurig sein, sich beunruhigen, sich kümmern: Kond. *bed pašmen* [*-ən*] (*h*)*wā* ich wäre beunruhigt 82:23, pass. Pt. *pšīmā* [*-i̥-*] traurig 66:11, 77:8.

pāšamtā (n. act. v. *PŠM*) F. Traurigkeit, Kummer 49:24, 50:8, 72:9, 79:15, 98:4, weniger gut *pāšemtā* 24:21.

PŠPŠ (AS) schmelzen: 1. Impf. *pašpeš* (*yh*)*wā* [*påšpəšwa*] schmolz 69:9.

PŠQ (AS) II. Konjug. übersetzen, interpretieren, untersuchen, erklären: 1. Präs. *wltāhārē kpašeq* [*kpāšəq*] u. er untersucht die Arten 71:21, 2. Präs. m. Suff. *pāšōqū*(*hy*) (*y*)*lē* [*pāšuqūle*] er übersetzt es (als Präs. hist.) 30:6f., Prät. *pušqālē* er hat es (: *ktābtī* mein Buch) übersetzt 30:1, *w*(*m*)*pūšeqlī* [*pūšə-*]*qātuḵ* u. ich habe dir erklärt 68:21, pass. Prät. *pīšlon pušqē* sie wurden übersetzt 15:paen. = *pīšl*(*h*)*on pušqē* 55:paen. f., pass. Pt. (*m*)*pušqā* übersetzt, F. St. abs. *pūšaqtā* 36:2, *-šeqtā* Pl. (*m*)*pušqē* 44:1.

pašqānā (n. ag. v. *PŠQ*) Übersetzer, Interpretator, Kommentator, Pl. *-nē* 17:8, *pā-* 29:antep.

pāšaqtā (n. act. v. *PŠQ*) F. Übersetzung 29:17, 33:9.

pa/ātā [*pāta*] (Nf. v. *pa/ā'tā* q.v.) Gesicht, Aussehen, Stirn, Oberfläche, Vorderseite 4:23, 6:ult., 42:17, 46:4 u.ö., m. Suff. *pātī* mein Gesicht 82:15, 24, 85:4, *pātuḵ* dein Gesicht 78:17, *pātū*(*hy*) sein Gesicht 64:5, 70:19, 20, 96:24, *pātu*(*h*) ihr (F.) Gesicht 88:6 = *pātā*(*h*) 72:19, *pātôḵon* euer Gesicht 48:9.

PTḪ (AS) aufmachen, öffnen, eröffnen: 1. Präs. *lā pāteḫ* (damit) er nicht öffnet 36:paen., *pātḫet* du öffnest 77:7, 79:9, 12, (damit) sie aufmachen 38:16, *patḫī* (damit) man aufmacht 65:20, 1. Fut. *bet pātḫet* du wirst öffnen 79:9, 2. Präs. m. Suff. *lē (y)wet beptāḫu(hy)* du machst es nicht auf 78:5, Prät. *pteḫle(h)* [*tixle*] er hat geöffnet, eröffnet 5:4 = *pteḫlē* 64:7, pass. Fut. *bet pāyeš ptīḫā* [*tīxa*] es wird geöffnet 76:14, 77:9, 79:17, *bet pêšī ptīḫē* [*tīxe*] sie werden geöffnet 89a:antep., pass. Impf. *pêšī (h)wô ptīḫē* möchten sie geöffnet werden 89a:16, pass. Prät. *pišle(h) ptīḫā* wurde geöffnet 76:14, 79:18f., *pīšl(h)on ptīḫē* wurden geöffnet 52:6, Imper. *ptōḫ* [*tūx*] öffne 62:12bis.

ptaḫtā (n. act. v. *PTḪ*) F. Öffnung, Eröffnung, Anfang: *ptaḫtā* [*(p)taxta*] *qa(d)-mêtā dnūrā* der erste Schuß 24:13f.

PTY (AS) III. Konjug. ausbreiten: 1. Fut. *wbet maptē ʾalāhā lyaft* Gott wird Japheth ausbreiten (vgl. Gen. 9:27) 30:12.

PTḴ Al. = *PTḪ*: Prät. *pteḵlay ʾaynā(h)* ihre Augen öffneten sich 37:22.

PTL (AS) drehen, verdrehen, krümmen, wenden, abwenden: I. Konjug.: 1. Präs. *pātlaḫ* [*patlax*] *lʿaynan* wenden wir unsere Augen ab 6:ult., 1. Fut. *bet pātlān* ... *bālī* ich werde meinen Geist ... zuwenden 98:5, 2. Präs. m. Suff. *beptālū(hy) (y)nā* [*bəptālūna*] *bālê* sie wenden sich (< ihren Geist) ab 96:25; III. Konjug.: 1. Präs. *ki maptelet le(h)* du wendest ihn 68:1.

pātānā (Ar. *fattān*) entzückend, faszinierend, F. *pātantā* 99:1.

Ṣ

ṣ Buchst. *ṣāde* 48:24, 49:5, Zahlenwert 90.

ṣḇāʾūt (f. *-ōt* AS = H) Zebaoth 31:24, 32:3.

ṣābōn [*-ūn*] (Ar.-P.-K.-T.) M. Seife 69:21ff.

ṣbōʿtā (Wz. *ṢBʿ* färben) F. Farbe 11:3.

ṣabīyā (Ar.-T. *ṣabīy*) M. Junges, Kind 8:7, 97b:ult., Pl. *-yē* 1:23.

ṣabīyūtā (Abstr. v. *sabīyā*) F. Kindheit 59:14.

ṣeḇyānā (AS) M. Wille, Wunsch, m. Suff. *-nū(hy)* sein Wille 94:16, (s. *nāmōsā*).

ṣebʿā [*ṣuppa*, vgl. Nöldeke 33] (AS) F. Finger 3:3, m. Suff. *ṣebʿe(h)* sein Finger 73:21, *ṣebʿū(h)* ihr Finger 99a:20, Pl. *ṣebʿātē* [*ṣuppāte*] 45:16, 62:19.

ṣābet (< Ar.-P. *ṯābet*) fest, bewiesen 43:9.

ṢBT (v. Ar.-T. *ṯābet*, vgl. *ṣābet*) III. Konjug. beweisen, zeigen: 2. pass. Präs. *dbepyāšā (y)lā(h) muṣbeṭṭā* [*muz-*] zu beweisen 65:4.

ṣābāʿē in *bar ṣ-* Name eines Patriarchen 16:18.

ṣg 93 40:16.

ṣd 94 40:18.

ṣadrā (Ar.-T.) M. Brust 82:16, paen., m. Suff. *ṣādrī* meine Brust 5:9, *ṣadrāḵ(y)* deine (F.) Brust 96:12, *ṣadrū(hy)* seine Brust 23:15, 19, 96:15, *ṣadrū(h)* (ihre (Sg.) Brust 96:20 = *ṣadrā(h)* 75:20, *ṣadran* unsere Brust 2:4, paen., *ṣadrê* ihre Brust 47:19.

ṣāhāb (Ar.-P.-T.) Herr, ein für die Okzidentalen nach dem Familiennamen gebrauchter Titel 28:23, 30:paen., 33:2.

ṣa(h)wā [*ṣāwa*] (AS *ṣahyā*) M. Durst, m. Suff. *lṣa(h)wê* ihren (Pl.) Durst 95:ult.

ṣi(h)yā [*ṣīya*] (pass. Pt. v. *ṢHY* dürsten, Nöldeke 57) durstig 100a:12, Pl. *-yē* 10:8.

ṣô (Aserb.-T.) Schreck, Furcht 50:ult.

ṣōb Al. (Ar.-T. *ṣaub* Seite) bei, zu, m. Suff. *ṣōbī* zu mir 37:antep.

ṣōbā 1 Ortsname (Nisibis) 60:3.

ṣōbā 2 = *sobīyā* : *bēyt sōbē* Gymnasien 56:1.

ṣobīyā (Wz. *ṢBY*) M. Student, Pl. *-yē* 1:13f.

ṢUD I (AS) jagen, fangen, fischen, gefangennehmen: 1. Fut. m. Suff. *bet ṣêdene(h)* [*-ənne*] ich werde ihn gefangennehmen 35:ult., Prät. *ṣīdā (y)le(h)* [*ṣīdəle*] *ṭayrā* hat einen Vogel gefangen 48:24.

ṢUD II = *ṢUT* III. Konjug.: 2. Präs. *ʿuqbrā maṣyūdē (y)le(h)* [*-ddəle*] die Maus paßt auf (> ist furchtsam) 48:23.

ṣôhbat, *ṣu-* [*ṣo-*] (Ar.-P.-T. *ṣoḥ-*) F. Konversation, Gespräch, Unterhaltung 23:23, 64:14, m. Suff. *wgāwē dṣuhbātay(hy)* u. innerhalb ihres Gesprächs 18:21, Pl. *-tē* 62:16.

ṣôlē Pl. (v. *ṣāwiltā*, vgl. K. *sōl*) Schuhe 49:5, m. Suff. *bṣôlê* [*pṣ-*] *šiḫtānē* mit ihren schmutzigen Schuhen 99b:17.

ṣômā (AS) M. Fasten 13:antep., 24:ult., 36:7; Eigenname (vgl. *Barṣaumā*, Baumstark 364a) 36:1.

ṣōnā (< Engl. swan) M. Schwan, Pl. *-nē* 47:13.

ṣāwānā [*ṣåwånå*] (Adj. v. *ṣō*) schrecklich, furchtbar, fürchterlich 10:7, 20, ult., 12:24, 66:8, *ṣa-* 97a:17, F. *ṣāwāntā* 7:7, 10:ult., 13:19, 21, 82:22.

SUR (AS) zeichnen, ein Zeichen machen: Imper. San. *ṣlībā ṣūr* [*ṣōr*] *ṣālmuḵ* mache ein Kreuzzeichen auf dein Gesicht 39:6, 9.

ṣūrat (Ar.-P.-K.-T.) F. Bild: *ṣūrat ʼarʿā* Landkarte 18:24, St. emph. *ṣūrtā* Form, Aussehen 71b:antep.

ṢUT (AS) hören, zuhören, gehorchen, aufpassen, aufmerksam sein; III. Konjug.: 1. Impf. *lē maṣyetā* (*h*)*wā* [*maṣyətāwa*] sie gehorchte nicht 99a:3, *wlā maṣyūtē* [*maṣ-*] und nicht zu gehorchen (: abhängig zu sein) 36:12, 2. Präs. *maṣyūtē* (*y*)*wan* [*-təwan*] ich (F.) höre zu 99a:ult., 2. Impf. *maṣyūtē* (*y*)*wen* (*h*)*wā* ich hörte 24:15, Prät. *muṣyetlā*(*h*) [*muṣyətla*] sie gehorchte 76:10, Imper.: Pl. *wmaṣyeton* [*-tton*] u. seid gehorsam 48:10, 12.

ṢḤṢY (vgl. Ar. *ṢḤḤ* richtig sein) untersuchen, prüfen, suchen, studieren, versuchen, kontrollieren: 1. Präs. *wbdeqat kṣaḫṣēlon* [*-īlun*] u. er untersucht sie mit Genauigkeit, Prät. *dṣuḫṣēlī* [*-ili*] die ich untersucht habe 33:4, *ṣuḫṣē l*(*h*)*on* [*-sīlun*] sie untersuchten 53:11, 3. Pf. *mn bā*(*t*)*r ṣuḫṣīyā* (*h*)*wā* [*-īyəwa*] nachdem er überprüft hat(te) 15:paen., *ṣuḫṣīyā* (*y*)*wen* ich habe studiert, untersuche 28:paen., 33:3, 5.

ṣaḫṣêtā (n. act. v. *ṢḤṢY*) F. Untersuchung, Überprüfung 29:6, Pl. *ṣaḫṣyātē* 1:4.

ṣaydā [*ṣēda*] (AS, Wz. *ṢUD*) M. Jagd, Beute 35:12, 78:19, 95:11, Wildbret 78:20.

ṣayādā [*-yy*] (AS, Wz. *ṢUD*) M. Jäger 42:24bis, 95:14bis, 21, 24, 96:7, St. abs. *ṣāyād* Vogelsteller 48:24.

ṣīṭā (Nf. v. *sīṭā* = AS) M. Spannweite 90:12 (s. *kūpā*).

ṣlū/ōṯā [*ṣlṳ-*] (AS *ṣlōṯā*) F. Gebet 13:paen., 15:17 u.ö., Pl. *ṣlāwātē* 57:16, San. *ṣlāwāse* [*ṣlåwåṣe*] (f. *-ṯē*) 39:1.

ṢLY (AS) herabsteigen, landen, sich beugen, II. Konjug.: beten, III. Konjug.: herunterbringen; I. Konjug.: 1. *dṣālē* [*tṣåli*] *mn šmayā* der vom Himmel herabkommt 24:11, *wṣālī* u. sie steigen herab 13:4, 2. Präs. *kmā dšemšā beṣlāyā* (*y*)*lā*(*h*) [*bəṣlåyəla*] sobald die Sonne untergeht 47:ult., 2. Impf. *beṣlāyā* (*h*)*wā* er ging (hinunter) 36:5, *dbeṣlāyā* (*yh*)*wô* die herunterkamen 24:14, Prät. *ṣlē le*(*h*) [*ṣlile*] er kam herunter 23:13 = *ṣlēle*(*h*) 76:12, *ṣlē lā*(*h*) es (: das Königreich = *malkūtā* F.) ist untergegangen 11:11, *ṣelyā* (*y*)*le*(*h*) er ist heruntergekommen 95:2, *wṣlē l*(*h*)*on* u. sie gingen hin 36:20, *dṣlē lh*(*on*) die herunterkamen 23:4, Imper. *ṣlī* geh hinunter 35:paen.; II. Konjug.: 1. Präs. (Konjunktiv) San. *tā* ... *mṣālē* damit er ... betet 39:18f., 2. Impf. *ṣlôta* (*ʼyh*)*wô salōyē* [*-lṳ-*] sie beteten ein Gebet 35:17, Imper. San. *mṣālī* bete 39:7; III. Konjug.: 1. Impf. (Konjunktiv) *maṣlē* (*h*)*wāle*(*h*) um es herunterzubringen 69:23, pass. Pt. F. *muṣlêtā* heruntergebracht 43:20, pass. Pf. *pīšā* (*yh*)*wā muṣlīyā* wurde herabgenommen 49:ult.

ṣlībā (AS) M. Kreuz 13:5, 39:9, u.ö., Pluszeichen 41:10, auch m. Vorn. (= *ṣlībō*) 97:2.

ṣlībō m. Vorn. 76ff.

ṣlībāyē Pl. (Adj. v. *ṣlībā*) die Kreuzfahrer 25:23.

ṣālīlā [*ṣålilå*] (AS *ṣl-*) klar, nüchtern 24:16f., Pl. *rēšānē ṣalīlē* kluge Köpfe 56:10.

ṣalmā (AS) M. Bild, Zeichen 94:ult., 100b:18, m. Suff. San. *ṣālmuḵ* dein Gesicht 39:6, 9 (s. *ṢUR*).

ṣanǧūy [*ṣå-*] (< T) F. Schmerz, Pl. *-yē* 38:21.

ṣanʿat [*ṣånnåt*] (Ar.-P.-K.-T.) F. Kunst, Handwerk 4:ult., 38:13, 40:4, 71:antep.

ṣapḥā (Ar.-P.-K.-T.) Seite, San. Pl. *-ḥē* [*ṣafḥē*]. 39:2

ṢPY (Ar. *ṢFY*) II. Konjug. reinigen, putzen, sauber machen, beseitigen, erledigen: Inf. *lmaṣpūyē* zu erledigen 20:21.

ṣpāy [-*å*-] (K.) indekl. Adj. u. Adv. gut, wohl 18:9, 63:9 u.ö. = *ṣpāyī* 7:10, 16:6, 18:antep. u.o. = *ṣpāyē* 29:12.

ṣepyā (Ar. *ṣafīy*) Adj. klar, rein, sauber 16:23, F. *ṣpītā* 12:22, 24:antep., 31:antep., 88:6.

ṣāpyā'īt (Adv. v. *ṣepyā*) klar, deutlich 50:8.

ṣpāyūtā (Abstr. v. *ṣpāy*) F. Güte 76:ult.

ṢPLP (auch *ŠPLP*) seufzen, bitten, flehen: Inf. u. 2. Präs. *wṣaplūpē kad bē'mārā* u. seufzend sagt sie 7:2f.

ṣāṣā [*ṣåṣå*] M. Wange 46:3.

ṣeṣā [*ṣəṣa*] (AS) M. Nagel, Keil, Pl. *ṣeṣē* 9:4, 52:19.

ṣeṣrā [*ṣə*-] (AS) M. Grille 46:10.

ṣer (onom.) Wiedergabe der Grillenstimme 46:10.

ṣrīḫā (pass. Pt. v. *ṢRḪ* sich entzünden) verrückt, töricht 97b:11, Pl. -*ḫē* 97b:9.

q

q Buchst. *qōp* 48:antep., 49:5, Zahlenwert 100.

qā Präp. für, zu (: *l*-) an, m. *d*- damit, um zu (Nöldeke 286, 292) nota dativi (Nöldeke 320, 322), Zeichen des indir. Objekts (ibid. 320), gelegentl. ab. auch dir. Objekts: *pālṭī (h)wô qā 'inglisnāyē* s. *PLṬ* II. Konjug.; m. Personalsuff. *qāt*- : *qātī* für mich, mir, *qātuḵ* für dich, dir usw.; *qā mūdī* warum, wofür, weshalb 1:ult., m. *d*- [*qat*] daß: *qā d'ātōrāyē* daß die Assyrer 4:15, *qā lmalḇūšē* 5:1 s. *LḆŠ*, *wqā but d*- u. wegen, infolge 13:1, *qā prāštê(hy) mn mašlmānē* um sich von den Muslimen zu unterscheiden 13:4, *qā kᵘle(h) d(h)ô laylē* während der ganzen Nacht 22:15, vgl. Z. 17, *dqā pēšī mupryē* damit sie sich vermehren 65:10, pleonast. Wiederholung in *qā dqā 'alāhā (y)lā(h)* daß sie für den Gott ist 84:19, *qā mō* [*qā-mū*] warum 100a:5 (vgl. 1:ult. ob.); als Akkusativpartikel 3:19 s. *'ḆR* Prät.

qabu (K) Ausruf des Sieges, Hurra! 14:6.

qḇūrā, Pl. -*rē* Grab s. *bēyt* 2.

qāborgā [*qābəry̆a*] (T.) F. Rippe, Pl. m. Suff. -*gī* meine Rippen 78:18.

qābīlāyūtā (Abstr. v. *qābīlā* Stamm, Ar.-T.) F. Stammgenossenschaft, Zerspaltung in Stämme 2:6, 57:21.

QBL I (AS Pa.) annehmen, aufnehmen, empfangen, bekommen, anerkennen, akzeptieren, glauben, leiden, dulden, erlauben, einverstanden sein, genehmigen; I. Konjug. (nur Al.): Prät. *lā qbelā(h)* [*laqbəlla*] sie war nicht bereit 37:23; II. Konjug.: 1. Präs. *lē bā'yāḫ qablāḫ* wir wollen nicht anerkennen 2:6, *ki māṣē qābel* kann annehmen (: anstellen) 38:15, 1. Fut. *bet qābel* wird bekommen 75:ult., 1. Impf. *ki qā̊blī (h)wô* sie haben bekommen 3:22, 70:10, Inf. *lqābō/ūlē* [-*ū*-] zu bekommen 54:22, zu empfangen 64:17, Prät. *d(m)qūbelan* [-*bəllan*] der uns zuteil geworden ist (den wir erlitten haben) 18:9f., *dqūbel(h)on tḇārā* die zerschlagen wurden 97:4, *qūbeltā (y)lā(h) pūnāyē* sie wurde weiter zerstört 12:paen., *qūbeltā (y)lā* wurde angenommen 33:18, 3. Pf. *qūblē (y)nā* sie haben angenommen 2:17bis, *qūblā (y)wen* ich habe bekommen 29:15,18, Plpf. (m. Suff.) *(h)ô dmqublū(hy) (yh)wā* den er bekommen hatte 18:22, *qūblā (yh)wā* er hat(te) bekommen 70:8, pass. Fut. *bet pāyeš qūblā* wird angenommen 77:10, pass. Prät. *pīšle(h) (m)qublā* er wurde empfangen 21:11f., F. *pīšlā(h) qūbeltā* 15:20 = *p-(m)q*- 72:7; AS Imper. San. *qābel* [*qābbel*] nimm an 39:4.

QḆL II (AS) sich beklagen, sich weigern, protestieren; I. Konjug.: 2. Präs. *beqḇālā (y)nā* [*bəqvāləna*] sie beklagen sich 43:11, Imper. *menī lā qḇul* [*laqvūl*] protestiere nicht gegen mich 93b:18.

qābaltā (n. act. v. *QBL*) I) F. Annahme 2:15f., Empfang 21:1, m. Suff. *qābaltay(hy)* ihre (Pl.) Annahme 63:20.

qḇāltā (n. act. v. *QḆL* II) F. Entgegnung, Protest 94:19,21.

QḆR (AS) begraben: pass. Pt. *qḇīrā* 100b:10.

qaḇrā [*qōra*] (AS) F. Grab 33:23, 34:9 u.o., m. Suff. *qaḇrū(hy)* sein Grab 98a:14, b:13,18, Pl. m. Suff. *qaḇrāwātay(hy)* ihre Gräber 25:15.

qḇārtā [*qvurta*] (n. act. v. *QḆR*) F. Begräbnis, Beerdigung 33:12, m. Suff. *qā qḇārte(h)* zu seinem Begräbnis 51:9.

qādīm (Ar.-P.-T.) alt, altertümlich, Al. *mqādīm* von alters her 86:21, weiteres Adj. dav. (für beide Genera u. Numeri) *qadīmī* 8:4, 12:20 u.o.

qadīmūt syāmā (AS) M./F. Präposition 40:9, Pl. *-mē* 40:18.

qadīšā (AS) heilig, San. *qā-* 39:5, F. *qadīštā* 7:18, 11:antep. u.o.

qadīšūtā [*-ūyta*] (AS) F. Heiligkeit (auch als Titel der Geistlichen), m. Suff. *qadīšūte(h)* Seine Heiligkeit 18:16, 20:25, *qadīšutôkon* Eure Heiligkeit 21:20.

qadīštū (Wz. *QDŠ*) F. Hierodule 95f.

qdālā (AS) M. Nacken, Hals, m. Suff. Al. *leqdāle(h)* seinen Nacken 87:20, *qdālay(hy)* ihr Hals 13:5 = *-lê* 47:19,21, Pl. *-lē* 69:11.

qdaltā (v. *qdālā*) F. Abhang, Bergpaß 20:2.

QDM (AS Pa.) San. opfern: 1. Präs. *wkemqadmen* u. ich opfere 39:12.

qa/ā(d)m [*qām*] vor, bevor 3:6, 4:24 u.o. (auch m. vorangesetztem pleonast. *m̥n* od. *m-*: *mqā(d)m* 88:12); Partikel des 1. Pf. (= *qam*); m. Suff. *qā(d)mê* vor ihnen 71:13, *menyānā dqā(d)mū(hy)* die vorhergehende Zahl 41:antep.

qa/ā(d)ma [*qāma*] (AS) M. Vorderteil, Adv. m. *l-*: *lqa(d)mā* vorwärts 65:4f., 92:15 = *lāqā(d)mā* 97a:9.

qa/ā(d)māyā [*qāmāya*] (AS) Adj. erster 1:1, 10:6 u.o., früherer, alt, einstig, 5:2, 12:22, F. *-mêtā* 22:9 u.o., auch als Adv. früher, einst 9:3, 13:14 u.ö., zuerst 25:21, 24 u.ö., *m̥n qā(d)mêtā* von alters her, von Anfang an 15:14, *bqāmêtā* zum ersten Mal 47:2 = *gāhā qā(d)mêtā* 65:7 = *qā g- q-* 73:16, Pl. *-yē* 9:21,25, 51:2 u.o.

qa/ā(d)māyūtā [*qāmayūta*] (AS) F. Vorrecht, Vorrang, Priorität: m. prokl. *l-* : *lq-* entgegen 18:8, gegenüber 23:12, m. Suff. *lqā(d)māyūte(h)* ihm entgegen 23:14, *lqā(t)māyūtī* (sic) mir entgegen 79:24, *lqā(d)māyūtay(hy)* 20:12 (s. *DḆQ*).

QDŠ (AS pa.) heiligen, einweihen, zelebrieren: Inf. *lqādōšē* [*-ū-*] einzuweihen 31:15.

qa(h)būtā [*qābüyta*] (Abstr. v. *qahba* < Ar.-P.-T. *qaḥ-*) F. Ehebruch, Hurerei 78:8,10.

qūbyā (< AS *qāḇīṯā*) M. Sumpf, Moor, Morast, Pl. *-yē* 7:19.

qublāy ḫā'n Qublaj Chan 36:8f.

qudmē (Wz. *QDM*) morgen 11:paen., 74:15. (Sonst m. einem Tempus d. Vergangenheit od. m. *dʿḇīre(h)* gestern).

qudšā (AS) M. Heiligkeit: *rūḥā dqudšā* der Heilige Geist 28:9, 32:22.

qudšānīs [*qoč-*] Dorf in Kurdistan, früherer Wohnsitz des nestorianischen Patriarchen 18:4,8.

qūḫā (AS Stiel) M. Haufen, Stoß, Pl. *qūḫē* 47:5 u. *qūḫānē* 10:17.

qūwat (Ar.-P.-K.-T.) F. Kraft, Stärke 30:7, 68:ult.

qoṭrānīs Ortsn. 19:23.

QWY (Ar., vgl. AS Pa. verbleiben) stark sein od. werden: Prät. *qwē lā(h)* [*qwīla*] sie ist stark geworden 16:3.

qūyā (Wz. *QWY*) Adj. u. Adv. stark, hart, heftig, energisch, schwer, als Adv. auch: viel, sehr 14:8,20, 29:ult., 66:paen., 69:5,11; F. *qwītā* 34:ult., 99b:9, Pl. *qūyē* 7:13,17, 9:6.

QWḪ (AS) II. u. III. Konjug.: schreien; II. Konjug.: 1. Präs. = Impf. *m̥ṣāyā (yh)wā qaweḫī* [*qawəxxī*] konnten sie ausschreien; III. Konjug.: Kond. *bet maqweḫī* [*-wəxxī*] *(h)wô* sie würden schreien 24:paen., 2. Impf. *qālā ... maqwūḫē (yh)wā* [*-xəwa*] die Stimme ... erhob sich 25:17, ohne Hilfsv. *maqwūḫē* schreiend 99b:6, Prät. *muqweḫlē* schrie aus 64:8 = *-le(h)* 66:antep.

qūḫā (AS Stiel) M. Haufen, Stoß 85:17, Pl. *qūḫē* 47:5 u. *qūḫānē* 10:17.

qawaḫtā (n. act. v. *QWḪ* II. Konjug.) F. Geschrei, Pl. *-ḫyātē* 94:24.

qôlā (Ar.-P.-T.) M. Versprechen 30:14, 50:6, Verabredung, Vertrag, Bund (Mal. 3:1) 31:23, 32:7,8,11 bis,13,15, *qōlā* 53:17, 60:9, 70:1, m. Suff. *lqōlū(hy)* sein Versprechen 82:ult.

qūlūg (< T.) F. Dienst, m. Suff. *lqūlūgī* zu meinem Dienst 35:ult.

qōlōnīyā (AS < κολωνία) F. Kolonie, Pl. *-yē* 2:12,14, 12:3 u.ö.

qullā (T.) M. Diener, Sklave 100a:22.

qūlāsā (AS) M. Eulogie, Pl. *-sē* 61:5.

qwaltā (phon., n. act. v. *QḆL* II) F. Klage, Beschwerde 89a:18, m. Suff. *qwāltī* meine Klage 7:4.

QUM (AS) I. Konjug.: stehen, aufstehen, sich erheben, entstehen, bleiben, verbleiben; III. Konjug.: aufstellen, erheben, festsetzen, errichten, gründen, anstellen, vorlegen, wachsen lassen, erziehen, ausüben; I. Konjug.: akt. Pt. u.

1. Präs. *dqā'em* [*qāyem*] gegenwärtig 7:14, 25:7, 61:15, *zabnā dqā'em* Gegenwart 45:10, 55:1, 62:17, Al. *qāyem qāṭel le(h)* stante pede necat eum 87:24, 1. Impf. (als Kond.) *'en dunyā lā qêmā (yh)wā darqūbl* hätte die Welt nicht widerstanden 10:13f., sogar m. St. emph. F. *qayemtā (h)wā* [*qəmtəwa*] erhob sich 13:22, *ki qêmī (h)wô qa(d)mê* sie standen vor ihnen 71:13, 1. Fut. *bet qêmet* du wirst aufstehen 90:3, Kond. *dbet qāyem (h)wā mn mītē* daß er auferstehen würde 50:7, Inf. u. 2. Präs. *meztū(hy) beqyāmā* sein Haar steht 91a:17, *beqyāmā lā(h)* [*bəqyāməla*] es entsteht (hist. Präs.) 13:22, *beq- (y)lā(h)* sie steht 90:8, pass. Pt. Al. *qīmā* stehend 87:8, Prät. *qemle(h) l'aqle(h)* [*qəmle laqle*] er stand auf 75:21f., *qīmlā(h)* [*qə/imla*] (sie) entstand 17:7, *qīml(h)on bwāğībūtā* sie erfüllten die Pflicht 25:11, 3. Pf. *dqīmā (yh)wā* [*qīməwa*] *mn mītē* der auferstanden ist 49:paen., *qīmtā (yh)wā* [*qimtəwa*] hat sich erhoben (F.), imper. *qū(m) tā* [*qū tā*] steh auf und komm 60:8, 71:1, F. *qū(mī)* 94:paen.; III. Konjug.: Inf. m. Suff. *lmaqūmū(hy)* es (: das Tabernakel) zu errichten 31:12, 2. Impf. *maqūmē (h)wā* [*maqūməwa*] hat aufgerichtet 13:8, *kad . . . maqūmā* [*māqūma*] da sie . . . gegründet haben 16:16f., pass. Pt. *muqemā*[*-qə/umma*] errichtet 30:ult., 31:7, 14, 3. Pf. *kad muqemtā* (sie) hat errichtet 14:2f., m. Suff. *muqemū(h) (h)wā* [*məqummōwa*] er hat sie erzogen 27:12, pass. Inf. *lepyāšā muqemā* [*muqumma*] 31:11, pass. Prät. *pešlē muqemā* wurde errichtet 27:ult., pass. Pf. *pīštā (h)wā muqemtā* wurde gegründet (F.) 12:4; AS Af. *maqemet* du sollst aufrichten 31:1.

QWM (verw. m. *QUM*) II. Konjug. möglich sein, geschehen, passieren, sich ereignen, begegnen: 1. Präs. *'en qāwemā* [*qawwəma*] *'elī d'āze(l)n* wenn ich gehen kann 64:antep., 1. Impf. *bqawem* (f. *mq-*) *(h)wā brēšū(h)* es ist ihr passiert 99a:5, Prät. *quwemlā(h)* [*quwwəmla*] es ist passiert 10:paen., 50:16 = *-lā* 27:5, *mūdī quwemle(h)* was ist passiert 51:6, *quwemlon* sind passiert 51:8 = *-l(h)on* 53:23, *'a(y)k dīle(h) quwemā* [*quwwəma*] wie es geschehen ist 91b:5, *mū (y)le(h) quwemā?* was ist passiert? 99b:7, *dquwemē (y)nā* die geschehen sind 75:13.

qumtā, qô- (AS) F. Statur, Gestalt, Form, Aussehen 18:20, 80:22, 100a:15, m. Suff. *qumtū(hy)* seine Form 35:6f., *qômtū(h)* ihr Aussehen 80:paen.

qāwemtā, qawa- (n. act. v. *QWM*) F. Geschehnis, Ereignis, Pl. *qāwemyātē* 25:7, 51:8, *qawamyātē* 52:5, 91b:15.

qunğītā (P. *konğ*) F. Ecke 99a:19.

qēwandēnos [*qīwandīnus*] (AS < κίνδυνος) F. Gefahr 8:10, 13:paen.

qondrāto Kondratov, ein russ. Offizier 23:6, 21.

qōnāḫleg (T) F. Einladung, Feier, Banquet 72:10, 11.

qunṣol [*-ṣul*] M. Konsul 20:18.

qupšīnā (AS) M. Wachtel 85:17.

QUR Al. (< Ar. *QRR*) behaupten, bestätigen: Prät. *qe're(h)* [*qərre*] er hat bestätigt 87:10 (s. *ham*).

qurbā (AS) indekl. nahe 14:19, 28:17, 48:antep., 86:6 u.o.

qurbāyūtā (Abstr. v. *qurbā*) F. Verwandtschaft, m. Suff. *-te(h)* seine Verwandtschaft 36:18.

qewrāg [*qə-*] (Aserb.-T.) indekl. schnell, eilend, sofort, gleich, unmittelbar (Adj. u. Adv.) 30:17, 49:antep.

qewrāgūtā [*-ūyta*] (Abstr. v. *qewrāg*) F. Geschwindigkeit, Eile 3:8, paen., 31:9, 43:7 = *qewrāḫūtā* 22:17.

qurdāyā (AS) M. Adj. kurdisch, Subst. Kurde 14:9, 88:2, Pl. *-yē* die Kurden 13f., 19ff.

qewrīnē [*qūrīnī*] (AS) Kyrene (Apg. 2:10) 28:17.

qorāyš (Ar.) Qoreiš, Stamm Mohammeds 54:20.

qurṣeltā [*qörṣulta*] (AS *-ṣlā*) F. Ellbogen, m. Suff. *-te(h)* sein Ellbogen 75:antep.

qōšu/on [*qōšən*] (T.-P.) F. Armee, Heer, Truppe 5f., 21:20 u.o. = *qôšon* 42:23, m. Suff. *qošūnū(hy)* seine Truppe 19:16, *qošonan* unsere Truppe 82:8, *qōšōnôkon* euer Heer 23:17, Pl. *-nē* [*qošúyne*] 5:3, 11, 65:18.

qušunāyā [*qöšənāya*] (Adj. v. *qōšu/on*) militärisch 3:18, F. *qošonêta* 26:8, Pl. *qošunāyē* Soldaten 5:23.

qāzā [*qåzå*] (T.-P.-K. *qāz*) F. Ente, Pl. *qāzē* 47:13, 19.

qazāḫā [*qå-*] (Russ.) Kosak, Pl. *-ḫē* 18:19.

qazānčā [*qåzånčå*] (Dim. v. K. *qāzan* < T. *qazġān*) F. Topf 48:17.

QḪQḪ (onom.) gackern: Inf. u. 2. Präs. *ktāyātē qaḫqūḫē* die Hennen gackern 46:16.

qaṭ Al. (Ar.) überhaupt, m. Neg. überhaupt nicht 86:22.

qāṭā [*qåṭå*] (AS *qaṭā*) M./F. Katze 46:3, 15 = *qāṭū/ō* 49:5, 75:20, 84:9.

qāṭīnā [*qå-*] (AS) M. adj. u. Subst. klein, ein Kleiner, Knabe 61:22, 91:1.

qṭīspon Ktesiphon 36:20.

QṬL (AS) töten: 1. Präs. *qāṭlān(y)* [*qåṭlån*] *gānī* ich (F.) töte mich 82:15, *qāṭlat(y) gānāḵ(y)* du (F.) sollst dich töten 82:4,7, *qātuḵ lā qāṭlī* damit sie dich nicht töten 85:23, Al. *qāṭel le(h)* er tötet ihn 87:24, 1. Pf. *qām qāṭel le(h)* er hat ihn getötet 68:11, 1. Fut. *bet qāṭel* er wird töten 69:6, Kond. *wbet qāṭel (h)wā lā(h)* u. er würde sie vernichten 67:11, 1. Impf. *dki qāṭlī (h)wô* [*qåṭliwå*] die sie getötet haben 9:paen., Inf. *leqṭālā* [*ləqṭålå*] zu töten 22:7, 82:14 = *beqṭālā* 15:3, 25:22, 82:11, *leqṭālī* nicht töten 79:7, 2. Präs. m. Suff. *beqṭālêle(h)* er tötet sie 95:10, pass. Pt. *qṭīlā* [*qṭilå*], Pl. *-lē* getötet 11:4, 13:7, Prät. *wqṭīle(h)* u. hat getötet 24:6, *'a(y)ḵ dqṭeluḵ* [*qṭəllux*] wie du getötet hast 79:7*t qṭelī* ich habe getötet 79:4, pass. Fut. *be' pêšet qṭīlā* du wirst getötet werden 35:20, pass. Impf. *pêšī (h)wô qṭīlē* sie wurden getötet 20:1, pass. Prät. *pīšle(h) qṭīlā* er wurde getötet 24:7, *pīšl(h)on qṭīlē* sie wurden getötet 24:8f. = *pīšlon q-* 27:antep., Imper. Pl. *qṭōlun* [*qṭulun*] *lan* tötet uns 18:9; III. Konjug.: 1. Fut. *bet māqṭelet lon* [*måqṭələtlun*] du wirst sie (Pl.) töten lassen 79:10f.

qeṭlā [*qəṭlå*] (AS) M. Mord 10:10, 17:1, 23:1, Pl. *-lē* 13:18.

qaṭlānā [*qåṭlånå*] (n. ag. v. *QṬL*) M. Mörder, Adj. mörderisch 21:8.

qeṭmā [*qə/åṭmå*] (AS) M. Asche 17:12, 87:19.

QṬʿ (AS) schneiden, abschneiden, zerschneiden, abbrechen, unterbrechen, berauben, aufhören: pass. Pt. F. *qṭʿīta* [*qṭiṭå*] zerbrochen 79:15, Pl. *qeṭʿyē* [*qəṭye*] abgeschnitten 100b:7, Imper. F. *qṭʿī* [*qṭi*] *qāluḵ* hör auf zu schreien 93b:23.

qeṭʿa [*qeṭṭå*] (AS) M. Bruchstück, Stück, Teil 43:18, 63:23.

qṭāʿytā [*qṭēṭå*] (n. act. v. *QṬʿ*) F. Abschnitt, Absatz, Stück, Kapitel 76:5, Pl. *qṭaʿyātē* [*qṭåyåte*] Beschlüsse 1:4.

QṬP (AS) pflücken, sammeln: pass. Pt. *qṭīpā* gesammelt, ausgelesen 37:1.

QṬQṬ (onom.) gackern: Inf. *qaṭqūṭē* gackernd 47:16.

qāyā (T) M. Fels 46:9, 50:24.

qêdamtā (Wz. *QDM*) F. Morgen, Morgendämmerung 22:16, 43:15, 50:14,18, morgen, am nächsten Tag 74:20.

qāyūmā (Ar. *qayyūm*) m. Vorn. 15:5; Vorsitzender, Präsident, Pl. *-mē* 1:17.

qayṭā [*qēṭa*] (AS) M. Sommer 46:9,10, 47:24, 93a:14.

qêčī (P.-K.) M. Schere: *qêčī dmazyadtā* Multiplikationszeichen 41:21.

qyāmūtā (Wz. *QUM*, vgl. AS) F. in *bar qyāmūtā* Bundesgenossenschaft 22:ult., 53:4.

qāyemtā [*qayəmta*] (AS) F. Säule, Monument, Denkmal 14:15, 15:ult., 16:9, 71:17, 23, 24, Pl. *qayemyātē* 52:20, *qāyemyātē* 91b:14, m. Suff. *qāyemyātay(hy)* ihre Denkmäler 25:14. (ab. *qāyemtā* 13:22 s. QUM 1. Impf.).

qyāmtā [*qyamta*] (AS) F. Auferstehung 51:11,12, 98:4, m. Suff. *-te(h)* seine Auferstehung 49:19,21, 50:11,22, *qyamtū(hy)* sein Stehen od. Aufstehen 90:7.

qīnā (vgl. *qīndārā* Ulme) grün 46:11.

qīnūtā [*-uyta*] (Abstr. v. *qīnā*) F. Grüne 81:24,antep.

qīntā [*qənta*] (AS) F. Gesang, Melodie, Ton, Punkt, Inhalt 54:23.

QYS (Ar.) II. Konjug.: messen, vergleichen, einschränken, beschränken: pass. Pt. F. St. emph. *(y)dāʿtan qūyestā (y)lā(h)* [*qūyəstəla*] *gō* unsere Kenntnis ist beschränkt auf 60:14.

qaysā [*qēsa*] (AS) M. Holz, Baum, Galgen u.ä. aus Holz gemachtes oder bestehendes 48:antep. bis.

qīqāč [*-ač*] (vgl. P. *kaǧ*, viell. v. redupliziertem *kaǧ-kaǧ*) schief, schräg: *serṭā qīqāč* x-Zeichen 41:20.

qīrat (Ar.-P.-T.) F. Eifer, Enthusiasmus, Begeisterung, Energie 4:paen. = *qerat* 3:antep. = *qayrat* 35:16.

qayrā [*qåyira*] (Wz. *QRR*, Nf. v. *qarīrā*) kalt, F. *qayrtā* [*qåṛṭå*] 89:6.

qkḫ 128 40:23.

qkḫ 129 40:23.

qālā (AS) M. Stimme, Laut, Ruf, Lärm, Geräusch, Ton 2:9, 5:11 u.o., m. Suff. *qālī* meine Stimme 66:6, 13, *qāluḵ* deine Stimme 66:9, 93b:22 (f. F.), F. *qālāḵ(y)* 89b:22, *qālū(hy)* seine Stimme 66:5, *qālū(h)* ihre (Sg.) Stimme 2:antep., *qālê* ihre (Pl.) Stimme 90:20, Pl. *qālē* 10:23, 46:14 u.ö.

QLB (Ar.) sich abwenden, umdrehen, verdrehen: 1. Präs. *dqālbet* [*dqalbət*] daß du dich abwendest 93b:paen., pass. Pt. *qlībā* s.v.

qalūṭa (AS) M. geizig, Subst. Geizhals 69:paen., Pl. *-ṭē* 69:ult.

qalūlā (AS) leicht, Al. schnell 86:14, 87:20, Pl. *qalūlē* 93a:17.

qālūlūtā [*qalülüyta*] (Abstr. v. *qalūlā*) F. Geschwindigkeit 13:23.

qālīb [*-ləb*] (Ar.-P.-T. *qāleb*) M. Form 29:22.

qlībā (pass. Pt. v. *QLB*) umgedreht, pervers: *qlībā tyaḇtū(hy) wqyamtū(hy)* perversen Benehmens, dessen Benehmen pervers ist.

qalīg m. Vorn. 36:11.

qalyōpā (AS) Kleophas (LK 24:18) 49:22.

qalīl [*qallīl*] (AS) klein, gering, beschränkt, ungenügend 68:19.

qalīlag (AS) Kalila 67:1.

qalīlūtā (AS) F. Al. Geschwindigkeit 37:24.

qlīmā (AS) < *κλίμα*) M. Klima, Zone, Gegend, Bezirk 37:9 (Al.).

qlīqā (pass. Pt. v. *QLQ*) böse, unruhig, Pl. *-qē* 100a:9.

qlêtā in *bēyt q-* 40:3, 44:2, 59:ult. s. *bēyt* 2.

qālāmā (Ar.-P.-T.) F. Feder 13:6, 48:3, 54:4, 94:4.

qālānūtā (Abstr. v. *qālāna*, vgl. AS *qālānāyā*, F. *-nêtā*) F. Stimmung, Harmonie, v.s. *ham-qālānūtā*.

qalʿā [*qållå*] (Ar.-P.-K.-T.) F. Schloß, Burg, Festung 35:18, Pl. *-ʿātē* 13:8, 42:19, 82:9, weniger gut *-ʿatē* [*qållåte*] 4:4.

qlāpsīs (AS *qlē-* < *ἔκλειψις*) F. Eklipse 4:17.

QLQ (AS) bösen Blick ausüben, (Ar.) unruhig sein; pass. Pt. *qlīqā* s.v.

QLQL (AS) erleichtern, weniger od. leichter werden, sich vermindern, sich beeilen, verachten; 2. Präs. *lē (y)le(h) qalqūlē* wird nicht erleichtert 98a:15.

qam (Nf. v. *qā(d)m* q.v., vgl. Nöldeke 4, 296f., 310, 313) (be)vor, Partikel zur Bildung des 1. Pf. v. akt. Pt.: *qam pāqed le(h)* [*-qədle*] hat ihm befohlen 31:12, *qam ḥāmē le(h)* hat ihn behalten 35:10, *qam yā(h)ḇel le(h)* hat ihm gegeben 35:12, *qam ʿābed le(h)* er machte ihn zu 35:13, *qam marʿeš le(h)* weckte ihn 35:19, *qam sêmī le(h)* man hat ihn geweiht 36:20, *wqām mā(š)čeḥle(h)* hat ihn gefunden 67:paen., *dqam bāret lī* da du mich geschaffen hast 88:25, *lā qam ḥāzet lī* hast du mich nicht gesehen 88:26, *'īman dqam ḥāzē lāḵ(y)* als er dich gesehen hat 96:10 u.ä.; als Präp. *qām mānī?* vor wem? 32:3, *mn qām (')zāltī* bevor ich gehe 33:10f., *mn qām 'ādīyā* vorher, früher 33:7, *qām ʿaynī* vor meinen Augen 67:17, m. Suff. *qāmī* vor mir 32:22, 32:3, *qāmūḵ* vor dir 39:11, *qāmū(hy)* vor ihm 41:17 = Al. *qāme(h)* 86:14, *lāqāman* vor uns hin 31:13; *qām* = *qā mū* warum 93b:5 (s. *TLQ*).

qāmāyā = *qā(d)māyā* 31:1, 4, 14ff., zuerst 32:3, 39:9, F. auch als Adv. *qāmêtā* 29:paen., ult., 41:24, 42:8f., weniger gut *qāmātā* früher, vorher 42:10.

qāmū [*-u*] (*qā* + *mū* Nöldeke 162) warum? 66:11, 70:21, erweitert *qāmūdī* 5:7, 66:21, 76:paen., 77:18, paen. u.ö., weniger gut *qāmōdī* 64:11.

qenā [*qənna*] (AS) F. Nest 46:10, 67:8, 85:13, Pl. *qenānē* 7:5.

qandar Familienname 57:3.

qnōmā (AS) M. Person, Individuum 23:2.

qānon (AS < *κανών*) M. Gesetz, Regel, Vorschrift 23:11, St. emph. *qānōnā* [*-nūna*] 94:16, Pl. *-nē* 1:11, 40:5 u.ö.

qānōnā'īt [*-nunāyīt*] (AS) Adv. gesetzlich, vorschriftgemäß, regelmäßig 44:15.

qānōnāyā [*-nunāya*] (AS) Adj. gesetzlich, vorschriftlich, ekkl. kanonisch, gramm. regelmäßig, F. *qānōnêtā* 40:5, 19, Pl. *-yē* 22:1.

qenṭrōn (AS < *κέντρον*) M. Zentrum, Mitte 43:24, 53:13, Pl. *-nē* 16:17, 17:ult., 53:10.

qenṭrōnāyā (Adj. v. *qenṭrōn*) zentral 21:paen., u.ö., F. *-netā* 63:6.

QNY (AS) erwerben, gewinnen, bekommen, erhalten, verdienen: akt. Pt. *qānē* Gewinner 46:6, 1. Präs. *qānaḫ(n)* (damit) wir gewinnen 25:9, *dqānī le(h) tursāye* ihre Lebensmittel zu verdienen 38:14, 1. Fut. *bed qānaḫ* wir werden gewinnen 3:2, *bet qānī bnay melatan* unsere Volksgenossen werden gewinnen 44:19, Prät. *qnē lan* [*qnīlan*] wir haben erzielt 26:9, *qnē luḵ* hast du erworben 43:antep., *qnēle(h)* er hat erworben 78:paen. bis, 3. Pf. *qenyā (y)wet* [*qə́nyəwət*] du hast erworben 78:3, Plpf. m. Suff. *dqenyū(h) (h)u·ô* das sie erworben hatten 71:6, pass. Pf. *dpīšā (y)hwā qenyā* die erworben wurde 6:antep., vgl. 17:10.

qnêtā (n. act. v. *QNY*) F. Erwerb, Gewinn, Profit 79:13.

qsḫ 168 90:3.

qasamtā (f. *qaṣ-*, n. act. v. *QṢM* II. Konjug. = AS pa.) F. Voraussage, Rätsel, Pl. *-myātē* 69:1, 90:1, m. Suff. *qesemyātī* meine Rätsel 69:3.

qēsar Caesar 4:18, 19.

qʿg 173 90:4.

qʿh 175 66:24.

qʿw 176 90:6.

qāpādōqīyā (AS) Kappadozien (Apg. 2:9) 28:16.

qapaz [*qā-*] (Ar.-P.-T. *qafas*, AS *qapsā*) F. Käfig 84:ult.

qpīlā pass. Pt. v. *QPL* q.v.

qpīsā pass. Pt. v. *QPS* q.v.

qpêtā (n. act. v. *QPY* sammeln) F. Sammlung 80:19.

QPL (Ar. *QFL*) schließen, verschließen: pass. Pt. *qpīlā* verschlossen 100b:19.

qēpālēʾōn [*qīpālīyūn*] (AS < *κεφάλαιον*) M. Kapitel 30:11, ult., 31:22, antep.

QPS (AS) verkürzen, kurz fassen, kondensieren: pass. Pt. Pl. *qpīsē* kurzgefaßt 68:20.

qāprā (AS < *κάπρος*) M. Wildschwein 42:ult.

qeṣā 1 [*qə̣ṣṣå*] (Ar.) M. Stirn, m. Suff. *qeṣū(hy)* seine Stirn 66:11 (s. *DʿT*), *qeṣū(h)* ihre Stirn 99b:paen.

qeṣā 2 [*qəṣṣa*] (Ar.-P.) F. Erzählung, Geschichte Al. 87:4.

qāṣed (Ar.) M. Bote, Vorbote 31:paen., 32:15, Pl. *-dē* 14:10, 31:ult.

qāṣōmā [*qåṣūmå*] (AS) M. Wahrsager, Adj.: bezaubernd, zauberhaft 61:9, 74:1, 21.

qṣṭ 199 90:7.

qaṣrā (AS-Ar.-P.) M. Palast, Schloß, m. Suff. *qaṣran* unser Schloß 82:4, 9, 10, 14, Pl. *-rē* 52:20.

qeṣat [*qə̣ṣṣåt*] (Ar.-K.) F. = *qeṣa* 2 27:5, 30:14, u.ö., Pl. *-tē* 49:24, 51:2, 3.

qārāʾdāʾg [*-dāγ*] 35:4 = *qardāg*.

QRḆ (AS) III. Konjug. darbringen, vorbringen: Prät. *muqreḇā* [*-ə-*] *lun* sie haben vorgebracht 94:21.

QRBN (Erweiterung v. *QRḆ*, AS Pa.) sich annähern, nahegekommen: 1. Präs. *dʾāze(l) qarben ʿalū(hy)* ihm nahezukommen (: daß er ihm nahe kommt 95:8, *dqarbenī* [*-ə́nnī*] *laḫdādē* damit sie einander näherkommen 1:15, 2. Präs. *qarbūnē (y)le(h)* er kommt nahe 95:7, 2. Impf. *qarbūnē (h)wā* ist nahegekommen 6:10f., Prät. *wqurbenī* [*-ə́nnī*] u. ich bin nahegekommen 24:2, *qurbentā (y)lā(h)* [*-bə́ntəla*] ist nahegekommen (F.) 32:2, *qurbenun* [*-bə́nnun*] sie sind nahegekommen 6:12 = *(m)qurbenon* 18:19 = *qurben(h)on* 73:12.

qraḇtānā [*qrot-*] (AS) M. Kämpfer, Soldat, Adj. kriegerisch, militärisch 25:10, 19, Pl. *-nē* 18:15, 20:17, 21:7 u.ö.

qraḇtānāyā (Adj. v. *qraḇtānā*) kriegerisch, Pl. *-yē* 22:13.

qargā (T.-K.) M. (Maclean: F.) Krähe 85:12, 17, 19, 22, ult., Pl. *-ḡē* 46:18.

qarğluy Eigenn. 83:2.

qardāg m. Vorn. 35:4ff.

qardūwā Cordoba 17:8.

qārōwā [*-ruwwa*] (Wz. *QRY*, Nöldeke 55:2) M. Hahn 47:15, 66:7, Pl. *-wē* 46:16.

qārāwolūtā [*-wụluyta*] (Abstr. v. *qārāwol* Hüter, T.-K.) F. Behutsamkeit 27:14.

qārāwolḫānā [*-wụlxāna*] (T.-P.-K.) F. Wachhaus 43:11.

qārāwāt (< *κράββατος*) F. Bettgestell 81:ult.

QRḪ (AS kahl w.) blaß sein vor Kälte u. vom Frieren (vgl. H. *qēraḥ* Eis): pass. Pt. *qrīḫā* blaß 7:1.

qrēṭē [*qrīṭī*] (AS) Kreta (Apg. 2:11) 28:18.

qerṭālā [*qərṭålå*] (AS < *κάρταλος*) F. (AS M.) Korb, Pl. *-lē* 71:6.

QRY (AS) lesen, rufen, einladen, schreien, krähen, singen, läuten, nennen, erwähnen, wecken, studieren, lernen, proklamieren: akt. Pt. u. 1. Präs. *yālā dqārē* [*qå-*] ein Kind, das lernt, *dqārē* daß er kräht, singt 66:7, F. *qāryā* singt 48:24, *dqāryā* zu rufen, (: damit sie ruft) 92:6, *ki qārennā(h)* [*qårónna*] *gānī* ich nenne mich 49:15, *ki qārī le(h)* sie lesen es 30:13, *dqārīle(h)* die es lesen 94:6, *ki qārāḵ le(h)* wir nennen es 41:20, antep., *ki qārāḵ l(h)on* wir nennen sie 41:22f., *qārīton* ihr leset 48:12, 1. Fut. *bet qāryā qā(r)nā* das Horn wird läuten 97b:6, *bet qāraẖle(h) 'āhā zaḇnā* wir werden diese Zeit nennen 52:paen., *bet qārīton* ihr werdet lesen 3:paen., 1. Impf. *wqārē (h)wā lkeslā(h)* u. rief ihr zu 67:10, Inf. *leqrāyā* zu lesen 49:7, 8, 2. Präs. *qārūwē beqrāyā* die Hähne krähen 46:16, *beqrāyu(hy) (y)le(h)* er nennt ihn 10:11, *beqrāyo(h) (y)waẖ gānan* wir nennen uns 1:1, *beqrāyā (y)wet* [*-yəwət*] du nennst 78:3, du kannst lesen 83:ult., 2. Impf. *'īman dbeqrāyā (h)wā* als er las 64:7, Prät. *qrē le(h)* [*qrīle*] er las 20:9, 21:4, rief 21:1, rief zu 67:22 = *qrēlē* las 64:7 = *qrīle(h)* stellte an 65:22, *qrēlā* sie rief 69:23 = *qrē lā(h)* sie schrie 72:20, *qeryāle(h)* er rief sie (: seine Frau) 76:5, *qeryā (y)lē* wird genannt 30:23, 33:23, 41:11, 19, *qrītā (y)lā* id. F. 34:4, 5, 3. Pf. *qeryū(hy) (y)wāḵ* wir haben es gelesen 30:3, *qeryē (y)ton* ihr habt gelesen 3:8, 4:8, pass. Pt. *qeryā*, F. *qrītā*, Pl. *qeryē* m. *PUŠ* genannt, gelesen werden (sehr oft).

qarīḇā (AS) Al. nahe zu 37:21.

qārībūtā [*-uyta*] (Abstr. v. *qārībāyā*) F. Fremde 89b:19.

qārībāyā (v. Ar.-P. *ġarīb*) Adj. fremd 84:8, Subst. M. Fremder, Fremdling 66:15, Pl. *-yē* befremdend, unglaublich 33:14.

qrīẖā pass. Pt. v. *QRH̱* q.v.

qāryānā (n. ag. v. *QRY*) M. Leser 54:6, 57:13, 59:5, 60:ult., 64:ult., = *qar* 45:18f., Pl. *-nē* 30:4, 36:ult. u.ö.

qeryānā [*qə-*] (Wz. *QRY*) M. Lektüre, Übung(sbuch), Fibel 46:1, 47:1.

qrêtā (n. act. v. *QRY*) F. Nennen 3:2, Lesen 37:1, 38:10, 41:7bis u.o.

qa/ā(r)nā [*qāna*] (AS *qarnā*) F. Horn 58:15, 97b:6.

QRQZ packen, einpacken: Prät. *qurqezlā(h)* [*-ózla*] sie packte ein 76:11.

qarqamtā (n. act. v. *QRQM* onom.) F. Donner, Pl. *-myātē* 47:8.

qarqeptā [*-óptā*] (AS *-ab/ptā*) F. Schädel, Gipfel 85:23, m. *-tan* unser Schädel, Kopf 2:4.

QRQR (AS, onom.) krächzen, quaken: 2. Präs. *qargē qarqūrē* die Krähen krächzen, Imper. *ẖa(d) lā qarqer 'a(n)t* 85:21 s. *ẖa(d)*.

qerr qerr (onom.) Wiedergabe der Krähenstimme 85:19, 22, ult.

qaršat die Buchstaben *q, r, š, t* 48:ult.

qartā (AS) F. Kälte, kaltes Wetter 17:paen., 22:15 u.ö.

qaš. Abk. v. *qašīšā* 40:3.

qāšā (AS) M. Priester 39:paen., 46:3.

QŠDR brav, tapfer sein: Prät. *dā'ḵī qušderuḵ* [*quždərrux*] wie konntest du es wagen 97a:12.

qašdārtā [*-žda-*] (n. act. v. *QŠDR*) F. Tapferkeit, Wagemut, schweres Unternehmen, Initiative, m. Suff. *-tī* meine Initiative 45:17.

QŠY (AS) hart sein: pass. Pt. *qešyā* hart, schwer, rauh 15:2, Pl. *-yē* 17:18.

qešyā'īt (AS *qa-*) Adv. hart, schwer 15:3.

qešyūtā (AS *qa-*) F. Härte, Drastigkeit 22:20.

qašīšā [*-ššī-*] (AS) M. Presbyter, Priester 56:16, 17, ult., 57:9 u.o., Pl. *-šē* 79:23.

qeštā [*-ə-*] (AS) F. Bogen: *qeštī-māran* (AS *qešteh dmāran*) Regenbogen 46:11.

qat (< *qā* + *d*) für 39:21, damit 35:9, 10; m. Suff. *qātī* mir, für mich 33:8 u.o., *qātūḵ* dir, für dich 34:15, 43:14f. u.o. (weniger gut *qātoḵ* 35:23), F. *qātāḵ(y)* 72:16, 82:antep., *qātū(hy)* ihm, für ihn 5:15 u.o. = *qāte(h)* 27:16 u.o., F. *qātū(h)* 67:24 u.ö. = *qāto(h)* 69:23 = *qātā(h)* 67:14, 18, *qātan* (für) uns 18:9, 68:5, *qātôḵon* [*-xun*] (für) euch 34:16 u.o., *qātê* ihnen, für sie 4:4 u.o. = *qāte(hy)* 36:17, 69:19 = *qātay(hy)* 63:ult.

qatā (AS) F. Griff, Henkel; Al. Stab, Stock 87:23, Pl. *qatātē* 87:3.

qātolīqā (AS < *καθολικός*) M. Katholikos 23:1, 25:4 u.ö.

qātōlīqêtā (AS < *καθολική*) F. katholisch (als Epithet der Kirche) 56:6.

qā(t)māyūtā s. *qa(d)mayūtā*.

R

r Buchst. *rēš* 48:antep., 49:5, Zahlenwert 200.

rē'zā [*rīza*] (K.) M. Ordnung 43:7, 44:antep., 48:paen. u.ö., Disposition 51:2, 3bis.

rā'zī [*rāzi*] (Ar.-T.-P. *rāḏī*) zufrieden, befriedigt, vergnügt, bereit, einverstanden 64:11, 73:8,13,17; allogr. Nf. *rāzī* s.v.

rē'zāya [*rəzz-*] (Ar. *riḍāya*, P. Ausspr. *rezāyat*) F. Zufriedenheit, Zustimmung, Einverständnis, Wille, Bereitschaft, m. Suff. *rē'zāyan* unsere Zustimmung 2:4.

rē'zānā'īt [*rīzānāyīt*] (Adv. v. *rē'zānāyā*) ordentlich, in Ordnung, ordnungsgemäß 21:20.

rē'zānāyā [*rī-*] (Adj. v. *rē'zā*) Adj. ordentlich, diszipliniert, F. *-nêtā* 23:17.

R'Y Al. = *RʿY* q.v.

rā'y [*rāy*] (Ar.-P.-T.) F. Meinung, Rat 67:5, *ki yā(h)ḇet rā'y* du gibst Rat 68:10, m. Suff. *lā rā'yê* ohne ihre (Pl.) Meinung 91b:21.

R'Š San. Al. = *RʿŠ* q.v.

rab (AS St. cs.) M. Herr, Befehlshaber (in der Armee): *rab ḥaylā* Oberst, General 20:antep., 23:21, *rab trēy ma''* Bicenturio, Zugführer 25:2, *rab taš'ītā* Verfasser der Geschichte, *rab 'āsāwātā* Oberarzt 72:antep., Pl. St. cs. *rabay* [*-bb-*] *ḥaylāwātē* Generale 1:21; St. abs. *yā rab* 5:7, 7:6 s. *yā*.

rabā [*rāba*] (AS, St. emph. v. *rab*) Adj. groß, F. *rabṯā* [*rapṯa*] 37:9, antep., 87:18, 100a:11.

rābā (Wz. *RBB*) indekl. sehr, viel 4:4, 8:12, 9:20, 13:5, 14:3 u.o., *rābā rābā bāṣōrā* sehr, sehr wenig 45:12.

rbāʿiyāt [*robāʿiyyāt*] (Ar.-P.) Pl. *robāʿiyyāt*, Vierzeiler 88:1.

rābī M./F. Lehrer, -in, Professor 29:2, 33:23 (Rabbiner), 38:ult., 46:paen. u.o., Pl. *rābīyē* 17:7, 56:1.

rābīyūtā (Abstr. v. *rābī*) F. Lehramt, Lehrberuf 38:antep., paen.

rḇīʿāyā (AS) ord. Zahlw.: der vierte 15:4, 54:13, 75:3.

raban [*-bb-*] (AS wörtl. unser Herr) M. Mönch, Abt 35:antep., 36:1, dav. St. emph. San. *rābānā* 39:paen. u. Pl. *-nē* 12:21, 36:ult.

rēgā [*rīga*] (P.? Nöldeke 402) M. Diener, Sklave 30:12, 46:7, Pl. *rē(y)gāwātē* [*rigawāte*] 19:ult.

RGD (< Ar. *RǦD*) zittern: Prät. *rgedle(h)* [*rgə-*] *pagrī* mein Körper zitterte 98b:23.

R(G)Š (AS) fühlen, empfinden, verstehen: 2. Präs. *hič lē (y)le(h) ber(g)āša* [*bərå̊šå̊*] ist überhaupt nicht berührt 7:14f., s. auch *RʿŠ*.

regšā [*rəγša*] (AS) M. Gefühl, Sinn, Intuition 81:18.

RǦY (Ar.) III. Konjug. bitten: Prät. Al. *ṭleble(h) wmurǧē le(h)* bat ihn (Hend.) 86:13.

rad (Ar. *radd*) in *rad (h)wī* verschwinde (vgl. P. *radd šow*).

rādōpā (AS) M. Verfolger, Adj. verfolgend 21:8.

rdūpyā (AS) M. Verfolgung, Pl. *-yē* 12:paen., 62:12.

RDY (Ar. *RḌY*) zufrieden sein, lieben: Prät. *rdēle(h)* [*rḏịḷẹ*] war zufrieden 35:10 = *rdē le(h)* gefiel ihm 66:5.

RDP (AS) verfolgen: pass. Pt. Pl. *rdīpē* verfolgt 13:7.

r(h)ō. Abk. v. *r(h)ōmāyē* (Epistel an die) Römer 32:ult.

r(h)ūmē (AS) Rom 4:19, 12:12 = *r(h)ōmē* 28:18.

r(h)ōmāyā [*rū-*] (AS) M. Adj. römisch, Subst. Römer, F. *r(h)ōmêtā* 53:11, Pl. *-yē* die Römer 4:18,20,21,22, 50:paen., 53:21, antep.

R(H)Y (AS, vgl. Ar. *R'Y*) sehen, schauen: 1. Präs. *krā(h)ē* [*kərā'ī*] *bīyê wki gāšeq* er sieht sich sie (Pl.) an (Hend.) 71:21.

r(h)ēṭrā (AS < *ῥήτωρ*) M. Rhetor, Redner 91a:20.

r(h)ība'īt (AS) schnell, rasch 45:7.

r(h)īn [*rēn*] Rhein 42:18.

rāhā/atūtā [*rāhåtuyta*] (Abstr. v. *rāhat* < Ar.-P.-K.-T.) F. Ruhe, Komfort 55:7, 75:ult., 76:13.

rūbēyl [*-bəl, -wīl*] (AS) Ruben, m. Vorn. 74:24bis, 100:2.

rāwōlā [*-wū-*] (Nf. v. *rā(g)ōlā* AS) M. (tiefes) Tal 30:9.

rwāzā (AS) M. Freude 68:16.

RWY (AS) betrunken sein, berauscht werden: 3. Pf. *rūyā (y)wet* [*rūyəwət*] du bist berauscht 88:5, *rwītā (y)wat(y)* [*rwītəwat*] id. F. 88:15.

RWḪ (AS) breit sein, sich ausbreiten, ausstrecken, ausruhen: 2. Präs. *berwāḫā (y)lā(h)* [*bərwāxəla*] *rūḫī* mein Geist ruht sich aus 96:4, pass. Pt. *rwīḫā* breit 26:11f., F. *rwīḫtā* 10:13, 45:12,17, 55:4, Prät. *(y)le(h) rwīḫā* hat sich verbreitet 92:ult.; III. Konjug.: pass. Präs. *pā'eš prīšā wmurweḫā* wird verbreitet (Hend.) 16:2, pass. Prät. *pīšle(h) murweḫā* [*-ə-*] wurde verbreitet 16:18.

rūḫā (AS) F. Geist 3:1, 16:16 u.o., *rūḫā dqudšā* der Heilige Geist 28:9, 32:22, m. Suff. *rūḫū(hy)* sein Geist, Pl. *rūḫātē* 97a:20.

rūḫānā'īt (AS) Adv. geistlich 14:21.

rūḫānayā (AS) geistig, geistlich 15:13, 25:12, F. *-nêtā* 24:23, Pl. *-yē* 29:4 u.ö.

ruḫqā Al. = *reḫqā* 37:18.

rūkaḇ (St. cs. v. *rūkāḇā* AS) M. Zusammensetzung 54:6 (s. *tūrāṣ*).

RUM (AS) I. Konjug.: hoch sein oder werden, sich emporheben, steigen; III. Konjug.: erhöhen, sich erheben; I. Konjug.: Prät. *drīmlī* [*rimli*] daß ich mich emporgehoben habe 24:11f., *remle(h)* [*rə́mle*] ist gestiegen 8:13, *reml(h)on* [*rə́mlūn*] stiegen, wurden erhoben 54:9, 97b:15; III. Konjug.: 1. Präs. *dmarmī lā(h)* damit sie sie (: die Nation = *'umtā*) auf eine höhere Stufe bringen 92:6, Imper. San. *lā marmet* [*-ət*] *'īdoḵ menī* nimm nicht deine Hand weg von mir 39:15, 2. Präs. *marūmē (y)nā* [*mårūmənå*] *rēšā* sie erheben den Kopf 94:17, 2. Impf. m. Suff. *mārūmē (h)wô* sie hoben sie hoch 11:5, Prät. *rēšī murmelī* [*-rəm-*] ich erhob meinen Kopf 85:1, *rēše(h) murmele(h)* er erhob seinen Kopf 85:4, *muremlā(h)* sie erhob 5:12, Al. *qatā murmā le(h)* er erhob seinen Stab 87:23, pass. Impf. *mn qā(d)m dpā'eš (h)wā murmā* bevor er erhoben wurde 70:4, pass. Pt. F. Pl. *murmātā* emporgehoben 7:2.

rômā (AS) M. Höhe, Himmelshöhe 94:18, Pl. *rômē* 47:8.

rumḫā (AS) F. Lanze 86:15, m. Suff. *rumḫū(hy)* seine Lanze 35:20 = *-ḫe(h)* 86:14.

rumyātē Pl. v. *rumtā* q.v.

rōmān [*rū-*] (E.) M. Roman 60:6, Pl. *-nē* 59:3.

rumrāmā (Wz. *RMRM* < *RUM*) M. Erhöhung 1:18, 62:7.

rumtā (Wz. *RUM*) F. Hochebene, Berg, Hügel 18:18, 35:19, 87:8, Pl. *rūmyātē* 5:paen., 6:2, 95:4.

rūsīyā Rußland 18:12,13 u.ö.

rūsnāyā russisch, Russe, F. *-nêtā* 56:7, 8, Pl. *-yē* 14:5, 30:14, 85:7.

rustam Rostam, Hauptheld der iranischen Heldensagen 20:7.

rupyā (Engl. < Ind.) M. Rupie, Rupje, Pl. *-yē* 43:13.

rūfšā [*rūšā*] (AS *raf-*) M. Schulter, m. Suff. *'al rufše(h)* auf seiner Schulter 85:ult.

rušmā'īt (Adv. v. *rušmā* Unterschrift) offiziell 2:1 u.ö.

rezā [*rə́zza*] (Ar., AS *rū-*) M. Reis 43:12, 46:8.

RZY (< Ar. *raḍiya*) Wz. v. folg.

rāzī = *rā'-* 84:3,7.

rēzāyā = *rē'-*, m. Suff. *-yuḵ* dein Wille 68:20, *-yu(h)* [*-yō*] ihr (Sg.) Wille 83:16.

rāzānāyā (Adj. v. *rāzā* AS < P.) geheim 21:23, Pl. allogr. *(')rāzānāyē* 96:14.

rāzīlūtā (Abstr. v. *razīl* < Ar. *raḏīl*) F. Gemeinheit, Niederträchtigkeit 18:9.

rāḫōṭā [*-ū*] (n. ag. v. *RḪṬ*) laufend, fließend, schnell, Pl. *-ṭē* 75:2, 96:1.

rāḫōmā [*-ūyma*] (AS) M. Freund, Pl. *-mē* 69:17,18.

RḪṬ (AS) laufen: 1. Fut.: *bet rāḫet* [*-xət*] er wird laufen 79:24, 2. Präs. *ki hāwaḫ berḫāṭā* wir laufen 46:23, *berḫāṭā (y)lā(h)* [*bərxāṭəla*] läuft (F.) 48:20, 2. Impf. *berḫāṭā (h)wā* lief 99a:6, *dberḫāṭā (h)wô* die zuliefen 10:19, Prät. *rḫeṭle(h)* ist gelaufen 69:6; III. Konjug.: pass. Pt. Pl. *murḫeṭē* [*morxəṭṭē*] vergangene, frühere 56:22.

RḪM (AS Pa.) sich erbarmen; II. Konjug.: Imper. San. *mrāḥem* [*-ə-*] *'elī* erbarme dich meiner 39:19, ab. auch AS Etpa. *etraḥam* [*-ḥḥ-*] *'alay* id. 39:3.

raḫmē (AS) M. Pl. Barmherzigkeit 13:8, 14 u.ö.

raḫmūtā (AS) F. Barmherzigkeit, Freundschaft 11:14.

RḪQ (AS) I. Konjug. weit sein oder gehen, sich entfernen: 2. Präs. *berḫāqā* sie entfernen sich 91b:13, 2. Impf. *wberḫāqā (h)wā* und entfernte (trans.), beseitigte 14:3, pass. Pt. Pl. *rḫīqē (h)wô mene(h)* 97b:3, F. Pl. (selten) *rḫīqātā*; III. Konjug.: *dmarḫeq* [-ə-] *menan* um von uns zu entfernen 100b:17.

reḫqā [rəxqa] (AS) Adv. weit, entfernt (m. *mn*) 11:23 u.ö.

reḫqāyūtā (Abstr. v. *reḫqā*) F. Entfernung 23:12, 30:22.

RḪŠ (AS kriechen) wandern, gehen, weggehen: Prät. *(r)ḫīšle(h)* [xəšle] er ging 66:4, 7 = *(r)ḫešle(h)* 82:8, *(r)ḫešlā(h)* sie ging 74:18, 93b:14, *(r)ḫešlī* ich ging 85:3, *(r)ḫešlon* sie gingen 3:10 = *ḫešlon* 64:18, pass. Pt. Pl. *(r)ḫīšē* sie gingen 93a:21, 3. Pf. *har 'a(y)k dīwen (r)ḫīšā* so oft ich gegangen bin 95:12, Imper. *(r)ḫoš* [xūš] gehe 85:22.

reḫšā [rəxša] (Wz. *RḪŠ*) Gehen 74:18, 99a:17.

(r)ḫaštā (n. act. v. *RḪŠ*) Gehen, m. Suff. *mqā(d)m (r)ḫaštu(hy)* [xaštu] bevor er ging 11:22.

rē(y)gāwātē Pl. v. *rēgā* q.v.

RYZ (den. v. *rē'zā*) III. Konjug. ordnen, in Ordnung bringen, arrangieren, organisieren, aufstellen, koordinieren, kompilieren, vorbereiten, verfassen, redigieren: Inf. *lmaryūzē* [-e] zu koordinieren 51:2, pass. Pt. *muryeza* [-yəzza] hoch entwickelt 14:19, vorbereitet 81:9, redigiert 92:2, F. *muryeztā* [-əsta] zusammengebracht, aufgestellt 5:ult., Prät. *muryezā (y)le(h)* hat vorgesehen 45:9, *muryezlon* [-əzlun] sie haben zusammengestellt 4:19, pass. Impf. *ki pêšā (h)wā muryeztā* wurde in Ordnung gebracht 19:8, pass. Pf. *pīšā (h)wā muryezā* wurde vorbereitet 19:3f., *pīšē (h)wô ǧum'yē wmuryezē* sie wurden gesammelt u. geordnet 9:20, vgl. 19:10.

rē(y)ḫā [rīxa] (AS) F. (Maclean: M.) Geruch 7:19, 92:paen., m. Suff. *rē(y)ḫe(h)* sein Geruch 100b:ult.

RKB (AS *RKB*) I. Konjug.: reiten; II. Konjug. (AS Pa.) zusammensetzen; I. Konjug.: pass. Pt. *kad rkībā* (als) er ritt 70:17, Pl. *rkībē* (die) ritten 98b:paen.; II. Konjug.: pass. Pt. AS *mrakbā* s.v., NS *mrukbā* zusammengesetzt, bestehend 56:10, Prät. m. Suff. *murkebê l(h)on ltūpē* sie haben Kanonen nebeneinandergestellt 22:18.

rkb 222 40:ult.

rakābā (n. qa. v. *RKB*) M. Reiter, reitend 24:2, 86:15, 19, *mrakābā* von dem Reiter 86:13, Pl. *-bē* 18:19, 23:23 u.ö.

rakābūtā (Abstr. v. *rakābā*) F. Reiten 35:11.

rakīkā (AS) weich, mild, fein, sanft, zart, F. *-ktā* 2:22, 99a:14, Pl. *-kē* 47:19.

rakīkūtā (Abstr. v. *rakīkā*) F. Zärtlichkeit, Sänfte 68:19.

RKŠ Al. = *RḪŠ*: Inf. (f. 2. Impf.) *berkāšā* sie ging 37:24, Prät. *(r)kešlā(h)* [xəšla] sie ging 37:20, *(r)kešle(h)* entstand 86:15.

rl 230 90:8.

rld 234 90:9.

rālenson Rawlinson, Entzifferer der Keilschrift 34:5.

rāmā (AS, Wz. *RUM*) hoch 5:11, 14:ult. u.ö., F. *rāmtā* [ramta] 35:7, Pl. *rāmē* 3:13, 14:5 u.ö.

rāmō [rammō] w. Vorn. 99.

rāmūtā (AS, Abstr. v. *rāmā*) F. Höhe 67:9.

RMZ (AS) (zu)winken, Zeichen geben, andeuten, anspielen, hinweisen: 2. Präs. *bermāzā (y)waḫ ḫakmā ḫabrē* wir geben einige Hinweise 38:6, Prät. *mn qām 'ādīyā rmezlī* ich habe schon früher angedeutet 33:7.

remzā (AS) M. Hinweis, Andeutung, Pl. *-zē* 96:14.

rmāztā [-sta] (n. act. v. *RMZ*) F. Andeutung, Anmerkung 6:18, 30:21, 70:paen.

ramšā (AS) M. Abend 22:12, 18, 47:23, 74:7, 83:17, Vorabend 50:1, 5.

rāmīnā = *rāmō* 99:1.

rang (P.-K.-T.) M. Farbe 44:4, m. Suff. *-gī* meine Farbe 89b:22, *rangak(y)* deine (F.) Farbe 67:14, *rangū(h)* ihre (Sg.) Farbe 7:1, = *-gō(h)* 92:13, Pl. *-gē* 46:11, m. Suff. *-gê* ihre Farben 47:paen.

rs 260 90:10.

reswīnā spanischer w. Vorn. 65:16, 19, 21.

rāssū bab. Eigenn. 84:21.

ra'dā [rådå] (AS) zart 46:11.

R'Y (AS) weiden: 2. Präs. *ber'āya (y)le(h)* [*bərrắyəle*] *gelā* er weidet auf Gras 96:2, Al. *ber'āyā* weidend 87:6.

rā'yā [*rắya*] (AS) M. Hirt 49:5.

re'yānā (AS) M. Sinn, Intellekt, Gewissen, Meinung, Gedanke, Urteil 68:18, m. Suff. *-nī* meine Ansicht 68:22, *-nuḵ* deine Ansicht 68:18, *-nan* unser Gewissen 2:6, Pl. m. Suff. *-nū(hy)* seine Gefühle 81:3.

ra'yat [*rāy-*] (Ar.-P.-K.-T.) M./F. Unterworfener, Überlassener, Untertan, Pl. *-tē* 17:22.

R'Š (Nf. v. *R[G]Š* = AS *RGŠ*) wach werden, erwachen, begreifen, merken, verstehen: 1. Präs. San. *kud rāšet mn šentuḵ* wenn du von deinem Schlaf erwachst 39:10 = *wāḵtā rē'šet mn šentuḵ* 39:9, Prät. *r'išlī* [*riš-*] ich merkte 24:12, *r'ešle(h)* [*rəš-*] erwachte 35:21, 66:paen., f., 80:antep. = Al. *r'ešle(h)* hat sich empört 86:17, *r'ešlan* wir erwachten 65:9, *r'ešlon* sie erwachten 89b:25, Imper. *r'ōš* [*rūš*] erwache 59:10bis, III. Konjug.: 1. Pf. *qam mar'eš le(h)* [*mårəšle*] stürmte ihn 35:19, Inf. *lmar'ūšē* [*lmắrūše*] zu wecken 25:8.

r'aštā [*råštå*] (n. act. v. *R'Š* I. Konjug.) F. Erwachen 60:13, m. Suff. *wr'ašte(h)* u. sein (: des Frühlings) Erwachen 81:antep., Pl. *r'ašyātē* [*råšyắte*] 56:20 (f. *mar-*).

rap (Ar. *raff*) M. Rand, äußere Form, Pl. *-pē* 9:20.

RPY (AS) II. Konjug.: werfen, schmeißen, weglassen, verwerfen, wegschmeißen, schießen, aufgeben, verzichten; III. Konjug.: Kaus. (v. I. Konjug.) lösen, frei machen, auflockern, mildern; II. Konjug.: 1. Präs. *hič lē mrāpyān l(h)on zā(g)yē qātoḵ* ich werfe (F.) dir überhaupt keine Küken zu 67:20, (m. Suff.) *ki mrāpyān(h)on zā(g)yī qāte(h)* ich (F.) werfe ihm meine Küken zu 67:17, *dmrāpyā l(h)on zā(g)yū(h) qāte(h)* daß sie ihm ihre Küken zuwirft 67:23, 1. Impf. *mrāpyā (h)wā l(h)on* sie warf sie hinunter 67:12, 2. Impf. *mn ṭūrā rapūyū(hy) (h)wā* man warf es vom Berg hinunter 69:7, Prät. *rupēle(h)* [*-pīle*] er hat geworfen 27:paen., *rūpē lā(h)* sie warf 8:9, *(m)rupyā le(h) gānu(hy)* er warf sich, ist gesprungen 24:7; III. Konjug.: 2. Kond. *bet hāwen ... murpīyū(h)* ich hätte ... (sie) zerbrochen 78:23, Prät. *umrpīyā lā(h) tasmū(h)* sie machte ihren Gürtel auf 96:16, Imper. *marpī ltasmā dḥaṣāḵ(y)* mach den Gürtel deiner Lenden auf 96:9.

repyūtā [*rə-*] (AS *rā-*) F. Weichheit, Schwäche, Schlaffheit, Weichlichkeit, Unordnung 43:7.

rapsā (AS) M. Stoß, Pl. *-se* 87:3.

raftārūtā (Abstr. v. *raftār* P.-T.) F. Benehmen 55:7f.

RṢY = *RZY*: Prät. *lā rṣē'le(h)* war unzufrieden 87:20, *rṣē'lay* sie waren zufrieden 86:antep.

RQD (AS) tanzen: 1. Präs. *wki rāqed* u. er tanzt 46:8.

rqī'ā (AS) F. Firmament 16:19.

rāqīyūtā (f. *-ī'ūtā* AS) F. Härte 2:4.

rēšā [*riša*] (AS) M. Kopf, Haupt (konkret u. met.) 13:20, 14:14 u.o., Herrscher 8:20, *rēšā dše(n)tā* Anfang des Jahres (vgl. H. *rō'š haššānā*) 11:2, *rēšā dṭūrā* Gipfel des Berges 18:6, *rēšā dṣômā* Anfang des Fastens 36:7, *rēšā d'īlānā* Gipfel des Baumes 47:antep.; St. abstr. u. cs. *rēš* (ähnl. dem P. *sar*) in zahlreichen idiomat. Redewendungen: *brēš 'ātōrāyē* auf die Assyrer 10:6f., *brēš ḥa(d) 'īlānā* auf dem Gipfel eines Baumes auf einem Baum 67:8, vgl. 69:22 (auf einem Baum), *rēš še(n)tā* Neujahr (vgl. ob.) 81:11,16, *rēš rumtā* auf einem Hügel 87:8, *me(n)drē(š)* wieder s.v.; m. Suff.: Sg. 1. *rēšī* 7:5 u.ö., 2. M. *rēšuḵ* 68:8, 93b:17, F. *rēšāḵ(y)*, 3. M. *rēšū(hy)* 66:20, 83:20 = *rēše(h)* 68:8,9 u.ö., vgl. San. *rēšē* (f. *-še[h]*) *dmālāḵē* Erzengel 39:21, F. *rēšū(h)* 7:1 = *rēšō(h)* 84:5,7 = *rēšā(h)* 72:6, Pl. 1. *rēšan* 7:antep., 2. *rēšôḵon* 48:9, 68:6, 3. *rēšê* 85:2; Pl. meistens *rēšānē* (nb. *rēšē* u. *rēšātē*) Häuptlinge 19:7, 20:9, 21:2.,3, antep., 25:paen., 36:17, m. Suff. *rēšānê(hy)* ihre Köpfe 13:8; Idiom: *bqawem (h)wā brēšu(h) ḥa(d) gedšā* es ist ihr ein Unfall passiert (geschehen) 99:5.

rēšāyā [*ri-*] (AS) der erste, beste, höchste, feinste, F. *rēšêtā* 2:3, 42:22,23, 45:17, Pl. *-yē* 51:3,8, 65:24.

rašīd (K.-Ar.) m. Vorn. 19:12, 20:6.

RŠM (AS) ein Zeichen machen, notieren, beschrieben: Inf. *leršāmā* zu beschreiben 13:6, 2. Präs. *beršāmā (y)le(h)* er gibt an 20:16, 2. Impf. *(h)wā beršāmê* er notierte sie (: seine Gedanken) 81:3, pass. Pt. *ršīmā hādkā* lautend folgendermaßen 20:paen., F. *ršīmtā* geschildert 14:2.

rēšānā (AS) M. Häuptling, Vorsitzender, Chef, Leiter, Vorstand, F. *-ntā* 37:7.

rēšānē Pl. v. *rēšā* q.v.

rēšānūtā [*rī-*] (AS) F. Führerschaft, Verwaltung, Statthalterschaft 19:7.

rēšqālāmā [*rəšqa-*] M. Feder (am Federhalter, vgl. P. *sar-qalam*) 48:4.

rat (< Ar.-P. *radd*) vorbei, zu Ende: *rat* (*h*)*wēle*(*h*) wurde (ging) zu Ende 89b:24.

rāšet 39:10 s. *R'Š*.

RTM (AS) aussprechen: pass. Präs. *ki pêšā rtemtā* [*-ə-*] wird ausgesprochen (F.) 2:antep., pass. Impf. *ki pêšā* (*h*)*wā rtemtā* wurde ausgesprochen (F.) 2:22.

RTRT (AS *RTT*) zittern: Prät. *rutretlē* [*-rətle*] er zitterte 64:7.

Š

š Buchst. *šīn* 48:paen., 49:5, Zahlenwert 300.

šē'dā [*šida*] (AS) M. Dämon 46:5.

šē'dānā [*ši-*] (AS) besessen, verrückt, wahnsinnig 69:5, 80:15, 17, F. *-ntā* [*ši-*] 99b:11, Pl. *-nē* 1:23.

žā'n [*žān*] (Fr. Jean) Johann 61:16.

šḇāḇā [*švāva*] (AS) M. Nachbar, m. Suff. *lšḇāḇōḵ* [*-ūx*] deinen Nachbarn, Nächsten 16:23, Pl. m. Suff. *šḇāḇān* unsere Nachbarn 2:1, 3:3, *šḇāḇê*(*hy*) ihre Nachbarn 13:11.

šḇāḇūtā [*-uyta*] (AS) F. Nachbarschaft 7:22, m. Suff. *-to*(*h*) ihre (Sg.) Nachbarschaft 12:5.

šḇoq [*šūq*] (Imper. v. *ŠḆQ* als Präp.) immer m. *mn* außer 1:23, 4:10 u.o.

šābor (AS < P.) Šāhpur, Sapor 35:8.

ŠBḪ (AS) II. Konjug. preisen, lobpreisen: 1. Präs. *šābḥaḥ* [*šapxax*] wir danken 38:18, pass. Pt. F. St. emph. *'umtā mšabaḥtā* [*-bb-*] das berühmte Volk 6:21, Imper. San. *mšabeḥ* [*mšābeḥ*] *šem māryā* lobpreisen den Namen des Herrn 39:7.

šḇaṭ [*əšwāṭ*] (AS) M. Februar 36:7.

šaḇṭā [*šōṭa*] (AS) M. Stamm 3:10, 14 u.ö., Pl. *-ṭē* 14:17, 20 u.ö.

šabību (AS) Flute 61:9.

šḇīlā (AS) M. Pfad, Weg. Landstraße 55:6, Pl. *-lē* 2:5, 53:19.

šḇīlē [*-li*] Familienname 83:15.

šḇītā (AS) F. Gefangenschaft 21:9.

šibiltā (AS) F. Ähre, Ährenlese, Sammlung, Pl. *šeblē* [*šəble*] 92:24, 93:8.

šaḇ'ā [*šåwwå*] (AS) M. u. F. sieben 1:ult., 34:2 u.ö.

šaḇ'āsar [*šåwwå-*] siebzehn :*dôrā šaḇ'āsar* 17. Jh. 16:4.

ŠḆQ (AS) lassen, verlassen, zulassen, aufhören, aufgeben, verzichten, auslassen, verzeihen, vergeben, sich verabschieden, weggehen: 1. Präs. *gārāg šāḇeq lā*(*h*) *madrāšā* muß die Schule verlassen 38:5, *dšāḇeq* [*-vəq*] *lišānā dgāne*(*h*) der seine eigene Sprache aufgibt 49:11, *dmāṣen šāḇqen* [*šōqən*] daß ich hinterlassen kann 30:8, (m. Suff.) *bmūdī tahār šāḇqānôḵon* [*šoqānōxən*] wie soll ich euch verlassen 5:7, *'a*(*n*)*t gārāg lā šāḇqet* [*šōqət*] du sollst nicht zulassen 43:19, *lē šāḇqī* [*šōqi*] sie lassen nicht zu 78:16f., *wlā šaḇqīton* [*šōqitun*] *l'op ḥa*(*d*) *gaḇrā* ihr sollt überhaupt keinen Mann (am Leben) lassen 20:12f., 1. Fut. *wbšaḇqī* [*wbəšōqi*] u. sie werden verlassen 21:16, 1. Impf. (als Kond.) *dšāḇqī* (*h*)*wô* daß sie verlassen hätten 10:23, 2. Präs. *bešḇāqā* (*y*)*lā*(*h*) [*bəšvāqəla*] sie überläßt 59:8, Prät. *šḇeqle*(*h*) [*švəqle*] er hat verlassen 77:9, *šḇeql*(*h*)*on* sie haben überlassen 54:7, 62:7, pass. Pt. *šḇīqā* [*šviqa*] verlassen, überlassen 100b:11, F. St. emph. *-qtā* [*švəqta*] 83:18, Pl. *-qē* 6:paen., 3. Pf. *d'āḵī šḇiqtā* (*h*)*wā* [*švə́qtəwa*] wie sie weggegangen ist, *šḇīqē* (*y*)*nā* [*šviqəna*] sie haben verlassen 20:10, pass. Präs. *ḥōš pêšā šḇīqtā* möchte unterlassen werden 43:23f., pass. Pf. *pišē* (*y*)*nā šḇīqē* [*-e*] sie wurden gelassen 44:8f., Imper. *šḇoq* [*šūq/švuq*] als Präp. außer s.v., *šḇoq le*(*h*) [*šúqle*] laß ihn 96:11, *šḇoqon* [*šūqun*] laßt 78:12.

šḇaqtā [*švaqta*] (AS) F. Weggang, Verabschiedung 21:23, 24:ult., 26:5.

šabtā [*šapta*] (AS) F. Sonnabend, Samstag 24:ult., 50:1, Woche 31:17, 49:23.

žgūšyā (AS *šg-*) M. Störung, Pl. *-yē* 14:13.

šgayr [*šγer*] *mn* = *ġer mn* 50:12.

šgīšūtā [*žγ-*] (Abstr. v. *šgīšā*) F. Erschrecken, Zerstörung 24:10.

ŠG̱Š (AS) stören, verwirren, erschreckt werden, wüten: pass. Pt. *žgīšā* [*žγ-*] verwirrt, erschüttert, 97b:11, Pl. *šgīšē* 1:paen., pass. Prät. *wpišlē šgīšā* u. wurde bestürzt (Apg. 2:6) 28:12.

ŠDL (AS) verführen: 1. Präs. *kšadlā* (sie) verführt 71a:19.

ŠDR (AS Pa.) II. Konjug. senden, schicken: Inf. *lšādōrē* [*-ū*] zu schicken, 2. Präs. *'ānā šādōrē* (*y*)*wen* [*šadūrəwən*] *mala'ḵī* ich sende meinen Engel (Mal. 3:1) 31:22, (*m*)*šādōrē* (*y*)*le*(*h*) [*šadūrəle*] *šlāmū*(*hy*) er sendet Grüße 43:ult., 2. Impf. (m. Suff.) *šādūre* (*h*)*wô* [*-rəwa*] sie schickten sie (Pl.) 11:6, Prät. *m̩n qām dšūderān* [*-ərr-*] bevor wir abgeschickt haben 30:3, *šūdere*(*h*) [*šūdə́rre*/*šuddə́rre*] er hat geschickt 8:16, 15:21, 35:9, 36:paen. = *rē* 12:7, *šūderun* [*-dərrun*] sie sandten 4:18, pass. Pt. *šudrā* [*-a*] geschickt 8:16f., 14:12 = (*m*)*šudrā* 26:11, Pl. (*m*)*šudrē* 22:11,13, Plpf. m. Suff. *šudru*(*h*) (*yh*)*wā* [*šúdrowa*] *'āhā 'egartā* er hatte diesen Brief geschickt 53:18, Imper. m. Suff. San. *mšādīrī* [*-dərri*] sende mir.

šahzādā [*šåzå̄då*] (P. *šāhzāde*) M. Prinz 54:17.

šahwat (Ar.-P.) F. Lust, Begierde, m. Suff. *šahwatū*(*hy*) [*šåwatu*] seine Lust 96:13.

šū. Abk. v. *šū'ālā* 4:6ff.

šū'ālā (AS) M. Frage 4:4, 45:ult.

šū'ālāyā (Adj. v. *šū'āla*) interrogativ 40:12.

šūḇhārā [*šūhāra*] (AS) M. Stolz 9:24, paen. u.ö.

šūḇḥā [*šūxa*] (AS) M. Ehre, Herrlichkeit, Lobpreisung 6:23, 71:4,19.

šôġūl [*šāγul*] (Ar.-T.) F. Lotleine, Bleilot, Senkblei 41:14.

šū(*g*)*lā* [*šu̥lå*] (Ar.-P.-K.-T.) M. Beruf, Beschäftigung, Arbeit, Aufgabe, Angelegenheit 45:15, 48:11, 83:ult., u.ö., Pl. *šū*(*g*)*lānē* 20:20.

šūhārā = *šūḇ-* 4:paen.f.

šwūšāṭā 1:17f. s. *šūšāṭā*

šuḫlāpā [*-a*] (AS) M. Veränderung, Pl. *-pē* 53:19, *-pē dğūlē* Wechselwäsche 76:7.

Š'L (AS) fragen, bitten, verlangen, begehren, streben: pass. Pt. Pl. *š'ilē* [*šile*] 71b:18 (s. *ḫezwānā*).

šuḫrā [*šüxra*] (AS) M. Zwang, Zwangsarbeit 17:paen.

ŠWY (AS) gleich, eben sein od. werden, ausgleichen, ausbreiten, ausdehnen, aufmachen, ausstrecken, bedecken, legen; I. Konjug.: *lē šāwī* man legt nicht 99b:12, pass. Pt. F. St. emph. *šūwītā* (mit einem Teppich) bedeckt 99b:10; II. Konjug.: Pf. m. Suff. *šūyū*(*h*) (*yh*)*wā* man hat ihn (: den Teppich) ausgebreitet 99a:15; III. Konjug.: pass. Pt. *gô 'urḫātē lā mūšwiyē* auf unebenen Wegen 2:4f.

šwīlē = *šḇīlē* 83:7,8.

šuḵlāpā Al. = *šuḫ-* 37:23.

šūlā [*šūlå*] phon. Schreibung v. *šū*(*g*)*lā* 10:ult., 11:8 u.o., m. Suff. — *šūlū*(*hy*) sein Beruf 33:17 = *-le*(*h*) 38:16,ult., Al. seine Angelegenheit 87:10, *šūlan* unser Beruf 38:17, *šūlê* ihre (Pl.) Pflicht 50:17, Pl. *šūlānē* 17:1, 70:9; *bhič* (')*nāšā šūlā lā hāwēluḵ* habe mit niemanden zu tun, laß jeden ruhig 85:22, *layt lī šūlā mrābā milyōnē* ich habe nicht zu tun mit vielen Millionen 89a:15.

šulhāḇā (AS) M. Flamme 86:20.

šulḫāyā (Wz. *ŠLḪ*) nackt, F. *-ḫêtā* 95:17, Pl. *-yē* 7:23.

šulṭānā (AS) M. Macht, Autorität, Regierung 19:9, 22:1 u.ö., m. Suff. *-nī* meine Macht 20:paen., *-nuḵ* deine Macht 97b:14, *-ne*(*h*) seine Macht 9:15, Pl. *-nē* 4:12, 25:18.

šūlāmā (AS) M. Ende, Vollendung, Abschluß 54:3, 55:2,22.

šūmāhā (AS) M. Name, Beiname 40:antep.

šumlāyā (AS) M. Vervollständigung, Vollkommenheit 1:antep.

šūmer [*-ə-*] Sumer 8:22,23,antep.

šūmerāyē [*šəmrāye*] M. Pl. die Sumerer 8:5,14,15.

šôpā (AS Reibung) M. Platz, Stelle 15:1, *bšôpā d-* statt, an Stelle von 27:10, 71:12, *kᵘlḫa*(*d*) *bšôpā* [*pšōpəd*] *dgānū*(*hy*) jeder an seiner eigenen Stelle 95:24, ähnl. *lšôpā d-* [*-pəd*] 45:6, 53:21 u.ö., m. Suff. *šôpe*(*h*) an seiner Stelle 10:10, *m̩n šôpê* von ihrem (Pl.) Platz 69:11.

šuprā (AS) M. Schönheit 6:20 u.ö., m. Suff. *-rū*(*h*) ihre (Sg.) Schönheit 27:10 u.ö., *-rê* ihre (Pl.) Schönheit 54:11.

šūqā (AS) M. Markt, Basar 36:paen.

šôqā (< Ar. *šauq*) M. Sehnsucht, *mārē šôqā* sehnsüchtig 64:16.

šuqrā (AS) M. Lüge, Falschheit 7:21.

šuqrūq (Ar.) leer, hohl, 71:24.

ŠWR (AS) springen, tanzen: 2. Präs. *ki hāwaḥ* ... *bešwārā* [*bəšwāra*] wir springen, Prät. *wšwere(h)* [*šwərre*] *brēše(h)* und er sprang auf ihn 68:9.

šūrā (AS) M. Stadtmauer, Pl. m. Suff. *šūrū(h)* [*šūro*] ihre (Sg.) Mauern 94:22.

šūrāyā (AS) M. Anfang 2:antep. u.o., *bšūrāyā* [*pš-*] am Anfang 13:20.

šūšāṭā (AS) M. Fortschritt 1:17f., 81:11.

šūšan (AS) Susan als 1) Name einer berühmten altiranischen Stadt 27:9 u.ö., 2) w. Vorn. 70:15.

šūšāpānā [*šūšəpāna/šūšwāna*] (< AS *šušmānā*) M. Ameise, Pl. *-nē* 46:16.

šūštār [*šuštar*] Schuschtar, eine südwestiranische Stadt 33:19, ult., 34:5.

šūt'āsā [*-tāsa*] (Wz. *ŠT'S*) M. Gründung 1:9, phon. *mšūtāsā* von der (/ihrer) Basis 91b:9.

šūt'astā = *šūt'āsā* F. 1:13.

šôtāpūtā [*-uyta*] (AS) F. Gesellschaft 62:17, 65:2, 81:11, Pl. *šawtāpūyātē* [*šo-*] 1:3,17.

šôtāpāyā (Adj. v. *šotāpā* Geselle, AS) gesellschaftlich, Pl. *-yē* 53:20, 55:18, 61:10.

ŠḪD (AS schenken) III. Konjug. predigen, verkündigen, evangelisieren: Prät. *mušḫedlē* [*-ədle*] er predigte 32:1, 2. pass. Präs. *bepyāšā (h)wā mušḫedtā* wurde verkündigt (F.) 15:19.

šeḫdā [*šəyda*] (AS *šu-*) F. Geschenk, gute Nachricht, Freude 61:ult., 73:5, 89:24bis.

šḫūntā (Wz. *ŠḪN*) F. Wärme 80:paen.

šēḫurtā (Wz. *ŠḪR*) F. Amsel, Star, Pl. *-ryātē* 46:18.

ŠḪT (Ar. *ŠḪṬ* IV) III. Konjug. auswandern: Prät. *mušḫeṭle(h)* er wanderte aus 58:17.

šaḫīnā (AS) warm, Pl. *-nē* [*šāxīne*] 83:23.

ŠḪLP (AS Šaf. v. *ḪLP*) ändern, auswechseln, verändern: 1. Präs. m. Suff. *mīyā šaḫlepenon* [*-əpənnun*] damit ich (ihnen) das Wasser auswechsle 84:paen., 2. Pf. *(h)wē lā(h) šaḫlūpē l'īdātē* hat die Herren ausgewechselt 53:paen. Prät. *šuḫleplā(h)* [*šuxləpla*] *l'īdātē* 53:24, pass. Pt. *šuḫlepā* [*-ə-*] 27:23, F. St. emph. *šuḫleptā* [*-ə-*] verändert, ausgewechselt 27:8, 49:antep.

žeḫrā [*šəxra*] (AS *šūḥārā*) M. Ruß, Kohle 90:14.

šeḫtānā (v. *šeḫtā* Schmutz) schmutzig 75:18f., 82:24, 99b:17.

šaṭā (Ar. *šaṭṭ*) M. Strom, Fluß 61:ult.

ŠṬḪ (AS) ausstrecken: pass. Pt. *šṭīḫā* ausgestreckt 24:12.

šeṭrānā [*šə-*] schön, hübsch, liebenswürdig, F. *-ntā* 81:4.

šīyā [*šịyå*] (< Ar. *šīʿa*) F. Schiismus 14:5.

šēyḫ (Ar.) M. Scheich 20:4,8 = *šêḫ* 80:4ff.

šīm, šēym [*šēm*] (AS < H) Sem 3,30.

šīmā ganz, total 13:12, F. *šīmtā* 1:21 (in beiden Fällen tautologisch m. *kᵘl*).

šēymāyā [*šēmāya*] (Adj. v. *šēym*) M. Semit 8:5.

šịn Buchst. *šīn* 2:21.

šīnā (K) blau, dunkelblau, grau, Pl. *-nē* 47:5.

šaynā [*šēna*] (AS) M. Ruhe: *ŠḆQ bšaynā* [*pšēna*] sich verabschieden 5:7, 21:23, pleonastisch *ktāḇē dšaynā wšlāmē* Friedensverträge 9:7 u. sogar im Pl. *ktāḇē dšaynē – šlāmē* id. 52:12.

šīnō m. Vorn. 18:3.

šaynāyā [*šē-*] (AS) ruhig, zahm, Pl. *-yē* 47:17.

šīpōrā [*-ū*] (AS) M. Trompete 25:17, Pl. *šaypūrē* [*šaypūre*] 97a:15 (Ausspr. v.P. *šeypūr* beeinflußt?).

šīporǧī (v. vhg. m. türk. Endung *čī*) M. Trompeter, Posauner, Pl. *-iyē* 64:17.

šêpāntā (Wz. *ŠUP*) F. Radiergummi 48:4.

šek [*šək*] (Ar.-P.-T. *šakk*) F. Zweifel 2:1, *dlā šek* zweifellos 31:11, 84:6.

(Š)ČḤ, Š(K)Ḥ (AS *ŠKḤ*) finden, erfinden, sich befinden; v.d. III. Konjug. wurde auch eine sekundäre Wz. *MČḤ* I. Konjug. abgeleitet, vgl. Inf. *m(š)čāḫā* = *mčāḫā* u. pass. Pt. *m(š)čiḫa* = *mčiḫā* s. *MČḤ*; III. Konjug.: 1. Präs. *ki ma(š)čeḫ* [*ki-māčəx*] befindet sich 58:8, *lā ma(š)čeḫle(h)* findet sich nicht 66:11, *mā(š)čeḫ* er findet 38:15, 91a:10, *ki ma(š)čḫā* sie befindet sich 2:4, *kmā(š)čḫī* [*kmačxī*] befinden sich 89:14, 1. Pf. *qām mā(š)čeḫle(h)* [*qammāčəxle*] er fand ihn 67:paen., 1. Impf. (als Kond.) *ma(š)čī (h)wā lā(h)* (daß) sie sie finden würden 83:11, 2. Impf. *lē (yh)wô mā(š)čūḫē* sie fanden nicht 10:22, Prät. *mu(š)čḫā le(h) l(h)ê duktā* er hat den

Ort gefunden 18:24, *mu(š)čeẖle(h)* er hat gefunden 95:21, *mu(š)čeẖl(h)on* sie fanden 36:9, 73:19, 3. Pf. *mščūẖē (yh)wô* sie fanden 13:11, pass. Prät. *pešle(h) mu(š)čẖā* wurde gefunden 8:11.

šekūtā [*šəkuyta*] (Abstr. v. *šek*) F. Zweifel: *dlā čū šekūtā* ohne jeglichen Zweifel 2:20.

šiklā (Ar.-P.-K.-T.) M. Form 1:9, 7:23, m. Suff. *-lū(hy)* sein Aussehen 35:6, 64:14.

ŠKR (Ar.) I.–II. Konjug. danken: 1. Präs. Al. *dēyḵ šākren* wie ich danken soll, m. Suff. San. *šakrenuḵ* [*-ənnux*] ich danke dir 39:11.

šladā [*šladda*] (AS) F. Leiche 100b:ult., Pl. *šlādē* [*šlāde*] 10:16, 11:4.

ŠLẖ (AS) ausziehen: Prät. *wšlīẖīl(h)on ǧūlā(h)* u. sie zogen ihre (Sg.) Kleider aus 72:4.

ŠLY (AS) aufhören, ruhen: Inf. *dlā šlāyā* unaufhörlich 98:18, 2. Präs. *hal ... bešlāyā* bis sie aufhören 14:13, *wlē (y)wet bešlāyā* u. du hörst nicht auf 79:2, Prät. *šlēle(h)* [*šlīle*] hörte auf 14:12 = *šlē le(h)* 58:17f., *šlēlon* sie waren still 5:12, pass. Pt. St. emph. *šelyā* ruhig, F. *šlītā* 50:22, 76:9.

šelyūtā [*šə-*] (AS *ša-*) F. Ruhe 22:3, 27:4, 85:9.

šlīẖā (AS) M. Apostel, Missionar, Pl. *-ẖē* 12:9, 27:2 u.ö.

šlīẖāyā (AS) apostolisch, F. *ʿedtā šlīẖêtā* die apostolische Kirche 79:paen.

šalīṭā [*-llīṭa*] (AS) M. Herrscher, Pl. *-ṭē* 60:2 u. *-ṭānē* Befehlshaber, Führer 19:9.

šlēymon [*šlēmon*] (AS) Salomon 18:2, 92:2.

šlêswīg whōlstên Schleswig-Holstein 42:8.

šlêtā (n. act. v. *ŠLY* I. Konjug.) F. Aufhören, Unterbrechung 10:16.

ŠLḴ San. = *ŠLẖ*: Imper. m. Suff. *ǧeluḵ šloḵlū* ziehe deine Kleider aus 39:8.

ŠLM (AS) I. Konjug. einverstanden sein, zustimmen, vollenden, zu Ende gehen; III. Konjug. zum Islam übertreten, Muslim werden; I. Konjug.: AS Pf. San. *šlam* ist zu Ende 39:17 = Prät. *šlemlā(h)* [*šləmla*] 25:2, *šleml(h)on* sie schlossen ab 21:6, *lā šlemlon* sie haben sich nicht unterworfen 53:7; III. Konjug.: Plpf. *ʾānī mušlemē (yh)wô* [*-ləmməwa*] sie sind zum Islam übergetreten 20:1.

šlāmā (AS) M. Frieden, übliche Grußformel (auch im Pl.) 5:10,17, 7:16 u.o., St. abs. San. *šlāmlēk(y)* (f. *šlām l-*) *maryam* Ave, Maria 39:5, Pl. *-mē* 9:7, 52:12 (s. *šaynā*), m. Suff. *šlāmū(hy)* seine Grüße 41:ult.

šalmānāsar Salmanasar 54:16.

ŠMʾ Al. = *ŠMʿ*: Prät. *šmēʾle(h)* er hörte 87:14.

šemā [*šəmma*] (AS) M. Name 1:5bis, 22bis, paen., 3:2 u.o., gram Nomen 40, m. Vorn. 46:6, St. cs. *šem* 39:7, m. Suff. *šemī* [*šəmmī*] mein Name 70:21, *šemuḵ* [*šəmmux*] dein Name 70:21 u.ö., *šeme(h)* sein Name 15:11,22, u.ö. = *šemu(hy)* 1:22 u.o., *šemō(h)* ihr Name 3:4 = *šemū(h)* 27:9 u.ö., Pl. *šemānē* [*šəmmāne*] 20:2, 54:10, 62:22 u. ö. u. *šmāhē* (AS) 45:antep.

šmk 345 74:paen.

ŠMHM (den. v. *šemā*) nennen: 2. Präs. m. Suff. *mšemhūmī* [*šam-*] *(y)wet* du nennst mich 88:23, Prät. *wmšumhē le(h)* [*šumhəle*] u. er wurde genannt 36:14.

šmū. Abk. v. folg. 32:antep.

šmūʾēyl [*-ʾəl*] (AS) Samuel 23:10,21u.ö.

šāmonā m. Vorn. 39:paen.

ŠMṬ (AS) ziehen, ausziehen, brechen, zerbrechen: 1. Fut. *dbet šāmṭet* [*šamṭət*] daß du zerbrechen wirst 78:17, 2. Präs. *bešmāṭā (y)le(h)* [*bəšmāṭəle*] er zertritt 49:10, pass. Pt. *šmīṭā* zerschlagen 18:23, Prät. *šmeṭle(h)* [*šməṭle*] er hat besiegt 54:17, *šmīṭl(h)on* [*šmə́/íṭlun*] sie zerbrachen sie (: die Türen) 82:10, Imper. *šmuṭ* vernichte, besiege 92:16.

šmāṭtā [*šmaṭṭa*] (n. act. v. *ŠMṬ*) F. Verbrechen, Bruch 43:10, Brechen 85:13f.

šamṭānā (n. act. v. *ŠMṬ*) M. Werfer, Schleuderer 91b:24.

šēmāyā (Nf. v. *šēym-*) M. Semit 3:14 u.ö., Pl. *-yē* 54:15.

šmayā [*šmayya*] (AS) F. Himmel (Nöldeke 129) 5:17, 7:2,4 u.o.

šmayānā (AS) himmlisch 94:7,14, Pl. *-nē* 94:21, F. *-nyātā* 77:5.

šamīnā [*-mm-*] (AS) fruchtbar 25:24, fett 90:3, F. Pl. *šamīnātā* 25:19.

šāmīnūtā [*šamīnuyta*] (Abstr. v. vg.) F. Fruchtbarkeit 81:paen.

šamīrām Semiramis 5:11,12bis,14.

ŠMʿ (AS) hören: 1. Präs. *šāmʿē le(h)* [*šåmi̥le*] *qālāḵ(y)* daß er deine (F.) Stimme höre 89b:23, *šāmʿīton* [*šåmi̥tun*] ihr höret 86:3, 2. Präs. *bešmāʿyā (y)wāḵ* wir hören 28:14, 18, *bešmāʿyā (y)wen* [*bəšmåyəwən*] ich höre 85:16, 2. Impf. *bešmaʿyā (h)wā* $k^u l$ *(')nāšā* es hörte ein jeglicher (Apg. 2:6) 28:12, *lē (y)wen (h)wā bešmaʿyā* ich hörte nicht 24:15, Prät. *šmiʿle(h)* [*šmi̥le*] er hörte 35:9, 66:6, *šmiʿlī* ich habe gehört 24:4 u.ö., *šmiʿlan* wir haben gehört 18:14, 16, *šmiʿl(h)on* sie haben gehört 18:6 = *-lon* 35:15, m. Suff. *šmīʿēlon* sie haben (sic, Pl.) gehört 94:21, 3. Pf. *šemʿyā (y)wet* [*šə̥myəwət*] du hast gehört 43:8, *šemʿē (y)waḥ* [*šə̥myəwåx*] wir haben gehört 60:11, *lē (y)wet šmīʿā* [*šə̥myå*] hast du nicht gehört? 80:15, Plpf. (als Kond.) *dlā hāwen (h)wā ... šemʿyā* hätte ich nicht ... gehört 75:23f., pass. Prät. *pīšle(h) šemʿyā* wurde gehört 76:14f., Imper. *šmīʿ* [*šmi̥*] höre 95:1; III. Konjug.: pass. Prät. *lā pīšlā(h) mušmiʿtā* [*-i̥tå*] hat sich nicht hören lassen 91a:paen.

šimʿōn [*šimūn*] (AS < H) Simon 16:18 u.ö.

šamʿānā [*šammåna*] (n. ag. v. *ŠMʿ*) M. Zuhörer 25:2, 54:6.

ŠMR (AS Pa. II. u. III. Konjug.: auslassen, streichen, vergessen; III. Konjug.: pass. Pf. *qurbā dpīštā (yh)wā mušmertā* [*-ə-*] sie ist fast verlorengegangen 52:4.

šāmrāyē [*šamrāye*] (AS) Pl. Samaritaner 65:2.

šemšā [*-ə-*] (AS) M./F. Sonne 4:17, (F.) 7:12 u.o., (M) 98a:23.

ša/āmāšā (AS) M. Diakon 6:16 u.ö.

ŠMŠM (vgl. H.-Aram. *ŠMM* starr sein) kraftlos, ohnmächtig werden, verzagen, schwindelig sein, (ver)schwinden: 1. Impf. *ki šamšem* [*-əm*] *(yh)wā* er schwand 69:8.

šānā (P.) F. Bienenstock 72:13.

šinē Pl. v. *ši(n)tā* q.v.

ŠNY (AS) weggehen, versetzen, ohnmächtig werden, auswandern, sterben; I. Konjug.: *'en pāsoʿtā šānēt* [*-ət*] wenn du einen Schritt machst 88:21, pass. Pf. *šenyā* [*šə-*] ohnmächtig 100b:21; II. Konjug.: Inf. *lšānōwē* [*ləšānūwe*] wegzuschaffen 31:ult. f., Prät. *šūnēle(h)* [*-ni-*] er zog um 12:15, *šūnē le(h) mḫayē* er starb 36:6 = pass. Prät. Al. *pešle(h) mšonyā* [*šunya*] 37:10, pass. Fut. *bed pêšā mšūnītā* [*šunīta*] sie wird sterben 37:16.

šē(n)tā [*šīta*] (AS) F. Jahr 5:19, 6:13 u.o., Al. *ša(n)tā* [*šāta*] 37:10, 11, 12, St. cs. San. *šenat* [*šātət*] 39:antep., Pl. *šinē* [*šine/šə̊nne*] 2:15, 3:6 u.o., m. Suff. *šinuḵ* deine Jahre 100a:8, b:4, *šinū(hy)* seine Jahre 90:9.

šent/ṯā [*šə-*] (AS) F. Schlaf, m. Suff. San. *šenṯuḵ* [*šənsox*] dein Schlaf 39:9, 10, *šentū(hy)* sein Schlaf 35:21, 66:antep., *šentê* ihr (Pl.) Schlaf 89b:25.

ŠʿY (AS) kleben: pass. Pt. F. St. emph. *'ānā kē(r)sī bḫāṣī šʿītā (y)lā(h)* [*ši̥tə̥lå*] mein Bauch ist an meinen Rücken geklebt (Idiom: ich bin sehr hungrig) 85:20.

šāʿīr [*šå'ər*] (Ar.-P.-T. *šāʿir*) M. Dichter, Pl. *-rē* [*šåyi̥re̥*] 58:25.

šaʿr [*še̥r*] (Ar.-P.-T. *šiʿr*) M. Poesie, Gedicht 58:4bis, 6, Epos 61:21f., Pl. *-rē* 52:14 u.ö.

ŠʿŠ (= *ŠGŠ*) schütteln, zittern: 1. Präs. *hič lē šaʿšen* [*šå/ šən*] ich zittere überhaupt nicht 92:17, Inf. *bešʿāšā* [*bəšåšå*] zitternd 91b:10, m. Suff. *ṣebʿū(h) bešʿāšū(h) (')merā(h)* ihren Finger schüttelnd sagte sie 99a:21, Prät. *wšʿīšā le(h) 'īde(h)* u. er schüttelte seine Hand 23:15f.; III. Konjug.: 1. Präs. *hal dmašʿešen* [*måšəššən*] lk^u*lā(h) dunyē* bis ich die ganze Welt erschüttere 92:18.

ŠPḪ = *ŠPḴ*: pass. Pt. *špīḫā* eingeflossen 92:ult.

špulyā (Wz. *ŠPL*) M. Vertiefung, Löchlein Al. 37:12.

šepūltā [*šəppulta*] (AS) F. Rock, m. Suff. *-tāḵ(y)* dein (F.) Rock 96:12, *-tū(h)* [*šəppulto*] ihren Rock 96:18.

ša/āpīrā (AS, Nöld. 6:3) schön, hübsch 35:6 u.o., F. *-rtā* 47:9 u.ö., Pl. *-rē* 11:3 u.ö.

PŠḴ (AS) fließen, überfluten, eindringen: Prät. *špeḵlon* sie drangen ein 26:paen.

ŠPN (AS) eggen, rechen, harken, stöbern, erobern: Prät. *špīnā le(h) palesṭīnē* er eroberte Palästina 8:antep.

šā/apāqat [*šā-*] (Ar.-P.-T.) F. Freundlichkeit, Gnade, Gunst, Gefallen 32:15 u.ö.

ŠPRN (Erweiterung v. *ŠPR*) verschönern: 1. Fut. *bet šaprenī* [*-ənni*] sie werden verschönern 45:21.

šaqī [*-qq-*] (Ar.-T.) elend, miserabel, leidvoll 14:2 u.ö.

šaqyūtā [*šaquyuyta*] (Abstr. v. vg.) F. Elend 58:6.

šāqītā (AS) F. Bach 47:19, antep.

ŠQL (AS) tragen, (ab)holen, nehmen, heiraten, bekommen, kaufen, empfangen, 1. Präs. *b(h)āy dlā mṣēlē šāqel tūʿlā* weil er sich nicht rächen konnte (Idiom) 27:16, *dšāqel lgāne(h)* der auf sich nimmt 49:12, *lā (h)wē lā(h) rāʾzī dšāqlā* sie war nicht einverstanden zu nehmen 73:13f., *dāʾk̲ī šaqlenā(h)* [*-ənna*] *tuʿlī* wie soll ich mich rächen? 75:7, (ʾ)*tīyā (y)wen šāqlenā* [*-ənna*] *gānūk̲* ich bin gekommen, deine Seele zu nehmen (> dich umzubringen) 97a:14, *bet māṣet šāqletlā(h) tūʿlūk̲* du wirst dich rächen können 75:8, *tūʿlā ʿatīqtā dšāqlī menan* alte Rache, die sie an uns nehmen 82:6, *ʾen šāqlāh̲ lā(h) (h)ê pāsōʿltā* wenn wir diesen Schritt machen (Idiom) 44:paen., 1. Kond. *bet šāqel (h)wā l(h)on* er würde sie tragen 78:11, 1. Impf. *ki šāqlī (h)wô* sie trugen (Zinsen) 71:8, *šāqlī (h)wô tūʿlā* sie rächten sich 97a:7, Prät. *šqele(h)* [*šqəlle*] er nahm 8:11 = *šqīle(h)* 18:17, *lā šqīlāluk̲* hast du ihn (F.!) nicht abgenommen 70:22, *šqīlāluk̲ menū(hy)* du hast sie (: die Erstgeburt) von ihm weggenommen 78:21, *dšqīlan* [*šqəllan*] *ldāhā paṣoltā* daß wir diesen Schritt gemacht haben 65:13, *šqelon* sie nahmen u.ä. 12:18, 14:23, 91a:11, *šqīlālon* sie nahmen es (: Jerusalem) 12:17, *šqīlī l(h)on* sie nahmen sie (: die Kanonen) 22:17f., ab. *šqīlā lī mn* es wurde mir überliefert von 19:antep., Plpf. *šqīlā (h)wā* er hatte übertragen 72: ult., hatte ausgezogen 73:20, pass. Pt. Pl. *-lē* 4:4, m. Suff. *šqīlu(h) nāpāsu(hy)* er hat auf/sgeatmet (Idiom) 76:13, Imper. *šqul* nimm 16:14, antep., 64:15, 95:15.

šqa/āltā (n. act. v. *ŠQL*) F. Einnahme 17:8, *qā šqāltā dtūʿlā* [*šqaltəd ṭūlå*] um sich zu rächen 21:7, 27:17f., arithm. Substraktion, Abziehen 41:16.

ŠQŠQ (onom.) klappern, rasseln, schütteln: Inf. (u. 2. Präs.) *šaqšūqē* sie (: die Berge) klappern 91b:7.

šar. Abk. v. *šarkā* 14:17 u.o.

šarbā (AS) M. Generation, Geschichte, Erzählung, Thema, Pl. *-bē* 52:14 u.ö.

šrā/a(g)yā [*šrāya*] (AS *šrāg̲ā*) F. Lampe 26:2, 49:5 = *šrāg̲ā* 58:22.

šarh̲ā (AS *šarkā*) M. Kalb 70:18, m. Suff. *-h̲ī* mein Kalb 70:23f.

ŠRY (AS) auflösen, aufmachen, (er)-öffnen, anfangen, beginnen, herabsteigen, sich niederlassen, wohnen, entlassen, wegschicken, legen; I. Konjug.: 1. Präs. *šārē* [*-i*] damit er wohnt 12:7, *h̲ā ši(n)tā h̲adtā šāryā* [*šarya*] ein neues Jahr fängt an 31:16, *dšārī gāwê* in denen sie wohnen (: darin zu wohnen) 7:4f., *dšārah̲n* [*tšārāx(ən)*] damit wir anfangen 65:9, 1. Fut. *bet šārē* wird ausbreiten 30:12, 13, 2. Präs. m. Suff. *wbešrāye (y)nā* [*bəšrāyəna*] *lšēšelyātē* u. sie lösen ihre Ketten 80:12, Imper. *šrī* löse, rate 69:3; II. Konjug.: Inf. *lšārūwē* [*l(ə)šārūw/ye*] anzufangen 31:14, 2. Präs. *šārūwē (y)lā* fängt an 31:antep., 33:paen. = *-ūyē (y)lā(h)* 85:14, Prät. *šūrēle(h)* [*-rīle*] hat angefangen 5:19, 8:20, 97:3 = *šūrē le(h)* 10:12 u.o. F. *šūrē lā(h)* [*-rila*] 16:3 = *šūrēlā(h)* 74:13, *šūrē lī* [*-rīlī*] ich fing an 84:ult., *šūrē lon* sie fingen an 10:7 u.ö. = *(m)šūrē l(h)on* [*šūrīlun*] 17:21, 18:20f., 22:22f., 25:21f., *dšūrêtā (y)lā(h)* [*tšurītəla*] daß es (F.) anfing 52:17; III. Konjug.: 3. Pf. *mušriyē (y)nā* [*-rīyəna*] sie haben gegründet 2:11.

šārêtā Wz. *ŠRY*) F. Anfang, Beginn 31:3, 7.

širīn [*širin*] (P) w. Vorn. 97:1.

šarīrā [*šārīra*] (AS) wahr, wirklich, tatsächlich, wahrhaft(ig), fest(stehend) 6:paen., 26:10, 59:5, Pl. *-rē* 7:17.

šarīrāʾīt [*-āyit*] (Adv. v. vhg.) wirklich, wahrlich 49:paen., 63:23.

šarīrūtā [*-uyta*] (AS) F. Wahrhaftigkeit, Festigkeit, Wirklichkeit 7:paen., 24:antep.

ŠRK (Ar.) II. Konjug. teilnehmen, sich beteiligen: Prät. *wmšūrekl(h)on* [*šūriklun*] u. sie nahmen teil 23:6.

šarkā (AS) M. Rest, und so weiter, usw., etc. 1:6, 4:12 u.ö.

šarkānā (n. ag. v. *ŠRK*) M. Teilnehmer 2:15.

šāraktā (n. act. v. *ŠRK*) F. Teilnahme 1:3.

šarʿā [*šarra*] (Ar. *šarʿ*) F. Gesetz, Urteil, Vorschrift, Dekret, Rechtsstreit Al. 86:24, antep., 87:20, m. Suff. Al. *šarʿokū* euer Rechtsstreit 87:5, 16.

šarʿādār Al. (Ar.-P.) M. Richter 87:6, Pl. *-rē* 87:antep.

šarʿat (Ar.-P.-T.) F. Gesetz, Rechtsurteil 27:21f., 31:5 u.ö., Pl. *-ā/atē* 4:12, antep.

ŠRQ (AS) III. Konjug.: pfeifen, singen: Prät. *mušqreqle(h)* [*-əqle*] er sang 66:5.

ŠRR (AS) I. Konjug.: stark sein; II. Konjug. verwirklichen, Inf. *lemšarōrē* [*ləmšāruyre*] zu verwirklichen 23:9.

šrārā (AS) M. Wahrheit, Tatsache, Festigkeit 2:6, 7:6, 56:6, Pl. *-rē* 52:14, 23, m. Suff. *šrārī* meine Offensichtlichkeiten 81:5.

šeršā [*šə-*] (AS) M. Wurzel, Grund(lage), Basis, Pl. *šeršē* 63:7.

šaršorā [*-šūra*] (onom.) M. Wasserfall, Pl. *-rē* 42:19.

ŠRŠY (AS *ŠRŠL*) müde sein: pass. Pt. *šuršiyā* müde 78:20, 97a:ult.

šišeltā [*-əlta*] (AS *šeša-*) F. Kette 48:paen. bis, Pl. *šišelyātē* [*-əlyāte*] 92:7, m. Suff. *-te* ihre Ketten 80:12.

ŠTʾS (AS) gründen: Inf. *lmaštʾūsē* [*-tūse*] zu gründen 53:9, pass. Pt. *(m)šutʾesā* [*-tə́ssa*] gegründet, eingewurzelt 19:5, Pl. *-sē* 2:14, Prät. *mšutʾeslon* sie haben gegründet 53:4, *(m)šutʾesle(h)* er hat gegründet 58:18 = 3. Pf. *šutʾesā (h)wā* 9:17, *mšutʾesu(h) (h)wô gānê* sie haben sich angesiedelt 54:18, pass. Prät. *pīšlon (m)šutʾesē* sie wurden gegründet 17:9, 56:1, *pīšlā(h) (m)šutʾestā* (sie) wurde gegründet 12:5f.

šatʾestā [*šatasta*] (n. act. v. *ŠTʾS*) F. Grundlage, Pl. *-syātē* 7:17.

ŠTWHR (AS Eštaf. v. *BHR*) stolz sein: Inf. *štāwhōrē* [*-hūre*] sich rühmend 5:4.

ŠTY (AS) trinken: 1. Präs. *dʾāḵlī wšātī* [*tåxlịw šātī*] damit sie essen u. trinken 65:20f., 1. Impf. *lē šātē (yh)wā* [*šātiwa*] er trank nicht 69:8, 2. Präs. *beštāyā (y)le(h)* [*bəštāyəle*] er trinkt 96:3, Prät. *štēlē* [*štile*] er trank 12:1, *štīlā* (sie) hat absorbiert 100a:19.

štētā [*štē/īta*] (n. act. v. *ŠTY*) F. Trinken 95:16, 23, paen.

štītāyā (AS) der sechste 54:3, 55:1, F. *štītêtā* 27:3.

ŠTQ (AS) schweigen: Prät. *šteqle(h)* [*štəqle*] er schwieg 68:13, *šteqtā (y)lā(h)* [*štəqtəla*] sie schwieg > schweigt 54:14, Plpf. *štīqā (y)wet (h)wā* du ha(tte)st geschwiegen 78:3.

T

t Buchst. *taw* 48:paen., 49:5, Zahlenwert 400.

tā 1. San. (K) für 39:8, 12, 18, Al. *tā tēʾlā* dem Fuchs 87:23.

tā 2 Imper. v. *ʾTY* q.v.

tāʾǧ [*tāǧ*] (Ar.-P.-T.) M. Krone 72:6, 98:paen.

tēʾōlōgīyā (AS < *θεολογία*) F. Theologie 57:16.

tēʾlā Al [*tēla*] = *taʿlā* 87:8, 10, 20, 23, paen.

tʾomā [*tūma*] (AS) Thomas 56:12 u.ö.

tēḇēyl [*tīvəl*] (AS) F. Welt 25:13.

teḇlāyā [*tə-*] (AS *tēḇēylāyā*) Adj. Welt-, weltlich, allgemein, international 1:1, 18 u.o., *plāšā teḇlāyā* Weltkrieg 17:18, 20, 18:paen. u.ö., Pl. *-yē* 17:14, 52:14.

TBʿ (Ar.) folgen, anhängen, eintreten, sich bekehren, übertreten sich gesellen: Prät. *tbeʿl(h)on* [*ṭ(ū)vịlụn*] sie folgten 25:10f. = *-lon* 14:antep.; III. Konjug.: pass. Pf. *kad pīštā mutbēʿtā* [*mụṭvịtå*] sie wurde bekehrt 13:13.

tabaʿ [*ṭåvvå*] (Ar. *tābiʿ*) M. Anhänger 35:7.

tabʿānā [*ṭåvvånå/-yåna*] (n. ag. v. *TBʿ*) M. Anhänger, Pl. m. Suff. *tabʿānū(hy)* seine Anhänger 49:24.

TḆR (AS) brechen, zerbrechen: Inf. *tḇārā* [*tvāra*] Zusammenbrechen, Vernichtung 97a:4, m. Suff. *latḇāran* daß wir zerstört haben 100a:18, 2. Impf. *lē (yh)wā betḇārā* zerbrach nicht 69:8.

taḇrīz [*tŏriz*] Täbris 38:2 u.ö.

ṮBT (Ar.) I. Konjug. feststehen; III. Konjug. bestätigen: Prät. Al. *wmuṯbet le(h)* [*-bətle*] er hat bestätigt 87:11.

tibet Tibet 25:15.

ṯābet (Ar.) fest, F. *ṯbatā* Al. 86:24, 25.

TGBR (den. v. *tagbīr* < Ar.-P.-T. *tadbīr*) leiten, führen, regieren, dirigieren, betreuen, besorgen, versorgen, unterstützen, erziehen: 1. Präs. *tagberī* [*-bərrī*] damit sie betreuen 65:23, pass. Pt. Pl.

tugberē betreut 55:4f., pass. Impf. *ki pêšī (h)wô (m)tugberē* [-ərre] sie wurden regiert 19:6, pass. Prät. *pīšl(h)ōn hadkā tugeberē* sie wurden so erzogen 56:9.

tagbirānā [-bərāna] (n. ag. v. *TGBR*) M. Direktor, Leiter, Führer 32:13.

tegmā [*tóyma*] (AS) M. Klasse, Gruppe, Art 1:antep., 100a:18.

tagārā [-*gg*-] (AS) M. Kaufmann 73:9.

tāǧ = *tā'ǧ* 34:15.

tāǧir [-*ǧər*] (Ar.-P.-T.) M. Kaufmann 38:15.

tad San. (*tā* + *d*) damit 39:23.

ta/āhar (< Ar.-P. *ṭaur?*) M. Art, Sorte, Form, Weg, Mittel, Weise 5:7, 29:2 u. o., Pl. *-rē* 3:paen. u.ö., m. Suff. *tāhārê* ihre Manieren, Lebensweisen 71:21.

tehrān Teheran 1:20 u.o.

tāw Buchv. *taw*, Laut *t* 2:22.

tôdītā (AS) F. Religion, Konfession, Glaube 17:7, 51:11.

tôdītānāyā (AS) religiös, fromm, konfessionell 50:17, Pl. *-yē* 55:24f.

tūdelā Tudella 33:23.

tôkīyō Tokio 16:8.

tôladtā [*tolatta*] (AS *-le-*) F. Generation, Dynastie 53:20.

tōmān [*tū-*] (P.) Toman (: 10 Rial), Pl. *-nē* 66:antep. ff.

tūngī (P.-K.) Flasche 88:13.

tūnāẖā (Wz. *TNẖ*) M. Seufzen, Klage, m. Suff. *tūnāẖī* meine Klage 7:4.

tūnāyā (AS) M. Wort, Aussage, Gespräch, Erzählung, Pl. *-yē* 61:12, 82:18.

tūnêtā = *tūnāyā* F., Pl. m. Suff. *ltunyātī* meine Worte 69:4.

tūnītā (AS) F. 1. Sage, Erzählung 8:7, 2. pass. Pt. F. v. *TNY* q.v. (s. pass. Prät.).

tū'lā [*ṭūlå*] (K. *tōlā*) F. Rache 21:8 u.ö., Idiom: Rache nehmen, sich rächen s. *ŠQL*, m. Suff. *tū'lī* meine Rache 75:7, *-luk* deine Rache 75:8.

tōp (P.-K.-T.) F. Kanone 24:3, Pl. *-pē* 23f.

tūpang (P.-K.-T. *tofang*) F. Flinte, Gewehr 43:20, m. Suff. *-guk* dein Gewehr 43:18.

tūpangčīyūtā (Abstr. v. *tūpangčī* Schütze) F. Schießkunst 43:16.

tūqānā (AS) M. Handlung 94:13.

tôrā (AS) M. Ochs 43:24, 48:paen., ult., Pl. *-rē* 46:16, 69:11.

turgāmā (AS) M. Übersetzung 59:7u.ö., Pl. *-mē* 60:21, 23, u.ö.

turkāy Türkei 13:19bis u.ö. = *turkīyā* 19:8, 55:3, 4 u.ö.

turkāyā türkisch, Türke 19:4, Pl. *-yē* die Türken 12:20 u.ö.

turkmānīyā Turkmenien 15:8.

turmāna Name eines Flusses 35:13.

tūrsāyā (AS) M. Speise, Nahrung, Provision 63:paen., m. Suff. *-yê* ihr Unterhalt 38:14.

tūrāṣā (AS) M. Richtigkeit, St. cs. in *tūrāṣ mamlā* Grammatik 40:1, 4bis u.ö., *tūrāṣ* – *me'mrē grāmmāṭīqāyē* grammatische Stilverbesserungen 59:19f.

turšābā [*tru-*] San. (Urm. *trēy(n)bšēbā* = AS *trēyn bšabā*) M. Montag 39:antep.

tūtaǧǧī [-*čī*] (Aserb.-T.) M. Flötist, Flötenspieler, Pl. *-īyē* 64:17.

tūtequšā [-*tə*-] (T) F. Papagei, Pl. *-šē* 46:18f.

tāzā (P.-T.) Adj. u. Adv. neu, frisch 34:paen., 98b:21.

tāzādān (v. vhg.) Adv. von neuem, wieder 34:18.

tāzī (Nf. v. *ta'zī* v. Ar.-P. *ta'zīya*) F. Wehklagen, Weinen 64:8.

THB (den. v. *tiẖub*) II. Konjug. beschränken: pass. Prät. *pīšle(h) mtuẖbā* wurde beschränkt 62:17.

tiẖub (K) M. Grenze, Rahmen 1:11, 42:oft, Pl. *-bē* 22:2.

tẖūmā 1 (AS) M. Grenze, Pl. *-mē* 58:17.

tẖūmā 2 Bezirke im türk. Kurdistan 21:2.

(t)ẖū/ōt [*xūt*] (AS) unter 4:2 u.o., m. Suff. *(t)ẖōtu(hy)* [*xūtu*] unter ihm 64:14, *(t)ẖōte(h)* unter sich (in die Hosen) 90:6, 7.

tẖēyt m. *b-* u. *l* unten 1:4.

THMN (den. v. *taẖmīn* = Ar.) (nach-) denken, sich überlegen, meditieren: 1. Präs. *lē (m)taẖmen* [*taxmən*] er denkt nicht 7:8, 9, *(m)taẖmenaẖ* wir denken 7:antep. bis, *gārāg taẖmenāẖ* wir müssen denken 38:17, Inf. (u. 2. Präs.) *'aẖnan* ... *lā taẖmūnē* wir ... denken nicht 4:6f., *taẖmūnē dlā šlāyā* unaufhörlich denkend 98b:18, 2. Impf. *taẖmūnē (h)wā* er dachte nach 84:21 = 2. Pf. *(h)wēle(h) taẖmūnē* 79:16 = Prät. *tuẖmene(h)* [*-mənne*] dachte 91b:22.

taḫma/āntā (n. act. v. *THMN*) F. Denken, Nachdenken, Überlegung, Meditation 34(oft), 76:4 u.ö.

THS (vgl. AS *DḤQ*) zusammendrängen, vertreiben: pass. Kond. *bet pêšī (h)wô tḫisē* sie wären verdrängt (worden) 10:14f.

taḫtā (P.-T.) F. Brett 43:antep.

taḫtāyā (AS) unterer, F. *taḫtêtā* s. *barwar* u. *ṭyārē*.

tyaḇtā [*-fta*] (n. act. v. *YTB*) F. Sitzen, Benehmen: m. Suff. *tyaḇtū(hy)* sein Benehmen 90:7.

tīl (T.-K. < E) M. Telegramm in *tēylgrāp* 20:19 = *tīl grāp* 21:5.

tīmā (pass. Pt. v. *TUM* = *TMM*) in *dlā tīmē* (Pl.) endlos 12:26.

taymūr Timur, mongolischer Eroberer 13:8.

taymnā [*tayyəmna*] (AS) F. Süden 10:6 u.ö.

taymānāyā (AS) Adj. südlich 3:12, 42:18.

têmūrāzī Familienname 74:3, 92:25.

taymūrlang Timur-Lang 13:6, 60:7.

tāytsung Tai-Tsung, ein chinesischer Kaiser 15:23.

teka [*tekka*] (P.-Aserb.-T.) M. Stück, Bissen 46:5.

TḴL (AS) hoffen: pass. Pt. F. St. emph. Al. *kud 'āhī tḵiltā dbāsmā* da sie hoffte geheilt zu werden 37:17.

taklā d- [*takləd*] (Wz. *TKL*?) Wunschpartikel = oh möchte, utinam, (Nöldeke 186:*tak* + *lā*) nur daß, daß nur 75:22bis.

taklīp (Ar.-P.-T. *-if*) F. Pflicht, Verpflichtung, Respekt, Höflichkeit, zeremonielles Benehmen, Pl. *-pē* 23:ult.

TḴR (< *DḴR*) III. Konjug. erwähnen: Prät. *dmutḵerā (y)lē* [*-xerrəle*] den man erwähnt 34:7, pass. Prät. *pešlon mutḵerē* [*xərre*] sie wurden erwähnt 33:6.

talgā (AS) M. Schnee 17:paen. u.ö.

tluntay [*ṭọlọntẹ*] (v. *tlā*[*t*]) alle drei von ihnen 3:17.

TLY (AS) hängen, aufhängen, abhängen, herabhängen: pass. Pt. *telyā* [*təlya*] aufgehängt 13:5 u.ö., Pl. *telyē* hängend 47:4, 3. Pf. *tlītu(h) (h)wā gānu(h)* sie hat sich aufgehängt 82:20.

tlītāyā (AS) der dritte 14:23 u.ö., F. *tlītêtā* 46:2; als Bruchzahl: Drittel, m. Suff. *tlītāyū(hy)* ein Drittel von ihm 94:12, Pl. *trēyn tlītāyē dpagrū(hy)* zwei Drittel seines Körpers 94:11.

talmīdā (AS) M. Jünger, Pl. *-dē* 49:ult., 50:2,4, 51:paen.

TLQ (NF. v. *ṬLQ*) I. Konjug.: (weg-) werfen, verlieren; II. Konjug.: zerstören, verlieren; I. Konjug.: 1. Präs. *tālqā* [*talqa*] (F.) büßt ein, gibt auf, verliert 2:antep., 1. Fut. *bed talqī l'asqūtê* sie werden von ihrer Rauhheit befreit 45:21, Prät. *tleqle(h)* hat aufgehört 56:23, *tlīql(h)on* [*tləqlun*] (*sie*) verschwanden 97a:24, *qām tlīqā (y)le(h)* warum ist er verschwunden 93b:6, pass. Pt. *tlīqā* verloren(gegangen) 79:23 u.ö., F. *tlīqtā (h)wô 'alê* 11:8 s. *(H)WY*; II. Konjug.: 1. Präs. *dlā (m)talqī* daß sie nicht verlieren sollen 73:paen., 2. Präs. *talūqē (y)nā* [*tālūqəna*] (sie) verlieren 47:paen., Prät. *tūleqle(h)* [*-ləqle*] er hat verloren 54:10f., *tūleqluḵ* du hast verloren 77:4f., pass. Pt. F. *tulīqtā* [*-əqta*] verloren 98a:8, Pl. *tulqē* 63:6.

tlāqā (Inf. v. *TLQ* I. Konjug.) M. Verlust 7:9, *be'zālā ltlāqā* (sie) gehen verloren 97b:22.

tlā(t) F., *tlā(t)ā* M. [*ṭlå*] (AS) drei (wegen gleicher Ausspr. herrscht eine Verwirrung der Genera) M. 3:8 u.o., F. 12:10 u.o., allogr. *ṭlā* s.v.

ṭlā s.v.

tlā(t)ī [*tlāy*] (AS *tlāṯīn*) dreißig, am 30. 36:antep.

tāmā [*ṭåmå*] (AS *tamān*) dort 6:ult.u.o.

ta/āmūz [*ṭå*] (AS) Juli 26:4, 36:antep. u.ö.

TMZ (den. v. *tamīz*) II. Konjug. reinigen, putzen, sauber machen: 1. Präs. (')*tē lī tamezenā* [*taməzzənna*] ich kam zu putzen 84:paen.

tamaztā [*-sta*] (n. act. v. *TMZ*) F. Reinigung 43:18.

temāl(y) [*təmmal*] (AS) gestern 43:6.

TMM (den. v. *tamām*) II. Konjug. vollkommen sein, vollenden, abschließen, ausführen, erledigen, erfüllen, vollziehen: 1. Fut. *kᵘlê btamemī* [*ṭåməmmị*] alles wird erfüllt 89b:19, Inf. *ltamūmē* zu vollziehen 50:17, Prät. *tumemlun* [*ṭụmə/im-*] *yômānē* die Tage waren vollendet (: es kam die Zeit) 83:19, pass. Pt. *tumenā* [*ṭụ̄mụmmå*] 28:6 u.ö., F. *-mtā* 16:22, Pl.

-mē 3:23 u.ö., Imper. *tamem* [*ṭåmməm*] erfülle 80:4.

tamām [*ṭåmmåm*] (Ar.-P.-K.-T.) Adj. u. Adv. völlig, vollkommen, ganz 27:6, 50:4 u.o.

tamā/amtā (n. act. v. *TMM*) F. Vollendung 27:3,19, Pl.(?) San. *tamāmātē.*

tmānī [*-å-*] (AS *-nīn*) achtzig 31:5.

tmanyā (: *ṭmå-* = AS) acht 22:18, 86:antep.

temsā'h [*təmsāh*] (Ar. *-sāḥ*) M. Krokodil 2:ult.

tamsān engl. Familienname 26:11.

tamrāz [*-raz*] Familienname 61:8 = *tamrāz(y)* 84:antep., 85:7.

tamāšā [*ṭåmåšå*] (P.-T.) M. Ansicht, Pl. *-šē* 42:19.

TNḪ (AS Etpa. v. *'NḤ*) II. Konjug. seufzen: 1. Präs. *mṣāyā* (*yh*)*wā taneḫī* [*-óxxi*] konnten sie seufzen 91b:19, Inf. (u. 2. Präs.) *tanūḫē* (sie seufzen 46:16, Prät. *tūneḫle(h)* [*-óxle*] er seufzte 66:11.

TNY (AS) I. Konjug.: wiederholen, Al. erzählen, (AS Pa.) II. Konjug.: sagen, erzählen; I. Konjug.: Inf. *letnāyā* zu wiederholen 40:15, Al. *pīš lay betnāyā* sie erzählten ihm 87:7, pass. Pt. *tenyē* wiederholt 49:antep. f.; II. Konjug.: 1. Präs. *ki tānē* [*tāni*] (er) sagt 46:paen., *dma(š)čeḫ ḫabrē tānē* der Worte zu sagen findet 91a:10, *dtānen* daß ich sage 30:2, *mū tānen* [*-ən*] was soll ich sagen? 91a:3, (m. Suff.) *tānenuḵ* [*tānnənnux*] ich sage dir 93b:18 = *tanēynuḵ* 95:1, *tānet* [*-ət*] du sagst 85:15, *kᵘl dtānet īwen* ich bin alles, was du sagst 88:17, 1. Fut. *bet tānya(h)* sie wird sagen 84:6, 2. Präs. *tānōyē* (*y*)*le(h)* [*-ūyəle*] er sagt 50:15, *tānōyē* (*y*)*nā* [*-ūyəna*] sie sagen 50:14, Prät. *tūnē le(h)* [*-nīle*] er sagte 22:1, *tūnē lī* [*-nīlī*] ich sagte 85:3, 3. Pf. *dtunyā* (*y*)*wen* [*tunyəwən*] die ich gesagt (: erwähnt) habe 29:21, Plpf. *d'a(y)ḵ d'īwen* (*h*)*wā tunyā* wie ich gesagt hatte 34:16, pass. Prät. *pīštā* (*y*)*lā(h) tūnītā* es wurde gesagt 80:antep., Imper. *tānī* sage 69:19 = *tanī* 85:paen. = (*m*)*tānī* 67:7,20.

tānīnā (AS) M. Drache 69:10,12.

tenyānā (AS) M. Wiederholung, wiederholter Gebrauch 45:20.

tenyānūtā (Abstr. v. *tenyānā*) F. Sekundäres, an zweiter Stelle Stehendes, St. cs. *tenyānūt qpêtā* Wiederausgabe 80:19.

tānêtā [*tnēta*] (Wz. *TNY*) F. Erzählung, Schilderung 2:15, 63:12, m. Suff. Al. *tanaytay* ihre (Pl.) Geschichte 87:ult.

tnêtā (Wz. *TNY*) F. Wiederholung 51:5, 62:6, *ḫlāpšmā dtnêtā* Relativpronomen 40:12, 14bis.

TNTN (den. v. *tenānā* Rauch = AS) rauchen, räuchern: 2. Präs. (hist.) *tantūnē* (*y*)*nā* [*-nəna*] *besmē* sie beweihräucher(te)n 13:antep.

TSLM (den. v. *taslīm* = Ar.-P.) sich unterwerfen, aufgeben, kapitulieren: 1. Präs. *'aḫnan lē tāslemāḫ* [*tasləmmax*] wir geben nicht auf 6:4.

tasmā (T.) F. Gürtel 96:9, m. Suff. *tasmū(h)* [*-ō*] ihr (sg.) Gürtel 96:16.

teʿweltā [*tåwə-*] (v. *ʿôlā*) F. Ungerechtigkeit, Boshaftigkeit 2:3.

taʿlā [*ṭålå*] (AS) M. Fuchs 49:5,67f. u.ö., Pl. *-lē* 7:4, 46:17.

tāpāwat [*-wət*] (Ar.-P.-T. *tafāwut*) F. Unterschied 25:13.

TPḪ (Nf. v. *TPḴ* = *ŠPḴ*) gießen: 1. Präs. *demūḵ tāpeḫ le(h)* [*-əxle*] (es) rennt dein Blut 88:12.

TPY [Nf. *ṬPY* = AS) kleben, verbinden: pass. Pt. Pl. *tepyē* [*təpye*] *bʿūdālē* miteinander verbunden 3:15f.

tiflīs Tiflis 20:20,21 u.ö.

TPQ (Ar. *TFQ* VIII) passieren, antreffen, begegnen, besuchen, finden: 1. Fut. *bet tāpqāḫ* [*ptapqax*] *bʿūdālē* wir werden zusammentreffen 74:21, 1. Impf. (als Kond.) *dtāpeq* (*h*)*wā bīyū(h)* daß er ihr begegnen würde 81:1, Inf. *letpāqā* . . . *beḫdādē* um . . . zusammenzutreffen 23:8f., *qā tpāqā bīyū(hy)* sich mit ihm zu treffen 26:1, 2. Präs. *betpāqā* (*y*)*wān* [*bətpāqəwan*] ich (F.) treffe 47:7, *betpāqā* (*y*)*waḫ* [*bətpāqəwax*] wir begegnen 81:paen., Prät. *tpīqle(h)* (er) ist begegnet 21:ult. u.ö. = *tpeqle(h)* [*tpəqle*] 68:19, *tpeqlī* ich kam zufällig 64:3, *lā tpeqlī byay(hy)* ich habe sie nicht getroffen 82:14, *tpeqluḵ bīyī* bist mir begegnet 70:22, *tpīql(h)on bʿūdālē* sie trafen zusammen 97a:10, Al. *tpeqlay* [*tpəqle*] sie trafen 86:antep., 3. Pf. *d'aḫnan tpīqē* (*y*)*wa(ḫ) byê* denen wir begegnet sind 61:antep.

tapqū (Wz. *TPQ*) F. Zufall *btapqū* [*ptapqu/bitapqu*] zufällig 16:6.

tpaqtā (n. act. v. *TPQ*) F. Zusammentreffen 25:paen., 26:4 u.ö., m. Suff. *tpāqtan* unser Zusammentreffen 47:8.

tāpat (H Jes. 30:33 = *tofet* II) Tophet (J. Bunyan, The Pilgrim's Progress, London 1857, S. 4), Feuerstätte 64:13.

teptek [*təptək*] (T.) F. Daune, Flaum, m. Suff. *teptekê* ihr Flaum 47:19.

tqultā (AS *mat-*) F. Wage 4:12.

taqīpūtā (AS) F. Kraft, Macht 6:20.

TQTQ (onom.) klopfen: 2. Präs. *dtaqtūqē le(h) ltarʿā* der an die Tür klopft 76:16, Prät. *tuqteqle(h)* [*tüqtəqle*] er klopfte 76:13, 77:14, m. Suff. *tuqteqêlī* [*tüqtəqēlī*] ich habe an sie geklopft 79:18, Imper. Pl. *taqteqon* [*-təqun*] klopfet 79:17.

taqtaqtā [*-ṭa*] (n. act. v. *TQTQ*) F. Klopfen 77:12, 79:17.

TRGM (AS) übersetzen: Inf. *ltargūmē* zu übersetzen 54:10f., Prät. *turgemle(h)* [*-əmle*] er hat übersetzt 59:antep., *turgeml(h)on* sie übersetzten 53:10, pass. Pt. *mturgemā* 69:16, F. *mturgemtā* 74:3, Pl. *turgemē* 61:17.

terway [*tərwä*] (AS *trayhōn*) sie beide, beide (von ihnen) 5:22, 6:1, u.ö. = *terwê* 78:2 u.ö. = *terwê(hy)* 86:antep., *terwan m'ūdālē* wir beide zusammen 59:10.

TRY (AS) I. Konjug. naß sein, naß werden, 1. Impf. *tārī (h)wô* sie wurden naß 5:9; III. Konjug. naß machen: 2. Präs. *matrūyē (y)na lṣa(h)wê* sie stillen ihren Durst (Idiom) 95:ult.

trēy, trê (AS *trēyn*) M. zwei 6:3 u.o., F. *tartēy* s.v., *trê mā''* [*tremma*] 200 25:1.

trezīyā Theresia, Therese 37:9ff.

tārīḫ (Ar.-P.-T.) F. Geschichte, Datum, Bericht 12:3, 27:1 u.ö., Pl. *-ḫē* 9:21, 65:5.

trēyn (AS) zwei 55:2 u.ö., *pāsoqā dtrēyn* zweites Kapitel 55:15.

trā/ayānā [*tråyånå*] (AS) der zweite 2:13 u.ö., F. *trayānītā* 43:antep., 74:antep.

trēy(n)bšēbā [*trūšiba*] (< AS) M. Montag 36:7.

trīšor Name einer indischen Stadt 74:antep., 100:2.

trelyōnē (E) Po. Trillionen 41:8f.

TRʿ (AS) durchbohren, durchbrechen: 1. Präs. *ki tarʿī* [*ṭårị*] sie durchbohren 7:13.

tarʿā [*tårṛå*] (AS) M. Tür, Tor 6:22, 23:10, 50:antep., 70:7 u.ö.

treʿsar [*tressar, taryəssar*] zwölf 85:6 = *trāʿsar* 79:18.

TRṢ (AS) (I. u.) II. Konjug. formen, bilden, reparieren, verbessern, richtigstellen, vorbereiten, anfertigen, behandeln: 1. Impf. *ki mtārṣā (h)wā* [*tårṣåwa*] *lā(h)* sie bereitete es (: ihr Nest) vor 67:9, Inf. *ltārōṣē* [*-ū-*] vorzubereiten 29:22, 2. Präs. *tārōṣē (y)le(h)* [*ṭårụṣəlẹ*] es fertigt an 7:19, Prät. *dturṣā (y)lē mn* das von ... vorbereitet wurde 29:1,16, pass. Pt. *turṣā* [*ṭụṛṣå*] vorbereitet 29:11, angefertigt, gemacht 48:21 = *(m)turṣā* 8:8, F. *tureṣtā* [*ṭūrə/ụṣṭå*] 48:21, 63:antep., Pl. *'urḫatē lā trūṣē* (f. *turṣē*) ungeebnete Wege 75:24.

tāraṣtā (n. act. v. *TRṢ* II. Konjug.) F. Vorbereitung 28:paen.

TRQL (AS *TQL*) stolpern, straucheln: 2. Präs. *tarqūlē (y)le(h)* er strauchelt, 2. Impf. *tarqūlē (yh)wô* sie stolperten 10:17.

tartēy (AS *-tēyn*) F. v. *trēy* zwei: *qā gāhā dtartēy* zum zweiten Mal 21:10f.

tartārāyā M. Tartar, Tatar 13:6.

tešʿā Al. f. *tešʿā* neun 37:18.

tešboḥtā (AS) F. Lobpreisung 6:23, 71:4.

tešweštā [*təšwəšta*] (Ar.-P.-T. *tašwīš*) F. Störung, Verdacht, Bezweiflung 2:1.

tešmeštā (AS) F. Dienst, m. Suff. *tešmeštan* unser Militärdienst 26:8, unser Gottesdienst 39:4, *qā tešmešte(h)* zu seiner Beerdigung 36:paen.

tašʿītā [*tåšịtå*] (AS) F. Geschichte 1:ult., u.o., m. Suff. *tašʿītu(h)* ihre (Sg.) Geschichte 12:3, *tašʿītan* unsere Geschichte 57:15, Pl. *-ʿīyātē* 51:3, 52:14.

tašʿītānāyā (Adj. v. vhg.) geschichtlich, historisch 51:10.

tešrī [*čērī*] Al. = *tešrīn* (AS) M. m. ' od. *qa(d)māyā* Oktober, Al. *tešrī* (')*ḵārāyā* November 37:12 = *tešrīn b* 21:10, antep.

TŠŠ (onom.) II. Konjug. flüstern: Prät. Al. *(m)tušešle(h)* [*-šəšle*] *bnāte(h)* er flüsterte ihm ins Ohr 87:12.

tātā F. Kamm (am Kopf gewisser Vögel), m. Suff. *ltātū(hy)* seinen Kamm 47:16.

tetê [*tətē*] Al. f. *tartēy* zwei 37:18, 24.

tetrāš Personen- u. Familienname: *dbnay tetrāš* der Familie Tetrasch 48:ult.

Teil II:

Texte

ܟܢܘܫܝܐ ܩܕܡܝܐ ܕܚܘܝܕܐ ܐܬܘܪܝܐ

ܟܢܘܫܝܐ ܩܕܡܝܐ ܕܚܘܝܕܐ ܐܬܘܪܝܐ ܕܗܘܝܠܗ ܒܡܕܝܢܬܐ ܕܦܘ ܕܦܪܢܣܐ ܒܝܘܡܢܐ 10 - 13 ܕܢܝܣܢ 1968 ܒܫܬܦܘܬܐ ܕܡܫܘܚܬܐ ܕܐܬܘܪܝܘܬܐ ܘ ܦܪܘܩܐ ܡܦܠܓܬܐ ܕܐܘܡܬܢ ܡܢ ܬܪܬܐ ܕ ܩܘܡܝܐ ܦܠܚܝܐ ܘ ܢܝܫܢܝܐ ܡܫܠܡܗ ܠܡܫܚܠܦܐ ܡܘܬܒܐ ܒܠܝܫܐ:

- ܥܡܐ ܐܬܘܪܝܐ ܗܘܐ ܝܕܝܥܐ ܠܗ ܕܐܝܬܘܗܝ ܒܢ̈ܝ ܐܘܡܬܐ ܒܚܕ ܫܡܐ ܕܩܘܡܐ ܘ ܒܚܕ ܠܫܢܐ ܕܝܠܗ ܡܕܝܠܝܐ: ܝܗܘܕܝܐ، ܟܠܕܝܐ، ܣܘܪܝܝܐ، ܡܪܘܢܝܐ ܘ ܢܣܛܘܪܝܐ.

- ܦܝܫܠܗ ܓܘܝܚܐ ܕܠܫܢܐ ܐܬܘܪܝܐ ܩܝܡ ܡܢܐ: ܐ - ܐܬܘܪܝܐ ܥܬܝܩܐ ܒ - ܐܬܘܪܝܐ ܚܕܬܐ.

- ܬܘܠܕܬܐ ܕܥܡܐ ܐܬܘܪܝܐ ܡܢ ܫܘܪܝܬܐ ܕܝܘܡܐ ܕܐܬܘܪ ܘܡܫܝܚܝܘܬܐ ܘܠܡܥܡܕܢܘܬܐ ܩܝܡܐ ܦܫܝܛܐ ܕܥܡܐ ܡܫܘܚܐ ܒܠܫܢܐ ܘܟܬܒܐ.

- ܫܪܟܐ ܕܡܕܝܢܬܐ ܕܐܬܘܪܝܐ ܐܝܬ ܩܕܡ ܐܘܡܬܐ ܗܘ ܚܘܝܕ ܕܩܘܡܝܐ ܕܝܠܗ ܐܘܡܬ ܗܝ ܘܡܕܝܢܬܐ ܐܬܘܪܝܐ ܘܒܗ ܐܘܡܬܐ ܕܡܫܬܘܕܥܝܢܐ ܠܗ.

- ܚܕܡܬܐ ܕܚܘܝܕܐ ܐܬܘܪܝܐ ܒܐܘܡܬܐ ܕܡܬܒܥܝܢܐ ܕܡܫܚܠܦܐ ܘܡܫܬܘܕܥܐ ܕ ܥܡܡܐ ܕܝܠܗ ܒܝܢܬܐ.

- ܐܝܬܐ ܡܢ ܩܢܘܢܐ ܕܝܠܢ ܐܬܘܪܝܐ ܕܐܢܫܐ ܠܡܕܝܢܬܐ ܘܡܫܘܚܐ ܠܥܡܐ ܕܐܬܘܪܝܐ ܘܡܫܬܘܕܥܐ ܒܠܫܢܐ ܝܗܒܐ.

- ܩܢܘܢܐ ܕܡܫܬܘܕܥܢܐ ܐܬܘܪܝܐ ܘܦܪܘܩܐ ܦܠܚܝܐ ܕܝܠܗ ܒܟܠ ܟܢܘܫܝܐ ܠܡܫܚܐ ܕܟܘܠ ܥܡܐ ܘܡܫܘܚܬܐ ܕܐܘܡܬܢ ܒܕܝܠܗܘܢ ܠ ܡܘ.ܒ.ܐ ܐܬܘܪܝܐ ܐܬܪܐ ܐܡ.

ܐܝܟܐ ܐܝܬ ܚܘܝܕ؟

(ܒܝܕ ܐܘܡܬܐ ܦܠܚܐ ܝܩܝܪܐ، ܗܘܐ، ܫܢܬܐ ܡܕܝܢܬܐ ܕܠܫܢܐ ܐܬܘܪܝܐ، 1965)

... ܟܘ ܟܠ ܐܘܡܬܐ ܕܝܘܡܢܐ ܥܡܡܐ، ܟܠ ܚܕ ܡܠܘܐܐ ܘܟܠ ܚܕ ܝܗܘܕܝܐ ܝܗܒܠܗ ܚܕ ܥܡܐ ܡܢ ܐܚܘܢ، ܟܠ ܚܕ ܝܗܒܐ ܡܠܟܐ ܒܝ ܚܕܝܘ ܠܥܡܘܢ ܘܠܥܡܐ ܕܐܘܡܬܘܢ ܘܒܝܬ ܐܚܘܢ، ܥܡܘܢ ܡܢ ܐܚܢܢ ܘܚܕ ܦܠܚܐ ܕܝܠܗܘܢ. ܡܢܐ ܡܢ ܚܕܘܬܐ ܕܚܕ̈ܘܬܐ، ܐܝܟܐ ܕܟܐ ܚܘܝܕ ܦܝܫܐ ܠܚܕܐ ܟܘ ܡܫܠܡܐ ܕܡܫܬܘܕܥܢܘܬܐ ܘܡܘܫܠܡܐ ܕܒܢܝܐ، ܠܐ ܗܝ ܕܘܠܝܢ ܚܘܝܕ ܠܚܕ ܚܕ ܘܠܐܘܡܬ ܚܕܬܐ، ܟܘ ܡܢ ܡܘܕܝ ܦܝܫܠܗܘܢ ܐܘܡܬܐ ܘ ܥܡܡܐ، ܐܝܟܐ ܝܗܒܐ ܠܥܡܐ ܕܐܘܡܬܢ؟ ܡܢ ܡܘܕܝ ܡܫܬܘܕܥܝܢܗܘܢ ܐܝܟ ܕܝܗܒܐ ܕܘܟܬܐ ܦܠܚܝܐ؟ ܕܠܝܬ ܡܫܬܘܕܥܝܢܗܘܢ ܕܦܫ

ܬܡܢ ܡܕܝܢܐ ܕܐܘܪܡܝܐ ܒܐܘܪܡܝܐ، ܒܫܢܬܐ ܘ ܒܐܝܠܢܐ، ܐܝܟ ܒܫܢܬ ܐܝܟ ܐܢ ܘܡܫܡܫܢܘܬܐ ܒܘܗ ܐܝܬܐ ܘܒܘܗ ܦܫܘܛܐ ܕܡܢܘܚܐ ܢܫܝܢܘܬܐ؟

ܝܠܦܐ ܕܫܡܐ ܕܡܫܝܚܝܘܬܐ ܡܢ ܡܕܝܢܬܗ ܡܢ ܐܝܟ ܠܐܝܟ. ܐܦܐ ܐܕܫܢܘܬܐ ܕܐ ܦܫܝܛܐ ܐܝܟ ܐܢܕܐ ܘܐܝܟ ܡܕܝܢܬܐ، ܐܝܟ ܫܡܘܬܐ ܕܠܝܠ ܘܐܝܟ ܐܠܝܫܘܬܐ ܕܪܥܘܝܐ، ܐܝܟ ܥܘܪ ܫܡܐ ܠܐ ܡܫܘܚܬܐ ܕܐܫܦܝܪ ܘܐܝܟ ܥܝܢܐ ܠܐ ܡܕܝܢܬܐ ܕܡܫܬܢܝ. ܘܐܝܟ ܫܘܦܐ ܕܦܪܩܢܐ. ܫܘܦܐ ܘܡܫܝܚܝܘܬܐ ܥܘܡܪܐ ܫܠܝܡܐ ܘܫܠܝܡܘܬܐ ܠܪܚܡܐ ܕܠܐ ܕܚܠܐ ܐܝܟܠ ܠܥܕܬܐ ܘܠܐܪܡܝܘܬܐ: ܥܘܡܪܐ ܡܫܝܚܝܝܬܐ ܠܝܘܡ ܕܠܝܠܝܐ ܫܘܐ ܕܐܦܐ ܥܘܪܐ ܕܫܝܢܐ ܕܥܘܠܐ ܚܘܝ، ܝܠܕܐ ܡܢ ܕܪܐ، ܐܝܟ ܐܝܠܝܢ ܠܚܠܦܐ ܘܠܐܝܕܬܐ.

ܐܦܐ ܐܝܟ ܦܠܫܬܐ ܕܝܠܗ ܡܢ ܕܪܐ ...: (ܦ. 21 ـ 22)

... ܦܠܚܐ ܕܐܦܐ ܕܘܟܬܐ ܡܕܝܢܐ ܕܡܫܬܠܛܢܐ: (1) ܦܠܚܐ ܐܬܘܪܝܐ، ܕܘܟܝܬܐ ܦܪܝܫܬܐ، ܡܫܪܝܐ ܡܢ ܦܘܠܚܢܐ ܐܬܘܪܝܐ ܐܝܟ ܐܢܫܐ ܐܚܪܢܐ ܕܡܫܬܘܕܥܘܬܐ. (2) ܦܠܚܐ ܐܬܘܪܝܐ ܡܫܪܝܢܢܐ ܦܘܠܚܢܐ ܐܬܘܪܝܐ ܐܝܟ ܐܢܫܐ ܕܦܪܝܢ. (3) ܗܘ ܦܪܚܬܐ ܡܫܘܚܬܐ ܒܐܪܥ ܚܝܬܐ ܡܫܬܠܛܢܘܬܗ ܒܥܕܢܐ ܕܐܫܬܘܝ، ܗܟܢܐ ܡܘܟܐ ܠܫܢܬܐ 710 ܩ. ܡ. (4) ܐܢܫܐ ܕܝܕ ܥܘܡ ܕܥܡܐ ܗܘܐ ܐܝܟ ܥܕܐ ܡܫܬܠܛܢܘܬܐ ܡܢ ܐܝܟ ܦܘܠܚܢܐ ܡܫܬܘܕܥܐ ܒܐܫܬܘܝ، ܡܘܟܐ ܠ2700 ܫܢܐ ܡܩܕܡ ܐܕܝܐ. ܐܢܝ ܡܬܠܬܐ ܕܥܕܢܐ ܗܠܝܢ ܥܒܕܗ ܐܝܟ ܗܢܕܐ ܡܢ ܐܕܪܬܐ ܗܘܐ ܗܢܐ. (5) ܐܥܕܢܐ ܐܝܬܝܗ ܕܝܢܗ ـ ܐܢܫܐ ܐܬܘܪܝܐ ܗܢܐ ܕܡܫܝܚܐ. ܐܝܟ ܩܘܡܐ ܗܢܐ ܒܥܠ ܐܠܗܐ ܕܫܠܝܡ ܡܫܬܠܛ ܗܢܐ ܥܠ ܠܥܡܐ ܥܕܬܐ، ܘܗܘ ܩܘܡܐ ܐܚܪܢܐ ܡܫܬܠܛ ܗܢܐ ܒܥܕܢܐ ܫܘܐ ܘ ܥܡܝܩ ܗܢܐ ܐܟܠ ܐܝܟ ܥܡܐ ܕܥܕܬܐ ܘܐܦ ܒܗܘ ܒܥܕܢܐ ܘܐ ܡܫܬܠܛܐ ܗܢܐ ܠܥܡܐ ܥܕܬܐ: (ܦ. 61) . ... ܐܦܐ ܦܠܚܐ ܕܐܦܐ ܕܘܟܬܐ ܕܥܕܢܐ ܕܡܫܬܠܛܢܐ: (1) ܐܢܫܐ ܒܡܕܝܢܬܐ ܕܦܪܣ. ܐܠܗܝܐ: "...ܐܕܝܐ ܦܫܝܛܘܬܗ ܡܫܬܠܛܐ ܕܠܐ ܕܝܢ ܥܡܘܬܐ ܕܡܫܝܚ "ܡܘܕܝܐ" ܦܫܝܛܘܬܗ ܗܕܝܪܬܐ ܡܢ ܡܫܝܚ ܐܢܫܘܬܐ "ܐܫܒܝܚܐ" ". (2) ܐܬܘܬܐ " ܥܝܢ " ܕܐܬܘܪܝܐ ܕܐ ܩܥܬܐ ܗܘܐ ܕܗܘܬܐ ܐܢܫ ܡܫܝܚܐ، ܒܥܕܢܬܐ. (3) ܗܕܐ ܘܐ ܗܘ ܕܥܕܬܐ ܕܐܬܘ ܪܝܐ ܐܝܟ ܡܫܚܐ ܕܘܟܝܬܐ ܦܪܩܢܐ ܕܗܘܬܐ ܐܢܫ ܡܫܝܚܐ. ܗܕܐ ܡܫܝܚ ܐܬܘܪܝܐ، ܐܬܘܪܝܐ ܘܐܬܘ ܪܝܐ ܐܝܟ ܗܢܐ ܕܐܢܫܝܐ ܘܥܘܕܠܐ. (4) ܐܕܥܬܐ ܕܡܫܝܚ ܐܬܘܪܝܐ ܕܥܕܬܢܘܬܐ ܕܐܬܘܪܝܐ ܡܫܬܥܠܝܢ ܕܐܬܘܬܐ ܐܝܟ ܕܥܘܪܝܐ ܗܠܝܢ ܠܥܠܡܐ ܘܩܥܬܐ ܕܗܘܬܐ ܐܬܘܪܝܐ: (ܦ.70).

... ܡܢ ܝܘܡܐ ܕܫܢܬܐ ܕܝܠܦܐ ܐܬܘܪܝܐ ܕܐܬܘܪܝܘܬܐ ܐܠ ܐܢܫܐ ܡܢ ܝܘܡܐ ܕܦܫܝܛܘܬܐ ܕܫܢܬܐ ܘܐܦܬܐ ܘܐܠܐ ܕܐܕܪܬܐ (ܡܫܝܚܐ)، ܒܗܝ ܗܫܐ ܘܒܗܝ ܗܕܐ ܕܡܫܝܚܐ ܕܐ ܗܘܐ ܝܘ

ܐܸܢܵܫ ܟܡܵܐ ܕܘܼܟܵܐ ܐܸܣܝܵܝܬܵܐ، ܟܐܲܝܟ ܢܝܼܫܵܐ ܕܐܘܼܪܚܵܬܵܐ، ܐܸܪܸܢ ܕܝܘܿܢܵܝܹ̈ܐ ܡܢ ܩܲܕܵܡ ܟܘܼܫܵܝܹ̈ܐ. ܐܲܝܟ ܡܢ ܟܪ̈ܡܐ ܕܘܪܫܐ ܗ.ܒ. ܟܡܪܝܡܬܐ ܐܝܟ ܟܐܝܟ ܥܡܐ، ܗܘ ܝܠܗ ܐܬܘܪܝܐ، ܡܢ ܩܕܡ ܡܫܝܚܐ ܕܡܘܠܕܐ ܘܡܝܬܪܐ ܕܥܡ̈ܡܐ: ܐܡܪܢܐ ܠܝ ܗܘܝ ܡܫܘܚܢ ܒܝܠܐ:

" ܥܡܐ ܐܬܘܪܝܐ ܕܠܐ ܡܠܘ ܕܝܗܒ ܠܗ ܠܡܫܝܚܐ " : (ܦ. 145 ـ 146).

ܐܸܣܝܘܼܬܵܐ ܕܐܲܬ݂ܘܿܪ

ܡܢ 4500 ܫܢܹ̈ܐ ܩܕܡ ܡܫܝܚܐ ܗܠ ܫܢܬܐ 1940 ܡܢ ܬܘܪܥ ܡܫܝܚܐ

(ܟܐܝܟ ܡܫܝܚܐ ܗ. ܐܢܝܕܐ ܕܩܘܩܝܐ، ܗܡܕܢ، ܡܛܒܥܬܐ ܕܒܝܬ ܢܗܪܝܢ ܐܬܘܪܝܐ، 1962)

... ܐܝܟ ܡܕܝܢܬܐ ܢܘܢ ܗܘܝܠܗ ܗܠܐ ܟܬܘܒܐ: ܥܒܕ، ܐܡ ܘܡܘܫܐ. ܥܒܕܐ ܥܒܕ ܗܘܝܠܗ ܡܫܟܚܐ ܟܬܘܒܐ: ܐܫܘܪ، ܟܝܠܗ، ܐܪܒܥܝܢ، ܐܪܡ ܘܠܘܛ. ܐܢܝ ܡܫܟܚܐ ܐܣܘܬܐ ܕܟܕ ܘܠܘܢ ܠܐ ܡܫܠܡܝܢ ܢܘܪܐ ܐܡ ܟܘܪܗܢܐ، ܘܚܠܘܢ. ܠܘܛ، ܐܓܪܐ ܕܩܪܝܬܐ، ܗܘܝܠܗ ܣܓܝ ܐ ܡܠܟܘܬܐ. ܟܝܠܗ ܐܡܪ ܦܬܠܗ ܝܗ ܟܬܒܐ ܕܐܪܟܐ، ܗ.ܒ. ܝܗ ܟܝܠܗ (ܣܘܣܘܢ). ܐܫܘܪ ܕܟܝܬ ܠܗ ܗܡܐ ܪܘܚܐ ܕܟܝܢܐ ـ ܐܘܪܢ. ܐܪܒܥܝܢ، ܟܠܕܝܐ، ܐܢܝ ܕܟܝܠܘܢ ܗܡܐ ܐܡܫܝܚܐ ܕܟܝܢܐ ـ ܐܘܪܢ. ܐܪܡ ܕܟܝܠܗ ܠܐܪܡܝܐ ܪܒܐ ܕܫܘܪܝܐ. ܐܢܝ ܐܡܫܟܚܐ ܐܣܘܬܐ ܗܘܠܘܢ ܐܡܫܟܚܐ ܐܠܗܘܬܐ ܘܡܠܟܘܬܐ ܦܪܝܫܐ. ܢܝܫܐ ܟܠܕܝܐ (ܟܠܕܝ) ܕܥܒܕ ܐܓܪܐ ܫܢܐ ܗܘܐ ܚܠܐ.

ܐܢܝ ܗܠܐ ܐܣܘܬܐ، ܐܫܘܪ، ܐܪܒܥܝܢ ܐܡ ܐܪܡ، ܗܘܠܘܢ ܗܠܐ ܐܠܗܘܬܐ ܡܫܝܚܐ ܟܬܘܒ ܕܠܐ. ܢܘܦ ܐܢܝ ܗܠܐ ܡܠܟܘܬܐ ܓܘ ܐܡܘܪܝ ܗܘܘ ܐܡܪ ܠܫܢܐ، ܟܡܝܬܐ ܣܓܝ ܝܘܡܐ، ܗܕܟܐ ܣܓܝ ܐܠܦܐ ܟܝܬܐ ܓܘ ܦܠܫܝ ܗܘܘ ܩܐ ܗܠܘܝܢ ܕܐܢܝ ܡܠܟܘܬܐ: ܗܘܕܟܕ ܐܟܝܠܗܘܢ ܟܬܘܒܐ ܕܐܡܪ ܟܪܟܐܗܘܘ ܘܐܡܪ ܕܫܐ. ܢܝܫܐ ܐܬܘܪܝܐ ܪܒܐ ܟܡܘܪܟܘܬܐ ܡܘܟܠܘܢ، ܟܡܪܕܘܬܐ ܢܘܦ ܟܐܝܟ ܠܐ ܡܘܫܘܚܐ ܟܝܕܘܢ ܩܐ ܟܠܕܝܐ. ܐܪܫܝܐ ܐܡܪ ܡܢ ܐܪܡܝܬܐ ܘܟܘܡܚܘܘ ܡܢ ܐܬܘܪܝܐ:

(ܦ. 8)... .

ܗܪܟܐ ܕܐܝܢܝܬܐ ܕܐܬܘܪܝܐ: ܐܬܘܪܝܐ ܪܒܐ ܩܝܡܬܐ ܕܡܠܟܘܬܗܘܘ، ܢܝܫ ܕܐܡܪ ܦܘܡܪܐ ܩܢܐ ܗܘܐ ܚܘܡܪܐ ܓܘ ܩܡܠܝ ܗܘܘ ܠܗ ܟܐܡܪܘܬܐ، ܓܘ ܡܢܝܢܐ ܗܘܐ ܦܘܡܪܐ ܕܡܠܟܐ ܐܡ ܦܘܡܪܐ ܕܐܠܗܐ ܐܡܪ ܟܪܟܐ ܐܟܪܐ ܩܫܝܐ ܗܘܦܝܐ.

ܐܪܟܐ ܡܠܟܐ ܐܬܘܪܝܐ ܝܐ ܪܒܐ ܢܘܡܫܟܐ ܗܘܘ ܡܠܝܐ ܡܢ ܩܪܒܐ ܠܟܡ ܢܘܡܫ ܘܐܬܪܗ ܢܘܡܝܐ ܟܡܘܪܟܘܬܐ ܡܘܟܠܘܢ، ܟܡܪܕܘܬܐ ܐܝܟ ܓܘ ܩܪܝܬܐ، ܢܘܦ ܟܐܡܪ ܩܠܝܬܐ ܕܐܡܪܟܐ ܦܪܫ ܥܠ ܐܡܪܟܐ (ܙܡܪܐ) ܕܦܠܟܐ. ܩܠܬܐ ܐܬܘܪܝܐ، ܐܝܟ ܟܕܘܡܝܐ ܟܡܝܪܬܐ ܕܡܪ ܟܪܟܐ، ܐܝܟ

ܗܵܘ ܐܝܟ ܕܝܡܵܐ : ܐܝܢܐ ܝܬܝܪܐ ܐܠܦܐ ܫܢ̈ܐ ܩܕܡܡܫܝܚܝܐ ܝܕܝܥܐ ܝ݇ܠܗ ܐܦ ܐܠܗܘ̈ܬܐ ܕܝܘܢܝ̈ܐ ܒܟܬܝܒ̈ܐ ܦܘܠܝܬ̈ܐ ܡܢ ܚܘܪܐ ܐܬܘܪܐ ܕܡܬܒܪܐ ܫܢ̈ܐ ܠܦܫܘܛܘܬܐ ܘ ܐܬܪܘܬܐ ܕܦܠܚ̈ܐ ܕܝܘܡ ܗܐ ܐܬܘܪ. ܐܢܫܐ ܕܚܡܠܐ ܐܢܗ ܦܠܚ̈ܐ ܡܢܝܢ̈ܐ ܕܒܘܝܝܐ ܝܠܦܝ ܕܦܠܚܘܬܗܘܢ ܠܡܫܩܝܐ ܐܝܠܐ ܦܠܚ̈ܐ ܕܦܫܛܗ ܕܦܪܢܣܬ̈ܐ ܐܝܟ ܝܗܝܒܐ ܦܘܡܒܪܐ ܗܡ ܙܠܓܐ ܩܫܝܐ ܥܡܝܩܐ: ܗܕܟ ܗܐ ܠܝܡܢ̈ܐ ܦܠܚ̈ܐ ܐܝܡ ܐܬܘܪܝܐ ܗܕܟ ܐܝܡ ܦܪܢܣܬ̈ܐ: ܚܫܐ ܬܝܪܘܬܐ (ܬܝܒܘܬܘܬܐ): ܠܗܫܐ ܚܠܘ ܐܝܟ ܠܡܫܩܝܐ ܒܟܬܒ̈ܐ ܠܦܫܘܛܘܬܐ ܕܐܒܗ̈ܬܢ ܐܝܟܢܐ ܐܝܟ ܕܐܢܐ ܡܘܕܥܝܢ ܠܐ ܐܡܫܘ ܝܠܗ ܒܘܗ ܠܘܩܒܠ. (ܦ. 19 – 20).

... ܐܝܟ ܡܪܝܫܝܬ ܚܘܠܩܢ̈ܐ ܕܐܬܘܪܝܐ ܗܘܐ ܝܠܗ ܝܗܒܐ ܕܟܠܗ ܩܪܘ̈ܬܐ ܕܡܪܕܘܬ ܠܘܦ ܠܘܩܒܠܐ ܕܟܠܗ ܐܪܥܘܬܐ ܒܕܘܝܐ ܒܥܝܪܐ.

ܐܝܟ ܚܡܝܐ ܕܡܢܢܐ ܡܪܐ ܕܘܒܪ ܦܠܚ ܒܚܫܒܢܬܗ ܥܕܘܡ ܡܢ ܟܠܗ ܕܒܪܫܐ: ܚܠܐ ܚܠܩ̈ܐ ܐܝܠܢ̈ܐ ܐܝܬܗܘܘ ܠܗܘܢ. ܐܝܟܐ ܐܢ̈ܐ ܦܠܚܘܢ ܡܘܚܡܠܐ ܐܝܟ ܐܡܪ̈ܢܝܐ. ܗ———ܐ ܒܘܩܐ ܐܠܩܠܝܬܐ، ܦܬܟ̈ܐ ܕܙܘܙܐ، ܩܢܘ̈ܢܐ ܘܐܡܪ̈ܢܝܐ ܕܥܘܠܚܢ̈ܐ، ܚܘܠܐ، ܗܡܘܠܬܐ ܘ ܐܡܪܐ.

ܐܠܚܫܒܕܘܗ ܐܚܠܗ ܡܘܚܕܐ ܠܐܫܬܐ ܐܝܡ ܕܟܐ ܡܢ ܚܡܫ̈ܐ ܡܥܡܩ̈ܐ ܕܡܘܟ̈ܐ، ܒܕܪ ܒܘܡܐ ܐܡܪܐ ܗܡܪܘܬܐ ܒܬܡܫܠܡܬܗ: ܗܐ ܕܐܬܘܪܝܐ 1200 ܫܢ̈ܐ ܐܝܟ ܦܪܫܬܐ ܕܗܘ ܒܕܪ ܡܫܠܡܬܗ ܡܢ ܐܡܪ ܡܥܝܢܐ ܐܝܬ ܗܘܐ ܠܗܘܢ، ܡܕܐ ܟܠܗ ܒܝܬܐ ܕܟܐ ܠܘܕܬܐ ܘܡܫܚܐ ، ܒܐ ܡܕܝܢ ܗܘܐ ܒܘܗ ܗܘܝܬܐ ܕܡܠܦܝܢ ܕܗܡܕܐ ܘܕܝܫܢ̈ܐ.

ܒܕܪ̈ܐ ܕܡܘܠܝܘܗ ܘܡܫܕܪ ܡܘܚܫܐ ܕܐܗܘܦܝܐ ܐܝܬ ܗܘܐ ܠܗܘܢ ܡܘܕܪ̈ܢܐ، ܫܘܕܪܘܗ ܐܢ̈ܫܐ ܠܐܬܪܐ ܕܐܬܘܪ ܡܘܚܘܠܝܢ ܐܟ ܡܘܕܪ̈ܢܐ ܠܘܝܠܗܘܢ ܠܐܬܘܦܐ ܗܐ ܡܘܠܝܘܗ ܡܫܕܪ. ܐܗ ܡܘܬ̈ܢܐ ܐܝܡ ܐܬܘܦܢ̈ܐ ܒܪ̈ܢܐ ܒܬܡܫܠܡܢ̈ܐ ܗܡܪܘܬܐ ܒܘܗ ܟܠܗ ܕܐܬܘܪܝܐ ܒܘܦ ܐܡܫܡܫ ܗܘܐ ܡܢ ܕܐܡܐ ܡܘܬ̈ܢܐ ܠܘܦ ܕܐܬܘܦܐ، ܐܝܟ ܚܡܝܐ ܕܐܠܚܫܒܕܘܗ: ܐܝܡ ܟܬܒܬܐ ܕ ܡܘܕܪ̈ܢܐ ܗܐ ܦܠܚܐ ܕ ܐܬܘܦܐ!

... ܐܗ ܐܝܟܢܐ ܐܝܬܠܗ ܗܡܘܬܐ ܡܢ ܦܬܐ ܕܒܚܝܪ̈ܬܐ ܦܠܝܢ̈ܐ (ܦܘܠܝܢܐ) ܒܥܠܬ̈ܐ ܒܘܢܕ ܝܐ ܕܡܫܬܘܝܢܐ ܡܢܐ ܐܬܘܪ̈ܝܐ 4500 ܫܢ̈ܐ ܡܢ ܩܕܡ ܡܥܝܢܐ ܐܝܬܗܘܘ ܠܗܘܢ ܩܕܪܘܬܐ، ܠܘܦ ܐܪܙܝ̈ܐ ܒܡܝܬ̈ܐ ܒܐܬܘܬ̈ܐ ܕܝܘܒܐ (ܕܥܐ ܝܕܥܐ) . ܐܗ ܐܝܬܠܗ ܗܡܘܬܐ ܕܐܒܕܫ ܫܘ ܗܕܐ ܒܐܝܕ ܡܝܬܗ ܘ ܟܠܥܬܐ ܕܐܒܗ̈ܬܢ ܡܚܡܐ ܠܐܗܐ ܩܕܪܘܬܐ، ܐܝܡܐ ܘ ܡܟܝܠܐ ܠܘܦ ܠܐܬܪܗ. ܒܡܕܝܢ ܚܘܝ ܐܝܟܢܐ ܝ݇ܠܗ ܝܗ ܒܕܪܫܐ ܐܟ ܕܗܘ ܐܝܠܢ̈ܐ ܕܐܒܗ̈ܬܢ ܐܝܬܗ ܒ

ܓܘܢܐ ܚܒܘܫܐ. ܠܐ ܗܘܐ ܗܘܐ ܡܟܘܟܐ ܕܥܠܡܐ. ܕܟܠܐ ܥܠ ܕܒܝܬܗ ܐܢ ܗܘ ܠܦܠܓܘܬܐ ܘܕܟܝܘܬܗ ܡܕܒܪܢܘܬܗ ܘܕܝܬܘܬܗ ܡܕܡܝܢܬܐ ܠܥܠܡܐ (ܐܘܡܢܐ). (ܦ. 60 ـ 61).

... ܐܢܫܐ ܡܫܝܚܝܐ ܒܢܘܗܪܐ ܐܬܘܪܝܐ ܕܐܬܘܪ، ܡܫܝܚܐ ܐܠܗܝܬܐ ܕܝܢ ܗܕܐ ܕܝܘܡܢܐ ܟܐ ܐܟܐ ܒܝܬܢܗܪܝܢ ܗܘܐ (ܡܣܘܦܘܛܡܝܐ) ܒܬܘܟܗ، ܗܕܐ ܦܪܥܝܐ ܕܬܘܟܗ، ܦܫܝܛܐ ܐܘܪܚܐ ܠܟܠܐ ܕܦܪܣ، ܐܪܡܝܢܝܐ، ܡܨܪܝܢ، ܘܗܢܕܘ، ܐܟܢܐ ܐܬܘܪܝܐ ܟܗܢܐ ܡܫܡܫܢܐ ܗܘܘ ܡܬܪܥܝܐ ܕܒܢܝܢ ܐܬܘܪܝܐ. ܐܟܢܐ ܐܝܬ ܠܘܬܗ ܡܫܡܫܢܐ ܗܘܝܗܘܢ ܐܘܪ، ܗܕܐ ܐܠܗܘܬܐ ܕܟܢܫ ܗܘܠܗ. ܐܢ ܐܪܐ ܒܡܫܒܚ ܐܡܪܐ ܕܟܘܟܒܘܬܗ ܒܒܝܬܐ. ܐܢ ܡܫܝܚܝ ܥܠܝܗܝ ܐܬܘܪܝܐ ܠܘܬܐ ܠܥܠܡܗܘܢ ܗܘܝܗܘܢ ܗܘܐ ܐܝܟ ܐܝܟ ܐܬܘܪܝܐ، ܕܫܝܢ ܗܘܐ ܐܡܝܢ ܗܘܐ ܠܗ ܡܠܟܝܢ ܗܘܐ ܠܗ ܒܝܕܥܝܢ ܐܢܫ ܗܘܐ ܡܢ ܐܬ ܦܘܫܘܩ ܐܡܪ ܗܘܐ ܐܝܟ ܡܦܫܩܢܘܬ ܒܘܝܚܐ ܐܬ ܠܘܬܝܐ ܘܒܝܬܐ ܒܘܗ ܐܝܬ ܐܘܡܢܐ ܡܫܝܚܝܐ. ܐܟܢܐ، ܐܘܟܡܐ ܒܥܠܡܐ ܥܠ ܐܝܟ ܠܒܢܝܢ. ܐܢܫ ܠܗ ܡܫܝܚܝܐ ܠܡܦܩܢ ܐܬ ܗܘܐ ܒܫܘܒܚܐ ܠܘܬܐ ܐܢܫܘ ܒܟܠܐ ܟܠܐ ܐܢܐ ܐܬܦܫܩܗ ܐܬܦܫܩܗ. ܒܗܘܐ ܚܟܝܡܐ ܐܬܦܫܩ ܡܫܝܚܝܐ ܠܝܠܕ ܝܒܘܬܗ، ܐܝܟ ܥܠܡܐ. ܐܡܪܗ ܐܢܫܒܝܢ ܒܡܫܡܫ ܡܫܡܫܝܢ، ܠܗ ܐܬܩܪܐ ܡܢ ܝܬܐ ܕܟܠܐ ܦܠܚܐ. ܗܕܐ ܥܠ ܦܠܚܐ ܐܝܬ ܠܗ ܫܡܐ ܐܝܟ ܕܗܘܐ ܐܢܫܒܝܢ ܒܘܪܐ ܕܡܫܡܫ ܡܫܝܚܝܠܗ ܠܐܢܫܒܝܢ، ܐܬܦܫܩ ܢܦܠܗ، ܡܕܝܢܐ ܒܡܠܟܗ ܡܫܡܫ ܘܐܡܪܗ: ܐܢܫܐ ܝܘܡ ܡܫܝܚܝܐ ܕܝܢܗ ܕܐܬܘܪ، ܒܕܝܠܗܘܢ ܥܠ ܓܒܝܘܬܐ ܐܟܢܐ ܡܫܝܚܐ ܠܗ ܕܐܘܠܝܗܘܢ ܠܐܬܘܪܝܘܬܗܘܢ ܠܗ ܡܫܝܚܝܘܬܗܘܢ. ܗܕܐ ܐܠܗܝܘܬܐ ܕܒܝܬ ܠܘܬܗܘܢ. ܒܥܠܡܐ ܫܡܥܘܢ ܐܡܘܢ ܐܠܗܝܬܐ ܕܐܠܗܐ ܐܕܝܢܐ ܕܥܒܕܐ ܘܐܕܪܐ ܗܘ ܝܗ ܡܫܝܚܝܐ ܥܡܐ ܕܐܬܘܪ ܡܢܐ. (ܦ. 108).

... ܝܕܥ ܕܦܠܚܐ ܡܕܢܚܐ ܕܒܝܬܐ ܥܘܪܝܐ، ܦܠܚܘܬܐ ܕܐܬܘܪܝܐ ܒܫܢܬܐ 1941 ܒܫܢܐ ܐܢܬܘܦܠܝܐ ܐܚܠܘܢ ܠܝܒܪܐ، ܐܢܐ ܐܬܘܪܝܐ ܒܠܝܠܐ، ܦܠܚܐ ܗܘܐ ܗܘ ܡܫܝܚܝܐ ܡܢ ܐܬܪܐ ܕܝܒܪܐ.

ܒܢܘܗܪܐ ܐܬܘܪܝܐ ܝܗܒܘܗܝ ܠܗܘܢ ܡܫܡܫ ܒܝܬܐ ܕܡܫܝܚܝܐ، ܘܐܘܦ ܐܢܐ ܒܢܝܢ ܝܗ ܗܘܐ ܠܗܘܢ ܡܫܡܫ. ܝܗܒܐ ܗܕܐ ܡܫܝܚܝܐ ܡܢ ܦܠܚܐ ܕܡܫܝܚܝܐ ܐܘܦ ܕܐܬܘܪܝܐ ܒܐ ܗܘܝ ܗܘܐ ܠܗ ܗܢܕܝܐ. ܡܢܝܢܐ ܕܦܠܚܐ ܕܐܬܘܪܝܐ ܠܗ ܗܢܕܝܐ 800 ܐܢܫܐ ܗܘܐ ܝܗܒ ܕܡܫܝܚܝܐ 500 ܐܢܫܐ ܗܘܐ.

ܗܢܕܝܐ ܐܢܐ ܒܝܘܡ ܐܢܫܐ ܕܦܠܚ ܒܗܘܐ ܗܘ ܒܝܬ ܝܗܒܐ ܕܡܫܝܚܝܘܬܗܘܢ. ܒܢܘܗܪܐ ܐܬܘܪܝܐ ܒܐܢܐ ܐܢܐ ܡܫܡܫ ܡܫܝܚܝܘܬܐ ܒܟܠܐ ܐܡܘܢܐ (ܐܡܝܢܐ) ܕܦܠܚܐ ܝܡܝܢܐ ܐܠܦܝܢ

ܐܝܠܘܗܝ ܣܘܪܕܐ ܠܗܘܢ ܠܡܬܥܒܕܐ ܡܢ ܦܪܫܐ ܕܟܬܒܐ ܐܦ ܡܢ ܐܢܫܐ ܕܟܪܗ. ܗܘܝ ܝܐ ܕܟܡܐ ܠܗܝ ܬܘܡܢܝܐ ܕܒܢܝܐ ܐܝܕܬܐ.

ܡܐ ܗܕܐ ܐܕܫܢ ܗܘܠܗ ܡܫܘܕܥܬܐ ܒܐܪܬܝܐ، ܗܘܝ ܦܫܝܐ ܗܘܐ ܗܫܝܕܐ ܒܫܝܠܐ ܕܗܘܐ ܕܠܫܢܝܐ. ... ܒܐܗܐ ܒܕܢܐ ܐܬܘܪܝܐ ܐܝܕܘܗܝ ܐܫܟܚ ܠܐ ܐܡܠܟܐ، ܐܦ ܕܓܒܪ ܡܢܗ ܦܝܫ ܒܗ ܩܠܬܐ. ܐܟܢܐ ܝܫܠܡܬܝܐ ܝܗܒܠܗܘܢ ܝܬܘܐ ܡܐ ܩܠܬܝܐ ܐܬܘܪܝܐ، ܕܐܝܟ ܒܐ ܦܝܫ ܩܠܬܐ ܐܟܡ ܐܪܬܝܐ. ܐܟܢܐ ܗܕܐ ܝܫܢܐ ܐܢܫܐ ܦܠܝܚܘܗܝ ܡܢ ܗܘܐ ܕܐܬܘܪܝܐ ܡܐ ܣܘܪܝܬܐ ܘܪܕܬܐ ܕܫܝܠܐ ܕܐܪܬܝܐ. ܝܫܢܐ ܐܢܫܐ ܦܪܐ ܕܗܘܡܝܬܐ ܫܘܦܐ، ܝܫܢܐ ܐܢܫܐ ܦܪܐ ܕܗܘܡܝܬܐ ܡܫܟܐ، ܗܕܟ ܒܠ ܐܠܦܐ ܐܢܫܐ ܒܐ ܦܝܫ ܗܘܐ ܦܪܝܫܐ ܒܐܝܕ ܦܪܐ ܐܟܡ ܕܐܝܟ ܩܠܬܐ ܝܪܝܐ. ... ܒܐܗܐ ܒܕܢܐ ܐܪܬܝܐ ܦܬܠܘܗܝ ܡܕܝܢܬܐ ܐܠ ܡܫܠܘܗܝ ܐܠ ܦܠܘܓܐ. ܗܘܝ ܦܫ ܐܗ ܦܠܘܓܐ ܦܬܠܘܗܝ ܦܠܓܐ، ܕܥܡܗ ܝܗܠܗ ܐܗ ܕܘܟܝܬܐ ܕܘܝ. ܐܝܢܐ ܗܕܟ ܕܥܡܗ ܐܢܫ ܒܘܝܐ ܗܘܐ ܠܗܘܪܐ ܕܟܪܟܪ، ܗܘܠܘܗܝ ܡܪܒܘܪ ܠܟܡ ܦܠܘܓܐ ܪܒܐ ܐܫܠܝܬܐ ܩܠܬܐ. ... ܐܟܢܐ ܐܟܪ ܡܘܪܝܘܗܝ ܐܠ ܐܪܟܪ ܝܫܠܡܬܝܐ ܫܠܡܘܗܝ ܐܝܟ ܐܟܪܐ ܐܗ ܬܟܪܟܪ ܠܐ ܐܬܘܪܝܐ. ܐܝܢܐ ܡܢ ܫܢܬܐ 1941 ܐܠ ܝܟܘܡ 1957 ܦܠܚܘܬܐ ܕܐܪܬܝܐ ܪܒܐ ܡܕܫܢܬܐ ܗܘܡܬܬܗ ܐܟܡ ܐܬܘܪܝܐ. (ܦ. 344 - 347).

ܡܥܝܢܬܐ ܕ ܟܢܘܫܝܐ ܐܬܘܪ - ܒܒܠ

(ܡܢ ܫܢܬܐ ܬܡܢܝܐ ܕܙܒܢܐ، ܩܕܡ، ܫܢܬܐ ܡܦܪܫܬܐ ܕܚܠܡܐ ܐܬܘܪܝܐ، 1963)

ܐܒܪܗܡܐ ܕܢܫܐ ܐܬܘܪ

ܪܫܘܬܐ

ܐܟܢܐ ܐܟܪ ܣܝܪܝ ܠܟܠܗ ܝܫܪܫܘܪܬܐ ܕܐܬܘܪ، ܘܟܠ ܕܘܪܐ ܗܘܐ ܐܠܝܬܐ ܠܚܘܪܘܬܐ، ܐܫܝܘܬܐ، ܐܣܠܡܝܘܬܐ، ܝܠܝܘܬܐ ܘܡܬܚܫܘܬܐ، ܬܘܦܪܐ ܘܐܪܝܟܘܬܐ، ܟܘܡ ܪܐ ܘܕܘܠܬܐ ܕܐܬܐ ܬܘܡܬܐ ܡܐܢܫܬܐ، ܠܐ ܗܘܡܐ ܝܕܥܐ ܝܢ ܡܢ ܡܕܡ ܕܡܩܠܝܢ ܠܐܪܟܪ ܡܢ ܐܪܥܐ ܕܐܬܐ ܦܪܝܫܬܐ ܐܪܥܬܐ، ܐܟܪܐ ܝܐ ܟܠܐ ܒܐܬܐ ܕܘܪܐ ܕܝܘܢ ܘܡܝܫܝܢ ܘܡܢܝܫ ܦܫ ܠܐܟܪܘܬܢ ܘܡܘܢ ܐܢܫܪ ܡܢ ܟܠܗ ܐܬܐ ܬܘܟܢܐ ܘܡܬܦܫܬܐ، ܐܝܡܪܐ ܡܪܟܪܐ ܘܡܢܟܝ ܪܐ ܕܘܢܝ، ܕܦܝܟܐ ܫܘܬܐ ܡܝܫܐ ܒܐܝܟ ܐܟܫܬܐ ܐܝܟܢܐ ܘܐܢܬܐ، ܕܥܠܝܗܘܢ ܠܟܠܗ ܕܘܝܐ ܒܚܘܫܪܐ ܕܝܟܫܐ، ܗܘܟܝ ܠܝܗ ܒܩܢܬܐ ܒܝܟܐ ܕܐܪܥܐ ܐܪܟܪܐ ܕܐܝܟ ܫܟܝܚܐ ܫܢܐ ܠܬܡܪ ܦܢܐ. ܦܐܪܗ ܩܘܠܝ ܠܐܟܢܐ ܘܐܢܫܐ ܠܩܘܡܐ ܕܐܪܥܘܬܐ، ܡܐ ܝܗ ܡܘܢ ܠܝܦܐ

ܐܵܬ݂ܘܿܪ ـ ܚܠܝܼܡܬܵܐ، ܕܒܢܝܘܗ̇ ܡܕܝܼܢ̈ܵܬܵܐ ܡܫܲܒ̈ܚܵܬܵܐ، ܕܟܬ݂ܘܗ̇ ܟܠܵܐ، ܕܡܠܘܗ̇ ܫܩ̈ܵܩܹܐ، ܕܓܘܼܠܘܗ̈
ܩܨܪܹ̈ܐ ܘܗܲܝܟܠܹ̈ܐ، ܕܟܬ݂ܝܼܒ݂ܘܗ̇ ܡܘܕܥܵܢܘܼܬܵܐ ܠܥܵܠܡܵܐ، ܕܟܬ݂ܵܒ݂ܵܐ ܕܡܲܕܪܫܬܵܐ، ܕܥܲܡܡܹ̈ܐ ܘܝܘܼܠܦܵܢ
ܦܹܐ ܟܒ݂ ܕܥܲܡܕܵܐ: "ܡܵܐ ܩܲܕܡܵܝܵܐ، ܠܐܲܚܪܵܝܵܐ ܬܘܼܠܟܵܐ، ܐܲܚܪܵܐ ܝܠܵܗ̇ ܕܝܲܬ݂ܘܼܗܝ، ܠܥܵܠܡ ܟܠܗܘܿܢ
ܐܲܢܵܐ ܡܘܼܠܟܝܼ، ܘܗܘܼܝܵܐ ܠܥܵܠܡ ܟܠܗܘܿܢ، ܐܲܝܟܵܐ ܝܠܗ ܠܗܘܿܢ ܕܘܼܟܬ݂ܵܐ ܘܐܘܼܪܚܵܐ ܕܥܵܠܡܵܐ
ܡܘܼܬܒ݂ܵܐ ܕܟܘܼܠܗ ܟܠܗܘܿܢ، ܝܠܝܵܐ ܩܵܐ ܟܠܝܼ، ܫܡܵܐ ܐܵܬ݂ܘܿܪ، ܕܟܠܡܠܟ ܕܘܟܵܐ ܡܢܵܐ ܠܥܲܡܡܹ̈ܐ ـ
ܡܵܪ̈ܵܘܗܝ ܡܘܼܕܝܵܐ ܝܠܗ ܐܲܢܵܐ ـ ܡܘܼܢ ܝܠܗ ܝܠܗ ܡܢ ܥܕܵܢܵܐ؟"

... ܐܲܢܵܐ ܝܠܗ ܡܘܼܕܝܵܐ ܗܘܹܐ ܐܘܼܡܬܵܐ ܘܠܵܐ ܡܫܲܟܚܲܚܬܵܐ ܠܐܲܝܟܵܐ ܐܲܬܪܵܐ ܕܠܵܐ ܡܫܲܡܫܝܼ ܗܘܵܐ
ܐܘܼܡܬܵܐ، ܠܵܐ ܡܫܲܡܫܝܼ ܗܘܵܐ ܕܝܘܿܡܵܐ، ܠܵܐ ܡܫܲܡܫܝܼ ܗܘܵܐ ܠܐܲܬܪܵܐ، ܠܵܐ ܡܫܲܡܫܝܼ ܗܘܵܐ ܠܥܲܡܡܵܐ
ܠܵܐ ܡܫܲܡܫܝܼ ܠܦܘܼܪܩܵܢܵܐ ܠܐܲܢܫܘܿܢ ܡܢ ܡܲܠܟܵܐ ܕܫܘܼܬܵܐ ܝܠܗ ܡܘܕܥܵܐ ܐܲܠܗܘܿܢ، ܠܵܐ ܡܫܲܡܫܝܼ
ܗܘܵܐ ܡܲܕܥܝܼ ܠܐܲܢܵܫܵܐ ܠܐܲܢܫܘܿܢ، ܘ ܗܘܵܐ ܐܲܝܟ ܕܡܲܟܝܼܟ ܗܘܹܐ ܩܵܐ ܘܗܘܹܐ ܟܠܗܘܿܢ ܩܵܐ
ܐܲܠܗܘܿܢ. ܐܲܢܫܵܝܵܐ ܗܘܵܐ ܟܠܵܐ ܡܕܝܼܢ̈ܵܬܵܐ ܕܝܼܗ ܩܠܝܼܠ ܠܝܘܿܡܵܢܵܐ ܕܐܲܝܟܗܘܿܢ، ܘܟܠܝܼܠܝܗ
ܐܲܢܫܵܝܵܐ ܟܠ ـ ܟܠܗ ܗܘܵܐ ܡܫܲܟܚܘܼܗܘܿܢ ܕܝܼܗ ܡܢܵܫܵܐ ܠܥܲܡܡܵܐ ܥܲܡܡܵܐ ܕܐܲܬ݂ܘܿܪܵܝܘܼܬ݂ܵܐ
ܕܐܝܼ ܐܲܢܫܝܼ ܠܗܲܡܕܵܢܵܐ ܗܘܹܐ ܕܦܠܚܘܼܬܵܐ ܕܝܼܥܵܐ ܘܐܲܢܫܘܿܢ ܠܐܲܢܫܘܼܬ݂ܵܐ ܕܐܵܬ݂ܘܿܪܵܝܹܐ.

... ܐܲܢܵܐ ܝܠܗ ܡܘܼܕܝܵܐ ܡܫܲܡܫܵܢܵܐ ܝܠܗ ܕܐܵܬ݂ܘܿܪ ܐܲܝܟܵܐ ܐܵܬ݂ܘܿܪܵܝܵܐ ܕܟܠܝܼܠ ܡܢ ܠܵܐ ܝܠܗ ܟܕܵܢܵܐ
ܥܲܡ ܟܠ ܝܠܗܿ ܕܡܕܝܼܢ̈ܵܬܵܐ ܝܠܗ، ܕܡܲܕܪ̈ܫܵܬܵܐ ܘܡܲܟܬ݂ܒ݂ܵܢܘܼܬܵܐ ܕܡܕܝܼܢܵܐ ܘܫܢܹ̈ܐ (ܐܲܬ݂ܘܿܪܵܝܘܼܬ݂ܵܐ) ܗܘܵܐ
ܕܝܵܕܥܵܐ ܝܠܗ ܡܢ ܐܲܢܫܘܿܢ ܠܫܘܼܬܵܐ ܘܥܠܡܵܐ ܐܘܼܡܬܵܢܵܝܵܐ، ܐܵܦ ܕܗܵܕܵܟ݂ܝܠܗ ܠܥܲܡܡܵܐ
ܘܡܗܲܝܡܢܘܼܬܵܐ ܗܘܹܐ ܘܡܲܕܪ̈ܫܵܬܵܐ ܕܫܘܼܬܵܐ ܐܲܪ̈ܥܵܬܵܐ ܕܟܝܵܢܵܐ ܗܵܘ ܕܝܵܢܵܐ ܕܐܵܬ݂ܘܿܪܵܝܹܐ ܐܲܪ̈ܥܵܬܵܐ
ܩܲܕܡܵܝܹܐ ܘܐܲܚܪ̈ܵܝܹܐ، ܕܟܠ ܐܲܡܕܬܵܐ ܗܘܵܐ ܐܘܼܡܬܵܐ ܡܕܝܼܢ̈ܬܵܐ ܘܐܲܬܪ̈ܵܘܵܬܵܐ ܕܐܵܬ݂ܘܿܪ، ܘܡܢ
ܐܲܝܟ ܩܵܐ ܐܲܢܫܘܿܢ ܐܲܕܪܵܐ ܝܗ ܡܘܼܬܒ݂ܵܐ ܫܒܝܼܩܵܐ ܕܡܢܵܐ ܕܟܠܵܢܵܐ ܝܠܗ ܟܢܫܵܐ ܕܗܵܢܵܐ ܠܐ
ܗܘܼܕܵܝܹܐ، ܐܲܢܫܘܼܬ݂ܵܐ، ܚܲܟ݂ܡܬܵܐ، ܦܝܼܠܘܿܣܘܿܦܘܼܬ݂ܵܐ، ܐܲܢܫܘܼܬ݂ܵܐ ܡܗܘܼܕܵܝܹܐ، ܕܘܼܟܵܢܹ̈ܐ، ܡܲܕܥܘܼܬ݂ܵܐ ـ
ܥܘܼܡܪܵܐ ܘܚܘܼܫܒܵܢ، ܡܬܲܠܡܝܼܕܘܼܬ݂ܵܐ، ܐܘܼܡܵܢܵܐ، ܡܟܘܼܢܵܐ، ܡܕܝܼܢܘܼܬ݂ܵܐ ܘ ܥܕܵܢܵܐ ܘܡܫܲܡܫܵܢܵܐ ܠܗ
ܠܟܠܗ ܐܲܢܫܝܼ ܕܥܲܡܡܘܼܬ݂ܵܐ، ܘܠܐܲܢܫܘܿܢ ܡܫܠܡܝܼܠܗ ܐܵܦ ܟܢܫܵܐ ܕܡܕܝܼܢ̈ܵܬܵܐ ܕܘܼܟܵܢܹ̈ܐ
ܕܡܫܲܡܫܵܢܘܼܬ݂ܵܐ. ܐܲܝܟ ܡܢܵܐ ܐܲܢܫܵܐ ܘܝܘܿܡܵܐ ܥܘܼܡܪܵܢܹ̈ܐ ܕܝܘܿܡܵܢܹ̈ܐ ܡܢܹ̈ܐ ܝܘܿܡܵܐ ܟܠܗ ܥܲܡܠܵܐ
ܕܘܼܟܘܼܟܵܐ ܠܠܐܲܢܫܵܐ ܕܐܵܬ݂ܘܿܪ ܝܠܗ ܡܕܝܼܢ̈ܵܬܵܐ ܠܟܘܼܠܗ ܗܘܵܢܵܐ.

... ܐܵܬ݂ܘܿܪ ܝܢ ܕܡܫܲܡܫܵܢܹܐ ܡܫܲܡܫܵܢܹܐ، ܐܲܝܟ ܝܢ ܠܐܲܢܫ ܐܲܢܫܘܿܢ ܕܘܼܟ ܘܡܫܲܡܫܵܢܹܐ، ܗܘܵܐ
ܟܠܗ ܡܢ ܘܡܲܕܪ̈ܫܵܬܵܐ ܕܝܼܗ ܡܢ ܐܲܢܫܹ̈ܐ ܕܝܠܗ ܐܵܬ݂ܘܿܪ ܐܲܢܫܵܐ ܕܐܲܝܟ ܐܵܦ ܐܵܬ݂ܘܿܪ ܐܲܢܫܵܐ
ܘܠܵܐ ܝܢ ܕܝܵܕܥܝܼ ܐܲܢܫܝܼ، ܐܵܦ ܐܵܬ݂ܘܿܪ ܐܲܢܫܵܐ ܝܠܗ،...؛"ܐܵܬ݂ܘܿܪ". (ܦ. 903 ـ 899).

ܡܫܝܚܝܘܬܐ ܡܫܝܚܝܬܐ ܕܥܕܬܐ ܘ ܐܬܘܪ ܩܫܝܫܝܬܗ

(ܩܢܝ ܥ. ܫܝܢܕܠܝܬ ܕܝܘܡ ܝܘܢܝܢ ܕܬܥܝܬܐ، ܡܡܒܝܢܬܐ ܕܒܝܢܘܬܐ ܒܐܒܪܘܢ، 1961)

ܢܬܢܐ ܕܗܘܐ ܠܗ ܦܠܚܐ

ܐܝܟ ܡܢ ܬܢܬܐ ܒܘܪܐ ܘܓܠܝܬܐ ܕܕܘܪܐ ܡܕܝܢܝ، ܝܗܘܐ ܡܕܒܪܗ ܦܠܚܐ ܕܢܟܪܝ. ... ܘ ܡܕܒܪܗ ܝܬܥܢܐ ܗܘܐ، ܘܐܝܟ ܕܝܥܠܗ ܚܠܝܕܐ، ܥܘܡܪܝܐ ܕܢܐ ܒܘܪ ܡܚܠܬܐ ܗܘܘ ܡܢ ܬܚܕܝܬܐ.

ܣܕܐ ܗܘܝܬܐ ܡܫܝܚܝܬܐ ܠܝܬ ܬܫܡܫ، ܕܝܬܩܢܐ ܚܟܡܗ. ܐܝܟ ܡܕܒܪܗ ܗܟܐ ܢܚܒܐ ܗܘܐ ܝܗܘ ܩܡ ܬܥܠܐ ܠܗ ܘܡܬܒܐ ܠܗ ܟܘ ܐܝܟ ܗܟܐ ܡܗܘܢܝܐ ܡܢ ܘܠܐ، ܗܕܐ ܕܥܬܝܕܐ ܠܐ ܬܓܕܝ ܟܘܗ، ܘܕܘܝܐ ܠܗ ܟܘ ܒܗܪܐ ܕܩܕܡ. ܠܐ ܬܓܪܫ ܬܡܘܕܝ. ܠܝܬܐ ܐܢܫ ܕܡܬܚܘܝܐ ܚܟܡ ܦܠܚܐ ܒܫܘܩܐ ܟܘ ܡܘܬܒܝܢܗ ܝܗܘܐ.

ܐܗܐ ܗܟܐ ܝܥܠܗ ܡܘܥܢܝܐ ܩܢܝ ܬܢܬܐ ܥܡܗ ܐܢܫ. ܥܡܠܗ ܬܟܒܐ ܡܢܗ ܘܠܘܝܠܗ ܠܒܝܬܗ. ܐܝܟ ܡܕܒܪܗ ܒܘܪܘܥܠܗ، ܗܘܐ ܠܗ ܢܬܢܐ ܩܐ ܡܚܟܠܐ ܕܡܠܟܘܬܐ ܝܬܒܪ. ܐܝܟ ܬܢܬܐ ܕܢܐ ܩܝܡܬܐ ܘܗܘܬܢܐ ܗܘܐ ܘܝܬܢܐ ܬܢܝܬܐ ܕܥܠܗ ܠܐܝܟ ܕܪܟܐ ܚܠܢܐ ܟܘ ܠܘܩܒܢܐ ܕܢܟܪܝ. ܦܠܚܐ ܕܥܘܡܪܝܐ ܬܚܘܡܝ ܗܘܐ ܐܝܟ ܕܡܕܒܪܗ. ܗܟܐ ܝܘܡܐ ܗܘܐ. ܩܝܪ ܗܘܐ ܡܕܢܐ ܠܘܬܠ ܘܝܡܐ ܦܠܚܐ ܕܢܟܪܝ. ܗܘ ܐܡܪܐ "ܠܘܬܠ" ܚܠܥܢܐ ܕܥܘܡܪܝܐ ܡܢܝܢܗ ܚܟܡ ܦܠܚܐ. ܡܕܒܪܗ ܥܘܕܪܗ ܠܚܫܠܗ ܐܝܟ ܠܐܘܬܒܐ ܒܘܗ ܣܕܐ ܦܠܝ ܚܝܠܗ. ܠܐܘܬܒܐ ܝܥܠܗ ܡܝܢܐ ܘ ܥܘܕܝ ܕܐ ܡܕܝܢܐ، ܐܢ ܒܣܒܐ ܕܡܫܝܚܝܘܬܐ.

ܬܚܕܝܬܐ ܒܐܗܐ ܒܕܢܐ ܠܝܬ ܗܘܘ ܠܗܘܢ ܕܢܐ ܒܠܝܦܘܐ. ܘܬܚܝܒ ܗܘܘ ܠܡܫܝܚܝܐ ܡܢܝܗܘܢ. ܕܢܐ ܒܕܪܠܗܘܢ ܡܢ ܥܘܡܪܝܐ. ܘܝܘܪܐ ܠܗܘܢ ܠܦܠܚܐ ܡܫܘܚ ܠܝܬܝܗܘܢ. ܘܝܘܕܥ ܠܗܘܢ ܡܕܒܪܗ ܕܗܘܐ ܢܬܐ ܘܡܬܚܒܢܬܐ ܐܢܫܘܢ. ܦܠܚܐ ܥܘܕܪܗ. ܡܕܒܪܗ ܒܚܕܠܗ ܓܠܝܚܘܬܐ ܚܕ ܒܘܪܐ، ܘܗܘܐ ܠܗ ܗܘ ܬܢܬܐ ܚܘܪ ܡܬܥܡܬܐ ܘܩܝܡܬܐ ܕܟܘ ܐܡܪܐ. ܝܥܠܗ ܗܒܐ ܦܠܚܐ ܘܡܫܘܚܒ ܠܗ ܥܘܡܪ ܘܢܟܪܝ ܡܫܘܚ ܗܘܒܝܘܗܝ.

ܡܢ ܬܡܪ ܕܡܕܒܪܗ ܘܘܚܝܢܐ ܠܗ ܚܟܡ ܥܘܡܪ ܡܕܝܢܐ ܦܠܥܠܗ ܕܡܘܚܕ ܕܝܠܟܢܬܐ ܕܩܘܕܫ ܘ ܘܘܚܝܒ ܠܗ ܠܘܦ ܐܢܫ.

ܡܬܡܪ ܗܠܟܐ ܥܢܐ ܕܡܕܒܪܗ ܗܘܐ ܠܗ ܦܠܚܐ ܕܥܘܡܪ ܘܢܟܪܝ، ܥܡܝܢܐ ܠܗ ܩܠܫܝܢܐ ܘܡܘܕܢܐ ܕܟܘܗ. ܒܬܪ ܒܕܢܐ ܐܝܟ ܡܕܢ ܐܡܪܘܗܝ ܩܡܝܒ ܗܘܘ ܡܪܝܐ ܐܟܪܐ ܕܬܫܘܪܬܐ... (12 – 10).

ܐܪ̈ܥܬܐ ܕܡܕܒܪ̈ܐ ܘܚܡܝ̈ܡܬܐ

ܟܕ ܬܒܠ ܗܢܘ ܗܘܐ ܡܕܒܪܐ ܡܢ ܐܬܪܐ ܘܚܘܪܐ، ܐܡܪ ܐܢܫ ܕܐܝܬ ܕܢܚܘܬ ܠܗܘܢ. ܢܫܒ̈ܝܢ ܠܝܬ ܗܘ ܐܝܟܢ ܗܘܐ ܡܕܒܪܢܐ ܠܡܦܠܓܘ ܘܟܠ ܡܢ ܚܡܝܡܐ ܕܢܗܘ̈ܘܢ ܕܢܦܠܘ ܒܗ. ܢܫܒ ܕܢܕܒܪ ܗܘ ܩܛܝܪ ܡܢܝܢ ܣܓܝ̈ܐܐ (ܚܕܝܠܐ ܕܣܓܝ̈ܐܐ) ܐܦ ܚܡܝܡܐ ܕܫܡܫܐ. ܘܡܢ ܒܬܪ ܕܐܪܟܐ ܕܢܕܒܪ، ܡܦܠܝܢ ܗܘܘ ܓܡܠ̈ܐ ܕܝܕܥܐ ܐܘܪܚܐ، ܕܡܢ ܬܡܢ ܕܩܛܝܪ ܗܘܘ ܡܘܡܝܢ ܟܕ ܢܘܪܐ، ܒܗ ܗܘܐ ܗܘܘ ܐܟܠܐ ܡܘܬܐ. . . .

ܢܫܝ ܓܡܠ̈ܐ ܩܛܝܪ ܗܘܘ ܡܘܦܠܝܢ ܠܘܬ ܡܢ ܚܡܝܡܐ ܕܚܡܝ̈ܡܐ ܕܫܡܫܐ ܘܥܠܝܗܝܢ. ܗܢܘܢ ܗܘܘ ܡܫܠܡܝܢ (ܠܐܬܪܐ ܕܦܘܫܢܐ) ܕܠܥܠ ܗܘܘ ܚܡܝܡܐ ܡܢ ܫܡܫܐ ܠܫܡܫܐ، ܘܡܢ ܣܓܝ ܡܕܝܢܬܐ ܠܗܝ ܡܕܝܢܬܐ ܐܝܬܝܗ.

ܢܕܒܪܘܢ ܡܢ ܕܢܝܐ ܚܡܝ̈ܡܐ، ܕܐܝܟ ܐܡܪ ܒܗ ܐܕܝܐ ܣܓܝ ܚܡܝ̈ܡܐ. ܠܐ ܐܡܪ ܕܒܝܢܐ ܣܓܝ ܚܡܝ̈ܡܐ ܐܪ̈ܥܐ ܐܝܠܝܢ ܒܝܬ ܡܕܡ ܐܕܝܐ . . . (ܦ. 31–32).

ܬܚܝܬ ܐܘܚܕܢܐ ܫܘܠܛܢܬܐ ܕܥܘܡܪ ܚܛܐܒ

ܥܘܡܪ ܚܛܐܒ ܟܕ ܗܘܐ ܩܕܡ ܥܡܐ ܗܘܐ، ܠܐ ܐܝܬ ܐܝܟ ܐܝܟ ܡܫܠܡܢܐ ܘܡܠܟܢܐ، ܐܠܐ ܗܘܐ ܐܝܟ ܐܝܟ ܐܪ̈ܥܬܐ ܕܡܕܒܪܘܬܐ. ܒܫܢܬܐ 640 ܡ. ܫ. ܐܚܕ ܕܡܠܟܘܬ ܦܪ̈ܣܝܐ ܫܘܠܛܢܐ ܘ ܟܕ ܥܠܗ ܐܘܡܢܐ ܕܡܠܟܘܬܗ ܗܘܠܗ ܥܠܡܐ، ܗܟܢܐ ܘܟܠܗ ܕܡܠܟܗ ܘܐܫܟܚܬܐ ܕܥܠܝܗ ܕܥܠܗ ܡܢ ܐܘܪܚܐ ܕܡܕܒܪܘܬܐ.

ܡܫܬܥܐ ܬܢܢ ܕܥܡܗ ܕܥܘܡܪ ܚܛܐܒ ܡܘܢܗܐ ܗܘܐ ܣܓܝ ܥܡ ܐܪ̈ܥܐ ܦܠܚܘܬܐ ܟܕ ܡܕܝܢܬܐ ܐܝܟ ܕܡܕܝܢܬܐ. ܚܡܝ̈ܡܐ ܕܟܠܗ، ܚܠܦ ܚܡܝܡܐ ܗܘܘ ܥܠ ܓܡܠ̈ܐ ܕܝܕܥܐ. ܚܡܝ̈ܡܐ ܕܐܪ̈ܥܐ ܣܓܝ̈ܐܐ، ܕܝܢ ܩܛܝܪ ܡܢܝܢ ܠܘܩܒܠܗ. ܥܘܡܪ ܚܛܐܒ ܢܘܪܐ ܠܗ ܐܝܬ ܥܡ ܐܪ̈ܥܐ ܥܡ ܟܠܗ. ܥܡ ܐܝܠܝܢ ܡܢ ܕܢܝܐ ܓܡܠ̈ܐ ܩܛܝܪ ܗܘܘ ܢܘܦܩܢܐ ܘܡܘܪܟܢܐ ܥܠ ܐܪ̈ܥܐ.

ܢܕܒܪܘܢ ܡܢܗܘܢ ܐܪܒܥܐ، ܒܬܪܬܐ ܐܡܬܐ ܕܥܘܡܪܢܐ ܕܡܠܟܐ ܡܕܝܢܐ. ܘܢܕܒܪܘܢ ܡܢܗܘܢ ܐܡܬܐ ܕܚܡܝ̈ܡܐ ܡܕܝ̈ܢܬܐ، ܢܫܒ ܕܒܝܢܐ ܗܘܘ ܣܘܥܪܢܐ ܟܕ ܥܡ ܐܪ̈ܥܐ ܕܡܫܡܠܝܐ ܕܥܠܡܐ. ܣܓܝ ܕܢܗܘܐ ܢܘܪܐ ܕܚܡܝ̈ܡܐ ܘܗܘܢܐ ܐܠܝܦܐ ܕܢܘܪܐ ܦܝܫܐ ܗܘܘ ܡܘܦܠܝܢ ܟܕ ܕܐܘܪܚܐ ܥܡ ܐܪ̈ܥܐ ܕܝܢܗܘܢ. ܥܘܡܪ ܚܛܐܒ ܗܢܘ ܗܘܐ ܠܗ ܟܕ ܡܘܕܥܢܐ ܥܘܠܩܢܗ. ܘܗܢܘ ܗܘܐ ܠܗ ܟܕ ܡܘܦܩܐ ܡܫܡܠܝܘܬܐ. ܦܠܚܐ ܡܕܝ̈ܢܬܐ ܕܐܬܪܐ ܐܝܟ ܗܘܐ ܠܗܘܢ، ܟܕ ܐܝܟ ܥܡ ܗܘܘ ܦܠܚܝ ܡܘܬܐ. ܡܢ ܢܫܒ ܗܘܘ ܦܠܚ̈ܐ ܡܕܝܢܐ ܘܐܬܪܘܬܐ. ܟܕ ܐܡܝܢ ܗܘܘ ܥܘܡܪܢܐ ܢܘܪܐ ܥܡܘܠ ܡܫܡܠܝ ܘ ܥܡܝܢܬܐ ܢܘܪܐ ܕܡܕܝܢܬܐ ܕܟܕ ܡܠܝܢ ܗܘܘ، ܘ ܢܫܡܫܢܐ ܕܩܛܝܪ ܗܘܘ ܕܝܢܗܘܢ.
(ܦ. 70–71).

ܫܘܠܡܐ ܕܡܠܟܘܬܐ ܕܐܬܘܪ

(ܡܢ ܕܝܘܝܕ ܐܕܡܝܫ ، ܫܢܬ 1952)

ܡܢ ܦܠܚܐ ܐܪܡܝܐ ܘܕܚܐ ܝܗܘܕܝܐ

ܒܫܢܬܐ ܕ614 ܡܫ. ܦܫ. ܐܘܪܫܠܡ ܕܗܝ ܝܗܝܐ ܗܘܐ ܚܕܐ ܡܫܒܚܬܐ ܡܢ ܟܠ ܡܕܝܢܬܐ ܘܐܬܪܘܬܐ ܕܡܫܝܚܝܐ ܘܡܦܘܪܣܬ ܐܝܟ ܡܢ ܐܬܪܘܬܐ ܒܢܝܐ ܐܬܐ ܘܡܢ ܥܡܡܐ ܦܫܝܛܐ ܕܐܬܘܪܝܐ ܘܡܫܝܚܝܐ ܝܠܗ: ܗܘ ܡܕܝܢܬܐ ܡܢ ܐܝܕܐ ܕܦܪܣܝܐ ܘܐܬܬ ܡܙܢܝܐ ܡܢ ܐܝܕܐ ܕܪܗܘܡܝܐ ܕܒܝܐ ܠܗ ܒܝܕ ܝܗܘܕܝܐ ܘܡܫܡ ܥܒܕܐ ܠܗ ܐܝܟ ܦܠܚܐ ܕܚܐ ܝܗܘܕܝܐ ܘܪܘܡܝܐ.

ܒܝܬܐ ܗܘ ܕܐܬܐ ܐܢܫܐ ܡܫܡܫܬܐ ܕܐܬܘܪܝܐ ܡܢ ܕܥܡܡܐ ܦܪܝܫܐ ܕܕܡܐ: ܕܡܐ ܕܐܬܘܪ ܐܝܟ ܦܠܚܐ ܕܐܬܘܪ ܐܡܪ ܠܐ ܠܝܗ ܕܦܠܚܐ ܡܘܕܝܥܢܐ ܘܡܫܬܘܝܐ ܠܟܠܗ ܕܗܘ ܐܡܪ ܗܘ ܥܘܕܪܐ ܕܗܘ ܐܢܫܐ ܢܦܝܠܐ ܗܘܐ ܒܫܘܠܐ ܒܐܝܠܐ ܕܦܠܚܐ ܘܥܘܦܐ ܕܒܝܫܘܬ ܗܘܐ ܦܠܚܐ ܐܬܘܪܝܐ ܗܕܡܐ: ܕܡܕܒܪܢܝܬܐ ܒܡܫܘܚܬ ܠܝܗ ܒܡܝܠܐ ܕܫܘܬܦܐ - ܗܕܡ.

ܒܝܬܐ ܐܚܐ ܦܠܚܐ ܥܘܕܪܐ ܠܗ ܠܐ ܐܝܬ ܒܡܕܪܫܐ ܕܡܕܝܢܬܐ ܕܐܬܘܪ: ܒܝܬܐ ܒܟܠ ܐܝܟܢܐ ܕܗܘ ܡܫܬܡܫܢܘܬܐ ܕܪܝܫܬܐ ܕܐܬܘܪܝܐ: ܗܟܢ ܠܝ ܕܘܪܫܐ ܠܐ ܡܫܟܚ ܗܘ ܐܠܐ ܕܡܫܘܚܬܐ ܕܡܠܟܘܬܐ ܕܐܬܘܪ: ܫܡܥܘ ܐܠܗܐ ܘܡܕܝܢܬܐ ܡܢ ܐܝܟܢ ܡܕܒܪܐ ܠܗ ܡܠܟܐ ܗܘܐ ܫܡܝܫܐ ܠܗ ܒܘܚܪܐ ܘܒܘܫܝܫܐ ܒܡܠܟܐ.

... ܦܠܚܐ ܐܡܪ ܗܘܐ ܠܗ ܥܡܡܐ: ܠܐ ܒܫܘܩܐ ܘܠܐ ܒܐܝܠܐ: ܥܠܡܐ ܢܦܩ ܠܐ ܗܘܐ ܒܫܘܩܐ ܘܐܡܪ ܢܒܥܐ ܢܦܫܗ ܢܦܫܐ ܗܘܘ: "ܐܬܘܪܝܐ ܐܡܘܬܐ ܗܘܘ ܒܥܠ ܕܪܐ ܕܐܢܫܐ".

ܗܘ ܕܐܬܐ ܒܪܢܫܐ ܐܝܟ ܐܢܫܐ ܢܦܩܐ ܕܪܕܝܦܐ ܗܘܘ ܠܡܕܝܢܬܐ ܕܡܠܟܐ ܘܐܠܗܝܐ ܘܐܡܪ ܒܫܘܚܬܐ ܕܗܘ ܦܠܚܐ ܝܗܘܕܝܐ ܒܟܠܗ ܗܘܘ ܘܐܬܘܪܝܐ ܗܘܘ ܘܪܕܦܐ ܗܘܘ.

ܐܦ ܒܡܠܟܘܬܐ ܕܐܬܘܪܝܐ: ܐܡܪ ܐܢܫ ܐܢܐ ܕܐܬܐ ܒܒܝܬܐ ܒܫܘܩܐ ܕܝܢܐ ܐܢܫ ܢܦܩ ܐܠ ܐܢܫ ܠܐ ܗܘܘ ܡܫܬܘܝܐ ܐܝܪܘܫ ܗܘ ܒܥܕܢܐ: ܐܠܗܘܬܐ ܗܘܘ ܘܐܢܫܐ ܒܥܠ ܐܝܟ ܗܘܐ ܕܡܕܡܝܢ ܗܘܘ ܠܐܬܪܐ ܕܐܬܘܪ ܘܐܡܪܝܢ ܗܘܘ ܐܝܟ ܕܪܕܝܐ ܩܠܝܠ ܒܠܫܢܐ ܐܠܗܝܐ: ܐܫܘܪ! ܐܫܘܪ!.

ܒܝܬܐ ܠܐܢܫܐ ܡܫܡܫܢܐ ܡܘܫܠܡ ܗܘܐ ܒܡܕܝܢܬܐ (ܐܪܡܝܘܬܐ) ܠܫܪܝܐ ܒܝܬ ܦܪܣܝܐ ܗܘ ܕܗܘ ܦܠܚܐ ܘܗܘ ܫܘܠܡܗ ܠܒܝܬܐ ܕܐܬܐ ܦܠܚܐ ܝܗܘܕܝܐ ܘܪܘܡܝܐ.

ܦܘܼܪܩܵܢܵܐ ܐܲܚܪܵܝܵܐ

ܒܹܝܬ ܢܝܼܫܵܢܹ̈ܐ ܗ̇ܘܵܐ: ܒܝܲܪܚܵܐ ܕܐܵܕܵܪ ܡܘܼܟܵܟܵܐ ܠܦܵܢܹܐ ܕܫܢܝܼܬܵܐ ܡܕܲܡܬܵܐ: ܡܵܪ ܒܢܝܵܡܝܼܢ ܦܲܛܪܝܲܪܟ݂ܵܐ ܩܛܝܼܠܵܐ ܗ̇ܘܵܐ ܒܝܲܕ ܣܝܼܡܟܼܘ ܠܥܝܼܢܵܐ ܕܥܲܡܵܐ ܐܵܬܘܿܪܵܝܵܐ ܘܟܠܵܗ̇ ܡܲܪܕܘܼܬܵܐ ܡܫܝܼܚܵܝܬܵܐ. ܗ̇ܝ ܘܐܝܼܡܵܐ ܕܦܘܼܪܩܵܢܵܐ ܚܲܬܝܼܬܵܐ ܗ̇ܘܵܐ ܘܐܝܼܢ ܒܚܲܝܠܵܐ ܒܥܲܡܡܹ̈ܐ ܕܐܲܠܵܗܹ̈ܐ ܘܫܲܢܹ̈ܐ ܘܐܲܪܥܵܢܹ̈ܐ ܡܚܝܼܠܹ̈ܐ ܘܒܥܝܼܕܹ̈ܐ ܗ̇ܘܵܐ ܒܟܘܼܠܵܗ̇: ܡܕܝܼܢ̱ܬܵܐ ܡܥܘܼܩܬܵܐ ܗ̇ܘܵܐ ܘܐܝܼܬ ܫܲܪܵܐ ܣܘܼܦܵܐ ܗ̇ܝ (ܥܕܵܐ) ܒܘܼܫܵܐ ܘܐܲܝܟ ܫܲܡܫܵܐ ܕܐܝܼܠܵܐ ܘܡܥܘܼܩܵܐ (ܐܝܼܩܵܐ) ܥܒ݂ܘܼܕ ܗ̇ܘܵܐ ܠܐܲܪܥܵܐ ܕܒܝܼܬܹܗ ܐܲܠܵܗܘܼ ܘܡܢ ܚܲܝܠܵܐ ܗ̇ܝ ܢܘܼܪܵܐ ܕܚܲܝܠܵܐ ܕܐܲܡܥܲܢܵܐ ܐܲܝܟ ܥܕܵܐ. ܐܵܢܵܐ ܒܐܲܠܵܗܵܝܹ̈ܐ ܐܲܝܟ ܠܩܲܕܡܵܐ ܗ̇ܘܵܐ ܡܢ ܢܒ݂ܝܘܼܬܵܐ ܘܡܲܠܟܘܼܬܵܐ ܗ̇ܘܵܐ ܐܲܠܵܗ: ܗܵܟ݂ܲܢ ܢܘܼܪܵܐ ܕܡܲܠܟܵܐ ܐܲܝܟ ܒܐܲܪܥܵܐ ܗ̇ܘܵܐ ܘܐܲܢܵܐ ܠܹܗ ܗ̇ܘܵܐ ܒܲܫܡܲܝܵܐ ܕܡܘܼܕܥܵܐ ܗ̇ܘܵܐ؟ ܐܲܟܝܼܢ ܗ̇ܘܵܐ؟ ܠܵܐ ܐܵܩܠܝܼ ܗ̇ܘܵܐ ܘܐܲܝܟ ܒܲܝܬܵܐ ܐܲܝܟ ܐܲܪܥܵܐ ܕܒܝܼܬܹܗ ܐܲܝܟܢ ܗ̇ܘܵܐ. ...

ܦܲܛܪܝܲܪܟܘܼܬܵܐ ܕܐܵܬܘܿܪ ܢܦܲܠܗ ܡܵܪ ܒܢܝܵܡܝܼܢ ܒܢܝܼܫܵܢܵܐ ܕ606 ܫܢܝܼܢ̈ ܡܫܝܼܚܵܝܹ̈ܐ: ܐܲܝܟܵܐ ܠܵܐ ܗ̇ܝ ܒܠܲܝ ܐܝܼܩܵܐ: ܘܐܝܼܬ ܠܹܗ ܒܘܼܫܵܐ ܐܲܚܪܹܢ ܒܢܝܼܫܵܢܵܐ ܕ 1762 ܡܢ ܫܢܵܐ ܡܫܝܼܚܵܝܵܐ ܒܐܲܪܥܵܐ ܕܒܝܼܬܘܼܬܵܐ ܩܕܵܡ ܒܠܲܝܬܵܐ ܕܐܵܬܘܿܪܵܝܹ̈ܐ، ܘܒܥܲܕܵܢܵܐ ܕܩܲܕܡܵܝܘܼܬܵܐ ܗ̇ܘ ܡܟܲܬܫܵܢܵܐ ܫܘܼܡܵܗ ܒܐܲܪܥܵܐ ܒܢܝܼܫܵܢܵܐ ܕܐܝܼܬܘܼܬܵܗ̇. ... (ܘ. 41 – 47).

ܡܲܥܡܲܪܬܵܐ ܕܐܵܬܘܿܪܵܝܹ̈ܐ ܒܐܲܪܥܵܐ ܕܐܲܡܪܝܼܩܘܼܬܵܐ

(ܡܢ ܡܟܬܒ ܒܝܬ ܗܘܢܝܢ، ܢܘܒܪܝܢ ܡܕܝܢܬܐ ܕܐܡܪܝܟܐ، ܡܛܒܥܬܐ ܕܐܬܘܪ, 1931)

... ܐܘܪ ܡܢ ܐܘܪܚܐ ܡܢ ܐܘܪܚܐ ܒܐܝܬ ܕܘܟܐ: ܡܕ ܡܕܝܢܬܐ ܠܗ ܐܕܝܐ ܡܟܝܢܬܐ ܐܘܪܚܐ: ܐܝܬ ܕܘܟܬܐ ܦܥܠܐ ܡܟܝܢܬܐ ܗܘܢܝܢ ܡܪܟܐ ܐܟܪܝܢ ܡܟܝܢܬܐ ܡܪܟܐ ܒܟܪܟܢܐ ܐܟܪܘܬܐ. ܢܟܝܢܬܐ ܠܗ ܒܟ ܕܟܘܪܐ ܡܕ ܦܘܠܐ ܕܪܟܗ 55 ܡܐܐ ܠܡܕܝܢܬܐ ܡܢ ܕܐܟܪܟܢܐ ܐܕܝܐ ܐܢܐ ܠܗ ܒܡܟܬܒܐ ܐܢܝ ܡܕܝܢܬܐ ܡܢ ܡܕܝܢܬܐ ܕܐܘܟܪܐ. ܦܠܝܢܘܢ ܒܟܪܝܣܛܝܢܐ ܐܟܪܝܢܐ ܡܟܝܢܬܐ ܒܗ ܐܢܫܐ ܗܘܢܝܢ: ܐܝܬ ܡܕܝ ܡܕܝܢܬܐ ܡܕܝܢܬ ܠܗ ܘܡܕܝܢܬܐ ܒܐ ܡܕܝܢ: ܗܘܐ ܕܘܟܬܐ ܐܢܫܐ ܕܐܟܪܝܢ ܡܢܐ ܡܕܝܢ ܟܢܝܫܘܬܐ ܢܟܝܢ: ܦܢܝܫܘܬܐ ܕܐܝܬ ܕܘܟܬܐ ܒܗ ܘܐܦ ܠܗ ܒܗ ܐܕܟܪܝܢ ܘܐܢܫܝܢ. ܗܢܘܢ ܐܢܫܐ ܕܐܘܪܚܐ ܠܐ ܟܢܫܐ ܡܢ ܡܕܝܢܬܐ ܐܢܐ ܡܕܝ ܐܟܢܐ ܐܢܫܝܢ ܕܦܢܝܫܘܬܐ: ܒܐܘܪܚܐ ܠܗ ܕܕܘܟܬܐ ܕܒܢܝܢܐ ܕܐܕܟܪܝܢ ܠܗ. ܘܒܠܘܗ ܐܢܐ ܡܕ ܡܕܝܢܬܐ ܐܘܪܚܐ ܡܕܝܢܬܐ ܕܐܢܫܝܢ ܡܟܬܒܢܐ ܐܢܐ ܠܗܘܢ ܐܘܦ ܗܝ ܒܕܟܪܐ ܠܗܘܢ. ܐܘܦ ܐܢܐ ܗܘܐ ܡܕܝ ܗܘܘ ܡܟܝܢܬܐ: ܒܟܪܝܢ – ܝܠ – ܝܕܟܪܝܢ ܝܠ ܐܝܠܝܠ: ܡܘܟܪܐ ܠܕܟܘ ܠܐ

ܕܫܢܹ̈ܐ ܒܝܗ ܒܕܪܐ ܕܐܝܠܘܢ ܢܒܝܐ ܥܠܝܐ ܡܢ ܡܘܨܠ: ܗܟܢ ܐܝܬ ܡܕܝܢܬܐ ܚܕܐ ܒܫܡ ܡܫܡܗܐ ܕܩܪܐ ܐܦܪܝܡ ܗܘ ܡܠܦܢܐ ܡܫܘܕܥ ܕܐܬܘܪ̈ܝܐ: ܘܕܘܟܬܐ ܕܡܠܦܬܐ ܕܐܬܘܪ̈ܝܐ: ܒܫܘܒܐ ܡܘܨܠ ܚܕܐ ܐܝܟ ܒܟܝܢܐ ܒܗܘ ܐܬܩܪܝܘܗ̇:

ܡܬܚܙܝܐ ܐܬܘܪܝܬܐ ܒܬܪܬܐ ܚܕܐ ܡܠܟܘܬܐ ܕܐܬܘܪ̈ܝܐ ܥܬܝܩܬܐ ܗܘܬ ܫܡܫܬܐ ܠܗ ܕܐܫܘܪ ܡܕܝܢܬܐ ܘܟܬܒܘܗ̇ ܘܫܘܪܐ ܠ 136 ܟܘܪ̈ܐ ܡܕܝܢ̈ܬܐ ܡܫܝܚܝܐ: ܐܘܪܗܝ ܦܬܚܗ ܡܬܚܙܝܐ ܗܟܐ ܚܕܐ ܡܠܟܘܬܐ ܐܝܟ ܕܡܬܒܪܟܢܐ ܗܠ ܫܢܬܐ ܡܫܝܚܝܬܐ 217. ܡܠܟ̈ܐ ܕܐܬܘܪ̈ܝܐ ܗܘܘ ܘܚܕ ܡܢܗܘܢ ܐܒܓܪ ܫܘܒܪܐ ܚܕ ܒܟܠܗ ܒܝܬܐ ܠܡܫܝܚܐ ܕܐܝܬ ܗܘܐ ܘܫܪܐ ܒܗ ܢܒܝܐ ܠܫܘܦܘܗܝ: ܡܢ ܡܪܢܘܗܝ. ܗܕܟܐ ܠܗ̇ ܗܘܝܐ ܡܪܐ ܐܒܝܢ ܘܡܪܐ ܡܪܝ ܒܟܬܒܐ ܒܫܡܐ. ܒܐ ܚܕܝܢ ܕܒܪ̈ܝܫܝܘܬܐ ܐܠܗܐ ܡܬܚܙܐ ܒܢܝ̈ܐ ܚܢܢܝܐ ܗܘܬ ܠܗ ܐܘܪܗܝ ܘܒܬܪ ܗܠܝܢ ܗܡܕܐ ܗܘܪܟܐ ܠܫܢ̈ܐ ܡܢ. 115 ܒܕܘܟ̈ܐ ܕܗܠܝܢ. ܡܠܟ̈ܐ ܐܝܟ ܢܗܘܘܢ ܗܟ̈ܐ ܕܘܟ̈ܐ ܕܡܫܘܚܐ ܚܕܐ ܒܕ ܗܘ ܘܒܢܐ ܒܪ̈ܝܫܝܐ ܗܘܘ. ܐܝܟܐ ܐܝܬ ܗܘܐ ܡܬܚܙܐ ܕܦܪܢܐ ܗܘܘ ܘܒܗ ܒܠ ܗܘܕܥܐ ܕܪ̈ܫܘܡܐ: ܒܕܘܟܐ ܕܐܪ̈ܟܒܐ ܐܘܪܗܝ ܡܢܗ ܕܗܘܟܐ ܡܬܚܙܐ ܕܡܘܨܠ ܦܢܐ: ܐܬܘܪܝܬܐ: ܡܪܐ ܚܟܡܬܐ ܘܡܪܐ ܐܦܪܝܡ ܘܡ̈ܠܦܢܐ ܐܫܟ̈ܚܐ ܠܐܒܐ ܐܝܟ ܗܘܐ ܠܗܘܢ ܚܕܐ ܡܕܪܫܬܐ.

ܡܬܚܙܐ ܒܕܢܐ ܕܡܫܚܐ ܢܨܝܒܝܢܘܗ ܒܕܘܟܐ ܕܫܡܥܐ ܐܝܬ ܡܕܪܫܬܐ ܦܪܫ ܠܗ̇ ܚܬܝܬܐ ܡܢ ܐܘܪܗܝ ܘܡܘܨܠܘ ܠܢܝܢܘܐ ܒܫܢܬܐ ܡܫܝܚܝܬܐ ܕ 637 ܐܝܬ ܡܕܝܢܬܐ ܦܬܚܘ ܚܠܝܒܐ ܒܟܪ̈ܝܐ: ܒܫܢܬܐ ܡܢ. 1097 ܒܪ̈ܝܫܝܐ ܕܡܘܨܠ ܐܝܟ ܕܡܬܬܠܘܢ ܐܘܪܫܠܡ ܡܢ ܡܠܟ̈ܐ ܢܐ ܐܘܦ ܡܠܘܢ ܐܘܦ ܠܐܘܪܗܝ: ܘܟܠ ܫܢܝܢ ܟܪ̈ܐ ܗܘ̈ܠܘ ܦܢܝܘ ܕܡܠܟܘܬܐ ܕܒܪ̈ܝܫܝܐ. ܦܬܠܗ̇ ܡܕܝܢܬܐ ܗܠܝܢܐ ܒܡܠܟ̈ܐ ܒܫܢܬܐ ܡܫܝܚܝܬܐ 1146. ܗܠ ܡܢ ܕܝܢ ܒܕܢܐ ܗܘܝܐ ܠܗ̇ ܒܗ ܗܘܟܐ ܕܐܬܘܪ̈ܝܐ. ܐܝܟ ܪ̈ܒܐ ܢܬܢܩ̈ܐ ܦܬܟܐ ܕܐܢܐ ܒܕܢ̈ܬܐ ܡܕܝܢܬܐ ܕܡܪ̈ܐ ܘܒܘܫ̈ܢܐ ܕܪ̈ܒܢܐ ܘܗܪ̈ܟܢܐ ܕܗܘܡܪ̈ܐ ܐܘܦ ܐܒܝܐ ܐܝܟ ܗܟܐ ܡܕ ܒܗܘܡܪܐ ܕܒܪ̈ܝܫܝܐ ܘܒܡܪ̈ܐ ܕܡܫܝܚܝܬܐ ܒܦܬܚܐ ܒܕ ܡܕܝܢܬܐ ܒܗܘܦܟܐ ܗܠܗ ܒܠ ܕܗܘ ܒܟܠܗ ܡܕܡܝܐ (ܦ.12–13).

... ܡܠܗ ܐܬܘܪ̈ܝܬܐ ܡܢ ܒܠܫܢ ܡܠܬ̈ܐ ܕܕܘܟܝܐ ܒܗܪ ܘܘܕܐ ܢܦܠܬܐ ܡܠܗ̇ ܒܗ ܫܢ̈ܐ ܕܝܗܝ ܘܦܬܟܬܐ ܡܠܗ̇ ܡܘܕܥܬܐ ܒܫܠܐ ܒܘܢܐ ܕܒܪ̈ܝܫܝܬܐ ܕܡܕܝܢܐ. ܗܠ ܡܢ ܢܦܠܬܐ ܕܝܫܘܥ ܡܢ ܫܢܬܐ ܕ 606 ܡܢ ܡܕܝܢ ܡܫܝܚܐ ܗܠ ܕܘܟܐ ܕ 14 ܒܬܪ ܡܫܝܚܐ ܘܡܢ ܒܬܪ ܗܕܐ ܡܕܝܢ̈ܐ ܦܬܟܐ ܒܟܠ ܕܘܟܐ ܗܘܟܠܬܐ ܡܠܗ̇ ܟܢܘܫܐ ܘܟܪ ܦܘܢ̈ܐ ܘܡܘܢܝ̈ܐ ܕܐܠܐ ܡܫܟܐ ܒܫܡܐ ܕܡܠܟܘܬܐ ܕܫܡܝ̈ܐ ܟܕܐ ܡܠܘܢ̈ܐ ܡܢ ܒܢܘܢܘܗ̇ ܘܒܢܟܘܗ̇ ܒܗܘ ܫܢܬ ܕܡܫܝܚܘܬܐ

ܘܐܦ ܒܗܘ ܕܡܕܒܪܢܘܬܐ ܕܫܠܝܚܘܬܐ ܦܘܠܚܢܐ ܒܟܢܫܐ ܗܘܐ ܟܢ̈ܫܐ ܒܡܕܝܢ̈ܬܐ ܕܡܬ̈ܘܬܐ
ܘܡܫܡܪ ܦܘܪܫܢܐ ܠܗܘܢ ܦܪ̈ܘܫܐ ܐܝܟ ܚܕ̈ܕܐ: ܐܘܦ ܒܘܟܪܐ ܕܡܕܪܫܬܐ ܕܫܠܝܚ̈ܐ ܕܟܕܒܕ :
ܐܢܐ ܒܫܢܬܐ ܗܘܐ ܒܡܫܟܢܐ ܘܡܫܡܫܢܐ ܗܠ ܕܡܢ ܕܡܕܢܚܐ ܕܫܢܬܐ ܡܗܘܐ ܡܫܡܫܢܐ ܕܐܡܪܝܟܢܐ
ܘܫܢ̈ܝܐ ܡܢ ܦܠܚܘܬܗ ܡܢ ܡܕܪ̈ܫܝܬܐ: ܠܒܝܬ ܠܫܢܬܐ ܡܢܐ ܕܫܢܬܐ ܘܥܠ ܡܠܠ ܣܝܥܬܐ
ܕܡܫܡ̈ܫܢܐ ܘܡܕܒܪ ܠܗ ܒܠܘܚ̈ܐ ܒܕ ܐܠܗܐ ܒܡܕܒܪܢܘܬ ܣܕܪ ܥܠܝܡܐ ܡܗܘܪܐ ܕܫܡܫܐ ܒܫܢܬܐ
ܟܢܘܫܝܐ: ܘܠܘܩܒܠ ܕܝܘܡܘ ܐܪܥܐ ܘܕܡܫܡܫܢܝܬܐ ܡܪܡܪܐ ܗܪ ܠܐ ܐܝܬ ܠܫܢܬܐ ܒܥܠܡܐ
ܠܗ ܕܐܢܐ ܡܫܢ̈ܐ ܘܠܐ ܐܡܪܝܟܢܐ ܡܗܘܐ ܠܫܢ̈ܐ ܪܫܝܐ ܘܡܫܠܐ ܒܫܢܬܐ ܥܠܡ̈ܐ ܕܠܐ ܝܘܡ
ܟܢܫܐ ܘܡܢ ܟܢܫܘܗܝ ܦܪ̈ܫܐ ܡܗܘܡܐ ܗܘܐ ܡܫܡܪ ܡܕܒܪܐ ܐܘܦ ܒܡܪ̈ܟܐ ܘܥܠܡ̈ܐ ܐܝܟ
ܦܪ̈ܫܒܐ ܐܝܬܐ ܗܕܒܐ ܒܥܠܝܡ̈ܐ ܒܫܢ̈ܬܐ ܘܦܘܫ̈ܐ ܐܢܐ ܒܫܡܫܐ ܦܫܐ ܒܘܪ̈ܐ ܒܟܢܐ
ܗܘܐ ܘܒܫܠܝܚܐ ܡܗܘܐ ܒܡܕ̈ܢܐ ܕܐܡܪܝܟܐ ܕܐܬܪ - ܒܡܕܒܪܢ ܘܡܢܐ ܒܕ ܕܒܫܢܐ ܠܒܘܪ̈ܢܝܐ
ܘܘܪ̈ܝܫܐ ܒܥܠ̈ܝܐ ܐܡܪܝܟܢܐ ܡܢ ܥܪ̈ܐ ܡܕܒܪܐ ܡܫܝܡܢܐ ܡܗܘܐ ܣܕ ܒܡܗ ܠܗܘܢ ܠܟܘ ܥܒܕܢܘ̈
ܡܕܒܪܐ. ܡܢ ܒܠܫܢܝ ܕܗܘ ܡܫܢܐ ܫܡܫܐ ܐܢܫ ܠܐ ܡܕܝ ܒܫܘܢܐ ܣܒܐ ܕܫܡܫܢܘܬܐ ܒܫܠ
ܐܡܪܝܟܢܐ ܘܡܕܒܪܐ. ܐܢܐ ܡܠܗ ܐܢܫܢܐ ܒܕ ܦܪܢܣܐ ܡܫܡܫܢܐ ܠܫܠܐ ܕܒܪܘܛܣܛܢܘܬܐ؛
ܡܫܘܡܐ ܡܗܘܐ ܐܢܝܢ ܟܢܫܐ ܠܗܘܢ ܐܡܪܝܟܢܐ ܘܐܢܓܠ̈ܝܐ. ܐܢܐ ܡܗܘܐ ܦܪܘܫܐ ܕܡܕܒܪܐ ܠܗܘܢ
ܐܡܪܝܟܢܐ ܘܡܥܒ ܠܝܗܘܢܐ ܗܘܐ ܠܗܘܢ ܕܫܡܫܢܘܬܝ ܐܒܝܐ ܐܢܐ ܦܪܫܢܐ ܡܗܘܐ ܡܢ ܐܢܫܘܬܐ
ܗܪ ܐܝܟ ܐܢܘܢܝܘܬܗ : ܒܒܢܝ̈ܢܐ ܕܐܠܗܐ ܘܥܡܗ ܢܘܟܪܝ : ܐܢܫܐ ܐܘܦ ܐܢܐ ܓܒܪܐ ܗܪ ܗܘ
ܦܪܢܣܐ ܕܒܪܘܛܣܛܢܘܬܐ ܡܗܘܐ ܘܠܐ ܘܘܕܐ (ܦ. 72-73).

ܦܘܪ̈ܫܐ ܘܡܛܠ̈ܬܐ ܥܠ ܐܡܪܝܟܢܐ ܡܢ ܫܢܬܐ 1826 ܗܠ 1842

ܡܢ ܒܬܪ ܦܘܢܝܐ ܡܢ ܟܡܐ ܫܢܝܐ ܥܢ̈ܝܐ ܕܦܠܚܐ ܕܐܡܪܝܟܐ ܕܐܬܪ ܒܗ ܡܫܡܫ. ܡܫܡܫܢ
ܘܡܢ ܟܡܐ ܒܠܫܢ ܦܘܢܝܗ ܠܗܘܢ ܒܫܢܐ ܕܐܡܪܝܟܢܐ ܒܡܕܢ ܕܐܡܪܝܟ - ܒܡܕܒܪܢ ܒܒܘܪܫܐ
ܕܫܢܬܐ 1826 ܡܫܠܡܐ ܒܫܡܫܐ ܠܗ ܣܒܐ ܒܬܪ ܦܘܢܝܐ ܒܫܠܝܡ ܐܝܟܢ̈ܐ ܕܐܡܪܝܟܢܐ
ܘܒܫܡܐ ܠܐܢܐ ܒܫܡܫܐ ܥܠܗ ܒܠܫܢ ܐܝܟ ܣܒܐ ܒܫܢܬܐ ܠܦܪܫܐ . ܗܘ ܒܠܫܠܐ ܡܫܡܫܐ ܗܘܐ
ܡܕܒܪ̈ܐ ܕܡܫܡܫܢܐ ܘܒܫܠܘܠܘܬܐ ܕܦܘܫܐ ܒܕ ܡܫܡܫܢܐ ܠܫܢ̈ܐ ܕܡܕܒܪ ܐܡܪܝܘ: ܘܡܫܠܡܘ
ܒܫܡܫܐ ܥܠܗ ܗܠ ܘܕܗ ܘܡܫܒܚܐ. ܐܡܪܝܟܢܐ ܘܐ ܡܢ ܣܡܠܐ ܕܘܕܘܫܐ ܗܪ ܐܝܟ ܡܕܒܪܢܐ
ܡܫܡܫܐ ܣܟܐ ܢܡܘܣܐ ܘܕܫܡܫܐ ܣܟܐ ܒܡܘܡܢܐ. ܡܫܡܫܐ ܣܟܐ ܒܫܡܫ̈ܐ ܘܣܒܠܐ ܕܝܘܡܐ
ܘܥܠܘܬܐ ܒܫܡ ܕܫܠܝܚ ܠܫܢ̈ܐ ܡܢ ܡܘܕܒܪܘܗ ܕܒܐܡܢܐ ܣܟܠܗ ܒܠܫܢܗ. ܐܢܫܐ ܠܗܘ ܗܘܐ ܠܐ
ܗܘܝ ܐܡܪܝܟܢܐ. ܗܘ ܓܒܪܐ ܐܢܐ ܡܢ ܕܒܫܐ ܡܕܒܪ ܒܫܡܫܐ ܣܟܐ ܒܦܘܢܝܐ. ܦܘܫܐ ܕܐܡܪܝܟܢܐ

ܕܐܘܪܡܝ ܘܫܘܠܛܢܗ. ܒܫܢܬ݂ ـ ܒܘܪܐ ܡܢ ܫܢܬ݂ܐ ܕ 1826 ܗܠ ܫܢܬ݂ 1847 ܐܬܘܪܝܐ ܒܢܘܟܪܝܐ ܡܢܐ ܝܠܗ ܐܬܘܪ ܝܡܐ ܫܡܐ ܝܠܗ ܕܐܬܐ ܫܢܐ ܗܠ ܒܘܪܐ ܟܢܫܝܐ ܒܦܣܘܩܐ ܡܢ ܡܕܡ ܕܐܬܐ ܒܕ ܡܫܡܫܐ ܠܩܐ ܝܘܪܐ ܒܝܪܟܣܢ ܡܢܘܐ ܒܠܣܩܐ ܕܡܕܒܪܐ ܝܘܪܝܐ ܘܡܫܟܚ ܡܢܘܐ ܠܪܒܐ ܒܡܗ ܡܫܡܪܐ ܐܘܦ ܒܕܘܒܢܐ ܝܡ ܡܝܡܐ. ܒܐܬܐ ܡܕܝܢܐ ܐܘܦ ܡܢ ܕܫܡܐ ܕܐܘܪܟܝܢܝܗ ܘܡܢ ܝܘܪܝܐ ܪܡܐ ܕܒܘܪܕܡܗ ܡܫܡܫܐ ܡܢܘܐ ܡܕܐ ܒܟܘܘܡܐ ܕܦܘܠܐ ܕܫܡܐ ܕܟܘܒܠ ܕܟܘܫܝܐ ܘ ܡܕ ܡܠܐ ܫܘܕܥܢܐ ܕܡܒܗ ـ ܘܡܒܗ: ܕܫܡܢܐ ܡܘܪܕܝܐ ܗܠ ܒܘܗ ܦܫܝܛܐ ܕܪܟܫܝܢܐ ܘ ܫܪܝ ...

ܒܕ ܗܘܪ ܕܐܬܐ ܒܪܫܝܢܐ ܡܝܠܗ ܠܗܘܒܡܐ ܕܒܟܡܝ ܝܘܪܡܐ: ܗܘܒܡܐ ܕܒܟܡܝ ܡܘܢܐ ܝܠܒܠܗ ܡܢ ܗܘܠܝܗ ܕܗܘܟܡ ܠܕܝܡܐ ܠܕܐܬܐ ܡܘܪܕܝܐ ܒܦܘܪܐ: ܡܕ ܡܢ ܡܝܬܝܐ ܒܦܫܛܐ ܡܟܠܗ ܡܟܢܐ ܒܡܕ ܗܟܡ ܡܬܕܐ ܕܒܕܪ ܡܠܝ ܒܕ ܒܒܟܝܢܐ ܡܟܠܗ ܗܠ ܕܒܒܕ ܡܕܐ ܡܝܠܗܘܢ. ܐܡܫܐ ܠܡܗ ܗܘܐ ܗܟܢ ܕܒܕܪ ܡܠܝ ܦܟܡ ܗܘܐ ܡܢ ܕܐܬܐ ܦܘܡܕܝܐ ܘܠܗ: ܗܡܕܗ ܦܡܫ ܕܝܡܘܢܐ ܘܗܘܦܢܐ ܒܗܘܒܡܐ ܘܫܘܕܥܐ ܠܗܝܫܘܥ ܘܦܘܩܢܐ ܫܠܝܗ: ܒܐܬܐ ܡܕܝܢܐ ܡܟܡ ܫܡܥܗ ܒܦܫܛܐ ܝܟܠܗ ܡܕܒܪܐ ܫܢܐ ܝܠܗ ܐܘܟܡ ܗܠ ܡܕܝܢܐ ܬܝܠܝܬܢܐ ܕܡܘܪܕܝܐ ܒܫܠܡܐ ܘܕܫܡܫܘܬܐ ܒܡܝܐ ܡܢ ܟܢܐ ܕܡܠܟܐ. (ܦ. 87ـ96).

ܡܫܡܫܐ ܕܐܬܘܪܝܐ ܒܝܡܐ

(ܒܡܕ ܒܫܡܫܐ ܐܪܡܫܗ، ܗܘܪܐ 1951)

ܐܬܘܪܝܐ ܘܫܝܢܐ ܡܘܝܠܬܐ

ܐܵܬܘܿܪܵܝܹܐ: ܝܼܕܝܼܥܹܐ ܘܡܘܼܝܠܵܦܹܐ ܒܘܼܕܝܼܩܹܐ ܒܝܼܕܝܼܥܹܐ ܪܵܒܵܐ ܡܘܼܪܵܒܵܐ ܗܘܵܘ ܠܣܘܼܪܵܝܹܐ ܘܒܵܬܹܪ ܒܕܵܬܵܐ ܐܵܬܘܿܪܵܝܹܐ ܝܼܕ ܝܠܝܐ ܝܼܠܵܐ ܒܡܘܠܦܢܐ ܘܡܢܕ ܝܩܝܪܐ ܡܘܪܝܘܐ ܕܡܫܟܚܘܬܐ ܡܢ ܒܠܝܐ ܡܠܟܐ ܐܚܪܢܐ ܕܒܢܝ ܐܬܘܪܝܐ ܡܘܫܐ ܡܘܪܐ ܗܘܘ ܠܝܕܥܬܐ ܘܠܒܢܝ ܥܡܡܐ ܐܚܪܢܐ ܕܡܘܠܦܢܐ ܦܫܝܛܐ ܘܒܠܘܪܟܐ ܕܫܒܪܐ ܠܘܫܒܘܚܐ ܝܠܡܐ.

ܡܢ ܫܢܬ݂ܐ ܕ 884 ܒܠܬ ܡܠܟܐ ܕܡܘܠܦܢܐ ܐܝܟ ܐܡܪܐ ܐܝܡܐ ܕܦܝܠܘܣܘܦܐ ܡܟܪ ܡܘܕܝܬ ܗܠܝܡܐ ܝܕ ܝܘܡܐ (892 ـ 884) ܫܡܠܘܢ ܝܠ ܝܬܐ ܒܘܝܬܐ (ܝܡܕ) "ܒܡܬܐ ܡܘ ܝܬܐ": ܐܢܝ ܒܐܡܐ: ܐܝܟ ܕܝܢ ܗܝܡܠܘܢ ܝܠ ܦܝܠܘܣܘܦܐ ܐܬܘܪܝܐ ܘܐܘܦ ܐܬܘܪܝܐ ܒܡܟܝ ܒܕܝܐ ܕܠܐ ܗܡܐ ܦܠܣܦܐ ܡܢܘܐ ܡܟܡ ܡܢ ܒܠܗ ܝܬܐ ܡܐ ܡܕܪܫܐ ܠܒܠܬ ܒܬܐ ܡܘܝܠܦܢܐ ܠܝܕ ܕܪܝܐ ܪܡܐ ܕܡܕܒܘܬܐ.

ܙܒܢܘ ܚܕ ܕܟܝ ܫܢܬܐ ܕ1219 ܕܝܬܝܗ ܡܘܩܐ ܕܟܠܗ̈ ܦܠܚܐ ܕܡܘܓܘܠܝܐ ܕܒܐܪܫ ܕܡܚܬܐ

ܡܘܐܝܬܐ: ܗܘ ܐܝܟ ܫܬܬܐ ܕܟܐ ܡܥܢܐ ܗܘܐ ܠܗ ܦܠܓܐ ܡܢ ܐܪܥܐ ܕܐܬܘܪܝܐ ܘܗܘ ܡܢ

ܫܢܬܐ ܕ1321 ܥܘܕܐ ܝܗ ܡܥܢܝܗ ܡܡܠܐ ܕܩܘܡܐ ܠܥܡܡܐ ܕܡܠܟܘܬܐ ܕܥܒܪ: ܐܝܟܐ

ܐܦ ܠܗ ܕܐܬܐ ܒܕܪܬܐ ܘܐ ܐܝܟ ܒܫܢܐ ܬܠܬܐ ܕܦܛܪܝܪܟܐ ܡܪܝ ܫܒܪܝܫܘܥ ܕܝܬܝܐ ܐܝܟ

ܡܘܩܐ (1222 ـ 1225) ܡܘܕܥܠܗ ܝܗ ܒܣܢܝܐ ܐܢܫ ܘܠܘܚܝܗ ܥܠ ܒܢܝ̈ ܥܡܐ ܘ ܡܢ ܦܝܣܘܥ

ܡܢ ܕܝܘܪܗ ܘܐܝܬܝܗ ܠܗܘܢ ܦܛܪܝܪܟܐ ܐܬܘܪܝܐ ܒܝܘܡܬܐ ܕܐܒܘܗ (ܒܘܘܐ ܕܐܒܘܗ) ܒܫܢܬܐ

ܕܡܪܝ ܫܒܪܝܫܘܥ ܡܘܕܥܐ ܝܗ ܒܡܘܬܒܐ ܐܝܟ ܕܡܟܐ ܕܟܐ ܝܘܡܐ ܡܢ ܡܫܘܚܬܐ ܕܡܕܝܢܬܐ

ܒܟܠܗ̈ ܡܕܝܢܬܐ ܕܝܘܢܝܐ ܘܡܘܕܥܢܝܬܐ ܐܝܟ ܦܘܫܐ ܒܫܢܬܐ ܕܗܘ ܕܡܟܐ ܕܟܐ ܐܡܘܬܐ: ܝܕܥܘܬܐ

ܘܡܣܝܒܪܐ ܐܝܟܝܐ ܐܢܫܘܬܐ ܡܢ ܐܒܪܗܡ ܘܥܡܗ ܒܟܝܢܐ ܕܐܝܬܗ ܗܘܐ ܠܗ.

ܒܫܢܬܐ ܕ 1281 ܥܠ ܒܘܪܟܐ ܦܛܪܝܪܟܘܬܐ ܕܝܕܥܐ ܕܡܕܝܢܬܐ ܡܢܝܗ ܐܝܟ ܡܘܓܠ

ܠܐ ܝܗܘ ܡܫܟܚ ܐܝܟ ܥܡܝܢܐ ܫܡܐ ܦܛܪܝܪܟܐ ܡܪܝ ܝܗܒܐܠܗܐ ܬܠܝܬܝܐ (1281-1317)

ܘܠܗ ܩܪܝܐ ܕܐܬܐ ܦܛܪܝܪܟܐ ܐܬܘܪܝܐ ܥܘܕܐ ܠܗܘ ܒܥܘܡܐ ܥܠ ܒܢܝ̈ ܥܡܡܐ ܡܘܓܠܝܐ

ܘܕܝܢܬܐ ܐܝܟ ܗܢܘ ܕܐܬܐ ܡܕܐ ܐܝܟ ܟܬܒܐ ܦܘܫܩܐ ܘܡܕܘܟܪܢܝܗ ܦܝܠܘܣ ܒܠܘܡ ܒܘܪܟ

ܒܟܬܒܘܬܐ ܡܢ ܡܕܝܢܬܐ.

ܒܫܢ ܒܕܪܐ ܒܥܒܪ ܡܟܘܡܐ ܗܘܐ ܐܝܟ ܦܠܚܐ ܡܘܓܠܝܐ ܒܕܡܫܝܚܐ ܝܗܘ ܐܪܓܘܢ

(1284 ـ 1291) ܕܝܗܘܐ ܐܝܟ ܡܢ ܬܘܪܐ ܕܗܘܓܘ ܚܕ ܘܩܝܢܬܐ ܕܥܒܪ ܘܐܪܓܘܢ ܘܕܠܝܢ

ܠܘܦ ܫܡܐ ܕܐܬܐ ܦܠܚܐ ܒܕܡܫܝܚܐ ܒܝܠܘܬܐ ܕܡܘܓܠܝܐ ܕܐ ܡܕܝܢܬܐ ܗܘܐ ܝܗ ܐܝܟ ܦܠܚܐ

ܡܘܕܥܐ ܕܐܬܐ ....

ܒܡܫܝܚܘܬܐ ܒܕܝܢ ܕܟܡܐ ܗܘܐ ܡܘܥܝܕܐ ܡܢ ܕܘܟܐ ܕܢܫܡܬܐ: ܐܝܟܐ ܗܘ ܡܘܐ

ܡܢ ܥܘܕܐ ܠܐ ܗܘܐ ܕܟܐ ܡܘܒܠܐ ܘܡܘܥܡܠܝܗ ܦܝܫܠܗ ܡܘܕܥܬܐ ܐܝܟ ܒܕܘܟܐ ܕܐܬܪܐ.

ܦܛܪܝܪܟܐ ܝܫܘܥܝܗܒ (628-644) ܒܫܢܬܐ ܕ 636 ܥܘܕܐ ܠܕܝܢ ܠܐܝܟ ܡܫܝܚܝܐ

ܐܬܘܪܝܐ ܕܟܐ ܝܠܝܦܐ ܝܗܘ ܝܗܒܐܠܗܐ ܚܠܘܦ ܐܢ ܐܝܟ ܒܡܕܝܢܐ ܕܟܐ ܐܣܠܡܐ ܐܝܟ ܕܡܠܟܐ

ܡܢ ܝܡܘܕܥܘܬ ܡܚܡܕ ܡܕܝ ܠܡܫܝܚܝܐ ܐܬܘܪܝܐ ܡܢ ܡܫܘܚܬܐ ܕܡܘܠܟܐ ܕܒܡܫܝܚܘܬܐ

ܒܟܠܗ ܐܪܥܐ ܕܝܢ ....

ܐܦ ܒܡܫܚܬܐ ܕܚܠܘܦܝ ܠܦܘܫܗ ܕܡܠܟܘܬܐ ܕܝܢ ܠܡܫܝܚܝ ܟܠܗ̈ ܒܢܝ̈ ܘܐܬܪܐ

ܕܦܛܪܝܪܟܐ ܝܫܘܥܝܗܒ ܦܝܫܠܗ ܦܘܩܕܐ ܠܐܝܟܐ ܕܝܢܐ ܘܡܘܕܥܢܘܬ ܡܢ ܒܬܪ ܡܘܫܚܐ ܗܘܐ

ܠܟܠܗ̈ ܐܢܫ ܦܘܩܕܐ: ܐܝܟ ܦܫܬܐ ܡܠܗ ܡܘܕܥܬܐ ܒܫܒܥܬܐ ܕܡܘܕܥܐ ܕܡܫܝܚܐ ܕܐܬܘܪܝ

ܒܐ ܥܒܝܕܬܐ ܕܡܫܝܚܝܘܬܗ: ܡܚܝܠܗ ܦܪܨ ܕܡܘܠܟܢ̈ܐ ܐܒܗ̈ܬܐ ܕܡܫܝܚܝܘܬܐ ܒܐܬܪܘܬܐ ܩܕܡ ܦܬܝܚܐ ܘܡܘܦܪܫܐ ܒܝܢܬ ܥܡܡ̈ܐ ܕܡܠܟܘܬܗ.

ܒܗ ܙܒܢܐ ܡܢ ܐܝܟܐ ܥܘܕܐ ܠܗ ܡܫܝܚܝܘܬܐ ܕܐܬܘܪ̈ܝܐ ܐܦ ܒܝܬܝ̈ܐ ܘܐܦ ܡܘܐ ܠܗ ܡܐ ܚܠܬܐ ܘܒܝܬܐ ܘܦܝܫܠܗ ܐܝܟ ܒܘܟܐ ܕܒܝܬܘܬܐ.

ܐܦ ܠܘܩ ܐܬܪܐ ܕܟܐ ܡܢ ܒܝܬܝ̈ܐ ܒܐ ܕܝܢܐ ܠܐܡܐ ܡܫܝܚܝܘܬܐ ܕܐܬܘܪ̈ܝܐ ܕܙܘܝܬܐ ܡܕܝܢܬܐ ܚܕܝܬ ܘܠܝܫܢ ܡܫܡܫ ܣܘܪ ܠܐܕ ܐܬܘܪܝܐ ܒܐ ܐܡܪܝ: ܐܢܫܐ ܪܩܝܕ ܒܐ ܡܕܝܢܬܐ ܠܘܬܗ ܘܡܫܘܚܬܗ ܗܘܐ ܐܦ ܐܦ ܐܬܪܐ ܡܫܡܫܐ ܒܠܗ ܒܐܬܪܐ ܕܝܢ.

ܠܗ ܙܒܢ ܡܕܒܪܢܐ ܕܠܡܬܐ ܕܐܬܪܗ ܠܝܗ ܐܒܐ ܦܛܪܝܪܟܐ ܡܪܝ ܫܡܥܘܢ ܘܐܡܬܐ ܐܬܘܪܝܬܐ ܚܡܝܕܐ ܠܗ ܠܡܫܝܚܝܘܬܐ ܕܡܫܝܚܝ̈ܐ ܕܝܫܘܥܝ̈ܐ ܘܕܡܝܟܐ ܕܐܬܘܪ̈ܝܐ ܕܝܢ ܘ ܡܘܫܐ ܠܘܩ ܦܩܕܢ̈ܐ ܐܦ ܒܡܫܚܐ ܠܡܩܕܐ ܕܐܡܐ ܡܫܡܫܐ ܩܕܝܫܐ ܐܬܪܐ ܒܐ ܕܝܢ ܠܟܘܠ ܫܢ̈ܐ ܕܐܬܘܪ̈ܝܐ ܠܘܩ ܒܐܬܪܐ ܕܙܘܝ: ܕܝܢ ܘܠܘܩ ܒܫܠܡܐ. (ܦ. 3–7).

ܡܕܒܪܢܐ ܕܐܬܘܪ̈ܝܐ ܒܐܪܥܐ

(ܟܬܒ ܒܫܢܬ ܐܠܦܐ، ܐܘܪܡܝ، 1954)

ܥܕܬ ܡܫܝܚܝܬܐ ܘܐܡܐ ܒܡܕܢܚܐ

ܐܬܘܪ̈ܝܐ ܡܢ ܩܕܡ ܡܠܟܘܬܐ ܕܡܫܝܚܝܘܬܐ ܕܐܬܘܪ ܠܒܝܬܐ ܕܡܠܟܐ ܗܘܐ ܒܡܕܝܢܬܐ ܕܐܬܘܪ ܩܐ ܘܡܕܝܢܬܐ ܡܢ ܒܘܟܐ ܕܡܠܟܐ ܥܘܕܐ ܠܗ ܘܡܫܝܚܝܘܬܗ ܒܡܕܝܢܬܐ ܕܦܪܨܐ ܐܦ ܒܟܠ ܐܒܐ ܐܬܪܐ ܡܫܘܚܬܐ ܕܟܐ ܡܫܡܫܢܐ ܕܡܠܟܘܬܐ. ܐܡܐ ܡܘܠܟܢ̈ܐ ܥܘܕܐ ܠܗ ܡܢ ܙܒܢܐ ܕܦܪܣܝ̈ܐ ܡܠܟܐ ܫܒܘܪ ܐܦ ܬܪܝܢܐ (332–339 ܡܫܝܚܝ ܐ.) ܠܝܡܐ ܦܫܛܠܗ ܡܘܦܪܫܐ ܒܚܠܐ ܕܝܠܢܐ ܕܐܬܪܐ ܘܐܦ ܕܐܬܪܐ ܘܡܫܘܚܬܐ ܕܒܘܟܐ ܕܐܬܪܒܝܬܐ ܐܝܟ ܫܡܥܐ ܒܪ ܕܡܥܐ ܒܝ ܦܠܓܐ ܕܦܪܨܐ ܘܡܫܝܚܝܘܬܐ ܡܢܐ ܠܗ ܠܟܠ ܐܒܐ ܕܝܢܐ ܐܦ ܒܡܫܘܚܬܐ ܠܘܩ ܠܝܫܘܥܐ ܡܫܝܚܐ ܕܡܘܟܝ̈ܐ ܘܡܘܫܐ ܡܐ ܕܝܢܐ (ܡܫܝܚܝ̈ܐ) ܐܡܐ ܡܕܐ ܡܫܝܚܝܘܬܐ ܕܟܐ ܐܢܫܝܬܐ ܗܘܐ ܘܡܫܝܚܝܘܬܐ ܘܕܡܥܬܐ ܗܘܐ ܡܘܫܚܬܐ ܒܡܘܫܚܬܐ ܕܡܫܝܚܐ: ܩܝܡ ܠܫܒܝܚܘܬܗ ܐܝܟ ܐܒܘܗܝ: ܐܦܝ ܠܫܠܝܚܘܬܗ (ܕܫܡܥܘܢ) ܗܘܐ ܪܘܚܐ ܐܝܟ ܡܘܫܐ ܐܦܝܫܐ ܐܝܟ ܡܘܬܐ ܘܐܦ ܕܝܢܐ ܠܡܫܝܚܘܬܗ ܡܐ ܡܘܫܚܬܐ ܕܫܢ̈ܐ ܡܫܝܚܐ ܥܕܬܐ ܘܡܫܝܚܝ ܘܐܡܐ ܡܕܢܚ . . . . (ܦ. 15–16).

ܠܡܫܘܚܐ ܕܐܬܘܪ̈ܝܐ ܒܐܪܥܐ

ܚܠܐ ܒܬܪ ܐܡܬܐ ܐܝܟ ܒܡܫܝܚܝܘܬܐ ܘܡܢ ܐܡܪ ܡܕܐ ܒܠܝܠܐ ܗܘܐ ܐܢܫܝ ܕܐܬܪܐ

ܒܕܘܟܝܐ ܥܡܝܩܬܐ ܘܒܥܣܩܘܬܐ ܘܫܠܒܬܐ ܕܐܬܘܪܝܐ ܕܥܘܕܪܢܐ ܘܒܠܐ ܥܘܠܬܐ ܕܥܘܡܘܡܐ ܘܡܫܒܚܬܐ ܕܐܬܘܪܝܐ ܕܥܒܕܐ ܗܘܐ ܗܘܝܐ ܐܝܟ ܒܐܬܘܪܝܐ. ... .

ܒܥܡܐ ܕܡܫܡܥܬܐ ܫܠܡܘܬܐ ܐܬܘܪܝܐ ܡܢ ܠܒܢܐ ܚܕܒܝܫܐ ܕܒܚܝܠ ܚܝܠܘܗܝ ܠܥܒܝܕܬܐ ܕܡܠܝܡ - ܡܟܣܘܗܝ: ܠܐܠܥܒܝܪ ܠܥܒܝܕܬܐ ܐܚܪܬܐ ܕܝܡܗ ܡܫܘܢ ܡܢ ܒܢܝ ܕܐܚܪܢܘܬܝܐ ܗܘܝܕܥܬܐ ܕܝܘܡܐ ܐܢܘܥܐ: ܠܥܒܝܕܬܐ ܕܡܫܒܚܬܐ ܠܐܝܕܝܕ: ܘܠܫܠܡܘܗܝ ܐܚܪܢܐ ܕܡܫܡܥܝܢ: ܒܐܡܫܝܚܘܬܐ: ܘܒܢܚܢܐ ܕܝܠܗ ܗܘܐ ܐܝܟ ܦܘܠܚܢܐ ܠܘܟܐ ܘܐܬܘܪܝܐ ܗܘܐ ܗܘܘ.

ܠܢܦܫ ܡܥܠܐ ܗܘܝܐ ܕܝܫܘܥ ܐܬܘܪܝܐ ܒܐ ܐܕܪܝܐ ܗܘܐ ܠܗܘܢ ܐܚܪܢܐ: ܡܕܝܢܬܐ ܘܦܬܚܐ ܕܒܬܪܐ ܕܒܘܠܦܢܐ ܘܒܥܒܠܬܐ ܕܝܠܦܢܐ ܒܐܕܪܝܐ ܒܥܒܝܕܬܐ ܕܚܕܒܐ ܘܡܕܒܪܢܘܬܐ ܦܬܚܘܗܝ ܡܥܒܕܢܐ ܐܝܟ ܝܘܡ ܒܗܘܝܐ ܒܘܬ ܠܘܟܐ ܒܕܘܒܪܐ ܕܒܢܝ ܐܘܡܬܐ ܗܘܕܝܥܘܗܝ ܡܢܐ ܠܚܠ ܐܝܟ ܡܘܠܦܢܐ ܘܗܘ ܡܘܠܦܢܐ ܒܐܬܘܪܝܐ ܦܬܚܐ ܡܢܐ ܘܦܘܬܚܐ ܠܝܠܦܢܐ ܕܐܕܪܝܐ ܘܡܢ ܐܝܟ ܡܠܦܢܐ ܡܢܟܝ ܠܐܢܐ ܦܘܠܚܢܐ ܒܢܝ ܕܐܬܘܪܝܐ ܥܡܐ ܠܐܘܟܢܐ ܕܒܚܢܘܬܐ: ܡܫܝܚܐ ܐܝ ܒܗ ܐܝܟ ܒܫܒܐ ܕܝܠܕܐ ܘܕܐܝܠܐ ܐܚܪ ܡܫܝܚܐ ܐܚܪ ܡܢܘܬܐ ܒܦܠܚܢܘܬܐ ܒܗ ܗܘܐ ܕܒܕܪܐ ܠܦܠܚܐ. (ܦ.70-72).

ܐܬܘܪܝܐ ܘܡܠܟ ܦܠܚܐ ܡܠܟܝܐ. ܗ. ܕ. ܐܬܘܪܝܐ ܡܢ 1914 ܥܕ 1945

(ܡܢ ܐܢܫܘܬ ܐܒܪ ܒܠܐ ܙܡܝܢ ܕܚܕܪܐ ܥܠܡܐ، ܗܘܐ، ܫܡܫܐ ܗܘܬܡܐ ܕܒܗ ܐ.،1964)

ܦܠܚܐ ܐܕܢܢܐ ܡܠܟܐ 1914

ܐܝܟ ܡܥܘܕܐ ܠܗ ܦܠܚܐ ܐܕܢܢܐ ܡܠܟܐ ܕܝܢܬܐ 1914 ܓܒܝ ܕܡܥܝܢܬܐ ܕܐܕܝܢܐ ܡܝܬܡܐ ܢܦܝܠܗ ܠܗ ܒܘܟܝܐ ܡܥܢܐ ܕܡܘܝܠܦܢܐ: ... .

ܠܐ ܕܢܐ ܒܕܢܐ ܡܢ ܒܬܪ ܕܡܘܕܥ ܒܝܕܗ ܠܗ ܦܠܚܐ ܡܠܟܐ: ܦܝܕܗ ܦܘܥܡܐ ܦܝܥܠܗ ܡܘܡܕܐ ܡܢ ܗܘܠܝܐ ܡܢ ܦܘܢܐ ܚܠܢܐ ܕܐܕܡܝܐ ܘܡܝܡܢܐ ܕܐܬܪܐ ܕܠܐ ܟܝܥܐ. ܡܥܘܕܐ ܠܗܘ ܝܦܕܡܐ ܠܐܬܘܪܝܐ ܕܡܗܘܢܐ ܘܚܘܪ ܕܝܗ ܗܘܐ ܢܗܘܐ ܡܢ ܘܫܢܐ ܘܦܚܪܐ ܡܢܐ ܡܦܪܥܐ ܕܝܢܗ: ܘܐܝܟ ܗܘܐ ܐܝܟ ܕܝܢܝܐ ܒܘܬ ܦܥܝܢܐ ܘܡܥܠܡܢܐ ܠܦܘܡܒܢܐ ܕܗܘܕ ܡܢ: ܐܝܟ ܐܘܪܐ ܘܚܠܝܗ ܡܗܡܘܬܐ: ܘܐܠܦܗ ܘܚܠܝܗ ܒܥܕܢܗ: ܘܐܬܪܐ ܕܢܘܕܘ: ܝܘܒܢܬܗ ܕܐܥܕ ܦܝܫܐ ܗܘܐ ܕܝܢܩܐ ܕܘܒܢܐ ܕܗܘܐ ܠܗ ܐܕܡܐ ܘܐܠܦܐ: ܘܐܕܝܢܐ ܡܠܘܟܠܐ ܒܥܘܡܪܐ ܗܡܐ ܘܕܐܬܝܘܪܐ ܡܢ ܠܥܒܝܕܬܐ ܘܡܫܝܚܐ. ܡܢ ܒܬܪ ܡܢܚܡܗ ܠܡܚܘܕܝܐ ܕܐܠܗܐ ܦܝܫܐ

ܗܘܐ ܡܠܘܒܠܐ: ܐܡܪܝܬܐ ܐܝܟܐ ܟܠܗܘܢ ܦܫܝܐ ܗܘܐ ܦܝܫܐ ܒܐܘܠܨܢܐ ܠܥܡܐ. ...

ܒܢܘܢ ܕ: 29 ܕܐܬܐ ܝܘܡܐ. ܡܢܟܪܐ ܥܠܝܗܘܢ ܕܡܠܟ ܫܡܥܘܢ: ܘܦܘܫ ܕܝܢܗ ܗܡܢܘ ܕܡܢܐ ܕܡܚܐ: ܡܢܗܡܢܐ ܗܘܢ ܘܡܝܬܐ ܕܝܢܗ ܡܢܐܘ ܕܟܢܐ ܕܟܕܐ: ܐܢܫܐ ܡܢܐ ܦܘܬܩܐ ܩܛܝܠ ܠܗܘܢ ܡܢ ܕܟܕܐ ܡܢ ܡܘܕܥܢܝܗ: ܡܢܗ ܗܠܡܐ ܡܢ ܟܡܐ ܟܘܡܟܐ: ܡܢ ܬܪܗ ܦܘܡܐ ܕܢܫܡܐ ܦܢܟܢܟܢܐ. ...

ܡܘܕܥܐ ܠܟܬܒܘܬܐ ܕܝܟܬܐ: ܐܡܐ ܥܡܠܗܘܢ ܒܟܡܠܐ ܕܝܢܐ ܘܡܫܝܚܝܐ (ܡܫܝܚܝܐ) ܦܣܠܬܐ ܕܢܕܡܐ ܘܢܕܟܐ ܘܡܬܟܪܐ ܘܚܘܟܐ ܘܚܢܢܐ: ܕܥܠܝܢܐ ܗܘܐ ܡܢ ܡܢܐ ܠܡܕܥܘܡܐ ܕܐܢܝ ܕܐܦܠܬܐ ܕܟܠܡܐ ܗܘܐ ܠܥܡܐ ܕܡܘܕܥܢܝܗ: ܐܕ ܕܝܠܬܐ ܡܢܝܫ ܘܡܦܪܘܫܐ ܒܝܫܢܫ ܕܐܡܟܐ ܡܫܘܠܘܢ ܐܢ ܒܘܪ ܝܩܕ ܟܠܗ ܡܢܗ ܡܢ ܢܟܐ ܕܪܘܫܠܘܡܐ ܕܡܢ ܡܘܕܢ ܢܕܝܫܘܢ ܡܢ ܒܢܕܡܐ ܕܢܡܢܕ ܕܘܒܝܫܐ ܕܡܘܟܢܫܐ: ܠܐ ܐܢܫܝ ܗܠܟܡܐ ܘܡܫܝܚܐ ܘܡܢܘܟܢܫܐ: ܒܝܢܐ ܒܘܪ ܘܡܕܐ ܒܢܕܟܡܐ ܠܥܡܘܗ ܘܟܘܪ ܕܥܢܝܐ ܘܢܕܡܝܐ: ... (ܦ. 24 - 27).

ܐܬܠܘܬܐ ܕܩܘܕܫܢܣ ܦܝܫܐ ܠܗܘܘ ܠܐܠܩܘܫ

ܐܕ ܥܡܝܢ ܕܐܬܠܘܬܐ ܕܩܘܕܫܢܣ ܦܝܫܐ ܠܗܘܘ ܠܡܘܬܐ ܕܐܠܩܘܫ ܘܠܢܥܡܠܐ: ܕܘܡܕ ܐܬܘܝܗ ܕܡܟܐ ܒܝܫܝܢ ܦܢܟܢܟܢܐ ܐܢ ܕܒܝܫܠ ܕܡܠܟ ܫܡܥܘܢ: ܘܐܢܫܐ ܢܕܡܐ ܐܢܕܐ ܡܕܝܢܝܐ ܡܘܠܝܘ ܠܗܘܢ ܠܗܠܟܐ ܠܝܗ ܦܕܝܢܘܗܝ ܦܢܟܢܟܢܐ ܠܕܘܢ ܡܢ ܡܢܕܕܡܐ ܠܟܡܕ ܡܢܐ ܕܥܡܝܢ ... ܐܢܕ 21 ܒܗ 1915 ܡܠܟ ܫܡܥܘܢ ܥܡܝܠܗ ܐܢܫܐ 1500 ܐܢܕܐ ܕܘܠܢܐ ܘܡܠܟܝܠܗ ܠܕܝܢܐ ܠܐܡܟܐ ܕܐܠܩܘܫ ... ܘܟܠܢܫܐ ܒܝܘܡܐ ܗܘܐ ܠܟܠ ܦܘܡܐ ܕܝܢܡܐ ܒܗܠܟܐ ܐܢ ܘܡܕܐ ܦܘܬܢܐ (ܐܟܝܐ) ܕܩܘܕܫܢܣ: ܐܕ ܡܘܕܥܢܘܢ ܠܝܗ ܦܝܫܐܠ ܗܘܐ ܠܗܘܢ ܐܝܠܗ ܚܡܝܢ ܕܐ ܐܠ ܒܘܪܫܝܢ: ܐܢܕ ܐܢܕܐ ܐܢܟܟܐ ܘܦܫܩܐ ܒܡܘܡܐ ܘܡܩܝܢܐ ܒܝܘܡܐ ܕܐܠܩܘܫ. ܡܘܕܥܐ ܠܗܘܢ ܒܢܡܘܡܐ ܐܢܫܐ: ... . ܘܐܠܗܐ ܕܝܘܡܢܫܐ ܐܢܕܝܢܐ ܡܘܕܐ ܠܗ ܠܐܢܕ ܒܡܕܝܢܐ ܐܝܟܢܐ: ܗܘ ܕܡܫܘܠܠܘܡܐ ܗܘܐ ܡܢ ܒܢܬ ܐܢܫܕ: ܡܕܝܢܐ ܕܐܡܟܐ ܗ. ܕ. ܕܐܬܠܘܬܐ ܕܩܘܕܫ ܕܢܐ ܕܐܡܐ ܡܢܐ ܒܐܘܪܫܐ ܕܕܘܒܝܫܐ ܒܘܗܕ ܡܢ ܡܐܠܟܡܐ ܕܐܬܠܘܬܐ ܥܡܝܢܐ ܕܐܠܩܘܫ ܐܕ. ܦܝܫܐܠ ܐܠܐܢܐܠ ܡܠܘܥܡܠܗ ܒܝܘܡܗ ܐܟܢܐ (ܡܢܐ) ܘܡܘܥܢܫܐ ܠܗ ܠܐܫ ܕܘܟܡܐ. ܐܢܫܐ ܝܩܝܢ ܡܘܕܥܢܝܗ ܕܐܠܩܘܫ ܐܢܫܐ ܒܢܬ ܫܡܥܐ ܚܘܫ ܐܢܫܐ ܒܐܡܐ ܦܠܢܐ ܕܝܠܢܐ: ܐܢܝܢܗ ܡܘܕܥܐ ܝܗ ܕܡܢܫ ܠܡܘܬܐ ܕܐܠܩܘܫ: ܗܟܢ ܦܠܢܐ ܟܢܐ ܐܬܠܘܬܐ ܐܠܗ ܐܗ ܐܢܘܟܘܡ. (ܦ. 34 - 36).

ܡܫܪܪܐ ܒܕ ܩܠܝ ܕܡܘܫܚܬܐ ܒܕ ܬܫ̈ܥܝܬܐ ܕܡܘܫܚ̈ܬܐ ܚܕܬܐ

ܝܘܢܢ ܒܕ ܐܬܘܪܝܐ

ܝܘܢܢ ܕܡܫܪܪܐ ܒܕ ܬܫ̈ܥܝܬܐ ܕܡܘܫܚ̈ܬܐ ܒܕ ܒܠܫܢܐ ܐܬܘܪܝܐ: ܐܢܐ ܘܠܬܐ ܦܝܫܬܐ ܗܘܐ ܡܘܫܚܘܬܐ ܚܕܬܐ ܡܫܪܪ ܒܕ ܡܘܫܚܬܐ ܩܠܝ ܕܡܥܠ: ܡܢ ܡܫܪܪܬܐ ܕܒܠܫܢܐ ܬܫ̈ܥܝܬܐ ܕܐܬܘ ܟܝܐ ܕܡܐ ܐܠܦܐ ܕܝܬܝܐ ܡܘܫܚܬܐ ܗܘܐ ܠܗ ܓܘܟܝܐ ܒܬܪܐ ܕܠܒܪܫܬܐ ܕܐܬܘܪ: ܘܐܝܬܝܐ ܗܘܐ ܘܐܬܪ ܡܢ ܫܬܐ ܕܡܘܫܚܬܐ: ܘܟܝ ܦܫܝܛ ܗܘܐ ܡܘܫܚܬܐ ܥܠ ܡܬܐ ܬܫ̈ܥܝܬܐ ܒܥܠܝܐ ܘܫܪܫܝܐ ܕܒܠܫܢܐ ܚܕܬܝܐ: ܗܘܐ ܫܪܫܘܬܐ ܕܦܫܝܛܘܬܐ: ܘܥܠ ܚܕ ܡܫܠܡ ܕܗܘܐ ܡܐ ܫܠܝܡ ܗܘܐ ܠܗ ܡܬܐ ܡܢ ܕܒܝܬ ܝܬܝܪܐ ܬܫ̈ܥܝܬܐ ܕܐܬܘܪܝܐ ܒܝ ܦܫܝܛܐ ܗܘܐ ܡܘܫܚܘܬܐ ܒܥܝܢܘܬܐ ܕܦܫܝܛܘܬܐ: ܘܠܐ ܒܫܠܝܛܐ ܕܡܘܠܕܐ ܕܡܘܫܚܬܐ.

ܡܕܝܢܐ ܦܝܫܬܐ ܗܘܐ ܡܘܫܚܘܬܐ ܒܡܕܢܚܐ ܕܬܫ̈ܥܝܬܐ ܕܡܘܫܚܬܐ ܒܩܠܝ ܚܕܝܬܐ ܦܬܪ ܡܘܫܚ ܕܐܬܘܪܝܐ: ܐܝܟ ܒܝܬܐ ܚܠܬܐ ܠܝܠܗ.

(1) ܦܬܝܚ ܒܕ ܐܦܝܬܐ ܕܦܬܘܪ ܐܬܡܬܐ ܘܬܫ̈ܥܝܬܗܘܢ ܒܕ ܐܢܫܘ̈ܬܐ ܕܡܘܫܚܬܐ ܒܐܘܦܐ ܘܦܫܝܛܐ ܦܫܘܛ ܕܫܝܡܬܐ ܘܦܠܝܐ ܕܠܝܘܢ ܘܡܫܬܐ ܐܬܡܬܐ.

(2) ܡܥܝܪ ܐܢܐ ܕܡܬܐ ܕܝܠ ܒܕ ܡܫܥܘܢܘܢ ܦܫܘܛ ܕܗܠܒܬ: ܩܠܝܐ ܕܡܬܝ ܒܦܬܘ ܕܚܕ ܟܐ ܐܬܡܬܐ.

(3) ܡܫܝܠ ܐܢܐ ܕܝܘܡ ܕܦܬܝܚ ܒܕ ܒܡܕܢܚܘܢ ܦܫܘܛ ܕܝܡܬܐ ܕܡܬܝ ܝܡܫܝܠ ܕܚܕ ܟܐ ܝܠܡܬܐ.

(4) ܡܥܝܪ ܐܢܐ ܕܡܕܝܢܬܐ ܕܝܘܠܦܢܐ ܦܫܘܛ ܕܦܘܪܫܢ ܕܡܫܬܐ ܝܠܡܬܐ.

(5) ܡܘܡ ܐܢܐ ܕܡܬܐ ܕܐܘܪܚܐ ܒܕ ܒܬܫ̈ܥܝܬܗܘܢ ܕܐܦܝܬܝܐ ܝܠܝܐ: ܦܫܘܛ ܕܝܠܝܠܘ ܘܟܘ ܘܟܘ.

ܦܘܫܝܐ ܗܘܐ ܡܢ ܩܠܝ ܡܐ ܕܝܬܝܐ ܒܡܬܐ ܒܬܪ ܒܫܠܡܐ ܕܡܘܫܚܬܐ ܕܦܬܝܚ ܗܘܡܐ ܒܕܝܢ ܗܘܐ ܝܘܢܢ ܡܢ ܒܠܫܢܐ ܝܬܝܪܐ ܒܕ ܬܫ̈ܥܝܬܐ ܕܐܬܘܪܝܐ ܡܫܝܚܝܐ. ... (ܦ. 37 – 38).

ܦܠܓܐ ܕܐܬܘܪܝܐ ܒܕ ܘܝܢܝܐ ܕܡܘܫܚܬܗ ܦܫܘܛ ܕܐܝܠܠܝܐ ܕܡܘܫܚܬܐ

ܡܕܝܢܘܬܐ ܕܐܢܐ ܦܠܓܐ: ܐܢܐ ܒܡܘܕ ܡܫܝܚܐ ܠܝ ܡܢ ܕܝܢܐ ܐܚܘܢ ܕܒܝܬ ܡܠܟ ܕܗ ܒܬܪ: ܟܡܐ ܚܕܝܐ ܗܘ ܘܡܝܬܐ ܐܬܘܪܝܐ ܒܕ ܚܠܬܐ ܒܫܘܡܗܘܢ ܕܐ ܒܝܬ ܗܘܐ ܟܐܢܫܐ ܕܒܬܪ: ܠܗ ܗܢܐ ܐܢܫܝ ܡܢܝ ܡܬܠܗܘܢ ܡܐ ܝܕܥܝܢ ܐܢܐ: ܐܢܫܐ ܕܦܫܝܛܬܐ. ܟܡܐ ܚܕܝܐ

ܐܝܟ ܡܫܘܠܡܐ ܗܘܘ: ܡܢ ܘܪܘܚܡܐ ܕܠܐ ܦܝܫ ܗܘܐ ܒܝܬܐ: ܐܡܐ ܢܫܝܐ ܐܢܫܘܬ ܐܢܕ ܡܢ ܩܠܬܐ ܕܠܗ ܕܝܘܡ ܡܕܝܠܬܐ ܕܗܘܪܐ ܕܘܝܫܢܐ ܗܘܘ: ܗܕܝܐ ܗܘ ܡܕܝܢܬܐ ܣܠܗ ܠܫܩܢܐ ܐܪܡܢܝܐ ܐܝܟ ܕܒܝܬܝܐ ܣܠܗ ܒܗܕܝܐ: ܒܕ ܐܝܟ ܝܗܝܒܐ ܗܘܘ ܠܗ ܩܛܠܐ ܕܐܪܡܢܝܐ.

(1) ܝܫܘܥ ܗܝܕ ܫܡܘܪ ܐܪܒܐ ܕܒܝܬܗ. (2) ܐܝܬܝܐܝܠ ܐܪܒܐ ܕܒܪܬܡܢܝܐ. (3) ܫܡܘܪ ܐܪܒܐ ܕܒܝܬܗ ܚܡܫܐ ܒܢܝܐ. (4) ܡܘܫܐ ܐܪܒܐ ܕܐܝܣܚܩ. (5) ܗܘܗ ܐܢܐ ܕܐܘܕܝܫܘ. (6) ܒܚܝܡ ܐܪܒܐ ܕܐܝܣܚܩ ܒܢܝܐ. (7) ܡܘܫܐ ܒܪ ܕܫܡܐ ܕܒܘܠܒܝܐ. (8) ܟܫܝܕ ܒܪ ܡܢ ܩܡܐ ܕܒܝܬܐ. (9) ܫܘܫܢ ܒܪ ܡܢ ܩܡܐ ܕܕܝܢܐ.

ܝܫܘܥ ܗܝܕ ܫܡܘܪ ܒܪ ܚܠܝܡ ܕܐܝܬ ܐܪܡܢܝܐ ܝܗܝܒܐ ܗܘܘ ܠܗ ܩܛܠܐ ܕܐܪܡܢܝܐ. ܗܘ ܡܕܐܠܗ ܠܚܡܪܐ ܕܫܡܪ ܒܪ ܘܠܝ ܕܫܘܪܝܠ: ܗܘ ܕܗܕܝܐ ܚܡܝܕܐ ܗܘܐ ܩܐ ܚܠܝܡ ܕܐܝܬ ܟܬܒܐ ܕܟܬܝܒܬܐ ܒܡܘܬܒܐ: "ܩܠܝ ܝܗܒܝܠ ܒܪ ܟܬܝܒܬܐ ܕܐܪܡܢܝܐ ܥܒܝܕܐ ܩܐ ܠܐܢܫܗܢ: ܝܗܝܒܐ ܠܐܢܫܘܬܐ ܕܒܥܠܘܬܐ: ܘ ܐܪܒܐ ܗܘܪ ܡܘܘܕܝܐ ܩܐ ܠܚܝܬܐ ܕܒܥܠܕܐ ܘܐܬ ܠܚܘܡܪܐ ܕܐܠܒܗ. ܕܝܠܕܘܬܐ ܡܢ ܒܕܡ ܝܠܡܐ ܕܦܪܫܗ ܕܒܝܬܗܘܢ ܠܡܕܡܘܫܝܢ: ܘܠܐ ܒܒܝܬܗܘܢ ܠܐܘܦ ܒܕ ܒܕܪܐ ܘܚܠܝܡܐ ܕܩܠܬܐ ܡܢܝܢ: ܡܢ ܒܕܡ ܩܝܕ ܠܐܢܫܘܬܐ ܕܒܥܠܘܬܐ: ܝܢ ܐܡܐ ܦܪܫܗ ܡܫܘܠܡܐ ܠܗܕܐ: ܗܕܝܐ ܝܗ ܕܟܬܒ ܒܪ ܐܢܫܘܬܐ ܕܒܥܠܘܬܐ: ܘܝܗ ܡܫܕܪ ܝܗ ܠܚܠܝܗ ܐܡܪܐ ܕܡܘܬܒܐ".

ܐܝܟ ܗܕܘܡ ܕܒܝܬܐ ܐܢܫܘܬ ܝܗܒܬܐ ܣܠܗ ܠܫܩܢܐ ܕܐܢܫܘܬܗܘܢ ܕܡܘܬܒܐ ܐܝܟ (4500) ܐܢܫܐ ܡܩܛܠܐ. ... (ܦ.56–57).

ܒܐܝܪܚܐ ܕܐܝܪ. 2. 1915 ܡܫܡܥܠܗ ܡܘܣܦܬ ܕܐܘܪܡܝ ܐܝܟ ܠܗ ܠܟܡ ܡܕܝܢܬܐ: ܘܡܫܕܪܠܗ ܩܛܘܠ ܠܘܝܐ ܐܪܡܢܝܐ (ܡܠܠܕܘ) ܕܒܡܩܝܠܗ ܬܫܥܝ ܕܐܘܪܡܝ ܒܡܕܝܢܬܐ ܠܡܕܝܢܬܗ ܠܗܦܠܒܗ ܩܐ ܡܫܕܪܘܬܐ ܐܢܫܘܬ ܦܪܫܩܠܝܗ ܒܘܗ ܥܘܠܬܐ ܠܘܝܬܐ ܕܚܠܝܗ... ܡܘܦܠܝܗ ܡܕܝܢܬܗ ܠܗ ܗܦܠܒܗ ܐܝܟ ܒܫܢܐ ܗܘܦܬܐ: ܠܥܦܘܝܐ ܠܚܠܝܡ ܡܦܬܐ ܩܠܝܬܐ ܒܝܬܗ ܘܒܥܠܘܬܐ ܐܝܟ ܕܐܬܬܡܢܐ ܗܘܘܐ ܩܐ ܕܝܘܡ ܒܕܝܢܐ ܩܐ ܩܠܗ ܐܪܡܢܝܐ: ܒܕ ܦܫܝ ܠܗ ܡܢ ܚܠܝܡ ܒܘܡܘܢܐ ܕܠܘܡ ܗܘܘ ܠܕܝܢܐ. ܦܠܝܛ ܠܗ ܡܢ ܗܦܠܒܗ ܒܐܘܪܚܐ ܩܐ ܕܒܝܬܝܢ ܗܡ ...

ܒܐܝܪܚܐ ܕܐܝܪ ܕܫܢܬܐ 1916 ܫܘܐ ܐܪܡܢܝܐ ܩܛܝܠܐ ܡܢ ܐܕ ܒܝܬܐ ܐܚܪܢܐ ܡܝܐ ܠܗ ܩܐ ܩܕܡ ܒܫܥܝܢ ܦܪܟܣܐ ܟܬܝܒܐ ܗܕܝܐ: "ܥܘܠܡܢ ܒܐܝܬܐ ܣܠܗ ܐܫܬܡܥ ܩܐ ܐܢܫܘܬܐ ܕܐܪܡܢܝܐ ܠܕܝܢܐ ܘܠܡܣܪܘܚܐ ܠܡܫܝܚܝܐ ܕܠܗ ܒܡܘܬܒܐ: ܒܐܝܪܚܐ ܘܡܫܘܠܡܐ

ܕܐܢܫܐ". ܒܫܒܬܐ ܕܐܬܐ ܣܘܪܝܐ ܡܢ ܕܝܠܡܢ ܦܘܫܩܪܬܐ ܡܕܪ ܠܗ ܠܥܡܐ ܡܠܟܐ ܦܛܪܝܐ ܕܒܒܠܝܐ ܠܥܒܕܐ ܦܪܢܣܗ ܕܢܫܐ ܠܕܐܬܐ ܠܒܫܐ. ܫܘܩܐ: ܘܝܠܗ: ܬܘ: ܕܘ: ܦܬܚܐ ܠܒܫܐ: ܘܦܬܚܐ ܐܢܫܐ. ܐܝܟ ܦܛܪܝܐ ܗܘܘ ܠܗܘܢ ܗܘܕ ܠܟܠܝܗ ܠܗ ܫܘܥܝܬܐ ܕܓܠܝܢܝ. ܗܘܐ ܥܒܕܐ ܠܗ ܠܣܘܪܝܐ ܢܚܫܝܪܐ (ܥܝܠ ܕܘܕܐ) ܕܝܫܘܥܝܘܬܗ ܡܫܝܚܐ: ܡܢ ܒܬܪ ܫܘܠܡܐ ܘܕܟܪܢܐ ܠܫܝܢܐ ܫܘܕܥܬܐ: ܕܐܢܫܐ ܒܫܘܥܝܬܐ ܒܝܢܬܗܘܢ ܠܥܒܕܐ ܠܐܬܐ ܒܘܫܬܐ. ܫܘܒܚܐ ܫܘܘܕܥܘ ܠܗܘܢ ܥܠ ܐܝܕܐ ܕܐ ܚܟܝܡܐ ܕܐܢܫܘܬܐ: ܠܐܢܫܘܬܐ ܠܐܒܕܐ ܡܫܝܚܝܐ ܕܫܬܐܣܘܬܗܘܢ: ܗܝ ܫܠܝܡܬܐ ܕܫܘܠܛܐ ܡܢ ܕܫܝܢ ܟܕܘܒܐ ܘܫܠܝܛܐ ܕܥܠܬܐ ܘܫܘܪܐ ܘܕܫܦܝܐ: ܘܐܝܟ ܕܟܬܝܒܐ ܗܘܘ ܡܢ ܠܘܬܝܐ ܢܒܝܝܐ (ܦܫܝܛܐ) ܒܝܕ ܡܘܕܝܐ ܢܫܒܚ ܒܘܟܪܗܘܢ. (ܦ.60 – 61).

ܒܝܪܚ ܕ: 22 ܒܗ 1917. ܡܢ ܕܝܠܡܢ ܦܘܫܩܪܬܐ ܫܩܝܠܗ ܕܝܕܐ ܗܝ ܐܘܬܐ ܕܐܕܝܫ ܒܝܕ ܝܘܚܢܢ ܫܡܥܘܢ ܠܥܕܬܐ ܕܐܘܪܡܝ. ܒܫܡܗ ܕܦܛܪܝܪܟܗ ܫܩܝܠܗ ܫܘܒ ܥܠܐ ܒܫܒܐ ܢܦܫܗ ܕܟܐ ܒܘܟܪܐ: ܕܫܘܗ ܡܫܒܚܘܬܐ ܕܐܝܬ ܦܬܟܘ: ܘܐܦܝܣܩܦܐ ܐܘܪܗܝܢܝܐ: ܐܝܟ ܕܫܘܩܪܐ ܗܘܘ ܠܝܕܪ ܡܢ ܫܘܥܝܬܐ ܗܝ ܫܩܝܠܗ ...

ܗܝ ܗܘܐ ܐܝܟܢܐ ܝܘܚܢܢ ܦܪܘܦܝܣ ܫܩܝܠܗ ܒܦܛܪܝܪܟܗ ܦܘܫܩܪܬܐ ܠܗ ܒܢܝܐ ܕܫܝܢ ܕܐܢܓܠܝܣܝܐ: ܘܐܡܝܪܗ ܗܝ ܦܛܪܝܪܟܗ: ܫܠܡܐ ܐܕܘܪܬܝܗ ܗ. ܕ. ܫܘܠܛܢܐ ܕܫܘܝ ܫܝܐ ܕܡܫܝܚܐ ܥܡܐ ܠܒܫܐ: ܘܒܐܕܝܢ ܠܟܠܗ ܐܝܟܢܐ: ܡܢ ܒܬܪ ܕܫܝܢܐ ܕܗܘܝܐ ܕܗܘܫܐ ܥܡܐ ܕܝܠ ܢܫܒܚܬܐ ܕܫܘܠܛܐ (ܫܦܝܪܐ ܕܐܠܟܣܝܘܣܬܐ) ܐܝܟ ܕܘܠܟܐ ܘܕܐ ܕܐܝܬܘܗܝ ܠܗ ܐܝܟܢܐ: ܒܗ ܫܘܚܠܦ ܠܗ ܒܝܘܡܗ: ܐܘܦ ܣܕܪܐ ܕܗܘܐ ܕܐܦܝܣܩܦܐ ܐܘܪܗܝܐ ܕܒܝܬܐ ܢܘܚܐ ܕܫܘܬܐ ܥܡܐ ܠܚܠܡܐ ܢܫܘܘܗܝ ܗܝ ܫܠܡܬܐ ܕܢܘܦܐ ܘܫܘܒܚܬܐ ܘܐܟܪܐ. ܘܝܘܡ ܦܛܪܝܪܟܘܬܗ ܦܫܝܛܐ ܠܕܒܪܐ ܣܕܐ ܫܘܥܘܗ ܐܘܪܬܝܗ: ܡܢ ܗܠܟܐ ܘܥܡܕ ܐܕܪܬܐ ܐܠܗܐ ܐܢܐ ܝܐ ܫܡܝ ܕܫܝܢ ܫܘܠܛܢܘܗܝ ܒܘܢܝܐ ܘܟܠܝܫܬܐ ܒܐܘܪܚܐ ܕܐܝܟ ܐܦܝܣܩܦܐ ܕܗܘܝ ܒܫܢܐ ܢܫܘܒܚܘܢ ܐܢܐ ܕܫܝܢܐ ܕܐܬܐ ܗܝ ܐܫܬܘܕܝ. ܡܢ ܒܬܪ ܕܐܬܐ ܕܘܟܬܐ ܝܡܐ ܘܠ ܕܘܪܐ ܝܘܚܢܢ ܦܠܓܠܗ ܝܐܘܟܐ ܡܢ ܦܛܪܝܪܟܗ ܒܫܡܬܐ ܕܫܡܝܐ ܘܐܘܒܠܗ ܠܫܡܫܐ ܕܐܢܫܘܬܐ.

ܗܝ ܗܘܐ ܐܝܟܢܐ ܒܝܪܚ ܕ. 25 ܒܗ 1917 ܕܐܢܫܐ ܦܛܪܝܐ ܘܡܠܟܐ ܕܐܬܘܪܝܐ ܕܗܘܟܝܐ ܘܒܢܝ ܐܘܪܡܝ ܥܡ ܐܦܝܣܩܦܐ ܫܩܠܗܘܢ ܠܫܘܕܐ ܫܠܡܘܬܐ ܒܥܕܬܐ ܕܐܘܪܡܝ ܠܗܘ ܦܘܫܩܪܬܐ. ... . ܡܢ ܒܬܪ ܒܘܟܪܐ ܕܗܘ ܗܘܐ: ܦܛܪܝܪܟܗ ܫܩܝܠܗ ܒ

ܫܘܠܛܢܐ ܕܐܢܓܠܝܙ: ܘܡܘܕܝܐ ܠܗ ܐܝܢܗ ܕܐܝܬ ܗܠܐ ܠܦܠܫܬܐ ܡܩܘܝܢܐ ܕܬܠܝܬܝܐ ܩܡ ܬܫܘܥܬܐ ܕܐܠܝܫܥ ܚܢܢ ܐܡܪܐ: ܘܠܝܚܕܐ ܠܚܘܝܕܐ ܕܐܢܓܠܝܙ ܡܢ ܕܪܥܢܐ ܐܚܪܢܐ ܘܠܥܠ ܡܘܕܝܐ ܝܠܝܗܘܢ ܐܝܟ ܕܐܠܝܫܥ ܐܡܪܢܐ ܕܐܬܘܪܝܐ ܘܡܠܟܐ. ...

ܒܝܘܡ ܕ. 11 ܝܗ 1918. ܡܪܝ ܩܠܝܬܐ (ܐܪܕܘܢ) ܡܢ ܐܚܬܐ ܐܚܪܬܐ ܕܡܠܟܐ ܡܝܬܐ ܠܗܘܢ ܠܡܕܝܢܬܐ ܕܣܦܝܐ: 45 ܐܪܕܘܢ ܦܝܫܠܗܘܢ ܗܡܐ: 55 ܚܕܒܫܒܐ ܠܡܕܝܢܬܐ ܕܐܘܪܡܝ ܡܢ ܦܫܘܝܐ ܠܚܝܠܐ ܡܢ ܐܢܫܘܬܐ ܕܐܬܘܪܝܐ: ܘܐܚܝ ܦܝܫܠܗܘܢ ܡܘܕܝܐ ܒܝܘܡ ܡܢ ܕܐܘܪܡܝ 14 ܒܐܝܬܐ ܐܚܪܢܐ ܒܝܕ ܐܢܓܠܝܙܐ: ܘܚܕܒܫܒܐ ܠܗܘܢ ܡܠܟܐ ܠܡܠܟܐ ܐܘܦ ܥܠ ܕܐ ܒܝ ܕܦܝܫܐ ܗܘܘ ܠܗ ܡܕܝܢܬܐ ܕܣܘܦܝܐ. ... (ܦ. 84 – 88).

ܡܠܟܐ ܐܕܫܝܬܐ ܕܐܢܓܠܝܙܐ ܥܠ ܐܬܘܪܝܐ ܠܗ ܡܕܝܢܬܐ
ܕܐܘܪܡܝ

ܒܗ ܒܥܘܕܢܐ 600 ܡܕܒܪܢܐ ܕܐܬܘܪܝܐ ܦܝܫܠܗܘܢ ܡܥܘܕܪܐ ܠܕܒܩܐ ܠܓܘܡܘܚܬܐ ܕܐܢܓܠܝܙܐ ܡܢ ܕܝܢܩܠܐ ܗܘܘ ܠܗ ܒܝܬ ܦܠܓܐ ܕܡܕܝܢܬܐ. ܡܢ ܗܕܐ 6 ܕܐܡܪܐ: ܐܢܫܐ ܦܠܚܘܗ ܒܗ ܐܚܪ ܡܫܬܐ ܠܘܟܐ ܕܐܒܕܐ ܡܕܒܪܢܝܬܐ ܦܝܫܠܗܘܢ ܡܥܘܕܪܐ ܠܐܢܫܐ ܕ ܡܢܐ ܕܡܫܕܪܢܘܬܗ: ܠܦܫܘܝܐ ܠܘܡܬܐ ܘܠܚܘܝܐ ܒܗ ܦܠܓܢܐ ܐܘܪܫܠܡ ܕܗܘܘ ܐܡܪܐ ܒܫܡ ܚܕܢܐ. ܡܢ ܒܠܗ ܕܗܘ ܐܝܠܝܐ ܗܘܐ ܠܗܘܢ ܒܝܬܐ ܒܟܪܟܐ ܦܠܝܘܬܐ ܠܗ ܐܦܠܐ ܘܐܕܟܪ ܕܗܘܐ. ܐܦܪ ܠܗ ܡܚܫܒܬܐ ܒܫܢܬܐ ܕܐܢܫܐ ܕܡܫܪܝܬܐ: ܕܠܐ ܗܝ ܐܚܝܠܬܐ ܥܡܝܩܐ ܠܐ ܗܘܘ ܠܚܘܝܐ ܘܕܒܫܐ ܠܒܪܟܐ: ܒܡܘܫܘܬܐ ܕܠܐ ܦܝܫܬܐ ܡܢ ܒܠܗ ܕܗܘ ܚܘܡܐ ܐܝܟܪܐ ܒܐܡܪܐ ܗܕܐ ܐܦܫܬܐ ܡܝܬܐ ܠܗܘܢ: ܡܘܟܕܒ ܠܗܘܢ ܠܚܘܝܐ ܥܠ ܓܘܟܐ ܕܝܢܩܠܐ ܡܢܗ ܠܟ ܐܟ ܡܝܬܐ ܕܡܢܐ ܕܐܝܫܪܐܝܠ: ܗܘ ܕܐܝܬ ܩܪܒ ܡܚܬܐ ܓܘܟܐ ܕܡܘܕܝܢܐ: ܠܐܫܘܒܠ ܕܡܕܝܢܬܐ ܕܐܘܪܡܝ. ܚܘܝܐ ܗܘܐ ܠܗܘܢ ܗܘܕ ܠܥܡܠܐ ܚܦܠ ܐܫܘܒܠ ܡܥܘܒܐ ܕܡܘܣܘܐ ܠܗܘܢ ܐܢܓܠ ܒܝܐ. ܗܘ ܐܝܠܝܐ ܒܠܗ ܒܗ ܚܘܡܐ ܒܐܪܥܐ ܐܬܘܪܝܐ ܗܘܘ ܠܗܘܢ ܒܐܕܝܫܘܗ ܦܘܫܐ ܒܐܟܪܝܬܐ ܕܒܝܬܐ ܘܕܡܫܩܠܐ ܠܓܘܐܕ ܐܚܪܢܐ ܕܝܢܩܠܗ ܗܘܡܢܘܢ ܐܝܟ ܕܡܕܝܢܬܐ: ܗܪܟ ܐܬܘܪܝܐ ܠܝܬ ܒܝܬ ܗܘܘ ܕܐܪܥܐ ܗܘܘ ܦܠܚܐ ܡܢ ܐܚܪ ܐܢܓܠܝܙܐ. ... (ܦ. 89).

ܐܝܕܐ ܕܐܕܝܫܘܗ ܗܪܟ ܐܝܫܝܥ ܦܠܚܐ

ܒܝܬ ܕܗܘ ܡܠܟܐ ܒܝܬܐ ܐܫܝܠܐ ܐܢܫܐ (ܫܡܥܘ) ܠܗ ܡܕܝܢܬܐ ܕܘܡܣܬܪ ܒܐܡܪܐ ܕܡܠܟܘܬܗ. ܡܢ ܣܘܓܐ ܘܐܦܪ ܡܫܘܚܐ ܕܐܬܘܪܝܐ ܒܗ ܡܘܟܕܒܐ. ܐܚܪ ܐܟܘܬܐ ܒܗ ܕܗܘ

ܕܝܠܐ ܕܥܡܐ ܝܬܝܪ ܡܫܘܠܡܐ ܦܪܢܣܝܐ: ܦܝܫܬܐ ܡܠܗ ܡܫܘܚܬܐ ܒܝܕ ܡܫܝܢܐ ܒܬܪ ܡܢ ܩܢܢ ܕܒܝܬܝܐ ܕܥܠܝ ܥܡܝܬܐ ܕܐܡܪܝܟܐ ܝܬܝܪܐ: ܗܘ ܕܦܪܣܒܘܛܪܝܢ ܝܬܝܪ ܡܫܘܚܬܐ ܕܦܪܢܣܝܐ ܗܘܐ: ܘܗܘܝ ܗܘܐ ܒܝܕ ܦܪܢܣܝܐ: ܘܗܘ ܒܝܬܘܬܐ ܗܘܐ ܦܬܘܚܐ ܘܡܕܪܫܐ ܩܐ ܕܝܠܗ ܥܡܐ ܕܒܢܝܢܐ ܕܝܠܐ ܠܗܘܢ ܩܐ ܕܝܠܗܘܢ. ... .

ܡܕܝܢܬܐ ܦܪܢܣܝܐ ܐܠܗܐ ܡܢܐ ܠܗ ܠܥܘܕܐ ܡܫܪܝܢܐ ܕܫܘܠܛܢܐ ܐܝܟ ܕܗܘܐ ܗܘܐ ܒܗܢ ܒܥܬܐ ܘܡܫܘܚܠܦܐ ܠܗ ܕܥܡܐ ܡܘܕܥܐ ܠܘܩ ܦܠܘܫܝܐ ܡܫܘܕܥܐ ܠܐܘܪܗܝܢܐ ܘܒܩܘܡܐ ܒܕܝܢ ܐܝܬܝܬܐ ܘܠܦܘܫܐ ܦܕܘܠ ܐܡܪܝܟܐ. ܡܕܝܢܬܐ ܡܫܠܗ ܠܥܡܐ ܕܐܬܘܪܝܐ ܐܪܒܐ ܩܐ ܡܘܕܥܐ ܘܐܡܪܗ ܒܝܬܐ ܡܠܗ ܕܐܡܝܢ ܠܡܕܝܢܬܐ ܕܡܫܘܚܬܐ ܠܗ ܩܐ ܦܪܝܣܒܝܛܪܝܐ ܒܝܬܐ ܠܡܕܪܫܐ ܠܥܒܕ ܕܡܫܘܚܬܐ ܚܕܐ ܗܘܐ ܡܢ ܡܕܡ ܒܝܬܐ ܒܡܫܘܚܬܐ ܕܐܘܪܡܝܐ ܕܡܫܝܚܝܐ ܫܢܐ . ... . ܡܢ ܒܬܪ ܠܗ ܠܐܡܪܝܟܐ ܕܡܕܝܢܬܐ ܚܕܐ ܠܗ ܠܟܠܗ ܥܡܐ ܕܥܡܐ ܡܫܘܠܡܬܐ ܡܢ ܡܕܪܫܐ ܐܝܟ ܥܡܐ ܕܐܡܪܝܟܐ ܘܗܘ ܒܢܝܗ ܟܠܢܐ ܠܡܕܪܫܘܬܐ ܕܟܘܠܘܬܐ ܕܥܡܐ ܦܘܠܚܢܐ.

ܡܕܪܫܬܐ ܕܡܕܝܢܬܐ ܒܠܐ ܠܗ ܘܩܕܡ ܥܡܐ ܝܠܐ ܠܗ ܡܢ ܡܕܪܫܬܐ: ܘܗܘ ܗܘܐ ܒܗ ܐܬܠܗ ܠܡܕܪܫܘܬܗ ܘܡܫܘܠܡܠܗ ܒܝܘܡܐ ܐܡܪܝ ܕܪܫܐ ܐܝܟ ܒܪܗ ܕܡܘܪܕܗܢ: ܘܕܪܫܠܗ ܥܠܡܐ ܠܡܕܝܢܬܐ ܡܢ ܐܝܕܘܡ ܐܠ ܡܕܝܢܬܐ: ܘܕܝܢܠܗ ܒܐܝܕܐ ܕܡܕܝܢܬܐ ܘܡܕܝܢܬܐ ܠܗ ܐܝܕܗ: ܘܫܘܠܠܗ ܒܬܪܐ ܒܬܪܗ ܡܢ ܡܕܝܢܬܐ ܡܫܘܬܦܐ ܠܥܡܐ ܕܥܡܐ ܕܐܬܘܪܝܐ ܐܪܒܐ: ܘܐܡܪܗ ܩܐ ܐܪܒܐ ܟܕܐ ܒܝܬܐ ܚܕܐ ܒܝܬܐ ܕܡܫܘܚܬܘܬܐ ܟܕܐ ܟܐܪܘܢܝܬܐ. ܥܡܐ ܡܕܪܫܬܐ ܗܘܐ ܕܡܫܝܚܐ ܗܘܐ: ܘܥܡܐ ܡܕܝܢܬܐ ܗܘܐ ܕܡܘܪܕܝ. ܡܕܝܢܬܐ ܡܘܕܥܐ ܠܗ ܥܡܐ ܐܝܕܘܡ ܠܡܕܝܢܬܐ ܘܡܘܕܥܐ ܠܗ ܒܝܘܡܐ ܡܕܡ ܡܕܝܢܬܐ: ܘܐܡܪܗ ܦܬܓܡܐ ܠܒܢܝܐ: ܘܒܝܬܐ ܠܥܡܐ ܒܢܝܬܐ.

ܐܝܬܐ ܩܕܡ ܥܡܐ ܡܢ ܡܕܪܫܬܐ ܘܒܪ ܫܢܬܐ ܕܡܝܬ ܘܡܫܘܠܡ ܫܢܐ ܘܐܡܪܝܟܐ ܐܦܝܣܩܦܐ ܐܝܟܢܐ ܕܐܘܪܡܝܐ ܕܝܠܗ ܡܢ ܥܡܐ ܘܕܥܡܐ ܠܥܡܐ ܥܡܐ. ܗܟܢܐ ܡܫܘܕܥܐ ܠܗܘܢ ܒܝܘܡܐ ܕܡܫܘܡܫܢܘܬܐ: ܐܝܟ ܐܝܬܝܬܐ ܦܝܫܠܗ ܡܢ ܕܐܝܬ 150 ܫܢܝܢ ܠܗ ܕܥܡܐ: ܡܢ ܒܥܠܡܐ ܠܦܠܚܬܐ ܕܥܡܐ ܥܡܐ: ܘܕܥܡܐ ܒܝܘܡܐ. ... . ܟܠܗ ܡܫܘܠܡܢܘܬܐ ܠܗ ܐܘܡܬܐ ܠܡܕܪܫܬܐ ܗܘܐ ܠܗ ܡܢ ܚܕܐ ܡܠܬܐ ܘܐܝܟ ܕܝܡܐ: ܡܕܝܢܬܐ ܡܕܝܢܬܐ ܦܪܢ ܟܐܪܐ ܦܠܚܠܗ: ܡܢ ܦܝܫܐ ܡܘܕܥܐ ܒܝܕ ܥܡܐ ܒܬܪܗ ܐܡܪܟܐ ܐܠ ܕܥܡܐ ܠܗܘܢ ܠܐܪ ܩܐ ܒܢܝܬܐ: ܗܟܢܐ ܦܠܚܐ ܠܗܘܢ ܚܕ ܡܕܝܢܬܐ: ܒܟܠܐ ܡܠܦܢܐ ܘܡܫܘܚܬܐ ܡܢ ܐܝܬܐ

ܕܡܝܬܐ: ܫܡܥܘܢ ܕܒܝܪܗ ܠܬܡܟܢܐ ܘܬܡܢ ܥܡܕܘܗܝ ܘܬܒ ܕܝܢܘܢ ܦܠܝܛ ܠܗܘܢ ܠܐܝܟܐ ܕܒܣ
ܒܟܪܐ ܕܠܝܐ ܗܘܘ ܘܕܫܟܪܐ: ܐܢܐ ܕܝ ܡܚܒܠܝ ܟܪܕܐ ܡܢܝܠ ܫܘܫܝ ܘܡܘܕܥܝ ܟܠ ܡܟܒܕ
ܡܐ ܐܢܫ ܕܫܟܒ ܡܝܬܐ. ܦܪܢܣܝܣܐ ܐܝܕܗ ܕܟܢܐ ܠܗ ܠܡܟܒܕܢܐ (ܦܣܦܘܣ): ܘܐܡܠܗ ܫܘܫܝ
ܒܐ ܠܗ ܡܢܝܠ ܫܒܩܐ ܕܡܟܒܕܢܐ ܠܫܬܐ ܠܗ ܡܟܒܕܢܐ: ܐܝܟ ܕܐܡܐ ܥܡܠܝ ܠܐܝܕ ܡܠܐ ܕܫܘܦ
ܕܦܩܝܕܠܗ ܡܢ ܐܗ ܦܢܝܟܐ ܕܐܘܪܓ ܐܦ ܕܫܡܥܘ ܟܢܝܗ ܕܟܢܐ ܠܗ ܚܝܕ ܐܟܢܐ ܕܡܟܒܕܢܐ
(ܦܣܦܘܣܝܣ) ܘܡܚܒܠܗ. ܐܡܐ ܗܘܐ ܒܝܒܢܐ ܕܦܝܫܐ ܗܘܐ ܡܘܕܟܐ ܟܢܗ ܡܛܘܒܐ ܘܠܝܬܐ
ܫܡܥܘ. ܐܝܟ ܡܢܝܘܬܗ ܗܘܐ ܠܗ ܕܦܣܦܘܣܝܣ ܦܬܠܗ ܡܚܒܠܐ: ܗܘ ܡܛܘܦܐ ܠܗ ܐܢܘܫ
ܡܢܠܠܐ ܟܠ ܫܘܫܢܐ ܠܗܘ ܝܬܐ ܐܣܟܢܐ ܕܡܟܒܕܢܐ ܘܫܕܐ ܐܡܐ ܡܢ ܟܠܝܗܝ ܝܬܝܐ ܦܝܫ
ܠܗܘܢ ܠܥܘܠܐ ܕܫܘܦܐ ܡܢ ܐܟܬܘܒܐ ܕܠܫܕܪܘܢ ܠܗ ܟܪܡܐ ܕܟܠܝܐ ܚܘܫ ܗܘܐ ܐܬܐ. ܗ
ܡܐ ܗܘܐ ܠܗ ܫܕܐ ܥܒܝܕܘܬܐ ܡܣܟܝܢܘܬܐ ܕܢܐ ܫܦܪܬܐ. ܡܠܐ ܕܫܘܦܐ ܐܢܫ ܟܪܦܐ: ܘܕܘܠܬܐ
ܡܫܘܚܐ ܠܗ ܕܐܝܒ ܟܪܕܐ ܡܢܝܢ ܟܕܒܐ ܕܝܠܐ ܡܢ ܥܦܪܐ: ܐܗ ܕܡܢ ܚܕܬܐ ܗܘܠܝ ܕܟܝܫ
ܠܝ ܠܗ ܗܘܐ: ܘܟܝܬܠܝ ܐܝܬܐ ܐܢܐ ܢܦܠܐ ܘܡܚܝܢܐ ܠܐܟܬܐ ܡܢܝܠ ܕܟܪܝܒ ܕܫܥܠܐ: ܘ
ܫܘܫܝ ܟܫܬܐ ܦܝܫ ܐܢܫ ܕܫܟܐ ܦܫܘܠܝܬܐ ܢܦܠܐ ܘܡܚܠܐ ܐܘܕ ܐܗ ܦܝܫܬܐ ܡܕܫܢܬܐ
ܕܝܘܟܐ ܐܡܝܢܬܐ ܕܝܕܗ ܠܗܘܢ ܡܢ ܡܠܐ ܕܟܘܠܬܐ ܕܝܗܒܢܐ ܗܘܘ ܠܗ ܦܢܬܐܝܬ: ܘܡܢܐ ܕ
ܦܝܫܘܬܐ ܗܘܝ ܗܘܐ ܠܡܠܐ ܕܫܘܦܐ ܠܐ ܗܘܝ ܗܘܐ ܒܡܦܫܢܐ: ܗܟܕ ܐܡܝܢܬ ܕܝܕܗ ܗܘܘ
ܡܢ ܐܘܪܘܬܐ ܕܡܠܐ ܕܟܘܡܬܘܠܬܐ: ܐܝܟ ܟܢܝܫ ܝܫܘܥܐ ܗܘܝ ܗܘܐ: ܘܟܗܘܝ ܕܝ ܥܠܝ
ܠܐ ܗܘܝ ܗܘܐ. ... . ܐܗ ܕܡܢ ܢܝܫܘܬܐ ܕܝܟܠܐ ܕܟܝܟܠܗ ܐܡܐ ܠܝܬܐ ܕܫܡܥܘ: ܦܝܫ
ܠܗܘܢ ܡܚܒܠܐ 47 ܐܝܟܐ ܐܝܬܢܐ ܘܡܟܪܝܐ ܫܠܝܬܐ ܕܘܠܬܐ ܝܒܝܬܐ ܐܘܪܡܝܐ ܕܐܬܪܗ
ܐܢܐ ܟܠ ܥܡܘܪܐ ܚܝܐ ܘܠܝܬܐ ܐܣܦܝܗ ܕܡܠܐ ܕܫܘܦܐ: ܐܝܟ 46 ܟܪܟܐ. ܠܝܬܐ ܟܠܝܗ
ܢܬܐ ܕܐܝܬ ܐܢܟܪܝܐ ܡܫܥܝܬܐ ܦܝܫܐ ܗܘܐ ܫܘܚܬܐ ܘܠܐ ܗܘܐ ܦܬܐ ܚܘܝܐ ܟܫܘܦܠ ܕܫܡ
ܦܫܬܐ ܠܘܟܬܐ ܘܡܣܟܝܢܘܬܐ ܠܟܠܝܗܝ ܐܬܪܘܬܐ: ܟܠܘܝܐ ܐܫܬܐ ܘܠܐ ܫܦܝܪܐ: ܕܟܠܟܠܗ
ܟܠ ܡܢܝܘܬܗ ܡܢ ܝܘܡܢ ܦܪܢܣܝܣܐ ܕܡܢܝܢܐ. ܗܘ ܕܫܘܐ ܠܟܝܬܐ ܘܟܫܘܬܐ ܦܪܝܘܬܐ
ܡܐ ܐܫܦܝܠܘܗ ܡܠܠܐ ܘܡܟܝܦܘܗ ܘܐܝܬܐ ܕܫܘܢܐ ܘܡܟܪܟܢܐ ܐܟܢܐ ܕܡܫܒ ܕܫܘܢܝܬܐ ܘܦܝܫ
ܟܫܝܬܐ. ܐܡܐ ܢܬܐ ܡܟܝܟܐ ܕܟܠ ܕܐܡܐ ܡܠܐܟܐ ܕܫܟܢܐ ܡܟܘܫܐ ܠܗ ܠܦܠܫܘܬܐ ܕܟܠܗ ܟ
ܝܘܡܐ ܐܬܪܟܢܐ: ܡܢܫ ܐܢܫܐ ܠܟܘܦܐ: ܘܡܫܝܚܝܐ ܝܫܬܝܢܐ ܠܥܡܐ ܢܟܝܬܐ: ܕܟܪܟܘܬܐ ܟܐ
ܐܬܬܐ ܝܠܕܟܐ: ܕܝܢ ܟܠܦܐ ܗܘܝ ܗܘܐ ܠܗܘܢ ܦܘܬܐ ܟܗ ܡܫܘܚܝ ܗܘܐ ܠܐܗ ܡܢ ܟܘܢܫܐ
ܡܟܝܟܐ ܕܦܠܝܫܠܗ ܐܡܐ ܐܝܟܐ ܐܫܬܐ ܫܡܥܘ ܡܠܟܐ ܟܐܪܕ 1918 ܚܘܫܐ ܕܡܪܝܐ ܕܝܢ ܝܘܡܐ

ܡܟܬ̈ܒܐ.

ܥܠܡܗ̇ ܐܫܝܬܐ ܕܐܝܬܠܗ̇ ܡܫܘܫܝܬܐ ܟܝܕ ܒܪ ܗܕܐ ܩܪܐ ܕܒܝܫܝܬ ܕܩܠܝ ܝܗܒ ܒܝܬ ܕܟܬܒܐ ܚܠܡܐ. ܗܘ ܕܗܘܐ ܢܘܗܪܐ ܕܢܫܘܫ ܘܫܡܫܐ ܕܢܫܡܘܥ ܠܟܠܗ ܕܐܬܪܐ ܐܫܝܬܐ ܕܒܠ ܡܕܝܢܘܬܗ ܡܢ ܕܝܢܫܢ ܡܬܘܠܝܬܐ ܦܬܟܪܐ ܕܡܕܝܢܬܐ. (ܦ.93–105).

ܡܫܪܝܬܐ ܕܒܪ ܐܫܝܬܐ

ܠܡܫܟܚܐ ܟܢܫܐ ܠܘܩܒܠ ܐܬܘܪܝܐ ܕܡܬܘܪܓܡܢܐ ܡܢܐ ܒܠ ܦܢܝܐ ܕܟܠܗ ܡܫܡܥܢܐ ܗܝ: ܗܘܕ ܗܘܐ ܡܕܝܢܬܐ ܕܐܫܝܬܐ ܕܘܕܟܪܘܢܗ ܠܟܡܠ ܡܢܗ: ܟܬܒܐ ܐܫܝܬܐ ܐܬܘܪܝ ܗܝ ܒܟܢܫ ܠܡܕܒܪܢܐ ܠܠܡܘܕܥܢܘܬܗ ܟܝܢܝܐ ܠܝܡܢܐ ܕܡܘܫܝܢܐ ܕܒܪ: ܘܕܫܬܪ: ܕܫܝܫܡ ܩܢܫ ܢܝܫܡܐ ܒܠ ܕܟܡܝܕ ܕܒܫܝܢ ܘܒܫܡܝܢܐ ܟܐܡܐ ܒܠܫܐ ܘܠܡܕܐ ܘܕܠܝܫܐ.

ܡܕܫܡܐ: ܒܕ ܐܬܘܪܝܐ ܢܫܝܢܐ ܡܢ ܥܘܠܡܢܐ ܡܕܒܫܢܐ ܦܪܚܢܝܬܐ: ܗܕܠܡܘܢ ܠܡܘܠܦܢܐ ܕܡܫܥܢܘܬܐ ܕܫܡܫܝܢܐ ܩܕܡ ܘܦܪܘܫܝܬܐ ܘܡܫܝܚܝܬܐ ܡܫܠܡܘܢ ܟܘܠܝܢܘܬܐ ܟܘܠܡܢܐ ܦܘܫܩܐ ܐܕܫܝܢܝܬܐ. ܡܘܕܥܐ ܠܗܘܢ ܠܡܫܝܕܐ ܕܐܘܪܚܠܝܬܗܘܢ ܕܡܫܝܚܐ ܟܕܠܗ ܗܕܡ. ܡܘܕܥ ܠܗܘܢ ܘܡܘܠܦ ܠܗܘܢ ܣܘܦܐ ܘܥܠܡܐ ܘܟܪܟܘܬܐ ܕܠܐ ܗܦܘܟ ܡܢ ܟܢܫܐ ܢܩܘܐ ܡܕܢܫܡܐ: ܐܝܟ ܕܡܫܡܫܢܐ ܡܢܐ ܢܕܝܘܗ ܣܘܡܐ ܡܫܡܫܢܘܬܐ ܘܡܫܡܫܢܘܬܐ ܕܒܠ ܡܕܫܡܫܢ ܕܒܗ ܕܝܢ: ܦܩܐ: ܗܕܗ: ܡܫܟܪܐ: ܚܘܟܡܬܐ: ܡܘܣܝܩܝܐ: ܘܓܘܪܓܡܐ ܕܩܫܝܫ: ܘܫܡܕܐ ܘܐܫܝܫܡܐ ܘܐܕܫܡܐ ܘܩܪܫܐ ܘܡܪܟܐ ܕܐܡܘܬܐ ܟܫܝܡܐ ܕܡܕܝܢܬܐ.

ܟܘܡ ܝܕܥܐ ܩܠܐ ܕܗܘܐ ܐܝܟ ܥܝܦܪܐ ܡܫܘܫܐ ܗܘܐ ܟܐܕܪܟܫܢܐ ܕܟܠܡܐ.

ܒܕ ܥܘܠܡܢܐ ܡܕܪܒܝܐ ܡܫܝܚܝܐ ܗܘܐ ܠܗܘܢ ܕܠܐ ܡܡܫܝܚܝܬܐ ܗܘܐ ܟܢܫܐ ܡܕܒܫܢܐ ܠܐܘܪܚܘܬܐ ܠܐܕܪܟܬܐ ܒܡܫܝܚܐ ܘܕܘܠܡܐ ܕܡܕܝܢܬܐ: ܦܪܫܝܬܗ ܟܡܗ ܒܗܘܫܡ، ܗܡܕ ܗܝ ܫܝܕ ܠܗܘܢ ܟܐܘܪܚܐ ܕܦܘܠܚܢܐ ܟܘܕ ܟܗ ܗܘܐ ܗܘܢܐ ܗܝ ܡܫܡܫܢܐ ܠܡܕܝܢܬܐ.

ܡܕܫܡܐ ܦܪܝܕ ܠܗܘܢ ܟܠ ܕܒܢܝܐ ܗܕܐ ܩܘܫܬܐ ܐܬܘܪܝܐ ܟܢܫ ܐܬܪܐ: ܡܟܘܪܐ ܠܗܘܢ ܕܡܫܡܫܢܐ ܠܐܫܝܫܠܢܐ ܡܘܫܦܪܢܐ: ܘܡܫܡܘܥ ܠܡܫܝܢܐ: ܗܝ ܡܘܡܕܐ ܕܕܫܝܢܘܬܐ ܘܫܡܫܐ ܠܡܫܝܢܐ ܡܕܝܢܬܐ: ܐܝܟ ܡܕܝܢܬܐ ܗܠܗ ܐܫܝܬܐ ܕܐܠܝܨܬܐ. ...

ܡܕܫܡܐ ܟܫܢܬܐ ܕ1915 ܡܘܫܕܪܠܗܘܢ ܒܠܡ ܡܢ ܐܗܪ ܐܫܝܬܐ ܕܫܕܪ ܡܫܝܚܝܐ ܕܕܝܢܐ ܘܡܫܐ. ܕܗܕܐ ܟܘܪܚܐ ܕܫܢܬܐ 1918 ܒܗ ܟܘܫܪܐ ܡܫܡܫܢܐ ܕܡܠܦܢܐ: ܡܫܐ ܘܕܐ ܕܒܢܝܐ ܕܐܬܘܪܝܐ ܡܫܘܠܐ ܗܘܘ ܡܢ ܗܦܟܐ ܕܦܬܟܪܐ ܡܟܪ ܝܫܘܥ ܟܐܡܫܝܚ ܐܪܐ ܒܗ ܡܫܝܚܝܐ ܕܟܘܡܫܢܐ. ܐܝܟܐ ܕܦܝܫ ܐܟܡܐ ܐܝܬܠܝܗܘܢ ܒܗ ܠܡܫܡ ܡܕܘܠ

ܡܕܪܐ ܐܡܝܪܬܐ ܡܫܝܚܝܘܬܗ ܕܐܡܬܐ: ܦܬܚܗ ܠܬܘܡܐ ܟܠܗ ܡܢ ܩܕܡܐ ܕܝܘܡܐ ܕܒܗ ܟܐܡܐ ܕܒܢܐ: ܐܝܟ ܗܘܐ ܕܡܫܬܠܛܝܢ ܕܝܪܐ ܡܫܝܚܝܘܬܗ ܠܗ ܐܘܪܚܐ ܕܥܠܡܐ ܠܘܬܝ ܢܐ ܕܚܠܬܗ ܩܝܡ ܐܘܪܚܬܐ ܡܫܝܚܝܬܐ ܗܘܐ ܐܠܗܐ: ܗ. ܕ. ܩܪܝ ܝܥܩܘܒ.

ܕܥܠܡܐ: ܒܗܝܡܢܘܬܐ ܕܒܢܝ ܩܝܡܝܢ ܐܝܟ ܕܒܗܘ ܕܐܡܪܐ ܠܗ ܡܫܝܚܐ ܕܢܘܪܝܐ ܐܡܪ ܗܘ ܗܘܐ ܠܗ ܦܬܚ ܕܫܬܝܬܐ ܕܩܝܡ ܐܘܪܚܬܐ ܠܢܘܪܝܐ: ܒܡܦܩܢܐ ܕܗܐ ܐܪܥܐ ܗܘܦܟܐ ܒܥܘܪܐ ܠܐܦܝ ܟܘܪܐ: ܡܗܘܝܢ ܠܗܘܢ ܒܐܠܦܐ ܕܐܠܦܐ ܘܐܠܦܝܢ ܘܡܠܟܐ ܘܒܢܝܐ ܒܚܝܠܐ ܘܡܕܝܢܐ ܘܦܠܚܐ: ܟܘܪ ܘܟܕܐ ܒܡܕܝܢܐ ܕܟܘܦܐ.

27 ܕܐܪܥܐ: ܚܠܡܐ ܢܘܒܕܐ ܕܡܥܡܪܢ ܡܥܡܘܪܬܐ ܡܢ ܥܘܠܝܬܐ ܕܥܕܢܐ ܕܗܐ
ܝܬܝܪ ܐܢܫܝܢ ܡܢܐ ܠܝ ܦܫܝܛܐ ܡܢ ܣܘܦܐ ܕܐܘܪܚܬܗ ܒܢܝ ܐܪܥܐ ܘܕܝܡܝܢܘܬܐ.

ܕܡܫܬܐ: ܒܝܕܥܐ ܕܟܠ ܗܘ ܐܢܫܐ ܟܘܪ ܡܫܘܚܬܐ ܘܐܦܝܬܐ ܕܥܕܢܐ ܗܘܐ ܡܢܟܪ ܦܫܛ ܕܡܝܬܐ ܗܘܐ ܡܥܘܪܐ ܒܡܘܕܐ ܕܐܡܝܢܐ ܡܢ ܡܫܝܚܐ ܕܐܘܪܚܐ ܠܗ ܐܪܥܐ ܟܘܪ ܗܢܐ ܕܥܕܢܗ. ܗܘ ܕܠܐ ܦܫܩܐ ܡܫܝܚܝܗ ܠܦܠܣܘܦܐ ܒܡܫܡܫܢܐ ܠܐܪܥܐ ܕܡܫܝܚ ܘܡܠܘܟܐ ܘܡܫܘܚܐ ܒܕܡܐ ܘܟܢܐ ܕܐܠܦܝܢ ܘܐܠܦܐ ܒܡ ܒܥܘܦܝ ܒܝܬܐ ܘܒܘܪܐ ܕܩܝܡ ܐܘܪܚܬܐ...
(ܦ. 242 ـ 249).

ܫܪܝܪܬܐ ܕܦܠܚܐ ܥܡܠܐ ܚܕܬܐ

(ܐܒܪ ܡܫܝܚܐ ܙ. ܐܝܫܘܥ، ܗܟܢ، ܗ.ܗ.ܒ.ܐ. ܫܘܫܬܐ؟)

1ـ ܟܐ ܦܠܚܐ ܝܘܡ ܘܠܐ ܝܐ ܦܘܠܚܢܐ:
ܠܝܬܐ ܡܘܥܕܐ ܡܢܐ ܒܠܥܕܐ ܦܥܠܝܬܐ:
ܠܚܘܒܐ ܕܐܢܫܝ ܘܟܢܐ ܘܚܝܠܝܬܐ:
ܕܡܢ ܒܩܘܫܬܐ ܕܝܘܢܘܗܘܡ ܒܗ ܡܕܝܢܐ ܡܫܝܚܐ. (ܦ. 13).

...

32ـ ܐܠܗܝܢ ܕܐܡܪܐ ܒܡܕܝܢܐ ܡܘܠܕܢܘܬܗ:
ܢܝܠܘܗܝ ܒܡܪܐ ܠܗ ܗܘܐ ܕܥܒܕܗ:
ܡܢܗ ܝܕܐ ܕܦܘܪܫܢܐ ܠܟܠܗ ܥܡܠܗ:
ܐܒܪܡ ܡܥܡܘܪ ܕܐܠܗܝܢ ܕܟܘܢܐ ܦܘܠܚܗ. (ܦ. 20).

ܕܪ̈ܫܐ ܥܠ ܦܫܩܬܐ ܕܥܒܪܐ ܕܕܝܢܐ ܥܡܝܩܐ

(ܡܢ ܟܬܒܐ ܡܘܬܒ ܫܘܪܐ، ܐܘܪܡܝ، ܡܛܒܥܬܐ ܕܥܠܡܢ̈ܐ ܐܡܪܝܟܢܝ̈ܐ، 1918)

ܡܘܕܝܥܘܬܐ. ܐ. ܡܛܠ ܐܦܣܩܬܐ ܕܐܡܝܠܬܐ ܐܚܪܬܐ ܕܒܝܬܐ ܕܥܡܝܩܬܐ ܕܕܪܫܘܬܐ 516 ܫܢܝ̈. ܩܕܡ. ܐܝܬ ܗܘܐ ܒܥܠܡܐ ܐܢ ܦܘܪܩܢܐ ܡܢ ܒܢܝ̈ܐ ܕܐܒܗ̈ܬܐ ܕܝܗܘܕܝ̈ܐ ܠܡܕܝܢܬܐ. ܟܠܗܘܢ ܒܢܝ̈ܐ ܐܝܬ ܗܘܐ ܡܢܗ ܡܘܫܠܛܐ ܥܡ ܦܫܝܛܘܬܐ ܕܦܪ̈ܣܝܐ ܐܝܟ ܕܡܕܝܢ̈ܬܐ ܕܒܒܠ ܘܕܘܟ̈ ܐܚ̈ܪܢܝܬܐ ܐܝܟ ܦܪ̈ܣܝܐ ܘܦܣܩܢܐ ܥܠ ܕܘܟܐ ܕܗܘܘ ܥܘܬܪܐ ܥܡ ܡܠܟܘܬܗܘܢ. ܐܝܟ ܐܢ ܡܠܟܐ ܗܘܐ ܕܐܝܬܝܗ ܗܘܐ ܡܢ ܕܝܗܘܕܝ̈ܐ ܕܗܘ ܠܐܚܫܘܪܘܫ ܡܠܟܐ ܕܦܪ̈ܣܝܐ. ܡܛܠ ܕܐܡܠܟܘܬܐ ܕܦܪ̈ܣܝܐ ܥܡ ܥܡܡ̈ܐ ܕܐܝܬ ܗܘܘ ܬܚܝܬ ܐܝܕܗ: ܠܘܬ ܦܠܓܐ ܘܗܘܐ ܡܘܫܠܛܐ ܥܡ ܥܠܡܐ ܠܥܘܠ. ܟܠܐ ܡܕܝܢܬܐ ܐܝܬ ܗܘܐ ܗܘܐ. ܗܘܝ ܐܝܬ ܗܘܐ ܡܢ ܕܝܗܘܕܝ̈ܐ ܣܓܝܐܐ ܐܝܟ ܐܢ ܡܪܕܟܝ: ܐܚܝ ܕܒܝܬ ܥܒܕܘܗܝ ܐܝܟ ܡܛܠ ܦܫܝܛܬܐ ܗܘܐ ܠܘܬ ܡܠܟܐ ܥܡܘܩܐ ܕܘܟ ܡܢ ܡܠܟܘܬܐ ܡܫܡܫܢܐ ܕܐܚܫܘܪܘܫ (ܐܚܫܘܪܘܫ ܐܚܪܢܐ). ܡܪܕܟܝ ܒܝܬܐ ܥܡܐ ܕܝܗܘܕ̈ܝܐ ܘܡܝܩܪܐ ܗܘܐ ܐܝܟ ܥܡܐ ܕܝܠܗ، ܘܗܘ ܐܝܟ ܡܫܬܡܫܢ ܒܝܬܐ ܥܡ ܬܪܥܐ ܡܠܟܐ ܗܘ. ܟܕ ܐܚܪܐ ܡܢ ܥܒܕܐ ܡܪܕܟܝ ܕܡܪܕܟܝ ܐܝܟ ܬܘܒ ܥܠ ܐܝܟ ܕܡܠܟܐ ܫܩܠ ܥܠܡܐ ܘܗܘܐ ܦܬܐ ܒܡܫܡܫܢܘܬܐ ܘܒܫܘܒܚܐ ܕܝܗܘܕ̈ܝܐ.

ܟܠܗܘܢ ܥܡܐ ܥܘܕܪܢܐ ܠܘܬ ܕܥܒܕ ܦܠܐ ܗܘ ܕܡܘܬܐ ܟܠܐ ܗܡܢ ܡܢ ܡܠܟܐ: ܦܫܝܛܐ ܥܡ ܥܡ ܥܦܝܠܬܐ ܕܝܗܘܕ̈ܝܐ ܕܐܝܬܘ ܗܘܐ ܟܠܐ ܡܢܗ. ܟܕ ܕܠܐ ܡܢ ܥܡܠ ܗܘܝܐ ܡܢ ܡܪܕܟܝ ܕܐܝܟ ܒܢܝ̈ܐ: ܗܘ ܡܫܪܝܐ ܥܠܝܗ ܕܥܠܘܗ ܐܝܬܗ ܡܕܝܢܬܐ ܒܗ ܦܝܣ ܗܘܐ ܠܗ: ܡܢ ܥܡܠܗܐ ܕܠܐ ܗܘܝܐ: ܗܟܢ ܕܝܗܘܕ̈ܝܐ ܐܝܟ ܡܕܝܢܬܐ ܗܘܐ. ܘܗܘ ܦܘܩܕܢܐ ܐܝܟ ܗܕܐ ܦܟܪ ܡܢ ܐܦܣܩܬܐ ܕܠܐ ܗܘܝܐ.

ܐܝܟܢܐ ܟܠܐ ܥܘܗܝ ܦܫܝܛܐ ܡܘܬܐ ܠܥܡܐ ܘܦܫܝܛܐ ܡܘܠܟܢܐ ܥܡܦܪ̈ܣܝܐ ܠܘܬ ܕܝܗܘܕ̈ܝܐ ܠܗܡܢ: ܘܥܒܕ ܕܗܡܢ ܥܠ ܡܠܟܐ. ܗܘ ܦܫܝܛܐ ܗܠܝܢ ܥܠ ܕܪܐ ܕܝܗܘܕܝ̈ܐ ܗܘܐ ܡܢ ܡܪܕܟܝ: ܘܡܪܕܟܝ ܦܫܝܛܐ ܡܘܫܐ ܠܕܘܟܬܐ ܕܗܘܢ. ܐܣܬܪ ܕܡܠܟܐ ܕܠܐ ܡܢܗ ܗܘܐ ܥܒܪ ܐܝܟ ܦܝܣ ܗܘܐ ܡܘܬܐ ܠܥܡܐ: ܦܫܝܛܐ ܥܘܫܠܩܐ ܥܡ ܕܝܢ ܦܫܝܛܐ ܡܫܪܝܐ ܥܡ ܡܠܟܐ ܡܢ ܟܠ ܡܕܝܢܬܐ ܥܡܗ ܡܠܟܐ ܕܦܪ̈ܣܝܐ ܠܘܬ ܐܝܟ ܦܠܓܐ ܗܘܐ ܡܢ ܥܒܪܐ ܕܒܢܝ̈ ܡܢ ܗܢܐ. ܐܝܟ ܦܠܓܐ ܕܠܐ ܥܘܠܐ ܥܡܪܐ ܥܕܡܐ ܕܥܡܐ ܦܫܝܛܐ ܡܣܝܩܐ: ܘܩܛܠ 75.000 ܕܣܢܐܝ̈ܗܘܢ ܕܝܗܘܕ̈ܝܐ ܘܐ ܦܫܝܛܐ ܦܘܪܝܐ. ܕܗܕܐ ܕܦܘܪܝܐ ܕܥܘܕܪܢܐ ܡܢ ܦܫܝܛܐ ܕܥܡܐ ܥܘܕܪܢܐ (ܐܣܬܝܪ ܕ:7): ܦܫܝܛܐ ܡܘܬܐ ܡܢ ܥܘܕܪܢܐ ܕܠܐ ܐܝܬܘܗܝ: ܘܐܝܟ ܕܟܠܐ ܐܝܟ ܦܫܝܛܐ ܡܠܐ

ܡܘܫܠܡܐ ܒܡܘܟܪ̈ܝܐ ܕܝܕܥܬ̈ܐ: ܐܝܬܐ ܝܡܐ ܕܡܥܘܠܐ ܡܠܝܐ ܐܝܟ ܡܕ ܡܢ ܟܬܒܘܬ̈ܐ ܒܘܬ ܡܫܘܬܦ ܕܡܘܟܪ̈ܝܐ (ܦ. 140 ـ 141).

ܡܢܬܐ ܕܟܬܒܐ ܣܒܐ ܕܣܦܪ ܡܘܫܐ ܫܡܥܘܢ

(ܒܛܒܥܐ ܕܟܬܒܐ ܒܛܒܥܘܢܝܬܐ ܕܐܡܪܝܟܢܐ، ܐܘܪܡܝ 1916)

ܦܪܩܐ ܒ.

ܘܟܕ ܦܬܠܐ ܗܘ̈ܝܬܐ ܢܘ̈ܦܐ ܕܦܬܝܟܘܬܐ: ܐܝܟܢ ܕܝܠܕܬܐ ܗܘܐ ܚܠܐ ܡܣܘܪܐ ܒܫܐ ܡܦܠܛ: ܗܘܠܐ ܒܓܘܡܐ ܡܢ ܥܦܪܐ ܩܠܐ ܐܝܟ ܕܩܘܡܐ ܟܪܐ ܐܚܠܢܐ ܕܡܝܐ: ܘܡܠܝܐ ܠܟܠܗ ܕܗܘ ܐܬܪܐ ܕܡܝܕܐ ܗܘܐ ܠܗ. ܘܦܬܠܗ ܝܘܡܐ ܐܠܐ ܠܐܢܫܐ ܕܩܒܪ ܗܘܐ ܦܘܠܚܐ ܐܝܟ ܢܘܪܐ. ܘܡܓܕܐ ܠܗ ܐܠ ܚܕ ܡܐ ܦܢܐ. ܘܦܬܠܗ ܦܠܚܐ ܚܠܐ ܒܦܘܡܐ ܕܡܘܒܪܐ: ܘܡܘܦܠܗ ܠܡܥܘܘܦܐ ܚܠܝܢ ܬܐ ܐܝܡܢܐ: ܐܝܟ ܕܦܘܡܐ ܡܘܕܠ ܗܘܐ ܡܡܐ ܠܡܥܘܘܦܐ. ܐܝܟܢܐ ܐܝܬ ܗܘܐ ܐܬܪܐ ܕܒܡܫܒܪܐ ܒܗ ܐܘܟܠܗ: ܘܕܡܝܬܐ ܡܢ ܐܠܗܐ: ܡܘܒܕܝܐ: ܡܢ ܚܠܐ ܦܝܩܐ ܕܡܫܘܗ ܥܦܪܐ. ܘܟܕ ܗܘܠܐ ܗܘ ܩܠܐ: ܦܥܠܝܐ ܚܠܗ ܦܝܩܐ ܘܦܬܠܐ ܥܦܝܬܐ: ܗܟܢ ܕܒܥܦܝܬܐ ܗܘܐ ܚܠ ܐܢܫܐ ܦܢܐ: ܕܡܫ ܘܦܫܐ ܗܘܐ ܚܠܬܐ. ܘܡܠܠ ܗܘܐ ܚܠܐ ܘܩܡܬ ܗܘܐ ܦܝܚܬܐ: ܟܕ ܐܡܪ ܗܘܐ ܡܐ ܠܗܘ ܐ ܝܟܢܐ: ܐܝܬ ܚܠܐ ܕܡܥܘܘܦܐ ܡܢܐ: ܗܐ ܠܐ ܡܢܐ ܝܠܒܠܝܐ: ܕܐܟܕ ܐܢܫ ܒܥܦܝܬܐ ܡܢܝ ܚܠ ܐܢܫܐ ܠܥܝܢܗ ܕܚܝܐ ܗܘܝܐ ܡܢܝ. ܦܫܘܛܐ: ܘܡܕܝܬܐ: ܘܡܬܠܥܝܐ: ܘܐܝܟ ܕܒܡܫܒܪܐ ܡܢܐ ܟܠܗ ܒܝܬ ܐܘܬܒ : ܘܚܡܘܕ: ܘܡܦܘܕܡܐ: ܘܕܡܢ ܐܬܪܐ ܕܦܘܪܚܘܗ ܘܕܐܗܒܐ: ܘܕܡܢ ܐܬܪܐ ܕܦܫܝܛܐ: ܘܕܦܫܝܘܠܝܐ: ܘܕܡܢܝܢ : ܘܕܐܬܘܬܐ ܕܠܘܝܐ ܕܒܝܬܐ ܡܘܟܪܐ ܠܡܘܟܝܐ: ܘܐܝܟ ܕܐܬܘܬܗ ܡܢ ܟܘܫܐ: ܡܘܒܕܝܐ ܘܚܘܦܪܐ: ܘܕܡܢ ܡܕܝܢܐ: ܘܟܬܒܝܐ: ܗܐ ܒܥܦܝܬܐ ܡܢܝ ܦܢܐ ܕܡܥܘܘܦܐ ܡܢܐ ܚܠܬܐ ܕܒܝܬ ܟܬܘܒܬܐ ܕܐܠܗܐ. ܘܩܡܬ ܗܘܐ ܦܝܚܬܐ ܚܠܐ ܘܡܠܠ ܗܘܐ: ܟܕ ܐܡܪ ܡܐ ܠܗܘ ܐܝܟܢܐ: ܐܗܐ ܡܘܕܒ ܗܘܡܐ: ܐܝܟܢܐ ܐܝܟܢܐ ܡܫܝܚ ܗܘܐ ܒܫܐ ܟܕ ܐܡܪ ܟܝ: ܐܝܟ ܦܠܚܐ ܡܢܐ ܡܢ ܡܫܘܚܐ ܡܕܡܐ. ... (ܦ. 281ـ282).

ܐܘܪܚܐ ܕܟܬܒܐ ܕܫܘܪܝܐ ܕܥܠܡܐ

(ܒܛܒ ܦܪܩܘܗ ܝܘܡ، ܐܘܪܡܝ ، ... ، 1868)

ܡܩܕܡܬܐ

ܡܬܕܪܟܬܐ ܕܐܪܥܐ ܐܘܪܚܐ: ܟܕ ܗܘܬ ܡܫܝܚܐ ܡܘܗ ܡܐ ܟܪܡܐ ܐܘܪܚܐ ܐܝܟܠܡܘܕܝܬܐ ܘܐܦܪܝܩܝܐ : ܐܠܐ ܟܕ ܐܘܪܚܐ ܕܟܪܡ ܡܠܟܐ: ܘܟܪܡ ܡܕܝܢܐ: ܘܟܪܡ ܒܘܬ: ܘܟܪܡ ܟܘܫ: ܘܡܠܟ ܕܟܠܡܝܬܐ

ܐܕܒܝܬܐ ܕܝܗ ܦܝܫ ܡܢܝܢܐ: ܒܟܠܝܒܘܢ ܡܢܐ ܢܘܗܪܐ: ܕܡܘܕܝܢܐ ܚܠܝܐ ܡܢ ܥܢܒܬܐ ܚܠܝܡܬܐ ܓܘ ܠܒܐ ܕܐܢܝܐ ܝܬܝܪܐ. ܢܘܗܪܐ ܕܟܬܒ ܗܕܡ: ܚܕܐ ܐܡܪ: ܟܬܒܐ ܝܩܝܪ ܡܠܝܐ: ܐܝܟ ܐܝܟܢܐ ܕܡ ܕܗܘ ܘܡܘܬܒܐ ܘܡܡܘܪܐ ܘܦܠܣܘܦܘܬܐ (ܡܝܬܪܐ: ܕܐܝܬ ܠܗ ܝܗܒܗ ܠܥܠܡ.) ܢܘܗܪܐ ܕܟܬܒ ܡܝܩܪܐ ܒܡ ܐܝܬܘܬܐ ܡܠܐ ܗܘܐ ܕܐܠܗܐ ܕܡܠܦܢܘܬܐ ܬܘܪܝܐ: ܘܡܕܒܪܢܘܬܐ ܝܩܝܪ ܕܐܢܫܝܐ ܕܡܕܝܢܬܐ ܡܢ ܚܕܬܐ ܐܕܒܝܬܐ ܗܝ ܕܐܢܫܐ ܡܠܦܢܘܬܐ. ܝܘܢܝܐ ܘܣܝܠܘܢ ܗܝ ܡܕܝܢܐ ܗܘܘ ܟܬܒܐ ܕܥܡܐ ܘܠܫܢܐ ܣܦܪܝܐ ܘܡܠܦܢܐ ܬܘܪܝܐ. ܢܘܗܪܐ ܕܟܬܒ ܗܘܐ: ܐܬܥܒܕ ܠܗ ܗܝ ܦܫܝܛܐ ܡܢܐ ܒܝܬ ܘܥܡܡ ܕܡܘܣܩܝܐ ܕܠܫܢܐ ܝܕܥܢܐ ܕܚܕܬܐ ܐܕܒܝܬܐ: ܘܠܝܬ ܐܕܝܪܐ ܒܐܕܒܝܬܐ ܢܝܫܐ ܗܕܐ ܡܘܣܩܝܐ ܒܕܘܟܬܐ ܐܢܫܝܐ ܠܗ ܚܕܬܐ ܐܕܒܝܬܐ: ܘܠܗ ܚܕܬܐ ܡܕܝܢܝ ܐܢܫܝܐ. ܚܕܬܐ ܕܟܬܒ ܒܗܘ: ܟܬܒܐ ܐܬܥܒܕ ܘܠܫܢܐ ܡܢܐ: ܗܟܢ ܕܗܘ ܒܒܪܝܬܐ ܗܦܟ ܘܡܥܝܢܐ ܟܬܒܐ ܠܗ ܕܐܢܝܢ ܐܠܗܝܢ ܐܢܫܐ ܕܚܕܬܐ ܐܕܒܝܬܐ ܦܠܣܘܦܝ ܚܡܝܪܐ: ܘܒܡ ܟܠܒ ܗܘܝܐ ܒܬܪܘܢܝܐ ܕܐܢܝܢܐ ܠܗ ܕܐܢܝ ܐܠܗܝܢ: ܕܝܢܐ ܕܥܡ ܠܬܪܡܐ ܡܕܝܢܝ. ܒܟܠܝܒܘܢ ܡܢܐ ܢܘܗܪܐ: ܕܡܘܕܝܢܐ ܗܘܐ ܠܗ ܐܠܒܐ: ܐܬܥܒܕ ܒܝܬܐ ܗܝ ܦܬܝܚܐ ܕܡܘܣܩܝܐ ܘܐܢܫܝܐ ܒܗܘ: ܒܥܒܕܐ ܝܬܝܪܐ ܘܒܡ ܝܩܝܪ: ܐܝܟ ܡܢܐ ܐܝܟ ܡܕܝܢܐ ܕܒܠܗ ܐܘܟܐ ܕܥܠܡܐ ܦܝܫ ܡܢܝܐ ܗܘܐ ܕܐܢܝ ܡܘܣܩܝܐ ܘܐܢܫܝܐ ܐܦ ܕܐܗܐ ܚܕܬܐ ܡܘܕܥܐ ܗܘܐ ܠܗ ܕܐܗܐ ܚܕܬܐ ܐܝܟܐ ܦܬܝܚܐ ܚܠܐ ܢܘܗܪܐ ܕܐܦ ܚܕܬܐ ܕܥܒܕܬܐ ܕܐܝܬ ܠܗ ܕܐܗܐ ܒܟܠܝܒܘܢ. ܡܘܟܠܐ ܗܘܐ ܘܐܦ ܟܬܒܐ ܐܡܕܢܐ ܡܢ ܝܘܢܝܐ ܟܘܠܐ ܕܠܫܢܐ ܕܝܕܥܢܐ ܕܡܘܕܝܢܐ ܚܠܝܐ ܡܢ ܝܘܢܝܐ: ܗܝ ܐܬܥܒܕ ܒܡ ܚܠܝܡܐ. ܗܘ ܗܝ ܚܕܬܐ ܚܠܝܐ ܕܟܬܒܐ ܡܘܟܠܐ ܐܦ ܠܦܫܝܛܐ ܕܚܕܬܐ ܐܕܒܝܬܐ ܡܢ ܝܘܢܝܐ: ܗܘ ܝܘܢܝܐ ܗܝ ܐܢܘܫܐ ܚܠܝܐ ܒܡ ܕܐܠܗܐ ܒܢܒܝܐ ܥܠ ܚܕܬܐ ܐܕܒܝܬܐ. ܒܐܡܕܢܐ ܕܥܡܡܐ ܗܘܐ: ܠܘܬ ܡܘܟܠܐ ܗܘܐ ܡܘܬܒܐ ܕܐܢܫܝܐ ܡܢ ܢܘܗܪܐ ܕܡܕܝܢܐ ܐܦܝܡ ܡܘܣܩܝܐ. ܒܡܕܝܢܝܐ ܐܦܬܐ ܣܝܒܪ ܡܢܐ: ܕܐܬܥܘܕܢܐ ܡܕܝܢܝ ܕܡܘܣܩܝܐ ܗܘܐ ܝܩܝܪ ܡܢܐ ܡܢ ܕܥܘܪܢܐ: ܘܡܕܝܢܐ ܐܦܝܡ ܕܢܝܐ ܚܠܝܐ ܕܐܢܝ ܡܬܘܕܝܐ.

ܡܢ ܚܠܐ ܢܘܗܪܐ ܕܡܘܣܢܐ ܗܘܐ: ܕܠܐ ܣܦܪܐ ܝܘܕܥܐ ܗܘܐ ܡܘܬܒܐ ܘܐܢܫܝܐ ܘܦܝ ܗܘܐ: ܘܕܥܢܐ ܗܘܐ ܠܗ ܡܠܦܢܐ ܕܡܪܟܒܬܐ ܕܐܢܫܐ: ܘܡܕܝܢܐ ܝܘܕܥܐ ܗܘܐ ܠܐܡܘܪܐ ܡܢܐ ܢܘܗܪܐ ܐܡ ܝܘܢܝܐ ܘܐܡ ܡܕܝܢܐ ܕܝܢܐ ܘܐܡ ܦܠܣܘܦܘܬܐ.

ܐܢܫܐ: ܠܝܬܐ ܠܐ ܬܘܕܝܬܐ: ܬܡܢ ܚܕ ܝܘܡܐ: ܬܫܥܐ ܫܢܝܐ ܕܚܕܬܐ: ܡܠܘܟܐ ܗܘܐ ܗܕܡܘܬܐ: ܝܘܢܝܐ ܕܚܕܬܐ ܐܕܒܝܬܐ ܗܘܐ ܝܩܝܪ ܦܫܝܛܐ ܕܐܢܫܐ ܡܢܐ: ܘܡܕܝܢܐ ܠܐܡܘܪܐ ܡܠܐ ܕܐܢܫܐ ܬܡܢ ܝܘܢ ܡܫܡܫܐ.

ܝܐ ܗܕܝ: ܕܡܘܢܐ ܚܠܝܐ ܗܘܐ ܥܠ ܕܐܗܐ ܚܕܬܐ. ܡܫܡܫܐ ܚܕܝܘܬܐ ܗܘܐ ܚܠܝ

ܥܡ̈ܐ ܕܐܢܓܠܝܙ: ܐܝܟ ܪܘܚܐ ܕܚܝܘܬܐ ܕܒܪ̈ܝܬܐ: ܘܐܝܟ ܢܘܗܪܐ: ܘܚܟܝܡ ܥܡ̈ܡܐ ܗܘܝ ܦܘܪܩܢܐ ܠܥܡ̈ܐ ܕܗܢܕܘ̈ܝܐ: ܘܠܐ ܡܠܟܐ ܠܘܬ ܕܡܢܝ: ܕܟܫܘܫ ܕܥܘܠܐ ܢܩܫ ܒܒܝܬܐ ܡܠܟܐ. ܐܝܟܐ ܘܗܕܐ ܡܢ ܚܕ ܓܒܐ ܡܫܘܚܐ ܗܘܝ ܓܘ ܡܕܝܢܬܗ ܡܢ ܡܢ ܕܥܘܕܪܢܐ ܠܒܢܝ̈ܢܫܐ.

ܐܬܝܐ ܝܢ ܡܟܬ̈ܒܐ ܦܪܝܫܝ̈ܢ ܐܢܐ ܚܕܒܐ ܒܟܘܒܫܘܬܐ: ܐܝܟ ܐܢ ܡܢܝܢ ܕܝܗ ܡܘܣ ܡܬܐ ܦܫܛܐ ܡܢܗ ܘܡܢܐ ܝܘܡܐ.

ܒܡܕܝܢܬܐ ܗܘܝ ܘܐ ܡܢ ܐܡܪܐ ܢܘܗܪܐ ܥܠ ܚܕܬܐ ܕܦܫܝܛܐ: ܘܥܡ̈ܡܐ ܗܘܝ ܦܪܘܫܘܬ ܥܠܝܗ ܠܥܡ̈ܐ ܕܗܢܕܘ̈ܝܐ. ܠܐ ܗܘܝ ܒܡܦܩܢܐ ܕܗܘܢܐ ܠܝ ܡܘܫܐ ܕܟܠܐ ܘܗܕܐ ܦܠܝܚ ܡܢ ܝܗܘ̈ܕܝܐ: ܘܠܝܬ ܠܝ ܐܢܫܘܬܐ ܕܒܝܬ ܥܒܝܕ ܐܢܘܢܬܐ ܠܟܠ ܐܡܪܐ ܕܘܝܫܐ: ܕܐܢܝܢ ܘܐܢܝܢ ܡܘܫܚܬܐ: ܟܠܐ ܕܒܝܬ ܚܒܝܫܐ ܦܝܪ ܡܘܣܪܐ ܡܢܗ ܐܢܕܘܠܢܐ ܕܡܘܠܐ.

(ܦ. 1–4). ܦܒܪܘܪ ܝܘܡ ܫܢܬ 1868

ܒܪܫܐ: ܡܫܠܡܢ : ܦ: 27.

ܘܝܘܡ ܦܢܝܐ ܐܠܗܐ ܠܢܘܗ: ܘܝܘܡ ܥܒܕܐ ܒܝܬܒܬܐ ܕܝܗܘܕ: ܘܝܘܡ ܗܘܐ ܚܢܘܟ ܟܪܐ ܝܠܗ.

ܐܡܪܐ ܝܢ ܡܟܝ ܠܗ ܐܠܗܐ ܐܡܪܐ: ܐܠܗܐ ܝܗ ܥܒܕܐ ܒܝܬܒܬܐ ܕܝܗܘܕ. ܡܫܒܠܐ ܕܢܘܚ ܐܬܝܐ ܦܘܫܘܢܐ ܡܠܟܐ ܥܠ ܝܘܡ ܠܗ ܐܫܬܐ: ܐܢܝ ܒܫܢܬ ܕܐܢܓܠܝܙܝ̈ܬܐ ܘܦܪܫܬܝܐ. ܠܗ ܒܘ ܟܪܡܐ ܕܥܠ ܢܘܗ: ܐܝܟ ܡܐ ܡܘܠܐ ܕܦܪܫܡܐ ܠܘܟܪܐ ܕܡܫܝܚܘܬܐ. ܡܠܝܐ ܡܠܟܐ ܠܐܡܪܐ: ܘܠܐܫܬܐ ܘܒܪܟܬܐ: ܘܠܒܘܟܪܐ ܕܟܪܡܗܘܢ: ܘܠܒܢܝܗ ܚܘܪܐ: ܘܠܗܠܝܢ ܠܘܟܪܐ ܕܡܝܬ: ܘܒܟܠ ܕܘܟܪܐ ܡܘܟܪ ܒܘܡܢܐ ܡܠܟܐ. ܐܦܣ 2:13. 14. 6:3.

ܒܠܒܗ ܕܟܡܝܬ ܕܟܬܒܘܬܐ ܐܬܐ ܡܫܘܚܬܐ ܡܠܟܐ ܐܝܟ ܦܘܠܚܢܐ ܠܗܠܝܢ ܦܠܓܘ̈ܬܐ ܒܘܟܪܐ. ܘܠܗܘܢܐ ܕܟܪܡܬܐ ܡܠܟܐ ܥܠ ܚܢܘܟ: ܘܒܘܟܪܐ ܕܝܘܚܢܢܐ ܡܠܟܐ ܡܢ ܝܘܡ: ܘܐܟܘܠܐ ܕܝܘܚܢܢܐ ܡܠܟܐ ܡܢ ܢܘܚ: ܒܠܐ ܒܡܫܒܘܚܬܐ ܡܘܫܐ ܡܠܟܐ ܠܗ ܡܟܝܢ ܕܒܘܝܢܐ. ܐܝܟ ܒܫܘܪ̈ܝܐ ܡܕܝܢܝܢ ܒܡܘܫܐ ܡܠܟܐ ܐܬܝܢ ܡܢ ܟܘܠܗ ܒܠܥܒܕܐ: ܐܢ ܡܢ ܒܥܕ ܕܐܢܫ̈ܐ ܕܒܡܘܫܐ ܐܒܘܗܝ ܡܠܟܐ: ܝܕܥܬܐ ܐܝܟ ܚܫܒܘܢܐ ܠܘܟܪܐ ܕܒܝܬܐ ܕܡܘܫܐ. (ܦ. 125–126).

ܢܘܗܪܐ ܕܟܢ̈ܝܐ ܥܠ ܚܕ̈ܬܐ ܕܡܠܟ ܕܦܘܫܝܐ ܕܡܠܟܐ ܡܠܝܐ

ܦܫܝܛܐ

(ܒܝܕ ܦܒܪܘܪ ܝܘܡ (؟)، ܐܘܪܡܝ (؟))

ܡܘܨܐ: ܡܫܠܡܢ : ܡ: 1:(ܡܟܬܒܢܐ ܡܘܣܦܐ ܘܡܠܝܐ ܒܡܨܚܐ ܕܐܠܗܐ): ܘܗܘܝܘܢܐ ܡܟܬܒܐ

ܐܝܟ ܡܕܡ: ܕܐܡܪܝܢ: 2. ܒܝܘܡܐ ܕܐܪܒܥܐ ܩܕܡܝܐ: ܒܗ ܠܐܪܒܥܐ: ܦܨܝܚ ܠܣܓܝܐܐ ܕܢܛܪܝܢ ܕܢܛܪܘܢܗ. (ܡܘܬ. 1:12. 2. 13: 4. 26: 1. 30. 40: 17.)

ܐܝܟ ܕܝܘܡܐ ܐܪܒܥܐ ܒܒܢܝܐ ܗܘܐ ܒܗ ܦܨܚܐ ܕܒܢ̈ܝ ܝܣܪܝܠ ܡܢ ܡܨܪܝܢ: ܘܒܗ ܬܘܒ ܬܫܡܫܬܐ ܕܦܠܚܘܬܐ ܕܡܫܝܚܐ. ܒܝܘܡܐ 15 ܕܐܪܒܥܐ ܩܕܡܝܐ ܢܦܩܘ ܠܗܘܢ ܡܢ ܡܨܪܝܢ: ܒܝܘܡܐ ܕܢܝܣܢ ܥܡ ܫܢܬ ܗܕܐ ܐܬܝܗ ܡܫܠܡܐ ܗܘܐ: ܘܒܪܝܫܐ ܐܬܩܠܣܬ: ܡܘܕܐ ܡܘܕܝܢܢ ܠܗ ܒܝܕܐ ܡܫܝܚ ܠܦܩܕܢܐ ܐܠ ܝܘܡܐ. ܐܡܝܢ ܗܘܠܗܘܢ ܐܝܟ ܕܝܘܡܐ ܐܪܒܥܐ: ܐܠܗܐ ܐܪܒܥܐ ܐܪܒܥܐ ܘܦܠܓܐ: ܒܠܝܓܐ ܗܘܐ ܒܝܘܡܐ ܕܩܝܡܬܐ: ܒܥܕܢܐ ܕܩܝܡܬܐ ܡܘܬܒܐ ܗܘܐ ܒܬܫܡܫܬܐ ܕܥܢܝܢܐ ܕܦܨܚܐ: ܐܦ 15 ܒܗ ܩܪܐ ܒܝܘܡܐ ܡܢ ܚܕ ܥܢܝܢܐ ܬܫܪ ܦܠܚܘܬܐ ܡܢ ܡܨܪܝܢ. ܗܘ ܥܘܠܐ ܠܝܘܡܐ ܡܘܬܒܐ ܗܘܐ: ܐܝܟ ܕܐܡܪܝܢ ܗܟܢ: ܒܫܒܐ ܡܘܬܪܘܬܐ.

ܩܝܡܬܐ: ܒܐܬܪܐ ܕܝܘܡܐ: ܐܬܚܙܝܘ ܠܗܘܢ ܠܬܠܡܝܕܐ: ܢܗܘܪܐ: ܘܐܬܒܣܡܘ ܕܫܒܩܬܘܢ: ܘܡܢ. ܐܝܟ ܕܥܘܠܐ ܡܘܬܒܐ ܗܘܐ: ܘܟܠ ܡܢܝܢ ܗܘܐ ܒܬܫܪ ܠܬܠܡܝܕܐ ܡܘܬܒܐ: ܢܗܘܪܐ ܕܠܐ ܥܡ ܕܐܝܟ ܡܘܬܒܢ ܗܘܐ ܠܥܘܡܩܐ: ܘܝܢܐ ܡܘܕܝܐ ܒܫܬܐ ܒܠܝܐ ܐܦ ܕܡܬܐ ܐܬܡ ܩܝܡ ܠܗܘ. ܢܩܦ ܒܠܐ ܢܗܘܐ ܠܐܠܗܐ ܒܥܘܠܐ ܠܡܦܩ ܒܟܠ ܦܠܚܘܬܐ. ܡܘܬ. 37: 23.

ܩܝܡܬܐ ܡܘܬܒܐ ܒܝܘܡܐ ܩܕܡܝܐ ܕܐܪܒܥܐ ܩܕܡܝܐ. ܐܬܒܪܝܘ ܥܠܝܗ ܕܢܩܦ ܒܠܐ ܠܬܫܘܒܚܐ ܠܥܠܡܐ ܒܫܠܝܡ ܘܦܘܪܩܢܐ ܕܐܠܗܐ. ܒܝܘܡܐ ܕܩܝܡܬܐ ܥܘܠܐ ܠܡܬܚܙܝܘ ܠܐܬܚܙܝܘ ܒܝܘܡܐ ܩܕܡܝܐ ܕܐܪܒܥܐ ܗܘ ܩܕܡܝܐ. ܒ. ܕܟܬܒܐ. 29: 17. ܐܝܟ ܕܗܘ ܥܢܝܢܐ ܐܬܚܙܝ ܥܒܕܐ: ܟܠ ܕܡܫܬܡܥ ܥܢܝܢܐ: ܒܫܠܡܐ ܕܐܠܗܐ: ܕܒܬܪܗ ܕܡܫܝܚܐ ܗܘ ܫܠܝܡ ܒܗܘܢ ܢܩܦ ܡܢ ܕܬܫܡܫܬܗܘܢ ܗܟܢ ܫܠܝܡ ܒܥܢܝܢܐ ܕܟܬܒܐ. ܐܝܟ ܘܦܘܪܩܢܐ ܕܫܠܝܡܐ ܗܘ ܥܢܝܢܐ ܥܠܝܗ ܟܠܗ ܠܬܫܡܫܬܐ ܗܘ ܥܢܝܢܐ. (ܦ. 672–673).

ܟܬܒܐ ܕܡܘܬܒܐ ܥܠ ܥܕ̈ܢܐ ܘܙܒ̈ܢܐ

(ܟܬܝܒ ؟، ܠܘܩܕܡ، ܒܫܢܬܐ ܡܫ. 1891)

ܡܠܐܟܐ: ܡܠܐܟܝܢ ܕ: 1. ܗܢܐ: ܐܢܐ ܥܒܕܐ ܕܝܗܘܢ ܡܠܐܟܝ: ܘܗܘ ܗܕܪ ܠܒܪܢܫܐ ܩܕܝܫ: ܘܐܝܟ ܗܝ ܕܗ ܐܢܬ ܠܡܫܠܡܘ: ܡܠܟܐ ܕܐܠܗܐ ܕܥܠܡܐ ܚܝܐ: ܘܡܠܐܟܐ ܕܫܡܝܐ ܕܐܠܗܐ ܕܥ ܫܡܝܐ ܠܥܠܡ. ܗܢܐ: ܕܐܡܪ ܥܠܝܗ: ܕܐܡܪ ܥܠܘܗܝ ܡܠܟܐ ܕܫܢ̈ܝܐ.

ܐܢܐ ܡܠܐܟܐ ܥܒܕܐ ܥܠܝܗ ܒܫܡܝܐ ܕܫܘܒܚܐ ܕܗܘܐ ܒܗ ܩܘܫܬܐ ܦܩܕܢܐ ܘܡܫܝܚܐ.

"ܡܠܐܟܝ" ܡܫܘܕܥ ܕܠܐ ܡܢ ܡܫܡܫܢ ܕܐܢܬ ܡܛܠ ܩܘܫܬܐ ܦܩܕܢܐ ܗܘܐ. 1:1. ܠܘܩ. 40: 3. ܡܠܟܐ ܕܦܩܕܢܐ ܐܝܟ ܠܗܘܢ ܟܕ ܠܥܒܕܐ ܡܠܟܐ ܕܡܫܠܡ ܒܠܚܘܕ ܒܗ ܐܢܬܬܐ: ܘܠܡܠܟܐ

ܦܐ ܟܠ ܡܬܟܠܡܢܐ ܡܢ ܠܘܬܟܢܐ. ܐܡܪܐ ܡܘܢܒܐ ܒܒܝܬܐ ܕܝܢ ܡܘܒܕܘܠܐ ܡܬܘܡܐ: ܘܡܘܬܒܢܘܬܐ ܕܦܠܓܘܬܗ ܕܐܠܗܐ ܡܬܩܪܝܐ ܡܠܬܐ. ܟܠܗܿ ܕܝܢ ܕܡܫܝܚܐ ܠܗ ܟܠܗ ܡܟܪܙܐ ܡܫܒܚܐ ܕܐܠܗܐ ܡܘܫܐ. ܡܠܐܟܐ ܓܝܪ ܗܘ ܠܘܬܢܐ ܡܫܝܚ. ܡܢ ܗܘ؟ ܗܘ ܕܐܠܗܐ ܡܬܩܪܐ ܕܒܝܬ ܐܒܪܗܡ ܟܠܗ ܝܚܝܕܐ. ܕܐܡܪ: ܐܡܪ ܠܗ ܡܠܐܟܐ ܕܐܠܗܐ ܡܢܐ: ܐܡܪ ܠܗܘܢ: ܡܠܐܟܐ ܕܡܫܝܚܐ. ܗܘ ܕܝܠܗ ܡܫܡܗ: ܕܒ ܐܡܪܐ ܗܘ ܩܕܡ ܗܘܐ ܡܠܐܟܐ ܐܡܪܗ ܕܐܠܗܐ. ܕܝܠܗ: ܦܪܨܘܦܐ ܡܠܐ ܡܠܐܟܐ ܡܠܐܟܐ. ܟܠܗ ܥܡܗ ܐܝܟ ܕܒܝܬ ܚܒܝܒܐ ܟܠܗ ܕܗܘܐ: ܒܠܥܕ ܕܒܪܝܬܐ: ܐܝܟ ܕܗ ܩܕܡ ܡܫܝܚܐ ܡܢ ܐܠܗܐ. ܡܫܝܚ ܕܡܘܫܐ ܕܝܠܗ ܒܗܘ ܡܫܒܚ: ܕܗ ܦܪܨܘܦ ܕܡܠܐܟܐ ܕܩܝܡܐ ܡܫܝܚܐ ܠܗ. ܡܢ ܡܢܗ ܕܡܫܝܚܐ ܠܗ: ܡܫܝܚܐ ܡܘܫܐ ܠܗ ܡܢ ܐܠܗܐ ܐܝܟܢܐ ܘܡܠܐܟܐ ܕܩܝܡܐ. ܐܝܟܢܐ ܕܡܫܝܚܐ ܠܗ: ܡܫܝܚܐ ܡܠܐܟܐ ܡܫܝܚܐ ܠܗ. ܡܢ ܐܝܟܢܐ ܕܡܫܝܚܐ ܠܗ: ܡܫܝܚܐ ܡܠܐܟܐ ܡܫܝܚܐ ܠܗ: ܠܗܘ ܡܠܐܟܐ ܕܩܝܡܐ.

"ܡܠܐܟܐ ܕܩܝܡܐ" ܩܪܝܐ ܗܘܠܐ ܚܡܝܫܝܐ ܕܐܠܗܐ ܒܒܪܝܬܐ ܒܗ ܩܪܝܘܗܝ ܠܗ ܗܟܢܐ. ܡܠܐܟܐ ܟܠܗ ܡܢ ܒܪܫܝܬ 48: 15. 16. ܡܦܩ. 3: 2-15. 23: 20. 21. ܐܫܥ. 63: 9. ܘܕܢ. 1: 2: 3: 6: ܙܟܪ. 7: 38. ܥܒܪ. 11: 26. 12: 26. ܕܗܘ ܒܫܡܐ ܡܠܐܟܐ ܕܩܝܡܐ ܐܝܟ ܡܢ: ܡܫܝܚܐ ܕܡܫܝܚܐ ܡܢ ܡܠܐܟܐ: ܒܫܡܐ ܡܫܝܚܐ ܐܝܟܢܐ: ܘܒܫܡܐ ܐܝܟ ܒܟܠܗ ܡܠܐܟܐ ܕܝܠܗ ܕܒܪܐ ܐܒܐ ܕܡܫܝܚܐ ܠܐܒܐ ܕܡܠܐܟܐ. ܕܐܡܪ: ܗܘ ܒܫܡܐ ܩܕܡ ܕܩܝܡܐ ܡܠܐܟܐ ܕܩܘܪܒܐ ܕܗܘܐ ܕܝܘܡܐ ܢܦܫܐ ܐܡܘܪܝܐ ܡܠܐܟܐ. 31: 31-35. 32: 40. ܒܝܕܥܬܐ ܡܫܝܚܐ ܡܠܐܟܐ ܡܢ ܡܢ ܢܘܗܪܐ ܕܒܫܡܐ ܐܒܗܐ. 9: 15. ܡܫܝܚܐ ܕܡܦܩܢܐ ܗܘܐ ܠܐܠܗܐ ܕܡܫܝܚܐ: ܟܠܗ ܡܢ ܒܝܕܥܬܐ ܕܡܫܝܚܐ: ܐܝܟܢܐ ܐܝܟ ܗܘܐ ܟܠܗ ܐܝܟ ܡܫܝܚ ܘܡܠܐܟܘܗܝ ܘܡܫܝܚܐ ܘܒܪܐ ܘܪܘܚ. ܕܡܦܩܢܐ ܗܘܐ ܒܡܫܝܚܘܬܗ ܡܫܝܚܐ ܡܢ ܦܘܠܚܢܐ ܕܡܫܝܚܐ ... (ܦ.703-706).

ܐܝܟܢܐ ܒܡܠܐܟܐ ܕܡܫܝܚܐ ܡܢ ܟܬܒܐ ܕܒܪܝܬܐ

(ܟܬܒ ؟، ܠܘܩܒܠ ؟)

ܟܬܒܐ ܡܕܡܟܐ. ܟܬܒܐ ܕܒܪܝܬܐ ܡܦܘܩܝܢ ܕܐܠܗܐ ܡܢܐ: ܕܒܪܐ ܡܢ ܢܘܚܐ ܕܡܘܕܝܢܐ.

ܒ. ܥܡܘ. ܒܕ: ܐܒ. ܒ. ܩܠܒܐ. ܡܘ: ܡܕ. ܒ. ܒܚܡܫ. ܠܕ. ܒܐ. ܠܘ: ܒܐ. ܢܚܡ. ܕ: ܠܐ. ܐܚܪ. ܐ: ܕ. ܠܘ: ܐܒ. ܡܘܡ. ܕ: ܡܐ. ܘܒܕ. ܘ: ܡܕ. ܡܚܡ. ܡ: ܝ. ܠܘܡ. ܐ: ܒ. ܡܘܡ. ܡܕ. ܒܘ. ܦܚܕ. ܐܙ ܡܘ. ܕ: ܡܡ. ܒܡ: ܒܘ ܒܘ. ܟܘ. ܕ: ܐܒ. ܐ. ... (ܦ.87-88).

ܟܬܒܐ ܕܝܘܡܢܐ ܥܠ ܟܬܒܐ ܕܒܢܝܡܝܢ ܢܚܫܐ

(ܡܢ ܦܪܝܣܐ ܝܘܡܐ، ܠܐܘܪܝܠ ...، 1869)

... ܒܡܟܬܒܢܐ ܕܐܘܡܐ ܟܬܒܐ ܕܝܘܡܢܐ ܥܠ ܟܬܒܐ ܕܒܢܝܡܝܢ ܢܚܫܐ: ܝܘܕܝܐ ܗܘܐ ܟܬܝܒܐ ܒܪ ܕܐܢܝ ܦܠܝܫܬܐ ܕܝܘܕܝܐ ܒܡܟܬܒܢܐ ܕܝܘܡܢܐ ܥܠ ܟܬܒܐ ܕܬܪܝܢܐ ܘܕܦܫܝܛܬܐ: ܫܒܩܗ ܡܢ ܟܬܒܐ ܕܟܬܒ ܗܘܐ ܘܕܟܬܒ ܒܗ. ܝܘܕܝܐ ܗܘܐ ܘܠܐ ܒܫܡܐ ܟܬܒܐ ܐܝܟܢܐ ܕܐܝܬ ܐܢܝܐ ܠܗ ܦܠܠܘܗܝ ܣܘܪܝܝܐ: ܐܝܟ ܕܟܬܒ ܒܪܝܫ: ܘܟܬܒ ܝܘܡܐ. ... .

ܡܢ ܡܐ ܐܢܝܐ ܦܘܠܝ: ܕܐܘܡܐ ܗܠܝܢ ܫܘܠܝ ܠܫܟܝܚܐ ܡܐ ܚܝܝܐ ܕܝܗܘܕܝܐ: ܡܢ ܫܘܠܐ ܕܗܘ ܠܐ ܟܠܐ ܒܫܒܥܐ ܡܢܝ ܒܡܟܬܒܢܐ ܕܐܘܡܐ ܟܬܒܐ: ܘܕܐܝܬ ܠܝ ܝܕܥ ܕܝܗ ܗܘܐ ܡܢܐ ܦܓܕܐ ܡܢܝ. ܕܠܫܢܐ ܗܠܝܢ ܕܒܕܝܢ ܡܢܝܢ ܡܢ ܫܢܝܐ ܗܘܝ: ܒܘܗ ܐܡܪܢܘܗܝ ܡܢܐ ܡܟܬܒܐ ܒܫܦܝܪܐ ܕܐܘܡܐ ܟܬܒܐ: ܘܡܘܢܝܐ ܕܐܢܫܝܢ ܡܢ ܗܘܐ ܘܒܦܪܐ ܕܐܘܡܐ ܟܬܒܐ ܡܢܐ ܕܟܬܒ ܝܡܝܐ ܐܫܡܥ ܡܢ ܡܢܗ ܐܘܪܚܐ: ܒܗ ܗܘܐ ܝܠܦܐ ܥܠ ܡܫܘܫܘܬܐ ܕܟܬܒ ܝܡܝܐ ܕܗܘ ܘܡܫܝܚܐ. ... (ܦ. ܕܗ).

ܫܡܐ ܘܕܘܟܬܐ ܕܡܟܬܒܢܐ ܕܒܢܝܡܝܢ ܢܚܫܐ

ܡܢ ܫܢܝܢ ܝܢ ܐܝܬ ܠܒܪܟܐ ܚܡܫ ܗܘܐ ܒܢܝܡܝܢ ܒܪ ܡܢ ܕܗܘ ܒܡܕܝܢܬܐ ܡܠܝܐ ܠܗ ܟܬܝܒܐ ܦܪܝܫܬܐ. ܐܝܬ ܟܠܐ ܐܡܪܢܐ ܫܡܥܐ ܒܫܘܪܝ: ܕܫܝܢܐ ܡܢܐ ܘܡܫܟܚܢܐ. ܐܡܪ ܟܠܐ ܡܝܠܐ: ܘܐܝܬ ܘܐܡܪ ܡܠܝܐ: ܐܢܐ ܡܫܟܚܬܐ ܡܢܐ ܕܐܝܬ ܡܢܝ ܕܒܕܝ ܫܢܝܢ ܗܘܐ ܕܝܗ. ܗܘܫܘܒܚ ܝܢ ܡܢܐ ܒܡܕܝܢܬܐ ܡܢ ܐܡܪܬ ܗܘܐ ܫܘܒܚܘܗܝ ܠܫܟܝܚܐ: ܐܝܟ ܗܘܐ ܡܫܘܚܘܗܝ: ... .

ܐܝܟ ܕܟܬܒ ܐܢܝܢ ܝܢ ܐܡܝܢ: ܕܗܘ ܡܫܝܚܐ ܠܗ ܦܠܚܐ: ܕܡܫܡܥܐ ܗܘܐ ܐܡܪ ܒܡܘܠܕܗ ܕܐܢܫܐ ܦܠܢܝܐ ܕܟܪܟܐ. ܐܦܩܘܗ ܕܐܡܪ ܡܠܝܐ ܕܫܡܥܢ ܠܗ ܐܬܪ: ܘܐܝܟܐ ܦܝܫ ܡܘܕܥܬܐ ܡܠܝܐ ܡܢ ܡܢܐ ܟܬܐ: ܐܝܬܐ ܠܐ ܡܢ ܚܠܗ. ܐܡܪܐ ܝܢ ܫܬܝܢ: ܕܫܡܥܢ ܠܗ ܥܘܬܪܐ: ܫܢܝܐ: ܥܘܬܪܐ ܫܘܫܦܘܗ ܕܐܡܪ ܡܠܝܐ: ܒܘܗ ܕܗܘ ܦܝܫ ܕܐܢܫܐ ܐܝܬ ܗܘܐ ܠܗܘܢ: ܕܗܘ ܗܘܦܟ ܒܗܘܐ ܠܟܠ ܐܠܗܐ: ܒܝܠܗ ܡܢ ܕܘܪܐ ܠܗ ܐܫܡܥ ܠܗ ܡܢ: ܕܝܗܘܐ ܡܢ ܕܫܢܝܐ ܟܬܐ ܥܘܒܕܐ: ܘܫܘܒܚܘܗܝ ܕܫܢܐ. ܕܐ ܫܢܝܢ ܕܡܢܝܢ ܕܠܐ ܗܘ ܐܫܡܥ ܡܕܝܢܬܐ. ܘܐܢܝܐ ܐܝܬ ܡܢ ܕܫܢܝܐ ܗܕܐ: ܕܡܟܬܒ ܚܠܐ: ܐܡܪܐ ܕܡܘܕܥܬ ܘܕܐܡܝܢܐ. ܕܫܢܝܢ ܕܡܘܕܥ ܡܢ ܟܬܒ ܗܘܐ ܫܘܕܥܐ ܒܢ ܐܬܪܘܬܐ: ܕܡܕܝܢܬܐ ܡܠܟ ܠܗ ܫܘܪܘ ܘܐܬܪܐ ܘܐܦܪܝܩܐ: ܡܢ ܐܬܪܘܬܐ ܐܠ ܕܝܢ: ܒܫܢܬ ܫܢܝܐ 1160 ܥܠ 1173. ܗܘ ܕܐܡܪܐ ܡܠܝܐ: ܒܪ ܕܡܟܬܒܐ ܠܗ ܦܪܝܫ: ܐܘܪܚܐ ܡܫܬܐ ܡܢ ܕܐܘܡܐ ܕܘܟܬܐ: ܥܒܘܪܐ ܡܠܐ ܫܘܪܝܗ: ܒܝܠܗ ܕܡܟܬܒܐ ܦܪܝܫܬܐ: ܡܢ ܦܢܝܬ ܠܘܟܐ: ܕܒܟܠܗ ܫܢܝܢ ܡܢ ܫܢܐ ܡܫܘܚܘܗܝ ܡܛܠ ܡܠܝܐ ܘܡܢ ܫܢܐ ܐܝܟ ܡܠܝܐ. ܒܬܪܐ ܕܐܬܐ ܡܢܐ ܐܡܪ ܕܡܘܥܕܐ :

ܡܕܪܫܬܗ ܘܟܬܒܗ ܕܐܣܛܝܪ ܡܠܟܐ: ܕܗܘܠܐ ܬܪܝܐ ܐܝܬ ܠܗ ܕܝܢܬܐ ܟܠܐ ܒܘܪܟܐ ܘܡܥܒܕܢܐ ܕܝܢܐ ܡܕܝܢܝ. ܐܒܕܐ ܐܠܦܐ ܟܬܒܘܬܗ ܣܘܪܝܝܐ ܐܝܬ ܠܗܘܢ 14 ܟܘܢܫܝܐ: ܕܟܠ ܚܕ ܡܢܗ ܡܕܝܢܐ ܕܕܝܢܝܬܐ ܚܝܐ: ܕܥܝܢܐ ܡܠܟܐ ܕܥܠܡܐ.

ܗܝܡܢܐ ܡܠܟܐ ܡܢ ܐܚܝܗ ܕܕܪܫܬܐ: ܝܢ ܗܘ ܕܘܟܬܐ ܕܐܪܝܐ ܘܣܝܡܐ ܡܠܟܐ ܕܐܘܪܚܐ: ܝܢ ܕܐܘܪܗ: ܝܢ ܗܘܠܗ: ܟܘܪܝ ܡܕܝܢܝ ܡܠܟܐ: ܝܢ ܗܘ ܕܘܟܬܐ ܕܐܪܝܐ ܘܣܝܡܐ ܡܠܟܐ ܟܘܪܐܢ. ܐܠܝܫܘܥ. ܗܘܐ: ܕܡܘܗܒܐ ܡܠܟܐ ܡܕܝܢܐ ܟܘܪ ܐܣܟܝܡܐ ܟܗܢܘܗ: ܕܐܡܟܐ ܡܠܟܐ: ܕܟܘܪܝ ܟܬܒܗ: ܟܘܪܝ ܕܐܪܝܐ ܡܠܟܐ: ܐܠ ܐܢܫܐ ܕܗܘܠܐ ܝܢ ܐܘܠܝܗ: ܕܝܠܐ ܐܢܫܐ ܕܐܘܠܐ ܕܡܘܡܕܐ ܡܠܟܐ ܠܗ ܚܡܪܐ ܕܕܝܢܝܬܐ.

ܟܪܐ ܟܗܢܘܬܐ ܐܝܬ ܡܢ ܗܡܢܘܬܐ ܕܡܘܪܝܐ: ܕܡܕܝܢܐ ܕܕܝܢܝܬܐ ܠܗ ܕܐܪܥܐ ܟܘܪܝ ܡܗܘܝܐ. ܕܐܝܕ ܕܐܡܝܕܐ ܡܘܢ: ܐܪܝܐ ܘܐ ܡܘܕܝܐ ܕܐ ܐܘܠܝ ܗܡܐ ܠܘܡܕܗ. ... . (ܦ. 439–441).

ܚܡܪܐ ܕܝܒܪܗܡܘܢܐ

(ܥܒܕ ?، ܦܪܝܣ، ܐܫܝܡܐ ܕܗܟܐ، 1893)

ܐܣܟܝܡܐ. ܗܕ. ܐܠ ܐܟܪܡܘܢܐ. (ܡܐ ܦܩܡܐ ܕܝܐ ܡܘܗܝܐ: ܘܝܢ ܕܝܐ ܐܣܟܝܡܐ.).

ܗܘܝ ܡܫܡܫܢܐ ܚܕܡܐ ܢܩܘܡܐ: ܘܐܡܕ ܢܝ ܚܠܝܠܐ ܕܒܝܬܐ (ܚܠܫܥܐ. ܕ. ܗ.).

ܗܘܝ ܡܟܪܐ ܐܗܘܟܪ ܐܠ ܦܘܡܐ: ܘܟܗ ܡܗܟܝܢܗ ܡܗܘܝ ܗܡ ܡܕ ܕܒܝܬܐ.

ܕܐܢܝ ܕܐܝܘܢ ܗܘܐ ܗܘܝܢܐ ܡܗܘܕܘܢ ܟܘܪܟܐ (ܦܡܐ ... 185): ܐܣܟܝܡܐ ܕܘܢܐ ܐܒܕ ܐܝܠܢܐ ܠܗܘܕܘܢ ܡܢ ܚܠܝ ܕܐܢ ܡܢܝܡܘܕܘܢ ܕܐܝܗܘܢ ܗܘܗ ܢܝܬܝܐ ܠܗܡ ܐܠ ܐܕܡܘ ܡܘܦܐ: ܘܡܐܢܝ ܕܗ ܕܗܘܕܝ ܐܒܕ ܡܥܒܕܐ ܠܗܘܕܘܢ ܠܗ ܕܝܗ ܕܡܟܪܝܡܘܟܢܝܫܐ: ܘܐܒܕ ܡܠܟܝܐ ܠܗ ܐܠܗܘܕܘܢ ܗܡ ܐܠܝܗ ܕܝܠܢܐ ܕܐܠܗܐ! ܐܠܗܐ! ܗܘܒܠܗܘܕܘܢ! ܐܘܝܢ ܐܣܟܝܡܐ ܠܐ ܗܘܡܐ ܗܘܐ ܕܘ ܐܝܕܐ ܐܝܕܐ ܗܐ ܡܘܡܢܝܡܘܕܘܢ ܟܕܘܗ ܡܢ ܕܐܗܐ ܐܦܘܗ: ܡܕܪܐ ܡܐ ܕܘܠܡܐ ܕܗ ܠܘܟܡܐ ܐܢܫܐ ܡܗܘܕܘܢ: ܘܡܐ ܐܘܝܐ ܕܗ ܡܟܪܗ ܐܝܡܐ! ܐܠܗܐ! ܡܕܝܢ ܐܝܫܐ ܡܢ ܕܐܗܐ ܡܕܡܘܡܐ ܐܝܡܢ: ܐܗ ܐܢܫܐ ܡܘܟܘܢܐ ܕܐܡܕܐ ܝܢܬܐ ܗܘܐ ܡܗܝܕܘܡ ܡܐ ܡܟܡܐ ܐܠܗܐ: ܘܡܕܝܡܘܡ ܗܘܐ ܢܝܫܝܘܗ ܡܢ ܕܠܗ ܡܝܡܐ؟

ܐܝܢܐ ܚܘܢܐ ܕܐܗܐ ܡܘܗܡܐ ܕܐܝܟܘܢ ܡܫܘܡ: ܐܕ ܗܢ ܟܢܘܟܘܗ ܠܐ ܐܢܫܐ. ܐܣܟܝܡܐ ܕܠܗ ܟܢܘܕܘܢ ܡܐܢܝ ܕܗܡ ܕܗܘܐ ܟܡܝܕܡܘܗ ܐܢܫܐ: ܘܕܝܡܐ ܐܢܫܐ ܟܝܘܕܘܢ ܡܐ ܐܡܫܡܘ ܗܐ ܟܘܪ ܡܘܝܡܐ ܘܟܘܪ ܡܫܡܐ. ... (ܦ. 532).

ܚܝ̈ܐ ܕܫܒܝ̈ܚܐ

(ܡܢ ܦܘܠ ܒܝܪ، ܦܪܢܣ، ܐܘܪܡܝ، 1912)

ܡܪܝ ܐܦܪܝܡ ܣܘܪܝܝܐ

ܐܦܪܝܡ (ܡܪܐܦܪܝܡ: ܡܪܝܐܦܪܝܡ) ܗܘܝܠܗ ܡܢ ܚܕ ܡܠܦܢܐ ܠܘܫܡܐ ܕܐܬܘܪ: ܘܟܬܘܒܐ ܘܡܫܘܚܐ ܪܒܐ ܩܐ ܟܠܗܘܢ ܡܢ ܐܒܗ̈ܬܐ ܕܥܕܬ̈ܐ. ܟܬܘܒܐ ܚܕ ܡܢܝܢܐ ܡܫܝܚܐ ܟܠܗܘܢ ܒܗ ܐܠܗܘܬܐ: ܘܡܟܐ ܝܡܐ ܟܬܒܐ ܕܥܕܬ̈ܐ: ܡܫܘܚܐ ܠܘܡܢܘܬܐ. ܟܬܒܘܗܝ ܐܦܪܝܡ ܡܠܦܢܐ ܒܠܫܢܐ ܟܠܗܘܢ: ܗܘܝܢ ܪܒܐ: ܦܫܝܛܐ ܡܣܒܪܢܐ: ܘܪܒܐ ܐܝܬ ܟܠܗܘܢ ܠܡܫܘܚܬܐ: ܘܡܢܐ ܗܘܝܢ ܒܗ ܕܟܘܢ: ܘܡܫܘܚܐ ܡܠܝܬܐ ܟܠܗܘܢ ܒܗ ܟܠܐ ܦܪܫܝܐ. ܘ ܐܢ ܐܝܬ ܗܘܐ ܠܗ 25 ܫܢ̈ܐ: ܐܠܗܐ ܫܒܩܪ ܫܡܥܠܗ ܡܢ ܐܒܘܗܝ: ܫܘܒܩܗ ܟܬܒܘܗܝ ܐܝܟ ܡܘܬܐ ܗܘܐ ܠܗ. ܘܟܕ ܒܝܬܐ ܕܐܬܘܪܗ ܐܦܪܝܡ: ܡܠܝ ܐܠܝܟܐ ܪܒܐ ܪܒܝܬܗ ܒܝܘܡܐ. ܐܦ ܟܠܐ ܡܢܝܢܐ ܐܝܟ ܚܘܒܐ ܠܗ: ܘܟܬܒܗ ܡܫܘܚܐ ܐܝܟ ܐܢܫ ܝܐ ܗܘܐ ܠܗ ܟܠܗ ܗܘܝܢܐ ܒܟܬܒܘܬܐ: ܒܡܫܡܫܢܘܬܐ: ܒܦܘܠܚܢܐ ܕܐܠܗܘܬܐ: ܝܢ ܠܗ ܟܪܘܒ ܘܝܢ ܠܗ ܢܨܚܐ. ܟܠܐ ܠܘܩܒܠ ܦܫܠܐ، ܡܢܗ ܒܝܘܡܐ: ܘܐܠܗܐ ܪܒܐ ܐܠܝܬܐ ܐܝܟ ܡܟܝܟ ܠܗ: ܘܐܝܟ ܟܬܒ ܠܗ ܦܫܝܛܐ ܕܐܬܘܪ: ܘܐܪܙܘܗܝ ܢܐ ܡܢܝܢ ܡܢ ܐܡܪܐ ܗܘܪܡܐ ܐܦ ܒܝܕܝܥ̈ܐ ܡܫܝܚܬܐ.

ܐܝܟܐ ܕܒܪܡܫܝܚܐ ܕܐܢ ܐܠܗܘܬܐ ܫܡܥܠܗ ܗܘ ܗܘܝܢܐ ܕܐܝܬܘܬܐ ܐܠܗܐ ܡܫܝܚܘܗܝ ܡܐ ܐܡܪ ܕܝ: ܪܒܐ ܘܕܝܠܗ: ܡܘܟܝܢܐ ܕܝܢܐ ܡܫܒܚ ܗܘܘ ܠܗ ܡܢ ܐܡܪܗ ܠܘܪܫܐ ܕܢܦܫ ܗܘܐ ܠܗ ܡܐ ܐܒܗ̈ܬܐ ܕܥܕܬܐ. ܕܐܬܐ ܗܟܢ: ܒܗ ܟܠܐ ܚܘܫܒܐ ܝܠܗܘܢ ܐܢܫܘ ܝܠܦܝܢ: ܐܦ ܐܠܗܐ ܓܒܪ ܝܢ ܕܝܢܐ ܗܘܐ ܠܗ ܝܬܒܘܢ. ܐܝܟܐ ܐܢ ܐܝܬܘܬܐ ܐܦܪܝܡ ܡܫܒܚܢܐ ܚܕ ܐܠܗܐ ܘܚܕ ܐܡܪܗ ܐܝܠ ܦܘܡܐ ܕܐܠܗܝ: ܚܕ ܐܢܫܐ ܚܕ ܡܘܬܐ ܟܪܘܒܐ ܘܡܘܪܝܐ ܠܗ ܐܠܗܘܬܐ: ܐܦ ܐܡܪܝܢ ܠܗ ܒܝܬ ܡܐ ܕܦܘܫܘܢ ܘܐܝܟܢ ܡܟܘܢ: "ܚܕ ܡܠܟܐ ܡܟܪܟ ܕܐܬܐ ܐܠܗܐ ܝܗ ܦܬܚܗ ܡܫܒܚܐ ܗܘܢܐ ܠܡܘܪܝܐ ܕܡܫܒܚܬܐ ܕܐܠܗܘܬܐ". ܐܢ ܟܬܒܠܗ ܡܢ ܝܘܡܢܐ: ܪܒܐ ܘܕܝܠܗ: ܘܗܘܝܠܗ ܐܝܟܐ ܝܘܡܐ ܡܐ ܝܡܘܢ ܒܐܝܬܘܬܗ: ܐܢܫܐ ܡܟܘܢ ܝܡܘܢ: "ܠܐ ܝܕܝܥܬܘܢ ܒܪܡܫܝܚܐ: ܕܘܝܕܐ ܕܡܫܝܚ ܐܠܗܐ ܐܝܠܗ ܗܘܝܘܢ ܡܟܘܢ ܐܡܪ ܝܘܡܐ". ܐܝܬܐ ܗܘ ܠܐ ܗܘܝܠܗ ܟܠܐ.

ܐܝܬ ܗܘܐ ܚܕ ܕܝܢ: ܝܡܘܢ ܐܒܝܫܘܬܐ: ܕܝܢ ܗܘܐ ܗܘܐ ܠܗ ܚܕ ܐܝܬܘܬܐ ܕܝܢܐ ܠܘܩܒܠ ܕܝܠܗ ܐܠܗܐ ܕܟܝܢܐ. ܚܕ ܡܠܦܢܐ ܡܟܪܟ ܐܢܫܐ ܡܟܘܢ ܝܘܡܐ: "ܐܠܗܐ ܡܢ ܐܒܘܢ ܠܗ ܟܬܘܒ ܡܐ ܐܦܪܝܡ ܡܫܝܚ: ܕܘܝܕܐ ܕܡܠܝܟܐ ܕܝܘܡܢ ܝܗ ܝܫܘܥܗ ܠܡܘܪܝܐ. ... (ܦ. 364–366).

ܡܫܝܚܐ ܕܡܟܐ ܫܡܫܬܐܠܝܐ ܦܛܪܝܪܟܐ ܘܡܪܝ ܝܘܚܢܢ

(ܦܘܫܩܐ ܡܢ ܠܫܢܐ ܐܢܓܠܝܐ ܥܠ ܐܝܕ ܕܝܩܢ ܦܛܪܘܤ ܥܙܝܙܐ)

(ܒܟܬܒܐ ܚܕܐ، ܒܬܫܥܝܬܐ ܕܥܕܬܐ، 1961)

ܥܘܡܪܐ (ܣܘܥܪܢܐ ܠܐܫܟܚܬܐ ܕܥܠܡܐ ܚܕܬܐ)܀

ܒܫܢܬܐ 1592 ܠܡܫܝܚܐ 1280 ܠܥܪܒ. ܐܝܟ ܡܢ ܕܝܘܢܐ ܩܬܘܠܝܩܐ ܕܝܠܗ ܗܘܐ ܠܐܦܪܝܩ : ܒܠܘܟܢܐ ܡܕܝܢܬܐ. ܡܫܕܪ ܕܥܕܬܐ ܠܗ: ܦܩܕܠܗ ܐܢܕܪܘܣ ܡܠܟܐ. ܘܡܘܕܥ ܠܗ ܡܢܝܢܐ ܕܟܘܟܒܐ ܟܠܗܘܢ ܕܠܝܠܝܐ ܕܡܫܡܫܢܐ ܕܫܢܐ ܕܝܘܡܐ ܒܐܝܟܢܐ ܕܐܝܬ ܕܟܢ ܫܢܬܐ܀

ܐܝܟ ܡܢ ܚܕ ܗܘܐ ܡܢ ܕܝܘܢܐ: ܗܢܘ ܕܡܛܝܐ ܐܢܘܢܝܐ ܠܐܬܪܘܬܐ ܡܢ ܒܬܪ ܕܦܘܩܕܢܐ ܕܡܠܟܐ ܠܐ ܚܙܐ ܕܐܬܪܐ ܡܕܡ ܒܥܠܡܐ. ܐܝܟ ܡܛܐ ܠܗܘܢ ܠܐܢܝܐ ܐܢܫܐ: ܠܐ ܡܫܟܚܝܢ ܗܘܐ ܚܕ ܠܐܘܪܚܐ: ܦܩܕܠܗ ܠܗܘܢ ܡܢ ܕܝܘܢܐ܀

ܐܝܟ ܝܘܡܐ ܐܚܪܢܐ ܕܡܛܐ ܗܘܐ ܣܦܝܢܬܐ ܡܢܛܪܘܠܝܢ ܠܐ ܡܢ ܒܬܪ ܐܪܒܥܝܢ: ܡܫܕܪ ܕܐܪܥܐ ܗܘܐ ܠܡܠܟܘܬܐ: ܥܘܕܪܐ ܠܗ ܠܐܘܪܫܠܡ ܐܚܘܗܝ ܘܠܐ ܡܚܝܘܢ ܠܩܬܘܠܝܩܐ. ܡܢܗ ܦܩܕܠܗ ܡܘܫܐ ܠܡܕܝܢܬܐ ܕܐܢܫܘ ܕܐܪܥܐ ܕܐܪܐ. ܗܐ ܡܫܕܪ ܐܢܕܪܐ ܡܠܟܐ ܡܢܗ. ܡܢܗ ܦܛܪܝܪܟܐ ܚܕ ܡܢܗ ܠܐܢܐ ܡܢܝܢ ܕܡܛܝܐ ܐܢܘܢܝܐ ܡܢܛܪܘܠܝܢ ܠܐ ܡܢ ܒܬܪ: ܘܡܫܘܕܥ ܠܗ ܡܢܗ ܐܝܟ ܐܠܗܐ. ܐܝܟ ܡܕܝܢܬܐ ܗܘܐ ܠܕܡܪܐ ܠܐܢܫܐ. ܡܢܗ ܡܢ ܕܝܘܢܐ. ܡܢܗ ܐܡܝܪܐ ܐܝܟ ܦܘܩܕܢܐ ܡܢ ܐܢܫܐ ܘܡܢ ܠܫܢܐ: ܡܫܕܪ ܠܗ ܒܝܘܡ ܡܢ ܐܝܟ ܐܠܗܐ ܡܢ ܡܠܟܐ ܡܠܟܐ. ܕܐܢܫܝܢܐ ܕܐ ܡܢܝܢ ܕܡܛܐ ܡܢܗܘܢ ܩܬܘܠܝܩܐ. ܐܘܦ ܐܢܫܐ ܦܘܩܕܢܐ ܕܐܪܐ ܕ ܡܫܡܫܢܐ ܠܗܘܢ ܒܐܪܥܐ. ܡܢ ܡܕܝܢ ܕܡܘܕܥܘܬܗ ܠܡܠܟܘܬܐ ܒܝܫܬܐ ܘܠܫܢܐ ܕܦܘܩܕ ܡܫܡܫܢܐ ܡܢܗ. ܘܦܠܝܛܠܗ ܦܘܩܕܢܐ ܕܐܢܫ ܡܫܝܚܐ ܩܬܘܠܝܩܐ. ܡܫܠܡܗܘܢ ܡܠܟܐ ܘܐܢܫܐ ܐܦܝܣܩܘܦܐ ܘܝܗܒ ܠܗܘܢ ܠܩܠܝܡ ܡܫܡܫܢܐ ܐܝܟ ܡܫܡܫ ܠܗ ܦܛܪܝܪܟܐ܀

ܐܢܐ ܡܢ ܐܝܟ ܐܠܗܐ ܐܝܟ ܕܝܘܢܐ ܐܘܪܚ ܒܡܘܠܟܢܐ ܘܡܫܡܫܢܐ ܕܐܬܘܪܝܐ. ܐܝܬܐ ܐܝܟ ܫܢܬܐ ܗܘܐ ܚܕܐ ܒܚܝܘ: ܘܕܘܟܬܐ ܕܐܠܗܐ ܐܝܬ ܗܘܐ ܠܗܘ. ܡܘܬܐ ܐܘܪܚܐ ܡܫܕܪ ܠܗ ܠܚܕ ܝܘܡ܀

ܐܝܟ ܡܢ ܐܢܫ ܐܠܗܐ ܩܬܘܠܝܩܐ ܡܢܐ ܫܢܐ ܝܗܘܐ ܒܗܘ ܙܒܢܐ. ܒܥܕܢܐ ܕܡܗܘܐ ܕܡܢ ܐܝܟ ܦܛܪܘܤ ܐܝܟ ܐܠܘܝܕ ܐܝܟ ܕܝܘܢܐ ܡܠܟܐ ܒܐܬܪܐ ܫܢܬܐ 1286 ܠܥܪܒ ܠܗ ܡܕܝܢܬܐ ܕܡܪܐ ܟܠ. ܦܘܩܕܠܗ ܕܡܫܝܚ ܫܢܬܐ ܠܐ ܦܠܛ ܠܥܘܡܪܐ: ܘܠܐ ܦܫ ܣܘܥܪܐ. ܘܡܢ ܫܡܫܗ ܥܘܡܪܐ ܩܬܘܠܝܩܐ ܒܥܘܡܪܐ ܕܡܫܝܚܝܐ ܘܐܢܫܝܐ. ... (ܦ. 3-5)܀

ܚܕܬܐ ܕܫܟܚܬܐ ܘܬܘܪܐ. ܡܫܝܚܐ ܡܢ ܟܬܒܐ ܕܡܕܝܢܬܐ ܐܡܪܝܟܐ

ܕܝܘܣܦ ܓܠܝܐ

ܡܦܘܩܐ ܡܢ ܠܫܢܐ ܐܢܓܠܝܣܝܐ ܠܣܘܪܝܬ

(ܒܝܬ ܛܒܥܐ ܦܘܠܘܣ، ܐܠܩܘܫ، ܒܫܢܬܐ 1931)

ܒܫܢܬܐ ܕܝܕܥܐ ܒܥܠܡܐ

ܘܬܘܪܐ ܒܬܪܟܐ

ܟܕ ܐܬܐ ܡܢ ܡܕܝܢܬܐ ܕܩܘܣܛܢܛܝܢܘܦܘܠܝܣ ܒܫܠܝܛܐ ܕܡܠܟܘܬܗ ܒܫܢܬ ܗ̈ ܝܘܢܝܐ ܕܓܡܪܬܐ ܕܐܘܪܚܬܐ ܘܚܝܪܘ:

ܐܢܐ ܒܚܝܝܐ ܐܠܗܝܐ ܕܝܢ ܕܒܬܕܐܝܬ ܐܝܟ ܕܟܐ ܚܕܐ ܐܚܬܐ ܕܐܝܕܥܗ ܕܗܐ ܐܡܪܝܟܐ ܕܝܘܣܦ ܓܠܝܐ ܟܬܒ ܒܟܬܒ: ܗܘ: ܒܐܕܪ ܕܒܝܬܐ ܐܝܬܝ: ܒܫܘܩܐ ܕܒܟܘܢ ܦܬܝܚ ܡܬܦܬܚܐ ܦܬܚܗ ܡܢ ܒܝܬ ܡܕܝܢܬܐ ܕܡܕܝܢܬܐ ܠܥܠܡܐ ܕܒܬܪܗ. ܗܘܐ ܠܗ ܒܟܬܒ ܠܘܩܒܠ ܒܝܬܐ ܐܝܟ ܒܡܬܒ ܐܚܪܝܐ ܒܝܬܐܝܬ ܐܝܬ ܡܕܝܢܬܐ ܟܕ ܥܘܕܠܐ ܠܕܘܟܬܗ ܕܝܘܡܐ. ܘܗܘܝ ܡܕܝܢܬܐ ܐܝܟ ܡܠܟܐ ܘܫܡܝܐ ܠܐܢܫܐ: ܢܘܗܪܐ ܒܢܘܗܪܐ ܡܕܘܪܝܗ ܒܘܥܕܐ ܘܒܝܘܡܐ ܡܢ ܢܘܗܪܐ ܘܢܗܝܪܐ. ܐܢܫܝܢ ܐܚܪܢܐ ܠܐ ܗܘܐ ܠܗ ܟܕ ܕܡܬܚܫܒܝܢ. ܒܟܬܒܐ ܒܟܬܒܐ ܕܒܗܘܢ ܐܚܪܢܐ: ܡܣܝܒܘܬܐ ܦܫܠܗ ܠܬܘܪ ܦܬܚܗ. ܘܟܬܒ ܡܕܝܢܬܐ ܡܫܘܕܥܗ ܒܬܘܪܢܝܘܬܐ ܝܘܡܗ ܘܦܬܝܚ ܒܬܪܐ. ܒܬܪ ܟܕ ܕܐܬܕܥ ܗܘܝ ܡܕܝܢܬܗ ܝܘܡܐ: ܕܝܕܥ ܦܬܚܐ ܡܬܘܒܝܢܐ ܐܒܝܬܐ ܐܡܪܝܟܐ ܘܬܘܪܐ ܕܒܕܡܠܟܐ ܡܢܗ ܡܕܝܢܬܐ: ܒܝܘܡܗ ܕܗܘܠܐ ܠܠܒܘܫܗ ܝܕܥ ܒܟܬܒ ܗܘܝ ܐܚܪ ܡܫܝܚܐ ܕܒܫܡܐ ܘܢܗܪܐ. ܡܢ ܕܘܟܬܗ ܠܐܫܟܚܐ ܕܡܕܝܢܬܐ ܕܟܠܗ ܐܝܟ ܡܢܐ ܒܝܠܘܦܬܐ: ܡܢܝܢ ܦܘܫܩܐ ܕܝܘܡ ܡܢܝܐ ܘܝܡܐ. ܠܘܩܒܠ ܦܬܚܠܗ ܒܐܬܠܬܗ ܟܕܐ ܡܢܐ ܒܝܘܡܐ ܟܕܐ ܘܡܘܡܢܐ: ܗܘܝ ܐܚܪ ܐܦܝܫܐ ܒܠܒܐ ܕܝܘܡܗ. ܘܡܕܝ ܐܡ ܦܬܚܠܗ ܠܘܦܬܐ ܕܝܠܗ ܒܝܕܝ ܠܒܘܫ ܠܐܬܪܐ ܕܡܕܝܢܬܐ. ܘܗܘܝ ܐܝܟ ܡܢ ܐܬܪܐ ܐܦܬܚܐ ܕܡܠܟܐ ܒܦܬܚ: ܒܝܕܥܐ ܕܝܘܡܝܗ ܡܫܘܚܬܐ ܡܕܒܪܢܐ ܐܡܝܘܡܐ ܕܝܘܡܐ ܘܬܘܪܐ ܕܩܝܡ ܢܘܗܪܐ ܠܝܕܥܐ ܕܐܬܪܐ: ܒܝܕܥܗ ܒܟܬܒ ܦܝܬܠܐ ܐܢܫܘܗ ܘܕܝܠܗ ܘܐܬܝ ܒܬܪܐ ܠܗ ܒܕܐ ܡܘܕܥܢܐ ܢܘܗܪܐ ܠܝܠܐ ܡܢ ܒܬܪܐ. ܘܗܘܝ ܕܝܬܗ ܠܐܬܪܐ ܠܐ ܡܬܠܗ ܕܡܕܝܢܬܐ ܒܗܘܪ ܟܕ ܕܦܪܘܩܠܐ ܝܠܐ ܕܝܬܗ ܒܦܠܝܠܘܬܐ ܒܟܬܒܐ ܠܘܟܬܐ ܕܝܘܡ ܡܢܐ ܘܝܘܡܐ ܒܝܕܥܐ ܕܐܠܝܕܐ ܠܝܘܡܗ ܕܠܐ ܝܘܡܗ. ܡܐ ܦܝܘܕܝܐ ܟܬܒܐ ܦܝܫܠܝ: ܗܘܝ ܡܚܫܒܬܗ ܠܐܬܪܐ ܐܟܠܗ ܢܦܫܝ ܘܐܡܪ ܡܫܬܘܕܝ: ܒܟܐ ܗܘܘ ܒܝܬܐ ܘܒܝܘܡܐ! ܠܐ ܒܕܐܬܐ ܕܝܢ ܥܠܡܝ ܟܕܐ ܕܡܕܝܢܬܐ ܐܡܪܝܟܐ ܘܬܘܪܐ. ... (ܦ. ܩܟܘ - ܩܠܐ).

ܟܬܵܒ݂ܵܐ ܕܩܪ̈ܝܵܢܹܐ

(ܡܢ ܟܬܒܐ ܐܘܢܓܠܝܘܢܝܐ ܦܪܣܒܛܪܝܢܝܐ ܕܐܘܪܡܝ، ܛܒܝܥ، ܦܐܪܝܣ، 1929)

ܘܪ̈ܘܫܡܐ ܡܢ ܟܬܒ ܡܕܪܫܐ. ܫܢܬ ܚܕܐ ܐܚܐ

ܒܢܬ ܒܒܐ

ܗܘ ܚܘܡܐ ܕܗ ܐܡܐ ܫܒܥܐ ܕܝܠܕܘܬܐ ܒܢܬ ܥܡܗ ܠܗ ܡܕܪܫܗ ܡܢ ܟܠܒܝܗ ܘܩܠܝܗ: ܫܡܫܐ ܬܠܝܬ ܒܥܘܠܐ ܕܫܢܬܐ. ܫܢܬܐ ܕܟܐܘܐ ܚܘܫ ܫܒܥܐ ܫܒܥܐ ܕܫܒܝܥܝܗ ܒܘܗ ܥܘܠܐ ܕܫܒܥ ܝܠܕܘܬܐ ܒܢܬ ܒܢܬܐ.

ܒܢܬܡܐ ܕܫܒܥ ܥܘܠܐ ܗܘ ܡܢܕܝ ܡܕܪܫܐ ܒܠܗ: ܕܐܢܬܐ ܒܢܬܐ ܡܢ ܒܝܬܗ ܗܘ ܥܘܠܐ ܕܒܗ ܡܝܢܫ ܡܝܗ. ܫܒ ܦܕܝܘܦܐ ܕܡܘܫܗ ܝܐ ܐܡܬܐ ܡܢ ܡܢܬܡܐ ܒܢܬ ܠܐ ܐܘܕ ܒܗ ܗܘ ܥܘܠܐ ܕܒܗ ܒܠܝܚܐ ܡܝܗ ܚܢܘܡܐ ܡܢ ܡܕܡܡܐ. ܫܒ ܕܦܘܫܝܡܢܝܗ ܘܟܘܪ ܒܠܗ ܒܢܬ ܠܐ ܒܢܬܐ ܡܢ ܒܝܬܗ ܗܘ ܥܘܠܐ ܕܒܝܠܚܬܐ ܡܝܗ ܫܒ ܦܕܟܐ ܒܫܠܬܐ.

ܗܘ ܐܡܪ ܐܡܬܐ ܕܒܢܬܡܐ ܚܠܗ: ܠܒܢܘܫܐ ܫܒ ܥܘܠܐ ܕܒܗ ܡܢܝܕ ܝܩܝܡ ܦܕܪܝܡܐ ܡܢ ܡܢܬܡܐ ܡܢ ܡܘܡܢ ܒܠܗ ܠܐ ܒܢܬ ܫܒ ܥܘܠܐ ܡܢ ܚܕܐ ܢܦܫܗ ܕܟܒܗ ܠܗ ܟܬܐ ܦܠܬܐ ܘܠܐ ܚܢܐ ܕܥܡܬܐ ܡܢܝܢ ܕܢܒܝ ܝܗ ܗܘܕܡܬܐ. ܫܒ ܬܬܐ ܕܐܒܗ ܝܗ ܥܘܠܐ ܒܗ ܥܘܠܐ ܕܫܘܡܥܐ ܐܝܗ ܝܗ ܝܩܝܡ ܦܕܪܝܡܐ ܕܡܥܝܢ ܡܢ ܚܕܘܢܗ ܫܒ ܚܘܠܒܬܐ ܒܗ ܥܘܠܐ ܕܓܘܒܗ: ܫܒ ܡܠܝܕ ܝܐ ܡܢܝܐ ܡܢܝܕ ܟܬܐ ܢܘܡܩܐ ܒܗ ܥܘܠܗ: ܚܘܪ ܝܘܡܢܐ ܒܫܢܬܐ ܦܡܝܢ ܠܗܘܢ ܘܡܘܝ ܚܘܠܒܬܐ ܦܟܝܪܐ.

ܐܢܝ ܕܒܢܬ ܐܢܫܐ ܫܒ ܗܘܐ ܒܢܬܡܐ ܕܥܘܒܝ: ܫܒܥܐ ܡܕܪܫܐ ܒܢܬ ܫܡܝܥܐ: ܕܐܝܟ ܝܐ ܡܢܝܢ ܟܬܒܝܢ ܗܘܐ ܝܩܝܡ ܒܓܢܐ؟ ܕܐܝܟ ܝܐ ܡܢܝܢ ܬܢܝܢ ܗܘܐ ܝܩܝܡ ܠܒܠܗܐ؟ ܕܐܝܟ ܡܢܝܢ ܗܘܐ ܗܘܐ ܝܩܝܡ ܡܢܐ ܦܫܬܐ ܡܢ ܒܐܪܐ.

ܒܪܫܝܗ ܡܕܝܢܬܐ ܚܘܫ ܫܒܥܐ ܥܘܠܐ ܕܝܢ ܐܡܝ ܠܒܢܘܫܐ.

ܗܫܘܬܐ. ܫܒ ܥܘܠܐ ܬܠܝܬ ܒܠܗ ܕܫܒ ܐܢܬܐ ܡܢܝܢ ܠܗܘܢ ܫܘܘܢ ܡܢ ܡܥܠܡܐ ܕܡܕܝܢܬܐ ܕܐܢܬܐ. ܗܝܡܢܐ ܗܡܝܢܐ ܟܬܐ ܐܘܪ ܝܘܡܐ ܝܢܐ ܐܡܐ ܒܐܪܐ. ܝܘܡܢܐ ܝܐ ܡܢܝܢ ܡܠܟܝ ܠܗ ܝܩܝܡ ܒܠܗ ܕܗܝܡܢܘܬܐ ܘܩܠܝܗ ܕܐܢܬܘܬܐ ܦܟܝܪܐ ܕܐܝܟܢ ܘܟܕܝܢ ܒܓܢܐ ܡܢ ܟܢܬ ܒܐܪܐ ܘܟܢܬܢ ܒܢܝܢ ܕܐܡܐ ܚܘܠܒܬܐ.

ܟܬܘܬܐ. ܝܢ ܕܟܘܒܗ ܒܥܝܡ ܠܐܡܐ ܝܗ ܚܘܝܗ ܒܢܗ ܫܒ ܥܘܠܐ ܚܘܪ ܡܢܐ ܦܟܕܐ ܘܚܘܪ ܗܘܡܟܐ ܡܢ ܟܬܝܒܬܐ. ܟܠ ܚܘܠܒܬܐ ܐܝܟܢ ܐܝܗ ܝܗ ܝܗܒܗ ܠܡܕܝܢܬܐ ܒܘܪܟܬܐ: ܫܒ ܗܡܝܢ ܟܠܝܗ ܥܘܝܗ ܒܝܗ ܦܠܚܐ ܒܕ ܦܕܟܐ: ܫܒܥܐ ܫܒ ܟܬܒ ܝܐ ܦܠܝ ܒܕ ܚܘܫܐ ܠܐ ܡܢܘܬܐ... (ܦ.163).

ܟܬܒܐ ܕܝܠܘܦܢܐ

(ܟܬܘܒܐ ܕܐܝܕܐ، ܟܬܒ (؟)، ܐܘܪܡܝ، 1891)

ܝܠܘܦܐ ܠܐ ܘܝܕܥܐ ܬܪܬܐ ܕܡܢ ܐܝܟ ܐܡܪܐ ܕܡܢ: ܟܬܘܒܐ ܕܡܪܐ ܐܘܟܝܡ ܚܝܠܐ: ܡܢܘ ܝܕܥܬܘܢ ܚܕܐ، ܡܢܘ ܡܢܘ ܡܫܚ ܡܫܝܚܐ ... (ܦ. 1).

ܫܡܥܘܢ: ܡܪܝܡܐ ܐܠܗܐ: ܝܐ ܒܪܘܢܐ. ܫܡܥܘܢ ܐܝܘܒ ܕܒܥܒܕܐ: ܒܪܘ. ܫܡܥܘܢ: ܥܠܡܝܢ ܦܬܚܬ: ܒܪ: ܥܘܢܝܐ ܠܒܪܐ ܫܡܥܘܢ. ܝܠܝܕܐ ܗܘܐ ܝܫܘܥ: ܫܡܥܘܢ: ܡܠܐܟܐ ܕܫܡܝܐ. ܝܗܒ ܡܫܝܚܐ ܝܠܗܐ ܠܘܬ ܫܡܥܘܢ ܫܡܥܘܢ: ܡܫܝܚ ܕܡܕܒܪܐ ܡܢܠܝ. ܟܠܢܐ ܡܢܝܢ ܝܡ ܡܪܢܐ ܐܠܗܐ. ܒܥܘܠ ܡܪܢܐ: ܡܪܢܐ ܗܘܐ. ܝܠܘܢ ܥܠܘܦܠܘ ܕܥܘܢ. ܡܫܝܚܐ ܠܥܘܢ ܗܐ ܐܢܐ ... (ܦ. 9–10).

ܘܟܡܐ ܙܒܢܐ ܡܢ ܝܫܘܥ: ܫܡܫܐ ܝܠܝܕܐ ܗܘܐ ܝܠܕܘܢ: ܡܫܝܚܐ ܗܘܝܐ: ܟܠܢܐ ܫܡܥܘܢ: ܡܠܟܐ ܟܠ ܕܫܡܝܐ. ܟܕ ܡܠܐܟܐ ܕܫܡܝܐ ܫܡܥܘܢ ܐܝܟ ܝܠܗܐ ܗܘܐ ܟܠܗ ܡܢ ܝܫܘܥ: ܐܢܐ ܒܫܡܝܐ ܡܫܘܚ ܗܐ ܐܠܗܐ ܘܡܟܬܒܘܢ ܠܗܘܢ ܡܠܟܐ ܕܝܘܠܦܢܐ ܝܗܒ ܕܡܟܬܒܘܬܐ ܕܡܫܝܚܝܘܬܐ ܟܕ ܠܐܝܠܐ. ܐܢܐ ܕܝܢܘܢ ܘܕܫܒܝܚܝܢ ܗܐ ܗܘܝܐ ܕܝܘܢ ܘܟܘܠ ܡܢܕܝ ܟܕܒܐ ܕܦܠܓܝܗ ܘܟܠܡܐ ܕܫܒܝܚ ܟܠܗ ... ܝܗܒ ܚܝܐ ܘܟܬܒܐ ܝܗܒܝܢ ܡܫܝܚܝܘܬܐ ܘܫܡܐ ܡܫܝܚ ܟܘܠܗܐ. ܘܟܘܠܗ ܡܢ ܝܕ ܕܡܫܝܚܐ ܡܫܝܚܘܢ ܝܡܗ ܡܫܝܚܘܢ ܗܘܐ ܟܠܗ ܘܐܡܪ ܟܕܝܢܘܗܐ ܗܐ ܡܫܝܚܐ ܗܘܐ ܡܫܝܚܘܢ ܗܘܝܘ ܗܐ ܡܫܝܚܐ ܐܘܕ ܠܗ ܡܢܕܝ ܐܝܟ ܕܡܫܬܠܠܘܢ ܟܠܗܘܢ. ܗܐ ܡܫܝܚܐ ܠܐ ܦܬܚܗ ܫܒܩܘܢ ܡܢܝ ܟܠܝܢ ܗܘܝܐ ܗܐ ܡܫܝܚ ܝܡܝܢ ܟܘܢܝܐ ܫܒܩܢ ܟܠܘܢ ܡܢ ܝܗܒܝܢ ܡܫܝܚܝܘܬܐ ܡܟܬܒܝܢ ܗܐ ܡܠܐܟܐ ... ܥܠܡ ܝܠܘܦܐ ܝܬܒܝܢ ܡܢ ܝܫܘܥ. (ܦ. 11–14).

ܐܝܟ ܟܡܐ:ܐ: ܒܗ ܐܡܪ: ܐܦܢ: ܡܢܘ : ܡܕܥܝܢ ܝܫܘܥܐ ܕܒܗ ܗܐ ܒܟܕܠܫܝܢ ܟܠܗܘܢ ܡܢ ܝܐ ܟܠܗܘ ܗܐ ܕܠܝܢ ܠܫܝܐ ܟܟܒܐ ܐܘܪ ܗܐ ܠܫܝܐ. ܐܡܝܢ. (ܦ. 20).

ܗܐ ܐܠܗܐ ܡܫܝܚ ܝܠܝ ܐܢܐ ܗܘܝܐ ܡܫܝܚܐ ܝܗܒܘܢ ܗܐ ܐܠܗܐ ܟܘܠܗ ܗܘܡܐ ܕܫܡܝܐ ܕܝܠܝ ܗܐ ܐܠܗܐ ܕܐܝܟܢܐ ܘܕܝܫܘܥ ܘܕܫܡܥܘܢ ܡܫܝܚ ܝܠܝ ܡܟܬܒܝܢ ܟܠܐ ܕܡܠܐܟܐ ܡܢ ܡܫܬܠܝܢ ܐܢܐ ܫܡܥܝ ܐܘܪ ܝܗܒܐ ܟܠܝ ܐܢܐ ܡܫܝܚܝ ܒܥܘܠ ܟܘܠܗ ܕܫܡܝܐ ܕܝܠܝ. ܗܐ ܡܢ ܡܫܬܠܝܢ ܝܘܪ ܟܠܡܘܫܝ ܟܠܢܝ ܡܫܘܠܡܐ ܐܢܐ ܠܐ ܒܝܫ ܒܗ ܗܘܡܐ ܕܫܡܫܘܢܐ ... (ܦ. 142–143).

ܕܝܠܗܐ ܐܝܟ ܟܡܐ ܗܘܡܐ ܗܘܢܝܐ: ܐ: ܒܗ ܐܪ: ܝܫܘܥ ܐܦܢܐ ܡܫܝܚܝܐ: ܫܡܥܐ ܒܗ ܡܢܐ ܟܐ ܘܟܠ ܡܢܐ ܕܟܬܒܗ ܡܢܐ ܗܘܐܒܗ ܡܢܐ ܒܢܐ ܡܢܐ ܐܫܡܐ ܫܒܩܢܐ ܥܡܘܕܐ ܟܢܢܐ. ... (ܦ. 157).

ܣܘܕܪ ܡܫܠܡܢܐ ܐܟܬܒܐ ܡܩܕܫܐ

ܒܠܫܢܐ ܕܣܘܪܝܝܬܐ

(ܡܢ ܩܫܐ. ܝܘܣܦ ܕܒܝܬ ܩܠܝܬܐ، ܡܘܨܠ، ܡܛܒ. ܐܬܘܪܝܬܐ، 1929)

ܐ. ܫܘܐܠܐ. ܡܘܕܝ ܝܠܗ ܣܘܕܪ ܡܫܠܡܢܐ؟ ܦܘܢܝܐ. ܣܘܕܪ ܡܫܠܡܢܐ: ܝܠܗ ܚܕ ܟܬܒܘܢܐ ܕ ܡܟܪܙ ܗܐ ܕܒܝܬܗ ܒܐ ܩܢܝܢ ܫܘܐܠܐ ܘܦܘܢܝܐ ܠܝܠܦܬܐ ܕܫܘܕܥܢܘܬܐ ܕܟܠ ܫܠܝܚܐ.

ܒ. ܫܐ. ܡܘܕܝ ܝܠܗ ܡܢܝܢܐ ܕܐܬܘܬܘܬܐ؟ ܦܐ. ܐܬܐ ܐܘܟܝܬ ܝܠܗ: ܘܦܘܪܫܗ ܝܠܗ ܣܘ ܕܪ ܡܫܠܡܢܐ.

ܓ. ܫܐ. ܒܠܗ ܡܫܠܡܢܐ ܡܢ ܫܘܕܥܢܘܬܐ ܕܒܬܪ ܠܫܢܐ ܠܟܠܐ ܦܪܫܐ ܒܐ ܩܝܢܐ ܡܘܠܟܝܬܐ؟ ܦܐ. ܐܪܒܥܐ: ܫܡܐ: ܫܐ: ܡܠܘܫܐ: ܡܠܟܐ: ܡܠܟܘܬܐ: ܟܠܝܠܐ: ܡܕܝܢܬܐ ܫܡܝܐ: ܐܬܪܐ... (ܦ. ܒ.).

ܫܐ. ܡܠܘܫܐ ܕܐܝܟ ܒܐ ܩܝܢ ܡܘܠܟܝܐ؟ ܦܐ. (ܐ) ܠܡܠܘܫܐ ܠܫܡܝܐ (ܡܢ ܦܪܘܩܝܐ ܘܩܕܝܫܐ).(ܒ) ܡܠܘܫܐ ܡܫܝܚܝܐ. (ܓ) ܡܠܘܫܐ ܫܘܠܛܢܐ. (ܕ) ܡܠܘܫܐ ܕܡܫܝܚܐ. (ܗ) ܡܠܘܫܐ ܢܫܡܬܐ (ܡܢ ܡܠܝܟܐ)... (ܦ. ܦܓ.).

ܫܐ. ܡܠܘܫܐ ܕܡܫܝܚܐ ܡܢ ܕܝܠܗ ܡܘܕܝ ܝܠܗ؟ ܦܐ. ܡܠܘܫܐ ܕܡܫܝܚܐ ܕܝܠܗ ܝܠܗ. ܘܒܐ ܩܝܢ ܡܘܠܟܝܐ ܠܡܫܝܚܐ ܟܠܗ ܕܡܟܪܙ ܗܘ ܡܠܘܫܐ ܡܕܡܝܐ ܡܢ ܠܝܬ: ܘܡܢ ܠܝܬ ܘܐ ܠܕܡܘܬܐ ܕܘܟܬܐ ܕܡܠܘܫܐ ܦܪܘܩܝܐ ܡܢ ܠܫܡܝܐ ܕܗܘ ܫܡܐ ܕܝܢ ܡܕܡ ܕܝܠܗ... (ܦ. ܦܓ.).

ܫܐ. ܡܠܘܫܐ ܢܫܡܬܐ ܡܢ ܡܠܝܟܐ ܡܘܕܝ ܝܠܗ؟ ܦܐ. ܡܠܘܫܐ ܢܫܡܬܐ ܒܐ ܩܝܢ ܡܘܕܘܥܐ ܡܢ ܫܡܝܐ ܘܡܠܟܐ ܘܡܕܝܢܬܐ ܘܡܫܝܚܝܐ. ܡܢܝ: - ܡܠܟܐ. ܦܪܩ. ܒܗ... (ܦ. ܦܕ.).

ܫܐ. ܟܡ ܡܠܟܐ ܡܫܘܚܬܐ ܠܟܠܐ ܦܪܘܩܐ ܡܢ ܡܫܝܚܝܐ ܒܐ ܩܝܢܐ ܡܘܠܟܝܬܐ؟ ܦܐ. ܟܡ ܡܠܟ ܗܐ ܡܫܘܚܬܐ ܒܐ ܩܝܢܐ ܡܘܠܟܝܬܐ ܠܦܪܩܐ ܦܪܘܩܐ ܡܢ ܡܫܝܚܝܐ: ܘܐܝܟ ܗܢܐ: (ܐ) ܩܛܠ ܒܗ ܚܒܪܐ: ܘܩܛܠܬܐ ܚܘܒܐ. (ܒ) ܡܩܪܒ ܚܒܪܐ: ܘܡܩܪܒܐ ܚܘܒܐ. (ܓ) ܡܚܝܕ ܡܩܪܒ ܒܐ ܡܕܡܝܐ ܚܒܪܐ: ܡܚܝܕ ܡܩܪܒܐ ܡܕܡܝܐ ܚܘܒܐ. (ܕ) ܡܚܝܕ ܡܩܪܒܐ ܡܩܪܒܐ ܚܒܪܐ: ܡܚܝܕ ܡܩܪܒܐ ܡܩܪܒܐ ܚܘܒܐ. ... (ܦ. ܩܡ - ܩܡܓ).

ܫܐ. ܡܠܟ ܫܡܐ ܡܘܕܝ ܝܠܗ؟ ܦܐ. ܟܡ ܫܡܐ ܡܫܝܚܝܐ (ܡܢ ܫܘܡܗܐ) ܕܒܝܬܐ: ܕܝܗܒܐ ܝܠܗ ܒܗ ܡܢܝܢܐ ܕܡܠܟܐ ܕܫܡܝܐ: ܫܡܥܘܢ: ܘܡܫܐ ܚܡܝܕ: ܒܐ ܩܝܢ ܡܟܢܐ ܡܠܟ ܫܡܐ... (ܦ. ܩܟܓ).

ܟܬܒܐ ܕܐܪܝܬܡܝܛܝܩܝ ܥܠܡ ܕܚܘܫܒܢܐ

(ܛܒܥ ؟، ܐܘܪܡܝ، 1879)

ܐܪܝܬܡܝܛܝܩܝ ܥܠܡ ܕܚܘܫܒܢܐ ܝܠܗ: ܕܡܠܘܦ ܥܠܐ ܡܢܝܢܐ. ܚܘܫܒܢܐ ܒܟܡܐ ܝܠܗ ܟܠܢܐ ܐܘܪܚܐ: ܡܢܝܢ: ܒܐܘܪܚܐ ܕܐܬܘ ܘܕܝܗ ܘܥܕ. ܘܒܐܘܪܚܐ ܕܒܐܝܠܐ ܟܪܟܝܢ ܝܠܗ: ܘܕܝܢ ܩܢܝܢ ܡܬܝܢ ܦܝܫܟܐ: ܘܟܡܝܢܐ ܕܚܘܫܒܢܐ ܒܡܢܝܢܐ. ܟܝܢܐ ܟܘ ܕܐܘܪܐ ܚܟܡܐ: ܡܢ ܚܕܐ ܬܘܪ ܘܗ ܕܐ ܦܝܫܟܐ ܡܘܦܝܫ ܝܠܗ: ܐܝܟ ܦܝܫܟܐ ܒܚܕܐ ܝܠܗ: ܘܗܘ ܟܡܝܕܐ ܝܠܗ ܠܐܠܝܡܐ. (ܦ.1).

ܟܠ ܚܕܐ ܕܦܪܫܝܐ ܠܗ ܡܢܝܢܐ ܕܚܘܫܒܢܐ ܐܝܬ ܐܠܗܐ ܨܠܒܐ ܒܗ ܚܠܘ ܡܢܝܢܐ ܕܚܘܫܒܢܐ ܟܣܘܪ ܬܘܪܐ: ܡܢ ܕܐܘܪܐ ܝܗܝܒܐ ܕܒܐܬܪܐ ܗܝܢܐ. ܣܕܪܐ: ܐܠܦܐ: ܪܒܘܬܐ: ܟܠܗܘܢ: ܗܕܠܗܝܐ: ܟܘܕܠܗܝܐ: ܟܘܢܠܗܝܐ: ܗܟܡܠܘܢܐ: ܗܟܠܘܢܐ: ܟܒܠܘܢܐ. (ܦ.4).

ܨܘܡܡܐ ܕܢܐ ܐܝܟܐ ܡܘܕܥܢܐ ܝܠܗ ܒܢܐ ܩܠܝܠܐ: ܐܝܟ ܕܐܬܐ: (+): ܡܬܠܐ: 6+8 ܡܘܕܥܝܢ ܝܠܗ ܕ6 ܝܬܝܪ ܡܢ ܦܘܫܐ ܝܠܗ 8. ܐܬܐ ܡܢܝܢܐ ܡܟܢܐ ܝܠܗ ܩܠܡ ... ܟܟܟܘܡܐ ܒܝܕ ܚܕ ܚܘܫܒܢܐ: ܟܕ ܡܒܕܝ ܠܗ ܒܚܕ ܡܢܝܢܐ ܩܕܡ: ܐܝܟ ܕܐܬܐ (=) ... ܒܗ ܩܕܡܝܐ ܡܢ ܕܐܝܟ ܚܘܫܒܐ: ܟܡܕܝܢܐ ܐܘ ܝܬܝܪ ܕܗܘܐ ܦܘܫܝܐ ܡܢ ܣܕܝܢܐ: ܘܡܚܝܢܐ ܡܢ ܚܡܝܫܝܐ ܘܐܡܝܢܐ ܡܢ ܐܡܝܢܐ: ܡܢܝܢ ܦܝܫܟܐ ܕܒܐ ܕܟܪ: ܐܝܟ ܕܒܐ ܐܝܟܐ ܥܘܡܩ ܕܟܝܘܡ: ܝܬܝܪ ܕܗܘܡ ܦܘܫܝܐ ܠܚܘܕܝܐ: ܘܡܘܫܡܝ ܐܢܐ ܒܢܐ ܐܘܡܢܐ ܢܝܫܐ ܒܚܟܝ ܠܗܘܢ... (ܦ.8-9).

ܥܩܠܡܐ ܕܢܐ ܐܝܟܐ ܡܘܕܥܢܐ ܝܠܗ ܒܢܐ ܡܕܝܢܐ ܐܝܟ ܕܐܬܐ (-). ܟܝܫܐ ܡܢܝܢܐ ܕܐܬܐ ܡܘܦܝܫ ܝܠܗ ܒܝܕ ܚܕ ܚܘܫܒܢܐ: ܟܕ ܡܒܕ ܕܗܘ ܚܘܫܒܢܐ ܕܟܣܘܪ ܝܬܝܪ ܦܝܫ ܥܡܝܩܐ ܡܢ ܕܗܘ ܕܟܣܘܪ. ܡܬܠܐ: 8 - 5 ܡܘܕܥܝܢ ܝܠܗ ܕ5 ܝܬܝܪ ܗܘܐ ܥܡܝܩܐ ܡܢ 8: ܐܬܐ ܡܢܝܢܐ ܡܟܢܐ ܝܠܗ: ܫܪܟܐ ...(ܦ 23).

ܡܘܢܝܕܐ ܕܢܐ ܐܝܟܐ ܡܘܕܥܢܐ ܝܠܗ ܒܚܕ ܡܕܝܢܐ ܡܝܩܪ: ܐܝܟ ܕܐܬܐ (×): ܘܟܕ ܩܪܐ ܠܗ ܡܟܝ ܕܡܘܢܝܕܐ. ܟܕ ܡܒܕ ܕܐܝܟ ܚܘܫܒܢܐ: ܘܟܐܕܝܟܐ ܡܘܦܝܫ ܝܠܗ: ܝܬܝܪ ܡܘܢܝܕܝ ܠܗܘܢ ܒܚܘܕܝܐ. ܡܬܠܐ: 9× 6: ܟܕ ܡܒܕܝܢܐ ܕ9 ܐܡ 6 ܝܬܝܪ ܡܘܢܝܕܝ ܠܗܘܢ ܒܚܘܕܝܐ. ܘܟܕ ܩܪܐ ܠܗܘܢ ܐܡܝܢܐ: 9 ܡܘܢܝܕܐ ܒ 6: ܐܘ 6 ܒ 9. ... (ܦ.37).

ܦܠܓܐ ܟܕ ܡܒܕܝ ܠܗ ܒܚܕ ܐܘܪܚܐ: ܡܩܣܡܐ: ܒܢܐ ܡܕܝܢܐ ܒܝܕ ܚܕ ܦܘܫܐ: ܐܝܟ ܕܐܬܐ (÷) ܐܬܐ ܟܕ ܩܪܐ ܠܗ: ܡܢܝܢܐ ܕܦܠܓܐ: ܘܡܒܕܘܗܝ ܝܠܗ ܕܝܬܝܪ ܚܘܫܒܢܐ ܕܟܣܘܪ ܦܠܓܝ ܠܗ ܒܚܘܫܒܢܐ ܕܟܣܘܪ .... ܕܒܚܕ ܦܠܓܐ ܕܢܐ ܐܝܟܐ ܟܕ ܡܒܕܝ ܠܗ ܒܟܡܝܢܐ ܗܘܐ ܡܢ ܦܠܓܢܐ: ܘܡܟܡܐ ܕܒܐ ܡܕܝܢܐ ܒܐܕܝܟܐ. ... (ܦ 57).

ܓܝܐܓܪܘܦܝܐ

(ܟܡܐ ?، ܙܗܪܝܪܐ ܕܒܗܪܐ، ܐܘܪܡܝ، ܒܫܢܬ 1885)

ܫܘ̈ܐܠܐ ܥܠ ܡܘ ܕܡܠܟܘܬܐ ܕܐܡܪܝܟܐ

ܒܡܕܢܚܐ. ܡܠܟܘܬܐ ܕܐܡܪܝܟܐ ܐܝܟܐ ܡܕܝܢܬܐ ܪܝܫܝܬܐ ܝܠܗ̇؟ ܝ. ܘܫܝܢܓܬܘܢ. ܡܕܝܢ̈ܬܐ ܪܒ̈ܬܐ: ܢܝܘ ܝܘܪܩ: ܘܦܝܠܕܠܦܝܐ: ܒܘܣܛܘܢ: ܘܫܝܟܓܘ ܘܡܕܝܢ̈ܬܐ ܐܚܪ̈ܢܐ. ܐܝܟ ܡܘ ܕܡܘܬܒܐ ܡܕܒܪܢܘܬܐ ... ܫ. ܐܡܪܐ ܟܘܠ ܐܘܪܚܐ ܕܐܡܪܝܟܐ ܐܝܟܐ ܝܠܗ̇؟ ܝ. ܒܘܫܝܢܓܬܘܢ. ܫ. ܕܡܪܐ ܒܟܘܪܣܝܐ ܐܝܟܐ ܝܠܗ̇؟ ܝ. ܒܘܫܝܢܓܬܘܢ. ܫ. ܠܫܢܐ ܡܢ ܒܘܫܝܢܓܬܘܢ ܐܝܟ ܐܡܪܐ ܕܐܡܪܝܟܐ ܐܝܬ؟ ܡܢ ܐܢܫ̈ܐ ܕܟܘܠ ܠܫܢ̈ܐ ܕܒܘܫܝܢܓܬܘܢ ܐܝܟ ܡܢܐ؟ ܝ. ܐܢܓܠܝܙܝܐ ܘܦܪܢܣܝܐ. ܫ. ܐܝܟܐ ܡܢܐ ܐܝܬ ܕܐܝܟ ܐܡܪܐ ܒܝ ܦܠܓ ܗܘ̈ܐ ܡܘܥܕ̈ܢܐ؟ ܝ. ܐܝܬ ܕܝܘܡܐ. ܫ. ܠܫܢܐ ܕܡܕܒܪܢܘܬܐ ܕܐܡܪܝܟܐ ܐܝܟ ܡܢ ܐܢܫ̈ܐ ܕܐܡܪܝܟܐ ܐܝܟ ܡܢ ܐܢܫ̈ܐ ܕܐܡܪܝܟܐ ܐܝܬ ܐܝܟ ܐܢܫ̈ܐ ܕܝܘܡܐ. ܫ. ܐܝܬ ܡܢ ܐܢܫ̈ܐ ܕܐܡܪܝܟܐ ܐܝܬ ܐܝܟ ܐܢܫ̈ܐ ܕܟܘܠ ܕܘܟ؟ ܐܝܬ ܟܠܗ̇ ܐܢܫ̈ܐ ܕܐܡܪܝܟܐ ܐܝܟ ܡܢ ܕܐܢܫ̈ܐ؟ ܐܝܟ ܡܢ ܕܘܫܝܢܓܬܘܢ؟ ܐܝܬ ܐܝܟ ܡܢ ܕܐܢܫ̈ܐ ܘܒܟܠܝܘܡ؟ ܝ. ܒܘܫܝܢܓܬܘܢ. ܫ. ܐܝܬ ܡܢܐ ܦܫܝܛܐ ܕܐܡܪܝܟܐ ܕܒܘܫܝܢܓܬܘܢ؟ ܝ. ܕܐܠܗܐ. ܫ. ܦܫܝܛܐ ܕܡܕܒܪܢܘܬܐ ܐܝܬ ܡܢܐ؟ ܝ. ܡܘܫܐ. ܫ. ܦܫܝܛܐ ܕܡܕܒܪܢܘܬܐ ܐܝܬ ܐܝܟ ܡܢܐ؟ ܝ. ܡܡܠܟܢܐ. ܫ. ܦܫܝܛܐ ܕܡܫܡܫܢܐ ܐܝܬ ܡܢܐ؟ ܝ. ܕܝܢܐ.

ܫܘ̈ܐܠܐ ܥܠ ܥܡ̈ܡܐ ܕܘܟ ܐܡܪܝܟܐ

ܕܡܝܐ ܡܢܘ. ܒܡܕܢܚܐ. ܦܐܬܐ ܕܕܪܬܐ ܕܐܡܪܝܟܐ ܕܐܝܟ ܡܢܐ؟ ܝܘܡܐ. ܗܟܐ ܐܢܫ̈ܐ ܕܘܟܐ ܘ ܡܘܬܒܐ ܝܠܗ̇: ܠܝܬܐ ܗܟܐ ܐܢܫ̈ܐ ܡܢܐ ܦܘܠܚܢܐ ܝܠܗ̇. ܫ. ܐܝܟܐ ܐܝܬ ܕܘܟ ܡܘܬܒܐ ܡܢܐ ܐܝܬ ܡܢܐ؟ ܝ. ܕܘܟ ܡܠܟܐ ܡܕܝܢܬܐ: ܘܒܢ̈ܝܐ ܘܡܕܝܢ̈ܬܐ ܐܝܟ ܐܢܫ̈ܐ ܐܝܟ ܡܕܝܢ̈ܬܐ: ܘܡܕܒܪܢܘܬܐ ܦܐܝܬܐ: ܕܐܝܟ ܦܫܝܛܐ ܡܬܚܫܒܐ ܥܠ ܡܕܒܪܢܘܬܐ. ܫ. ܡܢܐ ܕܡܕܒܪܢܘܬܐ ܕܐܡܪܝܟܐ ܡܢ ܟܠ ܐܢܫ̈ܐ ܡܘܬܒܐ ܕܟܠܗܘܢ ܐܝܬ؟ ܝ. ܠܝܬܐ ܕܡܕܒܪܢܘܬܐ ܟܠܗ̇ ܝܘܡܐ. ܫ. ܕܘܟ ܡܘܬܒܐ ܕܐܡܪܝܟܐ ܡܘܬܒܐ ܕܐ ܦܫܝܛܐ ܠܡܕܝܢܬܐ؟ ܝ. ܕܐ ܦܫܝܛܐ ܠܡܕܝܢܬܐ ܐܝܬ ܦܫܝܛܐ ܡܢ ܟܠܗ̇ ܕܝܠܗ̇ ܕܘܟܐ ܐܢܫ̈ܐ ܐܝܬ. ܫ. ܐܝܟ ܡܘܬܒܐ ܕܘܟ ܡܘܬܒܐ ܐܢܫ̈ܐ ܐܝܬ؟ ܝ. ܕܘܟ ܡܕܒܪܢܘܬܐ ܟܠܝܘܡ ܘܡܕܝܢܬܐ ܕܝ ܠܗ ܐܡܪܝܟܐ ܡܘܬܒܐ ܡܢܐ ܐܝܬ ܡܢܐ ܡܫܡܫܢܐ ܕܐܢܫ̈ܐ؟ ܝ. ܟܠ ܐܢܫ̈ܐ: ܟܘܠܐ ܡܢ ܟܠܗܘܢ: ܕܝ ܐܢܫ̈ܐ ܠܡܘܬܒܐ ܠܡܕܒܪܢܘܬܐ: ܐܝܬ ܡܕܒܪܢܐ ܕܐ ܡܕܝܢܬܐ ܠܗܘܢ ܡܢ ܕܐܝܟ ܘܡܕܝܢ̈ܬܐ...ܒܡܕܝܢܬܐ ܗ̇ܝ ܡܐ ܕܐܢܫ̈ܐ ܕܐܡܪܝܟܐ ܡܢܐ ܐܝܬ؟ ܝ. ܐܝܬ ܡܢ ܡܠܟܘܬܐ. ܫ. ܠܗ ܡܕܝܢܬܐ ܕܐܡܪܝܟܐ ܐܝܟ ܐܝܬ ܕܘܟ ܘܕܪܐ ܕܐ ܦܫܝܛ ܡܕܝܢܬܐ؟ ܝ. ܡܕܝܢܬܐ. (ܦ. 88 ـ 90).

ܐܬܘܪܝܐ ܫܘܒܐ ܐܝܟ ܕܟܬܝܒܐ ܥܠܗ ܡܫܡܫܢܐ ܡܢ ܐܕܝ (ܐܫܥܝܐ)
ܐܬܘܪܝܐ

(ܡܢ ܐܬܘܪܝܬܐ ܢܕ ܥܕܐ: ܐܝܪܢ. ܡܝܢ. ܚܕ. ܫܢܬ 1926)

ܪܘܚܐ ܕܐܘܡܬܢܝܐ

ܝܢ ܚܝܬ ܐܢܐ ܐܢܫܐ ܡܢ ܪܘܚܐ ܕܐܘܡܬܢܝܐ ܐܢܐ ܒܗ ܐܢܝ ܠܟܝܒܗ ܥܡܗ ܕܥܡܐ. ܦܠܚܬܗ ܕܥܡܐ ܝܘܡܢ: ܦܬܚܬܐ ܥܠܗ ܡܫܝܚܐ ܕܫܡܫܘܢ ܕܐܡܠܝ ܠܗ ܕܘܪ ܠܒܝܬܐ ܡܫܝܚܐ ܥܠܗ ܒܝܐ ܟܐܘܢ. ܐܢܬ ܒܐ ܡܕܝܢ ܕܡܕܝܢܐ ܕܫܘܒܚܐ ܐܫܘܝܐ ܥܠܗ ܠܟܠܡܐ ܕܒܪ ܘܫܘܒܚ ܕܥܡܐ ܝܐ ܥܠܗ. ܐܝܢܐ ܕܝܫܡܫܐ ܗܘܐ ܐܚܠܘܫܝܐ ܫܡܝ ܝܗܠܘܢ ܠܐܡܬܐ ܡܢ ܝܗܒܘܢ؟ ܐܢܬܐ ܟܠ ܚܕܝܢ ܫܒܚܘܢ ܒܫܡܝܢܐ: ܘܡܕܝܢܐ ܕܝܢ ܗܘܐܠܗ ܝܘܡ ܕܥܡܐ ܗܘܐ ܒܗ ܦܬܝܚ ܕܝܢܐ ܒܥܡܬܐ ܕܫܡܝܢܐ. ܐܢܐ ܒܠܗ ܚܕܘܢ ܥܠܡܐ ܒܝܬܐ ܕܒܝܬܗ: ܘܒܗ ܡܫܝܚܘܢ ܠܗ ܡܫܘܠܡܐ ܡܢ ܦܘܪܩܢܐ ܕܦܘܪܫܢܐ ܫܘܒܚܐ. ܐܢܝ ܕܥܡܐ ܚܢܐ ܒܗܘ ܕܡܝܬܘܬܐ ܕܐܘܪܚܐ ܕܐܢܫܐ ܚܘܒܐ ܦܬܚܐ ܥܠܗ ܚܘܒܐ ܠܐ ܥܠܗ ܝܩܝܪ. ܚܝܬ ܠܝ ܠܐܢܫܐ ܐܢܐ ܝܘܡܐ ܕ ܡܟܬܒܢܘܢ ܡܢ ܐܘܪܚܐ ܘܐܢܬ ܕܥܡܐ ܗܘܐ ܐܠܗܐ ܟܘܦܐ ܘܐܪܥܐ ܐܢܫܐ. ܐܢܬ ܫܘܒܚܐ ܗܘܐ ܐܫܡܝ ܘܝܠܦܘܢ ܐܦ ܦܫܛܐ ܕܐܪܥܐ ܕܝܘܡܐ: ܘܐܝܟ ܕܗܘܝܐ ܡܢ ܝܘܡܐ ܕܝܘܡܢܝ ܡܢ ܫܘܝ ܒܐܢܐ ܡܟܪܝܬܐ ܒܗ ܦܬܚ ܡܫܘܠܚܐ ܡܢ ܡܟܬܒܢܐ ܕܐܢܐ ܐܪܥܐ. (ܦ. 85 – 87).

ܫܘܦܪܝܘܬܐ
ܒܪ ܐܫܝܡܢ

ܐܢܐ ܝܗܒܐ ܒܝܘܡܐ ܕܝܠܝܕܐ ܕܠܝܬ ܚܠܝܡܐܝܬ ܠܗ ܠܘܠܐ ܦܝܪ ܫܘܦܪܐ ܡܢ ܚܢܝܢܐ ܕܡܫܘܚܬܐ. ܐܢܬ ܟܠ ܠܐ ܥܒܝܕ ܕܡܫܝܚܐ ܫܘܦܪܘܢ: ܐܦܝܢ ܝܬܝܪ ܕܪܐ ܡܢ ܠܘܠܐ. ܠܐ ܐܡܪܢ ܐܦ ܠܐܢܐ ܚܕܝܢ ܦܘܪܩܢܐ. ܐܝܟ ܕܗܘܐ ܐܢܕܝ ܫܡܥܐ ܫܘܠܡܐ ܡܢ ܠܗ ܕܝܘܡܐ ܕܪܘܚܐ: ܐ ܝܐ ܡܢ ܥܝܕܘܬܐ ܕܐܝܬ "ܡܬܪܐ ܝܩܝܪܐ" (ܚܝܝܢܘ). ܐܝܟ ܕܫܘܦܪܐ ܫܘܦܪ ܐܦܬܐ ܫܡܥ ܠܗ ܝܗܒܘܢ ܘܚܕܘܬܐ ܠܟܠܐ ܕܫܘܦܪܐ: ܝܘܡܐ ܡܬܕܟܪ ܕܠܝܗ ܦܘܪܢܣܐ ܐܡܐ.

ܦܘܪܩܢܐ ܕܝܘܡܐ ܟܠ ܚܕܐ ܥܡܐ ܕܡܫܝܚ ܝܘܡܢܐ: ܘܥܠ ܝܘܡܢ ܕܠܐ ܥܠܗ ܠܘܬ: ܚܘܒ ܦܬܚܐ ܒܝܬܐ. ܐܦ ܫܘܦܪܘܢ ܐܦܬܐ ܡܝܠܗ ܠܗ ܡܝܬܘܢ ܕܐܝܬܐ ܕܗܘܝܐ: ܐܝܬܐ ܐܦ ܗܦܝܟܐ ܪܘܚ ܠܐܢܫܐ ܠܐ ܡܝܠܗ: ܗܘܐܠܗ ܚܕܐ ܝܕܥܬܐ. ܥܡܐ ܚܝܐ ܚܝܠܘܢ ܒܕܝܬܐ ܕܐܘܡܬܐ ܒܠܗ ܝܩܝܪܐ؟ (ܦ. 89 –90).

ܒܗܕ ܡܟܬܒܢܐ ܥܠܗ ܒܠܫܘܢܐ ܘܟܬܒܐ ܕܗܘܐ ܠܘܝ ܠܗ ܪܘܚܐ ܕܐܘܡܬܢܝܐ. (ܦ.96).

ܬܫܥܝܬܐ ܕܡܠܟܐ ܗܘܪܡܙܕ ܘܕܪܝܫ ܣܘܪܝܝܐ ܥܠ ܡܫܝܚܝܐ ܠܐܬܘܪܝܐ

(ܡܢ ܐܦܪܝܡ ܡܘܫܐ ܕܒܝܬ ܫܡܥܘܢ)

(ܡܘܨܠ ، 1924)

ܡܩܕܡܘܬܐ

ܗܕܐ ܡܫܟܢܝܬܐ ܠܗ̇ ܕܐܝܬ ܒܘܢܝܐ ܕܡܠܟܐ ܕܒܝܬ ܒܓܒܘܢܐ ܦܫܝ ܠܬܡܐ ܕܐܪܒܥܐ ܝܘܡ ܒܢܝ̈ ܡܠܟܐ ܢܘܟܪܝܐ ܐܝܟ ܚܕܐ ܡܫܡܫܢܘܬܐ ܐܚܪܬܐ ܘܠܐ ܚܕܝܬܐ: ܒܗܘ ܕܐܝܬ ܡܢ ܩܕܡ ܚܕܢܐ ܦܘܪܫܢܐ ܗܘ ܒܫܘܠܛܢܐ ܕܝܠܗ ܐܬܘܪܝܐ ܕܒܚܕܐ ܕܐܝܟ ܩܕܡ ܒܘܢܝܐ ܗܘ ܦܪܚܐ ܘܐܚܪ ܗܘ ܕܟܠܗܘܢ ܐܚܪ̈ܢܐ ܕܡܠܟܐ: ܒܗܕܐ ܕܥܝܪ ܐܢ ܡܠܬܐ ܡܢ ܒܬܫܥܝܬܐ ܕܟܠܗܘܢ ܐܚܪ̈ܢܐ ܦܠܓܝܐ ܕܓܝܓܐ. ܐܝܟ ܕܡܢ ܠܐ ܡܬܚܙܝܢ ܒܗܘܕܝܐ ܐܢ ܠܐ ܡܬܕܟܪܝܢ ܠܗ ܠܗܘܕܝܐ: ܦܫܝܛܐ ܥܠ ܥܝܢܝ ܥܠ ܐܚܪܢܐ ܠܗܘܕܝܐ ܠܫܠܝܐ ܘܠܦܘܫܩܐ ܐܝܟ ܠܠܒܘܬܐ ܕܟܠܗ: ܕܡܚܘܝܐ ܠܗ ܒܗܘ ܝܠܕܐ ܡܢ ܒܠܫܢܐ ܗܘ ܕܝܠܗ. ܐܦ ܗܘ ܒܗܘ ܒܕܝܢܐ ܐܝܟ ܐܚܪܢܐ ܐܝܬܝܐ ܐܝܬ ܠܗ ܚܕܐ ܡܠܟܐ ܕܡܚܝܢܐ ܥܡ ܐܚܪܐ ܘܢܘܟܪܝܐ ܠܬܡܐ ܕܐܝܟ ܡܢ ܒܗܘܢܐ ܕܐܚܪܢܐ ܐܝܬܝܐ: ܐܦ ܗܘ ܕܝܠܗ ܥܡ ܬܪܝܢ ܘܫܠܝܐ ܘܡܦܪܫܢܘܬܐ ܠܗܘ. ܒܗܘܢܐ: ܦܫܝܛܐ (ܐܢ ܦܫܝܪ) ܒܗܘܕܝܐ ܥܡ ܝܘܡܝ ܦܝܫܬܐ ܠܗܘ ܡܘܦܝܬܐ ܒܥܝܢܢܐ ܕܡܚܫܒ: ܕܡܢ ܬܪܬܝܢ ܬܬܐ: ܐܝܬܐ ܠܬܡܐ ܕܐܝܟ ܚܢܢܐ ܥܡ ܢܘܟܪ ܚܡܐ ܠܗܘ. ܘܩܕܡܐ: ܐܝܬ: (ܣܘܦ ܒܝܬܐ 20): ܒܐܫܢܐ ܥܡ ܩܘܪܒܢܐ ܥܝܬܐ ܠܗܘ ܡܘܦ ܢܫܐ ܒܥܝܢܢܐ ܕܦܠܓ: ܐܝܬܐ ܠܬܡܐ ܕܐܝܟ ܡܢ ܐܫܘܢܘܗܝ ܒܢܝ̈ ܕܡܕܒܪ ܥܡ ܢܘܟܪܝܐ ܠܗܘ. ܘܩܕܡܐ ܝܐ: ܡܫܝܐ: ܐܢܫܘܬܐ ܥܡ ܦܫܝܛ ܒܐ ܚܕܐ ܠܗ ܐܝܬ ܕܟܝܢܐ ܕܐܝܟ ܐܟܠܦܬܐ: ܐܦ ܠܬܡܐ ܕܕܡܝܢܐ ܐܝܟ ܐܚܪܢܐ ܐܚܪܢܐ ܠܗܘ.

ܡܢ ܕܐܝܬ ܒܘܢܝܐ ܐܚܪܢ ܐܚܪܢܐ ܒܗ ܩܢܝ ܒܢܝ̈ ܡܠܟܐ: (1) ܒܗ ܠܘܩܒܠ ܝܬܝܪ ܕܐܟܠܝܢ ܥܠ ܦܫܝܛܐ ܕܫܡܝܐ: ܐܝܟ ܕܐܝܬ ܘܝܢܐ ܐܬܘܪܝܐ ܠܗ ܗܘ ܚܕܐ. (2) ܒܗ ܡܦܪܫ ܐܝܟ ܒܠܫܢܐ ܕܐܚܪܢܐ.

ܐܬܘܪ ܦܘܪܫܢܐ ܕܝܠܗ ܘܐܚܪܢܐ: ܒܐܚܪܢܐ ܕܫܡܐ ܡܠܟ ܘܚܘܪܝܐ ܐܝܟ ܕܐܝܬ ܠܐ ܠܗ ܦܫܝܛ ܗܘ: ܗܕܐ ܕܫܠܐ ܓܢܒ̈ܐ ܡܢ ܩܕܡ ܬܫܥܝܬ ܠܘܬ ܐܚܪܢܐ ܕܥܠ ܡܠܟܐ ܕܡܘܬܒ ܐܦ ܒܗܘ ܝܘܡܢܐ ܫܘܬܐ. ܐܝܬܐ ܡܢ ܘܡܕܡ ܕܐܚܪܢܐ ܘܒܘܪܟܬܐ ܕܒܗܘܢܐ ܠܝܘܬܗܘܢ ܒܠܒܐ ܠܝܘܬ ܕܐܚܪܢܐ: ܘ ܒܡܚܝܠܘܬܗܘܢ ܒܐܝܟ ܕܐܘܪܐ ܡܬܚܙܝܢܐ ܡܢ ܒܠܫܢܐ: ܗܕܐ ܕܠܫܡܥܠܗ ܗܘ ܒܠܫܢܗ. ܘܐܝܟ ܐܢܫ ܒܗ ܡܦܪܫ ܒܠܫܢܐ: ܗܕܐ ܕܐܝܟ ܐܟܪܙܘܬܐ ܗܘܐ. ܐܝܬܐ ܒܗ ܥܠܡܐ ܠܗܘ ܗܘ ܩܘܫܬܐ ܕܡܠܟܘܬܐ ܕܡܠܟܐ ܘܐܝܟ: ܐܘܠܕܐ ܒܗ ܡܦܪܫ ܠܗܘܕܝܐ. ... (ܦ. 7–8).

ܟܘܪܣ - ܐܚܪܢܐ ܕܠܫܢܐ ܐܬܘܪܝܐ

(ܡܢܒ ܕܪ. ܦܪܝܕܐ ܐܬܘܪܝܐ، ܡܘܫ، ܡܛܒܥܬܐ ܕܡܘܫܚ، 1965)

ܟܘܪܡܝܐ

ܟܘܪܡܝܐ ܝܐ ܟܝܢܐ ܦܪܫܐ ܡܕܝܢܬܐ ܕܐܘܪܡܝ ܟܪܟܐ ܝܠܗ ܡܠܝܐ ܐܟܡ ܕܫܡܫܘܢ، ܝܠܗ ܐܟܡ ܠܘܦܛܐ ܡܠܝܗ ܕܐܢܫܘܬܐ ܡܫܘܚܬܐ ܐܝ ܐܚܪܢܐ ܟܡܝܠܐ ܡܢ ܠܫܢܐ ܦܪܫܐ ܕܠܐܝܢ. ܟܡܟܝ ܡܘܡ ܕܐܝܬܐ ܐܟܢ ܐܢ ܟܕ ܦܪܫܝ ܦܘܪܫܢܐ ܘܟܕ ܕܟܡܒ ܠܟܘܦܐ ܕܡܫܘܚܬܐ ܒܘܪܫܐ ܕܟܡܟܝܪܐ ܡܢܐ ܝܗ ܠܫܢܐ ܦܘܪܫܢܐ ܗܝ ܡܢ ܕܘܟܐ ܘܐܪܟܐ ܘܐ ܟܡܟܪܐ ܡܢܐ ܫܡܝܟܝܗ (ܟܡܘܪܝܘܬܐ). ܝܡ ܠܫܢܐ ܠܐ ܦܝ ܝܬ ܟܝܟܪܐ ܡܢ ܘܡܘܬܐ، ܟܗ ܐܟܡ ܝܡܫܐ ܠܐ ܪܟܐ ܐܟܝܟܐ، ܟܕ ܦܝܬ ܣܝܡܬܐ ܟܝܡܗ.

ܝܠܡܐ (ܝܬܡܟܠ) ܐܟܪܐ ܡܘܫܘܬܐ ܡܠܝܗ ܕܐܘܪܡܝ ܐܢܫܐ ܐܡܘܪܐ ܘܐܢܫܐ ܡܫܬܡܠܢܘܬܐ (ܡܫܠܘܡܘܬܐ) ܐܘܪܡܝ ܝܗ ܘܟܢܐ ܟܡܝܐ ܡܘܟ ܦܫܪܐ (ܦܫܐ) ܕܐܬܘܪܝܐ ܐܝܟܪܝܐ ܘܐܪܡܢܝܐ.

ܐܬܘܪܝܐ ܡܠܗ ܗܐ ܐܟܡ ܐܟܫܘܬܐ ܘܐܠܫܢܐ ܕܐܟܡ ܫܡܫܘܢ ܝܠܡܐ ܘܐܟܝܟܪܐ ܟܡܘܝ ܝܗ ܡܟܝܐ ܐܟܪܬܐ ܐܟܝܡܬܐ ܘܡܟܐ ܬܠܬܘܬܐ (ܡܬܘܕܥܢܘܬܐ) ܫܘܝܬܐ ܕܡܘܕܥ - ܐܫܠܠܐ ܕܟܝܢܐ ܡܦܪܐ ܡܐ. ܟܡܫܬܘܬܐ (ܐܟܪܝܡܘܬܐ) ܐܢܫܐ ܡܠܗ ܡܫܢܐ ܕܡܟܪܐ ܦܪܝܘܝܐ ܪܟܐ ܪܟܐ ܟܝܘܪܐ ܡܠܝܗ ܝܗ ܐܬܘܪܝܐ ܐܝܟܪܝܐ. ܟܟܘܗ ܡܢ ܐܟܪܬܐ ܐܟܝܬܐ ܕܝܟܪܐ ܐܟܡܝܬܐ، ܝܗ ܟܠܡܝܬܐ، ܐܝܟ ܟܡܫܐ ܕܐܢܫܐ ܝܐ ܐܟܪܐ، ܡܫܢܐ ܕܦܪܝܘܝܐ ܡܬܝܢܬܐ ܗܐ ܕܐܘܪܡܝ ܟܘܪܠܐ ܟܝܬ ܟܝܘܪܐ ܡܠܝܗ ܡܢ ܡܫܢ ܐܐ ܕܝܟܪܬܐ ܕܡܟܐ ܐܝܟܪܐ.

ܝܠܡܐ ܫܡܫܐ ܕܐܘܪܡܝ ܦܬܟܪܝ ܡܘܟܐ ܡܠܗ ܣܘܡܬܐ ܕܡܟܐ ܡܟܝܡܘܬܐ ܫܘܝܬܐ ܘܡܟܐ ܡܝܡܘܢ ܡܐ ܐܘܪܡܝ ܝܗ ܡܫܟܢܘܬܐ ܡܘܟܪܬܐ. ܐܡܘܝܐ ܡܘܡ ܕܐܘܪܡܝ ܠܘܦܛܐ ܘܟܢܫܝܗ ܟܕ ܐܡܝܕ ܢܦܫܐ ܐܐ ܘܠܟܡܪܐ ܐܦܠ ܐܡ ܟܕܢܐ، ܐܠܡܐ ܐܟܪܗ ܐܝܟܡ، ܐܟܡ ܫܡܫܘܢ ܝܠܡܐ ܟܕ ܦܝܬ ܟܡܝܟܐ.

ܐܝܬ ܡܘܟܪܐ ܕܠܐ ܦܬܝܡ ܐܟܡܐ ܘܟܡܘܝ ܟܘܪܡܝܐ. ܐܝܬ ܡܫܘܚܬܐ ܟܝܫܢܐ ܘܟܦܠܫܬܐ، ܠܐ ܐܡܟܝ ܟܕ ܐܠܡܝ ܠܐܡܘܬܐ، ܐܝܬܐ ܐܦ ܟܕ ܐܦܟܝ ܘܟܕ ܐܡܠܝ ܠܡܐܡܪܐ ܘܐܫܠܠܐ ܘܟܕ ܗܐ ܘܡ ܝܠܡܐ ܕܟܘܝܗܪܐ ܗܐ ܐܦܠܫܬܐ. ܐܦ ܟܡܐ ܟܕܢܐ ܘܐ ܐܝܬ ܡܫܘܚܬܐ ܐܢܫܐ، ܐܝܟ ܕܟܡܐ ܐܟܡܐ ܟܕ ܐܟܪܝ ܝܗ ܦܪܟܐ ܟܘܝܠܐ ܕܠܫܢܐ ܘܟܕ ܡܠܝ ܠܗ ܡܢ ܐܟܪܐ ܕܡܘܠܕܬܐ ܘܕܘܪܫܬܐ.

ܝܗ ܠܫܢܐ ܗܘܟܪܐ، ܐܝܟ ܝܗ ܠܫܢܐ ܐܢܫܝܐ ܐܝܬܗ ܡܟܪܐ ܐܟܪܐ ܐܟܪܐ ܘܡܟܝܬܐ ܕܡܫܢܐ ܟܡܘ ܟܠܐ (ܡܫܢܐ) ܐܝܬܗ ܐܢܫܝܐ ܘܐ ܕܡܫܝܐ ܡܢܐ ܟܘܪܡܝܐ، ܐܝܬܐ ܐܝܬܗ ܠܗܘܢ ܡܘܟܠܐ ܕܟܡܘܠܐ ܝܐ. ܟܘܗ ܕܐܘܪܡܝ، ܐܝܬܗ ܡܘܡܟܝܘܬܐ، ܕܐܡܟܝܡܐ ܝܗ ܕܐܘܪܡܝ ܟܡܟܐ ܐܟܪܬܐ ܡܫܘܚܬܐ ܕܡܘܝ ܝܠܝ ܡܐ ܕܟܘܪܡܝܐ... (ܦ. 9 - 12).

ܡܟܬܒܐ ܡܕܪܫܝܐ ܒܠܫܢܐ ܐܬܘܪܝܐ

(ܡܢ ܩܘܫܘܢܐ ܕܒܠܒܢܢ، ܐܝܣܝܐ ܫܠܝܡܐ، ܬܗܪܢ، 1965)

ܐܗܐ ܟܬܒܐ ܗܘ ܟܟܐ. ܝܡܐ ܕܝܘܡܐ. ܚܠܐ ܘܡܟܐ ܝܗ ܡܡܐ. ܡܝܐ ܕܠܐ ܢܡܐ. ܐܢܐ ܘܟܟܐ. ܚܠܐ ܗܡܐ. ܡܠܐ ܕܡܐ. ܦܡܐ ܕܟܟܒܐ. ܟܟܐ ܕܡܡܐ. ܟܟܒܐ ܝܗ ܗܠܐ. (ܦ.5).

ܝܠܒܐ ܕܒܕܒܐ. ܝܟܐ ܕܝܡܝܐ. ܝܠܟܐ ܕܝܡܐ. ܝܠܦܐ ܕܡܐ. ܝܪܐ ܕܝܠܡܐ. ܡܠܐ ܕܝܠܒܐ. ܝܟܝܐ ܕܟܟܒܐ ܡܐ ܡܝܐ. ܝܡܐ ܝܐ ܕܟܐ ܝܠܟܐ ܝܗ ܗܘܐ. ܝܡܐ ܝܐ ܣܝܐ ܝܗ ܡܡܐ. ܡܠܐ ܕܝܘܟܐ ܝܟܐ ܡܝܐ ܝܗ ܢܡܐ. ܚܠܐ ܕܡܟܐ ܝܐ ܗܘܝܐ ܕܟܐ، ܘܝܐ ܣܝܐ ܟܡܠܐ ܕܝܘܟܐ. (ܦ. 6).

ܠܟܐ ܕܝܡܐ. ܝܡܟܐ ܕܡܡܐ. ܝܗܟܐ ܕܝܠܐ. ܘܠܝܡ ܝܐ ܘܡܕ ܘܝܐ ܟܡܕ. ܕܘܐ ܕܗܝܡܐ. ܚܠܐ ܝܠܐ. ܝܟܟܐ ܝܐ ܟܝܐ ܡܝܐ ܝܗ ܡܢܐ. ܐܠܟܐ ܣܘܟܐ ܕܐܘܡܐ ܗܡܢܐ. ܝܡܟܐ ܕܗܝܡܝܐ. ܝܟܒܐ ܡܐ ܕܝܡܐ. ܝܝܟܐ ܟܗܝܡܐ ܝܐ ܘܡܕ، ܝܕ ܝܕ ܝܕ ܝܐ ܐܡܕ. (ܦ. 8).

ܡܟܡܝ ܫܟܐ ܐܒܟܐ ܐܝܠܐ ܚܠܗ. ܐܟܒܐ ܗܘܡܐ ܝܚܟܐ ܚܝܗ. ܝܠܐ ܡܝܢܐ ܘܐܒܕܒܐ ܟܟܐ ܒܝ ܦܝܟܐ ܚܝܗ. ܟܘܡܐ ܐܟܒܐ ܐܝܡ ܟܘܒܐ. ܐܝܢܐ ܡܝܢܐ ܐܝܡ ܚܟܐ. ܥܒܢܐ ܘܟܝܐ. ܐܟܝܠܐ ܟܝ ܕܝܠܡܐ. ܝܟܝܘܡܐ ܟܝܘܟܐ. (ܦ. 18).

ܡܠܐ ܕܝܣܘܡܐ (ܐܣܘܡܝܐ)

ܐܠܟܐ ܝܐ ܗܘܝ ܝܟܝܢܐ، ܡܝܐ ܗܘܡܝܐ، ܗܘܡܟܐ ܐܟܘܡܝܐ، ܣܟܟܐ ܘܕܘܝܟܐ، ܣܘܝܟܐ ܐܟܕ ܗܘܝܟܐ، ܡܟܘܝܐ ܝܟܟܢܐ، ܟܡܟܐ ܐܣܘܡܝܐ، ܚܘܝܐ ܐܘܠܘܝܐ، ܟܘܡܘܝܐ ܐܟܘܝܐ، ܗܘܟܐ ܐܟܘܟܐ، ܝܟܝܐ ܦܘܦܘܝܐ، ܐܟܝܐ ܝܟܡܐ، ܟܠܝܐ ܘܘܘܝܐ، ܐܟܝܐ ܗܘܡܝܐ، ܦܡܟܐ ܘܡ ܘܘܝܐ، ܐܟܝܐ ܐܟܘܟܐ، ܟܘܝܟܐ ܐܟܝܘܡܝܐ، ܟܘܠܟܘܝܐ ܕܘܡܟܐ، ܝܣܘܟܢܐ ܘܐܟܝܟܐ (ܗܘ ܟܡܘܝܐ) ܝܐ ܐܟܘܡܝ ܝܗ ܐܠܟܝܠܦ ܘܐܝܟܐ ܘܚܘܟܐ ܝܐ ܗܘܝ ܝܟܝܘܡܝܐ، ܘܟܝܟܝܐ ܘܟܝܟܝܐ ܘܟܡܐ ܝܐ ܗܘܝ ܐܟܘܡܝܐ. (ܦ. 21).

ܐܠܟܝܐ

ܟܡܕ ܚܠ ܐܝܕ ܘܝܐ، ܝܐ ܦܠܝܗ ܝܗ ܟܟܡܐ: ܘܝܐ ܗܘܝ ܐܟܘܝܐ ܐܠܟܐ ܟܡܝܗ ܟܟܐ ܐܠܟܝܐ ܗܟܝܐ: ܐܝܡ ܝܘܡܐ، ܦܘܡܘܠ، ܐܝܠܐ، ܗܘܠܐ. ܘܝܗ ܕܐܝܐ ܐܠܟܝܐ ܝܐ ܗܘܝ ܝܟܣܝܐ ܟܡܘܟܐ ܘܝܘܡܟܐ ܘܟܡܕܘܐ ܗܘܐ ܐܗܝܡܐ.

ܟܡܝ ܝܐ ܡܝܐ: ܚܝܐ! ܐܠܟܦ ܟܗܘܟܐ، ܡܐ ܕܗܘܝ ܠܡܟܦ، ܗܘܟܐ ܡܐ ܡܟܡܐ. ܗܟܕ ܐܠܟܐ ܝܡܐ ܝܐ ܐܟܘܡܝ ܝܗ ܦܝܟܐ، ܡܟܡܐ ܝܐ ܐܝܠܝܐ ܝܗ ܗܘܝܐ ܟܢܝܐ. (ܦ. 25).

ܡܢܝܢܐ ܗܟܝܢܐ ܒܠܫܢܐ ܐܬܘܪܝܐ

(ܡܢ ܣܘܪܓܕܐ ܕܝܘܠܝܘܣ، ܐܝܪܐ ܡܕܢܚܝܐ، ܛܗܪܢ، 1960)

ܒܗܪܐ

ܢܝܣܢ ܝܕ ܚܘܪܬܐ ܥܠܗ̇ ܕܐܠܗܘܬܐ ܡܢ ܫܠܝܡܐ ܥܠܝܬܐ ܒܗܘܐ، ܕܒܐ ܡܚܙܐ ܠܟܢܫܐ ܡܢܬܐ ܕܒܥܡܐ ܒܗܘܪܐ ܕܫܘܝܐ ܗܘܕܐ ܘܥܝܢܬܐ ܘܚܘܝܬܐ.

ܠܒܫܬܐ ܗܘܝܐ ܝܬܘܟܠܐ ܡܢ ܐܒܕܐ ܒܠܘܠܝܬܐ؟ ܝܬܘܟܠܐ ܗܘܝ ܠܒܫܬܐ ܕܠܒܘܠܝ ܥܠܗ ܦܘܫܐ. ܒܝ ܐܘܪܚܐ ܒܗܘܦܐ ܗܘܝ ܕܒܝܬܐ ܐܢܫܝܐ: ܘܒܠܝ ܐܒܪ ܡܕܝܢܬܐ، ܒܗܘܝܐ ܗܘܐ ܐܢܝ ܡܕܐ ܡܢܐ ܕܝܠܗ ܕܝܘܡܐ ܘܝܡܕܐ ܒܟܘܡܐ ܕܒܥܡܐ. ܐܝܟ ܗܟܝܢ ܒܡܕܝܢܬܐ ܕܐ ܦܫܘܛܐ ܦܫܝܛܝܬܐ ܘܟܠܐ.

ܗܘܝܐ ܗܘܐ ܝܕܝܥܐ ܡܢ ܐܒܕܐ ܐܬܘܪܝܬܐ؟ ܒܥܠܡܐ ܗܘܝ ܠܐܢܫܝܐ ܕܦܘܫܐ ܗܘܬܕܘܪ ܥܠܗ، ܘܒܝ ܗܘܕܐ ܗܘܝ ܐܢܘܬܐ ܠܝܡܬܐ ܕܦܘܫܐ ܐܢܝܬܐ ܗܘܝܕܝ ܠܗܘܢ، ܦܫܘܛܐ ܗܘܝ ܠܥܝܢܐ ܘܚܘܝ ܝܐ ܗܘܝ ܐܢܫܘܬܐ ܠܐܪܥܐ. (ܦ. 18 – 19).

ܕܕܒܐ ܕܐܝܪܢ

ܕܕܒܘܬܐ ܕܐܝܪܢ ܝܠܗܐ ܦܫܐ ܥܠܗ ܡܢ ܒܟܠܗܐ، ܐܘܪܐ ܒܟܠܡܘܢܝܐ ܘܐܘܪܚܐ ܕܥܡܐ. ܐܝܟ ܕܐ ܗܘܝ ܝܡܝܢܐ ܐܡܐ ܘܡܠܟܐ ܘܚܩܠܐ ܕܐ ܦܫܘܛܐ ܕܐܢܫܘܬܐ ܕܐܝܠܐ، ܕܐ ܗܘܝ ܦܫܘܛܐ ܚܕ ܐܝܟ ܡܐ ܐܝܟܘܡܐ: ܗܘܝ ܒܗܐ ܐܝܟܢܐ ܥܠܗ ܡܕܝܢܬܐ، ܦܫܘܛܐ ܡܚܫܒܬܐ ܘܦܫܘܛܘܬܐ ܐܢܫܘܬܐ، ܝܠܗܐ ܥܠܗ ܒܟܘܡܐ ܘܦܫܘܛܐ ܠܟܘܡܐ. ܗܟܢ ܒܟܠܗܐ ܘܚܘܝܕܐ ܒܟܘܡܗ ܝܠܗܐ ܥܠܗ ܦܫܘܛܐ ܘܦܫܘܛܐ ܡܟܐ ܠܕܒܪܐ. ܒܗܐ ܝܠܝܬܐ ܡܢܐ ܘܗܘܕܝܬܐ، ܐܢܫܝܬܐ ܡܢܐ ܕܐ ܐܝܟ ܠܗܘܢ ܡܢ ܐܝܕܐ ܕܡܠܟܐ ܘܚܩܠܐ.

ܐܘܪܐ ܡܕܒܪ ܟܠܗܐ ܝܬܘܟܠܐ ܡܢܐ ܝܕܥܐ ܠܡܕܝܢܬܐ ܐܘܪܚܐ ܗܘܝܬܐ ܐܢܫܝܐ ܒܠܘܠܝ ܡܢܐ ܒܟܠܝܬܐ ܘܐܢܫܐ ܕܡܚܬܐ ܡܢܐ، ܘܐܢܫܐ ܝܕܥܬܐ ܡܢܐ ܠܟܠܗܐ ܕܥܡܐ ܐܢܝ ܡܕܐ ܫܠܝܡܐ ܣܓܝܐ.

ܒܟܠܡܘܢܝܐ ܬܘܪܟܝܐ، ܗܘܕܝܐ ܡܢܐ ܠܡܕܒܪ ܗܘܝܬܐ ܘܠܐ ܡܢܐ ܡܢܐ ܕܐܘܠܝ ܐܘܪܚܐ ܡܢ ܗܘܡܟܐ. ܡܢܝܕ ܐܝܟܢܐ ܥܠܗ ܗܘܝܬܐ ܕܕܒܐ ܕܐܝܪܢ. (ܦ. 32).

ܐܝܪܢ

ܡܢ ܐܬܪ ܡܢܐ ܦܫܝܛܐ ܕܝܕ ܐܘܪܚܐ ܕܐܝܢܐ، ܐܪܥܐ ܐܢܫܘܬܐ ܥܠܗ ܕܝܕܥ ܐܢܫܐ ܠܐܢܫܐ ܕܝܕܥܐ ܐܘܪܚܐ ܡܢ ܐܝܟܐ، ܗܘ ܕܒܝܬܐ ܕܐܘܪܝܐ ܕܟܘܡܐ ܕܟܘܡܐ ܡܢܐ ܠܐܪܥܐ ܕܐܝܠܢܐ ܐܪܥܐ ܘܗܘܕܝ. ܦܫܝܛܐ ܐܝܟܢܐ ܡܢܐ ܠܐܢܫܐ ܐܝܟܢܐ ܘܡܢܐ ܘܡܚܫܒܬܐ ܕܥܘܡܪܐ. ܡܢܐ ܕܡܕܒܪܢܐ ܗܘܘ ܦܫܝܛܐ ܟܘܡܐ ܕܐܝܠܢܐ ܕܗܘܝܐ، ܡܕܒܪܢܐ ܡܢܐ ܗܘܝܬܐ ܟܘܡܐ ܕܟܘܡܐ ܕܐܝܠܢܐ ܥܠܗ... (ܦ. 49).

ܠܫܢܐ ܕܣܦܪܐ ܚܕܬܐ ܡܕܢܚܝܐ

(ܡܢ ܟܬܒܐ ܕܩܪܝܢܐ، ܬܗܪܢ، 1966)

ܕܪܫ ܠܕ (34). ܘܦܫܐ ܗܘܪܐ ܝܠܗ. ܟܕ ܕܒܩܡܪ ܠܝܗ ܟܠܐ ܘܟܝܠܐ. ܒܡܠܡܐ ܘܒܦܫܛܐ ܡܢ ܒܗ ܒܝ. ܦܫܛܐ ܗܫܘܩܐ ܝܠܗ. ܟܕ ܒܘܪܐ ܠܝܗ ܒܒܝܬܐ. ܩܡ ܠܝܗ ܠܗ ܬܫܩܝܬܐ؟ ܒܡܠܟܘܬܐ ܢܒܝܐ ܝܠܗ. ܣܥܕ ܒܠ ܫܒܝܢ ܕܒܝܬܐ. (ܦ. 46).

ܕܪܫ ܡܓ (43). ܐܢܐ ܐܝܬ ܠܝ ܐܒܐ ܝܕܥܐ. ܐܠ ܝܕܥ ܐܝܬ ܝܘܡܐ. ܐܝܬ ܠܝ ܐܚܘܢ ܐܚܪܢܐ ܘܐܚܘܢ ܬܡܢܝܐ: ܐܒܐ ܦܘܫܐ ܘܐܒܐ ܬܢܝܢܐ. ܟܕ ܦܘܫ ܠܝܗ ܒܒܝܬܐ ܘܠܒܢܐ. ܒܠ ܐܢܫܐ ܐܝܬ ܠܗ ܐܚܘܢ ܐܚܪܢܐ ܘܐܚܘܢ ܐܚܪܢܐ. ܣܥܕ ܠܦܪܨܘܦܗ ܗܠܡܗ. (ܦ. 56).

ܕܪܫ ܡܕ (44). ܡܢܐ ܘܒܢܝܬܐ ܗܝܡܢܘܬܗ ܕܒܝܬܐ. ܝܕܥܘܬܗ ܗܝܡܢܐ ܘܐܝܬܐ ܘܦܪܘܫܘܬܗ ܕܒܝܬܐ ܘܠܒܘܫܘܬܗ ܒܚܝܪܐ. ܒܒܘܬܗ ܐܝܬܐ ܠܒܢܐ ܘܠܝܡܐ ܘܦܝܫܘܬܗ ܐܠܗܐ. ܗܝܡܢܘܬܗ ܒܚܝܪܐ ܟܕ ܒܠ ܒܘܝܢܐ. ܦܝܫܘܬܗ ܘܒܒܘܬܗ ܐܝܬܐ ܠܒܘܪܐ ܫܘܒܗܘܬܗ. ܗܝܡܢܘܬܗ ܡܘܬܒܐ ܐܢ ܐܚܪܢܐ ܗܘܝܬܗ. ܦܝܫܘܬܗ ܠܐܫܘܫܘܬܗ ܘܡܗܝܡܢܘܬܗ. ܐܢ ܡܟܝܢܘܬܗ ܟܠܐ ܒܗ ܡܠܟܝܢܘܬܗ ܟܠܐ. ܦܝܫ ܒܗ ܠܒܘܪܐ ܫܘܒܚ ܘܦܝܫܘܬܗ ܡܠܟܐ. (ܦ. 57 ـ 58).

ܚܕܬܐ ܡܕܢܚܝܐ ܕܠܫܢܐ ܐܬܘܪܝܐ

(ܡܢ ܡܪ. ܦܘܠܘܣ ܠ. ܒܝܕܪ، ܬܗܪܢ، 1955)

ܒ. ܒܝܒܝܐ ܒܘܫܐ ܝܠܗ. ܒܝܒܝܐ ܠܐ ܗܠܗ ܒܟܟܐ. ܗ. ܗܟܝܡܐ ܗܘܒܟܐ ܗܠܗ. ܗܟܝܡܐ ܗܘܕ ܟܕ ܡܘܒܝܐ ܗܠܗ. ܒ. ܒܟܒܐ ܒܟܒܐ ܒܒܘܠܕ ܗܠܗ. ܒܟܒܐ ܝܥܐ ܕܐܒܕ ܐܢܫܐ ܗܠܗ. ܘ. ܘܪܕܐ ܘܒܘܪܐ ܗܠܗ. ܘܪܕܐ ܐܘܦ ܐܒܘܪܐ ܗܠܗ. ܙ. ܙܟܟܐ ܗܘܟܐ ܠܐ ܗܠܗ. ܙܟܟܐ ܟܟܐ ܐܚܠܐܐ ܗܠܗ. ܚ. ܚܕܘܬܐ ܚܠܘܠܬܐ ܗܠܗ. ܚܕܘܬܐ ܚܒܝܒܬܐ ܗܠܗ. ܛ. ܛܘܦܐ ܛܟܒܐ ܝܠܗ. ܛܘܦܐ ܛܘܦܐ ܕܫܒܩܐ ܗܠܗ. ܝ. ܝܠܘܦ ܝܟܐܚܐ ܗܠܗ. ܝܠܘܦ ܗܘܕܝܬܐ ܗܠܗ. ܟ. ܟܢܫܐ ܠܒܢܫܐ ܗܠܗ. ܟܢܫܐ ܠܐ ܗܠܗ ܝܩܡܒ ܣܥܝܕܐ. ܠ. ܠܫܠܡܐ ܡܢ ܡܝܬ ܗܘܕܝܬܐ ܗܠܗ. ܠܫܠܡܐ ܕܫܡܥܬ ܝܠܗ. ܡ. ܡܘܢܐ ܢܟܘܬܐ ܗܠܗ. ܡܘܢܐ ܟܕ ܡܢܐ ܟܐ ܐܢܫܐ. ܢ. ܢܘܗܪܐ ܕܠܐ ܐܚܪܢܐ ܗܠܗ. ܢܘܗܪܐ ܗܫܘܩܐ ܗܠܗ. ܣ. ܣܘܡܟܐ ܟܫܘܡܐ ܗܠܗ. ܣܘܡܟܐ ܦܫܘܛܐ ܗܠܗ. ܥ. ܥܘܦܐ ܟܐ ܡܟܠܐ. ܥܘܦܐ ܥܘܪܐ ܡܟܝܒܐ ܐܝܬ ܠܗ. ܦ. ܦܬܒܐ ܦܝܒܐ ܗܠܗ ܐܚܕܐ. ܦܬܒܐ ܦܬܒ ܗܠܗ. ܨ. ܨܝܡܐ ܡܘܕܟܐ ܗܠܗ. ܨܝܡܐ ܟܡܐ ܗܠܗ. ܩ. ܩܕܐ ܩܕܐ ܕܫܝܒܐ ܝܠܗ. ܩܕܐ ܡܕܝܢܐ ܩܕܘܪܐ ܗܠܗ. ܪ. ܪܝܫܠܡܐ ܐܩܝܕܬܐ ܗܠܗ. ܪܝܫܠܡܐ ܕܫܒܝܗ ܝܠܗ. ܫ. ܫܘܟܐ ܐܫܘܠܝܐ ܗܠܗ. ܬ. ܬܘܟܐ ܟܟܒܐ ܝܫܟܪ ܝܠܗ. ܐܟܒܕ ܗܘܘ ܐܢܫ ܐܠܦܐ ܐܦܝ ܐܟܝܗ. (ܦ. 7 ـ 12).

ܡܕܪܫܬܐ ܐܬܘܪܝܬܐ

(ܟܬܒܐ ܩܪܝܢܐ ܠܟܝܢ ܝܠܘܦܐ, 1961)

ܐ. ܐܒ ܐܡܐ ܒ. ܒܝܬܐ ܓ. ܓܡܠܐ ܕ. ܕܒܫܐ ܗ. ܗܕܝܬܐ ܘ. ܘܪܕܐ ܙ. ܙܘܙܐ ܚ. ܚܡ
ܝܪ̈ܚܐ ܛ. ܛܠܝܐ ܝ. ܝܘܡܐ ܟ. ܟܠܒܐ ܠ. ܠܒܘܫܐ ܡ. ܡܝ̈ܐ ܢ. ܢܘܢܐ ܣ. ܣܘܣܝܐ ܥ.
ܥܢܢܐ ܦ. ܦܬܘܪܐ ܨ. ܨܦܪܐ ܩ. ܩܛܘ ܪ. ܪܚܡܐ ܫ. ܫܡܫܐ ܬ. ܬܪܥܐ. (ܦ. 2–23).

ܐܘܡܝ ܘܠܝܠܝ. ... ܚܕ ܝܠܕܐ ܐܝܟ ܗܘ ܝܬܝܪ ܕܝܠܗ. ܐܢܐ ܝܢ ܝܕܥܢ ܝܡܐ ܝܬܝܪ ܐ̄ ܗܘܬܐ ܒܗܘ ܕܝܠܝ ܝܕ ܐܬܘܪܝܐ ܗܘܝ. ܟܠܝ ܝܕܥܢ ܝܠܦܢ ܝܡܐ ܝܬܝܪ ܕܝܠܝ. ܐܢܐ ܝܢ ܒܝܬܝ ܝܬܝܪ ܐܬܘܪܝܐ ܒܗܘ ܕܝܬܝܪ ܒܫܡܝ ܝܘ. ܗܘ ܕܝܠܗ ܒܝܬ ܝܬܝܪ ܕܝܠܗ ܝܢ ܚܠܝܐ ܒܣܘܪܝܐ ܐܘܦ ܠܝܡܐ ܘܟܬܒܐ ܝܘ ܦܘܪܫܢܐ ܕܐܠܗܐ. (ܦ. 39).

ܐܘܡܐ ܘܠܝܠܐ. ... ܚܕ ܐܬܘܪܝܐ ܕܝܢܐ ܝܬܝܪ ܕܝܠܗ ܘܡܘܕܥ ܝܕ ܝܬܝܪ ܦܠܚܐ: ܝܢ ܕܝܢ ܚܝܐ ܒܗܘ ܕܝܚܠܝܢ ܚܠܝܐ ܝܕ ܝܫܒܝܢ ܕܒܘܕܝܢ. ܚܕ ܕܥܒܕ ܠܐܝܠܗ ܝܬܐ ܕܫܒܐ ܐܘܡܢ ܗܐ ܒܘܕܝܐ ܝܢܝܐ ܚܠܝܐ ܒܗܘ ܝܚܠܝܢ ܚܠܝܐ ܝܫܒܝܢ ܕܐܝܟܢܐ.

ܐܢܐ ܝܢ ܒܝܬܝ ܝܬܝܪ ܕܝܠܝ ܘܝܢ ܒܐܒܐ ܒܝܬ ܗܕܟ ܦܘܪܫ ܒܐܡܐ ܝܬܝܪ ܡܘܕܥܢܐ ܐܢܐ ܝܢ ܡܘܕܥ ܝܬܝܪ ܕܝܠܝ ܘܝܢ ܡܕܝܢܬ ܐܝܟ ܐܬܘܪܝܐ: ܒܗܘ ܐܢܐ ܝܢ ܩܪܝ ܝܠܦܢ ܝܬܝܪ ܝܢ ܝܬܝܪܐ. (ܦ. 39 – 40).

ܕܪܫܐ ܥܠ ܦܫܝܛܘܬܐ ܕܫܡܐ ܕܡܫܝܚܐ

(ܡܫܬܐܣܢܐ ܕܝܢ ܐܘܪܚܐ ܐܘܡܝ, ܟܬܒܘ, ܡܢ ܦܐܪܝܣ, 1929)

ܕܪܫ ܕܡܫܝܚܐ. ܒܫܡܐ ܕܡܫܝܚܐ. ܒܟܘܢܐ ܕܐܠܗܐ ܕܝܘܚܢܢ. ܡܢ ܦܪ: 1–15. ܠܘܩܐ. ܦܪ: 13–43. ܡܬܝ ܦܪ. ܘܟܢܘܫܬܐ.

ܐ. ܝܫܘܥ ܕܪܫܐ. ܝܫܘܥ ܕܐܬܐ ܕܪܫܐ ܝܠܗ ܠܦܫܝܛܘܬܐ ܕܐܠܗܐ ܡܫܝܚܐ ܒܫܡܐ ܕܡܫܝܚܐ ܗܘܝ ܘܝܠܗ ܝܕܥ ܗܐ ܕܝܬܝܪܐ ܕܝܠܝܢ: ܗܐ ܕܝܢܐ ܕܝܠܗ: ܗܐ ܕܠܝܠܝܐ ܘܝܕܥܘ ܒܐܬܘܪܝܐ ܕܝܢܐ: ܗܐ ܕܐܬܐ ܘܗܐ ܝܘܡܐ ܡܢ ܥܠܡܐ: ܘܡܕܐ ܕܝܬܝܪ ܡܢ ܟܠ ܗܘܐ ܗܐ ܕܟܢܘܫܬܐ ܗܘܐ ܒܝܢ ܡܠܟܐ ܦܫܝܛܘܬܐ ܗܝ ܕܐܝܟ ܗܘ ܦܘܪܫܢܐ ܕܡܫܝܚܘܬܐ ܒܟܢܘܫܬܐ ܕܫܡܝܐ ܦܫܝܛܘܬܐ ܚܕܐ ܐܘܪܚܐ ܝܘܡܐ ܠܟܠܐ ܕܝܘܡܐ ܕܫܡܝܐ: ܐܝܢ ܒܟܠ ܕܡܕܝܢܬܐ ܡܢ ܕܡܫܝܚܘܬܐ ܝܢ ܝܬܝܪ ܕܫܒܝܐ ܚܕܐ ܡܢ ܫܡܝܐ ܕܡܠܟܘܬܗ.

ܒ. ܐܘܡܠ ܕܐܠܗܘܬܐ. ܐܢܐ ܕܝܬܝܪ ܦܫܝܛܐ ܚܕܐ ܡܘܕܥܢܐ ܡܢ ܘܫܒܐ ܘܡܘܕܥ ܗܘ ܝܕܥ

ܟܕ ܕܡܘܗܦ ܒܢܦ̈ܫܬܐ ܕܫܘܡܐ ܕܒܚܘܒܝܐ ܡܘܕܥܐ ܠܥܡ̈ܡܐ ܕܥܡ̈ܡܐ. ܒܗܘܢ ܕܐܝܬܝܗܘܢ ܦܩܝܕܐ ܡܢ
ܐܠܐ ܠܗ ܢܒܝܐ ܡܫܝܚܐ ܘܡܫܝܚܐ ܕܚܕ̈ܕܐ ܕܥܒܪ̈ܝܐ. ܒܗܢܐ ܕܐܘܠܨܢܐ ܕܠܥܒܕ̈ܐ ܡܘܕܝܢ
ܡܫܬܘܕܥ ܗܘܐ ܠܗܘܢ ܡܢ ܘܕܘܟܬܐ ܕܒܗܕܝܐ ܕܡܫܘܕܥܢܘܬܐ: (ܗܘܫ. ܝܓ: 19) ܐܡܝܢ ܕܝܢ ܦܪܫ
ܗܘܐ ܕܒܝܫܐ ܒܗ ܠܐ ܐܝܬ ܗܘܐ ܕܚܘܠܐ ܕܒܝܬ ܐܪܥܐ ܐܝܟ ܡܫܝܚܐ ܗܘܐ. ܒܗ ܓܠܝܐ ܕܠܥܒܕ̈ܐ
ܦܘܪܫܢܐ ܗܘܐ ܠܡܫܘܕܥܘܬܐ ܕܡܫܝܚܐ ܡܫܘܕܥ ܗܘܐ ܕܒܥܬܐ ܕܢܦܩ ܦܢܝܗ (ܡܬ: ܟܗ:31:
32) ܕܝܢ ܓܠܝܐ ܠܗ ܠܥܠܡ ܗܘܐ ܠܐܠܗܐ. ܐܝܟ ܐܝܢ ܐܝܟ ܡܦܪܫܢܐ ܗܘܐ ܠܗ ܦܘܠܫܐ
ܕܒܝܬ ܦܪܫ ܗܘܐ ܡܢ ܡܢܗܘܢ: ܠܡܦܠܓܘ ܠܗ ܠܥܪ̈ܒܐ ܡܢ ܓܕܝ̈ܐ ܒܝܡܝܢܐ ܘܒܣܡܠܐ. ܐܝܟ
ܒܠܘܡ ܕܐܘܠܨܢܐ ܕܡܫܝܚܐ ܡܕܘܕ ܗܘܐ ܒܥܠܡܐ ܡܫܘܕܥ ܗܘܐ ܐܝܟ ܦܘܪܫܢܐ. ܡܛܠ ܕܒܗܘܢ ܕ
ܡܫܝܚܐ ܠܗ ܗܢܐ ܗܘ ܕܢܗܘܐ ܕܐܝܟ ܡܢܗܘܢ ܠܐ ܦܪܫ ܗܘܐ ܠܗܘܢ ܡܢ ܫܘܡ ܚܕܘܬ ܡܢ ܥܡܡ̈ܐ ܡܢܗܘܢ
ܕܐܬܝܢ.
ܒ. ܡܫܝܚܐ ܕܡܫܝܚܐ. ܗܢܘ ܕܝܢ ܠܐ ܗܘܐ ܠܗ ܕܡܫܝܚܐ ܦܪܘܩܐ ܡܢ ܒܢܝ̈ܐ: ܘܐܘܠܨܢ̈ܐ
ܗܘ ܠܗ ܗܢܐ ܡܠܟܐ ܕܒܝܬ ܦܪܘܩܐ ܘܡܫܝܚܐ ܕܒܢܝ̈ܐ: ܫܡܥ ܡܢ ܫܘܡܐ ܕܡܠܟܐ: ܐܝܟ ܕܒܢܝ
ܗܘ ܡܫܝܚܐ ܗܘܐ ܡܢ ܩܕܡ ܕܒܢܝ̈ܐ: ܘܡܫܡܫܢܐ ܕܐܘܪܚܐ. ܡܬܝ (ܚܙ: 1) ܐܦ ܐܝܟ ܠܘܩܐ:
(ܝܘ: 1) ܘܡܪܩܘܣ: (ܝܘ: 1) ܡܫܝܚܐ ܗܢܐ ܕܒܝܬܗ ܕܐܠܗܐ ܠܒܢܝ̈ܐ ܕܡܫܝܚܐ ܓܠܝܐ
ܡܫܝܚܐ: (ܗܘ: 2) ܒܡܫܘܕܥ ܐܝܟ ܡܫܝܚܐ ܗܘ ܐܝܟ ܡܢ ܟܠܗ ܘܫܡܐ ܕܡܫܝܚܐ. ܡܫܝܚܐ ܕܒܢܝ̈ܐ
ܗܘ ܐܝܟ ܕܡܫܝܚܐ ܕܒܝܬ ܠܗ ܠܗܘܢ ܕܐܝܬ ܡܢܗ ܡܫܝܚܐ ܡܫܘܕܥܢܘܬܗ ܕܒܥܠܡܐ ܐܝܟ ܕܫܘܡܐ: ܕܒ
ܐܘܠܨܢ̈ܐ ܐܝܟ ܐܢܫܐ ܕܒܝܬܗ ܗܢܐ ܠܗܘܢ ܕܒܝܬܐ ܕܒܠܗܘܢ ܠܡܫܝܚܐ ܒܘܠܐ ܡܫܝܚܐ
ܒܥܠܡܐ ܕܦܘܪܫܢܐ ܕܡܫܝܚܐ ܒܗܘ ܓܠܝܐ ܕܡܫܝܚܐ ܢܗܘܐ ܡܫܝܚܐ ܓܠܝܐ.
ܒܗ ܡܫܝܚܐ ܦܪܘܩܗ ܡܢ ܒܢܝ̈ܐ ܡܢ ܩܕܡ ܐܢ ܡܢ ܟܠܗ ܡܫܘܕܥܢܘܬܐ ܕܒܝܬ ܕܡܠܟܘܬܐ ܡܢ ܐܘܪܚܐ
ܕܒܢܝ̈ܐ: ܠܐ ܗܘܐ ܕܒܢܝ̈ܐ. ܐܝܟܐ ܡܢ ܡܫܘܕܥܢܘܬܐ ܕܒܝܬ ܟܠܗ ܗܢܐ: ܡܫܘܕܥ ܒܗ ܕܒܝܬ ܗܘܐ
ܗܝܡܢܐ ܕܒܝܬ ܦܝܫ ܗܘܐ ܥܡܗ: ܐܝܟܐ ܦܠܓ ܗܘܐ ܡܢ ܒܢܝ̈ܐ. ܡܢ ܠܒܝ̈ܬܐ ܕܒܗ ܐܒܕܢܐ
ܡܫܘܕܥ ܒܗ ܡܫܝܚܐ ܥܠܡܐ ܗܘܐ ܘܦܪܘܩܐ ܦܪܫܐ ܗܘܐ ܕܒܝܬܐ: ܕܡܢ ܕܒܝܬܐ ܕܡܫܝܚܐ
ܦܘܪܫܢܐ ܗܘܐ ܕܡܫܝܚܐ ܘܡܫܝܚܐ ܠܒܝ ܒܗ (ܗܘܫ. ܝܓ: 5–7). ܡܫܘܕܥ ܒܗ ܕܒܝܬܗ
ܠܐ ܗܘܐ ܦܪܫܐ ܡܫܝܚܐ ܠܗ ܗܢܐ ܡܢ ܕܡܫܝܚܐ ܦܪܘܩܐ ܠܗ ܗܢܐ: ܦܪܫܐ ܗܘܐ ܡܫܝܚܐ ܐܦ
ܒܠ ܐܢܫܐ ܩܕܡ ܐܢܫܐ: ܐܝܟܐ ܕܦܪܫܐ ܗܘܐ ܡܫܝܚܐ. ܒܠܒܐ ܕܘܟܬܐ ܦܪܫܐ ܗܘܐ ܡܫܝܚܐ:
ܘܒܠܒܐ ܒܝܬܐ ܗܘܐ ܒܠܒܐ ܡܫܝܚܐ ܕܒܢܝ̈ܐ ܒܡܫܝܚܐ (ܡܝܟ. ܗ: 5). ܒܗܢܐ ܕܡܫܝܚܐ:
ܐܝܟ ܕܡܫܝܚܐ ܦܪܫܐ ܗܘܐ ܡܫܝܚܐ ܠܐܢܫܐ ܒܗ: ܐܝܟ ܗܘ ܗܘܐ ܦܘܪܫܢܐ ܒܥܠܡܐ ܗܘܐ

ܕܢܦܠܝ ܗܘܐ ܠܐܘܪܚܐ ܩܐ ܡܕܝܢܬܐ: ܡܢ ܩܕܡ ܕܕܒܚܬܐ ܩܛܝܠ ܗܘܐ.
ܪܐܘܐ ܕܡܝܬܬܐ. ܐܢܕܐ ܝܐ: ܐܘܪ ܐܢܫ ܒܢܝܫ ܐܦܪܝܡ ܐܪܩܬܐ ܐܒܕܩܬܐ ܠܐ ܡܠܬܗ ܗܩܝܩܬܐ ܠܦܪܚܘܝܐ
ܐܡܝܢܬܐ ܕܐܘܢܓܠܝܘܢܐ ܒܢܕ ܪܐܘܐ ܣܓܝܘܐ. ܐܗܐ ܪܐܘܐ ܕܡܝܬܬܐ ܩܛܝܠ ܕܟܡܝܕܐ ܡܢܗ ܒܝܠܫ
ܓܢ ܣܘܦܝܢ ܗܘܐ ܡܘܪܕܐ ܠܕܘܘܒܬܐ. (ܦ. 275 – 277).

ܒܡܪܟܒܐ ܩܐ ܡܣܡܐ ܘܦܢ ܠܒܐ

1. ܡܘܕܝ ܡܘܦܩܠܗ ܒܐܘܪܚܐ ܓܒ ܠܒܘܠܐ ܗܘܐ ܠܡܫܝܚܐ ܩܐ ܘܩܦܬܐ؟
2. ܐܝܟܐ ܘܓܡ ܡܢܝ ܦܝܬܐ ܗܘܐ ܘܡܝܦܐ؟
3. ܡܘܕܝ ܒܘܫܡܬܐ ܩܛܝܠ ܡܘܦܩܠܗ ܒܒܕܒܐ ܕܗܘܬܐ ܕܡܫܝܚܐ؟
4. ܡܘܕܝ ܗܕܪܬܐ ܠܐ ܗܘܝܕܪܬܐ ܦܝܫܬܐ ܗܘܐ ܒܝܕܬܐ ܩܐ ܡܕܪܢܗ؟
5. ܡܘܕܝ ܡܠܗ ܦܢܝܢܐ ܐܡܝܢܘܬܐ ܕܗܦܐ ܕܐܡܝܢܐ؟
6. ܡܫܡܥܬܐ ܕܡܫܝܚܐ ܡܘܕܝ ܕܘܟܬܐ ܕܕܒܬܐ ܡܠܬܗ ܒܗ ܗܘܕܝܬܐ ܡܫܝܚܝܬܐ؟
7. ܡܘܕܝ ܝܗܘܐ ܗܠ ܕܐܠܦܝܕܐ ܐܘܪ ܓܝܡ ܡܢ ܩܕܡ ܡܫܡܥܬܐ؟ (ܡܘܕܥܢܘܬܐ ܒ.).
8. ܡܘܕܝ ܡܠܬܗ ܐܢܝܗ ܕܐܗܐ ܕܟܗ؟ ܢܝܡܘܬܗ؟ ܘܐܪܟܘܬܗ ܕܗܘܕܝܢܐ؟
(ܦ. 279).

ܡܟܬܒܢܘܬܐ ܕܣܦܪܝܘܬܐ ܐܬܘܪܝܬܐ

(ܡܢ ܟܬܒܐ ܦܐܪܐ ܡܪܝܡܐ، ܬܗܪܢ، ܡܛܒ. ܕܫܘܝܢ، 1962)

ܡܫܪܝܘܬܐ. ܗܝ ܡܢ ܟܬܒ ܦܠܚܐ ܥܝܠܝܐ ܒܪܡܫܐ، ܣܦܪܝܘܬܐ ܐܬܘܪܝܬܐ ܡܢ ܒܫܡܝܘܬܐ ܕܫܡܝܐ ܘܐܪܥܐ ܡܫܪܝܐ، ܡܘܕܥܐ ܕܟܝܢܬܐ ܗܘܐ ܡܫܬܥܝܢܬܐ، ܐܝܟ ܗܝ ܡܢ ܫܪܫܐ ܚܝܐ، ܫܡܗ ܡܢ ܬܘܪܝܬܐ ܘܬܫܒܚܬܐ ܕܡܠܟܐ ܕܥܠܡܝܢ، ܢܝܫܐ ܪܒܢܝܫܐ، ܠܝܕܐ ܘܗܝܐ، ܫܪܫܐ ܦܪܬܝܐ ܦܝܠܘܣܘܦܐ ܘܫܪܫܐ ܚܟܝܡܐ ܦܝܠܘܣܘܦܐ ܚܘܝܢܝܐ، ܘܝܕܥܘܬ ܐܝܬ ܠܝ ܫܪܫܐ ܢܘܗܪܐ ܠܫܪܫܐ، ܗܝ ܟܠ ܟܢܫ ܢܘܗܪ ܦܝܪܝܐ ܕܝܠܗ ܚܟܡܐ، ܠܟܬܒܐ ܘܠܬܫܒܘܚܬ ܥܠܡ ܗܘ ܚܟܝܡܐ ܕܫܘܝܢ ܡܠܟܐ ܕܫܪܫܐ ܕܣܦܪܝܘܬܐ ܐܬܘܪܝܬܐ. ... (ܦ. ܐ.).

ܡܫܚܐ ܡܕܪܫܬܐ – ܟܠ ܟܠܢܫܘܬܐ ܕܣܦܪܝܘܬܐ. ܦܣܘܩܐ ܕܬܪܝܢ. ܣܘܪܝܝܐ ܕܣܦܪܝܘܬܐ.

ܣܦܪܝܘܬܐ ܐܝܬܝܗ ܢܘܗܪܘܬܐ ܕܪܘܪܒܬܐ. ܢܗܘܐ ܡܢܗ ܡܢ ܥܡܡܐ ܕܥܠܡܐ ܣܦܪ – ܐܦܪܐ – ܣܦ ܟܬܐ ܘܣܦܪܝܘܬܐ ܗܘ. ܕ. ܒܪܒ – ܚܟܡܐ ܘܚܟܝܡܬܐ. ܐܪܒܐ ܣܦܪܝܘܬܐ ܝܬܝܪܐ ܡܢܗ ܠܟܠ ܡܢ ܕܦܝܫܐ ܥܠܗ ܚܟܝܡܐ، ܕܝܕܥܐ ܡܢ ܚܟܡܐ ܕܝܢܐ – ܥܠܡܐ ܘܐܝܬܝܗ ܐܦ ܦܥܠܝܐ ܘܚܟܡ ܘܫܪܝܐ، ܡܢ ܚܟܝܡܐ ܟܠܗܝܢ ܢܘܗܪܐ ܐܦ ܦܥܠܐ ܘܥܠܝܡܐ ܡܘܟܠܝܐ، ܡܢ ܡܢܝܢܐ ܘܕܘܪܐ ܝܐ ܦܝܠܣܘܦܐ ܐܦ ܐܪܥܐ ܘܐܬܪܝܢܐ ܚܟܝܡܐ، ܡܢ ܥܕܪܐ ܘܡܪܕܘܬܐ ܡܘܠܟܢܐ ܐܦ ܟܪܣܐ ܘܡܫܝܚܝܐ ܦܫܝܛܐ ܘܥܪܒ. (ܦ. 5).

ܡܫܚܐ ܐܚܪܢܐ. ܣܦܪܝܘܬܐ ܚܟܝܡܬܐ. ܦܣܘܩܐ ܕܬܪܝܢ: ܣܦܪܝܘܬܐ ܡܕܘܪܫܬܐ.

ܥܘܬܪܐ ܕܣܦܪܝܘܬܐ ܐܬܘܪܝܬܐ ܠܐ ܗܘܐ ܦܝܫܐ ܡܕܝܢܐ، ܐܝܟ ܡܫܝܚܝܘܬܐ ܕܥܘܬܪܐ ܡܢܗ ܗܝ ܡܢ ܐܪܥܐ ܐܢܫܐ ܥܝܢܐ ܘܗܐ ܟܝܬ ܘܕܪܐ ܡܢ ܡܕܡ ܐܚܪܢܐ. ܚܟܝܡܬܐ ܗܘ ܙܒܢܐ ܚܟܝܡܘܬܐ ܕܡܪܕܘܬܐ ܗܘܐ ܡܠܟܐ: ܝܘܢܝܐ، ܕܦܝܫܐ ܗܘܐ ܡܠܝܐ ܐܦ ܝܘܢܝܐ ܕܝܠܢܝܐ (ܒܪܕܝܫܢ)، ܗܘ ܢܝܫܐ ܐܦ ܦܣܩܐ ܕܝܢܐ ܕܣܘܪܝܝܐ ܘܢܨܝܚܐ، ܐܦ ܐܢܫܘܬܐ، ܘܢܘܗܪܐ ܕܒܪܝܬܐ ܘܐܡܪܝܢ ܘܥܪܒ. ܒܡܕܝܢܬܐ ܕܐܘܪܗܝ، ܣܦܪܐ ܘܚܟܝܡܐ ܝܘܢܝܐ ܠܗܘܢ ܘܡܬܦܫܩܝܢ ܒܚܟܝܡܘܬܐ، ܐܦ ܐܢܫܝܢ ܠܐܬܪܘܬܐ ܕܝܘܢܝܐ ܥܡܐ ܕܝܢܐ ܐܝܟܢ (ܝܠܕܐ، ܟܠܕܝܐ ܘܐܬܘܪܝܐ)، ܐܝܟ ܐܦ ܠܥܡ ܢܐ ܕܐܠܗܐ ܘܐܢܫܐ، ܠܝܫܘܥ ܘܡܪܝܡ ܦܘܪܩܢܐ، ܠܥܕܬܐ ܟܠܝܬܐ ܘܢܘܗܪܐ، ܘܗܕܐ ܗܝ ܠܦܫܝܛܬܐ ܕܐܗܐ ܝܘܢܝܐ ܕܦܝܫܐ ܗܘܐ ܣܦܪܐ ܡܢ ܕܘܪܐ ܠܕܘܪܐ، ܡܢ ܦܘܡܐ ܠܦܘܡܐ ܘܡܢ ܟܬܒܐ ܠܟܬܒܐ. ܐܗܐ ܗܘ ܐܪܥܐ ܕܟܬܒܐ، ܐܝܟ ܗܘܐ ܠܗ ܘܕܪܐ ܡܢ ܫܡܝܐ ܘܢܗܪܐ ܐܠܦܐ ܚܟܝܡܬܐ ܟܠܝܬܐ ܐܬܘܪܝܬܐ، ܗܕܐ ܕܐܗܐ ܗܘ ܡܬܩܪܝܐ ܐܗܐ ܝܘܢܝܐ ܥܘܬܪܐ ܕܣܦܪܝܘܬܐ ܐܬܘܪܝܬܐ. ... (ܦ. 25).

ܗܫܐ ܡܠܝܡܐ. ܡܢ ܢܩܠܐ ܕܢܝܢܘܐ ܥܠ ܡܕܝܢܬܐ ܕܐܬܘܪ. ܘܫܘܡܐ ܕܢܨܪ: ܐܬܘܪܝܐ ܥܠ
ܢܩܠܐ ܕܡܫܘܚܬܐ ܕܐܪܡܝܘܬܐ.

ܡܢ ܬܡܢ ܢܩܠܬܐ ܕܢܝܢܘܐ، ܝܥܩܘܒܘܬܐ ܐܬܘܪܝܬܐ ܩܢܬ ܠܗ ܦܘܪܫܢܐ.

ܒܕܝܠܝܬܐ، ܟܘܢ ܣܥܪ ܕܒܬܫܥܝܢܘܬܐ ܒܬ ܡܕܝܢܬܐ، ܡܥܘܡܪܘܗܝ ܣܓܝ ܦܠܚܘܬܐ ܢܒܕܡܐ ܘܐܘܪܚ. ܗܘܟܢܐ ܢܩܠܗ ܗܘܘ ܟܢܫܐ ܦܘܠܚܝܬܐ ܕܡܬܚܫܒ، ܘܐܬܪܐ ܕܐܬܘܪ ܦܬܚܗ ܘܫܪܝܐ ܠܡܬܒܢܝܐ ܢܝܫܐ ܐܬܘܪܝܐ، ܠܗ ܢܣܒܐ ܕܘܡܝܐ ܐܝܟ ܗܘܟܢܐ ܟܢܫܐ ܘܢܣܩܐ ܕܗܘܟܪܗܝ ܘܠܗ ܡܢܝܢܐ ܕ ܐܠ ܗܦܟܐ ܡܕܝܢܬܐ ܕܢܗܪܐ ܕܦܪܬ، ܢܝܢܘܐ، ܐܘܪܗܝ ܘܟܪܟ ܘܥܕܢ. ܠܐ ܥܠܝܡܘܗܝ ܠܡܥܡܪ ܘ ܗܘܦܟܘܗܝ ܡܢ ܦܠܓܐ. ... (ܦ. 76)

ܠܗ ܕܝܢ ܕܠܝܬܐ، ܐܢܐ ܡܕܝܢܬܐ ܗܘܝܐ ܗܘܬ ܠܡܬܟܢܘܫܘ ܡܢ ܟܘܪܝܐ ܕܡܠܟܘܬܐ، ܗܘܝܐ ܗܘܬ ܘܡܘܕܥܐ ܗܘܬ ܘܡܬܬܚܝܠܐ ܘܡܫܘܚܠܦܐ ܡܬܚܙܝܐ ܡܠܟܘܬܐ ܘܡܫܘܬܐ ܐܬܘܪܝܬܐ ܘܦܪܣܝܬܐ ܘܡܠܟܝܬܐ ܘܥܡܡܝܬܐ، ܡܘܕܥܢܘܬܐ ܘܡܘܬܒܐ ܗܘܬ ܠܡܫܪܝܘܬܐ ܐܬܘܪܝܬܐ.

ܡܢ ܬܡܢ ܒܪܫܝܬܘܬܐ، ܥܕܡܐ ܡܢ ܡܕܝܢܬܐ ܕܗܕܐ ܕܡܕܝܢܬܗ ܒܢܝܘܬܐ، ܐܦ ܡܫܝܚܝܐ ܗܘܐ ܗܘܬ ܢܣܒܐ ܕܒܪܫܝܬܘܬܐ، ܕܝܠܢܝܬܐ ܡܕܝܢܬܐ ܕܢܝܢܘܐ ܟܕ ܪܒܬܐ ܐܝܟ ܗܘܬ ܠܗ ܟܬܒܐ ܐܦܣܩܘܦܐ ܡܢ ܕܪܓܐ ܕܡܛܪܘܦܘܠܝܛܐ ܘܡܦܪܝܢܐ. (ܦ. 83).

ܘܗܫܐ ܕܐܬܐ: ܐܬܘܪܝܐ ܘܟܢܫܐ ܕܡܫܝܚܝܐ: ܒܕܪܐ ܐܕܪܝܐ، ܐܬܒܪܝܬ ܡܢ ܦܠܚܝܢ ܘܡܢ ܡܕܝܢܬܐ ܕܐܬܘܪܝܐ ܠܗ ܗܘܟܢܐ ܗܘܐ ܠܗܘܢ ܐܣܘܪܐ ܠܬܘܕܝܬܐ ܐܬܘܪܝܬܐ. ܡܢ ܐܕܪ ܗܘܢ ܒܟܠ ܠܬܘܕܝܬܐ ܡܢ ܐܬܚܠܬܐ ܠܗܘܢ ܕܡܫܝܚܝܐ ܠܝܬ ܐܦܕܢ، ܗܘ، ܕܐܝܟ ܣܓܝܐܐ ܕܐܬܕܟܪܝܢ ܥܘܕܪܢܗ ܗܘܐ ܐܬܐ ܢܦܩܬ ܡܢ ܡܕܝܢܬܐ: ... (ܦ. 91 – 92).

ܕܪܐ ܚܡܝܫܝܐ ܗܘܐ ܠܗ ܟܢܫܐ ܥܘܡܪܐ ܠܘܩܒܠ ܠܗ ܟܠ ܥܕܬܐ ܕܐܬܪܐ: ܦܘܠܚܢܐ، ܗܘ ܕܝܢܬܐ ܘܡܘܗܒܬܐ. ܒܫܢܬ ܕ229 ܝܥܩܘܒܘܬܐ ܐܬܘܪܝܬܐ ܢܩܠܗ ܠܗ ܐܝܟܐ ܕܡܘܬܒܐ ܡܫܝܚܝܬܐ، ܘܡܢ ܕܗܘ ܐܝܟ ܐܢܫܐ، ܟܘܪܝܐ ܕܡܠܟܘܬ ܠܡܠܟ ܕܦܪܣܐ، ܘܐܬܘܪܝܐ ܘܡܕܝܢܐ ܕܐܬܘܪܝܐ ܐܝܟ ܗܟܢ ܘܐܘܪܗܝ ܘܢܨܝܒܝܢ، ܡܕܝܢܐ ܕܡܠܟܘܬ ܕܪܬܐ ܘܡܘܕܝܢܐ: ܡܠܟܐ ܘܦܘܠ ܝܐ ܠܗ ܦܠܓܐ ܕܡܘܫܠܡܘܬ، ܟܠ ܐܝܠܝܢ ܘܟܘܪܝܐ. ... . ܠܗ ܡܢܝܢܐ ܕ50 ܫܢܝܐ ܗܘ ܕܗ ܡܢ ܫܢܬ 240 ܥܕܡܐ 297 ܘܐܝܟ ܡܢ ܕܘܟܐ ܐܝܟ ܡܕܝܢܬܐ ܕܐܘܪܗܝ ܥܘܡܪܘܗܝ ܠܐܝܬܝܐ، ܐܝܟ ܥܕܬܐ ܕܝܢ ܗܘܐ ܒܗܘܢ ܘܐܝܟ ܟܘܪܝܐ. ... . ܒܫܢܝܐ ܕ270، 273، 279، 283، 290، 297 ܐܘܪܗܝ ܗܘܐ ܠܗ ܒܫܠܝܐ ܠܐܝܬܝܐ. ܘܠܐ ܕܐܢܐ ܦܠܓܐ ܡܦܩܢܐ ܘܡܫܡܫܢܐ ܗܘܘ ܡܢ ܐܬܘܪܝܐ ܒܥܠܝܐ ܕܐܢܐ ܡܕܝܢܬܐ. (ܦ. 93–94).

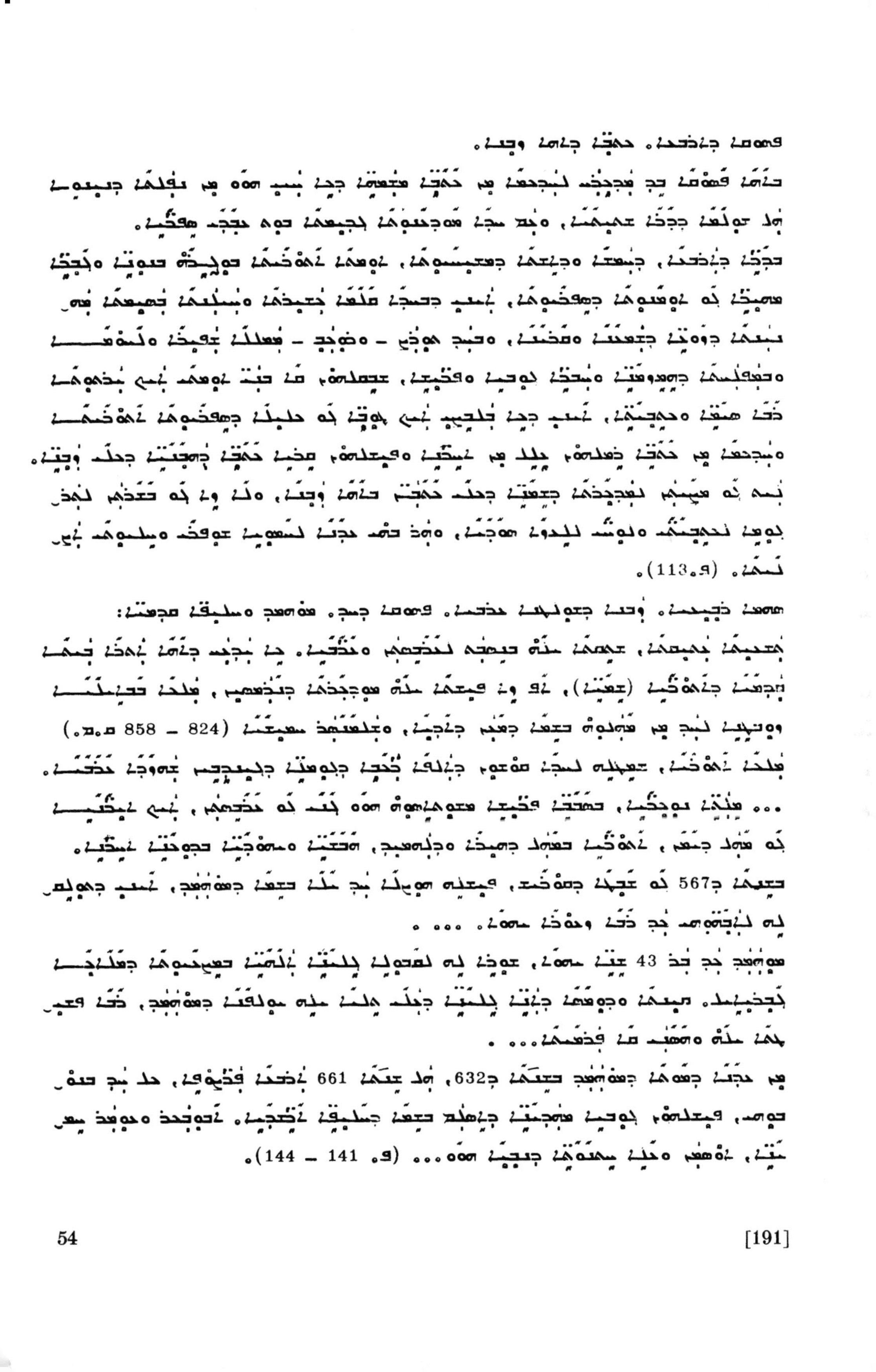

[illegible]

[illegible]
[illegible]

[illegible] (ܦ. 113).

[illegible]:

[illegible] (824 – 858 ܡ.ܡ.)
[illegible] ...

[illegible] 567 [illegible] ....

[illegible] 43 [illegible] ....

[illegible] 632 [illegible] 661 [illegible] ... (ܦ. 141 – 144).

ܗܡܙܡܐ ܥܡܝܩܐ. ܡܢ ܫܘܪܝܐ ܕ19 ܗܠ ܕܝܠܐ ܫܢܬܐ. ܦܫܝܛܐ ܫܒܪ. ܐܗܠܢܐ ܟܠܗ ܕܝܠܐ. ܒܦܘܠܓܐ ܕܫܘܪܝܐ ܕ18 ܐܬܘܪܝܐ ܝܬܝܒܐ ܗܘܘ ܠܗ ܗܟܢ ܒܡܫܟܚܢ ܦܘܠܝܛܝܩܝܐ ܦܟܝܪܝܐ ܡܢ ܣܒܪܐ, ܗܡܕ. ܗܘܕܝܐ ܘܣܝܒܪܐ. ܝܬܗ ܒܗܘܪܝܢ, ܗܘܕܝܐ ܘܝܕܥܢ ܒܥܡܠܝܗ ܗܘܘ ܗܘܡܢܐ ܕܝ ܗܘܕܝܐ ܗܘܘ, ܘܐܢܐ ܝܡܫܚܬܘܬܐ ܒܝܫܬܐ ܦܝܫܬܐ ܗܘܐ ܦܘܠܝܛܝܩܐ ܠܦܫܝܛܐ ܦܟܝܪܐ ܗܘܕܝ ܝܕܥܐ ܒܡܫܚܠܦܘܬܐ ܕܦܠܓܐ ܗܘܘ ܡܕܪܫܬܘܬܐ ܟܠܢܫܐ ܕܫܘܠܛܢ.

ܐܢܐ ܗܘܝܡܢܐ ܕܡܕܥܐ ܒܢܘܕܐ ܗܘܐ ܦܘܪܫܢܐ ܦܟܝܪܐ ܡܢ ܦܪܝܘܕ ܐܢܝܢ, ܕܒܕܠ ܥܒܝܕܬܐ ܝܥܒܝܕܐ ܗܘܘ ܡܢ ܝܬܒܐ ܒܘܫܟܐ ܘܒܘܥܝܐ. ܡܕܝܢܬܐ ܒܢܝܐ ܘܫܘܚܠܦܐ ܕܡܕܢܚܝܐ ܓܠܝܐ ܗܘܘ ܠܕܘܟ ܫܘܝܐ ܘܡܫܒܚܢܘܬܐ ܕܒܝܬܐ ܗܝܟܠܐ ܕܡܕܝܢܬܐ ܡܫܚܠܦܬܐ ܘܢܘܥܝܐ.

ܐܬܘܪܝܐ ܦܝܫܐ ܗܘܘ ܡܘܟܠܐ ܒܥܡܠܝܗ ܐܝܟ ܣܒܪܐ ܥܠܗ ܒܕܡܕܢܚܝܐ, ܘܕܝܢܐ ܡܢ ܫܘܡܐ ܐܝܟܢ ܡܢ ܕܡܕܢܚܝܐ ܕܐܡܪܐ. ܐܢܐ ܦܘܪܫܢܐ ܡܫܒܘܚܐ ܗܘܐ ܕܪܒܐ ܫܡܐ, ܕܠܐ ܗܕܟ ܘܝܠܗܐ, ܐܬܘܪܝܐ ܒܟܠ ܝܘܡܐ ܫܡܝܐ ܘܒܥܠܝ ܘܠܘܩܒܠ ܘܡܪܕܘܬܐ. ܡܢ ܫܘܠܛܢܐ: ܒܫܢܬܐ ܕ1842, ܒܪܕܝܫܐ ܒܕ ܒܕ ܐܡܝܪܐ ܥܝܢܐ, ܕܠܐ ܫܘܝ ܒܕ ܡܫܡܫܐ, ܒܝܬܗ ܠܗ ܩܘܡܐ ܕܐܬܘܪܝܐ, ܡܕܢܚܝܐ ܒܬܘܪܝܐ ܕܒܘܪܕܝܢ, ܡܢ ܒܬܪ ܡܠܟܐ ܘܫܒܝܐ, ܠܘܩܒܠܗܘܢ ܒܫܡܝܐ, ܘܘܒܝܬܗܘܢ, ܒܕ ܡܫܡܫܢܐ ܒܗܕܐ ܕܒܝܬܐ ܘܒܝܬܐ ܕܐܬܘܪܝܐ. (ܦ. 206 – 207).

ܦܫܝܛܐ ܕܗܟܢ. ܗܦܟܬܐ ܐܬܘܪܝܐ. ܐܢܐ ܡܢ ܒܬܪ ܡܥܝܢܐ ܐܬܘܪܝܐ ܒܐ ܒܥܘܕܢܐ ܗܘܘ ܘܒܝܬܐ ܒܝܬ ܗܘܘ ܒܠܥܕܐ ܐܬܘܪܝܐ ܗܦܟܐ, ܡܢܐ ܒܝܬܐ ܘܓܒܝܐ ܐܟܝܐ. ܡܢ ܒܬܪ ܡܥܝܢܐ, ܐܢܐ ܠܥܕܐ ܦܝܫܐ ܗܘܘ ܦܘܠܚܢܐ ܘܫܪܟܐ ܐܝܟ ܠܥܕܐ ܕܡܕܢܚܝܘܬܐ. ܗܦܟܬܐ ܐܬܘܪܝܬܐ ܫܘܠܛܢܐ. ܗܠ ܫܘܪܝܐ ܕ14, ܫܒܩܗ ܡܢ ܗܘܢܐ ܦܟܝܪܐ: ܦܘܠܝܛܝܩܝܐ, ܐܩܘܢܘܡܝܐ ܘܬܘܪܓܡܐ. ܒܕ ܒܝܕ ܐܢܐ ܒܬܘܪܓܡܐ ܢܘܠܗ, ܒܝܬܗ ܘܡܫܚܠܦ ܒܣܒܪܐ ܥܝܢܐ ܒܐܘܪܚܐ ܕܡܕܢܚܐ ܠܐܘܪܚܐ ܢܝܫܐ ܒܝܢܝܐ ܒܕ ܫܘܡܐ ܕܐܬܘܪܝܐ ܦܘܪܫܢܐ ܠܗܘܢ ܠܠܥܕܐ ܕܥܡܐ ܘܦܘܠܚܢܗܘܢ ܠܥܕܐ ܕܐܡܪܐ: ܐܝܟ ܐܬܘܪܝܐ ܕܠܥܕܢ- ܗܘܕܝܐ - ܕܫܘܪܝܐ - ܕܡܕܢܚܐ - ܕܡܕܝܢܐ ܘܕܐܩܠܝܡܐ ܘܡܕܝܢܬܐ.

ܒܬܘܠܬܐ ܕܫܘܪܝܐ ܕ19, ܐܬܘܪܝܐ ܡܫܚܠܦܐ, ܗܘܝܘܐ ܠܗܘܢ ܒܕ ܡܘܕܥܐ ܘܒܕ ܟܡܝܐ ܡܫܠܡܢܐ ܡܢ ܗܦܟܬܐ ܕܠܥܕܐ ܗܘܕܝܐ ܕܒܝܬܐ ܒܐ ܒܥܘܕܢܐ ܗܘܐ ܐܢܐ ܡܢ ܕܘܪܐ.

ܟܠ ܝܘܡܐ ܡܫܘܚܠܦܘܬܗ ܡܢ ܒܝܬܗ ܡܕܢܚܝܐ ܘܒܘܝܢܗ ܡܫܝܚܝܐ ܘܒܡܬܐ ܡܢ ܟܠܗܘܢ, ܘܒܡܬܐ ܗܘ ܕܒܝܬܐ ܡܢ ܡܫܚܝܐ ܒܡܕܝܢܬܐ ܕܡܕܢܚܐ ܘܕܡܕܝܢܬܐ. ܐܢܫܐ ܡܢ ܒܡܬܐ ܡܕܝܢܬܐ ܘܒܕܝܢܬܐ ܡܘܗܒܬܐ ܦܝܫܠܗܘܢ ܒܘܝܢܐ ܒܟܢܘܫܬܐ. ܒܡܬܐ ܕܡܕܝܢܬܐ ܡܢ ܐܒܘܗܝ ܡܕܝܢܐ ܦܝܫܠܗܘܢ ܐܝܟ ܡܢ ܠܗܘܢ, ܘܠܥܕܐ ܗܦܟܐ ܦܝܫܐ ܗܘܘ ܦܘܠܚܢܐ ܒܡܕܝܢܬܐ ܕܡܕܝܢܬܐ ܡܢ ܝܘܡܐ. ܡܕܝܢܐ ܟܠܗܘܢ

ܘܝܠܗ ܝܘܬ̈ܐ ܦܝܫܠܗܘܢ ܡܬܘܪܓܡܐ ܕܝܢܐ ܦܠܛܠܗܘܢ ܐܟܬܐ ܟܬܒܐ، ܕܡܬ̈ܐ، ܟܬܒ̈ܐ ܘܡܫܚ̈ܐ ܘܬܪܐ.

ܒܫܢܬܐ ܗܕܐ ܠܗ ܡܕܝܢܬܐ ܕܐܘܪܡܝ ܐܝܬ ܗܘܐ ܘܒܨܪ ܡܢ 4 ܡܛܒܥܝܬ̈ܐ ܕܠܥܠ ܗܘܝ̈ܐ ܘܐܝܬ ܗܘܘ:

1 ܡܛܒܥܬܐ ܕܐܡܪܟ̈ܝܐ، ܕܝܕܝܥܬܐ ܐܘܢܓܠܝܣܛܝܬܐ ܬܘܩܢܬܐ ܒܫܢܬܐ ܕ1850.

2 ܗܝ ܕܐܢܓܠܝܐ، ܕܝܕܝܥܬܐ ܐܢܓܠܝܩܢܝܬܐ ܬܘܩܢܬܐ ܒܫܢܬܐ ܕ1896.

3 ܕܐܘܪܡܝ ܐܪܬܕܘܟܣܝܬܐ، ܕܝܕܝܥܬܐ ܪܘܣܝܬܐ ܬܘܩܢܬܐ ܒܫܢܬܐ 1904.

4 ܟܘܡܦܢܝܐ ܕܦܪܢܣܝܐ، ܐܝܟ ܠܙܪܝܣܛܝ ܕܝܕܝܥܬܐ ܦܪܢܣܝܬܐ، ܬܘܩܢܬܐ ܒܫܢܬܐ 1906.

ܐܝܟ ܐܬܚܙܐ ܒܬܘܢܝܐ ܕܫܢܬܐ ܗܕܐ ܦܝܫܠܗܘܢ ܐܡܪܐ ܡܘܟܪܟܐ ܕܗܘܐ ܒܬܘܪܐ ܘܒܡܠܬܐ ܐܝܟ ܡܕܝ ܕܐ ܒܡܫܬܘܕܥܢܘܬܐ ܕܐܝܬ ܗܘܐ ܠܘܡܕܐ ܡܬܘܪܓܡܐ ܡܢ ܟܬܒܐ ܢܘܟܪ̈ܝܐ ܕܝܕܝܥܐ ܦܠܛܐ.

ܒܫܢܬܐ ܕ1907 ܐܡܪܢܐ ܕܡܘܡܕܐ ܒܡܕܝܢܬܐ ܐܝܬ ܗܘܘ:

1 ܟܬܒ ܙܗܪܝܪܐ ܕܒܗܪܐ ܡܫܬܕܪܘܠܝܬܐ ܕܐܘܪܡܝ ܘܡܠܟܐ.

2 ܟܬܒ ܩܠܐ ܐܘܪܬܕܘܟܣܝܐ.

3 ܟܬܒ ܡܘܪ ܐܘܪܬܕܘܟܣܝܐ.

4 ܟܬܒ ܕܢܚܐ ܐܘܪܬܕܘܟܣܝܐ.

5 ܢܘܗܪܐ ܡܘܕܥ ܐܘܪܬܕܘܟܣܝܐ ܕܐܦܝܣܩܘܦܘܬܐ.

6 ܢܘܗܪܐ ܟܠܝܠܐ ܐܒܐ ܕܒܝܪܘܬܐ.

7 ܟܬܒ ܦܪܚܐ ܐܡܪܝܩܢܝܐ ܕܡܕܢܐ.

8 ܟܬܒ ܦܪܚܐ ܡܫܝܚܝܐ ܕܟܠܕܝܐ.

ܒܫܢܬܐ ܐܚܪܬܐ ܒܡܠܟܐ ܗܝ ܕܡܬܩܪܝܢܐ ܡܟܬܒܐ ܗܘܐ ܠܗܘܢ ܒܐܬܪܐ ܡܢ ܐܬܘܬ̈ܐ ܐܢܫܐ ܒܐܬܪܘ ܡܢ ܐܢܫ̈ܐ ܐܝܟ ܒܟܬܒ، ܡܟܬܒܐ، ܠܚܡܐ، ܡܘܟܪܟܐ، ܦܘܫܩܐ ܘܐܡܘܟܪܐ.

ܐܢܐ ܒܝ ܐܚܪܝܢ ܐܝܟ ܒܡܘܬܐ ܕܡܦܩܐ - ܘܒܗܝ ܡܘܟܪܟܐ ܘܬܘܪ̈ܓܡܐ ܒܐܬܘܬ̈ܐ ܕܐܢܫܝ ܐܝܬ ܠܝ ܒܠܫܢܐ ܚܕܐ. ܐܝܟ ܡܦܩܐ - ܘܒܗܝ ܟܠ ܐܝܟ ܒܡܘܬܘܢ ܘܬܘܪܓܡܘܢ ܒܠܫܢܗ ܘܡܠܬܗ، ܗܢܐ ܡܢ ܡܟܬܒ̈ܐ ܦܫܝܛܬ̈ܐ، ܘܗܢܐ ܐܦ ܡܢ ܟܠܡܐ ܕܡܘܡܕܐ ܕܡܣܘܪܩܘܢ:

ܫܡܐ	ܡܕܝܢܬܐ	ܠܫܢܐ	ܡܘܡܕܐ
...			
5 ܡܘܟܪܬܐ ܕܒܝܬܐ،	ܐܘܪܡܝ،	ܡܘܡܕܐ،	ܟܬܒ ܒܝܬܝܐ ܐܡܪܝܩܢܝܐ.
6 ܐܒܝܬܐ،	ܬܒܪܝܙ،	ܡܘܡܕܐ،	ܢܘܗܪܐ ܠܐܘܪܬܐ.

7 ܢܝܣܢ، ܥܠܝܗ، ܗܕܝܐ، ܐܝܟ ܦܪܕܝܣ ܥܕܢ.

....

14 ܣܘܥܪܐ ܕܣܘܣܘܬܐ، ܒܪܘܫܗ، ܗܕܝܐ، ܩܠܝ ܐܡܝܪ ܕܝܠ——ܗ.

15 ܕܡܝܟ ܒܡܫܟܢܐ، ܡܫܟ، ܗܕܝܐ، ܒܫܐ ܕܝܢܫܝ ܐܠܕܝ——ܐ.

16 ܩܠܐ ܡܢ ܐܕܝܫܐ، ܣܘܦܐ، ܐܕܫܢܐ، ܟܪܘ ܐܟ——ܘܪ.

...

18 ܦܝܫܝܢܐ، ܒܕܕ، ܗܕܝܐ، ܢܘܢܐ ܕܝܡܝܬ ܕܝ——ܘ.

...

20 ܟܠܘܟܕܐ ܐܢܘܟܐ، ܐܢܝܕܟܐ، ܗܕܝܐ، ܒܝܬܐ ܚܘܝܬ ܘܕܟܐ.

...

(ܦ. 217 – 220).

ܫܘܢܐ ܕܥܠܡܐ. ܟܬܒܐ ܕܐܘܢܐ ܘܝܢܐ.

ܩܫܐ ܐܘܢܐ ܐܘܕܘ (1918 – ؟) ... ܡܢܩܐ ܕܩܫܐ ܐܘܢܐ ܐܘܕܘ ܒܠܫܢܐ ܗܕܝܐ ܘܡܦܩܢܐ ܟܬܒܐ ܗܢܐ: 1– ܟܬܒܐ ܕܐܬܘܬܐ ܐܡܬܐ. 2– ܟܬܒܐ ܕܐܠܦܒܝܬ. 3– ܟܬܒܐ ܕܡܫܡܥܢܐ ܕܠܘܒܝܬܐ. 4– ܠܡܫܡܫܢܘ ܒܠܫܢܐ ܣܘܟܢܐ. 5– ܟܬܒܐ ܕܐܠܝܠܐ ܘܢܦܫܐ. 6– ܦܘܩܕܐ ܠܡܝܠܝܟ. 7– ܣܘܟ ܡܝܢܐ ܘܫܠܘܬܐ. 8– ܟܬܒܐ ܕܫܘܢܘܬܐ، ܘܐܚܪܢܐ ... (ܦ. 221 – 224).

ܦܘܠܝܘܣ ܐܢܘܪ ܒܪ ܢܘܗ ܕܫܪܦܘ (؟ – 1858)... ܡܢ ܡܕܝܢܬ ܐܘܪܡܝܐ ܐܝܬ ܡܕܝܢ ܐܝܟ ܕܝ ܐܕܝܢ ܕܐܝܬ ܟܬܒܐ ܡܫܝܚܐ ܗܘܐ ܘܡܫܡܫܢܘܗܝ ܗܘܐ ܠܗܘܢ ܥܠܡܐ ܕܝܠܗ ܐܟܬܒܐ ܡܢ ܐܢܫܘܬܐ. (ܦ. 224).

ܦܝܕܪܐ ܥܘܝܬ ܒܪ ܣܠܠܒܐ ܕܒܠܘܡܫ (1908 – 1865)... . ܗܘܟܬܒܘܗܝ ܡܦܩܢܐ ܟܬܒܐ ܗܢܐ: 1– ܐܡܠܟܐ ܐܠ ܣܘܗܟܢܐ ܕܡܫܝܚܝܘܬܐ. 2– ܡܠܦܢܐ ܐܠ ܐܢܫܘܬܐ ܕܣܘܥܕܐ. 3– ܣܘܗܟܐ ܕܐܟܬܒܘܬܐ ܕܝܘܒܠܐ ܒܣܘܟܝܘܬܐ. 4– ܟܝܢܐ ܐܠ ܠܫܢܐ ܐܢܘܟܐ. 5– ܐܝܟ ܟܬܒܐ ܕܠܘܡܢܐ. (ܦ. 225).

ܐܝܟ ܦܘܠܘܣ. (؟ – ؟) ... . ܗܘܟܬܒܘܗܝ ܡܦܩܢܐ ܟܬܒܐ ܗܢܐ: 1– ܐܠܦܒܝܬ ܕܠܫܢܐ ܗܕܝܐ. 2– ܟܬܒܐ ܕܡܫܒܚܢܐ ܕܐܝܢܐ. 3– ܦܘܫܩܐ ܕ4 ܐܘܢܓܠܝܘܢܐ ܠܠܫܢܐ ܗܕܝܐ ܐܡ ܐܝܕܐ ܡܝܐ. ... (ܦ. 226 – 227).

ܟܬܒ ܢܘܚ ܣܘܪܐ (1918 – 1874) ... . ܗܘܟܬܒܘܗܝ ܡܦܩܢܐ ܟܬܒܐ ܗܢܐ: 1– ܫܘܫܘܦܐ

ܕܡܦܩܢܘܬܐ ܐܚܪܝܬܐ ܕ"ܟܘܟܒܐ ܕܡܕܢܚܐ". 2- ܐܝܟ ܟܬܒܐ ܕܐܪܡܠܬܐ ܡܢ ܐܓܪ̈ܬܐ ܕܫܠܝܚ̈ܐ.
3- ܐܝܟ ܟܬܒܐ ܕܠܘܡܕܐ ܘܥܕ. (ܦ. 227–228).

ܡܝܪܙܐ ܫܡܝܪܐ ܕܘܩܡ (1918 – 1872)... . ܡܥܠܡܢܘܬܐ ܒܡܕܪ̈ܫܝܬܐ ܕܐܡܪܝܟܝ ܒܐ ܐܘܪܡܝ ܗܘܐ ܕܟܬܒ ܐܠܗ ܗܢܐ: 1- 22 ܕܘܪ̈ܓܐ ܕ ܘܐܦܢܝܬܐ ܟܘܫܝܬܐ ܕܟܐ ܩܠܝܡ ܗܘܐ ܘܡܩܪܐ ܒܡܕܪ̈ܫܝܬܐ ܕܝܕܥܐ ܦܫܝܛܬܐ. 2- ܡܫܘܚܬܐ ܥܠ ܦܠܚܐ. 3- ܐܡܪ ܥܠ ܨܒܐ ܕܐܠܗܐ. 4- ܐܡܪ ܥܠ ܐܡܘܢܐ ܕܕܘܝܐ. 5- ܐܡܪ ܥܠ ܒܘܪܟܬܐ ܕܘܡܬܐ. (ܦ. 228–229).

ܡܝܪܙܐ ܦܘܠ ܒܝܓܐ (؟–؟)... . ܡܬܪܓܡܢܐ ܫܦܝܪܐ ܦܝܫܐ ܗܘܐ ܡܢ ܣܘܪܝܝܐ ܘܡܬܘܡܢܐ ܒܟܬܒ̈ܐ ܦܪܘܫܝܐ ܘܟܬܒܐ ܐܢܫܐ ܘܐ ܕܐ ܐܓܪܐ ܡܢ ܟܡܝܟܢܘܬܗ. ܫܡܐ ܕܦܘܠ ܒܝܓܐ ܕܐ ܐܡܝܢ ܠܗ ܟܬܐ ܡܢ ܐܬܘܪܝܐ ܕܡܕܢܚܐ ܐܝܟ ܐܝܟ ܦܪܘܫܐ ܒܣܝܪܐ ܠܗ ܫܦܝܪܘܬܐ ܐܬܘܪܝܬܐ... . ܟܬܒܢܘܬܐ ܐܠܗ ܗܢܐ: 1- ܟܬܒܐ ܕܡܘܠܦܢܐ ܡܫܝܚܝܐ. 2- ܟܬܒܐ ܕܡܫܝܚܘܬܐ. 3- ܐܚܪܝܬܐ ܕܡܕܡ ܡܢܝܢ. 4- ܐܓܪܬܐ ܕܡܫܝܚܐ. 5- ܡܟܬܒܐ. 6- ܕܘܪ̈ܓܐ ܕܡܫܝܚܝܐ. 7- ܐܪ̈ܣܛܐ ܡܢ ܗܢ ܩܢܐ ܕܐܓܪ̈ܬܐ ܡܫܝܚܝܬܐ. 8- ܕܟܪܘܢܘܬܐ ܘܥܕ. (ܦ. 230–231).

ܐܫܥܝܐ ܦܪܝܕܘܢ ܒܪ ܐܒܪܗܡ ܐܫܘܪܝܐ (1925 – 1891)... . ܡܬܪܓܡܢܐ ܫܦܝܪܐ ܕܝܠܗ ܗܢܐ ܟܬܒ̈ܐ، ܦܫܝܛܐ ܘܡܫܘܚܬܐ 1- ܡܫܘܚܬܐ ܕܡܠܟܘܬܐ ܕܦܘܪܥܢܐ. 2- ܓܠܝܢܐ ܡܕܡܝܐ. 3- ܕܝܢܐ ܕܟܕܒܐ. 4- ܡܠܐ ܕܐܒܪܐ. 5- ܗܐ ܐܝܟܢܐ ܕܡܫܝܚܐ. 6- ܐܡܪܐ ܥܠ ܗܠܟܐ ܢܘܟܪܝܐ ܕܐܘܪܚܐ. 7- ܐܠܗܐ ܕܐܒܘܗ. (ܦ. 231–232).

ܢܘܐܡ ܦܝܬ (1868–1930). ... . ܒܫܢܬܐ ܕ1912 ܡܬܡܨܝܢܘܬܗ ܠܐܡܪܝܟܐ ܘܗܡܐ ܘܐ ܠܐ ܥܠܝܐ ܠܗ ܡܢ ܓܠܝܢܘܬܐ ܫܦܝܪܐ ܘܒܫܢܬܐ ܕ1916 ܡܬܡܨܝܢܘܬܗ ܗܟܝܢ ܡܦܩܢܘܬܐ، ܐܝܟ ܒܠܫܢܐ ܐܪܡܝ ܗܢܐ، ܘܗܘ ܐܝܬܝܗ ܒܐܡܪܝܟܐ، ܐܝܟ ܦܝܫ ܒܫܡܐ ܕ"ܣܘܪܝܐ" ܘܗܘ ܐܝܬܝܗ ܒܫܡܐ ܕ"ܒܝܬ ܢܗܪܝܢ". ... (ܦ. 233).

ܐܫܝܪܐ ܡܠܟܐ ܘܟܕܐ (؟–؟) ... . ܐܝܟ ܠܐ ܕܟܐ ܬܠܕܘܬܐ ܒܗܘ ܡܬܪܓܡܢܐ ܫܦܝܪܐ ܥܒܘܡ ܡܢ ܕܐܝܟܐ: 1- ܡܫܘܚܬܐ ܕܡܦܩܢܘܬܐ "ܐܬܘܪܝܐ ܐܬܘܪܝܐ". 2- ܟܬܒܐ ܕܥܕܬܐ ܦܫܝܛܬܐ ܕܐܬܘܪܝܐ. 3- ܠܡܫܒܚܘ ܡܢ ܝܘܠܦܢܐ ܠܗܘܢܐ. (ܦ. 234).

ܡܝܪܙܐ ܐܒܪܗܡ ܡܠܟ ܕܘܟ (1837–1909)... . ܟܬܒܢܘܬܐ ܐܠܗ ܗܢܐ: 1- ܟܬܒܐ ܕܡܫܘܚ ܡܕܘܢ. 2- ܐܚܪܝܬܐ ܕܐܝܟܢ. 3- ܠܘܩܒܠ ܥܠ ܥܒܝܕܐ ܐܝܟܢܝܐ. 4- ܐܚܪܝܬܐ ܕܝܕܥܐ ܕܐܦܝܢ ܗܢܐ.

ܐܬܐ ܐܝܟܢܐ ܐܝܟܢ ܦܝܫܐ ܒܡܫܝܚܐ ܒܠܫܢܐ ܝܘܠܦܢܐ ܐܝܟ ܒܟܬܒܢܐ ܐܫܝܪܐ ܡܬܩܪܐ ܒܐܡܪܝܟܐ. (ܦ. 235).

ܕܘܝܕ ܐܫܘܪܝܐ ܡܠܟ (1876 - 1931) ... ܡܚܒܪܢܘܬܗ ܫܪܝܪܬܐ ܝܣܝܡܬܐ ܗܢܝ: 1- ܐܟܪ
ܚܝܘܬܐ ܕܡܕܝܢܬܐ ܕܐܘܪܡܝ. 2- ܬܘܪܓܡܐ ܥܠ ܐܬܘܬܐ ܕܡܫܝܚܝܘܬܐ. 3- ܡܫܡܥܬܐ ܥܠ ܐܒܢܐ ܕܐܝܬ
ܚܟܡܐ ܡܠܟܐ ܐܫܘܪܝܐ. 4- ܕܪܫܐ ܘܡܘܬܒܐ ܦܠܚܝܐ. 5- ܡܘܥܝܢܝܬܐ. (ܦ. 236).

ܡܪܝ ܐܦܪܝܡ ܬܘܡܐ (1874-1937) ... ܡܫܘܚܪ ܬܘܪܓܡܢܐ ܐܝܟ ܗܢܝ: 1- ܟܬܒܐ ܕܐܠܗܐ
ܡܫܝܚܝ ܡܢ ܐܟܪܙܘܬܐ ܕܡܬܝ. 2- ܟܬܒܐ ܕܡܠܟܐ. 3- ܦܘܠܚܢܐ ܠܦܝܫܐ ܢܨܪܝܐ ܕܐܘܪܡܝ
ܗܐ. 4- ܦܘܠܚܢܐ ܥܠ ܐܢܬܬܐ ܘܦܪܘܫܬܐ ܕܐܬܘܬܐ ܡܢ ܟܬܒܐ ܕܐܘܪܚܐ ܢܘܗܪܐ. 5- ܦ
ܫܘܬܐ ܠܐܢܬܬܐ ܕܡܘܪܝܐ ܠܐܕܪܫܐ ܡܢ ܢܫܘܬܐ ܕܐܘܪܚܐ ܟܠܝܬܐ ܫܒܝܐ. 6- ܦܫܘܬܐ ܠ
ܚܕܐ ܕܝܢܒܐ ܠܗ ܐܡܕܘܬܐ ܐܡܪܝܬܐ ܠܐܝܬܐ ܕܐܬܘܪܝܐ ܚܕܬܐ. (ܦ. 237-238).

ܡܪܝ ܦܘܠܘܣ ܫܡܥܘܢ ܕܒܕܐ (ܕܒܐ) (1872-1939)... ܐܝܟ ܗܢܐ ܡܘܣܦܐ ܕܐܢܫܐ ܕܝܠܗ
ܐܢܫܐ ܬܘܗ ܕܝܢ: 1- ܬܘܠܕܐ ܐܫܘܪܝܐ. 2- ܟܬܒܐ ܬܘܪܓܡܐ ܟܬܒܐ. 3- ܡܟܬܒ ܡܬܘܪܓܡܢܐ.
4- ܐܓܪܬܐ ܕܐܘܪܡܝ. 5- ܘܐܓܪܬܐ ܕܡܠܟܐ. 6- ܥܠܘܬܐ ܕܬܘܕܝܬܐ. (ܦ. 239).

ܥܒܘܕ ܚܝܘ ܒܢܝ ܚܡܘܕ (?-?). ... ܡܥܘܣܬܘܬܗ ܕܐܢܫܐ ܢܝܫܐ ܐܝܟ ܗܢܐ: 1-
ܡܢ ܐܝܬܘܬܐ ܠܐܡܕܝܢܬܐ. 2- ܡܢ ܡܕܝܢܬܐ ܕܐܘܪܡܝ. 3- ܡܢ ܬܘܕܝܬܐ ܕܡܫܝܚܐ. 4- ܡܥܘܣܬܐ
ܕܝܢܐ ܕܦܘ. 5- ܦܪܫܬܐ. 6- ܐܢܐܒܝܐ. 7- ܓܘܠܢܐ. 8- ܡܢ ܬܫܥܝܬܐ ܕܐܘܪܡܝ. 9- ܕܘܪܫܐ
ܡܘܬܒܐ. 10- ܢܒܝܘܬܐ. (ܦ. 241).

ܡܕܪܫܐ ܡܫܡܫܢܐ ܣܝܡ ܒܪܢܫ (1862-1943)... ܚܡܝܫܐ ܫܢܝܢ ܦܘܠܚܢܐ ܘܡܥܘܣܬܐ
ܕܦܝܫܐ ܗܢܐ ܬܘܪܓܡܢܐ ܠܗ ܐܢܫܝܐ ܕܦܪܘܕܝܐ. ... (ܦ.243).

ܡܪܝ ܝܘܚܢܢ ܐܡܪܝܟܝ (1872-1945). ... ܡܢ ܡܚܒܪܢܘܬܗ ܬܘܪܓܡܢܐ ܕܐܢܫܐ ܢܝܫܐ ܐܢ ܦ
ܠܒܘܬܐ ܒܝܬ ܐܝܟ ܗܢܐ: 1- ܥܠܝܬܐ ܦܪܫܝܬܐ ܕܡܫܝܚܘܬܐ ܫܒܝܚܬܐ. 2- ܬܘܕܝ ܡܫܡܥܢܐ
ܕܦܪܫܝܬܐ. 3- ܡܕܐ ܡܥܘܣܬܐ ܠܚܘܡܪܬܐ ܕܐܝܬ ܡܢ ܕܩܕܡܘܬ ܬܘܪܓܡܐ ܗ. ܕ. ܐܝܟܝܬܐ ܥܒܘ
ܝܗܒ ܕܘܟ ܕܓܠܠܐ. (ܦ. 224-243).

ܡܪ ܥܒܕ ܝܫܘܥ ܒܪ ܝܫܘܥ ܡܛܪܦܘܠܝܛܐ ܕܐܘܪܡܝ ܘܣܠܡܣ (1872-1951) ... ܘܐܝܟ
ܗܢܐ ܟܬܒܘܗܝ ܬܘܪܓܡܐ: 1- ܟܬܒܐ ܕܐܦܝܣܩܘܦܐ. 2- ܟܬܒܐ ܕܟܢܘܫܬܐ. 3- ܟܬܒܐ ܕܦܝܫ
ܬܐ. 4- ܟܬܒܐ ܕܡܠܟܐ ܡܫܝܚܝܐ. (246-245).

ܐܠܟܣܢܕܪܘܣ ܡܘܫܐ ܐܒܪܗܡ (1898-1953). ... ܗܘ ܝܐ ܡܦܪܫܠܗ ܠܟܬܒܐ ܕܐܢܓܠܝܣܝܬܐ
ܟܠܝܬܐ ܫܒܝܐ. ܢܦܝܠܗ ܒܫܢܬܐ ܕ1953. (ܦ.247).

ܡܥܝܢܐ ܡܘܫܐ ܕܒܢܝ ܡܠܟܐ (1955- ؟). ... ܡܚܒܪܢܘܬܗ ܫܪܝܪܬܐ ܝܣܝܡܬܐ ܗܢܝ: 1-

ܐܬܘܪܝܐ ܕܡܘܠܕܢܘܬܗ. 2- ܐܬܘܪܝܐ ܕܝܕܥܐ ܕܐܬܘܪܝܐ. 3- ܟܬܒܐ ܕܦܪܩܡܛܝܐ ܡ.ܕ. ܠܘܚ̈ܐ
ܡܢ ܗܢܝܐ ܕܟܬܒ̈ܐ ܡܟܝܢܐ ܐܬܘܪܝܐ. 4- ܐܬܘܪܝܐ ܐܬܘܪܝܐ ܚܘܟܡܬܐ ܕܠܝܫܢܐ ܗܫܬܝܐ ܢܝ
ܟܠܝܐ. 5- ܡܘܕܥܢܐ ܕܟܬܒܐ ܕܡܕܒܪܢܘܬܐ ܘܟܬܒܐ ܕܦܘܪܫܢܐ ܕܒܝܬ ܕܡܟܐ ܐܕܪܒܝܓܢ ܕܣܘܪܝܐ.
6- ܚܘܒܬܐ ܕܣܝܒܪܐ ܥܠ ܟܬܒܐ ܕܟܠܝܠܐ ܘܕܝܘܢܐ ܘܥܕܐ. (ܦ. 248—247).
ܩܫܝܫܐ ܝܘܚܢܢ ܐܫܥܝܐ (1882—1957)... . ܗܘ ܟܬܒܘܢܗ ܫܚܠܦܐ ܣܓܝܐܐ ܐܢܐ: 1- ܫܘܒ
ܫܘܡܐ ܕܡܫܪܘܬܐ ܟܢܘܫܝܐ (ܡܘܬܒܐ ܕܣܘܪܝܐ). 2- ܐܝܟ ܫܡܫ: ܦܝܪܘܙ ܟܬܒܐ ܡܠܘܫܐ. 3-
ܡܠܟܢܐ ܠܘܚܬܐ. 4- ܕܘܝܩܐ. 5- ܟܬܒܐ ܕܐܡܘܪܐܝܬ. 6- ܫܦܠܐ ܕܡܠܟܘܬܐ ܐܬܘܪܝܬܐ.
7- ܡܠܟܐ ܡܢ ܐܝܟܐ ܐܬܘܪܝܐ. 7- ܫܘܐܠ ܡܘܡ ܗܐ. 8- ܗܘ ܟܬܒܐ ܕܐܬܘܪܝܐ ܒܐܬܪܐ. 9-
ܝܥܩܘܒ ܚܘܡܐ. 10- ܡܠܟ̈ܐ ܐܬܘܪܝܐ ܕܩܕܡ. 11- ܟܬܒ ܫܘܠܐ ܕܫܘܫܢ ܢܒܝܐ ܕܝܘܢܐ
ܘܥܕܐ. (ܦ. 250—249).
ܫܡܫ ܒܪ ܣܦܘܪ ܟܘܪܐܠܝܢ (1872—1945). ... . ܡܢ ܟܬܒܘܗܝ ܝܕܝܥܐ ܫܪܝ ܟܬܒ: 1-
ܟܬܒ - ܥܠܐ ܐܘܡܢܐ، ܟܠܝܢܐ ܫܦܝܪܐ ܒܝܬܐ ܡܕܢܚܝܐ. 2- ܡܕܪܫܘܬܐ ܐܘܡܢܝܬܐ.
... 3- ܡܘܬܒܐ ܥܠ ܦܬܓܡܐ ܘܡܦܘܫܩܢܐ ܕܣܦܪܐ ܚܘܡܐ. ... (ܦ. 250).
ܡܘܫܐ ܫܠܝ: (1959—؟)... . ܗܘ ܟܬܒܘܢܗ ܫܚܠܦܐ ܐܟܚܕ ܥܡ ܟܬܒܐ ܢܝܫܐ ܡܕܝܢܬ ܡܘܨܠܐ
ܫܠܗ ܒܗ: ܟܬܒܐ ܕܫܡܗ ܕ "ܫܩܠܐ ܕܐܬܘܪܝܐ ܕܩܕܡܝ ܠܘܟܐ" ... (252—251).
ܟܬܒ ܐܒܪ ܐܠܝܫ (1897—1959). ... . ܗܘ ܟܬܒܘܢܗ ܫܚܠܦܐ ܣܓܝܐܐ ܐܢܐ: 1- ܫܘܫܘܡܐ
ܕ"ܐܠܝܩܘܫ" 2- ܦܘܫܩܐ ܥܠ ܐܬܘܪܝܐ ܡܫܚܠܦܐ ܕܐܬܘܪܝܐ. 3- ܡܘܕܥܢܐ ܕܫܘܫܩܐ ܐܬܘܪܝܐ.
4- ܐܝܟ ܕܐܢܘܢܐ ܟܬܒܐ ܡܟܝܢܐ ܐܬܘܪܝܐ. 5- ܕܘܟܝܐ ܠܘܚܡܐ ܘܫܟܝܢܐ. (ܦ.252—253).
ܦܝܪܘܙ ܢܝܣܢ ܟܠܕܝܐ (1879). ... . ܐܢܕܪܐ ܡܢ ܚܕܓܡܘܬܐ ܐܢܐ ܡܢܐ: 1- ܡܘܕܥܢܐ
ܕܫܘܩܐ ܕܫܘܫܩܐ ܡܕܝܢܬܐ ܦܪܡܫܬܐ. 2- ܡܠܟܢܐ ܥܠ ܡܠܟܐ ܘܫܘܟܐ. 3- ܟܬܒܐ ܕܐܫܒܝܬܐ ܦܓܝ
ܢܐ. 4- ܟܬܒܐ ܕܡܕܪܫܘܬܐ ܠܘܚܝܐ. 6- ܟܬܒܘܬܐ ܕܐܫܒܝܬܐ ܕܟܠܝܐ ܡܘܕܥܢܐ. (ܦ. 255).
ܟܬܒ ܘܢܕܐ ܕܟܡܗ ܘܢܕܐ (1897) ... . ܗܘ ܟܬܒܘܢܗ ܫܚܠܦܐ ܣܓܝܐܐ ܐܢܐ: 1- ܦܘܫܩܐ
ܥܠ ܐܬܘܪܝܐ ܕܡܘܠܕܐ ܘܦܪܘܫܐ ܕܠܥܠܡܐ ܝܬܝܪܐ. 2- ܡܘܕܥܢܐ ܕܫܘܫܩܐ ܕܐܬܘܪ ܐܝܡܝܬܐ. 3-
ܡܘܬܒܐ ܥܠ ܐܝܟܢܐ ܦܠܝܓܐ. (ܦ. 257—256).
ܦܘܠܚܢܐ ܡܕܢܚ ܠܫܡܫܘܢ (؟). ... . ܗܘ ܟܬܒܘܢܗ ܫܚܠܦܐ ܕܘܟܝܬܐ ܟܬܘܫܐ ܘܟܠ
ܥܢܐ ܗܘܝܐ ܣܓܝܐܐ ܐܢܐ: 1- ܟܬܒܐ ܕܐܡܪ - ܡܠܟܘܬܐ ܕܠܘܫܐ ܕܐܬܘܪܝܐ ܐܬܘܪܝܐ. 2- ܐܝܟ
ܡܫܚܐ ܗܘܝܐ ܒܐܬܘܪܝܐ ܠܡܝܬܐ. 3- ܟܬܒܐ ܕܡܠܟܢܐ ܥܠ ܐܘܪܚܐ ܕܠܫܢܐ. (ܦ. 258—257).

ܩܫܐ ܢܝܣܢ ܢܘܪܝ (1889). ... ܗܘ ܡܚܒܪܢܘܬܐ ܦܪ̈ܫܐ ܝܒ̈ܫܬܐ ܬܠܬܐ: 1- ܟܬܒܐ ܕܐܪܥܐ ܚܝܝܐ ܡܢ ܐܒܕܢܐ ܕܥܡܡ̈ܐ. 2- ܟܬܒܐ ܕܚܒܠܬܐ ܕܡܘܠܟ̈ܢܐ. 3- ܟܬܒܐ ܕܝܠܘܕܘܬܐ. (ܦ. 258).

ܡܥܡܕܢܐ ܐܠܝܐ ܒܪ ܡܪܝ ܝܘܚܢܢ (1908). ... ܗܘ ܡܚܒܪܢܘܬܐ ܦܪ̈ܫܐ ܒܘܝܢ̈ܐ ܝܒ̈ܫܬܐ ܬܠܬܐ: 1- ܡܘܥܢܝܢܐ ܥܠ ܡܘܠܟ̈ܢܐ ܘܡܘܬܒ̈ܐ ܕܠܥܕ̈ܬܐ ܐܬܘܪ̈ܝܬܐ. 2- ܡܠܠ̈ܬܐ ܘܡܫܘܕ̈ܥܢܐ ܥܠ ܝܘܡܐ ܩܕܡܝܐ ܕܢܘܗܪܐ. 3- ܒܘܝܢܐ ܠܝܗ ܡܢܐ ܐܢܫܐ ܕܟܬܒܐ ܕܝܘܡܢܐ ܐܡܠܐ ܕܡܪܢ ܐܠܗܐ ܢܘܕܥ. (ܦ. 259).

ܠܠܐ ܐܡܪܘ (1900). ... ܗܘ ܡܚܒܪܢܘܬܗ ܦܪ̈ܫܐ ܝܒ̈ܫܬܐ ܬܠܬܐ: 1- ܟܬܒܐ ܕܫܘܥܝ̈ܬܐ ܕܥܕ̈ܬܐ ܢܫܐ ܢܒܝ̈ܐ ܕܩܕܝܫ̈ܐ ܕܝܘܒܠܐ ܘܟܘܪܐ. 2- ܬܫܒܚܬܐ ܢܒܝ̈ܐ ܕܡܘܕܥܐ - ܡܠܟ̈ܐ ܘܡܪܐ. 2- ܦܘܫܩܐ ܥܠ ܝܘܡ̈ܐ ܥܕܥܐܕ̈ܐ (ܦ. 260).

ܢܥܡܬ ܡܩܕܣܝ (1908). ... ܗܘ ܡܚܒܪܢܘܬܐ ...: 1- ܡܪܐ ܕܝܥܩܘܒ ܘܢܫܒܐ ܡܢܟܐ ܐܢܫ̈ܐ ܕܡܠܠܬܐ ܕ "ܟܠܟܝܕ". 2- ܡܘܬܒܐ ܘܡܘܢܝ̈ܐ ܕܟܢܫܐ. ܡܠܠܬܐ ܥܠ ܦܪܫܐ ܕܐܬܘܪ̈ܝܐ ܒܗ ܝܘܡ ܦܪܫܘܬܐ ܢܫܐܝܬܐ ܡܢ ܐܒܪ ܕܘܪܐ ܕ18. 4- ܦܘܫܩܐ ܥܠ ܐܘܪ̈ܚܬܐ ܥܡܘܕܝ̈ܐ ܕܐܬܘܪ̈ܝܐ ܕܢܒܬ. 5- ܦܘܫܩܐ ܥܠ ܐܡܝܢܐ ܕܥܕ̈ܬܐ ܥܡܐ. 6- ܡܘܕܥܢܘܬܐ ܥܠ ܡܫܝܚܐ ܕܐܬܘܪ̈ܝܐ ܒܒܘܪ ܝܘ ܕܫܝܢ. (ܦ. 261-262).

ܥܒܕ ܐܠܗܐ (1908). ... ܗܘ ܡܚܒܪܢܘܬܐ ... : 1- ܡܫܒܚܬܐ ܕܟܢܫܐ، ܒܝܬܐ ܡܘܠܝܕܐ ܕܟܬܘܒܐ ܘܟܬܒܐ ܡܘܬܒܐ. 2- ܬܫܒܚܬܐ ܘܡܘܥܢܝܢܐ. 3- ܡܫܘܚܬܐ ܕܦܪܕܘܣܐ ܕ "ܟܠܟܝܕ". 4- ܡܢ ܕܒܪ ܟܐ ܕܡܟܬܒܢܐ. (ܦ. 262).

ܘܠܝܡ ܗܪܡܙ (1910) ... ܡܫܘܚܬܐ ܒܘܝܢ̈ܐ ܐܝܬ ܬܠܬܐ: 1- ܟܬܒܐ ܕܘܦܪܫܐ ܒܡܠܬܐ ܐܡܪ ܒܝܬܐ. 2- ܟܬܒܐ ܕܫܘܥܝ̈ܬܐ. 3- ܡܘܥܢܝܢܐ. (ܦ. 264).

ܘܠܝܡ ܕܢܝܐܝܠ ... ܡܠܐܟܘܬܐ ܡܘܕܝܢ̈ܐ ܝܒ̈ܫܬܐ ܬܠܬܐ: 1- ܐܝܟ ܟܬܒܐ ܒܥܡܐ ܕ "ܥܡ ܟܗ - ܐܢܫܬܐ" ܐܢ ܡܕܝܢܬܐ. 2- ܐܝܟ ܟܬܒܐ ܕܘܦܪܫܐ ܒܢܘܗܪܐ ܕ "ܘܪܕܐ ܕܡܘܕܥܢܘܬܐ". (ܦ. 265-266).

ܡܝܟܐܝܠ ܒܪ ܦܛܪܘܣ (1910). ... ܡܢ ܚܡܝܫܝܘܬܐ ܕܐܢܫܐ ܐܦܝܫܐ ܝܘܡ ܒܢܐ، ܝܗܒ ܐܝܟ ܕܒܪ: 1- ܦܘܫܩܐ ܥܠ ܡܫܒܚܬܐ ܕܥܕ̈ܬܐ ܐܬܘܪ̈ܝܬܐ. 2- ܡܫܘܚܬܐ ܒܥܡܐ ܕܝܫܘܥ ܘܒܢ̈ܝܐ. 3- ܡܫܘܚܬܐ ܒܥܡܐ ܕܝܫܒܐ ܕܝܠܘܕܘܬܐ. 4- ܡܫܘܚܬܐ ܒܥܡܐ ܕܝܫܘܥ ܥܡ ܐܒܗ. (ܦ. 266-267).

ܡܥܝܢܬܐ ܕܣܦܪܝܘܬܐ ܐܬܘܪܝܬܐ

ܣܦܪܐ ܩܕܡܝܐ: ܣܦܪܝܘܬܐ ܐܬܘܪܝܬܐ ܘܣܘܪܝܝܬܐ

(ܡܢ ܐܒܐ ܦܐܪܐ ܣܪܡܣ، ܬܗܪܢ، ܗ.ܣ.ܒ.ܐ.، 1969)

ܐܗܐ ܣܦܪܐ ܡܕܡܝܢܐ ܕܐܗܐ ܡܥܝܢܬܐ ܚܫܝܒܐ ܚܕ ܚܫܠܡܘܬܐ، ܐܝܟ ܚܕܐ ܕܝܠܗ ܗܘܐ ܒܗ ܡܕܡܝܢ، ܟܘܠ ܡܫܘܕܥܐ ܐܬܘܪܝܐ ܡܕܢܚܝܐ ܘܟܘܠ ܡܥܒܕܢܘܬܐ ܣܦܪܝܐ. ܟܘܠ ܕܐܗܐ ܝܠܗ ܚܘܒܐ ܦܬܝܚܐ ܣܝܡܬܐ ܕܒܕܒܝܢ ܡܬܕܒܪ ܡܕܐ ܡܟܡܐ. ܐܝܟ ܡܥܝܢܬܐ ܡܫܡܠܝܬܐ ܥܠܗ ܐܝܬ ܡܫܘܕܥܐ ܡܘܥܝܢܐ ܠܗܘܢ ܠܣܦܪܝܘܬܐ ܐܬܘܪܝܬܐ ܠܐܢܫܐ ܕܦܘܡܟܐ ܘܡܥܠܠܗܘܢ ܠܕܟܬܐ ܕܡܘܦܩܐ ܡܢܗ - ܦܠܓܐ ܕܡܝܦܐ ܕܐܬܦܬܚܘܢ. ܡܥܬܐ ܐܝܟ ܐܘܪܡܝ، ܡܢ ܐܬܪܝܢ، ܡܢ ܐܝܢܝܢ ܕܐܝܬܘܗܝ ܡܢ ܐܒܗܘܢ، ܡܢ ܐܝܢܘܢ ܕܩܘܕܫ، ܡܢ ܐܝܬܘܢ ܘܡܢ ܕܐܬܘܪܝܐ ܕܗܘܝܐ ܗܘܐ ܩܢܐ ܡܫܘܕܥܐ ܕܡܕܝܢܬܐ ܕܐܘܪܡܝ.

ܐܢܐ ܡܢ ܕܘܪܐ ܕ14 ܡܫܝܚܝܘܬܐ ܗܘܠܝܬܐ ܕܐܬܘܪܝܐ ܡܢ ܐܒܕ ܝܕܥܐ ܡܫܡܥܬܐ ܠܝܘܬܐ ܟܢܫܐ ܫܠܘܚܝܐ، ܟܘܦܝܐ ܘܡܚܫܒܢܘܬܐ؛ ܡܢ ܕܐܘ ܝܕܥܐ ܐܬܟܬܒܐ ܡܫܝܚܝܘܬܐ ܡܫܠܡܬܐ ܕܥܝܢܝܢ ܟܢܫܐ ܟܢܫܐ ܡܫܡܠܝܢܗܘܢ ܠܚܫܘܬܐ ܕܡܥܬܐ ܘܠܟܢܫܬܐ ܕܡܫܘܕܥܐ ܘܕܡܥܒܕܢܘܬܐ. ܝܬܐ ܡܫܪܝܬܐ ܡܕܝܢܬܐ (ܕܡܝܢܬܐ ܒܪ ܣܦܪܐ) ܡܘܬܒܝܢܗ ܠܟܕܘܢ ܘܡܦܩܢܝܘܢ، ܐܡܕܐ ܟܕܘܪܐ ܐܬܟܬܒܐ ܡܕܝܢܬܐ ܕܟܬܒܐ ܡܫܪܝܬܐ ܡܕܝܢܬܐ ܘܡܥܒܕܢܘܬܐ ܦܝܫܠܗ ܡܫܘܚܬܐ ܐܗ ܟܡܫܬܐ ܕܝܕܥܬܐ ܡܕܥܬܢܝܬܐ؛ ܟܕ ܝܬܐ ܬܐ ܡܫܪܝܬܐ ܦܝܫܠܗ ܡܫܘܠܡܐ ܐܗ ܚܡܫܝܢ ܘܡܘܬܒܐ ܐܝܬܐ ܝܠܐ ܚܕܐ ܦܝܫܬܐ ܡܫܘܠܡܐ ܒܗ ܚܡܫܝܢ ܥܠ ܐܡܪ ܕܘܪܐ ܚܡܫܝܐ. ܐܡܕܐ، ܐܗ ܬܫܥܝܬܐ ܐܬܘܪܝܬܐ ܕܝܠܗ ܕܘܝܩܐ ܕܝܠܗ ܐܝܟ ܚܕܐ ܕܐ ܐܕܒܝ، ܡܫܡܥܐ ܕܡܕܝܢܬܐ ܕܟܬܒܐ ܡܫܪܝܬܐ ܡܕܝܢܬܐ ܐܗ ܬܠܬܐ ܟܘܠ ܟܬܘܒܐ ܥܠܗ ܡܢ ܡܫܡܥܐ ܕܡܟܬܒܢܐ ܕܝܘܡܐ ܐܕܝܘܡ.

ܟܘܠ ܕܐܗܐ ܟܬܒܐ ܐܬܘܪܝܐ ܦܝܫܠܗܘܢ ܐܠܝܬܐ ܕܟܬܒܝ ܢܘܣܟܐ ܡܢ ܦܐܬܐ ܕܟܬܝܒܬܐ.

ܟܐܝܬ ܟܕܝܬܐ ܐܬܟܬܒܐ ܡܫܘܕܥܐ ܐܠܝܟܐ ܡܘܪܟܒ ܗܘܝܐ ܠܗ ܟܕ ܐܒܕ ܟܡܟܕܬܐ ܘܟܘܪܐ ܟܡܟ ܐܒܕ ܐܘܪܚܬܐ ܡܫܡܫ ܘܡܕܝܢܬܐ ܟܐܘܪܡܝ ܟܝܡܬܐ ܕ1898. ܟܡܬܐ ܟܡܕܝܢܐ ܝܬܐ ܥܠܗ ܠܝܬܐ ܬܐ 232 ܢܘܣܟܐ ܘܡܫܘܕܥܐ (copyists) ܕܦܝܫܐ ܡܘܬܒ ܟܡܕܝܢܐ ܟܐܕܝܐ ܘܡܫܟܚܐ ܡܢ ܟܠ ܦܐܬܐ ܕܐܬܕܥܘܢ ܡܢ ܐܬܪܘܬܐ ܕܡܫܘܕܥܐ ܡܬܥܒܕ ܕܐܬܕܘܢ ܟܬܒܐ ܡܫܪܝܬܐ: ܡܕܝܢܬܐ ܘܡܢ ܟܬܒܐ، ܕܡܫܝܚܐ ܗܘܐ ܒܗ ܦܝܫ - ܐܟܪܐ ܕܥܠܝܢܐ ܐܬܟܬܒܐ ܟܐܘܪܡܝ. ܐܒܕ ܡܫܡܥܐ ܠܘܟܐ ܕܡܥܬܐ ܕܢܘܣܟܐ ܝܠܐ ܡܢܐ ܦܝܫܐ ܡܕܝܢܐ. ܡܝܬܐ ܐܢ ܠܣܘܦܐ ܘܡܝܬܐ ܕܐܠܦܐ ܡܕܝܢܬܐ ܟܡܕܝܢܐ ܡܫܘܕܥܐ ܠܝܬܐ ܕܐܝܟ ܟܘܢܫܐ ܡܕܝܢܐ. (ܦ. 256 - 257).

ܡܥܝܢܐ ܕܡܦܩܢܘܬܐ ܐܬܘܪܝܬܐ

ܣܦܪܐ ܬܠܝܬܝܐ: ܡܦܩܢܘܬܐ ܚܕܬܐ

(ܡܢ ܐܕܝ ܦܐܪܐ ܗܪܡܙ, ܛܗܪܢ, ܩܘܫܛܢܛܝܢܐ, 1970)

...

ܡܢ ܒܬܪ ܢܦܝܠܬܐ ܕܐܬܘܪ 606 ܩ. ܡ. ܘܗܝ ܕܒܒܠ 539 ܩ. ܡ. ܐܬܘܪ̈ܝܐ ܘܒܒܠ̈ܝܐ ܦܝܫܠܗܘܢ ܠܗ ܡܫܥܒܕܐ ܡܢ ܥܡܡܐ ܕܥܘܠܝܐ ܗܘܘ ܠܡܫܬܥܒܕܘܬܐ ܡܢܟܪܝܬܐ ܕܠܗܘܢ ܕܫܠܝܛܘܬܐ ܗܘܐ ܚܝ̈ܐ ܕܒܢ̈ܝܐ ܐܬܘܪ̈ܝܐ. ܫܢܐ ܒܫܢܐ ܒܢ̈ܝܐ ܐܬܘܪ̈ܝܐ ܕܗܘܐ ܠܗ ܦܫܝܛܐ ܕܥܩܬܐ ܘܕܝܢܐ ܠܗ ܠܥܘܩܐ ܕܒܢ̈ܝܐ ܐܟܪ̈ܝܐ ܘܡܣܟ̈ܢܐ ܕܐܘܝܫܗ.

ܡܫܝܚܝܘܬܐ ܗܘܐ ܠܗ ܐܦ ܒܩܕ ܫܘܬܐ ܡܢ ܦܬܚܐ ܘܦܘܠܚܢܐ ܕܒܢ̈ܝܐ ܡܘܬܪ̈ܐ ܠܗ ܡܦܩܢܘܬܐ ܐܬܘܪܝܬܐ. ܡܠ̈ܦܢܐ ܐܬܘܪ̈ܝܐ ܠܗ ܡܘܪܕܝܗܝ, ܠܗ ܫܡܐ ܕܐܘܪܗܝ, ܘܠܗ ܟܬܒ̈ܐ ܕܐܬܘܪ ܡܢ ܥܡܡ ܕܡܫܝܚܐ ܗܘܐ ܒܝܫܐ ܦܠܓܐ ܕܓܝܣܐ ܡܘܕܝ̈ܐ, ܐܢܫܐ ܡܘܡܢܐ ܦܝܫܝ ܠܗ ܡܘܬܪܐ ܘܡܘܬܒܗ ܗܘܐ ܠܗ ܒܘܬ ܦܫܩܐ ܘܬܪܓܡܗ ܠܠܫܢܗ ܗܕܝܐ. ܐܝܟ ܡܫܝܚܝ̈ܐ ܕܒܬܪܝܐ ܕܡܢܗ ܡܪܝܐ(1) ܡܫܝܚܝܘܬܐ ܒܪܝܫ ܠܗ ܚܘܫܒܗܘܢ ܘܐܘܪܚܬܗܘܢ ܒܡܕܝ ܒܬܪܝܐ ܒܝܠܝ ܡܢ ܦܬܚܐ ܕܕܪܐ ܫܒܝܥܝܐ. ܒܕܝܢ ܒܢ̈ܝܐ ܡܘܬܪ̈ܐ ܒܪܝܫ ܠܗ ܡܠ̈ܦܢܐ ܕܐܬܘܪ̈ܝܐ ܕܒܕܪ ܕܪܐ ܕܒܬܪܗ. ܡܢܢܐ ܡܢ ܠܫܢܘܬܐ ܕܟܬܒ̈ܐ ܘܕܦܠܚܐ ܒܝܕ ܡܫܝܚܝܘܬܐ ܡܘܠܦܢܘܬܐ ܕܩܠܝܬܐ ܡܘܬܒܐ ܠܗܘܢ ܠܐܬܘܪ̈ܝܐ ܕܒܝܬ ܢܗܪ̈ܝܢ ܩܕܡ ܒܘܕܝܐ ܘܠܐ ܡܫܝܚܐ. ܠܐ ܒܝܫ ܠܐ ܡܥܠܬܗܘܢ ܠܒܢ̈ܝܐ ܡܘܬܪ̈ܐ (ܥܡܡܐ) ܢܝܫܐ ܢܘܦ ܘܠܐ ܡܘܩܠܐܘܗܝ ܠܒܢ̈ܝܐ ܗܕܝܐ ܕܒܝܗ ܗܘܘ ܠܗܘܢ ܡܢ ܥܕܢܐ ܐܠ ܕܪܐ ܕ19.

ܐܘܠܨܢܐ ܕܐܢܫܐ ܒܫܢܐ ܗܘܘ ܐܬܘܪ̈ܝܐ ܡܢ ܐܡܡܐ ܕܝܡܐ, ܡܥܐ ܠܫܪܒܐ, ܗܘܘ ܠܗܘܢ ܒܘܬ ܢܦܩܐ ܘܡܬܠܡܣ ܒܘܬ ܚܘܪܒܐ.

ܡܫܝܚܝܘܬܐ ܕܐܬܘܪ̈ܝܐ, ܐܝܟ ܒܩܕ ܗܘܐ ܠܘܬܐ ܕܡܫܝܚܝܐ ܐܢܫ̈ܐ ܩܠܝܠܐ ܒܗܘܘ ܒܥܘܠܐ ܕܐܕܪ ܡܬܐ. ܐܠ ܢܦܩܐ ܡܘܕܝܢܐ ܒܝܠܠ, ܐܬܘܪ̈ܝܐ ܒܫܢܐ ܗܘܘ ܗܘܝܐ ܐܘܠܨܢܐ ܒܝܢ, ܦܡܝܕܝܐ ܕܒܢܝܐ. ܐܢܫ ܗܘܘ ܠܗܘܢ ܒܩܕ ܢܦܝܫ ܒܢܝܫܢܐ ܦܝܫ ܗܘܐ ܢܟܪܐ ܕܐܢܫܗ. ܢܟܪܐ ܕܐܕܪܐ ܕܦܝܫܐ ܘܡܫܘܚܬܐ؛ ܢܝܫܝ ܕܐܕܪܐ ܚܘܐ؛ ܡܘܠܘܐ ܢܒܝܬܐ ܘܡܦܝܫܐ ܡܘܕܝܐ ܡܢ ܚܝ̈ܐ, ܢܝܫܝ ܕܡܕܪܐ ܕܐܕܪܐ ܚܘܐ؛ ܡܢ ܦܪܟܐ ܘܚܘܝܢܝ̈ܐ ܘܡܢ ܕܐܢܫܐ ܘܦܬܟܡܐ ܐܝܟ ܒܝ ܫܢܐ ܒܫܢܘܬܐ ܟܬܐ ܘܚܘܪܒܐ ܒܝ ܦܫܐ ܗܘܐ ܡܘܩܠܐ ܡܟܡܐ, ܐܝܟ ܡܘܪܥܐ ܡܐ ܢܦܪܫܐ ܡܢ ܫܘܬܐ. (ܦ. 19 - 20).

(1) ܡܫܡܫܢܘܬ ܘܒܢ̈ܐ ܕܒܒܐ ܕܡܚܝܢܐ 1707 ܦ. 51.

ܡܛܪ ܕܝܢܐ ܫܘܫܒܘܫ ܡܢ ܕܐܗܐ ܥܠܡܐ ܠܥܠܡܐ ܕܐܬܐ

(ܡܢ ܣܘܦܪܐ ܕܒܢܝ ܢܗܝܠܘܬܐ، ܡܟܬܒܢܐ ܡܢ ؟، ܒܥܒܪܐ ܡܫܝܚܝܐ ܐܦܣܐ : 1848)

ܟܕ ܝܕܥܬܐ ܗܘܝ ܗܘܐ ܠܗ ܡܚܙܐ ܕܐܬܐ ܥܠܡܐ: ܡܫܠܡ ܗܘܐ ܕܡܬܐ ܒܚܬܐ ܕܒܝܬܗ ܗܘܐ ܡܕܝܢܐ ܒܫܝܢܐ. ܘܡܫܢܐ ܡܟܬܒ ܠܕܫܬܐ. ܘܟܕ ܚܠܠܝ: ܫܘܠܝ ܡܢܐ ܒܠܫܢܐ ܫܠܫܠܝ: ܘܗܘܐ: ܫܘܠܝ ܡܢܐ ܐܢܬܐ ܠܒܝܬܐ ܒܝܒܝܢܐ: ܒܠܫܢܐ ܡܢܐ ܕܘܟܐ: ܦܫܘܫ ܕܝܕܥܐ ܡܢ ܒܫܘܫ: ܘܟܬܒܐ ܕܝܕܘܫ ܘܡܢܐ ܕܟܬܐ ܠܘܕܥܐ ܥܠ ܫܘܫܘ. ܐܢܫܐ ܗܕ: ܘ. ܠܐܗܐ ܡܕ: ܠܐܗ ܫܘܫܘܬܐ ܠܗ: ܕ. ܘܠܘܝ ܡܠܠܝ ܘܫܘܠܝ ܕܦܫܝܠܐ ܟܬܒܐ ܘܫܕܝܠܐ ܒܝܘܫ. ܘܠܝܦܢ ܕܒܡܟܬܒ ܗܘܐ: ܒܕܝܠܐ ܘܦܘܦܕܝܠܐ. ܟܕ ܠܐ ܫܝܠܐ ܐܢܫܐ ܠܫܠܠܐ: ܫܘܫܘܫܝܠܐ ܡܢܐ ܦܫܘܫܬܐ ܕܐܘܝ ܘܐܡܪܐ: ܫܘܕܝ ܟܕܝ؟ ... ܘܫܘܫܘܫܝܠܐ: ܫܘܕܝ ܟܕܝ ܕܫܡܝ؟ ... . ܗܘ ܒܘܪܟܠܐ: ܐܢܐ: ܐܢܐ ܦܕܫܘܝܐ ܗܘܐ ܡܢ ܕܐܝ ܗܐ ܟܬܒܐ ܕܒܝܠܐ ܒܠܒܝ: ܕܐܢܐ ܦܝܫܐ ܗܘܐ ܒܘܢܫܕ ܠܫܡܫܐ ... . ܒܚܕܐ ܐܡܪܐ ܐܘܢܝ ܠܫܡܐ: ܡܫܘܕܝ ܠܐ ܕܐܘܝ ܠܫܡܫܐ: ܦܘܢܝܐ ܕܒܝܬܐ ܒܝܬܐ ܡܠܫܐ ܡܢܐ ܒܦܟܬܐ ܒܝܬܐ؟ ܗܘ ܐܢܝ ܡܢܐ ܒܘܪܟܠܐ: ܫܕܕ ܕܝܘܬܒܬܐ ܗܘܐ: ܕܐܗܐ ܟܕܟܐ ܕܒܝܠܐ ܥܠ ܫܡܝ ܒܗ ܦܫܥܝܬܐ ܠܝ ܒܘܕ ܠܐ ܠܝܫ ܡܢ ܦܕܫܐ: ܘܒܗ ܢܦܠܝ ܠܗ ܦܬܝܘ. ܐܢܫܐ. ܐ: ܠܐܗ ... (ܦ. 1 ـ 4).

ܐܝܟܐ ܐܝܟܢ ܕܦܫܟܐ ܒܝܘܡܬܐ ܒܗܘܐ: ܒܥܠܘܫ ܫܠܦܝܠܐ: ܐܢܫܘܫ ܘܟܬܒܐ ܟܘܠܝܠܐ ܫܘܫܘܫ: ܘܟܡܐ ܕܐܡܪܐ: ܒܫܘܠ ܠܝ: ܫܕܕ ܕܐܗܘܬܐ ܗܘܐ ܠܟܫܠܘܝ: ܒܫܗ ܗܘܝܠܐ ܡܢ ܒܫܡܬܐ.

ܐܝܟܐ ܡܕܪܐ ܒܘܫܝܐ ܗܘܐ ܠܫܘܡܐ ܕܐܕܝ ܕܘܟܬܐ ܕܠܚܘܠܘܠ ܡܠܝܫܐ ܗܘܘ ܫܘܫܘܫܝܐ ܘܟܠܝܫܝܐ: ܘܒܝܫܘܫܝܬܐ ܘܫܘܦܠܝܬܐ: ܘܦܫܕܐ: ܘܡܫܝܠܐ ܕܐܝܟܬܐ ܡܕܪܐ ܫܐܦܐ: ܠܡܕܘܠܐ ܒܫܘܫܘܒܗ ܠܫܘܡ ܕܘܫܬܐ ܟܕ ܫܠܘܫ ܘܫܠܘܫ ܡܢܐ ܒܡܐܕ ܕܗܘ ܐܢܫܐ: ܠܗ ܕܫܘܐ ܥܘܝܕܐ ܕܒܕܝܢܬܐ.

ܟܐܡ ܕܡܠܬܐ ܕܒܕܫܝܢܬܐ: ܐܢܝ ܒܕܟܐ ܒܢܘܬܐ ܕܒܕܫܝܢܬܐ ܗܘܝܠܐ: ܘܒܟܬܒܐ ܘܡܠܬܐ: ܐܢܐ ܠܐ ܚܠܠܝ ܒܚܕܐ ܕܝܘܡ ܗܘܐ ܒܕ ܕܐܢܝ ܒܟܦܫ. ܐܘܦ ܗܐ ܡܢ ܕܐܢܐ ܐܡܠܝ ܡܢ ܗܡܐ: ܒܥܠܠܝ ܡܢ ܡܢܐ ܐܢܬܐ ܒܐܡܪܐ: ܕܗܠܐ ܐܢܝ ܡܢܝܐ ܗܘܘ: ܘܦܫܟܐ ܒܗ ܦܥܒ ܗܘܘ ܡܐ ܦܘܢܒܫܐ ܕܝܕܐ: ܒܫܡ ܕܘܟܬܐ ܕܝܗܘܘ: ܡܐ ܡܢܐ ܘܟܝܢܐ.

ܝܼ ܦܘܫܐ ܚܠܝ ܕܐܘܠܐ ܠܗܘ ܝܟܐ ܡܕܝܢܐ: ܒܠܟܐ ܒܗ ܗܡܝ ܗܘܐ ܡܐ ܕܐܢܝ ܕܟܒܝ ܒܚܕܪܐ ܟܐܡ ܕܡܫܒܚܬܐ ܕܒܐܒܐ ܒܫܝܦܐ ܗܘܐ ܒܠܐ. ܒܕ ܕܗܘ ܘܒܢܐ: ܒܠܟܬܐ ܗܘܐ ܡܢ ܡܟܬܒܐ ܕܐܗܐ ܟܬܒܐ ܕܫܘܪܝܗ. (ܦ. 711 ـ 712).

ܩܪܒܐ ܕܦܪܣܝܐ ܘܪܘܣ

(ܡܢ ܬܫܥܝܬܐ ܕܡܠܟ̈ܐ ܦܪ̈ܣܝܐ، ܢܘܪܕܝܢ، ܡܕܐ ܕܐܘܪܡܝ، 1928)

ܡܩܕܡܘܬܐ

ܫܢܬ ܕܐܠܦܐ ܚܡܫܐ ܡ̈ܐܐ ܕܡܫܝܚܐ ܐܝܬܗ ܗܘܝܬܐ ܕܝܗܒܐ ܕܡܠܟܐ ܠܦܪ̈ܣܝܐ ܒܐ ܡܢ ܠܟܠܗ ܠܥܒ̈ܕ ܡܢ ܥܡܠܐ ܕܦܪܣܝܬܐ ܕܡܠ̈ܟܐ ܘܥܡ ܡܠ̈ܟܐ ܘܥܒܕ.

ܐܦ ܐܢܐ ܗܘܝܐ ܝܕܥܐ ܡܠܟܐ ܢܘܕܥܬܐ ܠܗ: ܐܝܟ ܕܫܡ̈ܥ ܐܢܫ ܐܢ ܢܫܟܚ ܥܠ ܡܠܟܐ ܐܚܪܢܐ ܗܘܐ ܕܐܝܬ ܡܕܝܢܬܐ ܒܥܠܡܐ ܥܠܗ ܡܢ ܡܕܝܢܬܐ ܘܒܐܪܥܐ ܝܕܥܐ ܡܠܟܐ ܡܬܚܫܒܬܐ ܐܚܪܢܐ ܒܗ ܡܫܬܡܫܐ ܠܡܠ̈ܟܐ.

ܟܕ ܒܠܥܕ ܒܝܬ ܦܪܣܝܐ ܚܝ̈ܠܐ ܗܘܦܟܐ ܕܡܕܝ̈ܢܬܐ ܘܪܘܣ̈ܝܐ ܗܝܟܠ ܕܒܥܠܡ ܕܡܠܟܐ ܒܕܝܢܐ ܘܗܘܐ ܒܕܝܢܐ ܠܦܪ̈ܣܝܐ ܒܡܕ̈ܝܢܬܐ ܕܝܠܗ ܦܬܚܐ ܗܘܦܟܐ ܠܗ ܡܠܟܐ: ܟܕ ܐܘܪܚܐ ܗܦܟ̈ܐ ܚܝ̈ܠܐ ܠܒܪ̈ܝܬܐ ܥܠ ܗܘܐ ܠܗ ܡܠܟܐ ܕܐܬܪܘܬܐ ܘܠܗ ܗܘܦ̈ܟܐ ܡܬܚܫ̈ܒܢܐ.

ܒܬܪ ܚܕܐ ܡܠܟܐ ܒܗ ܦܠܓܠܗ ܡܢ ܕܐܢܐ ܐܝܬܐ ܠܗ ܐܝܬ ܠܗ ܐܚܪܢܐ ܕܝܘܦܬܐ ܡܢ ܐܚܪܢܐ ܡܩܕܡܬܐ ܠܗ ܕܒܥܠܡ ܠܕܝܢܐ ܦܝܠܬܐ. ܒܬܪ ܚܕܐ ܒܗܘ ܟܕ ܐܚܪܢܐ ܒܗ ܗܘܝܐ ܒܗܢ ܡܢ ܐܚܪܢܐ. ܟܕ ܗܘܕܥܐ ܚܕܐ ܠܦܪܣܝܐ ܘܒܐܪܥܐ ܡܢ ܦܘܠܚܢܐ ܚܝ̈ܠܐ ܠܗ ܡܠܟܐ.

ܕܗܘܐ ܦܪܣܝܬܐ ܕܐܬܘܪ (ܦ. ܐ.).

ܗܡܝܬܐ ܕܟܘܡܪ̈ܐ

ܡܩܕܡܬܐ ܠܗ ܐܝܬܝܐ ܐܝܬ ܗܘܐ ܡܢ ܡܠܟܐ ܒܗܘܢ ܒܟܢܫܘܬܐ ܗܘܐ ܒܐ ܗܘܐ ܠܗ ܡܠܟܘ̈ܬܐ ܕܘܟܬܐ ܗܘܐ ܠܗ ܡܕܝܢ̈ܬܐ. ܐܝܬ ܗܘܐ ܠܗ ܟܢܫܐ ܒܗܘܢ ܘܫܠܝܐ. ܒܫܢܬܐ ܕܡܠܟܐ ܗܘܐ ܠܐ ܠܗܘܢ ܒܢܫܐ ܒܗܘܢ ܗܡܢܠܗܘܢ ܟܘܡܪ̈ܐ: ܡܠܟܐ ܘܡܠܟܬܐ ܟܕ ܡܢܠܗܘܢ. ܡܠܟܐ ܦܩܕ ܠܗ: ܠܗ ܡܕܝܢܬܗܘܢ ܦܠܚ ܟܠܗܘܢ ܚܝ̈ܠܐ ܘܐܬܦܘܪ̈ܣܐ ܡܢ ܟܠܗܘܢ ܐܢܫ̈ܐ ܕܐܬܪ̈ܐ ܕܝܕܥܐ ܘܒܝ ܐܢ ܒܢܝܐ ܒܗܘ ܗܡܝܬܐ ܕܟܘܡܪ̈ܐ.

ܠܐ ܐܝܬ ܠܗ ܡܕܝܢܬܗܘܢ ܗܘܠܐ ܟܕܐ ܐܝܬܐ ܠܗ ܟܠܗ ܡܠܟܘܬܗܘܢ ܕܝܢܠܗܘܢ ܟܕ ܒܗܘ ܡܢ ܒܢܝܐ ܕܡܠܟܐ. ܗܝܟܠ ܡܠܟܐ ܡܢܐܠܗ ܡܢ ܡܫܝܚܝܐ ܗܘܦܐ ܥܠܗ ܒܗ ܦܘܩ ܐܬܟܢܫ ܠܟܢ ܗܘܢ ܘܡܠܟܐ ܕܡܕܝܢܬܐ ܟܠܗ ܡܗܘܗܘܢ.

ܗܡܝܬܐ ܒܗ ܗܡܝܬܐ ܕܦܪܣܝܐ ܘܪܘܣ ܒܫܢܬܐ ܕ 1245: ܒܗܢ ܟܕ ܠܗ ܕܡܕܝܢܬܐ ܕܡܠܟܐ ܐܝܬ ܗܘܐ ܡܢ ܗܘܦܟܐ ܦܪܣܝܘܬܐ ܚܝ̈ܠܐ ܗܘܐ ܠܗ ܗܘܦܟܐ ܕܡܠܟܐ. ܡܠܟܐ ܟܕ ܒܐ ܡܢ ܗܘܐ ܥܠܗ. ܠܗܘܢ ܗܘܦܟܐ ܐܦ ܟܕ ܦܠܓ̈ܐ ܚܝ̈ܠܐ ܗܘܐ ܗܘܝܐ ܒܗ ܠܗܘܢܗܘܢ ... (ܦ. 1 – 2).

ܟܬܒܐ ܕܡܬ̈ܠܐ ܕܡܠܠܐ ܢܨܪܐܠܕܝܢ

(ܡ̣ܢ ܚܘܒܝܫ ܟܡܐ ܦܘܠܝܫ، ܢܘܒܕܡܐ، ܛܗܪ ܕܐܠܦܐ 1933)

ܡܬܠܐ ܝܗ.

ܚܕ̄ ܝܘܡܐ ܡܠܠܐ ܚܡܪܐܠܗ ܠܫܘܩܐ: ܠܙܒܢܐ ܠܟܘܬܘܢܐ ܫܘܩܐ: ܟܕ ܠܫܘܩܐ ܡܛܝܐ ܗܘܐ ܠܗ: ܐܡܪܗ ܟܠܠܐ ܕܝܫܟܐ ܥܘܪܐ ܠܗ: ܟܠܠܗ ܡܠܘܢܐ ܫܥܬܐ ܠܗ: ܠܟܘܐ ܕܡܠܘܢܐ ܝ̈ܗ ܪܕܐ ܠܗ: ܐܡܪܐ ܦܠܐ ܝܗ ܟܫܡܐ ܐ̄ܠܗ: ܫܡܥ ܕܐܢܐ ܐܢܐ ܠܐ ܥܡܠܗ: ܦܠܛܠܗ ܡܢܐ ܡܢ ܫܘܩܐ: ܕܡܪܐ ܦܠܛܐ ܡܥܘܐ ܫܡܥ: ܠܙܒܠܗ ܦܘܠܘܣܐ ܠܗܪܐ ܢܦܠܗ: ܚܡܥܠܗ ܠܟܕܐ ܡܙܝܢܕ ܡܠܠܗ: ܐܡܠܠܗ ܠܥܪܒܐ ܟܠܐ ܠܗ: ܟܡܠܐ ܪܒܐ ܐܘܠܝ ܕܪܐ ܠܗ: ܦܘܠܛܠܗ ܚܕ̄ ܦܠܐ ܝܘܢܐ: ܫܘܢܝܠܗ ܡܠܘܪܐ ܟܒܪܐ: ܐܡܪܐ ܠܡܠܠܐ ܢܫܩ ܡܢ ܦܠܘܬ: ܠܟܠܝܫ ܐܢܫܐ ܟܘܙܘܠܘܬ: ܫܒܝ ܐ̄ܠܗ ܐܝܬ ܕܐܕ ܘܟܪܐܕ: ܟܫܒܥܐ ܠܟܠ ܟܒܪܐ ܐܘܡܐ: ܡܠܠܐ ܡܕܝܢܐ ܝ̈ܗ ܢܫܩܠܗ: ܡܢ ܟܬܒܘܢ ܦܝܘܢ ܕܟܠܗ: ܦܫܡܐ ܠܟܗ ܒܫܘܢ ܗܘܢܠܗ: ܕܫܘܡ ܚܕ̄ ܐܢܫܐ ܠܐ ܡܫܝܠܗ: ܟܐܫܡܐ ܚܠܒܐ ܗܡܢ: ܟܠ ܡܢܟܐ ܡܫܠܗ ܗܡܢ: ܐܡܪ ܕܒܗ ܗܡܢ ܘܡܟ ܗܘܐ: ܠܟܠܗ ܕܘܟ ܚܐ ܡܫܒܪ ܗܘܐ: ܗܠ ܟܠܫܢ ܚܘܒ ܗܘܘ ܐܠܐ: ܕܫܒܫ ܟܒܐ ܟܫܡܐ ܗܘܐ ܦܠܚ. (ܦ. 7).

ܡܬܠܐ ܠܗ.

ܚܕ̄ ܝܘܡܐ ܡܠܠܐ ܢܨܪܐܠܕܝܢ ܗܘܐ ܠܗ ܡܕ̄ ܡܟܬܒܐ ܐܝܟ ܡܕ̄ ܕܘܗܐ ܕܪܐ ܠܗ ܥܠܡܐ ܟܠܘܢ: ܗ̇ ܐܡܪܐ: ܐܢ̈ܗ ܕܐܢܝܢ ܟܐ ܡܕܝܢܐ ܠܐ؛ ܕܐܢܝܢ ܗܘ̈ܐ ܡ̈ܢܐ ܕܘܗܐ ܟܡܐ؟ ܡܠܠܐ ܐܡܪܐ ܐܢܐ ܗ̄ܘ ܠܐ ܡ̈ܢܝ ܫܘܢܬܐ. ܐܦܐ ܠܐ ܡܕܝܢܘܢ ܕܝܢܐ ܡ̈ܢܐ. ܐܢܫܐ ܚܘܠܐ ܕܟ̈ܬܒܐ ܘܟ̈ܬܒܐ ܟܕܝܢ ܟܐ ܡ̈ܢܐ ܠܟ̈ܬܒܐ ܘܟ̈ܬܒܐ ܕܝܢܐ. ܗܕܐ ܫܟܠܐ ܐܢ̈ܗ ܟܠܝܢ ܡ̈ܢܐ. (ܦ. 36).

ܡܬܠܐ ܢܗ.

ܟܢܐ ܕܡܠܠܐ ܢܨܪܐܠܕܝܢ ܦܠܛܘܢ ܟܝܠܐ ܗܘܐ. ܡܕ̄ ܝܘܡܐ ܟܢܘܢ ܡܟ̣ܝܟܕ ܠܗ ܟܡܕ̄ ܕ̈ܠܝ: ܡܠܠܐ ܦܘܠܛܠܗ ܦܠܟܐ ܕܝܘܡܐ ܡܫܟܝܢܐ. ܕܠܝ ܐܡܪܐ ܡܘܡܝܢ ܦܠܟܐ ܕܝܘܡܐ ܟܡܟܝܢ ܡ̈ܢܐ؟ ܡܠܠ ܠܐ ܟܘܘܟܠܗ ܐܡܪܐ ܡܐ ܕܠܝ: ܐܠܗܐ ܡܢܐ ܠܗ ܟܟܘܝ ܠܐ ܡ̈ܢܐ ܟܢܘܐ ܦܠܟܐ ܕܟܢܐ ܐܠܗܐ ܟܕܢܘܢ ܟܠܗ؟ (ܦ. 56).

ܡܬܠܐ ܩܗ.

ܚܕ̄ ܝܘܡܐ ܡܠܠܐ ܢܨܪܐܠܕܝܢ ܗܘܐ ܠܗ ܫܠܝܐ ܐܢܫܐ ܟܫܟ̈ܝܒܘܢ ܟܝܐ ܗܡܝܢܐ ܘܘ̈ܐ. ܗܡܝܢܗ ܡܠܠܐ ܝܗ ܟܢܗܘܢ ܗܘܡܘܚܠܗ ܐܡܪܐ: ܗܝܠܐ ܟܡܪܐ ܗܡܢ̈ܐ: ܐܝܟܘܢ ܗܕ ܦܥܝܗܘܢ: ܟܪܝܢ ܠܗ ܐܢܫܐ ܗܢ̈ܝ ܡܫܟܢ ܐܢܫܐ. ܗܕܐ ܟܫܘܢ ܗܘܐ ܫܠܝܫܢ ܠܗ ܐܡܪܐ ܫܠܘܡܝ ܗܘܐ ܗܕ ܗܟܝ ܠܗ ܟܝܐ ܗܡܢ̈ܐ. (ܦ. 97).

ܚܕܐ ܕܡܠܟܐ ܘܕܒܫܐ (ܚܠܡܐ ܘܕܒܫܐ)

ܟܬܝܒܘܗܝ ܫܡܫܐ ܥܘܫܐ ܕܒܝܬ ܡܠܟܐ، ܫܘܪ، ܫܢܬܐ ܕܡܫܝܚܐ 1936)

ܬܘܪܐ ܘܡܠܟܐ ܘܗܘܦܐ.

ܐܡܪܗ ܕܟܠܝܡ ܡܠܟܐ: ܡܘܕܝܥ ܠܝ ܐܝܟܐ ܡܠܟܐ. ܬܘܪܐ ܡܚܝ ܠܝ ܐܢܐ ܡܠܟܐ ܟܠ ܗܘ ܕܬܘܪܐ ܟܠ ܐܝܬܘܗܝ ܘܟܠ ܡܢ ܚܝܘܬܐ ܐܝܬܐ ܠܐ ܬܐܟܠ ܡܢ ܟܝܗ.

ܐܡܪܗ ܦܝܠܣܘܦܐ: ܡܠܟܐ ܕܬܘܪܐ ܘܡܠܟܐ ܘܕܗܘܦܐ ܝܗ ܡܣܘܐ ܠܗ̇ ܡܢܕܝ ܕܝܘܡ ܕܠܠܟܐ.

ܐܡܪܗ ܡܠܟܐ ܡܚܝ ܠܗ ܐܝܟܐ ܐܡܪܐ.

ܐܡܪܗ ܦܝܠܣܘܦܐ: ܕܐ ܡܚܝ ܕܒܕܐ ܬܘܪܐ ܐܝܬ ܗܘܐ ܠܗ̇ ܡܢܐ ܒܟܪ ܐܢܐ ܐܝܠܢܐ ܟܪܐ ܕܒܘܟܝ ܡܢ ܘܟܪܐ ܘܪܫܝܡ ܘܦܘܠܫܐ ܕܐ ܡܥܪܒܐ ܗܘܐ ܠܗ̇ ܟܘܡ ܟܘܫܬܐ ܕܗ̇ܘ ܐܝܠܢܐ. ܘܐܢܫܐ ܡܩܠܝܬܐ ܗܘܐ ܘܬܪܝܢ ܐܢܝ ܗܘܐ ܐܢܐ ܡܠܟܐ ܘܟܠܝܐ ܗܘܐ ܡܫܘܬ ܗ̇ܘ ܐܝܠܢܐ ܘܡܚܪܐ ܗܘܐ ܠܓܘܠܗ̇ ܘܡܠܟ ܗܘܐ ܡܢܘܗ̇ ܘܬܪܝܢܘܗ̇: ܘܐܠܐ ܝܗ ܟܝܕ ܗܘܐ ܡܚܪܐ ܟܠܘܗ̇ ܘܝܗ ܩܝܠ ܗܘܐ ܠܗ̇ ܐܢܫܐ ܘܬܪܝܢܘܗ̇. ܘܗ̇ܘ ܡܢ ܘܕܘܟܬܗ̇ ܡܥܪܒܐ ܗܘܐ ܠܗܘܢ ܬܪܝܗ ܘܬܪܝܢܘܗ̇. ܘܐܢܐ ܬܘܪܐ ܐܝܬ ܗܘܐ ܠܗ̇ ܚܕ ܘܬܪܝܢܐ: ܘܐܡܪ ܠܗ ܐܢܐ ܗܘܦܐ ܘܡܩܝܠܗ ܠܓܘܠܗ̇ ܟܠ ܐܝܠܢܐ ܘܡܢ ܠܗ ܦܝܫܬܐ ܘܝܬܒ ܗܐ ܟܪܐ ܘܐܡܪܗ ܩܘܗ̇: ܩܐ ܡܘܕܝ ܩܕܡܐ ܡܬܚܬܐ ܡܢ ܬܘܪܐ؟ ܘܟܢܫܝܢ ܢܘܫܠܐ ܘܡܘܫ ܟܕ ܐܘܠܐ؟ ܐܡܪܗ: ܩܐ ܗܘܦܐ: ܐܢܐ ܡܠܟܐ ܗܘܝܐ ܠܗ ܕܘܟܬܐ ܕܘܟܐ ܡܚܝ ܘܡܢܐ ܠܗܘܢ ܟܠܝܗ. ܕܟܠ ܟܕܢܐ ܕܝܐ ܗܘܐ ܠܝ ܚܕ ܘܬܪܝܢ ܕܐ ܐܢܝ ܘܕܐ ܟܠܝܐ ܡܫܘܬ ܐܝܟܐ ܐܝܠܢܐ ܘܕܐ ܐܬܠ ܡܪܚܩܐ ܟܠܝܗ. ܘܐܘܦ ܐܢܐ ܡܢ ܘܕܘܟܬܝ ܕܐ ܡܥܪܒܐ ܗܘܐ ܘܬܪܝܢ ܬܪܝܗ ܘܡܢ ܟܢܫܝܢ ܕܐ ܐܬܠ ܠܗܘܢ ܘܕܐ ܐܘܠܐ. ܐܡܪܗ ܩܘܗ̇ ܗܘܦܐ: ܗܐ ܠܐ ܘܕܝܢܐ ܡܢܗ: ܠܐ ܡܚܐ ܕܟܕܝܢ ܟܠܝ ܕܘ ܡܢܕܝ. ܗܝ ܐܢܐ ܠܗ ܡܕܐ ܟܘܬܐ ܐܝܟܐ ܘܐܬܠܗ ܕܘܟܬܐ ܟܠܝܗ ܘܡܠܟܝܗ ܘܬܪܝܢܐ ܡܚܝ ܩܘܗ̇ ܗܐ ܠܐ ܡܥܪܒܐ ܠܗܘܢ ܘܬܪܝܢ ܩܘܗ̇: ܡܘܕܝ ܟܠܝܬܐ ܕܩܝܡܐ ܘܗܝ ܐܝܠܢܘܗܝ ܘܟܠ ܬܪܝܢ ܝܗ ܦܟܪܐ ܐܢܐ ܘܝܗ ܦܟܪܐ ܐܢܐ. ܘܦܪܫܝܗ ܗܘܦܐ ܘܡܩܝܠܗ ܠܓܘܠܐ ܕܐܢܐ ܐܡܪܐ.

ܘܐܢܫܝܗ ܡܠܟܐ ܟܕܝܢܐ ܕܗ̇ܘ ܕܐ ܬܟܪ ܗܘܐ ܠܗ̇ ܘܟܠܝܗ ܡܫܘܬ ܐܝܠܢܐ ܘܡܚܪܝܗ ܠܓܘܠ ܬܪܝܢ ܘܡܠܟܝܗ ܐܢܝ ܟܪܝܗ ܕܡܥܪܒܐ ܠܗܘܢ ܘܬܪܝܢܘܗ̇ ܩܝܡܐ. ܘܩܡ ܡܚܘܬܐ ܠܗ ܬܘܪܐ ܐܢܝ ܕܡܘܠ ܦܘܗ̇ ܗܘܐ ܗܘܦܐ. ܐܡܪܗ ܩܘܗ̇ ܡܠܟܐ: ܗܐ ܟܡܐ ܟܕܝ ܡܕܝܢ ܠܝ ܡܢ ܩܡ ܡܠܟܘܬܝ: ܘܡܢ ܡܩܝܠܗ ܟܘܡܝ ܐܝܟܐ ܗܘܪܡܢ؟ ܐܡܪܗ ܬܘܪܐ ܦܪܝܫܬܐ: ܗܘܦܐ ܡܘܠܦܝܗ. ܘܡܘܕܐ ܠܗ ܡܠܟܐ ܟܡܐ ܗܘܦܐ ܘܩܡ ܡܚܝܠܗ ܟܠ ܡܕܘܪܐ ܕܐܡܪܐ: ܘܕܚܝܠܗ ܥܠܡܐ ܟܠܘܗܝ ܘܐܡܪܗ: ܡܢܐ ܗܘܦܐ: ܗܐ ܡܢܝ ܦܘܡܐ ܟܠܘܟ ܡܢ ܕܟܐ ܕܐܢܫܝܬܐ ܐܡܪܐ ܕܐ ܡܚܝܗ ܠܗ ܚܘܟ؟ ܐܡܪܗ: ܟܕܝܢܐ

ܕܡܫܝܚܐ. ܐܡܪܝܢ: ܘܐܢ ܡܫܬܐܠܝܢ ܡܢ ܝܠܕܐ ܕܡܫܝܚܐ ܠܐܒܗ̈ܬܐ ܟܕ ܦܫܝܩܐ ܠܗ؟ ܐܡܪܝܢ ܠܝܠܕܐ ܕܐܒܝܫܐ ܐܢ ܬܠܬ ܫܢܝܢ. ܘܐܡܪܝܢ ܘܐܢ ܡܫܬܐܠܝܢ ܡܢ ܟܠ ܝܠܕܐ ܐܒܗܬܐ ܟܕ ܡܫܝܚܐ ܠܗ؟ ܐܡܪܝܢ ܟܕ ܦܫܝܩܐ ܡܫܐ ܒܘܠܩܢܝ. ܐܡܪܝܢ ܐܚܠܐ ܘܕܐܒܝ ܟܕ ܡܢܝܢ ܕܡܫܝܚܐ ܠܗ ܡܫܐ ܒܘܠܩܢܝ. ܠܐ ܚܘܢ ܝܬܩܢܐ ܕܐܬܬܐ ܡܘܡܢ ܝܠܬܗ. ܡܢܕ ܚܘܝܕܐ ܥܠܝܗ ܐܠܗܐ ܡܡܘܢܗ ܐܚܕܐ ܐܠܟܬܐ ܕܚܡ ܒܘܕܐ ܕܝܠܐ ܥܠܝܗ ܚܘܦܛܝܣ ܡܢܝ: ܘܟܕ ܚܘܣܡܘܢ ܒܫܕܐ ܡܢܗ ܗܘ ܡܢܕܝ ܕܐܢܫܝ ܠܐ ܡܢܝܣ ܕܡܢܗ ܝܠܗ ܘܡܘܣ ܠܗ ܒܫܕܐ ܝܢܩܐ. ܘܒܡܫܡܫܢܘܬܐ ܟܕ ܡܢܝܚܘܢ ܕܡܫܝܚܘܢ ܠܗ ܟܬܘܒܘܢ ܡܫܐ ܒܘܠܩܢܐܒܘܢ ܡܢ ܦܘܡܐ ܘܡܢ ܐܕܢܐ. ܡܢܕ ܚܘܒܐ ܝܠܘܒܘܢ: ܝܠܐ ܝܢ ܟܡܫܐ ܠܘܝ ܐܢܫ ܘܝ ܠܝ ܕܐܒܝ ܟܕ ܡܫܝܚܐ ܠܗ ܟܬܘܝ ܡܫܐ ܒܘܠܩܢܝ. ܘܡܢܝܢܗ ܗܘܦܪ ܟܬܗ ܡܫܐ ܒܘܠܩܢܘܣ: ܘܐܠܟܐܠ ܐܚܠܐ ܒܕܝܠܗ ܘܒܘܕܗ ܒܕܝܗ ܘܡܢ ܝܕܥ ܠܗ ܐܠ ܐܕܟܐ ܘܡܢܝܠܗ ܘܐܡܪܗ ܡܢܗ: ܡܐ ܫܡܥܐ ܕܐܢܝܗ: ܟܕ ܡܢܝܗ ܟܠܗ ܡܐ ܡܘܬܐ ܘܟܕ ܐܠܗܝܢ ܠܗ ܐܒܪܗ ܕܡܫܟܢܐ ܟܬܒܗ: ܐܝܟܐ ܡܐ ܐܢܘܢ ܟܕܘ ܝܘܡ ܘܝܬܩܠܐ ܚܘܡ ܒܠܝܕܐ ܕܒܥܝܢܘܝ؟ ܘܡܢ ܡܝܠ ܠܗ ܘܡܢ ܐܟܠ ܠܗ.

ܚܘܫܒܢܐ

ܘܟܕ ܡܕܝܠܗ ܐܚܠܐ ܒܝܬ ܐܠܗܐ ܠܡܠܫܘܦܐ ܐܘ ܠܐܒܐ: ܟܡܫܝܠܗ ܐܠܗܐ ܘܠܐ ܡܚܘܝܢܗ ܡܢܕܝ ܐܝܬܐ.

ܡܢܗ ܐܡܪܗ ܡܠܫܘܦܐ: ܡܢܗ ܕܐܬܐ ܡܐ ܐܠܗܐ: ܘܐܠܗܘܗܝ ܗܘܐ ܒܘܕܡܐ ܘܡܢܝܕ ܚܘܝܒܐ ܡܘܢ ܒܠܡܢܕܝ ܕܐܝܬ ܠܚܘܝ ܟܐܢܘܬܐ ܘܕܝܢܬܐ ܘܒܥܘܬܐ ܕܐܒܢܐ ܐܠܗܘܗܝ ܘܒܘܕܟܢܐ ܕܡܢ ܕܟܢܘܬܐ ܐܠܗܝܬܐ. ܗܐ ܒܥܝܠܗ ܒܝܘܝ ܚܘܠܩܢܐ ܘܐܢܫܘܬܐ ܘܡܢܘܟܪܝܠܗ ܒܝܘܝ ܗܘܢܐ ܘܡܢܘ ܡܢ ܘܟܪܝܢܐ. ܘܐܢܫ ܐܝܘܟܘܬܐ ܒܟܪܝܣܬܝܢܝ ܐܟܠܐ ܒܡܡܘܢܘܝ ܝܠܗܐ ܐܢ ܡܘܬܐ. ܡܢܘܢܝܠܘܝ ܐܝܬܐ ܘܐܢܫܘܬܐ ܐܡ ܐܢ ܗܘܢ ܘܟܢܢܐ ܒܝܢܬܐ ܘܠܐ ܐܠܝܠ ܡܚܡܟܢܘܬܐ ܐܢ ܡܡܝܠܗ ܒܝܘܝ ܐܟ ܡܢܕܝ ܡܐܝܘܬܐ ܘܡܢܘܬ ܕܟܘܚܘܝ. ܡܢܘܡܢܠܝ ܡܚܘܝ ܒܐܬܐ ܚܟܡܬܐ ܐܚܠܐ ܡܫܒܚܐ ܡܢܐ ܒܠܡܢܕܝ: ܘܡܫܘܡܠܝ ܡܚܘܝ ܠܢܘܗܪܐ ܕܒܘܡܟܘܝ ܡܢ ܐܢܫ ܒܘܝܢܐ ܕܟܢܐ ܘܠܚܘܩܐ.

ܘܚܡܐ ܕܐܢܫ ܗܘܐ ܠܝ ܐܝܡܢܘܬܐ ܚܘܦܛܠܝ ܡܚܘܝ ܒܟܪܣܝ ܘܒܟܬܒܘܢܝ ܘܒܫܒܚܝ ܕܒܝܬܐܠܝ ܕܟܢܝ ܘܐܝܬܘܬܐ ܕܐܢܫ ܠܘܝ ܐܠܝ ܘܡܚܡܝܠ ܠܐܢܫܘܝ ܐܝܡܢܘܬܐ ܠܡܠܟܘܬܐ ܠܚܘܒܐ ܘܠܚܘܝܐ. ܘܡܘܬܝܠܗ ܐܘܬܐ ܒܟܕܐ ܡܠܟܐ ܘܡܘܟܐ ܘܐܝܡܢܘܬܐ ܐܢܫ ܕܐܡܪܝ ܡܚܘܝ. ܘܗܘ ܕܡܫܝܚ ܝܕܥܬܐ ܠܐ ܥܠܗ ܒܘܬ ܚܘܒܐ ܡܢ ܐܚܘܠܐ ܕܟܘܡܟܢܐ: ܘܠܐ ܚܫܝܟܐ ܕܐܝܡܢܘܬܗ ܒܘܬ ܡܢܚܕܐ ܥܠܗ ܡܢ ܡܢ ܡܚܠܨܘܗܝ ܘܠܐ ܐܠܗܐ ܕܐܝܬܘܬܐ ܒܘܬ ܡܢ ܡܠܟܘܬܗ. ܡܦܪܫ ܠܗܘܢ ܫܡܫܐ ܐܢܫ ܡܢܕܝܢܐ ܡܐ ܐܠܗܐ ܘܡܕܝ ܕܐܢܫ ܐܢܫܐ ܘܠܐ ܡܘܬܗ ܝܠܐ ܒܐܠܗܐ ܒܘܟܐ ܘܟܡܐ. (ܦ. ܟܪ - ܟܘ).

ܡܫܡܫܢܐ ܕܐܬܘܪ̈ܝܐ

(ܫܢܬ ܬܫܥܝܢ ܐܕܫܝܢܐ، ܗܡܕܢ، ܡܛܒܥܬܐ ܕܐܬܘܪ̈ܝܐ، 1947)

ܐܢܐ ܡܠܟܐ ܐܦܝܫ ܬܠܬܐ ܐܘܪܚܐ ܠܡܫܡܫܢ̈ܐ ܡܢ ܚܠܐ ܚܢܝܢ: ܘܗܘܐ ܐܢܫܐ ܚܕܟܡܐ: ܡܢ ܕܝܘܡܐ ܬܡܐ: ܘܕܝܘܠܐ ܠܡܘܫܚܬܐ ܡܢ ܐܬܘܪ̈ܝܐ ܘܦܢܝܐ ܚܘܕ: ܐܠܝ ܘܡܘܟܐ: ܘܠܟܐ ܐܝܠܗ ܡܢ ܡܢܝܢ ܡܢܝܢܐ ܘܐܢܐ ܐܡܪ ܐܢܐ ܕܐܢܫܐ. ܕܐܦ ܝܐ ܐܠܗ ܡܘܬܐ ܐܠܗ: ܐܟܡܐ ܐܝܬ ܐܠܗ ܕܘܟ ܡܢ ܐܝܗ. ܡܢܢ ܐܠܗ: ܐܝܟܐ ܐܝ ܟܝܠܗ ܠܫܢ̈ܐ ܕܗ ܡܠܐ. ܡܘ ܗܘܝܐ؟ (ܦ. 3).

ܐܝܬ ܗܘܐ ܐܢܫ ܗܘܐ ܠܗ ܕܘܝܫܐ ܡܢ ܡܢܝܢ ܐܝܬ ܗܘܐ: ܡܢ ܝܘܡܐ ܕܡܘܬܘܗܝ ܗܘܐ ܠܐ ܗܘܐ ܕܡܕܡ: ܘܡܢܐ ܐܡܪ ܠܐ ܥܒܕ ܗܘܐ. ܐܡܪ ܕܦܬܚܘܗܝ ܡܢܐ ܕܐ ܐܢܫܐ ܗܘܐ ܘܕܐ ܦܬܘܪ ܗܘܐ. ܡܘܕܝ ܗܘܐ؟ (ܦ. 9).

ܟܠ ܩܕܡ ܕܝܘܡ ܚܘܫܐ ܐܟܪܐ ܡܢ ܗܘܐܠܝ ܠܡܪ ܡܫܝܚܐ ܡܪܐ ܕܫܒܝܚܐ ܘܢܛܪܐ ܘܚܠܐ ܐܝܟ ܐܟܘ ܬܐ ܐܡܪܐ ܡܘܬܐ ܗܘܕܝܐ ܗܘܐ ܚܕܟܡܐ ܕܐܘܪܚܐ ܘܟܠܐ ܕܟܠܝ ܐܘܪܚܐ ܐܘܦ ܡܢ ܟܘܦܐ ܠܝܐ ܗܘܐ ܕܥܡܝܢܐ ܝܘܡܝ ܗܘܐ. ܐܝܟܐ ܡܘܕ ܡܫܝܚܐ ܐܠܗ؟ ܡܕܠܝ!ܡܕܠܝ!ܐܡܪܐ ܐܠܗ ...!ܐܘܗ ܠܐ ܠܐ: ܩܪܝܬܐ ܐܡܪܚܡܘ ܡܢ: ܠܐ ܡܕܠܝ ... ܕܐ ... ܐܡܪ ܡܢܘܗ ܠܥܡܝ ܐܠܗ ܗܘܐ. (ܦ. 21).

ܟܬܒܐ ܕܩܪ̈ܝܬܐ ܕܫܘܠܐ ܐܝܕܢܝܐ

(ܡܬܘܪܓܡܐ ܡܢ ܠܫܢܐ ܦܪܢܣܝܐ ܠܐܬܘܪܝܐ ܣܘܪܝܝܐ، ܫܢܬ ܬܫܥܝܢ ܘ ܐܠܦܝܐ، ܛܗܪܢ، 1947)

ܟܬܘܒܐ ܕܐܝܟ ܗܘܝܐ

ܕܐ ܗܘܝ ܕܐܝܟܐ ܕܗܘܝܐ ܐܝܬ ܗܘܠܐ ܟܬܒܐ ܟܬܘܒܐ: ܚܠܘܡ ܕܐ ܐܘܠܐ ܗܘܐ ܠܐܝܟܐܡܬܘ. ܐܢܐ ܚܘܫܐ ܐܡܪܘ ܡܢ ܗܘܝܐ: ܡܢܝ ܡܢ ܐܝܟܘܢ ܕܐܝܟܐ ܐܢܫܐ. ܒܘܪܟܐ ܡܟܡܢ: ܐܝ ܝܘܡܠܝ ܕܐ ܦܫܝܛܐ ܗܦܚܘܕܘ ܡܟܘܗ. (ܦ.2).

ܐܢܫܐ ܘܐܝܪܘ

ܐܝܟܐ ܕܗܘܝܐ ܐܢܫܐ ܗܘܐ ܡܫܝܚܐ: ܐܢܐ ܐܢܫܐ ܐܝܟܠܗ ܠܐܝܪܘ ܗܘܦܟܝܠܗ ܠܟܪ ܐܢܐ ܐܝܠܝܬܐ ܟܬܒܐ. ܐܝܟܐ ܡܕܠܐ ܠܗܘܝܐ ܕܐܡܝܐ ܗܘܐ ܦܝܠܐ ܗܘܠܗ. ܗܘܝܐ ܐܡܪܐ ܡܟܘܗ: ܝܘܡܐ ܡܘܗ ܕ ܦܘܡܐ ܕܐܢܫܐ ܟܝܪ ܚܘܡܐ ܚܠܐ ܡܢ ܐܢܫܝ: ܗܘ ܟܝܪ ܗܝܡܢܐ ܐܠܗ ܠܐܝܪܘ. (ܦ. 72).

ܡܘܬܐ ܕܟܡܘܪܐ

ܐܢܐ ܦܠܘܚܐ ܡܢ ܗܘܝܐ ܟܘܡܝܪܐ: ܐܘ ܐܢܫܐ ܕܐ ܦܝܫܐ ܠܘܘܬܐ؟ ܒܘܘܟܠܐ: ܐܢܐ ܐܡܪܐ ܕܐ ܦܝܫ ܟܝܪܘ ܕܠܐ ܦܫܝܫ ܠܦܠܘܚ̈ܐ. (ܦ. 85).

ܟܬܒ̣ ـ ܬܘܠܐ ܕܡܫܝܚܝܘܬܐ ܡܫܡܫ ܢܚܝܐ ܕܐܬܘܪܝܐ

(ܟܬܝܒ ܒܝܫܘܥ ܐܒܪܗܡ، ܛܗܪܢ 1950)

...

ܐܘܦ ܡܫܝܚܝܘܬܗ ܡܩܒܠ ܢܚܝܐ ܕܐܬܘܪ ܡܢ ܩܕܡ ܕܩܝܡ ܗܘܐ ܡܘܪܒܐ ܠܥܪܒܐ ܕܢܨܝܒܘܬܐ ܩܫܬܐ ܘܦܪܐ ܕܡܘܬܒܗ ܠܐ ܡܨܝܪ ܗܘܐ ܠܗܘܢ ܒܥܕܝܢܬܐ ܕܢܝܪܬܐ ܕܝܢ ܕܠܡܩܐ ܡܢ ܡܕܡ ܐܬܘܪܝܐ ܠܒܝܩܐ ܕܒܘܪܐ. ܡܢ ܩܕܡ ܐܝܡܢܐ ܘܦܪܢܣܐ ܒܝܢܬܐ ܠܟܠ ܐܝܟ ܡܘܠܩܬܐ ܘܠܡܥܕܝܬܐ ܕܐܘܢܝܐ ܘܪܘܝܕ ܩܠܝ ܕܡܦܘܪܩܢ ܒܫܡܝܐ ܡܪܟܐ ܕܐܬܘܪ ܒܐܡܪܐ ܚܠܐ ܕܢܚܝܬܐ ܡܩܒܠ ܩܐ ܕܐܢܝܢ ܡܘܪ̈ܐ ܕܗ ܕܠܐܢܐ ܡܘܒܠܐ ܚܝܐ ܒܘܪܟܬܐ ܐܘܦ ܡܢ ܐܝܪܐ ܕܦܛܪܝܪܟܐ ܩܕܡ ܡܫܝܚܝܘܬܐ ܐܪܡܝܬܐ. ܚܘܝ ܩܕܡ ܡܫܝܚܝܘܬܐ ܘܐ ܒܪܘܫܗ ܐܝܟ ܐܢܫܐ ܟܪܐ ܐܘܪܐ ܚܡܫܐ ܘܡܢ ܐܝܪܗ ܩܐ ܥܘܠܝܬܐ ܦܪ̈ܬܐ ܕܐ ܡܠܟܐ ܗܘܗ ܒܘܪܟܬܐ ܐܘܦ ܡܠܟܐ ܡܫܝ̈ܚܬܐ ܕܐܝܪܢ ܘܐܡܦܪܛܘܪܐ ܕܪܗܘܡܝܐ ܐܝܟ ܐܘܪܟܝܐ ܘܦܘܩܕܗ ܦܪܘܙ ܡܠܟܐ ܕܐܝܪܢ (628 ـ 590) ܒܝܘܡܐ ܕܩܕܡ ܡܫܝܚܝܘܬܐ ܡܘܒܠܗ ܒܥܕܝܬܐ ܕܠܥܘܠ ܐܝܟ ܕܪܟܐ ܐܘܪܐ ܘܣܓܐ ܡܕܪܫܐ ܒܠܫܢܐ ܒܢܘܡܣܐ ܕܒܝܬܗ ܐܝܟ ܣܓܐ ܒܝܫܐ ܐܘܦܪܬܐ ܐܘܪܚܐ ܕܚܡܬܐ. (ܦ. 5 ـ 6).

ܟܬܒܐ ܕܫܡܥܬܐ ܡܢ ܡܠܬܐ ܘܟܘܪ̈ܐ

(ܟܬܝܒ ܒܝܕ ܥܘܫܥ ܩܠܝ ܡܘܢ، ܛܗܪܢ، ܡܛܒܥܬܐ ܕܫܘܪܝ، 1 9 5 0)

ܗܘܪܟܐ ܡܢܟܝܐ

ܠܒܝ ܐܝܒܠܕܐ ܡܕ ܢܝܓܠܫܘܬܐ ܡܘܡܪܐ ܡܕ ܡܘܥܐ ܕܝܢ ܟܝܒܐ ܕܠ ܗܘܡܘܡ ܘܝܒܕܪܐ ܡܢ ܒܗ ܣܓܐ ܩܡܬܐ: ܒܗ ܟܠܘܠܐ ܗܘܡܠܗ ܒܣܒ ܡܠܬܐ ܐܝܢܐ ܕܝܠܟܐ ܡܕ ܒܪܫܐ ܬܡܟܐ ܬܡܟܘܡܘ. ܐܢܐ ܡܠܬܐ ܕܝܢ ܚܘܝܗ ܠܐܡܐ ܐܢܐ ܡܘܡܪܐ ܚܠܝܗ ܘܕܘܥܡܠܗ ܘܠ ܒܗ ܦܩܘܡܘ. ܐܢܐ ܡܘܡܪܐ ܚܠܝܗ ܘܕܘܥܡܠܗ ܘܠ ܒܗ ܦܩܘܡܘ. ܠܒܝ ܐܝܒܠܕܐ ܚܘܝܠܗ: ܬܘܡܪܗ ܡܢܗ: ܕܐ ܒܕܝܗ ܡܩܝ ܝܘܡ؟ ܒܠܒܡܐ ܕܐ ܒܕܝܢܘܢ ܝܘܡܚܠܗ ܡܠܬܐ. ܒܗ ܡܘܕܝ ܚܠܗ ܥܩܝ؟ ܝܡܘܢ ܠܒܝ ܐܝܒܠܕܐ ܝܠܗ: ܐܝܢ ܕܗ ܗܘ ܡܠܬܐ. ܒܗ ܡܥܘ ܠܐ ܥܡܝܠܠܘܢ ܚܘܫܝܒܘܢ ܕܝܢ ܗܘܡܠܘܢ ܒܝܝ؟ ܬܘܡܪܗ ܠܒܝ ܐܝܒܠܕܐ. ܡܠܬܐ ܒܟܬܐ ܐܕܝܘܬܐ ܝܘܡܚܠܗ: ܝܗ ܥܡܠܝ ܗܘܐ ܠܗ ܐܢܐ ܝܢ ܒܝܗ ܗܘܗ ܗܘܐ ܕܝܥܘܡܘ ܒܪ ܣܝ.

ܪܡܘܬܐ. ܚܘܪ ܕܪܟܒ ܒܥܘܡ ܡܢ ܝܥܡܘܠܝܬܐ ܒܠ ܐܕܝܘܬܐ ܕܡܘܪܟܗ ܡܢ ܐܢܫܐ ܐܘܪܐ. (ܦ. 116 ـ 117).

ܚܘܣܢ : ܗܘܐ ܐܠܐ!

ܡܫܠܡܐ ܡܢ ܣܝܦܐ ܕܐܬܘܪܝܐ ܒܓܘܕܐ ܕܒܘܗܘܬܐ

(ܡܢ ܟܬܒܐ ܐܦܣܩܘܦܘܬܐ 1953)

ܡܘܒܢܐ ܘܡܫܬܘܕܥܢܐ ܐܬܘܪܝܐ ܝܠܗ ܗܘܐ ܘܐܝܠܗ ܗܘܐ ܒܚܕܝܐ ܒܕ ܓܢܒܐ ܘܡܢܐ ܓܢܒܐ ܝܠܗ ܗܘܐ: ܓܒܐ ܕܓܢܒܐ ܡܘܢܝܢ ܒܗܘܐ ܘܫܡܐ ܕܓܢܝܗ ܦܪܝܫܐ. ܐܝܟ ܡܢ ܒܕ ܘܗܘܢ ܡܘܕܥܐ (ܕܘܠܬܐ) ܝܠܗ ܗܘܐ ܠܗܘܢ ܒܡܕܝܢܬܐ ܕܓܢܣܘܗ̇ ܗܘܐ ܒܡܪܝܐ ܦܪܝܫܐ ܘܒܣܘܦܩܘܬܐ ܐܓܪ̈ܫܬܐ ܒܕܥܬܐ ܓܒܝܐ ܐܝܟܢܐ ܒܢܝܢܗ̇.

ܟܕ ܐܡܪܝܢ ܗܘܐ ܘܒܝܬܐ ܒܓܡܪܐ ܘܦܘܪܣܢܐ ܟܕ ܥܒܕܝܢ ܗܘܐ ܒܕ ܒܐܫܬܝܢ: ܟܕ ܦܠܚܝܢ ܗܘܐ ܠܝ ܐܢܫܐ ܡܫܝܚܐ: ܗܕܟܐ ܠܐ ܐܡܪܝܢ ܗܘܐ ܠܗ: ܟܕ ܓܒܝܢ ܗܘܐ ܟܢܫܐ: ܘܟܠܗܝ ܕܓܒܝܗܘܢ: ܕܡܠܟܐ ܡܠܘܫܐ: ܟܕ ܐܬܝܢ ܗܘܐ ܠܓܒܐ ܕܒܠܫܢܐ ܡܟܝܟܐ ܡܢ ܬܪܬܐ: ܟܕ ܓܠܠܝܢ ܗܘܐ ܐܝܟܐ ܒܚܝܠܗ ܕܐܢܫܐ ܟܕ ܡܚܝܢ ܗܘܐ ܠܗ ܬܪܬܐ ܐܢܫܐ ܡܢܗܘܢ ܠܗ ܐܬܘܪܝܐ: ܟܕ ܒܟܝܢ ܗܘܐ ܕܐܢܫܐ ܡܫܡܥܝܢ ܗܘܐ ܠܗܘܢ ܘܦܚܕܝܢ ܗܘܐ ܠܗܘܢ ܒܟܘܦܐ ܕܦܠܚܐ ܡܕܡܝܢܐ ܕܐܬܘܪܐ.

ܐܬܘܪܝܐ ܘܐ ܐܡܪ ܡܢܕ ܟܕ ܡܫܡܥܝܢ ܗܘܐ ܠܗܘܢ: ܟܕ ܡܣܝܒ ܗܘܐ ܡܕܡܝܢ ܘܩܡ ܐܡܪܐ ܟܠܐ ܟܕ ܦܩܕ ܗܘܐ ܡܢܝܢ: ܡܢܕܪܫ ܓܒܝܐ ܫܡܗܐ... (ܦ. 1 – 2).

ܟܬܒܐ ܕܡܠܐ ܡܠܬܐ

(ܡܢ ܡܪܝ ܫܠܡܘܢ ܐܫܝܐ، ܐܘܪܡܝ 1909، ܒܡܫܝܚܐ ܡܪ. ܫܠܝܡܐ ܟܢܗ ܡܪܝ ܚܘܣܢ ,ܗܘܐ (1956

ܡܫܠܐ ܡ. ܫܠܡܐ ܘܫܝܡܐ

ܐܢܫܐ ܓܒܝܐ ܐܢܝ ܓܫܡ ܘܒܘܟܝܐ ܒܕܡܝ ܠܦܪܨܘܦܐ ܥܝܢܐ ܕܝܘܡܬܐ
ܚܘܫܡ ܒܫܡܐ ܒܒܕܠܐ ܠܒܫܡܬܐ ܗܟܝܢܐ ܠܡܘܒܣܐ ܘܡܫܬܐ ܟܠܡܬܐ
ܕܫܡܐ ܕܫܡܝܐ ܚܠܗ ܒܒܝܬܐ ܚܠܝܐ ܐܝܬܐ ܗܘ ܕܡܫܠܐ ܚܠܝܐ ܘܒܗܘܢܐ ܚܠܝܗ
ܡܚܠ ܓܒܐ ܚܕܡܐ ܒܒܝܬ ܘܟܕ ܐܢܫܐ ܘܒܕܡܗ ܒܢܝܫܠܗܘܢ ܘܠܗܘܢ ܚܘܝܐ
ܘܟܝ ܚܘܐܠܗ ܕܐܢܫܐ ܦܫܝܡܐ ܐܝܫܠܗܘܢ ܘܐܒܕ ܡܢܕܝ ܐܝܟܢܐ ܡܠܘܟܐ ܐܝܬ ܠܗܘܢ
ܒܓܝܐ ܐܠܗ ܗܘ ܐܒܕܐ ܦܪܘܫܐ ܕܐܠ ܚܕܐ ܡܫܡܐ ܐܝܟܢ ܐܒܕ ܚܘܫܐ
ܐܒܕ ܚܘܫܐ ܚܘܐܠܗ ܡܫܡܐ ܐܘܕܥܐ ܒܘܡܚܘܡ ܡܠܘܟܐ ܘܐܓܝܕܐ ܒܝܘܕܥܐ
ܡܝܕܗ ܠܦܘܠܚܢܐ ܕܐܘܩܢܐ ܡܫܒܕܐ ܘܠܐܝܕܗ ܕܐܝܬ ܗܘܐ ܒܗܘ ܐܘܡܢܐ ܐܒܝܕܐ
"ܟܠܐ ܓܒܝܐ ܐܝܬܐ ܕܠܐ ܡܘܬܐ (ܐܝܟܢ) ܘܡܠܘܟܐ ܡܠܟܐ ܚܠܗ ܦܘܫܐ"
(ܦ. 249 – 250).

ܐܪܒܐ ܕܩܛܠܐ ܒܢܫ̈ܐ

(ܡܘܪܟܬܐ ܡܢ ܫܢ̈ܬܐ ܠܝܘܪܓܝܣ ܕܒܝܬ ܒܢܝܡܝܢ ܕܐܫܝܬܐ، ܐܘܪܡܝ، ܡܕ. ܕܒܝܒܘܢ، 1957)

...

ܡܢܬܗ ܣܝܦܬܐ ܠܘܚܠܐ ܗܘܐ ܒܕܘܠܬܐ ܘܥܠܝܣܝܠܗܘܢ ܓܘܠܗ ܡܕܢܝܐ: ܘܡܫܘܡܠܐ ܗܘܐ ܡܢ ܓܘ ܡܢ ܦܝܠܐ ܠܡܘܫܐ ܡܢ ܕܟܪܗ. ܣܓܐ ܠܘܓܕܐ ܕܦܫܛܐ ܕܓܘܫܐ ܦܝܫܠܗ ܡܘܠܟܬܐ ܓܠܗ. ܘܓܠ ܓܢܗ ܡܘܥܕ ܗܘܐ ܡܢ ܡܢܟ ܕܓܘܫܐ: ܡܓܠܟܘܫ ܟܡܘܬܐ ܘܡܓܪܢܝܬܐ. ܓܕ ܡܓܕܝܐ ܡܫܘܝܠܬܐ ܡܘܟܟܬܐ ܗܘܐ ܡܕܢܐ ܓܗ ܐܘܡܕ ܕܡܫܘܬܐ: ܡܟܬܐ ܕܦܝܫܠܗ ܡܫܘܟܠܬܐ ܟܝܦܬܐ ܕܝܡܘܬܐ ܣܝܣܬܐ ܝܠܗ.

ܡܕܓܐ ܗܘ ܐܘܡܬܐ ܕܘܟܝܬܐ ܗܘܐ ܟܦܫܬܐ ܡܢ ܒܕܘܠܬܐ: ܒܝܠܗ ܟܡܕܘܬܐ. ܟܕ ܡܫܘܬܐ ܘܡܦܝܠܝ ܦܝܫܠܗܘܢ ܟܓܝܓܐ ܡܢ ܐܝܡܟܗ: ܡܠ ܕܘܟܝܡ ܗܘܐ ܟܘܓܬܐ. ܟܕ ܟܘܪ ܠܘܕܡܐ ܗܘܐ ܘܡܕܢܐ ܝܡܐ ܐܝܬܐ ܡܦܝܠܝ: ܡܢ ܕܡܢ ܕܦܝܫܠܗ ܟܓܝܓܬܐ ܡܢ ܐܘܡܬܐ ܕܓܒܪܬܐ.

ܡܢ ܟܕ ܝܘܡܐ ܘܠܝܟ ܘܒܕܘܠܬܐ ܡܫܘܥܕ ܗܘܐ ܡܫܘܕܠܐ ܟܠܡܐ ܘܐܘܡܘܬܐ:... .(ܦ. 43).

ܥܣܐ

(ܡܢ ܫܢ̈ܬܐ ܠܝܘܪܓܝܣ ܕܒܝܬ ܒܢܝܡܝܢ ܕܐܫܝܬܐ، ܐܘܪܡܝ، ܡܕ. ܕܒܝܒܘܢ، 1958)

...

ܣܝܦܘܡܐ ܐܡܪܗ: "ܝܗ ܡܫܡܫܢܐ ܡܡܝܬ ܠܦܩܐ ܕܝܫܘܥ." ܘܝܡ ܟܠܠܘܬܐ ܡܘܕܥܠܗ ܓܗ ܐܝܓܪܐ ܕܐܚܬܐ ܡܫܝܚܝܬܐ.

ܐܚܬܐ ܒܓܢܐ ܒܘܥܡܠܗ ܠܥܝܕܝܬܐ ܕܓܗ ܕܐܚܬܐ ܦܩܐ ܘܐܝܠܗ ܠܝܫܘܥ ܕܓܒܝܐ ܕܦܪܘܫܝܐ ܘܦܫܝܛܬܐ ܕܟܠܐ ܓܗ ܝܗ ܟܟܝܡܐ: ܕܥܝܢܐ ܕܓܢܝܢܗ ܥܘܕܐ ܗܘܐ ܒܟܡܘܕܐ ܓܠ ܦܡܗ: ܘܐܡܪܗ "ܐܝܟ ܝܗ ܦܪܝܫܗܘܢ ܒܝܬ ܟܠܡܫ". ܐܝܬܐ ܐܝܟ ܕܥܒܕܐ ܠܗ ܒܓܪܐ ܟܘܪ ܘܡܓܐ: ܘܓܢܝܢܗ ܡܟܠܗܘܢ ܠܐܝܢ ܝܥܡܐ ܒܟܕܐ ܐܫܟܝܢ ܕܥܝܢܐ ܕܓܢܝܢܗ ܟܕܘܠܗܘܢ. ܒܝܬ ܗܘܘ ܐܝܢ ܒܟܕܐ ܦܣܓܝܢܐ: "ܦܝܫܐ ܦܪܫܐ ܟܫܝܠܘܬܐ ܡܢ ܓܡܠ ܕܒܠܓܐ". ܒܟܝܬܐ ܕܓܪܝܢܐ ܟܡܓܪܟܬܐ ܕܝܡܐ ܟܟܝܡܐ.

ܗܘ ܓܘܢܐ ܐܡܪܘܠܐ ܕܓܪܫܝܐ ܡܢ ܟܕܐ ܘܟܢܐ ܕܟܡܬܐ: ܝܘܡܐ ܡܓܪܟܬܐ ܘܓܕ ܐܚܬܐ ܕܐܚܬܐ ܝܗ ܟܟܝܡܐ. ܡܢ ܦܪܫܬܐ ܕܗܘ ܓܡܐ: ܝܘܡܐ ܕܡܢ ܓܡܠ ܕܒܠܓܐ ܟܟܕܐ ܕܥܝܢ ܡܘܬܐ. ܟܠܗ ܝܫܘܥܐ ܕܫܘܩܬܐ ܕܐܚܬܐ ܡܫܝܚܝܬܐ ܥܡܠܐ ܗܘܐ ܠܝܫܘܥ ܕܓܝܗ.(ܦ. 4).

ܥܒܕܐ ܢܡܪܐ

(ܡܢ ܟܬܒܐ ܡܠܦܢܐ، ܡܕ. ܟܬܒܘܬܐ ܬܠܝܬܝܐ، 1958)

...

ܢܡܪܐ ܦܬܚܐ ܠܗ ܡܘܟܡܝܬܐ ܚܕ ܦܬܚܐ ܠܗ ܡܫܠܡܐ ܒܘܡܪܬܐ ܕܝܠܗ ܦܠܛ ܠܟܪܐ ܦܪܝܫ ܬܐ ܚܕ ܒܒܬܐ ܕܐܪܡܘܬܐ ܡܘܬܐ: ܐܝܟ ܢܩܫܐ: ܐܒܘܢ: ܝܡܪܐ: ܘܐܚܪܢܐ. ܐܡܪܐ ܗܘܐ ܢܡܪܐ ܒܝܬܗ ܒܘܡܪܬܐ ܕܝܡܡܪܐ ܠܗ ܡܢ ܐܘܪܚܐ ܕܦܠܛ. ܝܐ ܚܘܝ ܝܡܪܐ ܕܐܘܪܚܐ ܝܗ ܗܘܐ ܗܘܐ ܝܗ ܢܒܬܐ ܝܠܝܬܐ ܝܢ ܢܡܪܐ ܠܐ ܗܘܡܐ ܗܘܐ ܠܗ ܕܘܟܐ. ܗܕܟ ܚܠ ܢܦܠܐ ܕܝܡܝܐ ܐܝܟ ܐܘܪܚܐ ܩܝܡܐ ܐܠܘܗܝ: ܒܝܠܗ ܗܘܐ ܡܢ ܕܡܕܡܐ ܕܐܝܡܐ ܟܠܘܢ. ... . (ܦ. ܒ.).

ܡܠܟܐ ܕܚܝܘܬܐ

(ܡܘܪܟܐ ܚܒܪ ܝܘܚܢܢ ܡܪܝܐ ܕܝܘܡܐ ܝܘܚܢܢ ܕܐܢܝܫܐ. ܬܠܝܬܝܐ، ܡܕ. ܟܬܒܘܬܐ، 1959)

...

ܐܡܪܐ ܫܡܥܠܗ ܐܡܐ ܕܝܘܡ ܡܨܛܚܢܐ: ܘܡܘܪܝܫܘܢ ܐܢܫܘܬܐ ܘܐܒܪܗܡ ܠܚܝܘܬܐ ܦܝܫܐ ܡܢ ܦܪܨܘܦܐ ܘܢܛܪܝܐ: ܘܠܫܡܪܐ ܗܡܐ ܕܦܘܠܚܢܐ. ܐܝܢܐ ܦܪܨܘܦܐ ܠܐ ܗܘܐ ܠܗ ܟܐܘܢ ܕܟܠ ܠܐ ܗܘܐ ܐܝܟ ܦܠܚܐ ܐܝܢܐ ܚܠܝܠܗ ܠܪܘܡܐ ܕܟܢܫܘܬܐ: ܘܢܛܪܝܐ ܚܠܝܠܗ ܠܪܘܡܐ ܕܟܠܗܘܢ ܐܢܗ ܡܢ ܕܟܪܐ ܡܢ ܓܒܐ ܕܦܘܠܚܢܐ: ܘܐܢܝ ܡܘܫܠܡܐ ܡܐܡܐ ܦܝܫܝ ܡܢ ܓܡܐ ܡܕܒܪܢܐ ܗܕܟ ܕܝܡܢܐ ܗܘܐ ܗܘܦܟܐ ܡܢ ܐܝܟܢܐ ܕܡܫܚ ܠܪܘܡܢܘܬܐ ܡܢ ܥܠܗ ܦܝܫܐ ܕܐܢܫܘܬܐ.

ܐܝܢܐ ܚܒܪܐ ܕܝܘܡܐ ܠܗܘܢ ܠܐ ܐܡܝܢܐ: ܗܘܐ ܠܗܘܢ ܟܐܘܢ ܕܫܘܚܐ ܠܪܘܡܢܘܬܐ.

ܕܗܘܢ ܟܢܫܘܬܐ ܘܒܪܢܫܐ ܠܡܕܝܢܬܐ ܕܝܠܗܘܢ ܠܥܡܡܐ ܐܝܕܘܥܐ ܘܡܪܘܬܐ ܘܐܢܫܐ ܐܝܟ ܐܢܫܘܬܐ. ܡܘܨܛܠܚܘܢ ܠܦܪܨܘܦܐ ܘܢܛܪܝܐ ܕܡܟܪܐ ܠܡܕܒܪܢܘܬܐ. ܘܠܗ ܕܡܢ ܐܝܘܡܐ ܚܘܠܗ ܦܪܨܘܦܐ ܕܟܢܫܘܬܐ ܥܡܝܠܐ ܗܘܐ ܪܘܡܐ ܡܢ ܦܪܘܬ: ܐܡܪܗ ܒܪܢܫܐ ܡܘܕܝܥ ܕܪܘܪܒܐ ܡܢ ܡܝܠܟܐ ܘܚܡܝܬ ܐܝܟ ܕܡܘܪܟܠܗܘܢ ܠܒܢܬܐ ܕܐܢܫܘܬܐ ܡܢ ܡܬܐ. ܐܝܢܐ ܠܐ ܗܘܝܫܘܢ: ܘܐܡܪܗܘܢ ܕܡܘܡܝܐ ܚܕܘܢ ܠܪܘܡܢܐ ܡܢ ܐܝܟܢܐ ܕܡܫܝܚܐ: ܡܢ ܗܕܟ ܕܠܗ ܠܡܕܘܢ ܚܘܝ ܡܢ ܠܡܠܟ. ܐܡܪܐ ܡܚܡܕ ܕܟܠ ܚܕܐ ܦܝܫܐ ܡܘܢܚܠܗ ܠܐܡܪܗ ܡܢܗ ܦܪܨܘܦܐ ܚܒܪܐ ܡܘܕܝܐ ܠܗ ܕܡܢ ܗܘܡܐ ܗܘܐ ܡܢ ܓܒܐ ܕܦܘܪܫܢܐ ܕܠܟܢܘ. ܘܡܘܕܪܗ ܪܘܡܐ ܡܢ ܟܢܫܘܬܐ: ܗܘ ܢܛܪܝܐ ܡܘܕܪܠܗ ܡܢ ܒܪܢܫܐ: ܘܐܡܪܗܘܢ ܕܠܐ ܡܫܠܡ ܦܝܫܐ ܠܪܘܡܢܘܬܐ. ...

(ܦ. 32 – 33).

ܐܠܦܐ ܦܝܫܬܐ ܕܝܠܕܐ ܘܚܘܪܐ

ܐܡܡܐ ܡܢ ܥܠܝܐ ܘܚܘܪܝܐ

(ܡܘܟܪܝܬܐ ܡܢ ܠܥܒܐ ܕܝܠܝܗ ܕܒܪ ܟܡܝ ܠܝܠܐ ܐܕܝܫܘܥ ܐܫܘܪܝܐ، ܬܗܪܢ، ܗ.ܗ.ܕ.ܐ.،
(1959

...

— ܐܝܡܬܝ ܫܘܡܝ! ܝܘܡܐ ܐܝܬܘ.

ܒܝܘܡܐ ܕܫܒܬܐ ܗܘܝܠܐ ܠܐܠܦܐ، ܫܘܡܝܐ ܥܘܦܪܐ ܡܢ ܐܠܦܐ ܕܝܠܕܐ ܘܚܘܪܐ ܒܥܒܘܪܝܐ ܗܘܕܝܠܐ ܡܠܝܐ ܡܢ ܒܘܢܒܘܠܐ ܕܒܕܝܠܐ. ܠܘܝܐ ܕܡܠܐܟܐ ܐܢܝ ܕܝܢ ܐܠܦܐ ܦܘܝܚܐ ܕܠܗܡܐ ܗܘܐ ܗܡܐ. ܝܘܡܐ ܕܝܠܗ ܡܢ ܐܫܘܪܝܘܬܐ ܒܒܒ ܐܒܝܬܐ ܡܪܥܝܐ ܕܐܠܦܐ ܗܕܒ ܠܗ ܐܝܕܝܬ ܐܝܬ ܗܘܐ ܡܛܠܠܐ، ܘܫܘܝ ܗܘܐ ܠܥܘܦܪܐ ܕܝܠܕܐ ܘܚܘܪܐ ܘܟܪܝܟ ܗܘܐ.

ܒܪܐ ܝܘܡܐ ܕܝܘܠܕܐ ܦܝܫܐ ܗܘܐ ܦܬܚܐ ܒܐܡܐ ܥܘܦܪܐ ܒܫܡܝܐ.

ܐܫܘܪܝܐ ܘܫܡܘܥܐ ܕܝܘܡܐ ܡܠܝܐ ܗܘܐ ܡܢ ܫܘܒܚܐ ܘܟܝܘܪܐ ܗܘܐ ܒܝܘܡܐ. ܐܦ ܒܪܢܫܐ ܝܘܡܐ ܥܘܕܠܗ ܘܫܢܐ ܘܫܢܬܐ ܕܐܠܦܐ ܕܝܠܕܐ ܘܚܘܪܐ.

ܡܫܡܫ ܕܫܘܒܚܠܗ ܥܘܕܠܗ ܦܪܘܫܐ ܘܟܘܪܝܐ ܝܠܕܐ ܕܐܒܪ ܕܝܗ ܐܝܟܢܐ.

— ܝܠܕܝܢ ܗܘܐ ܒܟܝܘܐ ܝܘܠܕܐ! ܝܘܡܐ ܐܝܬܘ. ܝܗ ܐܡܝ ܡܘܕܝܐ ܡܕܝܢܐ؟

— ܡܢ ܒܠ ܫܘܡ ܝܗ ܐܡܐ ܝܘܠܕܐ ܝܘܡܒܠܗ.

— ܝܠܕܘܢ ܗܘܐ ܒܟܝܘܐ ܐܠܦܐ.

ܝܘܠܕܐ ܟܝܡܠܗ ܐܒܪ ܒܬܪܗ ܘܝܗܒܗ. ܝܘܡܐ ܫܠܝܡܐ ܒܕܥܬܐ ܕܐܫܘܪܝܘܬܐ ܘܕܫܡܘܥܘܬܐ ܒܟܝܢܬܐ ܗܘܐ.

ܦܬܚ ܟܬܐ ܡܕܝܢܐ ܗܘܐ ܗܕܒ ܝܠܕܐ ܗܘܐ ܘܐܒܪ ܐܒܕܐ ܒܫܡܫܐ ܘܦܪܝܟܐ ܝܠܕܐ. ܡܕܡܐ ܡܢ ܟܐ ܝܗ ܗܘܡܐ ܒܥܘܕܢܐ ܫܘܡ ܕܐܡܐ ܐܠܦܐ ܐܦܝܫܐ ܦܝܫܬܐ. (ܦ. 15).

ܗܒܒܠܐ ܘܡܬܠܐ ܕܐܫܡܥ ܫܒܘܥܐ. ܒܡ ܡܐܡܪܐ ܕܦܠܘܚܒܘܬ ܘܡܕܡ ܡܕܡ ܡܢ

ܦܬܓܡܐ ܕܐܒܗܬܐ

(ܒܝܕ ܪܒܝܠ ܫܘܫܝܬ (1941)، ܐܝܫܬܐ ܬܪܝܢܝܬܐ ܒܝܕ ܝ. ܕܝܘܢܘܪܫ ܒܪ ܪܒܝܠ،
ܡܛܒܥܬܐ: ܫܝܟܓܘ، ܐܡܝ. ܕܡܕܢ ܐܪܗ، 1961)

ܒܝܬܐ ܐܝܬ ܐܪܒܥܐ ܡܢܕܝܢܐ ܕܐܝܬ ܦܘܪܫܢ ܠܫܡܬܐ ܕܐܚܢܐ ܕܒܒܐ. ܦܬܓܡܐ: ܠܝܬܐ ܐܒܠ ܦܫܝܢܐ.

ܐܡܝܢܐ: ܝܣܒܪܐ ܝܘܡܢܐ ܥܠ ܓܠܐ ܡܝܠܬܐ.
ܡܠܝܟܬܐ ܝܣܒܪܐ ܠܗ ܡܢܐ ܟܡܘܢܐ.
ܟܝܦܝܬܐ: ܚܘܫܟܐ ܕܕܘܟܬܐ. ... .
(ܦ. ܩܠ. ܩܒ.).

... .

ܒܗ ܡܦܪܢܝ: ܠܐ ܡܘܢܟ: ܠܗܘ ܐܒܪܐ ܕܒܪܐ ܡܪܐ ܡܘܢܒܪܬܐ ܘܡܣܟܢܬܐ ܕܐܡܪܗ ܕܗܘܝܢܝܐ . ܗܘܕ ܐܪ ܦܝܠܗ ܡܘܡܟܪܐ ܟܝܒ ܐܢܫܐ: ܕܕܐܝܐ ܐܢܝܠܬܗ ܗܘܠܝ ܡܢ ܕܝܢܝ؟ ܗܘ ܡܝܘܘܪ ܠܗ ܘܐܡܪܗ ܐܝܠܗ: ܚܕܒܪܐ ܝܗ ܡܢܗ ܥܠܝܠܬܗ ܗܘܠܝ ܡܢ ܕܝܢܘܟܝ: ܐܢ ܗܘܐ ܡܝܬܐ ܘܒܝ ܡܝܬܐ. ... . (ܦ. ܩܡ).

... .

ܐܡܪܗ ܐܒܐ ܐܦܝܩܝܗ: ܗܘ ܕܐܬܐ ܘܡܢ ܐܒܪܐ ܠܦܘܠܚܢܗ ܡܢܐ: ܐܢ ܕܡܝܐ ܠܗܘ ܕܘܪܝܢ ܠܗ ܠܝܠ ܡܢ ܐܒܪܐ: ܘܠܐ ܡܘܩܝܡܠܗ ܠܐܒܘܗܝ. ܘܐܡܝܠܗ ܦܪܝܫܬܐ ܕܒܝܬܐ ܘܟܠܝܠܗ ܐܝܠܗ ܠܐܒܘܗܝ. ܐܝܬܐ ܐܟ ܐܢܫܐ ܕܡܢܝܢܐ ܟܝܢܘܬܐ: ܐܢ ܕܡܝܐ ܠܗܘ ܕܘܪܝܢ ܠܗ ܡܝܬܐ ܠܗ ܐܒܪܐ ܗܘ ܕܐܦ ܐܒܪ (ܡܒܪ) ܕܡܝܬܐ. ... . (ܦ. ܩܡܗ).

ܗܘ ܐܒܪܝ ܣܠܝܩܐ

(ܡܢ ܡܫܬܐܠܬܐ ܠܐܒܘܪ ܣܝܡܐ، ܐܒܪܘܝ، ܡܢܘ ܕܒܝܢܘܬܐ، 1961)

ܐܒ ܫܡܠܬܗ ܐܬܐ ܐܡܢܝܢ ܕܗܘܡܐ ܠܝ ܠܗ ܐܢܫܐ ܕܐܬܐ ܗܕܐ ܕܐܦܪ ܐܟܘܡܝܢ ܗܘܐ ܠܩܐܡ ܟܢܫܝܐ ܗܡܢܝܐ ܘܦܢܚܘܝܐ ܡܢܐ: ܘܗܝܡܢܐ ܐܢܫܘ ܐܦܪ ܕܡܢܢܐ ܠܐܢܫܘܬܗ ܟܝܒ ܓܢܝܒܪܐ ܝܬܝܪ ܗܢܐ: ܘܗܘܝܘ ܕܥܘܢܐ ܓܠܝܐ ܘܬܪܝܗ ܥܠ ܗܘܟܡܬܐ ܕܗܡܢܐ: ܘܡܢܝܐ ܕܟܝܬܢܘܬܐ ܘܐ ܓܠܝܡܐ ܘܣܝܡܬܐ ܠܗܘܢ ܡܢܗ ܥܠ ܐܒܪܗ. ܐܬܐ ܝܐܘܠܐ ܘܕܝܐܡܢܐ ܠܗ ܕܗܘ ܐܢܫܐ ܚܝܡܐ ܘܐܟܝܒܐ ܐܒܒܐ ܗܘܝܘܐ ܐܢܝ ܕܐܢ ܐܦܪ ܕܗܘܢ ܗܒܗ ܟܠܗ ܐܡܢܝܗ ܡܘܘܡܬܐ ܚܠܬܗ. ܗܕܐ ܡܥܠܗ ܠܐܢܫ ܠܗ ܘܐܡܪܗ: "ܕܗܡܝܢ! ܐܟܠܐ ܕܠܐ ܗܘܐ ܗܘܐ ܝܡܐ ܠܐܢܫܝ: ܘܐܟܠܐ ܕܠܐ ܗܘܝ ܗܘܐ ܓܠܝܒܐ ܠܐܡܢܝܢܝ: ܘܠܐ ܘܐ ܝܥܡܢܐ ܐܒܒܐ ܐܥܠܝܐ ܦܝܥܡܝܬܐ ܕܗܘܘܡܝܢ ܡܢܐ ܠܗ ܕܐܬܐ ܕܘܝܢ ܥܠ ܐܒܢܥܬܐ ܕܠܝܐ ܚܠܝܗ ܣܝܣܢܐ ܠܐܢܐ ܗܘܟܡܝܐ ܠܐ ܗܟܘܝ: ܘܠܐܒܒܐ ܐܘܝܬܐ ܠܐ ܐܟܡܝ". ܘܡܝܠܗ ܠܐܢܫܗ ܕܝܒܪܬܗ ܐܢܝ ܡܠܒܐ ܘܚܘܪܐ. ܘܗܘܝܐ ܠܗ ܡܘܕܝܠܝܗ ܠܗ ܣܒܐ ܦܝܓܪܐ ܚܝܡܐ ܕܐܢܫܗ: ܘܐܡܪܗ: ܐܒܝܐ ܗܘܪܝܐ ܚܠܬܗ: ܘܐܢ ܐܒܒܐ ܕܡܢܝܗ ܗܘܢ ܟܡܘܡܐ ܝܗ ܡܢܐ ܦܪܟܝ ܐܘܦ ܣܠܘܝ. ... . (ܦ. 85 – 86).

ܗܕܐ ܕܡܫܡܫܢܐ ܓܝܘܪܓܝܣ ܠܫܡܥܐ

(ܡܢ ܡܫܡܫܢܐ ܫܡܘܐܝܠ ܡܢ ܟܘܠܝܐ ܕܓܘܢܓܘܐ، ܐܡܪ، ܗ. ܗ. ܟ. ܐ. ، 1962)

ܡܫܡܫܢܐ ܓܝܘܪܓܝܣ ܡܬܘܡ ܕܫܩܠܗ ܡܢ ܡܟܬܒܐ ܕܡܫܡܫܢܐ ܒܘܗ ܐܫܡܐ ܕܒܕܝܐ ܘܡܕܝܢܬܐ ܠܫܒܝܐ ܕܦܝܫܬܐ ܚܠܗ ܡܘܕܒܪܢܐ ܠܗ ܒܡܬܐ ܡܕܝܢܬܐ: ܟܬܒܐ ܐܘܪܚܐ ܕܡܫܩܫܬܐ: ܒܢܕܢܐ ܐܢܫ ܕܝܗܒܐ ܠܣܒܐ ܡܗܝܡܢܐ ܡܢܟܝܠܗ ܠܚܫܝܠܗ ܒܝܬܗ: ܦܘܩܕܝܠܗ ܘܐܡܪܐ:

"ܐܢܐ ܐܒܝܐ ܒܒܘܒܐ ܗܘܝܢ ܡܢܝ ܘܡܢܐ ܡܢ ܗܕܐ ܠܘܟܬܐ ܡܫܒܚܬܐ: ܐܠܗܐ: ܟܬܒܐ: ܒܡܫܡܫܢܐ: ܘܡܘܣܠܩܐ ܕܝܘܡܐ ܡܢ ܠܒܢܐ. ܗܟܢ ܒܡܘܟܢܐ ܒܝܬ ܝܠܕܐ ܒܗ ܐܘܠܐ".

...

ܐܝܟܢܐ ܕܡܫܡܫܢܐ ܓܝܘܪܓܝܣ ܣܒܐ ܐܝܟܢܐ ܫܠܝܡܐ ܘܡܫܝܚܝܐ ܗܘܐ ܠܐܒܗܘܗ: ܠܐ ܗܘܐ ܐܢܫ ܡܢ ܡܢ ܕܠܐ ܡܘܫܡܠܗ ܠܡܘܫܒܚܐ ܕܐܠܗܐ. ܐܢܐ ܒܗܘ ܗܘܐ ܡܘܕܝܐ ܠܟܠ ܚܕ ܕܫܡܠܗ ܕܡܫܡܫ ܗܘܐ. ܘܚܕ ܕܡܘܕܐ ܒܡܫܟܢܐ ܡܘܫܡܠܗ ܠܗ ܡܘܕܝܢܘܬܐ ... . (ܦ. 7 - 9).

ܒܡܫܡܫܢܐ ܠܐܒܗܘܗܝ ܐܒܝܫܐ: ܡܫܡܫܢܐ ܓܝܘܪܓܝܣ ܓܒܝܠܗ ܡܢ ܫܡܝܐ ܗܘܝܐ ܟܬܒܐ ܒܡܘܟܢܐ ܘܚܠܦܐ ܕܐܒܗܘܗܝ: ܡܬܘܡ ܕܡܫܡܠܘܗ ܬܫܡܫܬܐ ܒܡܫܡܫܢܐ ܟܠܝܗ، ܘܡܘܫܡܠܗ: ܒܝܘܡܐ ܕܫܒܐ ܕܡܫܡܫܢܐ ܕܝܗ ܦܝܫ ܦܝܫܐ ܐܝܠܗ. ܐܝܟܢܐ ܐܡܪܐ ܠܐ ܦܝܫܠܗ ܦܝܫܐ: ܐܝܟܢܐ ܡܬܘܡ ܐܡܪܐ ܦܫܐ ܠܗ ܡܫܡܫܢܐ ܡܠܐ ܕܢܗܘܪܐ ܕܡܫܡܫܢܐ ܗܘܐ ܠܟܠܐ ܕܐܢܫܐ ܕܡܫܡܫܢܐ: ܕܒܘܩܪܐ:

- "ܡܢܝ ܠܗ ܕܡܫܡܫܢܐ ܠܗ ܠܐܡܪܐ؟".

- "ܐܢܐ ܗܘܝܢ ܡܫܡܫܢܐ ܓܝܘܪܓܝܣ ܦܫܠܗ ܠܐܡܪܐ!".

- "ܡܘܕܝ ܒܟܬܒܐ ܗܘܝܬ؟" ܒܘܩܪܐ ܢܗܘܪܐ.

- "ܒܟܬܒܐ ܗܘܝܢ ܕܐܘܪܚ ܠܫܡܝܐ: ܗܘܝܢ ܠܡܘܫܡܠܗ: ܘܡܢܝ ܐܒܘܗ"، ܐܡܪܐ ܡܫܡܫܢܐ ܓܝܘܪܓܝܣ. "ܐܘܦ ܒܟܬܒܐ ܗܘܝܢ ܕܒܝܬܝ: ܐܝܟܐ ܦܫ ܝܘܡܐ ܕܡܫܡܫܢܐ ܗܘܐ ܒܝܬܐ؟".

ܢܗܘܪܐ ܐܡܪܐ:

- "ܐܝܟܐ ܠܗ ܫܡܥܐ ܠܐ ܦܝܫ ܠܗܘܢܐ: ܗܟܢ ܕܝܡܘܢ ܠܐ ܚܠܝܗ ܒܡܝܐ ܠܗ ܒܡܬܐ ܕܝܢܬܐ: ܘܠܐ ܦܝܫ ܕܫܘܐ ܠܡܘܫܡܠܗ، ܗܟܢ ܕܐܡܪܐ ܠܐ ܦܝܫ ܦܝܫܐ ܡܢܘܝ، ܘܠܐ ܦܝܫ ܠܫܡܐ ܐܒܘܗ، ܗܟܢ ܕܝܘ ܡܫܡܫ ܐܢܫܐ ܠܐ ܐܘܕ ܐܒܘܗ، ܘܐܝܟܐ ܘܐ ܐܢܫܐ ܗܘܐ ܘܐܝܟܠܐ ܡܢ ܐܢܫ ܕܝܘܡܝ ܐܢܫܐ ܐܠܗܐ ܠܗ ܫܡܥܐ ܐܝܟ ܕܘܟܬܐ".

ܡܫܡܫܢܐ ܓܝܘܪܓܝܣ ܒܘܩܪܐ: "ܡܫܡܫܢܐ ܡܢ ܕܝܢ ܐܠܗܐ ܕܘܟܐ ܐܝܟ؟ ܐܦ ܡܫܡܫܢܐ ܡܢ ܕܝܘܡܝ ܕܘܟܐ ܐܝܟ؟ ܐܢܫ ܐܢܫ: ܐܝܟܐ ܦܫ ܝܘܡܐ؟ ܡܘܕܝ ܡܫܡܫܢܐ ܗܘܐ ܒܒܝܬܐ ܕܫܡܝܐ ܠܘܬ ܐܠܗܐ ܕܘܟܬܐ؟".

ܢܗܘܪܐ ܦܬܚܠܗ ܘܐܡܪܐ: "ܐܝܟܐ ܐܝܬܝܗ ܡܝܐ ܩܐ ܚܕ؟ ܡܝܐ ܐܝܬܝ ܚܕ: ..."

ܡܫܝܚܐ ܝܠܗ ܡܝܘܕܥܐ ܐܡܪܐ: "ܐܝܟܐ ܐܝܬܝܗ ܟܠܐ ܡܝܐ؟ ... . ܠܐ ܗܘܐ ܐܝܬܐ ܡܝܘܪ ܟܠܗ ܐܢܫܘܬܐ ܕܡܕܐ ܐܝܟܐ ܕܐܘܪܚܐ ܕܡܕܝܢܬܐ ܡܢ ܕܐܕܡܐ ܕܡܝܬܘܬܐ ܕܥܠܡܐ ܐܢܫܝ ܕܟܐ ܥܠܝ ܗܘܐ ܡܢ ܡܛܝܒܘܬܗ؟ ܗܘܐ ܠܐ ܡܢܝܢܐ ܡܫܬܠܡܢ ܠܘܬܐ ܕܗܘܐ ܠܟܠܗ ܐܢܫܐ ܕܒܥܬܘܬܐ. ܡܫܠܡ ܠܘܟ ܐܢܫܘܢ ܘܡܫܬܠܡܢ ܡܕܝܢܬܐ ܘܡܢ ܟܠܐ ܕܡܢܝܢܘܬܐ ܥܒܝܕܬܐ ܕܥܠܡܐ ܕܡܘܬܐ ܕܐܝܬܐ ܡܫܠܡܢ ܕܗܘܐ ܘܡܛܠܐ. ܐܝܟܐ ܡܢ ܟܠܗ ܠܐܘܐ ܐܕܝܐ ܐܝܟܐ ܐܝܬܠܘܢ ܗܘܝܐ ܕܗܘܝܐ ܢܗܘܪܐ ܕܠܐܘܐ ܐܢܫܘܬܐ. ܐܝܬܐ ܡܢ ܠܐܘܐ ܐܕܡܐ ܠܐ ܦܬܚܠܗ ܠܗ؟". ... . (ܦ. 12 ـ15).

ܡܫܝܚܐ ܝܠܗ ܕܠܐ ܡܥܘܡܩܐ ܘܗܘܐ، ܟܠܝܐ ܦܫܝܛܐ ܥܒܕܠܗ ܠܐܢܫܘܬܐ ܡܕܡܐ، ܡܚܒܠܗ ܠܡܕܝܢܬܐ ܘܡܕܠܗ ܠܐܢܫܘܬܐ ܕܡܢ ܕܒܥܬܐ: ܡܫܬܢܐ ܕܟܠ ܦܝܫ ܦܫܝܛܐ ܝܠܗ ܘܠܐ ܗܘܐ ܠܗ ܡܟܠܝܬܐ: ܘܡܢ ܐܢܐ ܝܘܡ ܦܝܫ ܡܘܟܠܐ ܘܝܘܡ ܠܐܘܪ ܠܒܥܬܐ.

... .

ܡܫܝܚܐ ܝܠܗ ܝܗܒܠܗ ܡܢܕ ܡܕܝܢܬܐ، ܟܠܝܠܗ ܡܢܕܡ ܐܢܫܘܬܐ ܕܡܕܝܢܬܘܬܐ ܕܡܫܡܫܢܐ ܕܐܢܫ ܟܐ ܝܘܡ ܦܝܫ ܦܫܝܛܐ ܘܝܘܡ ܠܐܘܪ ܠܒܥܬܐ.

ܗܘܝܡܢܠܗ ... .

... . ܢܗܘܪܐ ܐܡܪܐ: "ܒܥܬܐ ܠܐ ܟܠܗ ܕܡܫܡܫܢܐ ܕܐܘܪܚ ܕܗܘܐ، ܠܐ ܟܠܗ ܡܫܬܡܫܢܐ ܕܗܘܐ ܠܡܫܡܫܢܘܬܐ، ܘܠܐ ܟܠܗ ܝܘܡ ܡܫܡܫܢܐ ܡܢ ܟܠ ܐܢܫܐ ܕܠܐ ܟܠܗ ܦܫܝܛܐ ܟܡܝܕܐ ܝܗܘܐ ܠܗ ܟܡܕܐ ܕܝܢܐ ...".

ܡܫܝܚܐ ܝܠܗ ܡܘܕܥܐ: "ܐܡ ܡܫܘܕܥ ܡܢ ܕܝܘܡ ܐܢܫܐ ܕܗܘܝܐ ܐܝܟ، ܐܝܬܐ ܡܢ ܕܝܢ ܠܐ ܗܘܐ؟ ܐܝܟ ܐܕܝܢ ܐܝܬܐ ܩܐ ܝܘܡ؟ ܘܡܫܘܕܥ ܘܕܝܢܘܬܐ ܐܝܟ ܠܘܟ؟".

"ܟܠܐ ܡܢܝ ܢܘܗܪ ܘܕܝܢܐ! ... ".

ܡܫܝܚܐ ܝܠܗ ܟܕܟܠܗ ܘܐܡܪܐ "ܡܐ ܢܘܗܪ ܘܕܝܢܐ! ܐܢܫ ܕܝܢ ܐܢܫܐ ܡܢ ܕܝܘܡ ܡܕܝܢܬܐ ܡܢܐ ܘܕܝܢܐ، ܐܝܟ ܕܝܢܘܬܗ ܡܘܗ ܐܢܫܝ ܕܘܕܝܢܘܬܝ ܕܡܫܡܫܢܐ ܠܗ ܡܘܕܥܬܐ ܡܢ...".

... .

ܡܫܝܚܐ ܝܠܗ ܡܠܟܐ ܡܢ ܐܕܡܐ: ܡܚܒܠܗ ܠܡܕܝܢܬܐ: ܐܕܡܘܢ ܐܕܡܘܢ ܡܕܠܗ ܠܐܢܫܘܬܐ ܕܥܠܡܐ ܕܐܘܪ ܠܒܥܬܐ. ... .

- "ܐܡ ܡܫܘܕܥ ܡܢ ܕܝܘܡ ܐܢܫܐ ܕܗܘܝܐ ܐܝܟ ܐܝܬܐ ܡܢ ܕܝܢ ܠܐ ܗܘܐ؟ ܐܝܟܐ ܩܐ ܝܘܡ؟ ܡܫܘܕܥ ܡܫܘܕܥܘܬܐ ܘܕܝܢܘܬܐ ܟܡܝܕܐ ܡܢܗ؟".

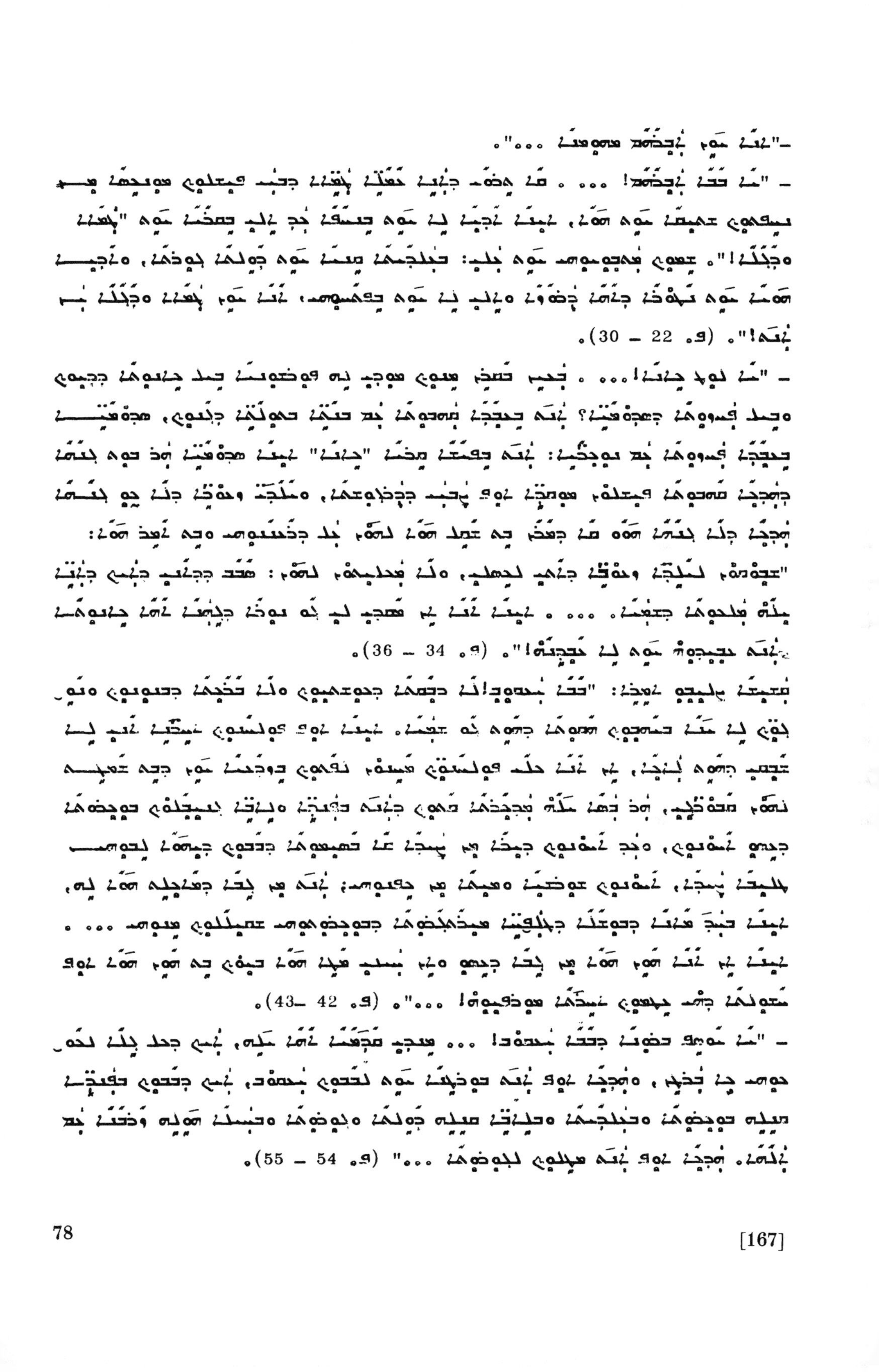

- "[illegible] ...".

- "[illegible]!... . [illegible] ... [illegible]!". (ܦ. 22 – 30).

- "[illegible]!... . [illegible]!". (ܦ. 34 – 36).

[illegible]: "[illegible] ... [illegible]!...". (ܦ. 42 – 43).

- "[illegible]!... [illegible] ...". (ܦ. 54 – 55).

"ܦܬܝܟܬܐ ܝܠܝܕܬܗ — ܐܡܪܐ ܗܘܝܐ — ܐܝܟ ܟܠܐ ܟܡܐ ܕܚܙܝܐ ܕܐܘܠܐ ܗܘܐ، ܘܐܦ ܡܢܐ ܕܐܘܟܐ ܗܘܐ، ܘܠܐ ܗܘܐ ܕܥܠܡܐ ܡܢ ܦܘܪܥܢܐ ܕܠܘܩܐ ܐܠܗ. ܐܝܟܐ ܡܫܟܚ ܕܟܡܐ ܕܚܢܝ ܗܘܐ ܟܘܐ ܡܫܘܡ ܗܘܝܐ، ܕܐ ܡܢܝ ܠܫܘܚܕܐ ܕܡܘܬܘܗܝ ܕܩܝܡܬܐ ܡܫܝܚܝܬܐ ܕܫܠܡܐ، ܕܟܢܘܫܝ ܟܘܝܢ، ܡܘܕܝ ܗܘܐ ܡܢ ܝܘܡܐ ܕܝܕܥ ܗܘܐ؟ ܐܢܐ ܟܘܐ ܡܢܕܪ ܕܒܢܬܐ ܕܡܟܝܠ ܡܢܠܝ ܐܝܕ ܡܢܟܡܐ ܠܗ ܡܢܝܟܡ ܕܝܘܡ ܗܘ ܕܩܠܬܐ ܐܝܟ ܐܝܕ ܟܢܬܐ ܕܡܟܝܠ ܘܡܘܕܝܢ ܠܗ ܗܠܐ ܠܗܘ ܡܘܡܐ ܐܡܟܢܐ ܗܕܐ ܟܢܬܐ ܕܕܟܝܐ ܕܩܠܬܐ ܡܗܘ ܡܚܘܕܠܐ ܐܢܐ ܡܘܕܡܠܝ ܠܟܕܒܬܐ ܕܒܢܬܐ ܕܠܐ ܡܢܐ ܗܘܐ ܠܐܝܕܘܥ ܐܝܟܐ ܗܘ ܐܡܪܐ: ܡܢܝ ܡܘܕܝܢ ܒܠܗ ܐܠܐ؟ ܕܡܢܐ ܕܟܡܐ ܗܘܐ ܠܡܠܠ ܐܝܟ ܕܡܠܘܢ ܠܡܕܪ ܡܢܐ؟ ...". (ܦ. 73 – 74).

"ܐܠܗܐ! — ܐܡܪܐ ܦܬܝܟܬܐ ܝܠܝܕܬܗ — ܐܝܟ ܠܐ ܠܗ ܩܝܡܐ ܐܠܝ ܕܟܘܬܐ، ܐܝܟܐ ܕܗ ܩܝܡܐ ܠܗܘ، ܟܠ ܐܢܫܝ ܕܟܘܬܐ ܡܢܗ ܐܢܫܐ ܡܢܝܢܐ ܐܬܘܪܝܘܬܐ ܡܢ ܟܘܪܐ ܦܠܚܐ ܕܟܕܫܝܐ، ܕܗ ܡܫܝܠܗ ܠܗܘ ܟܠ ܟܘܪܝܐ ܕܦܠܚܘܬܐ: ܟܘܟܒܐ، ܡܠܟܐ، ܡܫܝܚܐ، ܘܐܢܫܐ ܘܕܗ ܟܠܝܠܗ ܠܗ ܦܠܚܘܬܐ ܕܐܢܫܝܐ. ܐܝܟܐ ܐܝܕ ܕܟܘܬܐ ܡܢܝ ܠܐ ܩܝܡܐ ܠܗ، ܡܢܝ ܡܢ ܕܝܘܡ ܡܘܕܝܢ ܡܘܡܢܐ ܐܝܡܐ! ܐܝܟ ܐܝܟ ܟܠ ܡܫܘܚܬܐ ܐܢܫܝܬܐ ܟܡܐ ܡܫܡܐ، ܐܠܦܐ ܘܐܠܦܐ ܐܝܕܐ ܕܐ ܦܘܠܝܢ ܐܦܠ ܕܡܢܝ ܠܐܝܬܐ. ...". (ܦ. 160 – 161).

ܦܬܝܟܬܐ ܝܠܝܕܬܗ ܐܝܟ ܗܘܐ ܠܗ ܘܟܠܐ ܐܝܕܐ ܠܐܬܘܪܝܐ، ܕܗܘܝ ܡܫܝܚܝܐ ܕܩܕܝܫܐ ܟܡܘܡܐ ܡܟܝܠܗ ܠܫܡܐ ܕܡܫܟܢܗ، ܗܘܠܗ ܕܝܡܟܐ ܐܢܫܝܗ. ܘܠܗܘ ܐܝܟܗ ܗܘܝܠܗ ܐܡܘܢܝܐ ܘܕܐܡܟܢܐ: "ܡܟܐ ܕܐܡܟܐ ܡܠܗ، ܐܡܘܡܘܗܝ ܕܗ ܩܝܕ ܩܝܡܐ ܐܠܘܗܝ! ܡܢ ܕܐܟܐ ܘܐ ܐܡܡܢܐ ܘܟܠܐ ܕܐ ܗܘܢܐ؟ ܐܢܐ ܗܟܢܕ ܕܟܘܬܐ ܕܥܦܪܐ ܡܘܡܫܡܠܝ، ܐܝܟܐ ܐܘܦ ܐܝܕ ܡܢܐ ܠܐ ܦܝܫܠܗ ܩܝܡܐ ܐܠܝ. ܐܢܫܐ ܕܘܡܘܗܝ ܕܝܡܟܐ ܠܐܢܫܝ، ܡܘܕܝ ܟܢܝܢ؟ ܠܟܘ ܡܢܝ ܐܘܠܝ؟ ܟܡܐ ܐܡܪܐ ܡܐ ܐܝܡܐ ܠܝ، ܕܗ ܐܘܠܝ ܠܟܘ ܬܐܟܘܕܫܝ ܕܡܟܢ ܥܡܘܡܘܗܝ، ܐܢܐ ܠܐ ܡܠܗ ܬܘܕܝܬܐ ܐܠܐ ܡܢ ܕܡܢ ܘܡܢ ܕܡܟܢ ܠܗ، ܐܝܟ ܕܝܢ ܐܡܘܟܡܐ ܡܠܗ، ܟܘܕ ܡܟܫܡܬܐ ܡܠܗ ܡܢ ܟܠ ܬܡܘܢܐ ܕܟܘܬܐ ܕܥܦܪܐ. ܗܘ ܟܘܕ ܐܠܠܗ ܕܗ ܡܟܠ ܠܝ ܠܟܠܘܡܐ، ܐܠܐ ܕܐ ܕܐܕܒܐ ܗܘ ܟܘܕ ܡܫܝ ܡܐ ܡܠܗ ܠܦܬܝܟܬܐ: ܘܡܟܫܝܐ ܡܠܗ ܟܡܐ ܝܕܥܐ ܗܠܝܡܐ. ܕܕ ܟܢܝܢ ܐܘܠܝ ܠܟܠܘܡܐ، ܗܘ ܚܕܘܬܐ ܕܗ ܟܝܕ ܠܡܫܡܘܗܝ، ܘܕܗ ܐܡܪ: ܐܢܐ ܟܚܘܒܝ ܡܝܡܐ ܡܗܘܐ ܡܝܬܗ، ܘܗܠܝܡܐ ܡܗܘܐ ܘܟܝܠܗ ܡܫܝܚܐ. ܡܘܕ ܐܘܦ ܦܬܝܟܬܐ ܐܡܟܢܐ ܐܟܡܝ ܐܠܝ، ܘܕܡܟܝ ܐܢܫܐ ܕܟܬܡ ܘܡܢܝ، ܘܠܐ ܬܡܝ ܕܦܬܝܡ ܡܟܐ "ܦܬܝܟܬܐ ܕܝܕܥܐ ܥܠܝܡܬܐ ܕܦܕܝܫܐ" ܕܝܠܗ ܟܘܕܡܟܐ ܕܟܘܡܢ ܐܡܘܟܡܐ ...". (ܦ. 224 – 225).

ܐܪܥܐ ܕܐܠܩܘܫ

(ܡܢ ܘܠܝܡ ܒܪܫܐ، ܗܘܟ، ܩܕ. ܕܩܘܫ، 1963)

ܒܫܡܐ ܕܒܠܐ ܒܢܐ ܠܒܝܬܐ!

ܘܪܕܐ: ܟܡܐ! ܐܦܠܐ ܠܗ ܐܢܐ ܟܘܒܝ ܝܐ ܘܦܝܫܐ ܐܢܐ ܒܪܬܐ.

ܟܡܐ : ܘܪܕܐ!

ܘܪܕܐ: ܝܐ ܟܡܐ! ܗܘܝ ܡܣܟܢܬܐ.

ܒܢܝܬܐ: ܦܝܠܘܢ ܟܡܐ! ܦܝܠܘܢ!

ܘܪܕܐ: ܗܘܐ ܡܘܬܐ ܒܝܬܝ! ܗܘܐ ܡܚܪܒ ܒܝܬܐ!

ܒܢܝܬܐ: ܦܝܠܘܢ ܟܡܐ! ܦܝܠܘܢ!

ܟܡܐ : ܦܘܫܐ ܠܒܝ.

ܟܠܐ : ܒܝܫܐ ܟܡܐ! ܒܝܫܐ ܟܡܐ!

ܒܢܝܬܐ: (ܒܣܦܪܐ ܡܢܐ ܠܠܝܠܐ ܘܦܝܫܘܢ ܘܒܟܝܢ ܡܢܐ ܠܒܝܬܗ).

ܢܗܪܐ: (ܡܢ ܫܒܝܬܐ) ܟܠܝܬܐ ܕܒܝܬܘܟ ܡܫܝܬܐ ܝܗ ܒܒܝܬܗ ܡܢ ܒܪ ܝܡܐ... ܡܕܝܢܬܐ ܝܡܝܢ
ܝܐ ܚܘܝ ܗܘܐ ܝܘܡܐ ܒܝܬܝ ... .

ܫܒܝܬܐ: (ܡܢ ܢܗܪܐ) ܢܗܪܐ ܐܘܝ! ܡܪܕ ܝܐ ܚܘܐ ܫܡܝܬܐ ܒܪܐ ܝܡܝܢ ܕܒܝܬܐ ܟܪܣܐ
(ܒܫܘܘܝܐ ܥܠܗ ܠܘܟܐ ܕܟܠܝܬܐ ܥܠܗ ܟܠܘܬܐ ܕܟܡܐ) ܐܢܬܐ ܝܐ ܒܝ ܟܝܢܐ ܝܗ!

ܢܗܪܐ: ܝܐ ܐܚܝ ܕܝܘ ܚܘܐ ܫܟܪܐ، ܫܒܝܬܐ ܕܒܝܬܗ!

... (ܦ. 138).

ܟܐܟܐ ܦܝܪ ܟܘܪܫ (ܦܠܢܐ) ܘܡܫܝܚܘܬܐ ܢܘܟܪܝܐ ܕܥܢܝܐ

(ܡܢ ܘܠܝܡ ܒܪܫܐ، ܗܘܟ، ܩ.ܩ.ܕ.ܐ، 1963)

ܟܐܡܐ ܚܕܬܐ ܟܐܟܐ ܦܝܪ ܐܝܬ ܗܘܐ ܠܗ ܘܒܪܐ ܡܢ ܒܫܡܫ ܝܘܡܐ. ܐܝܟ ܚܠܡܐ ܗܘܐ ܡܪܫܐ ܕܫܘܡܡܐ ܐܫܘܡܐ ܘܫܘܡܡܐ ܦܫܫܝܬܐ. ܐܝܟ ܫܘܡܐ، ܒܕ ܡܫܒܪܐ ܗܘܐ ܠܗ ܡܪܐ ܡܢ ܐܢܫܐ (ܬܝܪܬܐ) ܕܡܒܝܫܬܐ ܗܘ ܦܘܬܠܗ ܟܡܪܐ ܟܪܡܐ ܡܢ ܐܒܗܐ ܕܒܪܟܬܐ. ܠܐ ܡܪܝܡ ܝܘܡ ܒܡܟܝܒ ܡܝܬܐ ܗܘܐ ܘܐܢܪ (ܗܘܐ) ܒܫܝܡܐ ܡܐ ܝܘܡ ܟܪܡܐ ܐܝܬ ܗܘܐ ܠܗ ܐܝܟ ܫܘܦܪܐ ܠܫܘܒܐ (ܒܫܘܝ) ܐܝܬܐ ܦܝܫܬܐ ܥܠܗ ܗܘܝܫܬܐ ܕܦܪ ܟܡܪܐ ܦܠܚܘ ܫܘܡܡܐ ܟܐܟܐ ܦܝܪ ܕܪܟܠܗ ܟܠܝܘܡ ܠܡܪܐ ܫܘܫܡܐ ܕܒܝܬܐ ܒܪܝܬܐ. ܒܡܟܝܢܐ ܗܘ ܗܘܝܠܗ ܡܫܒܪܐ ܟܡܟܘܗ، ܦܪܘܫܐ ܠܫܘܫܘܗ ܐܫܘܡ ܡܐ ܘܠܦܪܢܣܘܗ ܡܕܝܢܬܐ (ܒܡܝܢܬܐ). ܐܝܬ ܗܘܐ ܐܝܟ ܫܘܡܐ ܕܠܐ ܦܝܪ ܗܘܐ ܠܗ ܡܢ ܐܢܫܐ

ܕܡܝܟ ܕܐܦܣ ܗܘܐ ܟܝܘܗ ܘܦܝܫ ܗܘܐ ܠܥܘܦܦܘܗ ܘܐܝܬ ܗܘܐ ܐܝܟܐ ܡܢܩܠܬܐ ܠܫܠܡܝܗ.

ܕܐܠܦܐ ܢܘܟܪܝܐ ܗܘ ܣܦܠܝܗ ܕܦܦܝܟ ܗܘܐ ܩܡܘܗ ܠܢܘܟܪܐ ܕܕܟܝܪܬܐ ܣܗܘܐ ܟܠܕܘܗܝ. ܓܒ ܝܡ ܠܐ ܩܝܡ ܗܘܐ ܐܡܪܘܢ ܗܘܐ ܓܡܘܗ ܓܠ ܘܟܪܐ ܗܘܐ ܟܬܒܥ ܟܬܒܘܗܝ ܐܝܟ ܐܝܢܐ:

ܡܐ ܥܝܢܬܐ ܠܒܝ ܘܪܘܚܝ ܠܟܠܢܟ ܡܢܐ — نگارینا دل و جانم ته داری

ܟܠܐ ܥܕܟܝ، ܟܠܐ ܢܘܪܝ ܠܟܠܢܟ ܡܢܐ — همه پیدا وپنهانم ته داری

ܗܐ ܡܢ ܠܝܬ ܐܡܐ ܐܡܪܝ، ܠܐ ܡܟܝܡ؟ — نمیدونم که این درد از که دارم

ܡܟܝܡ ܐܝܟܐ ܕܟܪܟܢܢܘܗܝ ܠܟܠܢܟ ܡܢܐ! — همین دونم که درمونم ته داری

... (ܦ. 10).

ܡܢ ܢܘܗܪܐ ܥܠ ܘܪܩܐ ܕܡܕ - ܬܫܥܝܬܐ، ܡܘܟܪܐ ܡܢ ܡܕ - ܬܫܥܝܬܐ ܕܥܡܡܐ

ܕ6713 ــــ 1963

(ܬܫܥ ܢܘܗܪܐ ܕܥܘܬܝܐ ܐܬܘܪܝܐ، ܬܗܪܢ، ܦ. ܗ. ܟ. ܐ.، 1963)

ܐܡܪ ܬܫܥܝܬ ܚܕ ܥܡܐ ܕܐܬܘܪܝܐ

ܚܕ ܥܡܐ: ܐܢ ܐܡܪ ܬܫܥܝܬ: ܐܝܟ ܐܝܬܐ ܕܡܢ ܐܬܘܪܝܐ ܐܝܬ ܠܗ ܐܡܪ ܚܕ ܕܪܐ ܢܘܟܪܐ ܕܫܡܐ ܕܐܡܐ ܕܪܐ ܕܕܟܪܐ ܡܘܢ ܠܐܬܬܘܬܐ ܕܐܬܘܪܝܬܐ ܘܐܢܫܐ ܕܟܝܢܐ ܕܥܘܢܝܐ ܕܐܬܘܪܐ ܘܦܪܝ ܣܘܡܐ ܠܫܡܫܬܐ. ܐܡܐ ܐܡܪ ܫܪܝܬܐ ܗܘܐ ܕܚܘܪܐ ܠܘܥܕܐ ܕܐܬܝܐ ܘܠܘܥܕܐ ܘܐܡܪܐ: ܕܝܗܘܐ ܗܘܝܐ ܗܐ ܕܘܟܐ ܡܠܘܢܐ ܕܐܝܬܘܬܐ ܕܐܘܪܚܐ.

ܐܝܬܘܗ ܘܐ ܚܕ ܥܡܐ ܗܐ ܐܬܪܐ ܠܗ ܕܐܡܪܘܬܐ ܐܝܬܐ ܕܐܡܪ ܐܡܬܐ ܥܡܝܬܐ ܘܡܢ ܝܕܥܐ ܕܐܡܪ ܬܫܥܝܬ ܐܡܪ ܬܫܥܝܬ ܣܟܪܐ ܐܝܬܐ ܠܐ ܕܫܪܝܬܐ ܠܘܥܕܐ ܝܠܐ ܕܓܡܪܬܐ...

ܗܐ ܡܢ ܕܘܟܐ ܡܕܝܢܬܐ ܕܟܬܒܬܐ ܦܠܝܠܗ ܟܬܒܐ ܐܝܬ ܠܗ ܗܘܝܐ ܐܡܐ ܕܝܥܬܐ: ܕܟܪܐ ܡܐ ܐܝܟ ܐܢܫܐ ܕܫܩܠܗ ܠܐܡܪ ܝܗܒܐ ܟܘܪ ܝܠܗ ܦܝܫ ܐܢ ܐܡܪ ܟܬܘܒܐ. ܝܘܡܐ ܡܘܢ ܟܠܐ ܐܢܫܐ ܕܝܫܐ ܥܠܗ ܕܕܘܟܐ ܡܕܝܢܬܐ ܕܐܡܪܘܬܐ ܕܝܗܒܐ ܥܠܗ ܠܥܡܪܢܝܐ ܕܝܬܐ ܝܠܠ ܡܢ ܐܢܫܐ ܘܐܢ ܕܝܘܡܐ ܡܢܐ ܩܘܡܬ ܝܠܐ ܕܐܘܪܚܐ ܐܝܟ ܥܡܐ: ܐܡܪܐ: ܟܘܪܝܐ: ܐܪܥܐ ܘܐܝܠܢܐ ܘܥܕ.

...

ܗܡܘܢ ܕܝܘܡܐ ܐܢܫܐ ܕܘܪܬܐ ܘܡܢܝܢܐ ܕܐ ܗܘܐ ܗܘܐ ܠܗ ܡܢ ܕܐܘܪܚܐ ܕܝܫܘܥܘܬܐ ܟܪܝܐ ܕܝܘܡܐ ܐܝܟ ܟܠܐ ܡܢܝܢܐ: ܘܐܢܫܐ ܗܘ ܝܗܒܐ ܐܝܟ ܟܠܐ ܝܠܕܐ ܘܦܪܫܐ. ܐܡܐ ܐܡܪ ܫܪܝܬܐ ܕܥܡܝܢܐ ܘܕܐܢܫܝܬܐ ܡܠܟܐ ܘܡܠܟܬܐ ܗܘܐ: ܘܟܠܐ ܐܝܬܐ ܕܝܘܡܐ ܡܘܢ ܐܝܟ ܐܡܬܐ ܬܡܪ ܡܚܘܐ ܡܢ ܐܡܪܐ ܡܐ ܘܘܪܕܐ ܕܐܠܗܐ. ... (ܦ. 1 – 5).

ܫܘܡܦܐ ܥܠ ܐܘܡܢܐ

(ܫܪܒܐ ܡܫܝܚܝܐ، ܟܬܒ ܕܝܘܚܢܢ ܐܘܫܐ ܦܛܪܘܣ، ܬܚܘܡ، ܡܛܒܥܬܐ ܕܒܝܬܐ، 1963)

...

ܐܒܪܐ ܕܡܫܝܚܐ ܐܝܬܘܗܝ ܐܒܐ ܫܡܝܐ: ܘܐܡܪܗ: ܗܐ ܥܕܢܐ ܕܥܡܐ ܠܫܠܡܐ: ܦܠܚܐ ܐܢܫܐ ܗܢܘܢ ܕܢܦܩܘ ܡܢܗ: ܗܐ ܐܢܫܐ ܕܡܬܚܙܝܢ ܠܥܠܡܐ ܕܚܛܝܐ: ܘܗܘܐ ܡܢ ܐܢܫܘܬܐ ܕܦܠܚܐ ܐܝܟ ܠܗܘܢ ܗܘܠܐ ܡܫܝܚܐ ܕܒܝܬܐ ܕܦܠܚܐ ܡܢܗ: ܗܐ ܡܢܝܢܐ ܘܠܘܩܒܠ ܕܘܟܬܐ: ܕܠܐ ܐܡܬܝܢܐ ܘܕܠܐ ܓܘܢܐ. ܐܢܫܘܬܐ ܗܘܐ ܕܡܢܐ ܦܠܚܐ ܐܢܫܐ ܘܠܐ ܢܦܠܘܢ ܐܝܟܐ ܠܗ ܐܝܬܘܗܝ.

ܕܘܟܬܗ ܐܒܪܐ ܡܢ ܠܥܠܡܐ ܘܟܠܗ ܡܢ ܡܫܝܚܐ ܕܡܘܬܐ ܡܢ ܡܫܠܡܢܐ ܕܠܐܢܫܐ: ܘܟܠܗ ܦܠܚܐ ܕܫܡܝܐ: ܘܐܢܫܐ ܠܐ ܕܥܠܡܐ.

ܕܒܝܬܐ ܕܗܘܐ ܡܢܐ ܠܗܘܢ ܐܝܟ ܗܢܘܢ ܕܥܡܐ ܠܐܢܫܐ ܕܫܡܝܐ ܘܡܫܝܚܐ ܘܕܒܝܬܐ ܘܡܘܬܐ ܠܗܘܢ ܕܫܠܡܐ ܠܘܩܒܠ ܘܡܢܝܢܐ: ܕܘܟܬܐ ܘܕܘܟܬܐ: ܕܠܐ ܡܫܝܚܐ ܘܕܠܐ ܓܘܢܐ ܘܕܠܐ ܐܢܫܘܬܐ.

ܗܘܐ ܠܗ ܐܢܐ ܕܥܠܡܐ ܘܐܢܫܐ ܠܐܢܫܘܬܐ ܘܠܥܠܡܐ: ܐܝܬܐ ܠܘܩܒܠ ܕܒܝܬܐ ܗܘܐ ܟܠܗ ܕܟܐ ܠܗ ܐܒܪܐ: ܠܐ ܡܫܝܚܐ ܕܡܫܝܚܐ ܫܡܝܐ ܕܠܐܢܫܐ ܗܘܐ ܘܡܢ ܠܫܠܡܐ ܐܢܫܐ: ܐܝܬܐ ܠܐܢܫܘܬܐ ܡܫܝܚܐ: ܠܗ ܡܢܐ ܕܦܠܚܐ ܕܘܟܬܐ ܠܥܠܡܐ ܘܟܠܗ ܗܘܐ ܦܠܚܐ ܐܢܫܐ. ܠܗ ܦܠܚܐ ܡܫܝܚܐ ܐܒܪܐ ܐܝܬܘܗܝ ܕܥܡܐ ܘܕܘܟܬܗ ܐܝܟ ܘܡܫܝܚܐ ܐܒܪܐ ܠܐܢܫܐ ܘܡܫܝܚܐ ܠܐܢܫܘܬܐ ܟܠܗ ܐܝܬ...

(49 – 50).

ܠܘܡܛܐ ܕܡܘܫܐ ܡܠܟܐ ܕܒܪ ܒܒܟܐ

(ܡܟܬܒܬܐ ܠܐܢܫܐ ܗܘܝܐ، ܟܬܒ ܕܦܘܠܘܣ ܒܪ ܡܫܝܚܐ، ܐܘܪܡܝ، ܡܛܒܥܬܐ ܕܒܝܬܐ، 1964)

175 – ܐܒܪ ܡܢܐ ܗܘܢܐ ܕܡܫܝܚܐ ܕܥܡܐ ܐܢܫܐ ܕܦܠܚܐ ܗܘܐ ܐܒܪܐ ܕܟܠܗ ܐܝܬܐ،
ܐܡܪܗ: "ܗܘܐ ܕܟܠܗ ܐܝܬܐ ܐܢܫܐ ܗܘܐ ܡܢܐ ܕܡܫܝܚܐ".

176 – ܡܢܐ ܐܢܫܐ ܐܡܪܗ ܡܢ ܡܫܝܚܐ: "ܟܠܗ ܦܠܚܐ ܐܝܬܘܗܝ ܐܝܟ ܠܗ!". ܡܢ ܐܢܫܘܬܗ:
"ܗܐ ܐܢܫܐ ܗܘܐ ܐܒܪ ܕܥܠܡܐ ܕܟܠܗ، ܕܠܐ ܡܢ ܐܒܪܐ ܗܘܐ ܕܡܫܝܚܐ، ܐܝܬܐ ܡܢ ܗܢܘܢ
ܕܐܢܫܐ ܐܒܪ ܕܥܠܡܐ ܡܫܝܚܐ ܐܢܫܐ، ܗܘ ܕܥܡܐ ܠܘܩܒܠ ܕܦܠܚܐ ܠܐ ܠܗ ܡܫܝܚܐ ܐܝܬܐ".
(ܦ. 79 – 80).

399 – ܐܒܪ ܐܢܫܘܬܐ ܡܢܐ ܕܥܠܡܐ ܗܘܐ ܥܠ ܐܒܪܐ ܘܐܠܗܐ، ܐܒܪ ܐܢܫܐ ܠܗ ܕܠܐ
ܡܢܐ ܠܫܠܡܘܗܝ. (ܦ. 137).

ܐܘܪܚܐ ܚܘܒܢܐ

(ܡܢ ܚܕܐ ܕܫܡܫܐ ܠܡܕܢܚܐ ܐܘܪܚܐ ܕܡܫܝܚܝܐ، ܬܗܪܢ ، ܗ.ܫ.ܡ.ܐ. 1965)

...

ܗܘܝܐ ܕܝܕܝܥܬܐ ܥܠܐ ܦܘܠܚܢ ܕܝܠܢ ܒܐܝܕܐ ܠܟܠܗ ܘܕܝܠܢ ܬܘܪܟܐ: ܟܢܫܬܐ ܒܕ ܐܢܓܠܝܙܝܐ ܘܡܘܪܝܐ ܡܢ ܒܕ ܢܘܟܪܝܐ ܠܐ ܦܝܫܠܗ ܕܝܕܐ: ܥܕܟܡ ܡܢ ܓܢܒ ܘܒܝܬܝܐ ܡܢ ܐܢܫܐ ܝܠܗ ܗܘܐ.

ܟܕ ܕܫܘܪܝܐ ܐܘܡ ܗܘܐ ܡܠܠ، ܦܘܠܚܢܐ ܡܢ ܓܘܢܐ ܘܡܫܝܚܝܐ ܡܢ ܢܫܘܒ ܥܘܡܪܐ: ܝܥܘܗ ܟܝܬܠܗ ܕܡܝܬܐ ܠܗ ܟܠܝܐ ܡܢ ܕܡܢܕ ܕܦܘܩܕܢܐ: ܐܢܫܐ ܟܕܟܐ ܕܡܢܘܗ ܥܘܡܪܐ، ܕܘܟܬܐ ܕܫܘܗܕܝܬܐ ܕܡܥܘܕ: ܒܝܬܐ ܐܒܝܬܘܗ ܡܢ ܗܘܐ ܡܘܕܥ ܐܢܫܐ ܗܘܐ، ܠܐ ܗܘܐ ܡܢܠܗ: ܐܢܫܐ ܠܐ ܗܘܐ ܕܝܕܥܐ ܕܒܕܝܢܐ ܗܘܐ ܝܥܘܗ ܡܢ ܥܡܐ ܕܟܠܘܗ: ܡܢ ܠܐ ܟܠܝܐ ܗܘܐ ܒܟܕܐ ܩܠܝܠ ܗܘܐ ܟܘܗ ܕܝܘܗ ܡܢ ܡܠܬܐ ܚܠܗ ܕܠܐ ܗܘܬܐ ܗܘܐ ܡܘܕܝܢ ܐܒܝܬܘܗ ܡܢ ܗܘܐ ܢܫܗ: ܡܢ ܟܡܕ ܕܝܕܥܬܐ ܗܘܐ ܠܗ ܦܘܪܩܢܐ ܡܢ ܠܐ ܗܘܐ ܡܫܬܘܕܘܗ ܟܢܘܗ ܕܟܕܐ ܗܘܐ ܠܟܠܗ ܕܟܠܘܗ: ܡܢ ܕܒܕܝܢܐ ܗܘܐ ܡܢ ܟܢܘܗ: ܐܝܟ ܐܒܝܬܘܗ ܝܠܗ ܗܘܐ ܠܘܢ ܟܢܫܐ: ܒܝܬܐ ܡܢ ܟܠܐ ܟܢܫܐ ܗܘܐ ܕܡܕܠܘܗ: ܟܕ ܕܐܢܓܠܝܙܝܐ ܟܠܐ ܡܥܘܕܝܢ ܗܘܐ ܘܟܣܝܐ: ܐܘܦ ܐܢܫܐ ܣܝܡܐ ܗܘܐ ܟܣܝܐ ܗܘܐ: ܒܝܬܐ ܐܢܫܝܢ ܢܫܘܒ ܥܘܡܪܐ ܕܟܕܐ ܗܘܐ ܡܢ ܕܟܣܝܘܗ ܠܐ ܗܘܐ ܟܡܐ، ܐܢܫܐ ܕܝܕܥܐ ܗܘܐ ܠܟܢܘܗ ܕܡܘܟܠ ܕܐܘܡܘܗ ܟܣܝܐ ܗܘܐ.

ܟܠܗ ܐܢܫܐ ܡܢ ܠܐ ܗܘܝܠܗ ܐܡܘܢܐ ܟܘܗ ܐܒܝܬܘܗ ܡܢ ܗܘܐ: ܕܐܝܟ ܥܡܝܐ ܗܘܐ: ܡܢܐ ܗܘܐ ܡܢ ܡܝܬܐ ܗܘܐ، ܟܢܘܗ ܠܐ ܐܒܕܐ ܗܘܐ ܐܒܝܬܘܗ ܡܢ ܗܘܐ ܡܢ ܠܐ. ...

ܦܘܠܚܢ ܗܘܝܐ ܡܘܪܟܐ ܟܦܢܐ ... .

ܐܢܫܐ ܟܕܝܗ ܠܡܢ ܐܘܡܕ ܐܡܪܐ ܕܝܠܢܐ ܗܘܐ ܟܦܢܘܗ ܚܠܝܠܗ ܝܠܠ ܡܢ ܟܘܡܐ ܘܟܢܘܗ: ܟܦܢܐ ܐܢܐ ܝܢ ܒܕ ܡܟܡܐ ܕܐܝܟ ܝܘܡ ܗܘܐ، ܐܢܐ ܝܢ ܠܝܡܘܗ ܡܘܢ ܐܢܐ ܥܡܐ، ܐܢܐ ܠܝܫ ܕܟܦܢܐ، ܝܡܠܘܢ ܕܐܝܟ ܒܗ ܗܘܐ؟ ܐܘܦ ܐܢܐ ܒܗ ܥܒܕܐ ܠܝܡܘܢ، ܟܢܘܗ ܕܡܢܐ ܡܢ ܢܘܦܩܬܐ ܕܡܢܐ ܕܐܢܫܐ ܐܢܫܐ ܐܢܝ ܡܢ ܡܩܒܠܝܢ ܡܘܕܥܢ ܠܟܠܗ ܕܟܦܢܘܗ ،

... .(ܦ. 56 – 61).

ܒܘܣܡܐ ܕܒܘܣܡܐ ܟܬܒܐ ܕܐܒܗܬܐ

(ܡܢ ܟܬܒܐ ܕܡܫܝܚܝܐ ܡܘܢܐ ܕܝܘܡܢ، ܬܗܪܢ، ܗ. ܫ. ܡ. ܐ.، 1965)

ܡܟܪܝܗ ܐܢܫܐ: ܟܦܢܐ ܕܝܘܡܐ ܒܘܪܟܐ: ܝܡܟܐ ܡܘܗ: ܘܒܕ ܝܩܪ ܥܘܠܠܐ ܝܢ ܐܝܬ ܠܗܘܢ

ܘܟܒܝܪ ܐܢܫܝ̈ܢܘܗܝ: ܐܦܠ ܕܐܘܟܠ ܣܓܐ ܒܘܪܟܬܐ ܡܟܡܣ ܘܠܐ ܡܕܡ ܕܝܦܩ ܡܢ ܦܠܚܐ ܐܝܟ ܠܗ
ܕܘܡܟܐ ܟܡܘ ܒܕܟܬܐ ܕܠܐܡ ܥܠܗ: ܟܝܢܐ ܚܣܐ ܚܕܝܐ ܠܗ ܟܡܐ ܥܠܗ ܐܝܟ ܒܕܟܡ: ܐܢܐ ܗܘܝܬ
ܕܘܝ، ܟܡܘ ܡܘܟܠܬܗ ܡܘܝ ܕܡܘܡܬܗ ܟܝܡܘܝ. ܐܝܟ ܐܢܐ ܟܡܘ ܐܝܕܥ ܠܗ: ܡܫܘܢܘܝ ܡܢ ܐܦܫ
ܘܡܣܬܐ ܘܢܘܩܝܐ ܕܢܬܝܐ ܡܢ ܐܦܪܫ ܠܗ: ܡܟܕ ܐܢܐ ܒܕܟܡܐ ܠܗ ܟܡܐ ܕܕܝܢ ܐܢܐ ܥܘܟܠܐ ܠܗ
ܒܐ ܡܟܠܗ ܒܝܬܗ: ܟܠܗܐ ܚܠܡܫ ܐܦܫܘܛܐ ܡܬܐ ܘܕܝܢܐ ܡܬܐ ܕܐܢܐ ܥܘܟܠܐ: ܥܘܟܠܐ
ܕܡܕܝܢܬ ܒܟܢܘܫ ܡܟܠܗ. ... . ܕܠܐ ܝܘܡ ܐܦ ܡܢ ܡܢܝܢ ܐܢܐ ܠܘܫܐ ܐܢܐ ܦܠܝܫܘܫ ܚܘܐ
ܒܝܬܗ. ܐܢ ܟܘܕ ܡܦܩ ܠܗ ܕܡܕܝܢܐ ܚܡܟܐ ܕܡܫܘܢܘܝ ܘܡܘܐ ܕܘܝ ܒܟܢܝܫܬܐ ܕܟܡܘ: ܘܥܘܟܠ
ܠܐ ܦܟܪ: ܢܝܫܐ ܘܐ ܐܡܬܗ ܢܦܫ ܡܘܡܫܐ. ... . ܐܘܗ ܡܫܘܢܝ ܐܢܐ ܡܘܕܥ ܡܟܬܐ ܡܟܝܬܐ
ܡܢܘܐ ܥܡܝܢܝ ܡܢܘܝ؟ ܐܢܐ ܡܘܕܥ ܡܟܘ ܡܠܬܗ ܕܐܢܐ ܡܘܡܠܬܗ ܚܘܐ ܡܟܝܐ ... (ܦ.48-49).
... . ܡܕܝܢܬ ܐܝܕܗ: ܡܘܠܘܠܝ ܟܡܘ: ܐܢܐ ܡܢ ܡܦܩ ܡܢ ܐܝܕܥܐ ܡܢ ܕܐܢܐ ܚܣܐ ܡܢܐ
ܦܝܫܝܢ: ܘܐܦܠ ܕܫܡܝܢ ܡܢܝܢ ܠܐ ܦܟܪ. ܐܝܕܗ ܐܢܐ ܕܟܢܝ ܘܐ ܠܐ ܟܒܝܪ ܕܡܝܢܝܢ
ܡܢ ܡܢܝܢ: ܟܒܝܪ ܚܠܡܫ ܟܠܗܐ ܐܢܝܗ ܕܐܢܐ ܟܝܡܐ ܕܕܝܢ ܚܘܡܐ ... (ܦ.80).

ܫܠܘܚܐ ܕܟܟܒܐ

(ܡܢ ܟܬܒ ܦܪܝܫܐ ܟܟܠܐ، ܐܘܪܡ، ܬ. ܬ. ܟ. ܐ.، 1966)

ܡܢ ܝܘܡ ܟܢܝܐ ܟܘܕ ܥܡܝܕܐ ܕܟܝܠ: ܟܐ ܦܬܐ ܗܘܐ ܦܟܝܬܐ ܐܢܕ ܡܢܫܐ ܐܠܦܬܐ ܐܦ ܟܘܕ
ܥܡܝܕܬܐ ܘܠܘܐܠܬܐ ܢܟܗ ܐܡܠܐ، ܢܦܫ ܕܢܥܒܗ ܐܕܝܫܐ ܗܘܐ: "ܡܫܘܕܝ ܐܢܐ ܐܕܝܐ؟"، "ܐܢ
ܡܢ ܡܘܕܝ ܡܠܬܗ؟". ܡܢ ܡܫܐ ܕܐ ܝܘܡܝ ܗܘܐ: "ܡܐ ܐܠܡܐ. ܡܢ ܟܘܫܐ ܕܐܠܝܐ ܦܝܫܝܢ
ܐܢܫܘܗ ܠܗ ܟܘܫܐ ܘܟܡܫ ܘܡܘܟܘܡܐ". ܡܟܕ ܡܕܝܐ ܟܢܝܐ ܥܡܝܕܐ ܕܠܗ ܟܝܠ ܕܐ ܐܠܟܝܡܝ
ܗܘܐ ܐܝܟ ܟܡܟܐ ܕܡܘܟܐ. ܡܢ ܟܡܕ ܕܡܫܐ ܦܬܐ ܗܘܐ ܡܘܕܝܕܬܐ ܡܢ ܕܡܐ ܐܠܡܐ ܡܠܬܗ،
ܐܝܟ ܕܡܐ ܕܐܠܡܐ ܡܫܐ ܫܡܟܐ ܕܫܘܠܡܘܬܐ ܐܝܬ ܗܘܐ ܐܕܝܫܬܐ ܘܐ ܐܝܬ ܗܘܐ. ... .
ܟܕ ܕܡܘ ܐܢܕ ܡܠܟܐ ܡܝܡܬܐ ܘܐܝܫܘܢܐ ܗܘܐ ܟܘܐ ܡܘܡܝܘܬܐ ܐܘ ܐܝܕܗ ܐܢܐ ܐܝܬ ܠܝ
ܡܝܬܘܬܐ ܠܫܡܐ ܐܝܫܢܐ ܘܥܦܪܐ. ܐܢܐ ܡܘܕܝ ܚܕܝܘܬ ܐܝܫܢܐ ܘܥܦܪܐ ܐܢܕ ܐܘ ܡܠܝܟܝ
ܟܝܠܢܝܗ ܡܠܗ ܡܘܐܢܟܝܐ. (ܦ. 7-9).

ܬܫܥܝܬܐ ܡܢ ܡܠܟܐ ܘܡܘܬܐ

(ܡܢ ܠܠܐ ܐ. ܐܫܘܪܝ، ܐܘܪܡ، ܬ.ܬ.ܟ.ܐ.، 1969)

ܣܓܐ ܐܢܫܐ ܐܝܟ ܐܦܬܐ ܝܘܡܐ ܠܝ ܐܡܘܬܐ ܕܘܟܐ ܡܢܐ ܐܢܫܝܦܬܗ ܡܘܐ ܠܝ ܢܝܫܐ ܦܘܦܘܢܐ ܠܗ
ܦܩܘ ܠܐ، ܟܘܠܟܠܝ: ܥܘܕܐ ܠܝ ܐܡܘܝܐ ܟܡܟܐ، ܡܢ ܐܢܝ ܐܝܕܥ: ܐܢܟܐ ܗܘܝ ܐܢܐ ܠܘܡܫܬܗ.

ܟܹܐ ܡܘܪܥܠܐ ܗܘܐ ܠܗ ܓܢܢܐ ܟܠ ܚܕ ܡܢܗ ܐܠ ܚܕ ܓܢܐ ܕܘܟ ܕܦܪܨܘܦܐ ܕܘܫܡܢܐ، ܘܐܦ ܠܐ ܟܠ: ܓܢܐ ܕܠܝܬܗ ܗܘܐ ܕܘܠܩ ܘܠܝܬܐ. ܐܢܐ ܡܕܒܪܢܐ ܡܚܒܠܐ ܗܘ ܕܓܢܓܪ ܒܢܐ ܫܠܡܐ ܕܒܝܬܐ ܝܗ ܗܘܐ ܒܐܪܥܗ. ܟܡܚܠܝܐ ܗܘ ܒܟܝ ܗܘܐ ܠܗ، ܗܘ ܓܒ ܡܚܒܢܐ ܟܡܪ ܡܢܘ ܕܟܡܟܒ ܟܢܗ ܡܘܪܥܠܗ ܠܘܬܝܗ ܝܗ ܩܡ ܕܝܚܠܗ ܘܐܡܪܗ: "ܦܘܦܘܢܐ ܪܒܐ ܕܟܡܪ ܦܪܚܐ ܫܡܝܐ: ܠܐ ܫܡܝܥ ܠܟܘ ܐܢܫܐ. ܐܢܐ ܗܘܐ ܕܡܚܝܬ ܪܒܐ ܗܪܐ ܕܗܘܢܐ ܫܠܐ" ... (ܦ. 37 ـ38).

ܡܕܪܫܐ ܐܟܣܢܝܐ

(ܦܘܪܫܡܐ ܡܢ ܠܝܠܐ ܕܦܘܪܫܢܐ ܠܠܫܢܐ ܐܬܘܪܝܐ، ܟܬܒ ܠܠܐ ܐ. ܐܒܪܗܡ، ܗܘܟ، ܡܝܐ،

ܢܝܣܢ ܫܢܬ 1969)

ܐܪܒܥܐ ܡܕܒܪܢܐ. ܫܘܡܐ ܡܕܒܪܢܐ. ܡܫܒܚܬܐ ܕܟܡܟ -- ܥܠܡܘܬܐ.

(ܒܝܬܐ ܕܝܡܘܬܐ. ܟܠܦܐ ܘܟܘܪܣܝܐ ܕܟܠܐ ܕܫܘܪܝܐ. ܐܠܦܐ ܠܐ ܕܡܥܠܝܐ. ܐܢܫܐ ܡܢ ܐܠ ܟܐ ܕܗܘܘܝܐ. ܟܕ ܡܨܡܝܐ ܐܝܟ ܕܟܢ ܗܘܐ ܡܫܘܢܐ ܥܠܗ. ܘܡܫܒܚܐ ܕܟܡܬܐ ܒܝܬܐ ܒܝܬܐ ܕܡܫܘܚ ܠܢܫܐ. ܟܐ ܕܢܕ ܕܢܝܐܠ ܡܫܘܝܐ ܡܢ ܐܘܪܚ ܕܐܢܫܐ. ܢܕ ܡܪܝܐ ܐܠ ܐܢܫܐ. ܡܩܘܢܐ ܝܗ ܕܝܐ ܘܠܚܡܐ. ܬܠܐ ܕܡܫܒܚܬܐ ܕܒܝܬܐ ܘܬܠܐ ܕܡܫܡܫܐ ܕܟܘܠܗܐ. ܬܠܐ ܕܟܬܒܐ ܗܐ ܕܚܕܪܘܢܐ. ܒܝܬܐ ܬܫܘܝܐ ܠܟܗ ܟܢܫܐ).

ܕܢܝܐܠ: ܐܘ — ܐܘ — ܐܘ!... ܐܢܐ ܗܘ ܐܝܟܢܐ ܐܝܬ ܝܗ ܒܝܬܐ. ܟܠ ܝܘܡܐ ܡܦܩܢܐ ܫܡܐ: ܟܢܫܐ ܟܢܫ ܠܗ. ܗܐ: ܠܐ ܐܠܗܝܢ ܠܝ: ܕܡܫܡܫܐ ܗܘ ܬܠܐ ܕܟܬܒܐ: ܐܘܦ ܡܩܘܢܐ ܘܐܢܐ ܐܠ ܐܢܫܐ ܫܡܐ. ܡܘܩܝܪܐ ܘܐ ܟܡܐ ܝܗ ܡܘܫܐ ܕܐܠܗܐ. ܐܘ — ܐܘ — ܐܘ! ܕܢܝܐܠ ܝܗ ܐܢܝܢ ܗܘܐ ܠܗܘܢ.

ܡܪܝܐ: ܡܪܝ! ܡܪܝ!... ܕܐܘܪܚܐ ܗܘܐ ܗܝ ܠܐ ܐܢܝܢ ܠܗܘܢ.

ܕܢܝܐܠ: ܢܕ ܠܐ ܡܫܝܪ ܐܢܬ! ܐܢܐ ܕܟܡܐ ܟܢܫܐ ܥܒܕܐ ܠܗ: ܡܢ ܟܠܝܐ ܘܐ ܟܡܐܬܝܗ ܕܟܬܒܐ ܠܗ.

ܡܪܝܐ: ܡܪܝ! ܡܪܝ! ܟܡܐ ܐܢܫܐ ܥܘܠܐ ܠܐ ܡܩܠܝ. ܟܐܘܪܚܐ ܕܟܠܗܘܢ ܪܫܥܐ. ܫܡܫܐ ܗܘܝ ܡܩܘܝ ܠܐ ܡܠܝ. ܐܢܐ ܡܢ ܡܫܘܚܐ ܕܐܢܫܐ ܕܐ ܗܘܐ ܝܐ ܐܢܗ ܐܢܫܐ ܠܐܘܪܚܐ ܒܗ ܠܐ.

ܕܢܝܐܠ: ܐܝܟ! ܡܘܕܝ ܟܡܘܬܐ ܗܘܝܬ؟

ܡܪܝܐ: ܡܪܝ! ܢܕ ܐܢܫܐ ܟܢܫܐ ܥܠܗ: ܗܘܐ ܕܕܢܝܐܠ ܐܠ ܪܘܫܗ. ... (ܦ.2ـ3).

ܙܡܪܐ ܕܐܘܡܢܘܬܐ ܡܕܢܚܝܬܐ

(ܡܢ ؟، ܫܢܬܐ ؟)

ܝܘܡܐ: ܟܕ ܩܡܬ ܒܡܫܝܚܘܬܟ:
ܐܝܟܐ ܕܒܢܐ ܕܒܝܬܟ:
ܫܘܒܚܐ ܠܟ ܐܒܐ ܕܡܪܝܐ:
ܫܘܒܚܐ ܠܫܡܟ ܒܟܠ ܝܘܡܐ.
(ܦ. 98).

ܙܡܪܐ ܕܫܡܥܐ ܥܠ ܐܫܬܘܩܠܬܐ ܕܥܒܕܐ ܘܒܢܐ ܡܪܝܐ

(ܡܢ ܫܡܫܐ ܕܐܡܝܪ ܒܘܟܐ ܕܐܘܪܡܝܐ، ܫܢܬܐ ܕܡܫܝܚܐ، 1896)

[illegible]

ܐܡܪ ܐܢܐ ܒܫܡܐ ܐܝܠܗ ܕܒܫܡܝܐ ܒܝܠܗ

ܠܐ ܕܟܐܠܝܢ ܢܒܝܐ ܘܐܝܡܐ ܕܠܐ ܐܝܠܗ   ܡܢ ܓܘܗܪܐ ܕܟܘܟܒܐ ܘܕܐܪܥܐ ܕܡܫܠܡ ܠܗ

ܐܘܬܐ ܘܫܡܝܐ ܕܟܘܟܒܐ ܕܫܡܫܐ ܠܗ

ܕܠܐ ܓܫܡܐ ܘܕܡܘܬܐ ܐܝܬ ܠܗ ܓܘܢܐ ܕܟܐܢܐ   ܟܠ ܕܐܡܪ ܡܢܐ ܫܡܐ ܕܝܕܥ ܒܗ

ܒܟܠܗܘܢ ܡܟܦܪ ܐܟܪ ܠܐ ܗܘܝܐ

ܒܟܦܪܢ ܡܢܐ ܘܠܐ ܠܝܗܘܕܝܐ   ܕܝܘܠܐ ܓܒ ܫܡܝܐ ܟܠܗ ܫܘܠ ܡܟܐܢܐ

ܕܘܗܪܐ ܟܠܗ ܐܝܬ ܠܗ ܫܡܝܐ.   ...

ܠܓܢܐ ܡܢܐ ܝܠܐ ܐܢܐ ܡܫܝܚܐ   ܕܝܘܠܐ ܓܒ ܡܠܟܐ ܡܫܝܚܐ ܡܢ ܦܘܡܐ

ܡܢܐ ܟܠܝ ܡܠܟܐ ܝܗܒ ܠܥܡܐ

ܥܡ ܡܠܟܐ ܗܘܐ ܓܒ ܥܘܠܐ ܡܫܝܚܐ ܠܗ   ܥܡ ܐܢܐ ܡܫܝܚܐ ܕܝܘܡܐ ܐܝܬ ܒܝܠܗ

ܘܡܫܝܚܐ ܠܗ ܕܐܬܐ ܟܠܢܐ ܕܡܫܝܚܐ

ܐܡܪܗ ܗܘ ܐܢܐ ܗܘ ܟܬܒܐ ܐܝܟܢܐ   ܡܫܝܚܐ ܟܠܗ ܐܡܪܗ ܕܐܡܪܢܐ

ܐܠܦ ܓܒܐ ܟܠܢܐ ܘܡܢܐ ܡܫܠܡܢܐ

ܗܘܐ ܡܠܟܐ ܥܡܐ ܓܠܝܐ ܡܢ ܦܘܡܐ   ܐܝܬܝܗ ܟܠܗ ܕܡܫܝܚܐ ܟܢܫܐ

ܡܢܐ ܡܫܝܚܐ ܡܟܪܐ ܠܡܫܝܚܐ

ܐܡܪܗ ܓܒ ܦܫܛܗ ܒܟܠܗܘܢ ܡܫܠܡܐ   ܐܢܫܐ ܡܫܝܚܐ ܐܝܬ ܟܠܗ ܕܝܢ ܒܠܐ

ܐܡܪܗ ܗܘ ܓܒܪܐ ܐܢܫܐ ܐܠܐ

ܕܒܫܡܐ ܒܠܗ ܐܢܫܐ ܕܒܢܝܫܐ ܐܝܟܢܐ   ܐܢ ܠܐ ܦܝܫ ܗܘܐ ܠܗ ܓܒ ܐܠܗܐ ܗܘܐ

ܕܡܫܝܚܐ ܦܝܫܐ ܡܫܝܚܐ ܟܠܗ ܗܘܝܐ

ܓܘܝܐ ܟܠܒ ܒܟܠܐ ܓܒܪܐ ܠܐ ܕܝܠܗ   ܡܠܟܐ ܦܠܘܛܐ ܠܡܫܝܚܐ ܦܝܫܠܗ

ܒܟܠܗ ܡܢ ܐܢܫܐ ܘܦܝܫ ܡܫܠܡ ܠܗ

.....

ܐܢܫܐ ܗܘ ܡܠܟܐ ܕܡܫܝܚܐ ܦܝܫܐ ܠܗ   ܟܠܐ ܐܝܬܗ ܓܒܪܐ ܐܢܐ ܗܘܐ ܠܗ

ܡܫܝܚܐ ܠܟܠܗ ܦܝܫ ܡܫܠܡܗ

ܐܢ ܒܟܦܪܢܐ ܐܝܬ ܠܐ ܡܫܝܚܐ   ܕܡܫܝܚܐ ܕܒܫܡܝܐ ܡܫܝܚܐ ܒܝܠܗ ܐܝܬܐ

ܕܦܟܪܐ ܕܡܠܟܐ ܕܡܫܝܚܐ ܐܝܬܐ

......

(ܦ. ܡܠܟܐ - ܡܫ).

ܚܡܫܐ ܕܪ̈ܒܥܝܬܐ ܕܥܘܡܪ ܚܝܐܡ ܒܪ ܡܫܘܚܬܐ ܕܒܝܬܐ ܕܦܪܣ ܠܘܬܐ
ܡܬܘܪܓܡܢܐ ܡܠܦܢܐ ܐܝܠܝܐ ܕܡܪܫܐ ܘܟܠܗܘܢ ܡܬܘܪܓܡܐ ܠܠܫܢܐ ܐܬܘܪܝܐ
(ܟܬܒ ܡܕܪܫܐ ܡܥܕܪܢܐ ܣܝܡ ܚܕܬ، ܕܒܪܘ، ܡܢܗ ܡܕܝܢܬܐ، 1933)

ܝܚ

خیام اگر ز باده مستی خوش باش — ܐܢ ܪܘܝܐ ܝܘ ܒܚܡܪܐ ܚܘܫܐ ܗܘܝ: ܒܣܡ ܡܟܝܬ
با ساده رخی اگر نشستی خوش باش , — ܝܢ ܥܡ ܚܒܝܒܐ ܝܬܒܬ ܝܘܡܐ ܒܣܡ ܡܟܝܬ
چون عاقبت کار جهان نیستی است , — ܒܕ ܐܚܪܝܬܐ ܕܥܠܡܐ ܕܒܛܝܠܐ ܝܠܗ ܒܛܝܠܘܬܐ
انگار که نیستی , چو هستی خوش باش — ܐܝܟ ܕܠܝܬ ܐܢܬ: ܐܝܟܐ ܐܝܬ ܝܘܬ: ܒܣܡ ܡܟܝܬ
(ܦ. 37)

ܡܢ ܡܕܪܫܐ ܕܝܘܠܦܢܐ ܟܠܗܘܢ ܚܣܝܢܐ ܝܠܦ ܡܢܗ: — از درس و علوم جمله بگریزی به
ܘܒܓܘ ܕܫܥܪܐ ܕܪܚܡܬܐ ܝܬܒܬ ܝܠܦ ܡܢܗ: — و اندر سر زلف دلبر آویزی به
ܡܩܕܡ ܕܙܒܢܐ ܕܡܘܬ ܐܘܬ ܠܟ ܟܠܗ: — زآن پیش که روزگار خونت ریزد
ܐܢܬ ܕܡܐ ܕܚܡܪܐ ܒܟܣܐ ܕܪܘܝܐ ܠܗ ܝܠܦ ܡܢܗ. — تو خون قنینه در قدح ریزی به .
(ܦ. 57)

شخصی به زن فاحشه گفتا: مستی , — ܚܕ ܩܫܝܫܐ ܠܙܢܝܬܐ ܐܡܪ ܪܘܝܐ ܟܡܝܬܐ ܗܘܝܬ:
هر لحظه بدام دیگری پا بستی , — ܟܠ ܫܥܐ ܒܦܚܐ ܕܐܚܪܢܐ ܐܣܝܪܬܐ ܗܘܝܬ:
گفتا : شیخا هر آنچه گوئی هستم , — ܐܡܪܬ ܠܗ: ܡܪܝ ܟܠ ܕܐܡܪܬ ܝܘܢ:
اما تو چنانکه مینمائی هستی ؟ — ܐܠܐ ܐܢܬ ܐܝܟ ܕܡܚܘܝܬ ܗܘܝܬ: ܝܘܬ؟
(ܦ. 71)

ܠܗ ܐܘܪܚܝ ܐܠܦܐ ܕܦܚ̈ܐ ܫܡܬ ܠܝ: — بر رهگذرم هزار جا دام نهی ,
ܘܐܡܪܬ ܕܐܚܘܕܟ ܐܢ ܦܣܥܬ ܠܚܕ: — گوبی که بگیرمت اگر گام نهی ,
ܚܕ ܦܪܬܐ ܕܥܠܡܐ ܡܢ ܦܘܩܕܢܟ ܠܐ ܡܢܗ ܣܪܝܩܐ: — یک ذره ز حکم تو جهان خالی نیست ,
ܐܢܬ ܦܩܕܬ ܠܝ ܘܥܒܕܬ ܠܝ ܚܛܝܐ ܡܫܡܗܬ ܗܘܝܬ ؟ — حکمم تو کنی و عاصیم نام نهی .
(ܦ. 80)

از آن روزیکه ما را آفریدی — ܡܢ ܝܘܡܐ ܕܒܪܝܬ ܠܢ:
بغیر از معصیت چیزی ندیدی — ܣܒܪ ܡܢ ܚܛܝܬܐ ܡܕܡ ܠܐ ܚܙܝܬ:
خداوندا بحق هشت و چارت — ܡܪܝ ܐܠܗܐ ܒܚܝܠ ܬܡܢܝܐ ܘܐܪܒܥܐ (12 ܫܠܝܚܐ)
ز ما بگذر شتر دیدی ندیدی — ܥܒܘܪ ܡܢܢ ܐܝܟ "ܓܡܠܐ ܚܙܝܬ ܘܠܐ ܚܙܝܬ" (ܦ. 160)
ܐܡܪܢ).

ܥܡܐ ܕܡܫܟܢܐ ܟܘܫܐ ܕܒܕܡܐ ܐܘܬܠܬܐ

(ܟܬܝܒ ܡܢ ܡܐܡܪܐ ܦܠܘܣ ܠ. ܫܡܥܘܢ، ܐܘܪܡܝ، ܢܝܫܢܐ ܕܝܘܒܠܐ ܕܝܘܡܢܐ 1954)

(ܥܡܐ ܟܬܒܐ (ܫܘܫܢ ܝܗ ܦܬܐ ܫܘܡ)

ܐ ܒ

ܢܘܚܡܐ ܚܘܪ ܐܪܥܐ ܥܡܐ ܕܥܡܝ: ܐܢܐ ܗܘܐ ܦܫܐ ܥܡܐ ܕܥܡܝ:

ܐܪܥܐ ܘܡܢ ܡܠܟ ܥܡܐ ܕܥܡܝ: ܦܬܟܪ ܕܗ ܟܪܡܐ ܥܡܐ ܕܥܡܝ:

ܘܕܘܟܬܐ ܘܢܫܐ ܟܠܝ ܟܠܐ ܡܕܘܢܝ ܗܘܐ ܒܡܠܟܐ ܕܘܪܝܐ: ܟܬܒ ܒܢܝܐ ܕܗ ܒܢܝܐ

ܥܡܐ ܡܠܟ ܘܐܡܝ: ܥܡܐ ܕܥܡܝ. ܘܐܢܐ ܠܕܥܡܝ ܬܟܠܬܐ: ܥܡܐ ܕܥܡܝ.

(ܦ. 190)

ܘܡܟܢܫܐ ܕܥܡܐ

(ܡܘܠܟܐ ܟܢܝ ܐܪܥܐ ܚܘܫܐ ܡܠܟܐ ܕܫܘܟܐܠܝ، ܐܘܪܡܝ، ܦܫܘ ܕܠܠܟܬܐ 1955)

ܥܡܐ:

ܫܘܪܝ ܐܢܐ ܫܡܐ ܚܘܪ ܗܘܟܐ ܡܢ ܢܝܫܢܐ ܦܝܫܐ ܟܝܢܐ

ܥܡܐ:

ܐܝܬ ܠܐ ܗܘܐ ܕܢܘܥܘܢ ܡܢ ܐܢܫܐ ܥܡܐ ܠܐ ܦܬܚܝܢ ܠܟܠܝܘܢ ܫܘܠܛܢܐ ܡܠܟܐ

ܡܢܝ ܕܝܘܢ ܟܬܒܝܢ ܟܬܒܐ ܡܠܟܘܬܐ ܡܢ ܕܥܡܐ ܚܝܐ ܠܐ ܚܝܐ ܡܫܝܚܝܐ

ܥܡܐ:

ܦܬ ܐܝܬ ܠܝ ܗܘܐ ܡܟܬܐ ܡܠܟܘܬܐ ܡܘܟܪܐ ܡܢ ܕܝܢܐ ܕܝܠܐ ܚܝܐ ܡܫܝܚܝܐ

ܢܘܪ ܢܘܡܟܐ ܡܢܠܝ ܠܐ ܚܠܝ ܡܠܦܘܠܐ ܫܘܡܐ ܡܐ ܫܘܡܐ ܐܚܝ ܢܚܘܝܐ

ܒܐ ܬܝܢ ܐܢܫܐ ܫܡܝ ܫܘܐ ܦܫܝܬܐ ܒܢܝܢ ܐܢܫܐ ܫܘܡܐ ܕܟܝܢܐ

.....

ܥܡܐ:

ܐܝܬ ܠܗ ܐܘܡܬܐ ܕܫܘܠܛܢ ܕܘܠܬܐ ܟܠܐ ܕܥܡܝܢ ܐܢܫܝ ܕܢܕ ܚܘܠܬܐ

ܠܐ ܐܢܫܐ ܒܢܝܐ ܫܘܠܛܢ ܕܫܘܢܝܐ ܠܗ ܫܟܢܘܬܐ ܐܝܬ ܠܘܝ ܐܢܫܝܐ

.....

ܕܟܘܢܐ:

ܕܢܚܬܐ ܕܥܡܐ ܦܪܢܘܣ ܐܝܬܝܗ ܟܘܟܒܐ ܢܘܪ ܚܠܝ ܢܘܪ ܕܪܥܝ ܦܝܫܝܗ

ܢܘܪܐ ܕܫܡܫܐ ܫܘܐ ܐܢܝ ܫܘܦܪܢܝ ܕܚܠܝ ܡܢ ܦܪܝ ܟܢܝܐ ܝܗ ܦܠܓ

......

ܡܫܝܚܝܐ:

ܢܘܗܪܐ ܚܘܪ ܝܘܡܐ ܝܘܡܐ ܕܫܘܠܛܢܐ ܕܗ ܫܘܝܗ ܐܢܫܐ ܝܘܡܐ ܕܫܡܝܐ

ܢܘܪ ܐܢܫܐ ܕܫܡܝܐ ܕܗ ܦܫܝ ܦܝܫܝܐ ܡܐ ܕܢܟܠܘܢ ܡܢ ܝܘܡܐ ܚܠܝܐ ܢܘܪ ܕܫܡܝܐ

.....

ܥܡܐ:

ܕܢܚܬܐ ܕܥܡܐ ܦܪܢܘܣ ܐܝܬܝܗ ܟܘܟܒܐ ܢܘܪ ܚܠܝ ܢܘܪ ܕܪܥܝ ܦܝܫܝܗ

ܐܢܫܝ ܕܫܡܝܐ ܝܘܡܐ ܕܗ ܦܘܫܝ .... ܕܝ ܕܝܢܐ ܠܢܚܬܐ ܝܘܡܐ ܕܥܡܝܐ

(ܦ. 17 - 26)

ܟܬܒܐ ܕܫܡܠܐ ܘܡܫܡܫܢܐ ܕܐܬܘܪܝܐ

(ܟܬܒ ܪܒ ܟܬܒܐ ܐܪܡܝܐ، ܥܡܪ، ܡ.ܡ.ܒ.ܐ.،1958)

ܡܡܐ: ܕܡܘܝ ܠܟܘܟܒܐ ܘܟܝܡ ܫܡܫܐ ܕܪܩܝܥܐ. (ܦ. 22).

ܡܕܢ: ܡܥܪܒܐ ܝܗ ܐܘ ܕܡܘܝ ܐܝܟ: ܡܕܢܚܐ ܕܡܢܘܗ ܐܠ ܡܢܝܘܝ ܝܗ ܢܘܗܪܐ ܘܢܗܪܐ ܐܠ ܕܟܠܗܘܢ. (ܦ. 22).

ܡܕܘ: ܗܘ ܐܢܬܐ ܕܪܚܡܐ ܢܚܠܐ ܩܝܡ ܡܣܘܝܗ ܒܐ ܩܠܐ ܠܗ! (ܦ. 23).

ܡܝܕ: ܗܘ ܐܢܘܫܐ ܡܠܝܟܐ ܡܢܟܘܢ ܘܡܢܟܘܢ ܠܐ ܐܝܬ ܠܗ، ܗܣܘܝܗ ܒܐ ܩܠܐ ܠܗ! (ܦ. 26).

ܕܠ: ܣܘܝܐ ܠܝܫܐ ܠܐ ܩܝܡ ܘܝܫܐ ܩܕܡ ܕܘܟܬܗ ܒܫܡܝܐ ܚܠܗ. (ܦ. 30).

ܕܠܕ: ܣܘܟܐ ܥܝܢܘܗܝ ܡܚܝܬܐ ܚܝܐ: ܐܝܬܐ ܐܢܫ ܚܠܐ ܘܟܘܪܐ ܒܐ ܐܡܝܘܬ. (ܦ. 31).

ܕܗ: ܐܢܫܝܬܐ ܒܐ ܐܝܬ ܕܪܚܡܐ ܠܐ ܐܝܬ: ܐܝܬܐ ܐܢܫܐ ܒܐ ܐܝܬ ܕܠܟܠ ܡܢܝܢ ܒܐ ܐܝܬ. (ܦ. 33).

ܐܝܬܐ ܐܘܦ ܐܢܐ ܡܢܝܢ ܐܢܐ ܡܕܐ ܟܝܠܘܬܐ ܚܠܗ:
ܕܡܢ ܝܡܝܐ ܟܘܦܐ ܚܠܗ: ܡܢ ܝܘܡܐ ܕܫܢܐ ܚܠܗ:
ܡܢ ܥܝܢܐ ܟܘܦܐ ܚܠܗ: ܘܡܢ ܐܠܗܐ ܗܘܫܐ ܚܠܗ:
ܩܡ ܒܐ ܩܝܡ ܕܐܝܬ ܡܘܕܝܢ ܚܠܗ. (ܦ. 65).

ܟܢܒܪ ܗܘܡܐ ܕܢܒܪܐ — ܐܢܐ ܕܠܐ ܐܢܫܐ
ܡܝܠܝ ܟܢܒܪ ܝܘܡܐ — ܡܢ ܟܠ ܟܘܪ ܝܘܡܐ
ܡܝܠܡܝܐ ܗܡܐ — ܐܢܫ ܕܫܡܐ ܕܒܠܡܐ
ܥܡܠܝ ܠܗܝܢ ܡܠܐ — ܐܢܫ ܗܝܢ ܟܫܡܠܐ
ܐܢܫܝܢ ܫܡܝܐ — ܘܡܢܫܐ ܐܢܫܘܬܐ
ܘܟܢܫܘܬܐ ܚܠܐ ܟܢ — ܟܗܘ ܫܡܐ ܡܠܐ
ܟܘܡܪܐ ܚܡܐ — ܘܟܐܡܪܐ ܚܡܐ
ܠܡܠܐ ܟܗܘܢܐ ܕܝܢܐ — ܕܝܢ ܚܠܝܢ ܕܝܢ ܚܠܝܢ
ܐܡܘܢܐ ܕܝܢܝܢ — ܠܐ ܟܝܢ ܠܐ ܟܝܢ

ܗܘ ܟܗܘܢܐ ܕܟܢܝܢ
ܩܢܝ ܚܡܐ ܐܢܝܢ
ܐܢܫܝܢ ܫܡܘܬܐ

(ܦ. 88).

ܡܫܝܚܐ ܢܘܗܪܐ: ܫܪܐ ܡܬܘܡܐ - ܢܘܗܪܐ
(ܡܢ ܩܠܝܬܐ ܕ. ܝ. ܕܒܝܬܢܝܠ، ܡܕܐ ܛܘܒܒܘܢܐ، ܛܗܪܢ، 1961)

ܗܘ ܕܢܝܚ ܗܘܕܝ ܠܐ،
ܗܘ ܐܡܪ ܠܐ ܐܡܝܪܐ،
ܗܘ ܡܚܝܠ ܠܐ ܡܚܝܠܐ،
ܗܘ ܪܡܙ ܠܐ ܪܡܝܙܐ؟
ܐܝܟܢܐ ܗܘ ܠܒܒܐ؟
ܐܝܟܢܐ ܡܘܫܝܚܬܐ؟
ܐܝܟܢܐ ܗܘ ܡܠܟܐ؟
ܕܡܫܝܚܝܢ ܒܥܒܪܐ ܗܝܝܐ؟
ܕܐܝܟܐ ܫܘܟܠܗ، ܕܐܝܟܐ ܥܡܠܗ،
ܕܐܝܟܐ ܐܝܠܗ، ܕܐܝܟܐ ܚܝܠܗ،
ܕܐܝܟܐ ܕܝܢܠܗ، ܕܐܝܟܐ ܟܕܠܗ،
ܕܐܝܟܐ ܡܝܠܗ، ܕܐܝܟܐ ܢܦܠܗ؟
ܟܠ ܒܪܐ ܕܠܐܗܐ ܗܘܐ
ܡܠܟܐ ܕܐ ܡܝܬܐ،
ܗܐ ܡܘܬܘܗܝ ܕܡܫܚܐ،
ܕܠܒܐ ܡܢܝܢ ܣܩܝܠܐ.
ܘܐ ܠܘܒܐ ܕܫܡܝܐ ܗܘܐ
ܡܠܟܐ[1] ܗܘ ܫܪܓܐ[2]
ܠܐܗܐ ܢܘܗܪܐ ܫܡܝܢ ܗܘܐ
ܕܗܘ ܕܘܦܟܐ ܕܗܘ ܕܘܟܐ[3]
ܕܒܢܝܢܐ ܕܡܫܝܚܐ
ܕܝܗ ܟܠܐ ܒܢܝܢܐ،
ܠܐ ܦܝܫܠܗ ܡܘܢܚܐ
ܡܢ ܦܘܡܐ ܕܡܠܟܐ.

ܗܘܐ ܦܠܓܐ ܕܘܐ ܕܡܐ
ܒܝܠ ܐܕܡܐ ܒܢܝܢܐ،
ܐܢܝ ܕܒܝܬܗ ܡܘܪܡܐ ܗܘ ܕܒܢܝ ܒܢܝܢܐ.
(ܦ. 33 ܕܟܬܒܐ ܗܠܝܢܐ).

....

ܐܡܬܘܢ ܐܡܠܘܢ،
ܠܘܒܐ ܡܬܘܡܡܐ،
ܕܥܡܐ ܐܡܘܘܢ،
ܕܐܡܠܟܐ ܕܘܟܬܐ،
ܕܐܘܠܐ ܐܡܘܘܢ،
ܕܫܡܐ ܐܡܢܘܢ.
ܐܢܝ ܡܝܬܝܬܐ
ܠܐܝܠܐ ܡܘܡܝܬܐ.
ܕܐܟܘܢ ܐܚܘܢ
ܘܕܝܘܢܝܐ ܐܚܘܢ.
ܠܐ ܐܬܐ ܠܐ ܘܐܬܐ
ܡܝܬܐ ܗܘܐ ܐܝܢܐ،
ܠܐ ܡܕܝܢ ܠܐ ܫܡܝܢ
ܡܝܬܐ ܗܘܐ ܒܘܝܢ.
ܗܘܝܢܗ ܘܫܡܝܐ
ܕܠܡܐ ܗܘܐ ܠܗ ܗܘܫܒܢܐ
ܕܦܠܓ ܒܡ ܗܫܬܐ
ܡܢ ܕܘܦܐ ܐܡܫܚܐ.
ܡܫܝܚܐ ܗܘܐ ܗܘ ܟܕܝܢܐ،
ܠܡܦܠܘܢ ܐܚܠ ܕܫܡܝܐ. (ܦ. 46-47).

1- ܐܡܘܪܐ. 2- ܫܠܡ ܕܐܘܫܠܡܐ ܕܡܫܠܠܐ، ܠܒܒܐ. 3- ܕܘܠܡܐ.

ܣܦܪ ܕܪ̈ܫܡܬܐ ܒܠܘܟܐ ܕܕܫܬܐ

(ܒܝܕ ܟܪܡ ܥܠܝܫܘܥ ܕܩܠܝܬܐ، ܓܘܫܢܐ ܘܫܘܟܪܐ ܒܝܕ ܘܠܝܡ ܘ. ܫܠܝ ܦܪܟܐ)

(ܫܝܟܐ، ܫܘ.ܫܘ.ܒ. ܐ.1962)

ܢܝܫܐ ܕܐܬܘܪ

ܗܐ ܡܠܟܐ ܘܠܫܢܐ ܘܥܡܡܐ، ܒܝܕ ܕܥܝܬܐ ܡܘܠܝܡܐ
ܡܚܠܐ ܚܕܬܐ ܕܡܪܕܐ ܠܚܘܝܕܘܬܐ ܕܡܪܕܝ ܠܐ ܐܬܘܪ ܐܘܡܬܐ
ܗܐ ܡܠܟܐ ܐܘܡܬܐ ܥܬܝܩܬܐ ܐܬܘܪܝܬܐ ܗܘܐ ܒܥܠܡܐ
ܒܝܕ ܕܡܐ ܕܚܘܝܕܘܬܐ ܦܪܩܘ ܡܢ ܓܠܘܬܐ ܠܚܕܪܘܬܐ
ܒܟܠ ܚܕܬܐ ܗܘܐ ܒܪ ܚܝܠܐ، ܗܘܐ ܚܝܠܐ ܫܡܫܐ ܕܟܠ ܒܪ
ܚܘܒܐ ܠܗܘܢ ܕܡܦܪܩܢ ܕܐܘܡܬܐ ܒܝܕ ܠܗ ܓܢܐ ܕܚܝܐ.

ܗܐ ܐܬܪܢ ܗܘܝ ܒܓܕܐ ܒܝܬܐ ܕܒܢܝ ܘܡܬܪܝ
ܒܠܫܢܢ ܡܢ ܠܐ ܚܠܠܝ ܒܕܡܐ ܕܒܢܝ ܡܫܠܝ
ܒܪܡ ܓܠܘܬܐ ܟܪܝܬܐ ܗܠܗ ܡܬܐ ܢܝܫܢܐ ܕܐܬܘܪ ܒܝܬܐ
ܗܘܐ ܦܪܩܬܐ ܒܪܡ ܕܥܝܬܐ ܥܠ ܕܓܠܒܐ ܐܬܘܪ ܐܘܡܬܐ
ܡܚܠܐ ܚܕܬܐ ܘܠܐ ܠܦܪܩܬܐ ܡܢ ܠܐ ܘܕܝܗ ܡܢ ܗܘܬܐ
ܥܡܘܕ ܠܒܢܝܢ ܗܘ ܫܡܫܐ ܘܠܐ ܠܦܪܩܬܐ ܕܘܟܬܘܬܐ

ܠܐ ܘܕܝܢ ܒܢܝ ܡܢ ܠܝܐ ܥܡܝܢ ܡܢ ܠܝܐ ܕܡܟܪ ܠܓܡܪܐ
ܥܠ ܕܦܥܠܝܢ ܠܚܠܬܗ ܕܘܝܫܐ ܡܢܝ ܒܪ ܦܪܩܘ ܓܢܒܪܐ
ܥܠ ܢܦܫ ܐܚܝܬܐ ܕܒܢܝ ܓܒܪ ܦܠܚܝܢ ܒܦܪܩܘܬܐ
ܒܪ ܝܘܡ ܢܦܠܝܢ ܒܢܚܠܐ ܕܦܠܓܐ ܒܪ ܒܕܡܝܟ ܒܟܠܝܘܬܐ
ܒܢܐ ܐܚܠܐ ܕܚܠܐ ܫܡܝܐ ܗܘܝ ܗܘܐ ܡܢܝ ܕܡܕܐ ܦܬܓܡܐ
ܒܥܡܐ ܕܐܘܡܬܐ ܐܘܦ ܒܗ ܡܘܕܝܢ ܡܚܝܢ ܠܗ ܒܘܟܪܐ.

(ܦ. 40).

ܥܠܝܡܐ ܣܦܪܐ

(ܒܝܕ ܠܠܐ ܐܒܪܗܡ ܡܫܘܪܝܐ، ܫܝܟܐ، ܡܕ. ܕܫܘܢܐ، 1964)

ܦܫܛܐ (ܡܢ ܦܘܥܒܝܢ)

ܦܫܛܐ ܕܦܠܛܐ ܡܠܗ ܚܫܬܐ — ܒܝܠ ܢܚܪܗ ܒܠܗ ܕܡܝܕܐ
ܦܚܕܗ ܒܗܘܐ ܡܠܗ ܥܩܝܫܐ — ܒܠ ܕܥܡܬܐ ܡܠܗ ܚܘܝܫܐ

ܚܝܦܐ ܕܝ ܗܘܐ ܦܫܝܡܝ — ܠܐ ܝܕܥܐ ܕܐܡܪ ܝܬܝܡܝ
ܣܘܝܟܐ ܘܒܥܐ ܠܝܗ ܕܒܩܝܡܝ — ܠܐ ܝܫܘ ܘܒܕܐ ܕܒܪܘܫܝ

ܦܝܫܐ ܗܘܐ ܡܐ ܦܫܝܛܬܐ — ܠܘܟܐ ܗܘܐ ܡܐ ܦܫܝܫܬܐ
ܒܕ ܕܫܝܕܐ ܒܝܗ ܠܘܝ ܚܩܬܐ — ܒܕ ܟܚܝܘܬܐ ܒܝܗ ܠܘܝ ܝܩܬܐ

ܒܟܐ ܠܝܗ ܗܘ ܒܢܝܫܘܝ؟ — ܡܐ ܥܠܝܡܐ ܠܝܗ ܒܘܫܡܘܝ؟
ܦܘܕ ܠܝܗ ܗܘܝܐ ܒܚܫܘܝ؟ — ܠܐ ܗܘܐ ܟܚܝܘܬܐ ܒܝܢ ܕܝܘܝ!

(ܦ. 72)

ܟܠܒ̈ܐ

(ܡܢ ܟܬܒܐ ܐ. ܫܡܘܐܠ ܕܫܘܫܠܟ، ܗܘܢ، ܛ.ܗ.ܪ.ܐ.ܢ، 1965)

ܒܟܬܒܐ ܕܫܕܪܐ ܘܫܡܝܡܐ ܠܐ ܡܟܐ ܡܘܠܘܕܐ ܡܘܫܠܐ

ܐ. — ܚܕܐ (ܦܘܫܩܐ)

ܦܘܫܩܐ ܘܝܘܕܝܐ ܟܒܕ ܫܘܡܐ — ܗܘ ܫܘܡܐ ܕܒܝܬ ܘܟܠܒܐ
ܕܒܝܬܐ ܕܟܐ ܒܫܝܩܐ — ܡܒܝܬܐ ܟܘܬܝܐ ܟܠܒܐ
ܗܘܕ ܝܗܘܐ ܝܕܝܕܐ — ܢܟܘܡܐ ܕܟܢܬܐ ܡܩܐܡܘܬܐ
ܠܗܘܕܐ ܕܫܡܐ ܦܝܕܐ — ܕܡܠܐ: ܟܡܬܐ: ܘܡܠܬܐ

ܒ. — ܬܪܬܝܢ (ܝܘܢܝܐ)

ܡܐ ܕܗܘܝ ܗܘܐ ܡܠܘܟܐ — ܡܦܫܘܩܘܬ ܟܚܘܝ ܗܘܠܘܬ
ܡܐ ܠܘܕܐ ܝܐ ܗܘܐ ܥܫܝܠܐ — ܡܝܬܘܝ ܝܬܝܒ ܠܐ ܡܟܘܬ
ܠܐ ܡܝܩܐ ܘܠܐ ܡܫܝܬܐ — ܟܡܐ ܕܡܟܝܢ ܠܗ ܦܕܓܡܐ
ܘܠܐ ܡܙܝܕܝܬܐ ܘܫܘܦܬܐ — ܠܗ ܡܦܫܦܫ ܝܐ ܚܟܡܐ!!

ܓ. — ܬܠܬܐ (ܦܘܫܩܐ)

ܡܢ ܬܡܕ ܡܕܟܢܐ ܚܫܝܫܐ — ܡܟܢܒ ܡܠܘܝ ܢܐܡܐ ܝܝܫܐ!!
ܟܝܟܡܐ ܥܘܕܠܘܢ ܦܠܝܬܐ — ܢܟܐ ܗܠܐ ܘܚܘܟܝܐ ܕܝܬܐ!!
ܕܝܟܘܢ ܠܘܕܐ ܒܫܝܩܐ — ܕܟܐ ܟܡܟܐ ܠܗ ܡܟܘܝ!
ܕܝܠܕܘܬܐ ܘܕܡܠܝܘܡܝܬܐ — ܕܡܠܟܗ ܒܝܬ ܢܐܒܐ ܗܡܘܝ!

(ܦ. 25). — (ܦ.32).

ܫܘܫܢܐ ܕܐܬܘܪ̈ܝܐ

(ܡܢ ܟܬܒܐ ܕܐܒܐ ܐܠܝܫܥ، ܛܗܪܢ، ܫܢܬ ܕܡܫܝܚܐ، 1965)

...

ܫܘܠܛܢܘܬܐ ܕܐܬܘܪ̈ܝܐ ܡܫܝܚܝܘܬܐ ܕܥܡ̈ܡܐ ܥܠ ܟܠܗ ܦܢ̈ܝܬܐ ܕܐܪ̈ܥܐ:

ܡܐ ܕܗܘ ܡܫܝܚܐ ܕܐܬܝܠܗ ܐܦ ܫܠܝܚܐ ܐܬܝܠܗ

ܘܐܬܐ ܡܢ ܝܗܘܕܝܐ ܥܠ ܐܒܐ ܕܫܡܝܐ

ܕܐܬܘܪ̈ܝܐ ܫܡܥܬܐ ܐܡ̈ܪܘܗܝ ܘܐܡܝܢܐ

ܡܢ ܫܠܝܚܘܬܐ ܐܬܘܬܐ ܘܐܦ ܫܠܝܚܘܬܐ ܐܒܗ̈ܬܐ

ܐܝܟ ܗܘܝܐ ܠܗ ܒܟܝܢܐ ܐܦ ܐܦ ܕܟܠܗ ܐܠܗܐ

...

ܡܢ ܐܬܘܪܝܐ ܡܪܝܐ ܡܢ ܫܠܝܚܐ ܕܐܬܘܪ̈ܝܐ

ܡܢ ܐܒܗܘܬܐ ܫܠܝܚܐ ܗܘ ܫܠܝܚܘܬܐ ܐܝܟܢܐ

ܕܫܡܥܐ ܒܗܝܡܢܘܬܐ ܐܝܟ ܠܗ ܫܡܥܐ ܕܐܡܪܐ

ܫܡܥܐ ܘܐܡܝܢܐ ܕܐܬܘܪ̈ܝܐ ܫܡܥܬܐ

...

ܐܒܗܘܬܐ ܡܫܝܚܐ ܫܠܝܚܐ ܘܫܡܝܢܘܬܐ ܢܗܘܪܐ

ܫܘܒܚܐ ܐܢ̈ܫܐ ܕܐܪܥܐ ܐܒܗܘܬܐ ܡܢ ܟܠܐ

ܘܫܡܝܐ ܡܢ ܐܪܥܐ ܠܟܠ ܐܬܘܪ̈ܝܐ ܕܥܡܐ

ܘܟܢܫܐ ܡܢ ܡܠܟܐ ܕܫܠܡܐ ܥܠ ܕܐܬܘܪ̈ܝܐ!

...

ܐܬܘܪ̈ܝܐ ܫܠܝܚܘܬܐ ܦܫܝܛܐ ܕܐܪܥܐ ܐܬܘܪ̈ܝܐ ܫܡܥܬܐ ܫܘܒܚܐ ܠܗ ܡܫܝܚܐ

ܡܢ ܐܬܘܪܝܐ ܐܢܘ، ܡܪܝܐ ܕܫܡܝܐ ܘܐܒܗ̈ܬܐ ܘܕܐܪܥܐ ܫܘܒܚܐ ܟܠܗ

...

ܐܬܘܪ̈ܝܐ ܕܐܬܘܪ̈ܝܐ ܐܢܘ ܕܫܡܥܠܗ ܥܡܐ ܠܦܫܝܛܐ ܕܐܪܥܐ

ܡܪܝܐ ܠܗ ܐܠܗܐ ܐܬܘܪܝܐ ܐܒܗ̈ܬܐ ܘܡܫܝܚܐ ܐܝܟܢܐ ܡܫܝܚܐ:

ܐܝܟ ܕܟܬܝܒ ܠܐܒܗ̈ܬܐ ܐܝܟ ܕܟܬܒܐ ܐܝܟ ܠܕܐܬܘܪ̈ܝܐ

ܐܠܗܐ، ܐܠܗܐ! ܫܘܒܚܐ ܐܒܘܢ ܐܒܐ ܫܠܝܚܐ ܐܝܟ ܐܠܗܐ ܘܫܘܒܚܐ

(ܦ. 3 – 8).

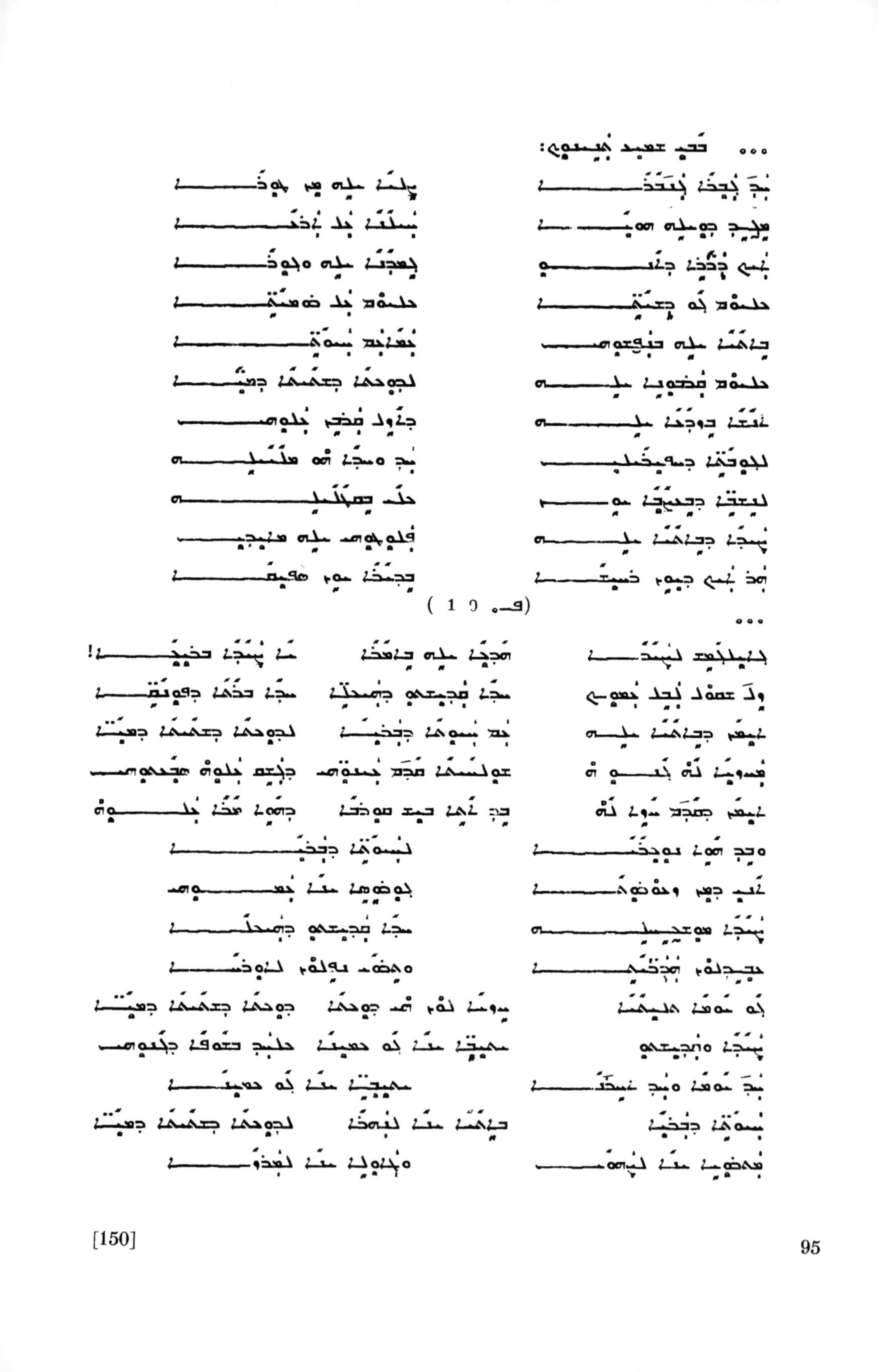

... [illegible]

[illegible]

[illegible]

[illegible]

[illegible]

[illegible]

[illegible]

[illegible]

[illegible]

[illegible]

[illegible]

[illegible]

(... 1 0 ...)

...

[illegible]

[illegible]

[illegible]

[illegible]

[illegible]

[illegible]

[illegible]

[illegible]

[illegible]

[illegible]

[illegible]

[illegible]

[illegible]

[illegible]

ܡܬܐ ܝܩܪܐ: ܕܡܘܟܐ ܘܫܠܝܬܐ   ܒܝܫܘܬܐ ܫܘܪܝܬܐ: ܡܢ ܒܘܣܡܐ ܠܫܝܢܐ
ܡܣܒܘܪܐ ܗܘܐ ܠܠܒܐ: ܕܐܬܪܘܟ ܐܬܐܬܐ   ܡܢ ܫܬܝܐ ܘܒܘܪܟܬܐ: ܕܟܪܬܐ ܠܝܗ ܝܠܐ
ܡܢ ܫܘܬܐ ܕܩܪܝܬܐ: ܕܟܬܬܐ ܠܝܗ ܡܢܬܐ   ܡܫܬܐ ܕܒܟܝܐ: ܒܫܝܢܐ ܘܢܫܒܬܐ
ܝܠܬܐ ܠܝܗ ܐܟܘܡܐ: ܬܠܩܐ ܒܘܩܐ ܘܟܪܝܐ   ܕܟܬܐ ܠܐܗ ܟܘܡܘܢ: ܬܫܥܝܬܐ ܕܫܪܟܘܬܐ
ܕܗܘ ܐܘܡܬܐ ܥܠܝܡܬܐ: ܣܘܪܝܝܐ ܠܐܗ ܦܪܝܫܝܐ
ܦܪܝܫܝܐ ܣܘܪܝܝܐ ܠܐܗ: ܗܘ ܟܢܫܐ ܫܠܝܬܐ
ܗܘ ܫܒܛܐ ܕܟܬܝܐ: ܗܘ ܐܬܪܐ ܝܬܝܐ   ܐܬܐ ܠܝܗ ܡܫܪܝܐ

ܡܢ ܣܘܦ ܒܝܬܐ ܗܘ ܠܝܗ   ܐܬܬܐ ܗܘ ܠܝܗ ܐܝܟ ܝܗ
ܦܬܚܝ ܠܫܡܫܐ ܕܫܡܝܐ   ܦܣܘܩܠܗ ܒܘܫܡܐ

ܐܝܟܐ ܕܒܝܬ ܣܘܪ ܐܝܬ   ܡܢ ܐܢܐ ܒܝܬ ܥܘܒܕܐ   ܕܩܘܪ ܡܫܐ ܠܚܝܐ
ܥܒܕܘܢ ܠܗ ܦܪܫܘܗܝ ܐܝܬ   ܠܐ ܦܪܝܫܠܗ ܐܝܢܝ   ....

ܦܗܪ ܩܘܡܘܢ ܠܕܬܢܝܐ   ܡܗܪ ܠܝܬܪܘܬܐ ܘܠܬܘܠܡܝܐ
ܕܐܝܬ ܕܡܝ ܟܫܝܐ   ܦܠܚܝܠܗ ܐܟܘܡܘܢ
ܬܕܥܘܢ ܐܕܘܫܢܐ ܕܝܢܐ ܡܕܝܢܐ ܠܗܝ ܐܝܟܐ   ܡܢ ܦܬܝܚܠܗ ܐܠܘܗܐ ܘܡܢ ܗܘܐ ܒܘܝܟܬܐ
ܠܫܘܬܐ ܕܟܬܒܐ: ܐܢܝ ܕܡܝ ܘܡܣܟܘܢܐ   ܒܘܟܘܢܐ ܗܘܐ ܐܟܘܡܘܢ: ܘܡܢ ܡܠܝܠܟܘܢ ܠܝܬ ܟܘܡܘܢ
ܦܪܝܫܝܐ ܬܫܒܘܚܐ ܡܘܕܥܝܢܐ ܠܗ ܐܟܡܐ ܗܘ   ܒܠܡܐܠܗ ܒܘܫܡܗ ܗܘ ܕܡܘܐ ܠܗ ܦܪܫܘܗܝ
ܘܐܝܟܐ ܕܐܝܬܠܗ ܡܘܕܥܐ: ܠܐ ܬܫܘܠܗ ܘܠܗ ܡܘܬܒܗ
ܡܢ ܕܟܝܬܐ ܠܗ ܬܫܒܘܚ: ܘܝܠܬܐ ܠܗ ܠܬܘܠܡܘܗ
ܘܡܘܣܝܦܠܗ ܠܐܟܘܡܘܢ: ܬܕܥܘܢ ܐܕܘܫܢܐ ܕܝܢܐ ܡܕܝܢܐ ܠܗܝ ܐܝܟܐ
ܝܕܟܘܢ ܡܠܝܠܗ ܠܝܕܥܘܗ ܐܬܪܘܟ ܡܘܬܒܢܐ

ܕܥܡܝ ܣܘܪܝܝܐ ܘܐܬܪܐ ܣܘܪܝܝܐ

ܗܐ ܝܬܡܐ ܐܘܡܬܐ ܘܦܪܝܫܐ ܒܠܐܘܬܐ

ܗܘܐ ܠܗ ܕܫܝܢܐ ܗܘܐ ܬܘܒܐ ܡܢ ܦܪܝܫܝܐ

ܐܝܟܐ ܕܫܒܝܠܗ ܝܘܡܗ   ܡܘܕܥܐ ܠܗ ܟܘܡܘܢ   ܠܝܬܐ ܕܦܪܫܘܢܘܢ
ܠܗ ܣܘܡܐ ܕܐܬܪܘܟ   ܐܠܬܐ ܘܒܘܪܟܬܐ   ܕܩܠܘܢ ܗܘܐ ܬܠܬ
ܫܘܬܐ ܕܟܬܒܐ   ܕܟܬܐ ܗܘܐ ܝܘܡܢ   ܕܟܬܐ ܗܘܐ ܝܘܡܢ
ܐܬܪܘܟ ܐܬܝܐ   ܐܢܝ ܕܝܢ ܗܘܝ ܡܘܟܘܢ   ܩܝܡܐ ܠܝܗ ܒܘܫܡܐ

... (ܦ. 12 - 15).

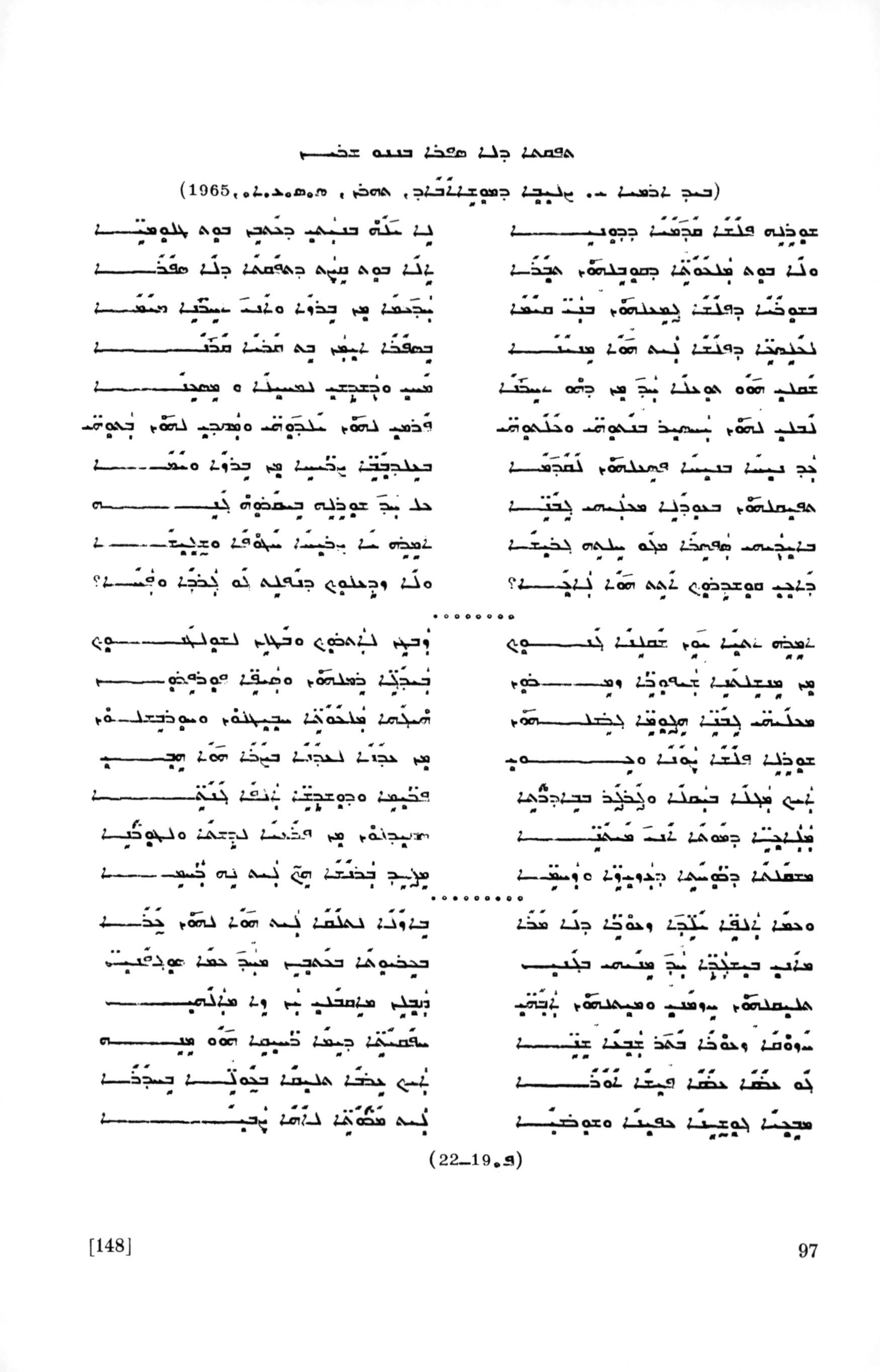

(1965)

(22–19)

ܡܦܩܘܪܝܬܐ ܡܢ ܦܠܚܐ ܕܐܠܗܘܬܘܬܐ ܕܡܫܝܚܐ ܠܕܘܒܠܐ

(ܡܢ ܡܟܘܢܫ ܝܘܡܐ ܚܘܠܡܐ ܕܠܘܚܡܐ، ܐܡܪ، ܗ. ܗ. ܕ. ܐ. 1967)

ܝܘܡܐ ܕܦܨܚܐ ܕܡܫܝܚܐ

ܟܝܘܡ ܡܫܒܚܐ ܕܝܠܕܐ ܕܡܫܝܚܐ   ܐܦ ܝܘܡ ܡܝܬܐ ܩܝܡܬܐ

ܦܨܝܚ ܗܘܠܝܬܐ ܟܠ ܒܫܝܠܐ   ܝܗ ܩܡܠܗ ܠܝܗ ܡܝܘܬܐ ܩܠܝܐ

ܐܢܐ ܝܘܡ ܐܢܫܝܢ ܩܒܪܐ   ܝܐ ܚܠܬܐ ܡܢ ܩܒܪܐ ܩܡܬܐ

ܒܫܡ ܠܝ ܐܢܫܐ ܐܡܝܢܐ   ܠܐ ܐܘܟܝܬܐ ܘܠܐ ܩܠܝܬܐ ....

ܢܚܫܐ ܕܠܒܢ ܡܘܠܝܬܐ   ܐܦ ܒܢܘܗܪܐ ܗܘܐ ܒܐܝܕܐ ܚܕܝܘܬܐ

ܐܝܬܘܗܝ ܗܘܐ ܥܡܝ ܒܣܘܥܐ   ܡܫܝܚܐ ܝܗ ܕܐܬܐ ܠܣܘܥܐ

ܒܐܬܐ ܥܡܐ ܕܝܠܕܐ ܒܚܕܝܘܬܐ   ܐܝܟܐ ܐܢܫܐ ܒܠܒܐ ܚܝܬܐ

ܥܡܠܝ ܕܘܟܘܬܐ ܦܫܠܛܢܐ   ܐܠ ܝܗ ܡܫܘܬܐ ܠܝܗ ܒܣܘܓܐܐ

ܐܡܪܐ ܕܡܫܝܚܐ ܐܢܫܐ ܐܝܠܝܐ   ܠܗ ܝܗ ܡܫܘܬܐ ܡܝܬܐ ܝܕܝܥܐ

ܡܚܕܐ ܣܓܐ ܩܒܪ ܡܫܐ ܡܘܠܐ   ܐܬܐ ܡܪܐ ܐܡܫܝܚܐ ܡܘܬܐ

ܐܢܫܝܢ، ܠܗ ܐܡܫܝܚܐ؟ ܠܐ ܡܝܬܐ   ܡܢ ܘܕܐ ܝܡܐ ܡܢ ܥܢܝܐ

ܐܢܫܐ ܒܐܬܐ ܠܐ ܗܘܐ ܥܡܝܐ   ܕܡܢ ܠܝܗ ܡܫܘܚܐ ܡܘܢܝܬܐ

ܡܕܢܐ ܠܐܗܐ ܠܐ ܚܡܐ   ܐܦ ܡܘܠܝ ܕܡܝܬܐ ܡܚܝܐ

ܡܚܕܐ ܕܒܗܪ ܡܢ ܚܝܐ ܡܚܝܬܐ   ܕܚܫܐ ܝܠܗ ܡܐ ܒܝܬܐ

ܝܗ ܚܠܡܐ ܝܗ ܕܚܠܬܐ   ܐܡܫܝܚܐ ܚܝܘܬܐ ܕܠܐ ܥܠܡܐ

ܡܢ ܠܒܝ ܡܘܠܝ ܕܥܘܕܪܢܐ   ܐܡܪܐ ܡܠܗ ܕܡܫܝܚܐ ܝܗ ܡܝܘܬܐ .....؟

ܐܝܬܐ ܒܫܡ ܗܘܐ ܠܝ ܦܘܪܩܢܐ   ܘܒܫܡ ܗܘܐ ܝܠܝ ܐܡܝܢܐ

ܡܒܠܗܐ ܗܘܐ ܦܝܫܬܐ ܠܝܬܐ   ܗܘܐ ܡܢ ܝܡܐ ܡܝܘܬܐ ܦܠܝܛܬܐ

ܡܘܠܝܘܬܐ ܐܢܐ ܬܐ ܐܡܬܐ   ܕܚܫܬܐ ܕܡܪܬܐ ܡܫܡܥ ܠܒܫܬܐ

ܒܝܬܐ ܦܬܐ ܕܡܪܬܐ ܒܝܬܐ   ܚܕܕܠܗ ܦܘܪܩܢܐ ܡܢܠܡܝܐ

ܒܣܘܚܬܐ ܠܚܠܡܐ ܐܢܬܐ ܠܐ ܡܝܬܬܐ   ܠܡܘܫܚܬܐ ܡܘܫܚܬܐ ܚܕܝܬܐ

ܟܠ ܚܕ ܒܢܐ ܡܢ ܐܬܐ ܐܝܗ ܗܘܐ   ܒܣܘܚܐ ܡܘܠܕܝ ܐܢܫ ܟܝܣܗܐ

....

(ܦ. 9 ـ 10).

ܟܫܝܬܐ ܦܫܝܬܐ

(ܡܢ ܘܠܝܡ ܕܢܝܐ ܕܡܣܝܠܝܠ، ܫܘܪ، ܫ. ܫ. ܡ. ܐ.، 1967)

ܐܝܟ ܚܕܐ ܡܬܐ ܟܕܡܐ ܘܟܘܕܡܐ، ܝܬܒܘܗ ܚܕܐ ܟܢܫܘܗ
ܟܬܝܒܐ ܠܐ ܦܝܫܬܐ ܗܘܐ ܠܦܘܡܒܐ ܕܝܫܘܗ.
ܢܝܫܐ ܟܦܘܡ ܗܘܐ ܟܬܝܒܘܗ ܐܟ ܝܕܥܬܐ ܠܐ ܡܦܩܝ
ܟܠܫܝܬܐ ܗܘܐ ܕܘܘ ܠܟܡ ܝܥܒܘܗ ܡܫܘܚܝܐ ܐܡܝ ܗܘܠܐ.
ܟܠܝ ܐܟ - ܐܡܬܐ ܗܘܐ ܝܥܒܘܗ - ܡܘ ܚܠܝܗ ܡܫܘܚܬܐ؟
ܕܟܬܝܒ ܡܘܕܝ ܚܠܗ ܗܘܝܬܐ ؟ ܐܝܡ ܐܠܫܘܗ ܕܩܫܐ.
ܟܘܠܝ ܠܟܬܒܝ ܐܠ ܐܕܫܐ ܐܠ ܐܕܫܐ ܡܘܝܬܐ
ܩܡܗ ܐܕܫܐ ܕܟܠܗ ܠܐ ܠܐ ܚܠܗ ܥܘܝܬܐ؟
ܐܡܗ ܐܢܐ ܡܘܕ ܐܟܫܝܠܝܢ ܝܐܕܝܬܐ ܠܐ ܗܘܝ
ܐܠ ܐܕܫܐ ܕܟܠܗܢܬܐ ܚܠܝ ܠܐ ܥܡܝܢ.
ܐܡܗ ܡܦܩܝ ܕܕܝܫܐ ܚܘܐ ܩܕܡ ܐܟ ܕܫܢܬܐ
ܡܕܐ ܚܠܝ ܕܝܡ ܐܟܝܟܬܐ ܐܩܕ ܡܢܝ ܚܟܬܐ
ܥܘܝܘܗ ܚܕܐ ܐܗ ܚܢܗܠܐ ܘܟܠܐ ܐܘܠܬܐ

ܟܫܬܐ ܕܐܡܬܐ ܡܐܠܫܘܗ ܟܝܘܠܢ ܝܥܡܝܐ.
ܢܝܬܐ ܦܘܕܝܠܗ ܕܝܥܒܘܗ ܐܝܡ ܚܕܐ ܠܗ ܗܘܕܐ
ܠܦܟܘܕܘܡ ܐܢܐ ܕܘܟܬܐ ܐܡ ܡܘܕܝ ܚܕܐ؟
ܡܘܢܗ ܠܟܘܡܘܗ ܟܡܘܢܝܬܐ ܟܝܕܡܐ ܟܦܫܝܬܐ
ܝܟܘܗ ܕܟܬܘܗ ܐܝܕܗ ܗܘܝܬܐ ܗܘܝܢܬܐ
ܠܐ ܦܠܝܡ ܟܐܘܬܝ ܠܐܕܐ ܡܘܝ ܐܡܠܝ ܕܐܕܫܐ
ܝܢ ܐܢܫ ܘܐ ܐܒܕܐ ܗܘܐܝܡ ܟܡܗ ܝܡ ܟܕܫܐ.
ܟܘܡܬܐ ܕܢܗ ܦܘܡܡܬܐ ܡܝܘܗ ܐܠ ܐܕܫܐ
ܐܢܝܐ - ܝܢܐ ܦܝܫܘܝܐ ܡܘܪ ܠܐ ܦܠܗܡ ܠܐܕܫܐ.

....

(ܦ. 1 – 3).

ܥܠ ܙܒܢܐ ܒܝܬܢܐ

(ܟܬܝܒ ܡܢ ܚܕ ܫܘܫܛܐ ܕܩܛܠܐ ܕܐܬܘܪܝܐ، ܡܬܪܓܡܐ ܒܟܬܒܐ ، 1961)

(ܩܠܐ: ܕܥܡܡܐ ܡܫܝܚܝܐ)

ܠܘܡܐ ܐܠܘܗܝ ܕܟ̈ܐ ܕܝܗܒ — ܐܘ ܡܫܝܚܐ ܕܝܠܘܟܝ ܐܪܥܐ
ܡܢ ܗܘ ܕܝܢܐ ܕܝܘܡ ܐܚܪܝܐ — ܘܡܢ ܕܝܢܘܗܝ ܕܟܘܠܐ ܡܫܝܚܐ
ܢܘܫܘܗܝ ܕܠܫܡܐ ܕܒܢܝܢܐ ܥܒܝܕܐ — ܐܘ ܡܢܬܘܗܝ ܕܥܡܡܐ ܡܬܝܢܐ
ܕܝܢܐ ܘܢܕܩܐ ܕܝܘܡ ܡܬܝܐ — ܕܟܘܠܐ ܕܥܘܬܐ ܡܕܝܢܬܐ ܘܡܬܝܬܐ
ܥܬܘܗܝ ܗܡܝܢܐ ܘܫܒܝܚܐ ܠܕܡܐ — ܘܕܝܢܘܗܝ ܕܫܡܝܐ ܚܡܐ ܕܐܦܐ
ܘܐܢܫܘܗܝ ܡܠܝܩܐ ܠܕܝܢܐ ܕܥܡܐ — ܐܦ ܐܚܪܝܢܐ ܠܕܡܝܐ ܕܥܡܐ
ܟܘܠܗܘܢ ܕܒܥܐ ܚܡܐ ܐܟܒܪܐ — ܠܕܝܢܐ ܕܫܘܢܐ ܕܒܢܬܐ ܡܕܝܢܬܐ
ܡܢ ܕܝܢܘܗܝ ܐܚܝܐ ܕܒܝܬܐ — ܘܥܝܢܐ ܠܚܢܢ ܐܒܕܐ ܘܕܟܝܪܐ
ܐܢܫܘܗܝ ܕܟܝܬܐ ܘܝܠܕܐ ܠܕܡܐ — ܘܫܡܫܘܗܝ ܕܝܢ ܝܡܐ ܝܡܐ
ܘܐܢܫ ܕܐܢܫܠܘܗܝ ܕܢܦܠ ܘܥܡܐ — ܕܡܬܠܠܐ ܘܚܘܝܬܐ ܡܠܬܐ ܐܡܐ
ܫܒܝܚܐ ܠܕܡܐ ܢܡܐ ܘܝܕܘܥܐ — ܘܐܢܫ ܝܘ ܐܝܕܐ ܕܐܝܕܐ ܘܡܕܘܥܐ
ܠܐܢܬܬܐ ܕܫܘܡܡܐ ܐܢܝ ܐܕܘܥܐ — ܢܦܝܠܐ ܠܚܕ ܝܘܡܐ ܘܚܕ ܡܕܘܥܐ
ܐܚܝ ܕܐܢܫܢ ܠܫܡܐ ܕܕܡܐ — ܘܟܠܘܗ ܠܐܢܫܐ ܕܐܢܫܘܗܝ ܥܡܐ
ܘܐܢܫ ܐܢܫܡܐ ܕܐܠܩܐ ܘܝܡܐ — ܕܡܪܝܡ ܡܢ ܚܡܐ ܕܐܦܐ
ܠܘܗ ܐܝܕܐ ܡܫܡܐ ܡܠܝܐ — ܡܫܘܠܩܐ ܠܐܠܗܐ ܕܡܪܢܐ ܘܟܠܝܠܐ
ܡܪܢܐ ܕܫܘܢ ܚܘܠܐ ܥܡܝܩܐ — ܘܡܪܢܐ ܕܢܦܫܐ ܬܡܢ ܡܝܬܐ
ܦܝܬܐ ܚܢܢ ܣܘܠܕܐ ܗܝܡܢܐ — ܝܡܬܐ ܕܐܢܫܐ ܡܝܗ ܝܢܐ
ܘܐܝܡ ܠܐ ܡܠܝܟܐ ܕܐܝܟܐ ܡܝܢܐ — ܕܠܚܐ ܕܐܪܥܐ ܢܦܝܠܐ ܘܝܢܐ
ܩܡܝܐ ܩܘܡܐ ܡܘܠܠܐ ܕܝܗܒܐ — ܕܚܠܫܐ ܐܚܝܐ ܘܘܚܝܐ ܝܗܒܐ
ܘܐܡܪ ܐܢܝ ܕܝܥܝܢ ܕܝܡܐ ܡܫܝܚܐ — ܕܘܡܝܐ ܘܠܡ ܕܝܡܝܐ ܐܝܪܐ
ܐܫܠܡ ܦܬܐ ܚܘܫܐ ܕܡܪܢܐ — ܕܠܚܐ ܕܝܢܐ ܕܝܢ ܐܪܥܐ
ܠܝܗ ܚܢܢ ܢܦܠܐ ܘܡܪܢܐ — ܘܚܘܪ ܡܢ ܥܠܕܐ ܐܢܝܗ ܡܪܢܐ

....

(ܦ. ܐܢܗ - ܐܘ ܡܢ ܗܢܝܢܐ ܘܡܠܠܐ ܕܐܫܡܪ ܫܒܝܚܐ ...)

ܕܫܡܝܐ ܟܬܒܐ

ܣܘܪܝܝܐ ܒܠܫܢܐ

ܣܘܕܝܐ